MEYERS
TASCHEN
LEXIKON

Band 11

MEYERS
TASCHEN
LEXIKON

in 12 Bänden

Herausgegeben und bearbeitet
von Meyers Lexikonredaktion

Band 11: Stab–Upa

B.I.-Taschenbuchverlag
Mannheim · Leipzig · Wien · Zürich

Redaktionelle Leitung:
Dr. Joachim Weiß

Redaktion:
Sabine-Walburga Anders,
Dipl.-Geogr. Ellen Astor,
Ariane Braunbehrens, M. A.,
Ursula Butzek,
Dipl.-Humanbiol. Silke Garotti,
Dr. Dieter Geiß,
Jürgen Hotz, M. A.,
Dr. Erika Retzlaff,
Barbara Schuller,
Marianne Strzysch

Bildredaktion:
Gabriela Horlacher-Zeeb,
Ulla Schaub

Die Deutsche Bibliothek – CIP-Einheitsaufnahme
Meyers Taschenlexikon: in 12 Bänden / hrsg. und bearb. von
Meyers Lexikonredaktion. [Red. Leitung: Joachim Weiß.
Red.: Sabine-Walburga Anders ...]. – [Ausg. in 12 Bd.]. –
Mannheim; Leipzig; Wien; Zürich: BI-Taschenbuchverl.
ISBN 3-411-12201-3
NE: Weiß, Joachim [Red.]
[Ausg. in 12 Bd.]
Bd. 11. Stab–Upa. – 1996
ISBN 3-411-12311-7

Als Warenzeichen geschützte Namen sind durch
das Zeichen ® kenntlich gemacht. Etwaiges Fehlen dieses Zeichens
bietet keine Gewähr dafür, daß es sich um einen nicht geschützten
Namen handelt, der von jedermann benutzt werden darf.

Das Wort MEYER ist für Bücher aller Art für den Verlag
Bibliographisches Institut & F. A. Brockhaus AG
als Warenzeichen geschützt.

Alle Rechte vorbehalten
Nachdruck, auch auszugsweise, nicht gestattet
© Bibliographisches Institut & F. A. Brockhaus AG, Mannheim 1996
Satz: Grafoline T·B·I·S GmbH, L.-Echterdingen
Druck: Klambt-Druck GmbH, Speyer
Bindearbeit: Röck Großbuchbinderei GmbH, Weinsberg
Papier: 80 g/m^2, Eural Super Recyclingpapier matt gestrichen
der Papeterie Bourray, Frankreich
Printed in Germany
Gesamtwerk: ISBN 3-411-12201-3
Band 11: ISBN 3-411-12311-7

Stabkirche

Stabkirche (Mastenkirche), in Skandinavien (v. a. Norwegen) seit dem 11. Jh. übl. Form der Holzkirche, deren tragende Elemente bis an den Dachstuhl des Hauptraumes reichende Pfosten (Stäbe, Masten) sind. Die Außenwände sind aus senkrechten Planken, die Dächer sind steil und stufenförmig angeordnet, bisweilen reiche Schnitzereien an Giebeln und Türen. Bed. sind die S. von Borgund bei Lærdal (12./13. Jh.) in W-Norwegen und in Heddal bei Notodden in S-Norwegen (um 1250).

Stabreim, Lautreim, der auf dem Gleichklang im Anlaut von betonten Wörtern beruht. Alle Vokale können dabei miteinander staben, Konsonanten jedoch nur bei gleichem Laut. Bes. verbreitet war der S. in der altengl. (»Beowulf«, altnord. (»Edda«), und altsächs. (»Heliand«) Dichtung. – In der dt. Sprache gibt es S. bis heute in festen Fügungen der Alltagssprache (mit Kind und Kegel, bei Wind und Wetter).

Stabsichtigkeit ↑Astigmatismus.

staccato [italien.], Abk. **stacc.,** musikal. Vortrags-Bez.: die Töne sollen deutlich voneinander getrennt werden; angezeigt durch einen Punkt (oder Keil) über bzw. unter der Note (oder Keil) ↑legato.

Stachanow-Bewegung, nach dem sowjet. Grubenarbeiter Alexei Grigorjewitsch Stachanow (*1905, † 1977), der 1935 seine Arbeitsnorm mit 1 300% übertraf, benannter, von der Regierung der Sowjetunion propagierter Arbeitswettbewerb.

Stachelbeere, 1) zu den Steinbrechgewächsen gehörende Gatt. der Stachelbeergewächse mit rd. 150 Arten (Sträucher) in der nördl. gemäßigten Zone und den Gebirgen S-Amerikas; Früchte als Beeren ausgebildet. Die wichtigsten Arten sind: *Stachelbeere* (Heckenbeere), Strauch mit unter den Blättern stehenden, einfachen Stacheln; Beerenfrüchte rötlich, grün oder gelb, derbschalig, behaart oder glatt, mit zahlr. Samen. *Johannisbeere,* unbestachelte Sträucher mit roten *(Rote Johannisbeere),* gelblichen oder schwarzen Beeren *(Schwarze Johannisbeere,* Aalbeere, Ahlbeere).
2) (Chin. S.) ↑Kiwifrucht.

Stachelflosser (Acanthopterygii), Überordnung der Knochenfische mit zweiteiliger Rückenflosse und brust- oder kehlständiger Bauchflosse, die mit dem Schultergürtel verbunden ist. Die Schuppen sind kammförmig oder fehlen (z. B. bei den Groppen). Die Schwimmblase fehlt bei den bodenbewohnenden Formen. Die S. umfassen 14 Ordnungen mit 245 Familien, u. a. Barschartige, Panzerwangen, Plattfische.

Stachelhäuter (Echinodermata), Stamm ausschließlich mariner wirbelloser Deuterostomier mit rd. 6000 wenige mm bis über 1 m großen Arten; meist freilebende Bodenbewohner mit im Erwachsenenstadium mehr oder minder ausgeprägter fünfstrahliger Radiärsymmetrie. Das Kalkskelett der S. besteht aus einzelnen Plättchen oder (meist) einem festen Panzer; häufig mit Stacheln besetzt. – Die fünf rezenten Klassen sind: Haarsterne, Seegurken, Seeigel, Seesterne und Schlangensterne.

Stacheln, 1) *Botanik:* harte, spitze Anhangsgebilde der pflanzl. Oberhaut (Epidermis), die im Ggs. zu den Dornen

Stachelbeere 1).
Oben: Stachelbeere ♦
Unten: Rote und Schwarze Johannisbeere

Stachelpilze

Stachelschweine. Nordafrikanisches Stachelschwein

Stachelpilze. Semmelstoppelpilz (Hut 5 – 12 cm breit)

keine Sproß- und Blattmetamorphosen sind (z. B. bei der Rose).
2) *Zoologie:* spitze Gebilde unterschiedl. Herkunft und Bedeutung, häufig mit Schutzfunktion; z. B. durch Kalk oder Gerbstoffe verhärtete, spitze Chitinvorsprünge, umgebildete Hinterleibsextremitäten bei weibl. Insekten (Lege-S., Gift-S.), entsprechend umgebildete Schuppen, Hautzähne, Flossenstrahlen bei Fischen, Borsten in Form von dikken, steifen Haaren aus Hornsubstanzen bei Säugetieren.
Stachelpilze (Stachelschwämme, Hydnaceae), Fam. der Ständerpilze mit mehreren einheim. Gatt.; Fruchtschicht auf der Oberfläche von freistehenden Stacheln oder Warzen. Eßbar sind: *Habichtspilz* (Hirschling), graubraun, mit grobschuppigem, 5–20 cm breitem, gestieltem Hut; *Semmelstoppelpilz*.

Stachelschweine (Altweltstachelschweine, Erdstachelschweine, Hystricidae), Fam. der Nagetiere mit fünf Gatt. und 15 Arten in Afrika, S-Asien und S-Europa; Körperlänge rd. 35–80 cm; bes. am Rücken mit oft sehr langen Stacheln, die in Abwehrstellung aufgerichtet werden, u. a. *Gewöhnl. S.* in N-Afrika und in Italien sowie in SO-Europa; Körperlänge etwa 60–70 cm; dämmerungs- und nachtaktiv.
Stade, Kreisstadt am N-Rand des Alten Landes, Ndsachs., 42 800 E. Kreis-, Heimat- und Freilichtmuseum. An der Elbe Vorhafen *Stadersand* mit Großunternehmen der Chemie und Aluminiumgewinnung. Got. Pfarrkirche Sankt Willehad (14. Jh.), Stadtkirche Sankt Cosmas und Damian (13., 15. und 17. Jh.); Bürgerhäuser (16. und 17. Jh.); barockes Rathaus (1667). – 1168/81 Stadtrecht; fiel 1236 mit der seit dem 10. Jh. nachweisbaren Gft. endgültig an das Bremer Erzstift; schwed. Residenz 1652–1712.
Stadion [griech.], **1)** *Antike:* altgriech. Längeneinheit; meist zw. 179 und 213 m.
2) *Sport:* mit Zuschauerrängen versehene Sportstätte; in der Antike zunächst Schauplatz des Laufes über zwei Stadien (Diaulos) und 7–24 Stadien (Dolichos), später auch Kampfstätte für andere Sportarten; heute Sportanlage mit hohem Zuschauerfassungsvermögen.
Stadium [griech.-lat.] (Mrz. Stadien), Zustand, Entwicklungsstufe.
Stadler, 1) Ernst, *Colmar 11. 8. 1883, ✗ bei Ypern 30. 10. 1914, elsäss. Lyriker. Einer der Wegbereiter expressionist. Lyrik (»Der Aufbruch«, 1914).
2) Toni, *München 5. 9. 1888, †ebd. 5. 4. 1982, dt. Bildhauer. Einflüsse von A. Maillol; Figuren- und Porträt- sowie Tierplastik; Nereidenbrunnen in Frankfurt am Main (1963).
Stadt, größere Siedlung, gekennzeichnet u. a. durch Geschlossenheit der Ortsform, hohe Bebauungsdichte, zentrale Funktionen in Handel, Kultur und Verwaltung. In Deutschland unterscheidet man: Landstadt (2 000 bis 5 000 E), Kleinstadt (5 000–20 000 E), Mittelstadt (20 000–100 000 E) und Großstadt (über 100 000 E).
Geschichte: Die S.entwicklung setzte im 9./8. Jt. v. Chr. in Palästina (Jericho),

Stadt. Römische Stadtanlage (Timgad)

Stadt

seit dem 5. Jt. in den Tälern des Nil, Indus, Euphrat und Jangtsekiang ein, begann in Europa im 2. Jt. v. Chr. im östl. Mittelmeerraum und erreichte bis zum 1. Jh. n. Chr. den Rhein. Hier traf die S.werdung auf bestehende Ansätze eines v. a. befestigten S.wesens (u. a. kelt. »oppida«). Die antiken griech. und röm. S. waren v. a. organisator. Mittelpunkte des öffentl. Lebens, polit., kulturelle und wirtschaftl. Zentren. Das Ende des Röm. Reiches brachte (v. a. im Westen) auch den Niedergang der antiken S.kultur mit sich. Die german. und slaw. Völker übernahmen erst allmählich im MA die städt. Lebensformen. Neben die gewachsenen S. traten seit dem 13./14. Jh. verstärkt planmäßig gegr. S. (*Gründungsstädte*). Ein gewisses Maß an Selbstverwaltung und eigener städt. Gerichtsbarkeit wurde teils durch Privilegierung, teils in Auseinandersetzungen mit dem S.herrn erworben.

Die persönl. Freiheit, die Rechtsgleichheit und die besseren wirtschaftl. Möglichkeiten in der S. übten eine außerordentl. Anziehungskraft auf die Landbevölkerung aus. Die Leistung der mittelalterl. S. bestand v. a. in der Konzentration von Handel und Gewerbe, in der wirtschaftl. Beherrschung des Umlandes und der Erschließung neuer Absatzräume. Ihre polit. Bedeutung beruhte bes. auf ihrer überlegenen Finanzkraft. Polit. und wirtschaftl. Zusammenschlüsse (↑Städtebünde) sicherten sich einen Einfluß auf die Reichs- und Territorialpolitik. Die ↑Reichsstädte nahmen ab 1489 als geschlossene Kurie an den Reichstagen teil.

Der entstehende neuzeitl. Staat, auf die Steuerleistung der S. angewiesen, gliederte sie immer stärker in den Staatsverband ein. Die S. wurde Amts- und Verwaltungszentrum im institutionellen Flächenstaat. Im 18. Jh. finden sich Ansätze zu einheitl. S.ordnungen, wenn auch die Grundlage der neueren kommunalen Selbstverwaltung zuerst 1808 mit den ↑preußischen Reformen geschaffen wurde. Die industrielle Revolution führte im 19. Jh. zu enormem Bevölkerungszuwachs in und bei den Ind.-Zentren (↑Urbanisation) und zur Proletarisierung der Bevölkerung; neue S.teile (Wohn- und Gewerbegürtel)

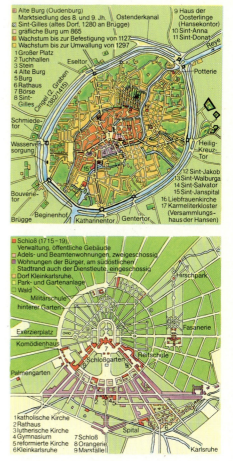

Stadt. Oben: Mittelalterliche Stadt mit Radialplan (Brügge) ♦ Unten: Planmäßig angelegte Residenzstadt mit kombinierter Keil- und Radialanlage (Karlsruhe; ab 1715)

aus Mietskasernen wurden errichtet. Gleichzeitig wuchsen die öffentl. Aufgaben der S. (u. a. Wasserversorgung, Kanalisation, Müllabfuhr, Gas- und Elektrizitätsversorgung, Nahverkehr, Sozialfürsorge, Schulen).

Die heutigen S. wuchsen bevorzugt entlang den Ausfallstraßen, es entstanden auch zahlr. neue Einfamilienhaus- und

Stadtbahn

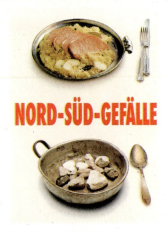

Klaus Staeck. Nord-Süd-Gefälle (1991)

Villenviertel sowie an den S.peripherien *Trabantenstädte* oder *Satellitenstädte* (Hochhauskomplexe) ohne wesentliche Gewerbeansiedlung. Das zusätzl. Verkehrsaufkommen ins Zentrum führte zu aufwendigem Straßen- und Brückenbau (S.autobahnen) sowie U- und S-Bahnbau. Zahlr. Verwaltungs- und Repräsentationsbauten drängten die Wohnbereiche im Zentrum stark zurück. – Die *Stadtplanung* ist heute nicht mehr allein Aufgabe von Architekten und Bauingenieuren, sondern auch von Ökologen, Soziologen und Sozialpsychologen.
Stadtbahn, svw. ↑S-Bahn.
Stadtdirektor, in NRW und Ndsachs. der Leiter der städt. Verwaltung (in den kreisfreien Städten *Oberstadtdirektor*).
Städtebauförderungsgesetz ↑Baugesetzbuch.
Städtebünde, im MA Zusammenschlüsse von Städten zur Verteidigung ihrer Ansprüche; in Deutschland ab dem 13. Jh. zur Sicherung des Landfriedens gebildet, v.a. aber gegen die Beeinträchtigung städt. Rechte durch den König und die fürstl. Territorialpolitik gerichtet. Bed. S.: Schwäb. S. (1376), Rhein. S. (1254/1381), Hanse (1356).
Stadtgas (Leuchtgas), v.a. für Heizzwecke verwendetes Brenngas, das durch Rohrleitungen zum Verbraucher geleitet wird; weitgehend durch Erdgas ersetzt.

Madame de Staël (Ausschnitt eines Gemäldes von Elisabeth Vigée-Lebrun; um 1800; Genf, Musée d'Art et d'Histoire)

Stadtguerilla [...ge'rıl(j)a] ↑Tupamaros.
Stadthagen, Kreisstadt westlich von Hannover, Ndsachs., 22 900 E. Stadtkirche Sankt Martin (14./15. Jh.), frühbarockes Mausoleum (1608–25), Schloß (1534 ff.), Rathaus (16. Jh.). – Residenz der Grafen von Schaumburg bis 1608.
Stadtkreise, svw. ↑kreisfreie Städte.
Stadtrechte, die innerhalb einer Stadt geltenden Rechtsnormen. Die vom MA z.T. bis ins 19. Jh. geltenden S. umfaßten Gewohnheits-, Kaufmanns- und Marktrecht sowie die vom Stadtherrn verliehenen Privilegien; bed. v.a. das Lübische und das Magdeburger Recht. Die S. älterer Städte wurden auch an Neugründungen verliehen, wodurch *Stadtrechtsfamilien* entstanden. – Zum geltenden Recht ↑Gemeindeverfassungsrecht.
Stadtstaat, eine Stadt, die ein selbständiges Staatswesen mit Verfassung bildet; z.B. in der Antike die griech. Polis; in der BR Deutschland Berlin, Hamburg und Bremen.
Staeck, Klaus [ʃtɛ:k], * Pulsnitz 28. 2. 1938, dt. Graphiker. Jurist; lebt in Heidelberg; gesellschaftskrit. polit. Plakate (Photomontagen).
Staël, Germaine Baronin von S.-Holstein, geb. Necker, gen. Madame de S. [frz. stal], * Paris 22. 4. 1766, † ebd. 14. 7. 1817, frz. Schriftstellerin schweizer. Herkunft. Tochter von J. Necker; ab 1794 befreundet mit B. H. Constant de Rebecque; Gegnerin Napoleons I.; 1802 aus Paris verbannt; bereiste u.a. 1803/04 und 1807 Deutschland, wo sie mit Goethe, Schiller, Wieland und v.a. A. W. Schlegel (ab 1804 ihr Berater) bekannt wurde. Ihr Hauptwerk, die Abhandlung »Deutschland« (1810, dt. 1814) bestimmte für lange Zeit das Deutschlandbild der Franzosen. In ihren [autobiograph.] Romanen (u.a. »Corinna, oder Italien«, 1807) trat sie v.a. für die Emanzipation der Frau ein. Ihr Domizil in Coppet am Genfer See war für lange Zeit Treffpunkt der europ. Intelligenz.
Staffelbruch ↑Verwerfung.
Staffelei, Gestell, auf dem der Maler beim Arbeiten das Bild in Höhe und Neigung verstellen kann.
Staffellauf, Mannschaftswettbewerb in mehreren Sportarten; z. B. in der

Leichtathletik: ein Läufer übergibt dem nachfolgenden innerhalb einer 20-m-Zone den *Staffelstab.*

Staffelmiete, schriftl. Vereinbarung zw. Vermieter und Mieter, bei der die Höhe des Mietzinses sowie dessen Steigerung für einen bestimmten Zeitraum festgelegt werden. Eine S. kann rechtsverbindlich nur vereinbart werden, wenn zw. jeder Erhöhung mindestens ein Jahr liegt, der jeweils fällige Mietzins genau beziffert ist und die S.vereinbarung höchstens einen Zeitraum von zehn Jahren erfaßt. Ist die Vereinbarung der S. Teil eines längerfristigen Mietvertrags, ist der Mieter nicht gehindert, das Mietverhältnis bereits nach vier Jahren zu kündigen. Die Staffelmiete steht weiteren Mieterhöhungen entgegen (§ 10 des Gesetzes zur Regelung der Miethöhe).

Staffelsee, See im Alpenvorland bei Murnau, Bayern, 8 km².

Stafford [engl. 'stæfəd], engl. Stadt in den West Midlands, 55 500 E. Verwaltungssitz der Gft. Staffordshire. Schuh-Ind., Maschinenbau. – Gegr. 899.; erhielt 1206 Stadtrecht.

Stagflation [Kurzwort aus **Stag**nation und In**flation**]; im Konjunkturzyklus (↑Konjunktur) die Phase des Tiefs bei gleichzeitigem Preisauftrieb.

Stagnation [lat.-engl.], Stockung, Stauung, Stillstand; im Konjunkturzyklus die Phase des Tiefs mit gleichbleibendem (oder rückläufigem) Sozialprodukt.

Stahl, 1) Friedrich Julius, ursprünglich F.J. Jolson-Uhlfelder, * Würzburg 16.1. 1802, † Bad Brückenau 10.8. 1861, dt. Rechtsphilosoph und Politiker (Konservativer). Verfasser der als Grundlage der preußischen konservativen Partei geltenden Schrift »Das monarch. Prinzip« (1845).

2) Hermann, *Dillenburg 14.4. 1908, dt. Schriftsteller. Urspr. Maler und Bühnenbildner; schreibt v. a. Romane, u. a. »Tage der Schlehen« (1960), »Das Pfauenrad« (1979), auch Lyrik (u. a. »Wolkenspur«, 1954) und Hörspiele.

Stahl, große Gruppe von Eisenlegierungen, deren Eigenschaften (Festigkeit, Zähigkeit, chem. Beständigkeit) sich durch Änderung der Legierungszusammensetzung und durch Wärmebehandlung in weitem Maß variieren lassen. Das wichtigste Legierungselement des Eisens ist der Kohlenstoff, dessen Gehalt bei S. unter 1,7 % liegt. Nichtrostender S. enthält zusätzlich Chrom, Nickel u. a. Elemente. S. teilt man in legierte und unlegierte S. sowie nach ihren Gebrauchseigenschaften in Grund-,

Stahl.
Konverterbühne eines Oxygenstahlwerks beim Einfüllen von rund 300 t Roheisen in den Konverter

Stahlbeton

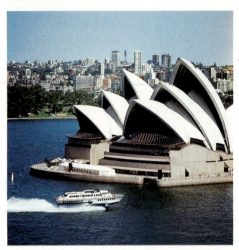

Stahlbeton. Opernhaus in Sydney nach Plänen von Jörn Utzon; 1957–66

Qualitäts- und Edelstähle ein. – Bei der Herstellung von S. aus dem im Hochofen gewonnenen Roheisen werden die im Roheisen gelösten Begleitelemente des Eisens, insbes. der Kohlenstoff, durch *Frischen* (d. h. durch Oxidieren mit Luft bzw. reinem Sauerstoff oder sauerstoffabgebenden Substanzen) in Form von Schlacke oder gasförmigen Verbindungen ganz oder teilweise entfernt. Beim *Bessemer-Verfahren* und beim *Thomas-Verfahren* wird das Roheisen in Konvertern durch Einblasen von Luft vom Konverterboden aus gefrischt. Große techn. Bedeutung haben die *Sauerstoffblasverfahren,* unter denen v. a. das für phosphorarmes Roheisen geeignete *LD-Verfahren* sowie das für phosphorreiches Roheisen entwickelte *LD-AC-Verfahren* zu nennen sind, bei denen das Roheisen in Konvertern durch Aufblasen von reinem Sauerstoff gefrischt wird. *Herdfrischverfahren* sind das *Siemens-Martin-Verfahren,* bei dem die unerwünschten Begleitstoffe durch Einwirkung heißer, oxidierender Flammengase und durch die Frischwirkung des von Schrott und oxid. Eisenerz abgegebenen Sauerstoffs entfernt werden, und das *Elektrostahlverfahren,* in Elektroschmelzöfen wie Lichtbogen- oder Induktionsöfen. Neben der Aufarbeitung von Roheisen zu S. gewinnt in den letzten Jahren die S.erzeugung durch Direktreduktion von Eisenerz zunehmend an Bedeutung.

Stahlbeton [betõ:], mit Stahleinlagen (i. d. R. Rundstahl) versehener Beton.

Stahlhelm (eigentl. Stahlhelm, Bund der Frontsoldaten), 1918 von F. Seldte gegr. Zusammenschluß von Soldaten des 1. Weltkrieges (seit 1924 auch von Nichtkriegsteilnehmern); bekämpfte ab 1929 zus. mit den antidemokrat. Rechtsparteien offen die Republik (↑Harzburger Front). 1935 aufgelöst; 1951 Neugründung in der BR Deutschland.

Stahlhelm ↑Helm.

Stahlhof ↑Stalhof.

Stahlpakt, Bez. für den dt.-italien. Bündnisvertrag vom 22. 5. 1939.

Stahlstich (Siderographie), graph. Tiefdruckverfahren; eine Stahlplatte wird vor dem Gravieren oder Ätzen durch Ausglühen enthärtet; nach dem anschließenden Härten dient sie als Druckplatte.

Staiger, Emil, * Kreuzlingen 8. 2. 1908, † Horgen 28. 4. 1987, schweizer. Literaturwissenschaftler. Begründete die Methode der stilkrit. [immanenten] Interpretation; Hauptwerk: »Die Grundbegriffe der Poetik« (1946).

stakkato, svw. ↑staccato.

Stalag, Abk. für Kriegsgefangenen-Mannschafts-**Stamm**lager, v. a. an der Ostgrenze des Dt. Reiches (Ostpreußen) und in Polen eingerichtete Lager

Stalinorgel

für sowjet. Kriegsgefangene im 2. Weltkrieg.
Stalagmiten [griech.] ↑Tropfsteine.
Stalaktiten [griech.], 1) *Architektur:* (Mukarnas) Schmuckelemente des islam. Architektur; Reihen kleiner tropfsteinartiger Formen als Überleitung vom Viereckplan zur Kuppel, auch als *S.gewölbe*.
2) *Geologie:* ↑Tropfsteine.
Stalhof (fälschlich Stahlhof), Hansekontor in London (1281–1598).
Stalin, Iossif (Josef) Wissarionowitsch, eigtl. I. W. Dschugaschwili, *Gori 21. 12. 1879, †Kunzewo (heute zu Moskau) 5. 3. 1953, sowjet. Politiker. Vom Priesterseminar Tiflis 1899 wegen Verbindungen zu marxist. Kreisen ausgeschlossen und mehrfach wegen illegaler Tätigkeit verhaftet und verbannt (1903 und 1913), wurde S. im Jan. 1912 Mgl. des bolschewist. ZK und 1917/19 Mgl. des Politbüros. Nach seiner Beteiligung an der Vorbereitung und Durchführung der Oktoberrevolution setzte er 1917–23 als Volkskommissar für Nationalitätenfragen (bzw. 1919–22 für Arbeiter- und Bauerninspektion) gewaltsam die Wiedereingliederung der vom russ. Gesamtstaat abgefallenen Nationalitäten des Kaukasus durch. 1922 übernahm S. das neugeschaffene Amt des Generalsekretärs des ZK der Partei, das er trotz Lenins Empfehlung zu seiner Ablösung auch nach dessen Tod (Jan. 1924) behielt. Zw. 1924 und 1929 gelang es S., seine Konkurrenten (insbes. L. Trotzki) nach und nach auszuschalten. Ab Ende der 1920er Jahre unumschränkter Diktator, sicherte er in der Folgezeit seine Macht durch eine rücksichtslose Vernichtung polit. Gegner, die ihren Höhepunkt mit den »Säuberungen« und Schauprozessen der 1930er Jahre (Große ↑Tschistka) erreichte. Innenpolitisch forcierte S. entsprechend seiner These vom »Aufbau des Sozialismus in einem Land« die Industrialisierung und Zwangskollektivierung in der Landwirtschaft. Außenpolitisch schloß er kurz vor Ausbruch des 2. Weltkrieges 1939 einen Nichtangriffspakt mit Deutschland (Geheimes Zusatzprotokoll zur Festlegung der territorialen Interessensphären in O-Europa). Nach der Besetzung O-Polens (Sept. 1939) löste er den finnisch-sowjet. Winterkrieg (1939/40) aus und gliederte 1940 die balt. Staaten als Sowjetrepubliken der UdSSR an. Die letztlich erfolgreiche Abwehr des dt. Überfalls im »Großen Vaterländ. Krieg« nutzte S. als Vors. des Rats der Volkskommissare (seit 1941), Marschall (1943) und schließlich Generalissimus (1945) zur weiteren Steigerung des Personenkults. In den Verhandlungen mit den westl. Alliierten (Konferenzen von Teheran, Jalta und Potsdam) und durch den erzwungenen Machtantritt kommunist. Parteien in mittel- und osteurop. Ländern konnte S. die Einflußsphäre der UdSSR bis zum Osten Deutschlands ausdehnen. Der von S. formierte Ostblock geriet in einen scharfen Ggs. zu der von den USA geführten westl. Welt (↑kalter Krieg, ↑Ost-West-Konflikt). – 1956 begann mit der Kritik N. S. Chruschtschows an S. und seiner Herrschaft (»Geheimrede« auf dem XX. Parteitag) eine Entstalinisierung. 1961 wurde der Leichnam S. vom Mausoleum am Roten Platz in Moskau an die Kremlmauer umgebettet. S., der sich selbst unter die »Klassiker« des Marxismus-Leninismus einreihte, verfaßte zahlr., den ↑Marxismus vulgarisierende Schriften (↑Stalinismus).

Iossif
Wissarionowitsch
Stalin

Stalingrad, 1925–61 Name der russ. Stadt ↑Wolgograd.
Stalingrad, Schlacht von (1942/43), eine der kriegsentscheidenden Schlachten des 2. Weltkriegs. Ende Nov. 1942 wurde die dt. 6. Armee unter F. Paulus mit rd. 280 000 Mann durch eine sowjet. Gegenoffensive eingekesselt. Die dt. Armee kapitulierte am 31. 1./2. 2. 1943; rd. 146 000 Gefallene, rd. 90 000 Kriegsgefangene.
Stalinismus, 1) von I. W. Stalin geprägte theoret. Interpretation des ↑Marxismus, gekennzeichnet durch Dogmatisierung des Marxismus, Reduzierung der Dialektik auf bloße Gegensätzlichkeit sowie durch eine starre Schematisierung.
2) als Herrschaftsform die Diktatur einer kommunist. Parteiführung oder – wie im Falle Stalins – eines Parteiführers.
Stalinorgel, Bezeichnung für im 2. Weltkrieg eingesetzte sowjetische Mehrfachraketenwerfer (russisch »Katjuschka«).

3283

Stallone

Stallone, Sylvester Enzio [engl. 'stɛloːn], * New York 6.7. 1946, amerikan. Schauspieler und Filmproduzent. Spielt mit Vorliebe kraftvolle, heroische Charaktere, u. a. in den Spielfilm-Serien als »Rocky« (fünf Filme, 1976–90) und »Rambo« (drei Filme, 1982–86), daneben »Cliffhanger« (1992), »Demolition Man« (1993).

Stamitz, Johann (tschech. Jan Stamic [tschech. 'stamits]), * Deutsch-Brod (heute Havlíčkův Brod) 19. 6. 1717, † Mannheim 27. 3. 1757, böhm. Violinist und Komponist. Begr. der ↑Mannheimer Schule. Seine Kompositionen (74 Sinfonien, Konzerte, Kammermusik, geistl. Vokalwerke) schufen die Voraussetzungen für die Wiener Klassik.

Stamm, 1) *Biologie:* (Phylum) in der biolog., hauptsächlich der zoolog. Systematik Bez. für die zweithöchste (nach dem Reich) oder dritthöchste Kategorie (nach der S.gruppe bzw. dem Unterreich); S. des Tierreichs sind z. B. Gliederfüßer und Chordatiere.
2) *Botanik:* die verdickte und verholzte Sproßachse von Bäumen und Sträuchern.
3) *Ethnologie:* Einheit, die Menschen gleicher Sprache und Kultur sowie mit gemeinsamem Siedlungsgebiet umfaßt.

Stammaktie, die übl. Form einer ↑Aktie (ohne die Vorrechte der Vorzugsaktie).

Stammbaum, 1) *Biologie:* die bildl. Darstellung der natürl. Verwandtschaftsverhältnisse zw. systemat. Einheiten des Tier- bzw. Pflanzenreichs.
2) *Genealogie:* ↑Stammtafel.

Stammbuch, 1) *Recht:* urspr. Verzeichnis aller Familienangehörigen; vom 16. Jh. bis ins 19. Jh. ein Album für Eintragungen von Verwandten und Freunden; heute Familienbuch (↑Personenstandsbücher).
2) *Tierzucht:* svw. ↑Herdbuch.

Stammeinlage ↑Gesellschaft mit beschränkter Haftung.

Stämme Israels, die das [Gesamt]volk des (alten) Israel bildenden zwölf Volksgruppen bzw. Familienzusammenschlüsse, die auf Jakob (Israel) als ihren Ahnherrn zurückgeführt werden (↑Stammväter).

Stammesherzogtum ↑Herzog.

Stammformen, Konjugationsformen des Verbs, von denen mit Hilfe von Endungen und Umschreibungen sämtl. anderen Formen abgeleitet werden können.

Stammfunktion ↑Integralrechnung.

Stammhirn, svw. Hirnstamm (↑Gehirn).

Stammkapital ↑Gesellschaft mit beschränkter Haftung.

Stammtafel (Deszendenztafel), genealog. Tafel, die alle Söhne und Töchter der Ehen eines Geschlechts erfaßt, nicht aber die Nachkommen der verheirateten Töchter; oft in Form eines *Stammbaumes* bildlich dargestellt.

Stammväter, die Häupter der zwölf Stämme Israels im AT: Ruben, Simeon, Levi, Juda, Issakar, Zabulon, Joseph, Benjamin, Dan, Naphtali, Gad und Aser.

Stammwürzegehalt ↑Bier.

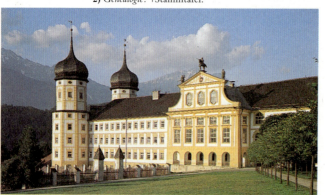

Stams. Nördlicher Teil der Westfront des Zisterzienserstifts; 17.–18. Jh.

Stams, österr. Gem. im Oberinntal, Tirol, 1 000 E. Zisterzienserstift mit roman. Klosterkirche (geweiht 1284, 1601–15 eingewölbt, 1729–32 barockisiert), Grablege der Grafen von Görz-Tirol. – Abb. S. 3286.

Stand, in Abgrenzung zu Klasse, Schicht oder Kaste die Gesamtheit der Mgl. einer abgeschlossenen gesellschaftl. Großgruppe in einem hierarchisch gegliederten Gesellschaftssystem (v. a. im Feudalismus), gekennzeichnet u. a. durch Geburt, Privilegien, Besitz und gesellschaftl. Funktion (Beruf). Das häufigste Ständemodell war dreigliedrig: 1. S. Klerus, 2. S. Adel, 3. S. »Volk«. Im 19. Jh. kam als *vierter Stand* die Arbeiterschaft hinzu.

Standard [frz.-engl.], Maßstab, Norm; Leistungs-, Qualitäts-, Lebensführungsniveau.

Standardabweichung, Formelzeichen σ, ein Streuungsmaß einer Zufallsgröße bzw. einer Meßreihe; die Wurzel aus der Varianz.

Standardisierung, das Aufstellen von allgemein gültigen und akzeptierten festen Normen *(Standards)* zur Vereinheitlichung der Bez., Kennzeichnung, Handhabung, Ausführung u. a. von Produkten und Leistungen; in der *Technik* svw. Normung.

Standard Oil Company [engl. ˈstændəd ˈɔil ˈkʌmpəni] ↑Exxon Corp.

Standardsprache (Hochsprache, Gemeinsprache), die über Mundarten, Umgangssprache und Gruppensprache stehende, allgemeinverbindl. (genormte) Sprachform.

Standardtänze, die neben den ↑lateinamerikanischen Tänzen für den Turniertanz festgelegten Tänze: langsamer Walzer, Tango, Slowfox, Wiener Walzer und Quickstep.

Standardzeit (Normalzeit), die für ein bestimmtes Gebiet gültige Zeit mit einer festgelegten Differenz zur mittleren Greenwicher Zeit (Weltzeit); z. B. die mitteleurop. Zeit (MEZ).

Standarte [frz.], 1) im MA fahnenartiges Feldzeichen des Heeres; bis ins 20. Jh. [kleine] Fahne berittener Truppen; auch Hoheitszeichen von Staatsoberhäuptern, z. B. an Kraftfahrzeugen. 2) etwa einem Regiment entsprechender Verband in der (nat.-soz.) SA und der SS.

Standvögel

Ständemehr, im schweizer. Verfassungsrecht die Mehrheit der Kantone.

Stander [frz.], 1) dreieckige Signal- oder Kommandoflagge auf Schiffen oder an Kfz zur Anzeige des Ranges einer mitfahrenden Person. 2) *Schiffahrt:* feststehendes Tau.

Ständer (Stator), in elektr. Maschinen der feststehende elektromagnet. wirksame Teil (im Ggs. zum Läufer bzw. Rotor).

Ständerat, die föderative Kammer der schweizer. Bundesversammlung.

Ständerpilze (Basidiomyzeten, Basidiomycetes), weltweit verbreitete Klasse der höheren Pilze mit rd. 15 000 Arten. Die S. haben ein umfangreiches Myzel, dessen Zellwände vorwiegend aus Chitin bestehen. Sie sind Fäulnisbewohner (somit maßgeblich an der Mineralisation der organ. Stoffe in der Biosphäre beteiligt) oder Parasiten vorwiegend an Pflanzen. Die ungeschlechtigen Vermehrungsformen (Sporen) werden i. d. R. an charakteristisch gestielten Fruchtkörpern gebildet.

Standesamt, Amt zur Erledigung der im Personenstandsgesetz vorgesehenen Aufgaben, insbes. zur Führung der Personenstandsbücher.

Ständestaat, 1) europ. Staat des Spät-MA und der frühen Neuzeit, in dem die Stände vom Staat unabhängiger Herrschaftsgewalt sind. 2) im Rückgriff auf den histor. S. gegen Mitte des 19. Jh. entstandenes und noch im 20. Jh. vertretenes (F. von Papen) Konzept einer staatl. Ordnung, in der die Berufsstände Träger des Staates sein sollten *(berufsständ. Ordnung).*

Ständiger Schiedshof, von den Unterzeichnerstaaten der Haager Friedenskonferenzen ins Leben gerufene schiedsgerichtl. Einrichtung zur friedl. Erledigung internat. Streitfälle; Sitz Den Haag.

Standrecht, Vorschriften, die der Exekutive (insbes. militär. Befehlshabern) gestatten, in Krisenzeiten für bestimmte Delikte in Schnellverfahren Strafgerichtsbarkeit auszuüben, v. a. die Todesstrafe zu verhängen und zu vollstrecken; in der BR Deutschland derzeit nicht zulässig.

Standvögel, Vögel, die im Ggs. zu Strichvögeln und Zugvögeln während des ganzen Jahres in der Nähe ihrer

Stanislaus

Stams.
Rathausplatz mit Rathaus (links) und Bürgerhäusern

Stanislaus II. August, König von Polen

Nistplätze bleiben; z. B. Haussperling, Amsel.
Stanislaus, Name polnischer Könige:
1) Stanislaus I. Leszczyński [poln. lɛʃˈtʃɨjski], *Lemberg 20. 10. 1677, † Lunéville 23. 2. 1766, König (1704/1706–09, 1733–36). Wurde unter schwed. Druck anstelle des Wettiners August II., des Starken, 1704 König; mußte 1736 August III. von Polen-Sachsen weichen; 1738 mit den Hzgt. Lothringen und Bar abgefunden.
2) Stanislaus II. August (S. A. Poniatowski), *Wolczyn 17. 1. 1732, † Petersburg 12. 2. 1798, König (1764–95). Wurde auf Betreiben Katharinas II., d. Gr., König; konnte die Poln. Teilungen nicht verhindern und wurde noch vor der 3. Teilung 1795 zur Abdankung gezwungen.
Stanislaus Kostka (Stanisław K.), hl., *Rostow (Masowien) 28. 10. 1550, † Rom 15. 8. 1568, poln. Adliger. Patron Polens und der studierenden Jugend. – Fest: 13. November.
Stanislawski, Konstantin Sergejewitsch, eigtl. K. S. Alexejew, *Moskau 17. 1. 1863, † ebd. 7. 8. 1938, russ.-sowjet. Schauspieler, Regisseur und Theaterwissenschaftler. Gründete 1898 mit Wladimir Iwanowitsch Nemirowitsch-Dantschenko (*1858, † 1943) das Moskauer Künstlertheater; bed. Einfluß auf das internat. Theater; Schriften zur Schauspielkunst.
Stanley [engl. stænlɪ], **1)** Sir (seit 1899) Henry Morton, eigtl. John Rowlands, *Denbigh bei Liverpool 28. 1. 1841, † London 10. 5. 1904, brit. Forschungsreisender. Fand am 28. 10. 1871 in Ujiji den verschollenen D. Livingstone; erforschte im Auftrag des belg. Königs Leopold II. 1879–84 das Kongobecken.
2) Wendell Meredith, *Ridgeville (Ind.) 16. 8. 1904, † Salamanca 15. 6. 1971, amerikanischer Biochemiker. 1935 gelang ihm die erste Isolierung eines Virus (Tabakmosaikvirus, TMV); erhielt 1946 (mit J. H. Northrop und J. B. Sumner) den Nobelpreis für Chemie.
Stanley [engl. ˈstænlɪ], Hauptort der Falklandinseln, auf Ostfalkland, 1 200 E. Hafen, ⚓.
Stanleyfälle [stænlɪ...], ↑Kongo (Fluß).
Stanleyville [frz. stanlɛˈvil] ↑Kisangani.
Stanniol [lat.], dünne Zinnfolie für Verpackungszwecke.
Stannum, lat. Name für ↑Zinn.
Stans, Hauptort des schweizer. Halbkantons Nidwalden, am N-Fuß des Stanserhorns, 6 200 E. Ehem. Frauenkloster Sankt Clara (durch H. Pestalozzi seit 1798/99 Waisenhaus).
Stanton, Elizabeth Cady [engl. ˈstɑːntən, ˈstæntən], *Johnstown (N. Y.) 12. 11. 1815, † New York 26. 10. 1902, amerikan. Frauenrechtlerin. Kämpfte v. a. für das Frauenwahlrecht; organisierte 1848 den ersten Frauenrechtskongreß.
Stanze [italien.], urspr. (seit Ende des 13. Jh.) italien. Strophenform aus acht weibl. Elfsilblern (Reimschema; ab ab ab cc): die auch als *Oktave* oder *Ottave-*

rime bezeichnete vorherrschende Form in der klass. Epik Italiens; in Deutschland seit dem 17. Jh. verwendet.

Stanzen (Ausstanzen), Heraussschneiden beliebig geformter Teile aus Blechtafeln, Kunststoffplatten o. ä. mit entsprechend geformten Stanzwerkzeugen.

Stapellauf, Zuwasserlassen des fertigen Schiffsrumpfes auf geneigten Ablaufbahnen; als Querablauf (v. a. auf Binnenschiffswerften) oder Längsablauf. Vor dem S. wird die *Schiffstaufe* vollzogen, wobei eine Flasche Sekt gegen den Bug des Schiffes geschleudert wird.

Stapelrecht, im MA das Recht verschiedener Städte, durchreisende Kaufleute zu zwingen, ihre Waren eine Zeitlang (Stapeltage) in der Stadt zum Verkauf anzubieten.

Stapelverarbeitung (Schubverarbeitung), Betriebsart einer elektron. Datenverarbeitungsanlage, bei der die Informationen zunächst gesammelt und dann schubweise verarbeitet werden. Ggs. ↑Echtzeitbetrieb.

Staphylokokken [griech.], Bakterien der Gatt. *Staphylococcus* mit drei Arten; am häufigsten vorkommende Eitererreger; verursachen u. a. Allgemeininfektionen und Lebensmittelvergiftungen.

Stara Sagora, bulgar. Stadt am S-Fuß der östl. Sredna gora, 164 600 E. Histor. Museum; Zoo; u. a. Düngemittelfabrik; ⚒.

Starboot (Star), Rennsegeljacht mit zwei Mann Besatzung. Länge 6,92 m, Breite 1,73 m, Segelfläche 26,13 m²; Kennzeichen: ein Stern im Segel.

Starck [st-], Philippe-Patrick, *Paris 18. 1. 1949, frz. Designer und Architekt. Trat mit Inneneinrichtungen (u. a. Élysée-Palast und Café Costes in Paris), Möbeln, Tischobjekten, kunsthandwerkl. Gegenständen und auch als Architekt hervor (Haus Le Moult in Paris, 1989; Vergnügungsgebäude »La Flamme« des Asashi-Beer-Konzerns in Tokio, 1990).

Stare (Sturnidae), Fam. sperlings- bis dohlengroßer Singvögel mit über 100 Arten, v. a. in den Tropen und Subtropen der Alten Welt; meist gesellig lebende Vögel, die sich v. a. von Insekten, Würmern, Schnecken und Früchten ernähren; Gefieder meist schwarz bis braun, oft metallisch glänzend; vorwie-

Stare. Gemeiner Star

gend Höhlenbrüter. Zu den S. gehören u. a. Glanzstare und der *Gemeine Star* in Eurasien (bis Sibirien).

Starerkrankungen, mit Beeinträchtigung des Sehvermögens einhergehende Augenkrankheiten. Eine Vermehrung des Kammerwassers (meist infolge einer Abflußbehinderung unterschiedl. Ursache) führt zum Druckanstieg im Auge, den man als *grünen Star* (*Glaukom,* Glaucoma) bezeichnet; er führt zu Netzhaut- und Sehnervenschädigung. Der *graue Star* (*Katarakt,* Cataracta) ist eine Trübung der Augenlinse mit je nach Sitz und Ausprägung unterschiedl. Beeinträchtigung des Sehvermögens. Am häufigsten ist der doppelseitige *Altersstar* (Cataracta senilis). Die Beschwerden sind anfangs eine erhöhte Blendungsempfindlichkeit, dann kann gewöhnlich nur noch Hell und Dunkel wahrgenommen werden. – Der angeborene Star, eine nicht fortschreitende, gleichbleibende Trübung (*Cataracta totalis*), ist meist Folge einer mütterl. Virusinfektion in der Frühschwangerschaft, z. B. Mumps oder Masern.

Starez [russ. 'starīts »der Alte«] (Mrz. Starzen), geistl. Führergestalt im ostkirchl. Mönchtum.

Stargard i. Pom. (poln. Stargard Szczeciński), Stadt in Pommern, Polen, osö. von Stettin, 69 000 E. Spätgot. Rathaus (16. Jh.), Marienkirche (13., 14./15. Jh.), Johanniskirche (15. Jh.).

Starhemberg, Ernst Rüdiger [Fürst], *Eferding 10. 5. 1899, † Schruns 15. 3. 1956, österr. Politiker. Bundesführer der österr. Heimwehren ab 1930; trat für eine enge Anlehnung an Mussolini, gegen das nat.-soz. Deutschland ein; 1937–55 im Exil.

Stark, Johannes, *Schickenhof (heute zu Freihung bei Amberg) 15. 4. 1874,

Stärke. Verschiedene Arten von Stärkekörnern

Bohne

Roggen

Kartoffel

† Traunstein 21. 6. 1957, dt. Physiker. Bed. Arbeiten zur elektr. Leitung in Gasen. Entdeckte 1913 die Aufspaltung der Spektrallinien von Atomen im elektr. Feld (Stark-Effekt); Nobelpreis für Physik 1919.

Starkbier, biersteuerrechtl. Bez. für Bier mit mehr als 16% Stammwürze, insbes. Bock- und Doppelbockbiere.

Stärke (Amylum), von Pflanzen bei der Photosynthese gebildetes Polysaccharid, allg. Formel $(C_6H_{10}O_5)_n$, das zu 80–85% aus wasserunlösl. Amylopektin und zu 15–20% aus wasserlösl. Amylose besteht. Die S. wird zum größten Teil als Reservestoff in den Leukoplasten verschiedener Organe (Speichergewebe in Mark, Früchten, Samen, Knollen) abgelagert. Die mit der Nahrung aufgenommene S. wird bei Mensch und Tier zunächst bis zu Glucose gespalten, in der Leber wieder zum Vorratsstoff ↑Glykogen aufgebaut. S. ist das wichtigste Nahrungsmittel-Kohlenhydrat.

Starnberg, Kreisstadt am N-Ende des Starnberger Sees, Bayern, 20 800 E. Pendlerwohngemeinde Münchens.

Starnberger See (Würmsee), See im bayr. Alpenvorland, 57 km².

Starobinski, Jean [poln. staro'binski, frz. starɔbɛs'ki], *Genf 17. 11. 1920, schweizer. Essayist und Historiker poln. Herkunft. Urspr. Arzt; ab 1958 Prof. für Literatur- und Ideengeschichte an der Univ. Genf; veröffentlichte 1957 sein wegweisendes Buch »Jean-Jacques Rousseau. La transparence et l'obstacle« (dt. »Rousseau. Eine Welt von Widerständen«).

Starogard Gdański [poln. sta'rɔgard 'gdajski] (dt. Preuß. Stargard), poln. Stadt am W-Rand der Weichsel-Nogat-Niederung, 47 000 E. Got. Pfarrkirche (14. Jh.); z. T. erhaltene Stadtbefestigung. – Gehörte 1309–1466 zum Gebiet des Dt. Ordens, 1772–1920 bei Preußen, seitdem polnisch.

Starost [russ., eigtl. »Ältester«], im Moskauer Reich ein Gemeinde- bzw. Dorfvorsteher; 1919–39 in Polen Vorsteher einer Gemeinde.

Stars and Stripes [engl. 'stɑːz ənd 'straɪps »Sterne und Streifen«] ↑Sternenbanner.

START [engl. stɑːt], Abk. für **St**rategic **A**rms **R**eduction **T**alks (»Gespräche über den Abbau strateg. Rüstungen«), am 29. 6. 1982 in Genf begonnene Abrüstungsverhandlungen zw. den USA und der Sowjetunion. Im Unterschied zu ↑SALT wird bei START nicht nur eine Begrenzung, sondern eine Reduzierung der strateg. Waffenpotentiale angestrebt. In dem am 31. 7. 1991 in Moskau unterzeichneten START-I-Vertrag (in Kraft getreten Ende 1994 mit den Vertragsparteien USA, Rußland, Ukraine, Kasachstan) verpflichteten sich beide Seiten, jeweils ein Drittel dieser Potentiale zu beseitigen. Am 3. 1. 1992 wurde in Moskau als Nachfolgeabkommen der zw. den USA und Rußland ausgehandelte START-II-Vertrag unterzeichnet, der die Verringerung der Atomsprengköpfe beider Seiten um

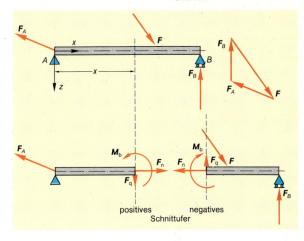

Statik. Definition der Schnittgrößen (Biegemoment M_b, Normalkraft F_n und Tangential- oder Querkraft F_q) an der gedachten Schnittstelle x eines Balkenträgers, der auf dem festen Auflager A und dem beweglichen Auflager B ruht und durch eine in der x,z-Ebene liegende Kraft F beansprucht wird: F_A und F_B sind die auftretenden Auflagerkräfte

etwa zwei Drittel des Bestandes (1991 rd. 20 000) bis zum 1. 1. 2003 vorsieht.

Startautomatik ↑Vergaser.

Starterklappe ↑Vergaser.

Starzen, Mrz. von ↑Starez.

Stasi ↑Staatssicherheitsdienst.

State Department [engl. 'steɪt dɪ'pɑːtmənt], das Außenministerium der USA.

Statement [engl. 'steɪtmənt; lat.-engl.], öffentl. [polit.] Erklärung.

Staten Island [engl. 'stætn 'aɪlənd], Insel an der W-Seite der Mündung des Hudson River, Teil der Stadt New York.

Statik [griech.], Teilgebiet der *Mechanik;* die Lehre vom Gleichgewicht der an einem ruhenden Körper angreifenden Kräfte und den dabei zu erfüllenden Gleichgewichtsbedingungen (im Ggs. zur ↑Kinetik). Die S. der starren Körper spielt insbes. in der Bautechnik eine bed. Rolle *(Bau-S.),* um aus den Belastungen eines Bauwerks die Spannungen und Formänderungen von Bauteilen zu deren Bemessung zu ermitteln.

Station [lat.], allg. ein Ort, an dem sich etwas befindet (z. B. eine techn. oder wiss. Anlage: Sende-S., Umspann-S.) oder aufhält (z. B. Haltepunkt öffentl. Verkehrsmittel: Bahnhof); in der *Medizin:* räuml. und funktionelle Einheit in einem Krankenhaus.

stationär [lat.], **1)** *allg.:* svw. bleibend, ortsfest, stillstehend (als Folge eines dynam. oder stat. Gleichgewichts).

2) *Medizin:* die Behandlung in einer Klinik betreffend; nicht ambulant.

statisch, stillstehend, ruhend, unbewegt; die Statik betreffend. – Ggs. dynamisch.

statische Organe, svw. ↑Gleichgewichtsorgane.

Statist [lat.] ↑Komparse.

Statistik [lat.], **1)** *allg.:* (meist in Tabellenform zusammengestellte) Ergebnisse von zahlenmäßigen Erfassungen bestimmter Sachverhalte (z. B. Bevölkerungs-, Ind.-, Landwirtschafts-, Verkehrs- und Preisstatistik).

2) *Mathematik:* Teilgebiet der angewandten Mathematik, das sich mit der Erfassung und Auswertung von Massenerscheinungen befaßt. Die *deskriptive (beschreibende) Statistik* beschäftigt sich damit, empirisches Material über Zufallsgrößen zu sammeln, geeignet darzustellen und zu charakterisieren. – Die Aufgabe der *analytischen (beurteilenden) Statistik* besteht darin, mit Hilfe der Wahrscheinlichkeitsrechnung aus dem statist. Material Rückschlüsse auf die Grundgesamtheit zu ziehen (z. B. Schätzen von Wahrscheinlichkeiten, Testen von Hypothesen).

Statistisches Bundesamt ↑Bundesämter (Übersicht).

Stativ [lat.], verstellbare Haltevorrichtung für Laborgeräte, opt. Instrumente u. a. Geräte.

Stator [lat.], svw. ↑Ständer.

Statthalter

Hermann Staudinger

Wolfgang Staudte

Staufen im Breisgau. Rathaus; 1546, mehrfach umgestaltet

Statthalter, ständiger Vertreter eines Staatsoberhaupts bzw. einer Regierung in einem bestimmten Teil des Staatsgebiets. – Im Dt. Reich gab es 1879–1918 einen kaiserl. S. in Elsaß-Lothringen.

Statue, in der *Bildhauerkunst* frei stehende Plastik, die einen Menschen oder ein Tier in ganzer Gestalt darstellt.

Status [lat.], 1) allg.: Lage, Situation, Zustand.
2) *Soziologie:* (sozialer S.) der Grad der sozialen Wertschätzung von sozialen Positionen. Individuen, die einen bes. S. anstreben, umgeben sich mit bes. Besitzgegenständen, Titeln usw. (sog. *Statussymbole*), die als Indikatoren für den angestrebten S. bedeutsam sind.

Status quo [lat.], der gegenwärtige Zustand; im *Völkerrecht* die gegebenen fakt. und rechtl. Verhältnisse.

Statut [lat.], svw. Satzung.

Staub, 1) allg.: feinste Schwebstoffe; werden durch Luftbewegung vom Boden, bei Verbrennungs- und speziellen industriellen Prozessen (z. B. Zementfabrikation) aufgewirbelt.
2) *Astronomie:* (kosm. S., interstellarer S.) ↑interstellare Materie.

Staubblatt, zu einem männl. Geschlechtsorgan umgebildetes Blattorgan in der Blüte der Samenpflanzen. Die Staubblätter der Nacktsamer sind meist schuppenförmig, die der Bedecktsamer gegliedert in den *Staubfaden* und den an seiner Spitze stehenden *Staubbeutel*.

Staubexplosion, durch Funken oder Reibungswärme ausgelöste heftige Verbrennungsreaktion fester, feinverteilter, brennbarer Substanzen (z. B. Mehl-, Kohlenstaub) im Gemisch mit Luft.

Staubgefäß, andere Bez. für ↑Staubblatt.

Stäublinge (Staubpilze), zur Ordnung der Bauchpilze gehörende, weltweit verbreitete Gatt. mit rd. 50 Arten (u. a. Hasenbofist, Flaschenbofist, Riesenbofist).

Staublunge (Staublungenerkrankung, Staubinhalationskrankheit, Pneumokoniose), Sammel-Bez. für alle krankhaften Veränderungen des Lungengewebes, die durch das Einatmen von Staubteilchen hervorgerufen werden. Das Einatmen von Metall-, Kalk- und Kohlenstäube führt meist zu einer unspezif. Ablagerung der Staubteilchen (Koniose) im lymphat. Gewebe, ohne im allg. Krankheitssymptome zu verursachen. Durch Einatmen von Quarz-, Asbest- und Talkumstäuben entsteht dagegen eine fortschreitende Lungenfibrose mit Emphysem, Rechtsvergrößerung des Herzens und Bronchitis.

Staudamm ↑Talsperre.

Stauden, ausdauernde Pflanzen, deren oberird. Sproßsysteme jährlich am Ende der Vegetationsperiode teilweise oder ganz absterben.

Staudinger, Hermann, * Worms 23. 3. 1881, † Freiburg im Breisgau 8. 9. 1965, dt. Chemiker. Ermittelte die Beziehung zw. Viskosität und Molekulargewicht gelöster Polymere *(Staudinger-Index)*; 1953 Nobelpreis für Chemie.

Staudte, Wolfgang, * Saarbrücken 9. 10. 1906, † Žigarski (Slowenien) 19. 1. 1984, deutscher Filmregisseur. Bis 1955 in der DDR; drehte v. a. zeit- und sozialkrit. Filme, u. a. »Die Mörder sind unter uns« (1946), »Der Untertan« (1951), »Rosen für den Staatsanwalt« (1959); seit 1970 v. a. Fernsehfilme (u. a. »Der eiserne Gustav«, 1978/79; »Die Pawlaks«, 1982).

Staufen im Breisgau, Stadt am W-Rand des Südschwarzwaldes, 7 000 E. Goethe-Institut, Festspiele (u. a. Musikwochen); Weinbau. Spätgot. Martinskirche (15. Jh.); Renaissancerathaus; Ruine der Burg Staufen (Kern 12. Jh.).

Staufer (Hohenstaufen), schwäb. Adelsgeschlecht (Anfänge: 1. Hälfte des 11. Jh.), benannt nach dem Stammsitz (Burg Stoph bzw. Stauf). Friedrich I.,

Sohn Friedrichs von Büren († um 1055), wurde von Heinrich IV. 1079 zum Hzg. von Schwaben ernannt und mit dessen Tochter Agnes vermählt. 1138 konnte Konrad III. seine Wahl zum König durchsetzen. Unter Friedrich I. Barbarossa und Heinrich VI. gelangte die Dynastie auf den Höhepunkt ihrer Geltung. Der Erbanfall Siziliens und der Machtverfall des Königtums im stauf.-welf. Thronstreit (1198–1214/15) verlagerten das Schwergewicht ihrer Herrschaft; die glanzvolle Regierung Friedrichs II. konnte den Niedergang der Dynastie nicht verhindern. Mit der Enthauptung des letzten S., Konradin (1268), in Neapel starb das Geschlecht aus.

Stauffacher, Rudolf, *um 1250, † um 1310, Landamman von Schwyz (1275 bis 1286 und 1302–05). Wesentl. an der schweizer. Freiheitsbewegung beteiligt.

Stauffenberg, Schenken von, schwäbisches Adelsgeschlecht; 1698 Reichsfreiherren, 1791 Reichsgrafen; bis heute besteht die Linie S.-Amerdingen. Bed. Vertreter:
1) Stauffenberg, Berthold Schenk Graf von, *Stuttgart 15. 3. 1905, † Berlin 10. 8. 1944 (hingerichtet), Widerstandskämpfer. Ab 1939 Völkerrechtsberater bei der Seekriegsleitung; als enger Vertrauter seines Bruders Claus an den Vorbereitungen des 20. Juli 1944 unmittelbar beteiligt.
2) Stauffenberg, Claus Schenk Graf von, *Schloß Jettingen (heute Jettingen-Scheppach bei Günzburg) 15. 11. 1907, † Berlin 20. 7. 1944 (erschossen), Offizier und Widerstandskämpfer. 1940 bis 1943 in der Organisationsabteilung des Generalstabs des Heeres. Wurde allmählich zur treibenden Kraft der Widerstandsgruppen. Als Oberst seit 1. 7. 1944 Stabschef beim Befehlshaber des Ersatzheeres, hatte er unmittelbar Zugang zu Hitlers Hauptquartier. Das von ihm als unabdingbare Voraussetzung für den Umsturz betrachtete Attentat auf Hitler führte er am 20. 7. selbst durch. Nach dessen Scheitern wurde er standrechtlich erschossen.

staufische Kunst, die Kunst im Hl. Röm. Reich während der Regierungszeit der Staufer (12./13. Jh.); sie gehört stilist. gesehen zur Romanik. Die Staufer selbst errichteten Pfalzen und Burgen (Trifels, Gelnhausen, Wimpfen), unter Friedrich II. v. a. in Apulien und Sizilien (Kastelle von Catania, Enna, Bari, Lucera, Castel del Monte). ↑deutsche Kunst.

Staumauer ↑Talsperre.

Staupe [niederl.], ansteckende Viruserkrankung der Hunde, Katzen, Pferde u. a. Tiere.

Staupitz, Johann von, *Motterwitz (heute zu Dürrweitzschen bei Oschatz) 1468/69, † Salzburg 28. 12. 1524, dt. kath. Theologe. Augustiner-Eremit; Prof. und erster Dekan der theol. Fakultät in Wittenberg; setzte 1512 Luther als seinen Nachfolger auf dem Lehrstuhl für Bibelwiss. ein; förderte maßgeblich Luthers theol. Neuansatz.

Stausee, künstlich angelegter, auch durch natürl. Vorgänge, z. B. durch Bergsturz oder Lavastrom, aufgestauter See.

Stäublinge. Flaschenbovist (Fruchtkörper etwa 6 cm hoch)

Claus Schenk Graf von Stauffenberg

staufische Kunst. Karlsschrein (vollendet 1215; Aachen, Domschatz)

Stavanger

Stechapfel. Gemeiner Stechapfel (Zweig mit Blüten und Kapselfrucht)

Stechfliegen. Wadenstecher (Körperlänge 0,8 cm)

Stavanger, Hafenstadt in SW-Norwegen, 98 200 E. Seefahrt- und Handelsmuseum; Werften; Zentrum der norweg. Off-shore-Industrie. Roman.-got. Domkirche (12./13. Jh.).

Stavelot [frz. sta'vlo] (Stablo), um 650 gegr. Benediktinerabtei im heutigen Belgien (Prov. Lüttich); eines der frühesten Zentren christl. Kultur in den Niederlanden; 1796 Aufhebung des Klosters.

Stavenhagen, Fritz, *Hamburg 18. 9. 1876, † ebd. 9. 5. 1906, dt. Schriftsteller. Schrieb niederdt. Theaterstücke (u. a. »Mudder Mews«, 1904).

St. Cyr, Johnny [engl. snt'sıə], eigtl. John Alexander St. C., *New Orleans 17. 4. 1890, † Los Angeles 17. 6. 1966, amerikan. Jazzmusiker. Einer der bedeutendsten Banjospieler des New-Orleans-Jazz.

Steady-state-Theorie [engl. 'stedɪ-'steɪt...] ↑ Kosmologie.

Stearin [griech.], aus den Fettsäuren Palmitinsäure und Stearinsäure bestehendes, wachsartiges Gemisch; verwendet für Kerzen, in der Seifen-, Gummi- und Textilindustrie.

Stearinsäure (Octadecansäure), farb- und geruchlose gesättigte Fettsäure, die als Glycerinester in zahlr. tier. und pflanzl. Fetten vorkommt.

Steatit [griech.] (Speckstein, Seifenstein), Mineral von meist weißer Farbe, dicht, Varietät des Talks; wird als Schneiderkreide, Isolierzuschlagstoff in der Elektro-Ind. sowie für Bildschnitzereien (Mohshärte 1) verwendet.

Stechapfel (Dornapfel, Stachelapfel), Gatt. der Nachtschattengewächse mit rd. 20 Arten in den trop. bis gemäßigten Gebieten; giftige Kräuter, Sträucher oder kleine Bäume mit meist stacheligen oder dornigen, vielsamigen Kapselfrüchten; u. a. der *Gemeine S.* (mit weißen, bis 10 cm langen Blüten).

Stechfliegen (Stomoxydinae), rd. 50 Arten umfassende, fast ausschließlich in trop. Gebieten verbreitete Unter-Fam. etwa 3–9 mm langer, blutsaugender Echter Fliegen mit langem, waagrecht gehaltenem Stechrüssel; z. T. Krankheitsüberträger.

Stechginster (Stachelginster, Gaspeldorn, Ulex), Gatt. der Schmetterlingsblütler mit 15 Arten in W-Europa; Sträucher mit in scharfen Dornspitzen endenden Zweigen; Blüten gelb; Hülsenfrucht zweiklappig; einheimisch ist der *Europ. S.,* 1–1,5 m hoch.

Stechimmen (Stechwespen, Aculeata), Gruppe der Taillenwespen; Legeröhre der Weibchen ist in Verbindung mit Giftdrüsen zu einem Wehrstachel umgewandelt (u. a. Bienen).

Stechmücken (Gelsen, Moskitos, Culicidae), weltweit, v. a. in den Tropen, verbreitete Familie mittelgroßer Mücken mit rund 2 500 Arten; Weibchen mit langem Saugrüssel, z. T. Blutsauger und gefährliche Krankheitsüberträger (z. B. von Malaria, Gelbfieber); Männchen nehmen nur Wasser und Pflanzensäfte auf. Einheim. sind u. a. die ↑Aedesmücken und die *Gemeine S.* (Hausmücke).

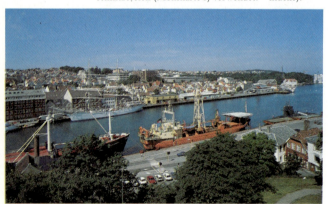

Stavanger

Stechpalme (Ilex), Gatt. der zweikeimblättrigen Pflanzen-Fam. Stechpalmengewächse (Aquifoliaceae) mit über 400 Arten, v. a. in den Tropen und Subtropen Asiens und Amerikas, wenige Arten in der gemäßigten Zone; immer- oder sommergrüne Bäume oder Sträucher mit oft dornig gezähnten Blättern; Frucht eine beerenartige Steinfrucht. Einheim. ist die *Stecheiche* (S. im engeren Sinne, Hülse, Hülsdorn), ein immergrüner Strauch oder kleiner Baum von 3–10 m Höhe; Früchte korallenrot, giftig. Eine wichtige Nutzpflanze in S-Amerika ist die immergrüne, 5–14 m hohe *Matepflanze* (Mateteestrauch, Verbabaum), deren Blätter für ↑Mate verwendet werden.

Stechrochen (Stachelrochen, Dasyatidae), Fam. vorwiegend nachtaktiver Rochen mit rd. 65 überwiegend marinen, bis etwa 3 m langen Arten in allen Meeren; zeitweise auch im Brack- und Süßwasser. Körper scheibenförmig; Giftstachel auf dem peitschenförmigen Schwanz, dessen Giftwirkung auch dem Menschen gefährlich werden kann.

Steckbrief, auf Grund eines Haft- oder Unterbringungsbefehls erlassene kurze Beschreibung einer verdächtigen Person sowie der Tat, des Tatortes und der Tatzeit.

Steckdose ↑Steckvorrichtungen.

Stecker ↑Steckvorrichtungen.

Steckrübe, svw. ↑Kohlrübe.

Steckschlüssel ↑Schraubenschlüssel.

Steckvorrichtungen, berührungssichere, von Hand leicht lösbare elektr. Verbindung, bestehend aus *Stecker* und entsprechender *Kupplung* bzw. fest eingebauter *Steckdose.* Weit verbreitet sind *Schukostecker* (zweipolig; mit Schutzkontakt) zum Netzanschluß ortsveränderl. Verbraucher (Elektrogeräte) über flexible Leitungen. *Kragen-, Perilex-* oder *Cekon-Stecker* dienen zum Anschluß an das Kraft- oder Drehstromnetz. Im Bereich der Unterhaltungselektronik finden sich u. a. einpolige *Bananenstecker,* mehrpolige *Klinkenstecker, Lautsprecherstecker, Diodenstecker,* jeweils mit entsprechenden Kupplungen bzw. Buchsen; in der Elektronik insbes. für abgeschirmte Leitungen: *HF-Stecker* und *BNC-Stecker.*

Stedingen, Marschengebiet nw. von Bremen.

Stechpalme. Oben: Zweig mit Früchten ♦ Mitte: männliche Blüten ♦ Unten: Zwitterblüten

Steele, Sir (seit 1715) Richard [engl. sti:l], ≈ Dublin 12. 3. 1672, † Carmarthen 1. 9. 1729, engl. Schriftsteller. Bed. Essayist und Publizist der engl. Aufklärung; Hg. von ↑moralischen Wochenschriften.

Steen, Jan, * Leiden 1625 oder 1626, □ ebd. 3. 2. 1679, niederl. Maler. Malte Genrebilder des niederl. Volkslebens.

Stefan, Josef, * Sankt Peter (heute zu Klagenfurt) 24. 3. 1835, † Wien 7. 1. 1893, österr. Physiker. Arbeiten zur kinet. Gastheorie und zur Theorie der Wärme führten 1879 zur Entdeckung des nach ihm und L. Boltzmann ben. Strahlungsgesetzes.

Stefan-Boltzmannsches Gesetz, von J. Stefan 1879 aufgefundene, von L. Boltzmann theoret. begründete Gesetzmäßigkeit für die reine Temperaturstrahlung eines Schwarzen Strahlers: Das gesamte Emissionsvermögen ist der vierten Potenz der absoluten Temperatur proportional.

Stefano, Giuseppe Di, italien. Sänger, ↑Di Stefano, Giuseppe.

Steffani, Agostino, * Castelfranco Veneto 25. 7. 1654, † Frankfurt am Main 12. 2. 1728, italien. Komponist. Schrieb für die Höfe von München (dort Kammermusikdirektor), Hannover (ab 1688 Opernkapellmeister) und Düsseldorf zahlr. Opern; auch Kirchenmusik.

Steg, 1) *allg.:* schmaler Fußweg, insbes. eine kleine, leichte Brücke für Fußgänger; schmales Verbindungs- oder Zwischenstück.

Charlotte von Stein
(zeitgenössischer Kupferstich)

Edith Stein

Gertrude Stein
(Marmorbüste)

Stegreifkomödie

2) *Instrumentenkunde:* bei Saiteninstrumenten eine Leiste oder kleine Platte aus Holz, auf der die Saiten aufliegen.
Stegreifkomödie, Komödie ohne literar. Textvorlage: Monologe bzw. Dialoge, Mimik o. ä. werden von den Schauspielern improvisiert. ↑auch Commedia dell'arte.
Steherrennen ↑Radsport.
Steiermark, sö. Bundesland von Österreich, 16387 km², 1,185 Mio. E, Hauptstadt Graz. Die S. liegt weitgehend in den Ostalpen, die hier 2995 m ü. M. erreichen (Dachstein). An das Grazer Bergland schließen nach O das Joglland und Randgebiete des Pannon. Tieflandes an. In Grenznähe leben slowen. Minderheiten. Wichtigste Wirtschaftszweige sind Bergbau, Eisen-, Stahl-, Elektro- u. a. Industrie sowie Viehzucht; bed. Fremdenverkehr.
Geschichte: Etwa 45 n. Chr. röm. Prov. Noricum. Ab 500 Einwanderung von Bayern, um 590 der Slowenen, die im 7./8. Jh. das Hzgt. Karantanien (Kärnten, Obersteiermark und Teile der Untersteiermark) errichteten; 772 bayr.; von Karl d. Gr. dem Fränk. Reich angeschlossen. Nach 976 z. T. beim Hzgt. Kärnten; 1180 Schaffung des Hzgt. S. (Ober- und Mittelsteiermark, Traungau); 1282 an die Habsburger. 1867 bis 1918 Kronland der österr.-ungar. Monarchie. 1919/20 wurde der slowen. Teil an Jugoslawien abgetreten, während das dt. Siedlungsgebiet Bundesland der Republik Österreich wurde.
Steigbügel, 1) *Anatomie:* ↑Gehörorgan.
2) *Reitsport:* Bügel aus Metall, der den Fuß des im Sattel sitzenden Reiters stützt.
Steigeisen, 1) *allg.:* Stahlbügel als Steig- und Greifhilfe an der Wand z. B. von Schächten.
2) *Bergsteigen:* Hilfsmittel des Bergsteigers v. a. für Eistouren; am Bergschuh befestigtes zweiteiliges Leichtmetallgerippe mit zehn vertikalen und zwei Frontzacken.
Steiger, frühere, seit dem MA übliche Berufsbezeichnung für Bergleute, die auch unter Tage Aufsichtsaufgaben durchführten.
Steigerung, svw. ↑Komparation.
Steigerwald, Teil des fränk. Schichtstufenlandes zw. oberer Aisch und dem Main bei Haßfurt, bis 498 m hoch.

Steigung, 1) *allg.:* (Anstieg) das Verhältnis der Höhendifferenz zweier auf einer ansteigenden Geraden liegender Punkte zu ihrem in der Horizontalen gemessenen Abstand.
2) *Mathematik:* der Tangens des Winkels, den die Tangente an eine ebene Kurve mit der positiven Richtung der x-Achse bildet (↑auch Differentialrechnung).
3) *Technik:* ↑Gewinde.
Stein [ʃtain, staɪn]: **1)** Charlotte von, geb. von Schardt, * Eisenach 25. 12. 1742, † Weimar 6. 1. 1827. Ab 1764 ∞ mit Friedrich Frhr. von S.; Freundschaftsverhältnis zu Goethe (1775 bis 1786).
2) Edith (Ordensname Teresia Benedicta a Cruce), * Breslau 12. 10. 1891, † KZ Auschwitz 9. 8. 1942, dt. Philosophin. Aus orth. jüd. Familie; 1922 Übertritt zum Katholizismus; 1933 Karmelitin in Köln. Versuchte eine Synthese der Husserlschen Phänomenologie mit der Seinslehre des Thomismus und der augustin. Metaphysik. – 1987 selig gesprochen.
3) Gertrude, * Allegheny (Pa.) 3. 2. 1874, † Paris 27. 7. 1946, amerikan. Schriftstellerin. Lebte ab 1902 zus. mit ihrer Lebensgefährtin Alice B. Toklas (* 1877, † 1972) meist in Paris, wo ihr Salon zum Treffpunkt der Künstler (P. Picasso, H. Matisse, G. Bracque) wurde. Ihr avantgardist. Prosastil hatte großen Einfluß u. a. auf E. Hemingway, J. Dos Passos, F. S. Fitzgerald, für die sie die Bez. ↑»Lost generation« prägte. In dt. Übers. sind u. a. »Drei Leben« (En., 1909), »Church Amiably« (R., 1930), »Ida« (R., 1941), »Kriege, die ich gesehen habe« (Autobiogr., 1945), »Keine keiner« (R., hg. 1948) erschienen.
4) Heinrich Friedrich Karl Reichsfreiherr vom und zum, * Nassau 25. 10. 1757, † Cappenberg 29. 6. 1831, dt. Staatsmann. Als preuß. Finanz- und Wirtschafts-Min. (1804 bis Jan. 1807) suchte S. den Staat für die Auseinandersetzung mit Napoleon I. vorzubereiten. Von Sept. 1807 bis Nov. 1808 leitender Min. in Preußen, wo er grundlegende Neuerungen (Bauernbefreiung, Städteordnung) durchsetzte (↑preußische Reformen). Er gründete 1819 die »Gesellschaft für ältere dt. Geschichtskunde« (↑Monumenta Germaniae Historica).

Steinbock

5) **Karl** Frhr. von S. zum Altenstein ↑Altenstein, Karl Frhr. von Stein zum.
6) **Lorenz** von (seit 1868), *Borby (heute zu Eckernförde) 15. 11. 1815, † Weidlingau (heute zu Wien) 23. 9. 1890, dt. Staatsrechtler. Machte die sozialist. und kommunist. Lehren einem breiteren Publikum in Deutschland bekannt. Theoret. Hauptwerk: »Die Verwaltungslehre« (8 Bde., 1865–84).
7) **Peter**, *Berlin 1. 10. 1937, dt. Regisseur. Gehört zu den Regisseuren, die das dt. Theater ab Ende der 60er Jahre auf internat. Niveau geprägt haben; u. a. ab 1970 Regisseur und 1970–85 [mit Unterbrechungen] künstler. Leiter der Schaubühne in Berlin (West) [1962 gegr. unter dem Namen Schaubühne am Halleschen Ufer, seit 1981 Schaubühne am Lehniner Platz]; seit 1991 Schauspieldirektor der Salzburger Festspiele; auch Film- und Fernsehinszenierungen.
8) **William Howard**, *New York 25. 6. 1911, † ebd. 2. 2. 1980, amerikan. Biochemiker. Erhielt mit C. B. Anfinsen und S. Moore für gemeinsame Forschungsarbeiten zur Aufklärung der molekularen Struktur und der Funktion des Enzyms Ribonuklease 1972 den Nobelpreis für Chemie.

Steinadler ↑Adler.

Stein am Rhein, Bezirkshauptort im schweizer. Kanton Schaffhausen, am rechten Ufer des Hochrheins, 2 600 E. Ehemalige Benediktinerabtei Sankt Georgen mit frühroman. Kirche (um 1060) und spätgot. Klosterbauten. Rathaus (1539 und 1745/46) mit Fassadenmalerei von 1900. Oberhalb der Stadt Burg Hohenklingen (12. Jh.). – 1457 reichsfrei, nach dem Anschluß an Zürich (1484) zum Kt. Schaffhausen (1803).

Steinbeck, John [engl. ˈstaɪnbɛk], *Salinas (Calif.) 27. 2. 1902, † New York 20. 12. 1968, amerikan. Schriftsteller. Kriegsberichterstatter im 2. Weltkrieg und in Vietnam; bed. Vertreter des sozialkrit. Romans; 1962 Nobelpreis für Literatur. – Werke: Die wunderl. Schelme von Tortilla Flat (R., 1935), Von Mäusen und Menschen (R., 1937; Dr., 1937), Früchte des Zorns (R., 1939), Die Straße der Ölsardinen (R., 1945), Jenseits von Eden (R., 1952), Laßt uns König spielen (Märchen, 1957).

Steinbeere (Felsenbeere), 10–30 cm hohe Staude in den Gebirgen und Mittelgebirgen Europas und Asiens; kleine weiße Blüten und rote Früchte.
Steinbeißer (Cobitinae), Unter-Fam. überwiegend kleiner Schmerlen mit rd. 50 Arten in raschfließenden bis stehenden Süßgewässern Eurasiens und N-Afrikas; Körper langgestreckt, mit drei Paar Bartfäden; u. a. *Schlammpeitzger* (Bißgurre; 20–30 cm lang, braun bis gelbbraun) und *Euras. S.* (Steinpeitzger, Dorngrundel; bis 12 cm lang, grünlichbraun, gefleckt).

Steinbeere
(Höhe 10–30 cm)

Steinberger, Jack [engl. ˈstaɪnbəːgə], *Bad Kissingen 25. 5. 1921, amerikan. Physiker dt. Herkunft. Für seine Arbeiten auf dem Gebiet der Neutrinostrahlung erhielt er mit L. M. Lederman und M. Schwartz den Nobelpreis für Physik 1988.
Steinbock, 1) *Astrologie, Astronomie:* ↑Sternbilder (Übersicht), ↑Tierkreiszeichen (Übersicht).
2) *Zoologie:* geselliges, in Hochgebirgen Eurasiens und NO-Afrikas lebendes, ausgezeichnet kletterndes und springendes Säugetier (Gatt. Ziegen); Länge etwa 1,1–1,7 m; Schulterhöhe rd. 0,6 bis 1,0 m; Gewicht 35–150 kg; Männchen mit sehr großen, bis über 1 m langen, zurückgebogenen Hörnern, meist mit ausgeprägten Querwülsten, Weibchen mit kleinen Hörnern; Färbung grau- bis gelb- oder dunkelbraun; u. a.: *Alpen-S.* (bis 1 m schulterhoch), *Nubischer S.* (knapp 80 cm schulterhoch, auf der Arab. Halbinsel, in Israel und im nö. Afrika), *Sibir. S.* (bis 1,6 m schulter-

Steiermark
Landeswappen

John Steinbeck

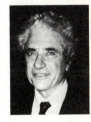

Jack Steinberger

Steinbrech

Steinbock 2). Nubischer Steinbock (Kopf-Rumpf-Länge 105–125 cm, Schulterhöhe 65–75 cm)

Steinbrech. Körniger Steinbrech (Höhe bis 40 cm)

hoch, im Hochgebirge von Afghanistan bis O-Sibirien).

Steinbrech (Saxifraga), Gatt. der S.gewächse mit rd. 350 Arten, überwiegend in den Hochgebirgen der arkt. und der nördl. gemäßigten Zone und in den Anden; häufig rasen- oder rosettenbildende Kräuter mit oft ledrigen oder fleischigen Blättern; Blüten weiß, gelb oder rötlich; einheimisch u. a. der bis 40 cm hohe *Körnige S.* (mit weißen, sternförmigen Blüten). Als Topfpflanze kultiviert wird der *Judenbart* (mit nierenförmigen Blättern und weißen Blüten).

Steinbrechgewächse (Saxifragaceae), Fam. der Zweikeimblättrigen mit rd. 1 200 Arten in etwa 80 Gatt., meist in den gemäßigten Gebieten; überwiegend ausdauernde Kräuter oder Sträucher (u. a. Hortensie, Stachelbeere, Johannisbeere, Steinbrech).

Steinbuch, Karl, * Stuttgart 15. 6. 1917, dt. Nachrichtentechniker und Informatiker. Wurde bekannt als gesellschaftskrit. Schriftsteller; Vorschläge zur Lösung kultur- und gesellschaftspolitischer Probleme (»Falsch programmiert«, 1968; »Die rechte Zukunft...«, 1981).

Steinbutte (Scophthalmidae), Fam. etwa 0,1–2 m langer Knochenfische an den Küsten des N-Atlantiks (einschließlich Nebenmeere); Augen auf der linken Körperseite; geschätzte Speisefische, z. B. der bis 70 cm lange *Glattbutt* und der *Steinbutt,* bis 1 m lang, Körperumriß fast kreisrund.

Steiner, Rudolf, * Kraljevica (Kroatien) 27. 2. 1861, † Dornach 30. 3. 1925, österr. Anthroposoph. Trennte sich 1913 von der Theosoph. Gesellschaft und gründete die Anthroposoph. Gesellschaft und das Goetheanum (↑Anthroposophie).

Steinfliegen (Uferfliegen, Uferbolde, Plecoptera), mit rd. 2000 Arten v. a. in den gemäßigten Zonen verbreitete Ordnung 3,5–30 mm langer Insekten (darunter rd. 100 einheim. Arten).

Steinfrucht, Schließfrucht, deren reife Fruchtwand in einen inneren, den Samen enthaltenden *Steinkern* und einen äußeren, entweder fleischig-saftigen (Kirsche, Pflaume) oder ledrig-faserigen (Mandel, Wal- und Kokosnuß) Anteil differenziert ist. ↑Fruchtformen.

Steinfurt, Stadt im Münsterland, NRW, 31 500 E. Im Ortsteil Burgsteinfurt Wasserburg (12./13. und 16. bis 18. Jh.), Pfarrkirche (15. Jh.), Rathaus (1561).

Steingaden, Gem. bei Füssen, Bayern, 2 500 E. Roman. Kirche (1176 geweiht) der ehem. Prämonstratenserabtei, im Innern barockisiert (17. und 18. Jh.); nahebei die ↑Wies.

Steingut ↑Keramik.

Steinhäger®[nach der Gem. Steinhagen, NRW], zweifach destillierter Wacholderbranntwein.

Steinhausen ↑Bad Schussenried.

Steinheim an der Murr, Stadt bei Marbach, Bad.-Württ., 10 600 E. Urmensch-Museum (Dokumentation über den Steinheimmenschen). Roman.-got. Pfarrkirche, Fachwerkrathaus (1686). – In pleistozänen Schottern wurde 1933 der Schädel des Steinheimmenschen gefunden.

Steinheimer Becken, um 100–120 m eingetieftes Becken von 3,5 km Durchmesser im O-Teil der Schwäb. Alb. Meteorkrater-Museum im Ortsteil Sontheim der Gem. Steinheim am Albuch.

Steinheimmensch ↑Mensch.

Steinholz (Xylolith), aus Magnesitbinder und Füllstoffen (z. B. Sägemehl, Korkschrot) hergestellter Werkstoff; Wärmedämmung für Fußböden und Wände.

Steinhuder Meer, See nw. von Hannover, 29 km², bis 2,8 m tief. Auf einer

Steinobst

Untiefe im See wurde während des Siebenjährigen Krieges die Festung Wilhelmstein erbaut.
Steinigung, die Hinrichtung durch Steinwürfe.
Steinkauz ↑Eulenvögel.
Steinklee, Gatt. der Schmetterlingsblütler mit rd. 25 Arten im gemäßigten und subtrop. Eurasien und in N-Afrika bis Äthiopien; in Deutschland u. a. der gelbblühende, nach Honig duftende, 30–100 cm hohe *Echte S.,* der bis 1,5 m hohe, gelbblühende *Hohe S.* und der bis 1,25 m hohe *Weiße S.* (Bucharaklee).
Steinkohleneinheit, als Wärmeinhalt von 1 kg Steinkohle mit dem Brennwert von 7000 kcal bzw. rd. 29 300 kJ definierte techn. Energieeinheit, Einheitenzeichen SKE; 10^3 SKE = 1 t SKE (Tonnen S.).
Steinkorallen (Madreporaria), Ordnung der Korallen mit rd. 2 500 Arten in allen Meeren trop. bis gemäßigter Regionen; scheiden mit der Fußscheibe stets ein Kalkskelett ab, wodurch die S. die wichtigsten Riffbildner darstellen.
Steinkrabben (Lithodidae), Fam. krabbenähnl. Krebse (v. a. in kalten Meeren); Panzerlänge bis über 20 cm; u. a. der im N-Pazifik vorkommende *Kamtschatkakrebs* (Königskrabbe); Männchen bis 8 kg schwer; das konservierte Fleisch kommt in Dosen als *Crabmeat* in den Handel.
Steinkraut (Steinkresse, Schildkraut), mit rd. 100 Arten in M-Europa und vom Mittelmeergebiet bis Z-Asien verbreitete Gatt. der Kreuzblütler; meist gelbe, in Trauben stehende Blüten; Schötchenfrüchte.
Steinkrebs ↑Flußkrebse.
Steinleiden (Steinkrankheit, Lithiasis), Erkrankung durch lithogene Veränderungen (Konkrementbildungen) in inneren Organen (bes. in der Niere und in den ableitenden Harnwegen, in Gallengängen und Gallenblase).
Steinlinde, Gatt. der Ölbaumgewächse mit vier Arten, verbreitet vom Mittelmeergebiet bis nach Kleinasien und zum Kaukasus; immergrüne Sträucher mit weißen, wohlriechenden Blüten; typisch für die Macchie.
Steinmarder (Hausmarder), über fast ganz Europa und weite Teile Asiens verbreiteter Marder; Länge etwa 40–50 cm; Schwanz rd. 25 cm lang; dunkelbraun mit weißem, hinten gegabeltem Kehlfleck; dämmerungs- und nachtaktives Raubtier; frißt hauptsächlich Mäuse und Ratten.
Steinmispel (Zwergmispel, Steinquitte, Quittenmispel, Cotoneaster), Gatt. der Rosengewächse mit knapp 100 Arten im gemäßigten Asien; immer- oder sommergrüne Sträucher, u. a. die 1,5 m hohe *Gemeine S.* mit blaßroten Blüten und purpurroten Früchten.
Steinobst, Bez. für Obstsorten aus der Gatt. Prunus (v. a. Kirsche, Pflaume, Mirabelle, Reneklode, Pfirsich, Aprikose), deren Früchte einen Steinkern enthalten.

Steinfurt. Schloß Burgsteinfurt; im 17. und 18. Jh. ausgebaut

Steinklee. Echter Steinklee (Höhe 30 – 100 cm)

Rudolf Steiner

Steinpilz

Steinpilz
(Hutbreite bis 35 cm)

Steinpilz (Eichpilz, Edelpilz, Herrenpilz), Röhrling der Laub- und Nadelwälder mit mehreren schwer unterscheidbaren Unterarten; Hut bis 35 cm breit, Oberhaut glatt oder feinrunzelig, Stiel anfangs rundlich, später langgestreckt, bis 30 cm lang; Fleisch rein weiß; geschätzter Speisepilz.

Steinsalz (Halit), meist farbloses, sonst durch Verunreinigungen gefärbtes Mineral (Mohshärte 2, Dichte 2,1–2,2 g/cm³), chem. NaCl (Natriumchlorid); kommt als Meeres- und Salzseesediment meist im Wechsel mit Anhydrit und Gips in fast allen geolog. Formationen in großen Lagerstätten vor. Rohstoff für die chem. Industrie, gereinigt als Kochsalz zu Speise- und Konservierungszwecken.

Steinschneidekunst (Glyptik, Lithoglyptik), die Herstellung von *Gemmen*, d. h. mit Relief verzierten Steinen; solche mit Hochrelief heißen *Kameen*, die mit vertieftem Relief *Intaglien*. Von Hand geschnitten wird nur Speckstein, während die härteren Materialien – Halbedelsteine, Edelsteine, Glas – mit speziellen Bohrern bearbeitet und geschliffen werden. Die ältesten glypt. Werke sind Intaglien, die als Siegel dienten (Altmesopotamien, Ägypten), Griechenland schuf Schmuckintaglien; seit hellenist. Zeit auch Kameen, bes. später in Rom. Diese waren meist aus

Steinsalz.
Würfelförmiger Kristall

mehrschichtigem Sardonyx geschnitten, i. d. R. helle Figuren vor dunklem Grund. Im MA gab es in karoling. Zeit Bergkristallschnitte, am italien. Hof Friedrichs II. entstanden Sardonyx-Kameen (bei denen dunkle Figuren vor hellem Grund stehen), in Frankreich im 13./14. Jh. Intaglien. Im 15. und 16. Jh. waren der Hof Lorenzos (l) de' Medici und der Hof Rudolfs II. Zentren der S.; im 18. Jh. stellte man bevorzugt Bildnisse her (Intaglien).

Steinwälzer (Arenariinae), Unter-Fam. der Strandvögel mit drei Arten, v. a. an steinigen Meeresküsten der Nordhalbkugel; drehen bei der Nahrungssuche bes. Muscheln und kleine Steinchen um; Zugvögel, die bis in die Tropen ziehen; in Deutschland der *Gewöhnl. Steinwälzer*.

Steinway & Sons [engl. ˈstaɪnweɪ ənd ˈsʌnz], amerikan. Klavierfabrik in New York mit Filialen in London (seit 1875) und Hamburg (seit 1880); gegr. 1853 in New York von Heinrich Engelhard Steinweg (* 1797, † 1871, ab 1854 anglisiert zu Henry E. Steinway); 1972 der CBS eingegliedert.

Steinwolle (Gesteinsfasern, Gesteinswolle), aus einem Glasfluß, der durch Schmelzen von flußmittelreichen Gesteinen erzeugt wird, mittels Verblasens durch Platindüsen hergestellte Mineralfasern.

Steinzeit, nach dem Dreiperiodensystem (↑Vorgeschichte) älteste und längste (mindestens 2 Mio. Jahre) Periode der Menschheitsgeschichte, in der die wichtigsten Werkzeuge aus Stein hergestellt wurden; vielfach gegliedert in Paläolithikum, Mesolithikum und Neolithikum mit jeweils weiteren Untergliederungen.

Steinzeug, Sammel-Bez. für *Grob-S.* (bräunl. oder grauer Scherben) und *Fein-S.* (↑Keramik).

Steinschneidekunst. Gemma Augustea; Kamee aus Onyx, augusteisch

Steißbein, bei Menschenaffen und beim Menschen ausgebildeter, auf das Kreuzbein folgender letzter Abschnitt der Wirbelsäule aus mehr oder weniger miteinander verschmolzenen, rückgebildeten Wirbeln *(Steiß[bein]wirbeln)*; ein Rest des Schwanzskeletts.

Steißhühner (Tinamiformes), über 40 Arten umfassende Ordnung bis rebhuhngroßer Bodenvögel in Z- und S-Amerika; u. a. das etwa 40 cm lange *Pampashuhn.*

Stele [griech.], freistehende aufrechte Platte aus Stein, mit Inschriften und Reliefs, diente u. a. als Grab-, Weihe-, Urkunden- und Grenzstein, Siegesdenkmal, Kultobjekt. Seit dem 3. Jt. v. Chr. in Ägypten und in Mesopotamien; berühmt die altsumerische Geierstele (Siegesstele) oder die Gesetzesstele des babylonischen Königs Hammurapi.

Stella polaris [lat.], svw. ↑Polarstern.

Stellenwertsystem (Positionssystem), ein durch die arab. Ziffern ermöglichtes Zahlensystem, bei dem der Wert einer Ziffer außer von ihrem Eigenwert (Ziffernwert) auch von ihrer Stellung innerhalb der Zahl abhängt, z. B. steht in der Dezimalzahl 54 die erste Ziffer für 5 · 10 = 50, die zweite für 4 · 1 = 4.

Stellvertretung, rechtsgeschäftl. Handeln einer geschäftsfähigen Person *(Vertreter)* im Namen einer anderen *(Vertretener)* für diese, d. h. für fremde Rechnung.

Stellwerk ↑Eisenbahn.

Stelzen (Motacillidae), mit rd. 50 Arten fast weltweit in Gras- und Sumpflandschaften sowie an Flußufern verbreitete Fam. 12–23 cm langer Singvögel. Man unterscheidet die beiden Gruppen ↑Pieper und *Motacilla* (eigentl. S.); zu den letzteren gehören u. a. die *Bachstelze* (etwa 18 cm lang, in ganz Eurasien) und die bis über 15 cm lange *Schafstelze* (Wiesen-S.; ♂ mit Ausnahme des blaugrauen Kopfes oberseits olivgrün, unterseits gelb; auf Wiesen und Äckern N-Afrikas und Eurasiens).

Stelzvögel (Schreitvögel, Ciconiiformes), mit über 100 Arten weltweit v. a. an Ufern und in Sümpfen verbreitete Ordnung meist langbeiniger und langhalsiger Vögel (u. a. Reiher, Störche, Ibisse).

Stemmeisen, svw. ↑Beitel.

Steinschneidekunst. Bildniskamee »Grablegung Christi«; Achat in vergoldeter Silberfassung, italienische Arbeit (Ende des 16. Jh.; Wien, Kunsthistorisches Museum)

Stempel, 1) *Botanik:* das aus einem oder mehreren Fruchtblättern gebildete, in Fruchtknoten, Griffel und Narbe gegliederte weibl. Geschlechtsorgan in der Blüte der Samenpflanzen.
2) *graph. Gewerbe:* Vorrichtung zum Abdrucken oder Einprägen *(Präge-S.)* kurzer Hinweise, spezieller Angaben, Daten u. ä. (in Form von Schriftzeichen) und/oder bestimmter graph. Darstellungen (z. B. in Form von Behörden-S. mit dem Charakter eines Siegels). Die reliefartigen Zeichen aus Gummi, Kunststoff oder Metall werden mit Hilfe eines mit *Stempelfarbe* (Lösung von stark färbenden Farbstoffen) getränkten *Stempelkissens*

Stelzen. Bachstelze

eingefärbt. Spezial-S. besitzen verstellbare Drucktypen und können so für unterschiedl. Angaben verwendet werden.

Stempelsteuer, Steuer, die durch Kauf von Steuermarken entrichtet wird.

Stendal [...daːl, ...dal], Stadt in der Altmark, Sa.-Anh., 50 700 E. Winckel-

Stendal Stadtwappen

Stendhal

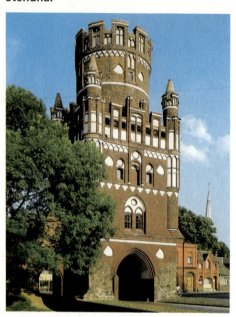

Stendal.
Uenglinger Torturm;
14. und 15. Jh.

Stendhal

mann-Museum und Theater; Tiergarten. U. a. Dauermilchwerke. Zahlr. got. Backsteinbauten aus dem 14. und 15. Jh., u. a. der Dom Sankt Nikolaus und weitere Kirchen, das Rathaus mit Roland (Kopie) vor der Gerichtslaube. – 1258–1309 Sitz der brandenburg. Askanier; Mitglied der Hanse 1359–1518; Hauptort der Altmark; bis 1488 führend bei den märk. Städtebünden. Im 19. Jh. wurde S. bed. Eisenbahnknotenpunkt.

Stendhal [frz. stɛ̃'dal], eigtl. Marie Henri Beyle, *Grenoble 23. 1. 1783, †Paris 23. 3. 1842, frz. Schriftsteller; schrieb neben Essays, Tagebüchern und Reiseberichten v. a. Novellen (»Renaissance-Novellen«, hg. 1855) und Romane, u. a. »Rot und Schwarz« (1830), »Die Kartause von Parma« (1839), »Lucien Leuwen« (hg. 1855, unvollendet); in den »Bekenntnissen eines Egotisten« (1832) entwickelte S. eine Philosophie des Ichkults. – *Weitere Werke:* Über die Liebe (Studie, 1822), Racine und Shakespeare (1823 bis 1825), Das Leben des Henri Brulard (Autobiogr., hg. 1890, unvollendet).

Stengel, die gestreckte Sproßachse krautiger Samenpflanzen. – Ggs. Stamm.

Stenographie [griech.] (Stenografie, Kurzschrift), eine aus einfachen Zeichen gebildete Schrift, die schneller als die traditionelle »Langschrift« geschrieben werden kann. Die heutige S. ist ihrem Wesen nach eine Buchstabenschrift, enthält aber auch Elemente der Silbenschrift und Wortschrift (festgelegte »Kürzel«). Nach Systemen von Franz Xaver Gabelsberger (1834), Wilhelm Stolze (1841) und Ferdinand Schrey (1887) wurde 1924 die *Dt. Einheitskurzschrift* (DEK) geschaffen.

Stenose [griech.], angeborene oder erworbene Verengung eines Körperkanals oder einer Kanalöffnung.

Stentor, griech. Held aus der »Ilias«, dessen Stimme so laut war wie die von 50 Männern; daher die sprichwörtl. Bez. *Stentorstimme*.

Stephan, Name von Herrschern:
Polen: **1) Stephan IV. Báthory** [ungar. 'ba:tori], *Şimleu Silvaniei 27. 9. 1533, †Grodno 12. 12. 1586, König (seit 1575). Aus ungar. Magnatengeschlecht;

Stereochemie

1571 Fürst von Siebenbürgen; kämpfte als poln. König 1578–82 mit Schweden gegen Rußland, gewann einen Teil Livlands zurück, konsolidierte die königl. Macht in Polen.

Serbien: **2) Stephan Dušan** [serbokroat. ˌduʃan] (S. D. Uroš IV.), *um 1308, † Dabolis 20. 12. 1355, König (seit 1331), Kaiser (Zar) der Serben und Griechen (seit Ende 1345). Schuf ein serb.-griech. Großreich (bis 1343 Eroberung von Albanien, bis Ende 1345 von Makedonien, um 1347/48 von Epirus, 1348 von Thessalien).

Ungarn: **3) Stephan I., der Heilige** (ungar. I. István), *um 975, † Esztergom 15. 8. 1038, König (seit 1001). Schwager Kaiser Heinrichs II.; zog zahlr. Deutsche in sein Land, das er, z. T. mit Gewalt, christianisierte; Gründung des Erzbistums Gran; hl. seit 1087.

Stephan II. (III.), † Rom 26. 4. 757, Papst (seit 26. 3. 752). Realisierte den Bund des Papsttums mit den Franken.

Stephan, Heinrich von (seit 1885), *Stolp 7. 1. 1831, † Berlin 8. 4. 1897, Organisator des dt. Postwesens. Generalpostmeister des Norddt. Bundes und des Dt. Reiches; Gründer des Weltpostvereins.

Stephanopulos, Konstantin, *Patras 1926, griech. Politiker. Jurist; 1974–76 Innen-Min., 1976/77 Sozial-Min.; 1981–85 Parlamentsabg. (Nea Demokratia); 1985 Gründer und Vors. der Demokrat. Erneuerung; seit 1995 Staatspräsident.

Stephansdom, Metropolitankirche Wiens (seit 1722, Bischofskirche seit 1469); nach dem 2. Weltkrieg vollständig erneuert; got. Bauwerk (Hallenchor 1304 bis 1440, Langhaus in Form einer Staffelhalle mit Steildach 1350 ff., Netzgewölbe 1446 ff.).

Stephanskrone, urspr. wohl von Papst Silvester II. um 1000 dem Ungarnkönig Stephan I., dem Heiligen, verliehene Krone, die 1270 entführt und von Stephan V. (⚭ 1270–72) durch die heute erhaltene S. (1945–78 in den USA) ersetzt wurde.

Stephanus (Stephan), hl., einer der sieben »Diakone« der Apostelgeschichte. Erlitt als erster Christ das Martyrium (Erzmärtyrer). – Fest: 26. Dezember.

Stephenson, George [engl. sti:vnsn], *Wylam bei Newcastle upon Tyne 9. 6. 1781, † Chesterfield 12. 8. 1848, brit. Ingenieur. Konstruierte ab 1813 Dampflokomotiven; baute die Lokomotive für die am 27. 9. 1825 eröffnete und erstmals auch zur Personenbeförderung dienende Eisenbahn zw. Stockton und Darlington.

Steppe, in außertropisch kontinentalen Trockengebieten vorherrschende, baumlose Vegetationsformation, die v. a. aus dürreharten Gräsern gebildet wird. Die *Waldsteppe* ist das Übergangsgebiet von der S. zum geschlossenen Wald.

Steppenfuchs, svw. Korsak (↑Füchse).
Steppenschwarzerde ↑Bodentypen.
Steptanz [engl./dt.], Tanz, bei dem der Rhythmus durch das Klappern (steppen) der mit *Stepeisen* versehenen Schuhe akzentuiert wird.
Ster [griech.-frz.], svw. ↑Raummeter.
Sterbebüchlein ↑Ars moriendi.
Sterbehilfe, Erleichterung des Sterbeprozesses durch lebensverkürzende, aktive Handlungen bzw. durch Unterlassen lebensfördernder Handlungen (Sterbenlassen). Der Bereich zulässiger S. ist rechtlich umstritten.

Sterbesakramente, in der *kath. Liturgie* die Sakramente der Buße, der Eucharistie und v. a. der Krankensalbung, mit denen Kranke und Sterbende versehen werden sollen.

Stereo [griech.] ↑Drucken (Hochdruck).
stereo..., Stereo... [griech.], Bestimmungswort von Zusammensetzungen mit der Bedeutung »fest, massiv; räumlich, körperlich«.
Stereochemie (Raumchemie), Teilgebiet der Chemie, das sich mit der räuml. Anordnung (Konfiguration und Konformation) der Atome bzw. Atomgruppen in einem Molekül, ihren Abständen und Bindungswinkeln sowie den daraus

Heinrich von Stephan

George Stephenson

Stephanskrone

Stereoisomerie

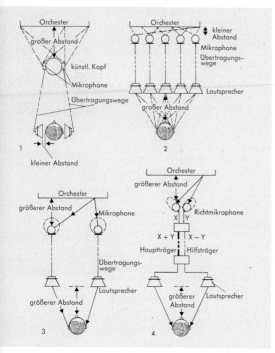

Stereophonie.
1 Kunstkopfstereophonie; 2 und 3 AB-Stereophonie (Laufzeitstereophonie) mit fünf bzw. zwei Übertragungswegen; 4 Intensitätsstereophonie (XY-System)

folgenden chem. und physikal. Eigenschaften der Verbindungen befaßt. ↑Isomerie.

Stereoisomerie [...eo-i-...] ↑Isomerie.

Stereokamera, ein Photoapparat mit zwei Objektiven und doppelter Bildbühne für die Stereophotographie.

Stereophonie [griech.], elektroakust. Schallübertragungsverfahren, durch das bei der Wiedergabe mit Hilfe von Lautsprechern bzw. Kopfhörern ein räuml. Höreindruck hervorgerufen wird, der dem unmittelbaren Eindruck am Aufnahmeort weitgehend entspricht. Bei der *Kunstkopf-S.* wird als Aufnahmeorgan die Nachbildung eines Kopfes verwendet, die an Stelle der Ohren Mikrophone mit einer dem menschl. Hörorgan entsprechenden Richtcharakteristik enthält; Wiedergabe mit Hilfe von Kopfhörern. Die *Zweikanal-S.* beruht v. a. auf den bei der Aufnahme mit zwei Mikrophonen sich ergebenden Intensitätsunterschieden *(Intensitäts-S.);* sie ist mit der einkanaligen Wiedergabe *(Monophonie)* verträglich. Durch Bildung der Summen- und Differenzspannung beider Mikrophone ergeben sich die Tonfrequenzpegel für die beiden stereophon. Wiedergabekanäle. Bei der *Hörfunk-S. (Hochfrequenz-S.)* werden Summen- und Differenzsignal in Form des sog. *Multiplexsignals* einer UKW-Trägerfrequenz (als Frequenzmodulation) aufmoduliert. Dabei stellt das Summensignal den Hauptkanal dar, es kann von jedem Monoempfänger empfangen werden. Die Stereoinformation wird in Form des Differenzsignals einem Hilfsträger aufmoduliert. Der Stereoempfänger unterscheidet sich von gewöhnl. Empfängern durch ein zusätzl. Multiplexteil, den *[Stereo]decoder,* der das Multiplexsignal decodiert und die beiden Seiteninformationen zwei getrennten Verstärkern zuführt. Um eine möglichst günstige stereophon. Wiedergabe zu erreichen, sollten die Lautsprecher etwa in Kopfhöhe des Hörers angebracht werden und zus. mit dem Kopf des Hörers etwa ein gleichseitiges Dreieck bilden.

Stereophotographie [griech.], photograph. Verfahren zur Aufnahme und Wiedergabe von Bildern, die bei der Betrachtung einen dreidimensionalen Raumeindruck vermitteln (↑Stereoskopie). Als Aufnahmebasis wird im allg. der normale Augenabstand von 62–65 mm gewählt.

Stereoskop [griech.], opt. Gerät, mit dem sich gezeichnete oder photographierte Stereobildpaare betrachten lassen, wobei jedem Auge nur eines der Einzelbilder (Halbbilder) dargeboten wird.

Stereoskopie [griech.], Verfahren zur raumgetreuen Bildwiedergabe nach dem Prinzip des plast. Sehens. Man unterscheidet das ↑Anaglyphenverfahren, die Stereobetrachtung mit dem ↑Stereoskop und die Stereoprojektion mit polarisiertem Licht, die Spezialbrillen mit gekreuzten Analysatoren erfordert. ↑Holographie.

stereotaktische Operation, Gehirnoperation, bei der mit Hilfe eines am Kopf des Patienten befestigten Zielgerätes eine Sonde oder Elektrode durch eine kleine, in den knöchernen Schädel gebohrte Öffnung unter Schonung benachbarter empfindlicher Strukturen

Sternbilder

(Gehirngewebe, Gefäße) millimetergenau zu einer tiefliegenden Hirnbahn oder einem Nervenkern vorgeschoben wird, die aus therapeut. Gründen unterbrochen oder ausgeschaltet werden sollen. Der Operationsvorgang wird am Röntgenfernsehschirm kontrolliert.

stereotyp [griech.], **1)** *allg.:* formel-, klischeehaft [wiederkehrend].
2) *Druckwesen:* mit feststehender Schrift gedruckt.

Stereotypie [griech.], Verfahren zur Anfertigung von Druckplattennachformungen für den Hochdruck.

Sterilisation [lat.], **1)** *Hygiene:* Keimfreimachen von Operationsinstrumenten, Wäsche u. a. durch Erhitzen auf Temperaturen über 100 °C im Sterilisator (↑Autoklav).
2) *Medizin:* das Unfruchtbarmachen beim Menschen und bei Tieren durch Unterbinden der Samenstränge bzw. Eileiter, wobei (im Ggs. zur Kastration) der Sexualtrieb erhalten bleibt; sicherste Methode der Empfängnisverhütung.

Sterilität [lat.], **1)** *Biologie* und *Medizin:* Unfruchtbarkeit (♀), Zeugungsunfähigkeit (♂).
2) *Mikrobiologie, Medizin* und *Lebensmitteltechnik:* die Keimfreiheit, d. h. das Freisein von lebenden Mikroorganismen (einschließlich Sporen) in oder auf einem Material.

Sterine [griech.] (Sterole), zu den ↑Steroiden gehörende einwertige Alkohole, z. B. Cholesterin.

Sterke [niederdt.], svw. ↑Färse.

Sterkuliengewächse [lat./dt.] (Stinkbaumgewächse, Sterculiaceae), Pflanzen-Fam. der Zweikeimblättrigen mit rd. 1 000 Arten, überwiegend in den Tropen; Bäume, Sträucher oder Kräuter (u. a. Kakaobaum, Kolabaum).

Sterlet [russ.], rd. 1 m langer, schlanker Stör in Gewässern O-Europas; Speisefisch.

Sterling ['ʃterlɪŋ, engl. 'stə:lɪŋ] engl. Silbermünze, Sonderform des Penny, geprägt 1180 bis ins 16. Jahrhundert.

Stern, 1) Carola, eigtl. Erika Zöger, geb. Asmush, * Ahlbeck 14. 11. 1925, dt. Publizistin. Grundlegende Arbeiten u. a. über die SED und den Staatsapparat der DDR. 1961 Mitbegründerin der Dt. Sektion von Amnesty International.
2) Otto, * Sohrau (bei Rybnik) 17. 2. 1888, † Berkeley (Calif.) 18. 8. 1969, dt.-amerikan. Physiker. Nachweis der Richtungsquantelung des Gesamtdrehimpulses eines Atoms im Magnetfeld (↑Stern-Gerlach-Versuch); 1943 Nobelpreis für Physik.
3) William, * Berlin 29. 4. 1871, † Durham (N. C.) 27. 3. 1938, dt. Psychologe und Philosoph. Emigrierte 1933 in die USA; unternahm den Versuch einer Synthese von experimenteller und verstehender Psychologie; prägte die Bez. Intelligenzquotient und begründete die differentielle Psychologie.

Stern, allg. Bez. für jedes leuchtende Objekt an der Himmelssphäre (mit Ausnahme des Mondes). Man unterscheidet *Wandel-S.* (↑Planeten) und *Fix-S.* (die Sterne i. e. S.), die auch mit den größten Spiegelteleskopen nur als punktförmige Lichtquellen auszumachen sind. Die Mehrzahl der S. ist der Sonne in Aufbau, Masse und Dichte sowie in der Energieerzeugung ähnlich (sog. Hauptreihen-S.). Es gibt aber – wenn auch seltener – einige extreme S.typen, z. B. Riesen und Überriesen, Unterzwerge und weiße Zwerge, die in ihren Zustandsgrößen stark von denen der Sonne abweichen (↑auch Hertzsprung-Russell-Diagramm). Die Radien können zw. den Extremwerten von 2 000 Sonnenradien und wenigen Kilometern liegen, die Massen zw. fünfzigfacher Sonnenmasse und ihrem 100. Teil. Die weißen Zwerge zeigen eine mittlere Dichte von der Größenordnung 10^5 bis 10^7 g/cm^3; Neutronen-S. besitzen noch extremere Dichtewerte. – S. kommen nicht nur einzeln, sondern auch als Doppelsterne und Mehrfachsysteme vor. ↑Astronomie, ↑Kosmologie.

Sternassoziation, Ansammlung von physikal. einander ähnl. Sternen.

Sternberg, Josef von, eigtl. J. S., * Wien 29. 5. 1894, † Los Angeles-Hollywood 22. 12. 1969, amerikan. Filmregisseur österr. Herkunft. Entdecker und Regisseur von M. Dietrich (»Der blaue Engel«, 1929; »Marokko«, 1930; »Die blonde Venus«, 1932; »Shanghai-Express«, 1932).

Sternberg, Kreisstadt am Sternberger See, Meckl.-Vorp., 5 300 E. Frühgot. Stadtkirche (13. Jh.). – Um 1250 gegründet.

Sternbilder, auffällige Konfigurationen hellerer Sterne, die sich zu einprägsa-

Otto Stern

Sternbilder

Name	Abk.	dt. Bezeichnung	Name	Abk.	dt. Bezeichnung
Andromeda	And	Andromeda	Lacerta	Lac	Eidechse
Antlia	Ant	Luftpumpe	Leo	Leo	Löwe
Apus	Aps	Paradiesvogel	Leo Minor	LMi	Kleiner Löwe
Aquarius	Aqr	Wassermann	Lepus	Lep	Hase
Aquila	Aql	Adler	Libra	Lib	Waage
Ara	Ara	Altar	Lupus	Lup	Wolf
Aries	Ari	Widder	Lynx	Lyn	Luchs
Auriga	Aur	Fuhrmann	Lyra	Lyr	Leier
Bootes	Boo	Bärenhüter	Mensa	Men	Tafelberg
Caelum	Cae	Grabstichel	Microscopium	Mic	Mikroskop
Camelopardalis	Cam	Giraffe	Monoceros	Mon	Einhorn
Cancer	Cnc	Krebs	Musca	Mus	Fliege
Canes Venatici	CVn	Jagdhunde	Norma	Nor	Winkelmaß, Lineal
Canis Maior	CMa	Großer Hund	Octans	Oct	Oktant
Canis Minor	CMi	Kleiner Hund	Ophiuchus	Oph	Schlangenträger
Capricornus	Cap	SSteinbock	Orion	Ori	Orion
Carina	Car	Kiel des Schiffes	Pavo	Pav	Pfau
Cassiopeia	Cas	Kassiopeia	Pegasus	Peg	Pegasus
Centaurus	Cen	Kentaur	Perseus	Per	Perseus
Cepheus	Cep	Kepheus	Phoenix	Phe	Phönix
Cetus	Cet	Walfisch (Wal)	Pictor	Pic	Malerstaffelei
Chamaeleon	Cha	Chamäleon	Pisces	Psc	Fische
Circinus	Cir	Zirkel	Piscis Austrinus	PsA	Südlicher Fisch
Columba	Col	Taube	Puppis	Pup	Achterschiff
Coma Berenices	Com	[Haupt]haar der Berenike	Pyxis	Pyx	[Schiffs]kompaß
Corona Australis	CrA	Südliche Krone	Reticulum	Ret	Netz
Corona Borealis	CrB	Nördliche Krone	Sagitta	Sge	Pfeil
Corvus	Crv	Rabe	Sagittarius	Sgr	Schütze
Crater	Crt	Becher	Scorpius	Sco	Skorpion
Crux	Cru	Kreuz [des Südens]	Sculptor	Scl	Bildhauerwerkstatt
Cygnus	Cyg	Schwan (Kreuz des Nordens)	Scutum	Sct	[Sobieskischer] Schild
			Serpens (Caput)	Ser	(Kopf der) Schlange
Delphinus	Del	Delphin	Serpens (Cauda)	Ser	(Schwanz der) Schlange
Dorado	Dor	Schwertfisch	Sextans	Sex	Sextant
Draco	Dra	Drache	Taurus	Tau	Stier
Equuleus	Equ	Füllen	Telescopium	Tel	Fernrohr
Eridanus	Eri	Fluß Eridanus	Triangulum	Tri	Dreieck
Fornax	For	[Chemischer] Ofen	Triangulum Australe	TrA	Südliches Dreieck
Gemini	Gem	Zwillinge	Tucana	Tuc	Tukan
Grus	Gru	Kranich	Ursa Maior	UMa	Großer Bär, Großer Wagen
Hercules	Her	Herkules			
Horologium	Hor	Pendeluhr	Ursa Minor	UMi	Kleiner Bär, Kleiner Wagen
Hydra	hya	Weibliche oder Nördliche Wasserschlange	Vela	Vel	Segel [des Schiffes]
Hydrus	Hyi	Männliche oder Südliche Wasserschlange	Virgo	Vir	Jungfrau
			Volans	Vol	Fliegender Fisch
Indus	Ind	Inder	Vulpecula	Vul	Fuchs (Füchschen)

men Figuren verbinden lassen und seit frühester Zeit phantasievoll zu Bildern ergänzt wurden. Für die *Astronomie* sind die S. seit 1928 festgelegte Himmelsareale, deren Grenzen durch Stunden- und Deklinationskreise festgelegt sind, wobei im wesentlichen die alten Konstellationen beibehalten wurden. 30 S.

befinden sich nördlich des Himmelsäquators, elf beiderseits von ihm und 47 auf der südl. Himmelshalbkugel. †Tierkreiszeichen.

Sterne, Laurence [engl. stə:n], *Clonmel (Irland) 24. 11. 1713, † London 18. 3. 1768, engl. Schriftsteller. Sein Roman »Das Leben und die Ansichten Tristram Shandys« (9 Bde., 1760–67) begründete die Tradition des experimentellen Romans, bes. Wirkung u. a. auf Jean Paul, im 20. Jh. auf J. Joyce und M. Proust. – *Weitere Werke:* Yoricks Predigten (7 Bde., 1760–69), Yoricks empfindsame Reise durch Frankreich und Italien (1768).

Sternenbanner (englisch Stars and Stripes), seit 1777 die Flagge der USA; jeder der 50 Staaten ist durch einen Stern, jeder der 13 Gründungsstaaten durch einen Streifen vertreten.

Stern-Gerlach-Versuch, ein erstmals 1921 von O. Stern und W. Gerlach ausgeführter Versuch: In einem inhomogenen Magnetfeld erfolgt eine Aufspaltung eines Atomstrahls, wenn dessen Atome ein magnet. Moment besitzen.

Sternhaufen, Ansammlung von kosmogonisch zusammengehörenden Sternen. Man unterscheidet †offene Sternhaufen, †Sternassoziationen und †Kugelhaufen.

Sternheim, Carl, *Leipzig 1. 4. 1878, † Brüssel 3. 11. 1942, dt. Schriftsteller. Schrieb u. a. die satirisch-groteske Komödienreihe »Aus dem bürgerl. Heldenleben«: »Die Hose« (1911), »Die Kassette« (1912), »Bürger Schippel« (1913).

Sternkunde, svw. †Astronomie.

Sternmiere (Sternkraut), Gatt. der Nelkengewächse mit rd. 100 weltweit verbreiteten Arten; einheimisch u. a.: *Vogelmiere* (Mäusedarm), mit niederliegendem oder aufsteigendem Stengel und weißen Blüten; verbreitetes Unkraut; *Große S.,* mit vierkantigen Stengeln und weißen Blüten, in Laubwäldern und Hecken.

Sternmotor, ein Mehrzylinderverbrennungsmotor, dessen Zylinder in einer senkrecht zur Kurbelwellenachse liegenden Ebene sternförmig angeordnet sind (v. a. als Flugzeugmotoren verwendet).

Sternschnuppe †Meteorite.

Sternseher †Himmelsgucker.

Sternsystem (Galaxie), Ansammlung von etwa 100 Mio. bis 200 Mrd. Sternen und großen Mengen interstellarer Materie, die kosmogonisch und dynamisch eine Einheit bilden. Das S., dem die Sonne und alle mit bloßem Auge sichtbaren Sterne angehören, ist das †Milchstraßensystem. Man unterscheidet *ellipt. Nebel* (∅ etwa 10^4 pc), die keine inneren Strukturen zeigen, *Spiralnebel* (∅ $3 \cdot 10^4$ bis $5 \cdot 10^4$ pc), bei denen im allg. zwei oder mehrere »Spiralarme« um einen zentralen Kern gewunden sind, und *unregelmäßige (irreguläre) S.* (∅ etwa $5 \cdot 10^3$ pc), bei denen eine deutlich ausgeprägte Symmetrieebene und das typ. Aussehen einer Rotationsfigur fehlt.

Sterntag, die Zeit zw. zwei aufeinanderfolgenden oberen Durchgängen (Kulminationen) des Frühlingspunktes durch den Meridian. Der als Einheit der

Sternmiere. Große Sternmiere (Höhe 15 bis 30 cm)

Sternsystem. »Stimmgabeldiagramm« nach Edwin P. Hubble zur morphologischen Klassifizierung von Galaxien; auf dem »Stiel« liegen die elliptischen Galaxien (E; die Ziffern von 0–7 kennzeichnen die Form); bei den linsenförmigen Galaxien (S0) verzweigt die Darstellung in den Ast der gewöhnlichen Spiralgalaxien (S; oben) und den der Balkenspiralen (SB; unten), deren Öffnungsgrad durch die Buchstaben a–c gekennzeichnet ist

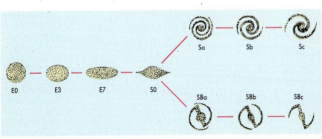

Sternwarte

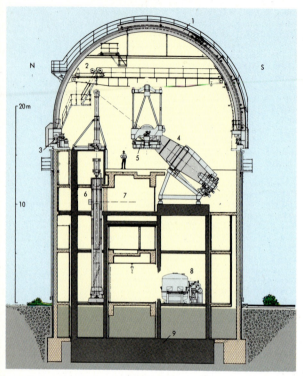

Sternwarte. Längsschnitt durch das Teleskopgebäude des Deutsch-Spanischen Astronomischen Zentrums auf dem Calar Alto, Spanien, mit Ritchey-Chrétien-Spiegelteleskop in parallaktischer Fernrohrmontierung (4; Gabelmontierung) und Vertikalspektrograph (6); die Stunden- oder Polachse der Montierung (gestrichelt) weist zum nördlichen bzw. südlichen Himmelspol (N und S geben die entsprechenden Himmelsrichtungen an), von der Gabelmontierung ist nur die östliche Hälfte dargestellt (Deklinationsachse senkrecht zur Papierebene); das Teleskop arbeitet nach dem Coudé-System, d. h. der abbildende Lichtstrahl wird mittels eines ebenen Spiegels (oberhalb des 2,2-m-Primärspiegels, 5, im unteren Teil des Tubus) ausgelenkt, der Coudé-Strahl wird durch einen weiteren ebenen Spiegel nach unten in Richtung des Vertikalspektrographen abgelenkt; für Untersuchungen im Coudé-Fokus kann der Strahl horizontal in Richtung zum Coudé-Labor (7) abgelenkt werden; 1 Kuppel aus Stahl, 2 Kran, 3 Kuppelrad, 8 Vakuumanlage zur Erneuerung der Spiegelschicht durch Aufdampfen von Aluminium, 9 inneres, die Instrumente tragendes Pfeilersystem; die von diesem getrennte äußere Konstruktion trägt die drehbare Kuppel und andere zu Vibrationen Anlaß gebende Einrichtungen

Sternzeit verwendete S. ist um 3 min 56,6 s kürzer als ein mittlerer Sonnentag.

Sternwarte (astronom. Observatorium), astronom. Forschungsstätte mit Geräten und Anlagen zur Beobachtung des Sternhimmels bzw. einzelner Gestirne.

Steroide [griech.], große Gruppe natürlich vorkommender Verbindungen, deren Molekülen das Cyclopentanoperhydrophenanthren *(Gonan, Steran)* als Grundgerüst zugrunde liegt. Zu den S. gehören die *Steroidhormone* (Geschlechtshormone und Nebennierenrindenhormone), einige *Glykoside* (z. B. die Digitalisglykoside), die Sterole, die Gallensäuren, die Vitamine der D-Gruppe sowie einige Alkaloide.

Sterz, Schwanz von Vögeln.

Sterzing (italien. Vipiteno), Stadt in Südtirol, Italien, im oberen Eisacktal,

Steuern

5300 E. Spätgot. Spitalkirche zum Hl. Geist, spätgot. Rathaus (1524); südlich von S. spätgot. Pfarrkirche mit Madonna des Sterzinger Altars von H. Multscher (1456–59).

Stethaimer, Hans, † nach 1459, dt. Baumeister und Steinmetz. Führte u. a. den von Hans von Burghausen (eventuell sein Vater, auch Hans Stethaimer d. Ä. genannt) um 1380 begonnenen Bau der Stadtpfarrkirche Sankt Martin in Landshut nach dessen Tod (1432) weiter; schloß an die Parlertradition an.

Stethoskop [griech.] (Hörrohr), Instrument zur ↑Auskultation; in früheren Zeiten ein Holzrohr mit zwei trichterartig geformten Enden; heute als ypsilonförmiger Schlauch gestaltet; zwei Enden sind mit Ohrstücken besetzt, das Einzelende läuft in ein glockenförmiges oder mit einer Membran bestücktes Rundteil aus.

stetige Teilung, svw. ↑Goldener Schnitt.

Stetigkeit, eine Funktion ist an der Stelle x_0 stetig, wenn 1. der Funktionswert $f(x_0)$ existiert; 2. die Funktion für $x \to x_0$ einen Grenzwert hat; 3. Grenzwert und Funktionswert an der Stelle x_0 gleich sind.

Stettin (poln. Szczecin), Ind.- und Hafenstadt am westl. Mündungsarm der Oder, Polen, 409 500 E. TH, staatl. Seeschule; Museen, mehrere Theater, Philharmonie. Werften, Elektro-, Maschinen- und Kfz-Industrie. Schloß der Hzg. von Pommern (v. a. 16. Jh.; wiederaufgebaut; jetzt Kulturhaus), got. Jakobikirche und Johanniskirche (beide 14. Jh.); Hafentor (18. Jh.). – Im 11. Jh. Hauptstadt Pommerns, erhielt 1237/43 Magdeburger Stadtrecht; Mgl. der Hanse etwa seit 1278; 1630–32 von den Schweden befestigt; kam 1713/20 an Preußen, 1724–40 zur Festung ausgebaut.

Stettiner Haff, Haff an der Odermündung, Polen und Deutschland, durch die Inseln Usedom und Wollin von der Ostsee getrennt.

Steuben, Friedrich Wilhelm von, *Magdeburg 17. 9. 1730, † Oneida County (N. Y.) 28. 11. 1794, amerikan. General dt. Herkunft. Ging 1777 nach Amerika, sorgte als Generalmajor und Generalinspekteur erfolgreich für Organisation und Ausbildung der Armee G. Washingtons; trug im Nordamerikan. Unabhängigkeitskrieg erheblich zum Sieg über das brit. Heer bei.

Steuerbilanz, aus der Handelsbilanz abzuleitende, nach steuerl. Vorschriften zu erstellende Jahresbilanz.

Steuerbord, rechte Schiffsseite (vom Heck aus gesehen).

Steuererklärung, Darstellung der Vermögens- und Einkommensverhältnisse zur Festsetzung der Steuerschuld.

Steuererlaß ↑Steuern.

Steuerfedern, die Schwanzfedern des Vogels.

Steuerflucht, Übertragung von Vermögen ins Ausland durch Verlegung des Wohn- oder Unternehmenssitzes in einen Staat mit niedrigerer Besteuerung (Steueroase).

Steuergerät, svw. ↑Receiver.

Steuerhinterziehung ↑Steuern.

Steuern, Abgaben, die öffentl.-rechtl. Gemeinwesen natürl. und jurist. Personen zwangsweise und ohne Anspruch auf eine spezielle Gegenleistung zur Deckung des Finanzbedarfs der öffentl. Körperschaften auferlegen. Das Recht, S. zu erheben, die Regelung der Kompetenzen zw. verschiedenen öffentl. Körperschaften und die Verteilung des S.aufkommens zw. ihnen (↑Finanzausgleich) sind Gegenstand der ↑Finanzverfassung. Ein bes. Fall ist dabei das den Kirchen vom Staat verliehene Steuererhebungsrecht (↑Kirchensteuer). Unter dem Gesichtspunkt der S.überwälzung unterscheidet man *direkte S.,* bei denen eine Identität von S.zahler und S.destinatar gegeben ist (z. B. bei der ↑Einkommensteuer) und *indirekte S.* (z. B. die Mehrwertsteuer [↑Umsatzsteuer]). *Finanz-S.* dienen allein der Erlangung staatl. Einkommens, *Ordnungs-S.* dagegen sollen bestimmte ökonom. Wirkungen erzielen. Nach der Ermittlung der S.schuld wird unterschieden in S., bei denen die persönl. Verhältnisse des S.pflichtigen (z. B. Familienstand bei der Lohnsteuer) berücksichtigt werden *(Personen-S., Personal-S., Subjekt-S.),* und in S., bei denen die Ermittlung der S.schuld an einen Gegenstand oder Sachverhalt (z. B. eines Hundes bei der Hunde-S.) geknüpft ist *(Objektsteuer).* Das allg. *Steuerrecht* ist v. a. in der ↑Abgabenordnung geregelt. Das bes. S.recht besteht aus den die einzel-

Stettin
Stadtwappen

Steuerung

nen S. betreffenden Regeln, wobei für fast jede einzelne S. ein bes. Gesetz besteht. Die Entscheidung von Streitigkeiten im Bereich des S.rechts obliegt der ↑Finanzgerichtsbarkeit. Zentraldelikt der S.straftaten ist die *Steuerhinterziehung,* d. h. die vorsätzl. Vereitelung der rechtzeitigen Festsetzung der S. in voller Höhe *(Steuerverkürzung)* durch unvollständige oder unrichtige Angaben.

Ob und in welcher Höhe eine S.schuld besteht, stellt man durch eine *S.veranlagung* fest. Die Feststellung der Besteuerungsgrundlagen ist entweder im *S.bescheid* mit enthalten oder ergeht in einem Bescheid. Während und nach dem S.festsetzungsverfahren besteht die Möglichkeit, Steuern, deren Erhebung nach Lage des einzelnen Falles unbillig wäre, niedriger festzusetzen und Besteuerungsgrundlagen unberücksichtigt zu lassen *(Steuererlaß).*

Steuerung, 1) *allg.:* die Einstellung, Erhaltung oder Veränderung der Zustände eines Systems durch externe Festlegung einer oder mehrerer das Verhalten des Systems bestimmender Größen ohne Rückkopplung. ↑Regelung.

2) *Technik:* Vorrichtung zur Führung z. B. eines Fahrzeugs, eines Flugkörpers.

Steven [niederdt.], Bauteil, das den Schiffskörper vorn *(Vorder-S.)* und hinten *(Achter-S.)* abschließt.

Stevenson, Robert Louis [engl. sti:vnsn], *Edinburgh 13. 11. 1850, † Haus Vailima bei Apia (Westsamoa) 3. 12. 1894, schott. Schriftsteller. Schrieb u. a. die Abenteuererzählung »Die Schatzinsel« (1883) und die unheiml. Schilderung einer Persönlichkeitsspaltung in »Der seltsame Fall des Doctor Jekyll und des Herrn Hyde« (1886).

Steward ['stju:ərt, engl. stjuəd] (weibl.: **Stewardeß** ['stju:ərdɛs]), Bedienungspersonal in Verkehrsmitteln (v. a. Schiff, Flugzeug).

Stewart [engl. stuət], **1)** James, *Indiana (Pa.) 20. 5. 1908, amerikan. Schauspieler. Spielte u. a. in »Mr. Smith geht nach Washington« (1939), »Die Nacht vor der Hochzeit« (1940), »Das Fenster zum Hof« (1954) sowie zahlr. Western, u. a. »Der gebrochene Pfeil« (1950), »Der Mann, der Liberty Valance erschoß« (1961).

2) Mary, geb. Rainbow, *Sunderland 17. 9. 1916, engl. Schriftstellerin. Populäre, abenteuerlich-spannende Unterhaltungsromane, u. a. »Reise in die Gefahr« (1954), »Die Geisterhunde« (1967), »Rühr nicht die Katze an« (1975).

3) Rod, eigtl. Roderick David S., *London 10. 1. 1945, brit. Rockmusiker (Gesang). Seit den 1960er Jahren als Folk- und Bluessänger in verschiedenen Gruppen tätig; daneben Solokarriere als Songschreiber und Interpret eigener wie fremder Kompositionen.

Steyler Missionare (eigentlich Gesellschaft des Göttlichen Wortes, lat. Societas Verbi Divini, Abk. SVD), 1875 von Arnold Janssen (*1837, † 1909) in Steyl (Prov. Limburg, Niederlande) gegründete Kongregation von Priestern und Ordensbrüdern für Mission und Seelsorge.

Steyler Missionsschwestern (eigtl. Missionsgenossenschaft der Dienerinnen des Hl. Geistes, lat. Congregatio Missionalis Servarum Spiritus Sancti, Abk. SSpS), 1889 von Arnold Janssen (*1837, † 1909) gegründet.

Steyr ['ʃtaɪər], oberösterr. Stadt an der Enns, 39 300 E. Stadttheater; Kfz-Ind., Herstellung von Wälz- und Kugellagern. Barockschloß Lamberg (nach 1727 ff.), Rokokohaus (1765–78), spätgot. Stadtpfarrkirche (1433 ff.), Wallfahrtskirche zum göttl. Christkindl (1702–25); Innerberger Stadel (1612; heute Städt. Museum); Stadttore (15., 16. und 17. Jh.). – Wurde im 13. Jh. Stadt, kam 1254 zu Oberösterreich.

StGB, Abk. für **St**raf**g**esetz**b**uch.

STH, svw. ↑Somatotropin.

Stibium [griech.-lat.], lat. Name des ↑Antimons.

Stich, 1) Michael, *Pinneberg 18. 10. 1968, dt. Tennisspieler. Gewann 1991 das Turnier von Wimbledon. 1992 zus. mit B. Becker Olympiasieger im Doppel.

2) Otto, *Kleinlützel (Kt. Solothurn) 10. 1. 1927, schweizer. Politiker (Sozialdemokrat. Partei). Seit 1983 Bundesrat (Finanzdepartement). 1988 und 1994 Bundespräsident.

Stich, graph. Blatt in Grabsticheltechnik, z. B. Kupferstich, Stahlstich.

Stichlinge (Gasterosteidae), Fam. etwa 4–20 cm langer Knochenfische mit we-

Robert Louis Stevenson

Stickstoffkreislauf

Steyr. Michaelerkirche und ehemalige Spitalskirche (links) im Stadtteil Steyrdorf

nigen Arten in Meeres-, Brack- und Süßgewässern der Nordhalbkugel; Körper schlank, schuppenlos, mit Knochenplatten, 2–17 freistehenden Stacheln vor der Rückenflosse und sehr dünnem Schwanzstiel; Männchen treiben Brutpflege. Zu den S. gehört u. a. der 10–20 cm lange *Seestichling* (Meerstichling), an den Küsten W- bis N-Europas, auch in der Ostsee.

Stichprobe (Sample), durch ein Auswahlverfahren gewonnene Teilmenge einer statist. Grundgesamtheit. Der Vorteil einer S.erhebung (Teilerhebung) gegenüber der Vollerhebung liegt v. a. in der Kosten- und Zeitersparnis, der Nachteil im Auftreten von zufälligen Fehlern, die aber bei Zufalls-S. (Randomverfahren), bei denen jedes Element der Grundgesamtheit die gleiche Trefferwahrscheinlichkeit hat, quantifizierbar sind (das Ergebnis liegt innerhalb berechenbarer Sicherheitsgrenzen).

Stickerei, Verzierung von Textilien (auch von Leder, Papier) durch Muster, mit Fäden auf- oder eingenäht, ausgeführt in Handarbeit oder mit Stickmaschinen.

Stickoxide, svw. ↑Stickstoffoxide.

Stickstoff, chem. Symbol N (von lat. Nitrogenium); gasförmiges chem. Element aus der V. Hauptgruppe des Periodensystems der chem. Elemente, Ordnungszahl 7; relative Atommasse 14,0067; Schmelztemperatur $-209,86\,°C$; Siedetemperatur $-195,8\,°C$. S. ist ein farb-, geruch- und geschmackloses, reaktionsträges, ungiftiges, in Form zweiatomiger Moleküle, N_2, vorliegendes Gas. Mit 78,09 Vol.-% ist S. das häufigste Element der Erdatmosphäre; v. a. in Proteinen und Nukleinsäuren enthalten; kann von Pflanzen und Tieren nur in Form von S.verbindungen aufgenommen werden; lediglich einige Mikroorganismen (↑Stickstoffixierung) können elementaren S. in S.verbindungen überführen. S. wird in großen Mengen zur Herstellung wichtiger S.verbindungen (wie Ammoniak, Salpetersäure, Kalk-S. und Nitriden) für die Düngemittel-Ind. verwendet.

Stickstoffixierung, die Reduktion von atmosphär. Stickstoff (N_2) zu Ammonium (NH_4^+) mittels eines Multienzymkomplexes (Nitrogenase). Stickstoffe können nur Bakterien fixieren; sie leben teils frei in Böden und Gewässern (z. B. Azotobacter, einige Blaualgen), teils in Symbiose mit Pflanzen (Knöllchenbakterien der Hülsenfrüchtler, Strahlenpilze bei Erlen und Sanddorn).

Stickstoffkreislauf, die zykl. Umsetzung des Stickstoffs und seiner Verbindungen (v. a. Aminosäuren und Pro-

Stichlinge. Dreistacheliger Stichling (Männchen im Hochzeitskleid; Länge bis 7 cm)

Stickstoffoxide

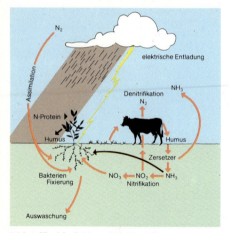

Stickstoffkreislauf. Schematische Darstellung

teine) in der Natur. Der Stickstoffkreislauf läuft v. a. zwischen den Bodenorganismen ab. Die höheren Pflanzen nehmen die im Bodenwasser gelösten Nitrate auf und legen den Stickstoff in den Aminogruppen der Proteine u. a. Verbindungen fest. Deren Abbauprodukte gelangen direkt oder über die Nahrungskette als Aminosäuren, Harnstoff u. a. in den Boden zurück. Ihr Stickstoff wird bei der Verwesung durch desaminierende Bakterien zu Ammoniak abgebaut, dieser durch nitrifizierende Bakterien über Nitrit zu Nitrat zurückverwandelt.

Stickstoffoxide (Stickoxide), die Verbindungen des Stickstoffs mit Sauerstoff; man unterscheidet: *Distickstoff[mon]oxid* (Lachgas), N_2O, ein farbloses, süßlich riechendes Gas, das als Narkosemittel verwendet wird. *Stickstoffmonoxid,* NO, ist ein farbloses, giftiges Gas, das bei der Herstellung von Salpetersäure als Zwischenprodukt auftritt; ferner Distickstofftrioxid, N_2O_3, Stickstoffdioxid, NO_2, Hauptbestandteil der aus rauchender Salpetersäure entweichenden, sog. nitrosen Gase, Distickstoffpentoxid, N_2O_5. Der Gehalt an umweltschädigendem NO und NO_2 (zusammenfassend als NO_x bezeichnet) in Abgasen von mit Ottokraftstoffen betriebenen Kraftfahrzeugen kann durch eine Abgasnachbehandlung mit einem Abgaskatalysator deutlich verringert werden.

Stickstoffwasserstoffsäure (Azoimid), HN_3, farblose, stechend riechende, explosive Flüssigkeit; ihre Salze heißen Azide.

Stiefmütterchen (Wildes S., Feld-S., Acker-S.), formenreiche Sammelart der Gatt. Veilchen im gemäßigten Europa und in Asien, meist auf Äckern und Wiesen; einjähriges oder ausdauerndes, 5–30 cm hohes Kraut, Blüten meist bunt, Frucht eine dreiklappige Kapsel. Zur Züchtung der *Garten-S.* (Pensée; mit samtartigen, ein- oder mehrfarbigen, auch gefleckten, gestreiften, geflammten oder geränderten Blüten) wurde auch das *Gelbe Veilchen* mit gelben, violetten oder mehrfarbigen Blüten (auf Gebirgswiesen in M- und W-Europa) verwendet.

Stieglitz [slaw.] (Distelfink), bis 12 cm langer Finkenvogel, v. a. auf Wiesen, in lichten Auenwäldern, Parkanlagen und Gärten NW-Afrikas, Europas, SW- und Z-Asiens; eingebürgert in Australien, Neuseeland und in den USA; Teilzieher.

Stier, 1) in der *Astrologie* und *Astronomie* ↑Sternbilder (Übersicht), ↑Tierkreiszeichen (Übersicht).
2) *Landwirtschaft:* ↑Bulle.

Stierkampf (span. Corrida de toros), ein im antiken Ägypten, in Mesopotamien, in der minoischen Kultur Kretas und später bei den Mauren S-Spaniens bekannter [unblutiger] Kampf von Menschen mit Stieren. Der S. wird heute in Spanien, dort auch zu Pferde sowie [in unblutigen Formen] in Portugal, S-Frankreich und Lateinamerika ausgetragen. Im span. S. wird der Stier zu Beginn des Kampfes von Helfern *(Peones)* gereizt und vom berittenen *Picador* durch Stiche in den Nacken geschwächt, dann tritt dem Stier der *Torero* (in der Endphase *Matador* gen.) mit einem 90 cm langen Stoßdegen und der *Muleta* (einem an einem Stock befestigten roten Tuch) entgegen, mit der er ihn zu einer bestimmten Reihe von Passagen *(Pases)* veranlaßt. Zuletzt muß der Matador das Tier von vorn durch einen Degenstoß *(Estocada)* zw. die Schulterblätter töten.

Stierkopfhaie (Heterodontidae, Hornhaie, Doggenhaie, Schweinshaie), Fam.

Stiefmütterchen. Gartenstiefmütterchen

der Haifische mit bis rd. 2 m messenden Arten im Pazif. und Ind. Ozean; mit plumpem Körper, breitem Kopf, vor den beiden Rückenflossen je ein großer Stachel.

Stierkult, kult. Verehrung des Stiers als Symbol von Gottheiten auf Grund seiner Stärke, Wildheit und Zeugungskraft, z. B. im alten Ägypten (Apisstier), im Mithraskult und in der kanaanäischen Umwelt des AT (↑Goldenes Kalb).

Stifel (Stiefel, Styfel), Michael, * Esslingen am Neckar um 1487, † Jena 19. 4. 1567, dt. Mathematiker. Trug wesentlich zur Entwicklung der Algebra bei.

Stift, im kath. Kirchenrecht ein mit einer Stiftung dotiertes (ausgestattetes) Kollegium von kanonisch lebenden Klerikern (*Stiftsherren* oder *Kanoniker*) mit der Aufgabe des Chordienstes an der Stiftskirche, d. h. an der Domkirche eines Bistums (*Domstift, Hochstift*) oder an einer anderen Kirche (*Niederstift, Kollegiatstift*); innerhalb der Stift s. bildet das *Stiftskapitel* die rechtl. Gemeinschaft seiner vollberechtigten Mgl.; die Bez. Stift ging auch auf die geistl. Fürstentümer über (das Territorium eines Erzbistums hieß *Erzstift,* das eines geistl. Kurfürstentums *Kurstift*).

Stifter, Adalbert, * Oberplan (heute Horní Planá, Südböhm. Gebiet) 23. 10. 1805, † Linz 28. 1. 1868 (wahrscheinlich Selbstmord), österr. Schriftsteller und Maler. Vertreter des poet. Realismus; sein Erzählwerk umfaßt sechs Novellenbände, u. a. »Studien« (1844–50; darin »Der Hochwald«), »Bunte Steine« (1835; darin »Bergkristall«) sowie den Bildungs- und Erziehungsroman »Nachsommer« (1857) und den histor. Roman »Witiko« (1865–67).

Stifterverband für die Deutsche Wissenschaft e. V., seit 1920 bzw. 1949 bestehende Gemeinschaftsaktion der dt. Wirtschaft zur Förderung der Wiss. in Forschung und Lehre.

Stiftsherr ↑Stift.

Stiftshütte (Bundeszelt), seit Luther gebräuchl. Bez. für das Zelt, das auf der Wüstenwanderung der Israeliten die Bundeslade beherbergte.

Stiftskapitel (Kollegiatkapitel) ↑Stift.

Stiftung, Sondervermögen, das gemäß dem Willen eines Stifters selbständig verwaltet und zur Förderung eines bestimmten Zweckes verwendet wird. Man unterscheidet selbständige, nämlich als jurist. Personen rechtsfähige, und unselbständige S., und unter den ersteren wiederum privatrechtl. *(S. des bürgerl. Rechts)* und öffentl.-rechtl. *(S. des öffentl. Rechts).*

Stiftung Deutsche Sporthilfe, 1967 gegr. Einrichtung zur materiellen Unterstützung von Spitzensportlern in der BR Deutschland, Sitz Frankfurt am Main.

Stiftung F. V. S. zu Hamburg, 1931 von dem Kaufmann Alfred Toepfer (* 1894, † 1993) gegr. Stiftung mit Sitz in Hamburg. Das Vermögen der Stiftung beträgt rd. 200 Mio. DM. Vergibt Preise für kulturelle, wiss. und humanitäre Leistungen (Gottfried-von-Herder-Preis, Hansischer Goethe-Preis, Robert-Schuman-Preis, Shakespeare-Preis) sowie Stipendien.

Stiftung Jugend forscht e. V., 1965 errichtete Stiftung (seit 1975 eingetragener Verein mit Sitz in Hamburg), die jährlich für Jugendliche unter 22 Jahren einen Wettbewerb auf naturwiss.-techn. Gebiet (»Jugend forscht«) sowie seit 1990 den internat. Wettbewerb »Europas Jugend forscht für die Umwelt« ausschreibt.

Stiftung Mitbestimmung ↑Hans-Böckler-Stiftung.

Adalbert Stifter (Holzstich, Mitte des 19. Jh.)

Stierkampf. Das Reizen des Stiers mit der Capa durch die Peones

Stiftung Preußischer Kulturbesitz

Stiftung Preußischer Kulturbesitz, 1957 durch Bundesgesetz errichtete Stiftung des öffentl. Rechts mit Sitz in Berlin. Träger sind der Bund und die Länder. Zur Stiftung gehörten 1989 die 14 staatl. Museen (die Museen in Berlin-Dahlem, in Berlin-Charlottenburg, die neue Nationalgalerie), die Staatsbibliothek Preuß. Kulturbesitz, das Geheime Staatsarchiv, das Iberoamerikan. Institut und das Institut für Musikforschung (Instrumentenmuseum).

Stiftung Volkswagenwerk, 1961–89 Name der ↑Volkswagen-Stiftung.

Stiftung Warentest, staatlich unterstütztes, 1964 mit Mitteln des Bundes gegr. Warentestinstitut, Sitz Berlin. Die S. W. führt verbrauchernahe Qualitätsprüfungen von Waren und Dienstleistungen durch und veröffentlicht ihre Ergebnisse u. a. in Zeitschriften (u. a. test, seit 1966) und Ratgebern.

Stiftzahn, Zahnersatz, bei dem der künstl. Zahn mit Hilfe eines Stiftes im Zahnwurzelkanal verankert ist.

Stigler, George Joseph, *Renton (Washington) 17. 1. 1911, † Chicago 2. 12. 1991, amerikan. Wirtschaftswissenschaftler. Untersuchte in zahlr. Arbeiten die traditionelle Theorie der Ertragsunterschiede sowie die Auswirkungen gesetzl. Eingriffe in das Wirtschaftsleben; 1982 Nobelpreis für Wirtschaftswissenschaften.

Stigma [griech.], 1) *kath. Kirche:* Leidensmal Jesu (↑Stigmatation).

George J. Stigler

2) *Biologie:* (Augenfleck), Organell bei Algen und Flagellaten, das wohl nur indirekt der Lichtwahrnehmung dient.

3) *Zoologie:* 1. Flügel- oder Randmal an den Flügeln vieler Insekten (z. B. Libellen, Wanzen). 2. Tracheenöffnung der Spinnen, Tausendfüßer und Insekten.

Stigmatisation [griech.], das Auftreten äußerlich sichtbarer, psychogen bedingter Körpermerkmale (z. B. Hautblutungen) bei Personen mit vegetativen Störungen. S. erscheinen oft als Identifikationsprodukte. – Im *theolog.* Sinn das plötzl. Auftreten der Leidensmale Jesu (Stigmata) am Leib eines lebenden Menschen, die nicht zu Entzündungen führen und sich ärztl. Therapie entziehen. Der erste geschichtlich belegte Fall von S. ist Franz von Assisi; bes. bekannt ist im 20.Jh. Therese Neumann (*1898, † 1962).

Stijl-Gruppe [niederl. steil...], niederl. Künstlergruppe, gegr. 1917 von P. Mondrian, T. van Doesburg und den Architekten Jacobus Johannes Pieter Oud (*1890, † 1963) und Gerrit Rietveld (*1888, † 1964) u. a.; Monatsschrift »De Stijl«. In der Malerei geometr. Formsprache (elementare Elemente: Senkrechte und Waagrechte, die Grundfarben Rot, Blau und Gelb und die Nichtfarben Schwarz, Weiß, Grau). In der Architektur Raumbeziehungen rechteckiger Flächen, unterstützt von den Grundfarben. Die Entwicklung kub. Baukörper bewirkte eine grundlegende Umgestaltung der europ. Architektur; Einfluß auf das Bauhaus.

Stil [lat.], 1) *allg.:* charakterist. Besonderheit, etwas auszudrücken, zu formulieren.

2) *Kunst, Literatur, Musik:* das, was im Hinblick auf Ausdrucksform, Gestaltungsweise charakteristisch, typisch, einmalig ist, bzw. die typ. Besonderheit, durch die sich das Kunstschaffen von Völkern bzw. kulturellen Regionen *(National-* oder *Regional-S.),* histor. Zeitabschnitten *(Epochen-S., Zeit-S.),* einzelnen Künstlern *(Personal-* oder *Individual-S.)* und die Ausprägungsformen bestimmter Werktypen *(Gattungs-S.)* oder einzelner Kunstprodukte *(Werk-S.)* von anderen unterscheidet.

Stilblüte, durch einen Denkfehler oder durch Unachtsamkeit entstandene doppelsinnige sprachliche Äußerung, die eine unbeabsichtigte kom. Wirkung auslöst.

Stilett [lat.-italien.], kleiner Dolch.

Stilfser Joch ↑Alpenpässe (Übersicht).

Stilisierung [lat.], 1) abstrahierende, auf wesentl. Grundzüge reduzierte Darstellung.

2) Nachahmung eines Stilideals oder -musters.

Stilistik [lat.], als Wiss. vom [literar.] Stil 1. Theorie des literar. Stils; 2. Analyse und Beschreibung verschiedener stilist. Mittel, Ausdrucksformen; 3. Anleitung zu einem guten [Schreib]stil.

Stilleben, in der *Malerei* die Darstellung unbewegter (»stiller«) Gegenstände wie Blumen, Früchte, Wildbret, Krüge, Gläser, [Musik]instrumente, die nach dekorativen, symbol. oder formal-kompositor. Gesichtspunkten angeordnet werden.

Stimmgabel

stille Gesellschaft, Sonderform der [Handels-] Gesellschaft. Der stille Gesellschafter ist nur mit einer Vermögenseinlage am Gewerbe eines anderen beteiligt, ohne Einfluß auf die Geschäfte zu nehmen und ohne haftbar zu sein. Das eingebrachte Vermögen geht in das Vermögen des Geschäftsinhabers über. Dem stillen Gesellschafter steht dafür eine Gewinnbeteiligung zu.

Stillen (Laktation, Brusternährung), Ernährung des Säuglings mit ↑Muttermilch. In der Regel gilt eine *Stilldauer* von vier bis sechs (höchstens acht) Monaten als zweckmäßig.

Stiller, Mauritz, eigtl. Moses S., *Helsinki 17. 7. 1883, † Stockholm 18. 11. 1928, schwed. Filmregisseur. Meister des Stummfilms; neben den Verfilmungen von Romanen S. Lagerlöfs (»Herrn Arnes Schatz«, 1919; »Johan«, 1921; »Gösta Berlings Saga«, 1924) wurde v. a. der Film »Sangen om den eldröda blomman« (Das Lied von der purpurroten Blume, 1919) weltbekannt. S. entdeckte und förderte Greta Garbo, mit der er 1925 nach Hollywood ging; 1927 Rückkehr nach Schweden.

stille Reserven, aus der Zurückbehaltung von Gewinnen entstehende Rücklagen, die in der Bilanz nicht ausgewiesen sind. Sie werden meist zur Finanzierung von Investitionen genutzt.

Stiller Ozean ↑Pazifischer Ozean.

Stillhalteabkommen, allg. eine Übereinkunft zw. Gläubiger und Schuldner über die Stundung von Krediten.

Stilling, Heinrich, dt. Schriftsteller, ↑Jung-Stilling, Johann Heinrich.

Stimmbänder ↑Kehlkopf.

Stimmbruch (Mutation, Mutierung, Stimmwechsel), bei männl. Jugendlichen das Tieferwerden (um etwa eine Oktave) der Stimmlage in der Pubertät; wird hervorgerufen durch das Wachstum des Kehlkopfs und die Verlängerung der Stimmbänder.

Stimme, Lautäußerung bei Menschen und vielen Tieren mit bestimmtem Klangcharakter und Signalwert zur Verständigung v. a. unter Artgenossen. Bei der menschl. S. versetzt durchströmende Luft die Stimmbänder im Kehlkopf in Schwingungen, die durch Resonanzhöhlen in Kopf und Brust verstärkt werden. Die Tonhöhe kann durch unterschiedl. Spannen der Stimmbänder,

Stilleben. Willem Claesz. Heda, »Stilleben« (1632; Köln, Walraff-Richartz-Museum)

die Klangfarbe durch unterschiedl. Form und Größe der Resonanzhöhlen (Bruststimme, Kopfstimme, Falsett) verändert werden. Die Tonhöhenbereiche der menschl. S. bezeichnet man als ↑Stimmlagen, die v. a. durch unterschiedl. Resonanzeffekte bewirkte Klangfarbe als ↑Register.

Auch Bezeichnung für den Teil eines mehrstimmigen Werkes, den ein Musiker (Sänger, Instrumentalist) auszuführen hat. Im satztechnischen Sinne spielen Unterscheidungen wie Haupt- und Neben-, Ober-, Mittel- und Unterstimme, Zusatz- und Füllstimme eine charakterisierende Rolle. – Bei Streichinstrumenten wird der ↑Stimmstock auch S. genannt, bei der Orgel eine Gruppe gleichklingender Pfeifen (↑Register).

Stimme Amerikas ↑Voice of America.

Stimmenkauf und -verkauf, die aktive bzw. passive Bestechung Stimmberechtigter; bei polit. Wahlen als Wählerbestechung strafbar.

Stimmer, Tobias, *Schaffhausen 17. 4. 1539, † Straßburg 4. 1. 1584, schweizer. Maler und Zeichner der Renaissance. Wand- und Fassadenmalereien (Haus zum Ritter in Schaffhausen), Glasmalerei, Malereien der Astronom. Uhr im Straßburger Münster (1571–74).

Stimmgabel, gabelförmiges Gerät aus Stahl zur Bestimmung einer Tonhöhe, speziell des ↑Kammertons a^1.

Stimmgabel

Stimmhaftigkeit

Stimmhaftigkeit (Sonorität), Eigenschaft von Sprachlauten, bei deren Erzeugung die Stimmlippen des Kehlkopfes schwingen. – Ggs. Stimmlosigkeit.

Stimmlage, die nach ihrem Tonhöhenumfang unterschiedenen Bereiche der menschl. Singstimme, eingeteilt in Sopran (Umfang [a] c^1–a^2 [c^3, f^3]), Mezzosopran (g–g^2 [b^2]), Alt (a–e^2 [f^2, c^3]), Tenor (c–a^1 [c^2]), Bariton (A–e^1 [g^1]) und Baß (E–d^1 [f^1]).

Stimmrecht, allg. das Recht, an einer Abstimmung oder an Wahlen teilzunehmen. – Nach dem *Zivilrecht* steht jedem Mgl. einer Gesellschaft das Recht zu, in der Mgl.versammlung von den zu fassenden Beschlüssen mitzustimmen. Im *Aktienrecht* wird das S. nicht nach den Köpfen, sondern nach Aktiennennbeträgen ausgeübt.

Stimmritze ↑Glottis, ↑Kehlkopf.

Stimmritzenkrampf (Kehlkopfkrampf, Glottiskrampf, Laryngospasmus), eine Kehlkopferkrankung, bei der es durch Krampf der Kehlkopfmuskulatur zur Einengung bzw. zum Verschluß der Stimmritze mit Sprach- und Atemstörungen kommt.

Stimmstock, 1) Stäbchen im Innern des Resonanzkörpers von Streichinstrumenten, das die Schwingungen von der Decke zum Boden und umgekehrt überträgt (auch *Stimme* oder *Seele* genannt).

2) bei besaiteten Tasteninstrumenten Bauteil, in das die Wirbel eingeschraubt sind.

Stimmton (Normalton), Bezeichnung für den durch eine bestimmte Frequenz (Schwingungszahl) definierten Ton, nach dem Instrumente eingestimmt werden. Früher stark differierend, konnte der S. erst durch die Erfindung der Stimmgabel vereinheitlicht werden. ↑Kammerton.

Stimmung, 1) *allg.:* bestimmter Gemütszustand, bestimmte Atmosphäre einer Gruppe o.ä.

2) *Musik:* (Intonation) die theoret. und prakt. Festlegung der absoluten und der relativen Tonhöhe. Die S. von Instrumenten und der auf ihnen gespielten Musik hängt zunächst von der absoluten Tonhöhe ab, die heute im allg. durch die Frequenz des ↑Kammertons a^1 festgelegt ist. Darüber hinaus hängt die S. vom System der von einem Instrument spielbaren und durch ein Musikstück geforderten Tonhöhenverhältnisse, den relativen Tonhöhen, ab. Dieses System der relativen Tonhöhen ist von der absoluten Tonhöhe unabhängig und legt lediglich die Menge aller mögl. musikal. Intervalle fest. Die S. der meisten Blasinstrumente (Ausnahme u. a. Posaune) und der gestimmten Schlaginstrumente wird überwiegend durch den Instrumentenbau bestimmt und kann nur geringfügig vom Spieler beeinflußt werden. Saiteninstrumente können vor jedem Spiel (z. B. Gitarre, Violine) oder in größeren Zeitabständen (z. B. Klavier, Harfe) gestimmt werden. In der *reinen Stimmung* sollen die Dreiklänge auf dem Grundton, der Unter- und der Oberquinte »rein« sein; die Frequenzen der Dreiklangstöne verhalten sich 4:5:6. Dadurch sind alle diaton. Töne einer Tonart festgelegt; auf einem »rein« gestimmten Tasteninstrument erklingt jede andere Tonart unrein. Das Spielen in allen Tonarten ermöglichte seit dem 18. Jh. die *temperierte Stimmung* (Temperatur), die auf einer physikal. gleichmäßigen Zwölfteilung der reinen Oktave beruht.

Stimmwechsel, svw. ↑Stimmbruch.

Stimulanzien [lat.] (Stimulantia, Energetika, Energizer), anregende, vorwiegend antriebsteigernde Mittel (Reizmittel, Drogen, Pharmaka).

Stimulation (Stimulierung) [lat.], Reizung, Anregung, und zwar entweder durch Stimulanzien oder durch bes. Erlebnisse bzw. Vorstellungen (psych. Stimulation).

Sting [engl. stɪŋ], eigtl. Gordon Matthew Sumner, *Wallsend 2. 10. 1951, brit. Rockmusiker (Sänger, Bassist, Songschreiber) und Schauspieler. Begann 1977 in der Gruppe »The Police«, seit 1985 Solokarriere. Mit seinen Songs, in denen sich moderner Jazz und Rockelemente, aber auch Funk und Reggae mischen, hat er die Popmusik der 80er Jahre nachhaltig beeinflußt. Er wirkte auch in Filmen mit, u. a. »Quadrophenia« (1979), »Der Wüstenplanet« (1984), »Stormy Monday« (1988).

Stinkdrüsen, der Haut eingelagerte Drüsen bei manchen Tieren (z. B. bei Wanzen, Schaben u. a. Insekten sowie z. B. beim Stinktier); sie sondern bei Bedrohung des Tiers zur Abwehr ein stark und unangenehm riechendes Sekret ab.

Stinkmorchel (Aasfliegenpilz, Gichtmorchel, Leichenfinger), von Juni an in Gärten und Wäldern vorkommender Rutenpilz; Fruchtkörper in jungem Zustand als weißl., kugel- bis eiförmiges Gebilde *(Hexenei, Teufelsei);* der Hut des reifen Pilzes ist mit der dunkelolivfarbenen, klebrigen Sporenmasse bedeckt, die einen widerlichen, aasartigen Geruch ausströmt.

Stinktiere (Skunks, Mephitinae), Unter-Fam. der Marder mit neun Arten in N-, M- und S-Amerika; Körperlänge etwa 25–50 cm; Schwanz buschig; Fell dicht und langhaarig, meist schwarz mit weißen Streifen; Stinkdrüsen am After sondern ein stark und anhaltend riechendes Sekret ab.

Stinkwanze (Grüne S., Faule Grete), 11–14 mm lange Schildwanze in Europa und Vorderasien; Larven hinterlassen oft einen widerl. Geruch.

Stinnes, Mathias, *Mülheim a. d. Ruhr 4. 3. 1790, † ebd. 16. 4. 1845, dt. Industrieller. Ruhrschiffer, begann als erster die Schleppschiffahrt auf dem Rhein; aus seinen Unternehmungen ging der S.-Konzern hervor.

Stinnes-Konzern, dt. Unternehmensgruppe der Montan-Ind. und der Schiffahrt; unter Hugo Stinnes (*1870, † 1924) eine der größten dt. Unternehmensgruppen. 1924/25 nach Liquiditätsschwierigkeiten zur Hälfte in ausländ. Besitz. Gegenwärtig besteht noch die *Stinnes AG* als Großhandelsunternehmen; sie ist fast vollständig im Eigentum der VEBA AG.

Stinte [niederdt.] (Osmeridae), Fam. kleiner, silberglänzender, heringsförmiger Lachsfische mit rd. zehn Arten im N-Pazifik und N-Atlantik; steigen auch in Süßgewässer auf, z. B. der *Europäische Stint* (Stint, Seestint, Spierling; bis 30 cm lang).

Stipendium [lat.], Studenten, Doktoranden und jungen Wissenschaftlern oder Künstlern gewährte Geldleistungen für Studium, Promotion, Habilitation, Auslandsaufenthalte, bestimmte Forschungsvorhaben oder künstler. Projekte, vergeben von Stiftungen und staatl. Institutionen (↑auch Ausbildungsförderung).

Stipes [lat.], Unterbau des Altars.

Stirnbein

Stinkmorchel. Links: Hexenei (längsgeschnitten) ♦ Rechts: reifer Fruchtkörper

Stirling, James Frazer [engl. ˈstəːlɪŋ], *Glasgow 22. 4. 1926, † London 25. 6. 1992, brit. Architekt. Bauten mit funktionsgerechter räuml. Gliederung und origineller Verwendung von Motiven und Formen der Baugeschichte. – *Werke:* Wohnsiedlung (Runcorn New Town, 1967–76); Neue Staatsgalerie (Stuttgart, 1977–84); Clore Gallery (Erweiterung der Tate Gallery, London, 1982–87); Umbau der Albert Docks in eine Zweigstelle der Tate Gallery (London, 1982–88).

Stirling [engl. ˈstəːlɪŋ], schottische Stadt am Forth, 38 600 E. Verwaltungssitz der Central Region; Universität; u. a. Landmaschinenbau. – Im MA im Wechsel mit Edinburgh Hauptstadt Schottlands.

Stirling-Motor [engl. ˈstəːlɪŋ...; nach dem schott. Geistlichen Robert Stirling, *1790, † 1878], periodisch arbeitende Wärmekraftmaschine (Kolbenkraftmaschine), die als Antriebsmittel eine abwechselnd stark erhitzte und abgekühlte, von zwei Kolben (Arbeits- und Verdrängerkolben) hin- und hergeschobene Gasmenge benutzt und die zugeführte Wärmeenergie in mechan. Energie umwandelt. Die benötigte Wärme wird in einer Brennkammer außerhalb des Zylinders erzeugt.

Stirn (Frons), über den Augen gelegene, von zwei Schädelknochen bzw. dem Stirnbein geformte Gesichtspartie beim Menschen und bei anderen Wirbeltieren.

Stirnbein, der bei vielen Reptilien, manchen Affen und beim Menschen als einheitl. Deckknochen in Erscheinung tretende vordere Teil des Schädeldachs im Anschluß an das paarige Scheitel-

Stinktier

Stirner

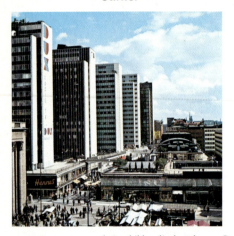

Stockholm. Einkaufszentrum am Hötorget

Karlheinz Stockhausen

Stockholm Stadtwappen

bein; bildet die knöcherne Grundlage der Stirn.

Stirner, Max, eigtl. Johann Kaspar Schmidt, *Bayreuth 25. 10. 1806, †Berlin 26.6. 1856, dt. Philosoph. Vertreter des ↑Solipsismus (»Der Einzige und sein Eigentum«, 1845).

Stirnhöhle ↑Nasennebenhöhlen.

Stoa [griech.], von Zenon von Kition um 300 v. Chr. gegründete, nach ihrem Versammlungsort, der *Stoa Poikile* (Säulenhalle an der Agora Athens), ben. griech. Philosophenschule, die bis zur Mitte des 3.Jh. n. Chr. bestand. Der älteren S. (Zenon, Chrysippos u. a.) stehen die *frühe* bzw. *mittlere* S. (Panaitios, Poseidonios) und die *kaiserzeitl.* S. (Seneca d.J., Kaiser Mark Aurel u.a.) gegenüber, die sich jedoch nur geringfügig unterscheiden. – Oberste Maxime der Ethik, die im Mittelpunkt steht, ist die Forderung, Neigungen und Affekte als der Vernunft zuwiderlaufend und die Einsicht behindernd zu bekämpfen (Apathie). – Im 1.Jh. n. Chr. Modephilosophie der Römer und Griechen, ging im Neuplatonismus auf.

Stochastik, Bez. für mathemat. Verfahren zur Untersuchung zufallsabhängiger Ereignisse (z. B. von Stichproben); **stochastisch,** zufallsabhängig.

Stöchiometrie [griech.], die Lehre von der mengenmäßigen Zusammensetzung chem. Verbindungen und der mathemat. Berechnung chem. Umsetzungen.

stöchiometrische Formel ↑chemische Formeln.

Stockach, Stadt in Oberschwaben, Bad.-Württ., 12 900 E. Fastnachtsmuseum im Schloß Langenstein. U. a. Textil-, Elektro-, Maschinenbau- und Metallwarenindustrie.

Stockente ↑Enten.

Stöcker, Helene, *Elberfeld (heute zu Wuppertal) 13. 11. 1869, † New York 24. 2. 1943, dt. Frauenrechtlerin und Pazifistin. 1905 Mitbegründerin des Bundes für Mutterschutz und Sexualreform; aktiv in der Dt. Friedensgesellschaft und in der Internationale der Kriegsdienstgegner; emigrierte 1933.

Stock Exchange [engl. 'stɔk ıks'tʃeındʒ], urspr. Name der Londoner Börse, heute generell engl. Bez. für eine Effektenbörse.

Stockfisch, im Freien auf Holzgestellen getrockneter, ausgenommener und geköpfter Fisch. ↑Klippfisch.

Stockhaar, aus mittellangen Grannenhaaren mit dichter Unterwolle gebildetes Haarkleid bei Hunden, z. B. beim Dt. Schäferhund.

Stockhausen, Karlheinz, *Mödrath (heute zu Kerpen) 22.8. 1928, dt. Komponist. War maßgebend an allen Entwicklungen der Neuen Musik nach 1945 beteiligt. Sein umfangreiches Werk reicht von streng seriellen instrumentalen und elektron. Kompositionen der 1950er und 1970er Jahre bis zu »intuitiver Musik«, bei der die Musiker, durch Texte eingestimmt, aufeinander frei reagierend zu neuen musikal. Ausdrucksqualitäten finden sollen. Arbeitet u. a. seit 1977 an einem siebenteil. Opernzyklus »Licht« (bislang: »Donnerstag«, UA 1981; »Samstag«, UA 1984; »Montag«, UA 1988). – *Weitere Werke:* Kontra-Punkte für 10 Instrumente, 1952/53; Klavierstücke I–IV, 1952/53; Gruppen für 3 Orchester, 1955–57; Gesang der Jünglinge, 1955/56; Mantra für 2 Pianisten (1970); Trans für Orchester und Tonband (1971); Sirius für elektron. Klänge, Trompete, Sopran, Baßklarinette, Baß (1975/76); Michaels Reise um die Erde für Trompete und Orchester (1978), Michaels Jugend, Michaels Heimkehr (1980).

Stockholm, Hauptstadt Schwedens an beiden Ufern des Ausflusses des Mälar-

Stoffmenge

sees in einen Arm der Ostsee sowie auf einigen Inseln, 675000 E; Groß-S. hat 1,64 Mio. E. Residenz des schwed. Königs, Sitz der Regierung und des Parlaments; Reichsarchiv, mehrere Theater, über 50 Museen; Univ., TH; botan. Garten, Zoo; Sitz von Großbanken, Reedereien und Handelsunternehmen; größte schwed. Ind.stadt; Hafen; U-Bahn, internat. ✈ Arlanda.

Stadtbild: Bed. Kirchen sind die Storkyrka (13., 14./15. und 18. Jh.), die Riddarholmskyrka (13. Jh.; mehrfach erneuert), die Tyska kyrka (Dt. Kirche, 1638–42), die kath. Domkirche (1983 geweiht). Königl. Schloß (nach 1697); Riddarhus (Ritterhaus, 1641–1674). Im 19. Jh. entstanden das Nationalmuseum und andere öffentl. Gebäude, im 20. Jh. das Rathaus, die königl. Bibliothek sowie Satellitenstädte.

Geschichte: 1252 erstmals belegt; wahrscheinlich von Birger Jarl als Handelsplatz gegründet. 1520 eroberte der Dänenkönig Christian II. S. (»Stockholmer Blutbad«). Seit dem 16. Jh. häufig Königsresidenz; seit dem 17. Jh. ständige Hauptstadt Schwedens.

Stockholm International Peace Research Institute [engl. ˈstɔkhoʊm ɪntəˈnæʃənəl ˈpiːs rɪˈsəːtʃ ˈɪnstɪtjuːt] »Internationales Friedensforschungsinstitut Stockholm«], Abk. **SIPRI,** 1966 als Stiftung vom schwedischen Parlament gegr. Institution; veröffentlicht u. a. das SIPRI-Jahrbuch, das die internationale Rüstungsentwicklung laufend dokumentiert.

Stockmalve (Eibisch), Gatt. der Malvengewächse mit 25 Arten im gemäßigten Eurasien; bekannte Arten sind die bis 3 m hohe *Stockrose* (Roter Eibisch) mit verschiedenfarbigen Blüten in bis 1 m langer Ähre und der *Echte Eibisch,* eine bis 1,5 m hohe Staude mit weißen oder rosafarbenen Blüten.

Stockmutter, svw. Bienenkönigin.

Stockpunkt, Temperatur, bei der eine flüssige Substanz so viskos wird, daß sie gerade aufhört zu fließen.

Stockschwämmchen (Laubholzschüppling), sehr häufiger, v. a. im Herbst auf Laubholzstubben büschelig wachsender Lamellenpilz; Hut 3–7 cm breit; Speisepilz.

Stoff, 1) *allg.:* jede Form von Materie unabhängig von Aggregatzustand und Zusammensetzung.

2) *Philosophie:* svw. ↑Materie.

3) *Textilkunde:* aus Garnen durch Weben, Wirken oder Stricken hergestelltes Erzeugnis.

Stoffdruck (Textildruck, Zeugdruck), Aufbringen von ein- und mehrfarbigen Mustern auf die Oberfläche von Textilien, heute oft in Walzen- oder Siebdruckverfahren. Daneben gibt es zahlreiche spezielle S.verfahren sowie kunstgewerbl. Druck- bzw. Färbeverfahren (z. B. ↑Batik).

Stoffmenge (Teilchenmenge), Formelzeichen *n,* eine der sieben Basisgrößen

Stockschwämmchen
(Hutbreite 3 – 7 cm)

Stockholm.
Die Insel Riddarholme mit dem Oberlandesgericht und der Riddarholmskirche (Ende des 13. Jh. begonnen)

Stoffwechsel

Edmund Stoiber

Manfred Stolpe

des SI-Systems; festgelegt als die durch die ↑Avogadro-Konstante N_A dividierte Anzahl N gleichartiger Teilchen (Atome, Ionen, Moleküle): $n = N/N_A$. – Die SI-Einheit der S. ist das ↑Mol.

Stoffwechsel (Metabolismus), die Gesamtheit der biochem. Vorgänge, die im bakteriel., pflanzl., tier. und menschl. Organismus oder in dessen einzelnen Teilen ablaufen und dem Aufbau, Umbau und der Erhaltung der Körpersubstanz sowie der Aufrechterhaltung der Körperfunktionen dienen. Die S.prozesse verbrauchen Energie, die durch Abbau zelleigener Substanzen im Vorgang der ↑Dissimilation energiefreisetzend (katabolisch) gewonnen wird. Die durch die Dissimilation verbrauchten Substanzen und die für Aufbau und Wachstum erforderl. Zellsubstanzen werden durch energieverbrauchende (anabolische) Reaktionen im Vorgang der ↑Assimilation ersetzt. Praktisch lassen sich alle S.vorgänge nach Funktionskreisen in Assimilation, Ernährung, Atmung, Verdauung, Resorption und Exkretion unterteilen. Generell unterschieden werden der *Bau-S.* (Aufbau-S., Anabolismus bzw. heute meist Assimilation genannt) vom *Energie-* oder *Betriebs-S.,* der auch als Katabolismus, abbauender S. bzw. Dissimilation bezeichnet wird und die beiden Vorgänge der inneren Atmung und der Gärung umfaßt.

Unter *Fett-S. (Lipid-S.)* versteht man die Vorgänge zum Auf- und Abbau der Fette oder fettartiger Substanzen im Organismus. Er umfaßt i. w. S. den S. der komplexen Lipide, d. h. der Phospholipide, Glykolipide, Karotinoide und des Cholesterins, in dem die Fettsäuren als Ausgangsmaterial dienen. – Unter *Protein-S.* versteht man die Gesamtheit aller biolog. Vorgänge und biochem. Umsetzungen, die den Auf- und Abbau von Proteinen betreffen. Der Abbau erfolgt bei den Tieren und dem Menschen im Magen-Darm-Trakt durch proteinspaltende Enzyme (Proteasen) bis hin zu den resorptionsfähigen Aminosäuren. – Der *Nukleinsäure-S. (Nukleotid-S.)* umfaßt die ↑DNS-Replikation und die Biosynthese von RNS. – Der *Mineral-S.* umfaßt die chem. Umsetzungen der Mineralstoffe und Spurenelemente. Er wird bei Tieren und beim Menschen hormonell durch Mineralokortikoide geregelt.

Stoffwechselkrankheiten, Krankheiten, die durch Stoffwechselstörungen bedingt sind und/oder mit Stoffwechselstörungen einhergehen, z. B. Fettsucht, Gicht, Diabetes mellitus.

Stoiber, Edmund, *Oberaudorf (bei Kufstein) 28. 9. 1941, dt. Politiker (CSU). Jurist; 1978–83 Generalsekretär seiner Partei, 1982–86 Staatssekretär in der bayer. Staatskanzlei, 1986–88 bayer. Staats-Min. für Sonderaufgaben, 1988 bis 1993 bayer. Innen-Min., seit 1993 bayer. Ministerpräsident.

Stoiker [griech.], Anhänger der ↑Stoa.

Stoizismus [griech.], nach der griech. Philosophenschule ↑Stoa ben. Position, die v. a. durch die Haltung der Gelassenheit, der Freiheit von Affekten sowie durch eth. Rigorismus gekennzeichnet ist.

Stoke-on-Trent [engl. 'stəʊk ɔn 'trent], engl. Stadt in den West Midlands, 252 400 E. Herstellung von Kacheln, Porzellanwaren, Steingut. – Seit 1910 Stadtgrafschaft.

Stoker, Bram [engl. 'stəʊkə], eigtl. Abraham S., *Dublin 1847, † London 20. 4. 1912, ir. Schriftsteller. Welterfolg hatte sein Vampirroman »Dracula« (1897), der zu zahlr. literar. Nachahmungen und Verfilmungen anregte (↑Dracula).

Stokes, Sir (seit 1889) George Gabriel [engl. stəʊks], *Skreen (Sligo) 13. 8. 1819, † Cambridge 1. 2. 1903, brit. Mathematiker und Physiker. Lieferte wichtige Beiträge zur Analysis und zur mathemat. Physik. Seine physikal. Forschungen betrafen v. a. die Hydrodynamik und die Optik.

Stokowski, Leopold [engl. stəʊ'kɔfskɪ], *London 18. 4. 1882, † Nether Wallop bei Winchester 13. 9. 1977, amerikan. Dirigent. Förderte v. a. die zeitgenöss. Musik; u. a. 1912–36 Leiter des Philadelphia Orchestra; 1962 Gründung des American Symphony Orchestra.

Stola [griech.-lat.], **1)** schalartiger Umhang, urspr. Übergewand der Römerin. **2)** Teil der liturg. Bekleidung; etwa 2,5 m langer, 5–8 cm breiter Stoffstreifen.

Stolberg/Harz (amtl. Kurort S./H.), Stadt im S-Harz, Sa.-Anh., 2100 E. Rathaus (1492; 1600 erneuert), ehem.

Stolberg. Münze (1535; jetzt Thomas-Müntzer-Gedenkstätte und Museum); zahlr. Fachwerkhäuser. – Vermutlich im 12. Jh. als Bergbausiedlung entstanden; Stadtrecht vor 1300. – Geburtsort von Thomas Müntzer.

Stolberg (Rhld.), Ind.-Stadt am N-Rand der Eifel, NRW, 57 200 E. Die Burgruine wurde 1888 ff. schloßartig ausgebaut. – Besaß schon im 14. Jh. Werkstätten zur Eisenbearbeitung und Hüttenwerke; im 17./18. Jh. führend in der europ. Messingverarbeitung.

Stolberg-Stolberg, 1) Christian Reichsgraf zu, *Hamburg 15. 10. 1748, † Schloß Windebye bei Eckernförde 18. 1. 1821, dt. Schriftsteller. Bruder von Friedrich Leopold Reichsgraf zu S.-S.; Mgl. des †Göttinger Hains; schrieb Singspiele und Lyrik; bed. Übersetzungen.
2) Friedrich Leopold Reichsgraf zu, *Bramstedt (heute Bad Bramstedt) 7. 11. 1750, † Schloß Sondermühlen bei Osnabrück 5. 12. 1819, dt. Schriftsteller. Mgl. des †Göttinger Hains; schrieb Lyrik, Romane, Dramen, Reiseberichte, kirchenhistor. Schriften; Übersetzungen (u. a. »Ilias«).

Stolgebühren, Abgaben, v. a. in der kath. Kirche, die bei Amtshandlungen, bei denen die Stola getragen wird, zu zahlen sind.

Stollberg/Erzgeb., Kreisstadt am N-Rand des Erzgebirges, Sachsen, 12 300 E. Spätgot. Marienkirche (14./15. Jh.), Jakobikirche (1653–59).

Stollen, 1) *Bergbau:* unterirdischer Gang; ein horizontaler Grubenbau, der von einem Hang aus in den Berg vorgetrieben wird.
2) *Lebensmittelkunde:* (Stolle) als Laib gebackener Kuchen; beim *Christstollen* u. a. mit Korinthen, Zitronat, Mandeln.
3) *Musik:* †Stollenstrophe.
4) *Sport:* runde Leichtmetall-, Nylon- oder Lederteile an der Sohle von Sport-, insbes. Fußballschuhen; zur Erhöhung der Rutschfestigkeit.

Stollenstrophe, die im dt. Minnesang übernommene †Kanzonenstrophe, bestehend aus dem in zwei musikal. und metr. gleichgebauten *Stollen* gegliederten Aufgesang und dem metrisch und musikalisch abweichenden Abgesang; gängigste Strophenform des MA und der frühen Neuzeit.

Stolberg/Harz. Fachwerkhäuser und der von der ehemaligen Stadtbefestigung erhaltene Saigerturm

Stolp (poln. Słupsk), Stadt in Pommern, Polen, 96 200 E. Hauptstadt des Verw.-Geb. Słupsk; Museen; u. a. Metallverarbeitung. Tore der Stadtbefestigung; Marienkirche (14./15. Jh.); Renaissanceschloß (16. Jh.; Museum). Nahebei das Seebad *Stolpmünde* mit Fischereihafen.

Stolpe, Manfred, *Stettin 16. 5. 1935, dt. Politiker (SPD). Kirchenjurist; 1982 bis 1990 Konsistorialpräsident der ev. Kirche Berlin-Brandenburg; seit 1990 Min.-Präs. Brandenburgs.

Stoltenberg, 1) Gerhard, *Kiel 29. 9. 1928, dt. Politiker (CDU). Historiker; 1965–69 Bundes-Min. für Forschung; 1971–82 Min.-Präs. von Schleswig-Holstein; 1982–88 Bundes-Min. für Finanzen, 1988–92 Bundes-Min. für Verteidigung.
2) Thorvald, *Oslo 8. 7. 1931, norweg. Politiker (Arbeiterpartei). Jurist; 1979 bis 1981 Verteidigungs-, 1987–89 und 1990–93 Außen-Min.; Jan.-Okt. 1990 Hoher Flüchtlingskommissar der UN; seit April 1993 UN-Vermittler im Jugoslawien-Konflikt.

Stolypin, Pjotr Arkadjewitsch [russ. sta'lipin], *Dresden 14. 4. 1862, † Kiew 18. 9. 1911 (ermordet), russ. Politiker. Ab 1906 Innen-Min. und Min.-Präs.;

Gerhard Stoltenberg

Stolz

Robert Stolz

Richard Stone

führte eine grundlegende Agrarreform zur Stabilisierung der sozialen Verhältnisse durch.

Stolz, Robert, * Graz 25. 8. 1880, † Berlin (West) 27. 6. 1975, österr. Komponist. Komponierte neben zahlr. Operetten beliebte Filmmusiken.

Stolze, Wilhelm, * Berlin 20. 5. 1798, † ebd. 8. 1. 1867, dt. Stenograph. Veröffentlichte 1841 ein Stenographiesystem, das zu den Grundlagen der dt. Einheitskurzschrift (↑Stenographie) gehört.

Stoma [griech.] (Mrz. Stomata), in der *Zoologie* und *Medizin* svw. ↑Mund.

Stomatitis [griech.], Entzündung der Mundschleimhaut.

Stone [engl. stəʊn], **1)** Oliver, * New York (N. Y.) 15. 9. 1946, amerikan. Regisseur und Filmautor. Schrieb zunächst Drehbücher, u. a. für »Midnight Express« (1978, Regie: A. Parker) und »Das Jahr des Drachen« 1985, Regie: M. Camisso); debütierte als Regisseur mit »Salvator« (1985); weitere Filme: »Platoon« (1986), »Wall Street« (1987), »Geboren am 4. Juli« (1989), »The Doors« (1991), »J. F. K.« (1992), »Natural Born Killers« (1994).

2) Sir (seit 1978) Richard, * London 30. 8. 1913, † Cambridge 6. 12. 1991, brit. Nationalökonom. Erhielt 1984 den Nobelpreis für Wirtschaftswissenschaften für seine Leistungen bei der Entwicklung von Systemen der volkswirtschaftl. Gesamtrechnung.

3) Sharon, * Meadville (Pa.) 1958, amerikan. Filmschauspielerin. Internat. Erfolg u. a. in »Stardust Memories« (1981), »Quatermain – Auf der Suche nach dem Schatz der Könige« (1985), »Basic Instinct« (1991), »The Specialist« (1994).

Stonehenge [engl. 'stəʊn'hendʒ], vorgeschichtl. Steinkreisanlage (Kromlech) in der Salisbury Plain, S-England, 12 km nördlich von Salisbury; am besten erhaltene Megalithanlage aus dem 3./2. Jt.; das größte prähistor. Steindenkmal Europas. Die Konzeption der Anlage und die bes. Stellung einzelner Steine zum jeweiligen Sonnenstand legen nahe, daß hier während des Jahresablaufs, z. B. zur Sonnenwende, kult. Handlungen stattfanden.

Stoph, Willi, * Berlin 9. 7. 1914, dt. Politiker (SED). Maurer, dann Bautechniker; schloß sich 1931 der KPD an; seit 1950 Mgl. des ZK der SED, seit 1953

Storchschnabel. Waldstorchschnabel

des Politbüros; 1952–55 Innen-, 1956 bis 1960 Verteidigungs-Min., 1964–73 und 1976–89 Vors. des Min.-Rates; 1973–76 Vors. des Staatsrates.

Stoppard, Tom [engl. 'stɔpəd], urspr. Thomas Straussler, * Zlín 3. 7. 1937, engl. Dramatiker tschech. Herkunft. Schreibt v. a. satir. Theaterstücke, u. a. »Rosenkranz und Güldenstern sind tot« (1967; verfilmt 1991), »Akrobaten« (1972), »Travesties« (1974), »Das einzig Wahre« (1982), »Hapgood« (1988).

Stoppuhr, mechanisches oder elektrisches [Kurz]zeitmeßgerät, mit dem sich der Zeitunterschied zweier aufeinanderfolgender Ereignisse im allg. auf Zehntel- oder Hundertstelsekunden genau messen und festhalten läßt.

Stör ↑Störe.

Störche (Ciconiidae), Fam. bis etwa 1,4 m hoher, häufig schwarz und weiß gefiederter Stelzvögel mit annähernd 20 Arten, v. a. in ebenen, feuchten Gegenden der gemäßigten und warmen Regionen; ernähren sich v. a. von Fröschen, Kleinsäugern, Eidechsen und Insekten; Schnabel sehr lang. S. können lediglich klappern und zischen. – Zu den S. gehören u. a. Nimmersatte, Marabus und der bis 1,1 m lange, über 2 m spannende *Weiße Storch* (Hausstorch), v. a. in feuchten Landschaften Europas, NW-Afrikas, Kleinasiens sowie M- und O-Asiens; baut seinen Horst auf Bäumen und Dächern, brütet 3–6 Eier aus. Der etwa 1 m lange *Waldstorch* (Schwarzstorch) baut sein Nest meist auf hohen Bäumen. Der schwarz und weiß gefärbte *Sattelstorch* ist rd. 1,3 m hoch; in

Störche. Waldstorch

Sümpfen und an Seen des trop. Afrika. Die Arten der Gatt. *Klaffschnäbel* kommen in sumpfigen und wasserreichen Landschaften des trop. Afrika, Indiens und SO-Asiens vor; hierzu gehört u. a. der *Jabiru* an Flußufern und Sümpfen S-Mexikos bis Argentiniens.

Storchschnabel, svw. ↑Pantograph.

Storchschnabel (Schnabelkraut, Geranium), Gatt. der S.gewächse mit rd. 300 Arten, überwiegend in den gemäßigten Gebieten; Kräuter oder Stauden; Teilfrüchte mit verlängertem Fortsatz (»Granne«), der sich bei der Reife spiralig zusammenrollt und dabei den Samen ausschleudert. Einheimisch sind u. a. das 20–50 cm hohe *Ruprechtskraut* (Stinkender S.; mit drüsig behaarten, meist blutroten Stengeln und kleinen rosafarbenen Blüten von widerl. Geruch) und der 30–60 cm hohe *Wald-S.* (Blüten rotviolett).

Storchschnabelgewächse (Geraniaceae), Pflanzenfamilie mit knapp 800 Arten in elf Gattungen u. a. in den gemäßigten Gebieten der Erde; meist Kräuter oder Halbsträucher (u. a. Storchschnabel, Reiherschnabel und Pelargonie).

Store [ʃtoːr, stoːr; lat.-frz.], die Fensterfläche in ganzer Breite bedeckender, durchscheinender Vorhang.

Störe (Knorpelganoiden, Knorpelschmelzschupper, Chondrostei), Überordnung bis fast 9 m langer, spindelförmiger Knochenfische in den Meeren (z. T. auch in Süßgewässern) der Nordhalbkugel; Schwanzflosse asymmetrisch; Haut nahezu schuppenlos oder mit fünf Reihen großer Knochenschilde; um die unterständige Mundöffnung stehen vier Barteln; Maul meist zahnlos; Nahrung wird durch Einsaugen der Beutetiere aufgenommen. Die meisten Arten (rd. 25) gehören zu den *Echten Stören* (Rüssel-S.); wandern häufig zum Laichen bis in die Oberläufe der Flüsse, u. a. der bis über 3 m lange *Gemeine Stör* (Balt. S.), an der sibir. und europ. Küste des Atlantiks und seiner Nebenmeere; Speisefisch (↑Kaviar).

Storm, Theodor, *Husum 14. 9. 1817, †Hademarschen (heute Hanerau-Hademarschen bei Rendsburg) 4. 7. 1888, deutscher Dichter; Jurist; als bedeutender Vertreter der Novellistik von Einfluß auf die Novelle des 20. Jh. (u. a. Th. Mann); schrieb u. a. »Sommergeschichten und Lieder« (1851; darin »Der kleine Häwelmann« und »Immensee«), »Pole Poppenspäler« (1875), »Aquis submersus« (1877), »Die Söhne des Senators« (1881), »Zur Chronik von Grieshuus« (1884), »Der Schimmelreiter« (1888).

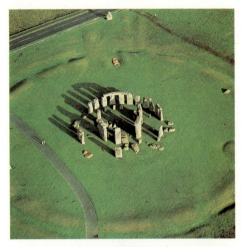

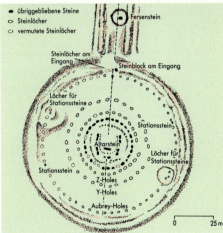

Stonehenge. Oben: Schrägluftaufnahme ♦ Unten: Plan der Anlage; um den Altarstein liegen von innen nach außen Blausteinhufeisen, Trilithen, Blausteinkreis, Sarsenkreis

stornieren

Veit Stoß. Der Englische Gruß (1517–18; Nürnberg, Lorenzkirche)

stornieren [italien.], einen Auftrag (einen Vertrag, eine Buchung) rückgängig machen.

Störsender, Funksendeeinrichtungen, die gezielt den Empfang der anderen Sender beeinträchtigen; von verschiedenen Staaten betrieben, um die eigene Bevölkerung gegen Information und Propaganda aus dem Ausland abzuschirmen.

Störstelle, lokale Abweichung vom idealen Bau eines Kristallgitters, hervorgerufen durch Fremdatome auf Zwischengitterplätzen bzw. in Leerstellen (Fehlstellen); die S. beeinflussen die elektr. Leitfähigkeit von Halbleitern.

Störtebeker, Klaus, Seeräuber, ↑Vitalienbrüder.

Storting [norweg. ˌstuːrtiŋ], Name des norweg. Parlaments (seit 1814).

Storz, Gerhard, *Rottenacker bei Ehingen (Donau) 19. 8. 1898, † Leonberg 30. 8. 1983, dt. Literaturhistoriker, Schriftsteller und Politiker. 1958–64 Kultus-Min. von Bad.-Württ.; bed. Untersuchungen zur dt. Klassik und Romantik, v. a. zu Schiller.

Stoß, Veit, *Horb am Neckar (?) 1448, † Nürnberg 22. 9. 1533, dt. Bildhauer. Einer der Hauptmeister der Spätgotik. Arbeitete ab 1477 in Krakau (Hochaltar der Marienkirche, 1477–89; Grabplatte für König Kasimir IV., nach 1492, Dom) und kehrte 1496 nach Nürnberg zurück. Bildwerke befinden sich in St. Sebald und St. Lorenz in Nürnberg (der »Englische Gruß«, eine von einem fast 4 m hohen Rosenkranz umrahmte Darstellung der Verkündigung) und im Bamberger Dom (Altar, 1520–23).

Stoß, 1) *Physik:* der im allg. nur kurz dauernde Zusammenprall zweier sich bewegender Körper, die dabei ihre Geschwindigkeit nach Größe und Richtung ändern. Beim *elast.* S. gilt neben dem stets gültigen ↑Impulssatz der Erhaltungssatz für die Summe der kinet. Energien. Beim *unelast. (inelast.)* S. wird ein Teil der kinet. Energien der S.partner in Wärme umgewandelt. Beide Körper bleiben nach dem S. zusammen und bewegen sich mit gemeinsamer Geschwindigkeit weiter. Der S. mikrophysikal. Teilchen spielt als Streuung in der Kern- und Elementarteilchenphysik eine große Rolle.

2) *Technik:* Bez. für die ebenen Flächen, an denen zwei zu verbindende Bauteile aneinanderstoßen, z. B. der Schienenstoß.

Stoßdämpfer (Schwingungsdämpfer), allg. Vorrichtung zur Dämpfung mechan. Schwingungen an Maschinen (z. B. bei Kraftfahrzeugen). Beim *hydraul.* S., bei dem Schwingungsenergie durch Reibung einer Flüssigkeit in Wärme überführt wird, ist die vorwiegend verwendete Form der *Teleskop-S.,* der am häufigsten als *Zweirohrdämpfer* gebaut wird. Dieser besteht im wesentlichen aus einem Arbeitszylinder, in dem ein Arbeitskolben, der über eine Kolbenstange mit der Karosserie verbunden ist, auf- und abgleiten kann. Den Arbeitszylinder umgibt ein zweiter Zylinder, der als Vorratsbehälter für das Hydrauliköl dient. Beim *Einrohrdämpfer* ist die Wärmeabfuhr besser als beim Zweirohrdämpfer. Bei einem funktionell einfachen Einrohrdämpfer ist im unteren Teil des Arbeitsraumes ein Gas unter einem Druck von rd. 2,5 Mio. Pa (= 25 bar) eingesperrt und über einen abgedichteten Trennkolben vom ölgefüllten Arbeitsraum getrennt. Dieser Gasraum gleicht die durch das Ein- oder Austauchen der Kolbenstange und

Strafbefehl

durch die Änderung der Öltemperatur bedingte Volumenänderung des Arbeitsraumes aus *(Gasdruckstoßdämpfer).*
Stoßen, Disziplin im ↑Gewichtheben.
Stoßwelle (Schockwelle), eine sich räumlich ausbreitende abrupte, aber stetige Veränderung von Dichte, Druck und Temperatur insbes. in gasförmiger Materie. Eine S. entsteht, wenn plötzlich ein großer Energiebetrag freigesetzt wird (z. B. durch eine Explosion); die Vorderfront der Energieausbreitung stellt eine S. dar. Die Ausbreitungsgeschwindigkeit kann ein Vielfaches der Schallgeschwindigkeit des Mediums sein.
Stoßzähne, die mehr oder weniger mächtigen, beständig weiterwachsenden Schneidezähne im Ober- und/oder Unterkiefer v. a. bei den Rüsseltieren, bei den Männchen der Gabelschwanzseekühe und beim Narwal.
Stottern, mehrfache Unterbrechung des Redeflusses durch unkoordinierte Bewegungen der Atmungs-, Stimm- und Artikulationsmuskulatur. S. ist die häufigste Sprachstörung im Kindesalter (etwa 1% der Kinder stottern); gehäuft tritt S. im 3. und 4. Lebensjahr auf, bei Erwachsenen verstärkt bei Anwesenheit bestimmter Personen oder unter Streß.
Stowe, Harriet Beecher [engl. stəʊ], geb. Beecher, *Litchfield (Conn.) 14. 6. 1811, † Hartford (Conn.) 1. 7. 1896, amerikan. Schriftstellerin. Setzte sich für die Aufhebung des Sklavenstatus der Schwarzen in den Südstaaten ein, u. a. in dem Roman »Onkel Toms Hütte« (1852), der zu einem der politisch wirksamsten Bücher der nordamerikan. Literatur wurde.
StPO, Abk. für Strafprozeßordnung.
Strabismus [griech.], svw. ↑Schielen.
Strabon (lat. Strabo), *Amaseia (heute Amasya) um 63 v. Chr., † 28 (?, nach 23/26) n. Chr., griech. Geograph und Geschichtsschreiber. In seinem geograph. Werk (17 Bücher) u. a. erstmals ausführl. Darstellung Britanniens und Germaniens.
Stradella, Alessandro, *Montefestino bei Neapel 1. 10. 1644, † Genua 25. 2. 1682 (ermordet), italien. Komponist. Komponierte Opern, Oratorien (u. a. »San Giovanni Battista«, 1675), Kantaten, Triosonaten und Concerti grossi, die zu den frühesten der Gattung gehören. Berichte über sein abenteuerl. Leben waren Anlaß zahlreicher literar. und musikdramat. Darstellungen.
Stradivari, Antonio, latinisiert Antonius Stradivarius, *Cremona 1644 (1648 oder 1649?), † ebd. 18. 12. 1737, italienischer Geigenbauer. Schüler von N. Amati; entwickelte eine eigene Geigenform (breit, vollendete Proportionen, goldgelber Lack, großer, voller Ton). Erhalten sind etwa 540 Violinen, 50 Violoncelli, 12 Violen.
Strafantrag, schriftl. oder zu Protokoll zu stellende Erklärung des in seinen Rechten Verletzten, daß er Strafverfolgung wegen einer Straftat wünsche.
Strafanzeige (Anzeige), Mitteilung des Verdachts einer Straftat an die Polizei, die Staatsanwaltschaft oder das Amtsgericht.
Strafaufschub, vorläufiger Aufschub der Vollstreckung einer Geld- oder Freiheitsstrafe bis zu vier Monaten, wenn durch den sofortigen Vollzug der Strafe erhebl., außerhalb des Strafzwecks liegende Nachteile drohen.
Strafausschließungsgründe, in der Person des Täters liegende, zur Tatzeit gegebene Umstände (z. B. Alter unter 18 Jahren).
Strafaussetzung (S. zur Bewährung), die Aussetzung der Vollstreckung einer Freiheitsstrafe gegen den Verurteilten. Bei einer Verurteilung zur Freiheitsstrafe von einem Jahr kann das Gericht die S. im Urteil aussprechen, wenn zu erwarten ist, daß der Verurteilte sich schon die Verurteilung zur Warnung dienen lassen und künftig auch ohne die Einwirkung des Strafvollzugs keine Straftaten mehr begehen wird. Die *Bewährungszeit* beträgt 2–5 Jahre. Die S. ist i. d. R. mit Auflagen und Weisungen verbunden. Nach Ablauf der Bewährungszeit wird die Strafe erlassen, wenn sich kein Anlaß zum Widerruf der Strafaussetzung ergeben hat (z. B. erneute Straffälligkeit).
Strafbefehl, schriftl. Festsetzung einer Strafe für Vergehen durch den Amtsrichter ohne mündl. Verhandlung auf Antrag der Staatsanwaltschaft; nur zulässig für Geldstrafen, Fahrverbot, Einziehung und Unbrauchbarmachung. Der Beschuldigte kann durch den Einspruch binnen einer Woche die Verhandlung vor dem zuständigen Gericht erwirken.

Antonio Stradivari. Tenorbratsche (1690; Florenz, Conservatorio Luigi Cherubini)

3323

Strafe

Strafe, im strafrechtl. Sinne Rechtsnachteile, die bei Straftaten angedroht werden (Kriminalstrafen). Hauptstrafen des StGB sind die *Freiheitsstrafe* und die *Geldstrafe.* Die früher bestehenden unterschiedl. Arten der Freiheitsstrafe (Zuchthaus, Gefängnis, Einschließung und Haft) sind 1970 zugunsten der *Einheitsstrafe* abgeschafft worden; man unterscheidet jetzt nur noch die zeitige (ein Monat bis 15 Jahre) und die lebenslange Freiheitsstrafe. Die Geldstrafe wird in Tagessätzen bemessen. Das StGB kennt außer diesen Haupt-S. als einzige Neben-S. noch das Fahrverbot und als Nebenfolgen einer Straftat den Verlust der Amtsfähigkeit, der Wählbarkeit und des Stimmrechts. Nicht zu den S. werden die Maßregeln der Besserung und Sicherung gerechnet.

Strafgesetzbuch, Abk. **StGB,** ↑Strafrecht.

Strafkammer, Spruchkörper für Strafsachen beim Landgericht.

Strafmandat, umgangssprachl. Bez. für den Bußgeldbescheid (↑Bußgeld).

Strafprozeß ↑Strafverfahren.

Strafprozeßordnung, Abk. **StPO,** ↑Strafverfahren.

Strafrecht, die Gesamtheit der Rechtsnormen, die regeln, welches Verhalten der Gesetzgeber zum Schutz wichtiger Gemeinschaftsgüter und zur Sicherung eines gedeihl. Zusammenlebens in der staatl. Gemeinschaft verbietet und welche Sanktionen für verbotswidriges Verhalten drohen *(materielles S.).* Zum Strafrecht i. w. S. gehört auch das Strafverfahrensrecht *(formelles S.).* Gesetzl. Grundlage des (zum öffentl. Recht gehörenden) materiellen S. ist das *Strafgesetzbuch* (StGB) vom 15. 5. 1871 in der Fassung der Neubekanntmachung vom 2. 1. 1975. Sein »Allgemeiner Teil« regelt die allg. Voraussetzungen und Folgen der Straftat, sein »Besonderer Teil« normiert die einzelnen, mit Strafe bedrohten Handlungen und die jeweils vorgesehenen Strafrahmen. Das *Nebenstrafrecht* setzt sich aus zahlr. Strafnormen in Spezialgesetzen zusammen; z. B. Paß-, Betäubungsmittel-, Straßenverkehrs-, Wehrstraf- und Ausländergesetz.

In *Österreich* ist das S. im StGB vom 23. 1. 1974 geregelt. – In der *Schweiz* gilt das StGB vom 21. 12. 1937, das 1942 in Kraft trat und bisher zwei Teilrevisionen (1950 und 1971) unterzogen wurde.

Strafregister, früher bei der Staatsanwaltschaft des Landgerichts, in dessen Bereich der Verurteilte geboren wurde, geführtes Register; jetzt ↑Bundeszentralregister.

Strafstoß (Penalty), beim Fußball als *Elfmeter* das Ahnden einer Regelwidrigkeit (Foul, Handspiel) der verteidigenden Mannschaft im Strafraum. Dabei stößt ein Spieler den Ball von der S.marke *(Elfmeterpunkt)* gegen das Tor.

Straftat, die rechtswidrige, schuldhafte Handlung, die einen strafgesetzl. Tatbestand erfüllt. Unterschieden werden *Verbrechen* (Strafandrohung: mindestens ein Jahr Freiheitsstrafe) und *Vergehen* (alle übrigen Straftaten).

Straftilgung, die Löschung einer Eintragung im Bundeszentralregister über Verurteilungen, die nach bestimmten, gesetzl. geregelten Tilgungsfristen zu geschehen hat.

Strafverfahren (Strafprozeß), förml. Verfahren zur Ermittlung von Straftaten und zur Durchsetzung des staatl. Strafanspruchs. Gesetzl. Grundlage für das S. sind v. a. die *Strafprozeßordnung* (Abk. StPO) und das *Gerichtsverfassungsgesetz.* Letzteres regelt insbes. die Organisation der *Strafgerichtsbarkeit.* Das erstinstanzl. Verfahren verläuft in drei Abschnitten: Vor- oder Ermittlungsverfahren, Zwischenverfahren, Hauptverfahren. Herr des ↑Ermittlungsverfahrens ist der Staatsanwalt. Im *Zwischenverfahren* entscheidet das Gericht über die Eröffnung des Hauptverfahrens. Nach Erlaß des Eröffnungsbeschlusses kann die Anklage nicht mehr zurückgenommen werden. Kern des *Hauptverfahrens* ist die öffentl. Hauptverhandlung (Strafprozeß i. e. S.). In der geheimen Urteilsberatung wird aufgrund des Ergebnisses der Hauptverhandlung über Schuld oder Unschuld und über die zu verhängenden Sanktionen beraten und abgestimmt. Danach wird das Urteil öffentl. verkündet und mündlich begründet. Rechtsmittel sind Berufung und Revision.

In *Österreich* ist das S. in der StPO vom 23. 5. 1873 (wieder verlautbart 1960), in der Fassung des am 1. 1. 1975 in Kraft getretenen Strafprozeßanpassungsgesetzes von 1974 geregelt. Sie entspricht in ihren wesentl. Grundsätzen der dt. StPO. – In der *Schweiz* fällt das Strafverfahrensrecht in die Gesetzgebungszuständigkeit der einzelnen Kantone. Einheitlich geregelt ist lediglich der Bundesstrafprozeß.

Strafversetzung, im *Disziplinarrecht* die Versetzung in ein Amt derselben Laufbahn mit geringerem Endgrundgehalt.

Strafvollzug, die Art und Weise der Durchführung von Freiheitsstrafen und Maßregeln der Besserung und Sicherung. Zu unterscheiden ist der Begriff des Strafvollzugs von dem der *Strafvollstreckung*: hierunter versteht man lediglich das Verfahren von der Rechtskraft des Urteils bis zum Strafantritt sowie die anschließende generelle Überwachung der Durchführung angeordneter Straffolgen (hierfür ist grundsätzlich die Staatsanwaltschaft zuständig). Nach dem *Strafvollzugsgesetz* von 1976 soll der Strafgefangene im Vollzug der Freiheitsstrafe fähig werden, künftig in sozialer Verantwortung ein Leben ohne Straftaten zu führen. Die *halboffenen Justizvollzugsanstalten* unterscheiden sich von den geschlossenen Anstalten dadurch, daß der einzelne Häftling mehr Bewegungsfreiheit innerhalb und außerhalb der Vollzugsanstalt hat (z. B. kein Zelleneinschluß, weniger ausgeprägte Sicherheitsvorkehrungen).

Strafzumessung, richterl. Entscheidung zur Bestimmung der im Einzelfall angemessenen Strafe für den Verstoß gegen eine Norm des Strafrechts.

Stragula ® [lat.], Fußbodenbelag; Grundschicht aus bitumengetränkter Wollfilzpappe, Deckschicht aus mit Öllacken bedruckten Kunststoffen (z. B. PVC).

Strahl, 1) *Mathematik*: die Menge aller derjenigen Punkte einer Geraden, die von einem Punkt P (dem Anfangspunkt des S.) aus betrachtet auf ein und derselben Seite liegen.
2) *Physik* und *Technik*: jeder gerichtete kontinuierl. Materie- oder Energiestrom, z. B. ein Flüssigkeits-, Elektronen- oder Lichtstrahl.

Strahlenbelastung, unscharfe Bez. für verschiedene Aspekte von Situationen, in denen jemand einer irgendeiner Art von Strahlung ausgesetzt ist. Das praktisch wichtigste Unterscheidungskriterium ist, ob die vorliegende Strahlung Atome oder Moleküle ionisieren und dadurch lebendes Gewebe oder Werkstoffe schädigen bzw. zerstören kann oder nicht (ionisierende Strahlung). Anders als die ionisierende Strahlung ist die nicht ionisierende ausschließlich elektromagnet. Natur. Das dabei infrage kommende Spektrum reicht von der Netzfrequenz (50 Hz) über den Radiofrequenzbereich, den infraroten und den sichtbaren Bereich bis in das nahe Ultraviolett. Schädigungen durch S. in diesem Spektralbereich beruhen auf zu großer Intensität der Strahlung (z. B. beim Blick in die Sonne, beim Auftreffen starker Laserstrahlung, bei Verbrennungen durch Wärmestrahlung, bei Erwärmung durch Mikrowellen), wodurch eine zu große Leistung in ein zu kleines Stoffvolumen eingestrahlt wird.

Strahlenflosser (Aktinopterygier), Unterklasse der Knochenfische, bei denen der untere Teil des Skeletts der paarigen Flossen so weit verkürzt ist, daß die Flossen nur noch von Flossenstrahlen getragene Hautfalten darstellen. Mit Ausnahme der Quastenflosser und Lungenfische sind alle rezenten Arten der Knochenfische Strahlenflosser.

Strahlenpilze (Aktinomyzeten, Actinomycetales), Ordnung von v. a. im Boden lebenden Bakterien; grampositive, teilweise säurefeste Zellen; zahlr. Arten liefern Antibiotika, einige rufen Erkrankungen hervor, v. a. die Tuberkulose durch *Mycobacterium tuberculosis*.

Strahlenpilzkrankheit (Aktinomykose), durch Infektion mit Strahlenpilzen verursachte Erkrankung bei Mensch und Tier. Beim Menschen sind meist die Mundhöhle, der Atmungs- und Verdauungstrakt befallen. An den Schleimhäuten bilden sich abgegrenzte, zunächst verhärtete Infiltrate mit zahlr. Fistelöffnungen.

Strahlensätze, Lehrsätze der Elementargeometrie: *1. Strahlensatz:* Werden zwei von einem Punkt ausgehende Strahlen von parallelen Geraden geschnitten, so sind die Verhältnisse entsprechender Strecken auf den Strahlen gleich:

$$\overline{SA} : \overline{SA'} = \overline{SB} : \overline{SB'}.$$

2. Strahlensatz: Werden zwei von einem Punkt ausgehende Strahlen von paralle-

Strahlentherapie

len Geraden geschnitten, so verhalten sich die Abschnitte auf den Parallelen wie die entsprechenden Scheitelabschnitte:

$$\overline{AB}:\overline{A'B'} = \overline{SA}:\overline{SA'} = \overline{SB}:\overline{SB'}.$$

Strahlentherapie (Radiotherapie, Röntgentherapie, Strahlungsbehandlung), i. w. S. die therapeut. Anwendung von Strahlen in der Medizin (z. B. Mikrowellen, Kurzwellen, Infrarot-, Ultraviolettbestrahlung; ↑auch Elektrotherapie); i. e. S. als Teilgebiet der Radiologie die Anwendung von ionisierender Strahlung, insbes. von konventionellen (bis 300 kV) und ultraharten Röntgenstrahlung (bei der Röntgentherapie) und den Strahlen radioaktiver Stoffe, unter Ausnutzung der biolog. und physikal. Wirkung dieser Strahlen.
Die *Bestrahlungsschäden*, d. h. die unerwünschten, jedoch noch zu tolerierenden Nebenwirkungen einer S., umfassen u. a. Hautreizungen, Röntgendermatitis, Schädigungen von empfindl. Organen, die im Bestrahlungsfeld liegen.

Strahlentierchen (Radiolarien, Radiolaria), mit rd. 5000 Arten in allen Meeren verbreitete Klasse sehr formenreicher, meist mikroskop. kleiner Einzeller. Zellkörper meist kugelig, bildet aus Kieselsäure oder Strontiumsulfat häufig kugel- oder helmförmige Gehäuse, die mit zahlr. Öffnungen durchsetzt sind, ernähren sich entweder von Mikroorganismen oder durch Symbiose mit Algen; Fortpflanzung erfolgt ungeschlechtlich durch Zweiteilung.

Strahler (Strahlungsquelle), allg. jeder Körper, der elektromagnet. oder Partikelstrahlung aussendet, z. B. eine Lichtquelle, eine radioaktive Substanz; auch jede techn. Vorrichtung bzw. Anlage, die Strahlung aussendet (z. B. Lampe, Sender).

Strahlstrom (Jetstream), sehr starker (über 200 km/h) Luftstrom in der oberen Troposphäre und unteren Stratosphäre, normalerweise Tausende von Kilometern lang, Hunderte von Kilometern breit und einige Kilometer tief. Zwei markante S.systeme treten auf jeder Halbkugel der Erde auf: der *Subtropenjet* und der *Polarfrontjet*. Beide S.systeme werden durch den Austausch von unterschiedl. temperierten Luftmassen aus den verschiedenen Breitenzonen der Erde hervorgerufen und sind wegen ihrer sehr hohen Windgeschwindigkeiten von Bedeutung für die Luftfahrt.

Strahltriebwerke, Bez. für alle Triebwerke, bei denen die für den Antrieb benötigte Kraft (Schub) durch gerichtetes Ausstoßen von Masseteilchen (in Form eines Abgasstrahls) erfolgt.

Strahlung, die mit einem gerichteten Transport von Energie oder Materie (bzw. von beiden) verbundene räuml. Ausbreitung eines physikal. Vorgangs; auch Bez. für die hierbei transportierte Energie oder Materie. Bei einer *Wellen-S.*, wie z. B. bei der elektromagnet. S., erfolgt die Ausbreitung in Form von Wellen. Eine *Korpuskular-S. (Partikel- oder Teilchen-S.)* besteht aus meist schnell bewegten Teilchen (Moleküle, Atome, Ionen, Elementarteilchen).

Strahlungsdetektor (Strahlendetektor), der strahlungsempfindl. Teil eines Strahlungsmeß- bzw. Strahlungsüberwachungsgerätes (z. B. Ionisationskammer oder Zählrohr), in dem die einfallende Strahlung infolge von Ionisation oder innerem Photoeffekt elektr. Strom- oder Spannungsimpulse erzeugt, die dann vom Gerät registriert und analysiert werden oder ein Alarmsignal auslösen.

Strahlungsdosis ↑Dosis, ↑Strahlungsschutz.

Strahlungsgürtel ↑Van-Allen-Gürtel.

Strahlungsschutz (Strahlenschutz), Gesamtheit der Maßnahmen gegen Strahlungsschäden, die im menschl. Körper durch Absorption ionisierender Strahlung verursacht werden können. Der S. erstreckt sich von der Überwachung der in Kernkraftwerken und Beschleunigeranlagen beschäftigten Personen und solchen, die mit radioaktiven Stoffen und Abfällen umgehen, bis hin zur Strahlungsüberwachung der Umwelt (Atmosphäre, Gewässer u. a.). – In Deutschland darf nach der *S.verordnung* vom 13.10. 1976 die auf den Menschen wirkende *Strahlungsdosis* (Strahlendosis) bestimmte Toleranzwerte nicht überschreiten. Maßgebend für die Strahlungsbelastung von Personen ist die in J/kg Körpergewicht (bis 31. 12. 1985 in Rem) gemessene *Äquivalentdosis,* die die unterschiedl. biolog. Wirkung der verschiedenen Strahlenarten durch Einbe-

Strandkrabbe
(Länge bis 6 cm, Breite 6–8 cm)

Strandflöhe.
Strandfloh (Länge bis 1,5 cm)

Strandhafer.
Gemeiner Strandhafer (Höhe 0,6–1 m)

Strangguß

ziehung der relativen biolog. Wirksamkeit (RBW) als Faktor berücksichtigt. Übliche Strahlungsüberwachungsgeräte sind die ↑Dosimeter, aber auch chem. Präparate und Gläser, die sich bei Bestrahlungen verfärben. Für genauere Messungen werden Strahlungsmeßgeräte (Zählrohre, Szintillationszähler u. a.) verwendet, die im Bereich starker Strahlungsquellen als Monitoren fest installiert sind und bei Gefahr automat. eine Alarmvorrichtung auslösen.

Strahlungsstürme (Gammastrahlungsschauer), von noch nicht bekannten statistisch verteilten Punkten des Milchstraßensystems oder anderer Galaxien ausgehende, sekundenlange Gammastrahlungspulse (Bursts), deren Energie die Sonnenstrahlungsenergie um den Faktor 10^6 übertrifft; nicht zu verwechseln mit den durch Sonneneruptionen verursachten Gammastrahlungspulsen (Flares).

Strahlungsthermometer, svw. ↑Pyrometer.

Straits Settlements [engl. 'streɪts 'setlmənts] ↑Malaysia (Geschichte).

Stralsund [auch ...'zunt], Kreisstadt am Strelasund, Meckl.-Vorp., 74 600 E. Theater, Meeresmuseum mit Meeresaquarium; Werft; Hafen. Got. Nikolaikirche (um 1270 ff.), got. Marienkirche (nach 1283–1473), got. Jakobikirche (14./15. Jh.); das ehem. Dominikanerkloster Sankt Katharinen (15. Jh.) beherbergt Museen; got. Rathaus (13. Jh.) mit berühmter Fassade (15. Jh.); Bürgerhäuser (15. bis 18. Jh.). – Trat 1283 dem Bündnis Lübecks mit Rostock und Wismar von 1259 bei (Keimzelle der Hanse); fiel 1648 an Schweden, 1815 an Preußen. – Im *Frieden von Stralsund* (1370) mit Dänemark sicherte sich die Hanse die Handelsvormacht im Norden.

Stramin, Gitterstoff aus Baumwolle, Leinen o. ä.; Stickereigrundlage.

Strandflöhe (Talitridae), Fam. bis 3 cm langer, meist nachtaktiver Krebse mit zahlr. Arten in trop. und gemäßigt warmen Meeres-, Brack- und Süßgewässern sowie auf bzw. in feuchten Sandstränden; bekannt v. a. der etwa 2 cm große *Küstenhüpfer* und der bis 1,5 cm lange *Strandhüpfer* (Gemeiner Strandfloh, Sandhüpfer; springt bis 30 cm weit).

Stralsund. Blick auf den Stadtkern mit der Nikolaikirche (links; um 1270 begonnen) und der Jakobikirche (rechts; Ende des 14. Jh.)

Strandhafer (Helmgras, Sandrohr), Gattung der Süßgräser mit drei Arten an den Küsten Europas, N-Afrikas und N-Amerikas; einheim. ist der *Gemeine S.*, eine 0,6–1 m hohe weißlichgrüne, lange Ausläufer bildende Pflanze; dient oft als Dünenbefestigung.

Strandkrabbe, in gemäßigten und warmen Meeren beider Hemisphären weit verbreitete Krabbe, häufigste Krabbe in der Nordsee; Rückenpanzer 5,5 (♀) bis 6 cm (♂) breit; stets seitwärts laufendes Tier, das sich v. a. von Weichtieren, Flohkrebsen, Würmern und kleinen Fischen ernährt.

Strandläufer, Gatt. meisen- bis amselgroßer, relativ kurzbeiniger Schnepfenvögel mit rd. 20 Arten, v. a. an Meeres- und Süßwasserstränden N-Eurasiens und N-Kanadas; trippelnd laufende Watvögel; Zugvögel; u. a. der häufig an der Nord- und Ostsee überwinternde, etwa 20 cm lange *Meerstrandläufer*.

Strandnelke, svw. ↑Grasnelke.

Strandseeigel (Strandigel), bis etwa 4 cm großer, abgeflachter, grünl. Seeigel im nördl. Atlantik sowie in der Nord- und westl. Ostsee; Stacheln kurz.

Strandsegeln, dem Eissegeln ähnl. Wettbewerb mit drei- oder vierrädrigen Segelwagen auf Sandpisten oder Sandstränden.

Strangguß ↑Gießverfahren.

Strandläufer. Oben: Alpenstrandläufer (im Brutkleid; Größe etwa 18 cm) ◆ Unten: Sanderling (im Brutkleid; Größe etwa 20 cm)

3327

Strängnäs

Straßburger Münster.
Westfassade (1276 bis 1439)

Straßburg 2)
Stadtwappen

Strängnäs [schwed. ˈstrɛŋnɛːs], schwed. Stadt am S-Ufer des Mälarsees, 12 000 E. Domkirche (1291 geweiht; Roggeborg (Bischofsburg des 15. Jh.; jetzt Museum). – Seit 1080 Bischofssitz.

Strangulation [lat.], Abdrosselung der Luftröhre bzw. Kompression der Halsschlagader durch Zupressen des Halses (z. B. beim Erwürgen).

Stranitzky, Josef Anton [...ki], *Knittelfeld (?) um 1676, † Wien 19. 5. 1726, österr. Volkskomödiant. Begründer des ↑Wiener Volkstheaters.

Strasbourg [frz. strasˈbuːr] ↑Straßburg.

Straß [nach dem frz. Juwelier Georges Frédéric Stras, *1700, † 1773], Bez. für stark lichtbrechende Schmucksteine aus Bleiglas.

Straßburg, 1) österr. Stadt in Kärnten, im Gurktal, 2 600 E. Große Wehranlage der ehem. Burg der Bischöfe von Gurk (v. a. 16. und 17. Jh.) mit roman. Doppelkapelle (12. Jh.; barockisiert).
2) (amtl. Strasbourg), frz. Stadt im Unterelsaß, an der Mündung der Ill in den Rhein, 252 000 E. Hauptstadt der Region Elsaß, Verwaltungssitz des Dép. Bas-Rhin; Sitz des Europarats und des Europ. Parlaments; Univ., Kernforschungszentrum; Observatorium; bed. Museen, Theater, Oper; Musikfestspiele. Erdölraffinerien, petrochem. Ind., Walzwerke, Europ. Messe; Hafen, ⚐ Entzheim.

Stadtbild: Berühmt ist das ↑Straßburger Münster. Got. Thomaskirche (um 1200 bis 14. Jh.), got. Simultankirche Alt-Sankt-Peter (1328 ff.), ev. spätgot. Wilhelmer-Kirche (1485 ff.), Frauenhausmuseum, ein Baukomplex aus Gotik und Renaissance (1347 und 1579 bis 1585), ehem. bischöfl. Palais Schloß Rohan (1730–42; Museum), barockes Rathaus (1730), zahlr. Bürgerhäuser, u. a. Kammerzellsches Haus (Fachwerkbau von 1589 über Steingeschoß von 1467), altes Gerberviertel; Europahaus (1977).

Geschichte: Das röm. *Argentorate,* ein Hauptort der sweb. Triboker, entstand um 16 n. Chr. als Legionslager. 498 dem Fränk. Reich einverleibt (seit dem Ende des 6. Jh. Name *Strateburgum*); fiel 870 an das Ostfränk. Reich; erstes Stadtrecht um 1150; 1262 Befreiung von der bischöfl. Herrschaft, wurde Reichsstadt. Ab 1381 Mgl. des Rhein. Städtebundes; 1531 Beitritt zum Schmalkald. Bund; 1681 an Frankreich, 1871–1918 Hauptstadt des dt. Reichslandes Elsaß-Lothringen; 1940–44 dt. besetzt; seit 1949 Sitz des Europarats, seit 1958 im Wechsel mit Luxemburg Tagungsort des Europ. Parlaments (offizieller Parlamentssitz seit 1992).

3) Bistum, seit dem 4. Jh. bezeugt; bis 1801 Suffraganbistum von Mainz, dann von Besançon, seit 1871 freies Bistum.

Straßburger Eide (14. 2. 842), von Nithard überlieferter Bündnisschwur Karls des Kahlen (in ahd. Sprache) und Ludwigs (II.) des Deutschen (in altfrz. Sprache) gegen Lothar I.; bed. Sprachdenkmal.

Straßburger Meister, Meister einer Bildhauerwerkstatt, die aus Chartres kam; war ab etwa 1225 am Straßburger Münster tätig. Die Tympana am Portal des südl. Querhauses mit Marientod und -krönung, der Weltgerichtspfeiler im südl. Querhaus sowie die Figuren der Ecclesia und der Synagoge am Portal (Originale im Frauenhaus-Museum) gehören zu den bedeutendsten bildhauer. Werken der Frühgotik.

Straßburger Münster, Bischofskirche in Straßburg. Sie steht auf den Grundmauern eines otton. Baus (1015 ff.; Krypta erhalten). Der Chor und Teile

Straßenverkehr

des Querhauses sind spätromanisch, beim südl. Querhaus wird ab 1220 frz. got. Einfluß spürbar; das 1275 vollendete Langhaus zeigt das frz. got. Kathedralsystem. Der wohl von Erwin von Steinbach stammende Entwurf (sog. Riß B) der W-Fassade (Grundsteinlegung 1276) wurde von diesem bis zur Balustrade ausgeführt (mit Portalen, der großen Rose, dem vorgelegten Stab- und Maßwerk); 1399–1419 durch Ulrich von Ensingen weitergeführt. Nur der nördl. der beiden Türme wurde vollendet (1419–39). Bed. Bildwerke des †Straßburger Meisters und Glasmalerei des 12.–15. Jh.

Straße [lat.], i. w. S. Verkehrsweg zu Lande, zu Wasser und in der Luft; i. e. S. befestigter Verkehrsweg für nicht schienengebundene Fahrzeuge. Je nach Lage werden unterschieden Stadt-S. (innerhalb bebauter Gebiete) und Land-S. (außerhalb bebauter Gebiete). Nach dem Träger der Baulast werden die Land-S. eingeteilt in: Bundes-S., Staats-S., Kreis-S., Gemeinde-S. und Privatstraßen. †Autobahnen.

Der *Straßenbau* ist die Fertigung der S. auf dem anstehenden Boden (Untergrund), mit geschütteten Dämmen als *Unterbau* (Gründung), der eigtl. Fahrbahnkonstruktion (Trageschichten der Fahrbahndecke und befestigte Randstreifen) als *Oberbau* sowie den Nebenanlagen (Böschungen, Entwässerungsgräben). *Fahrbahndecken* werden u. a. als bituminöse Decken (Schwarzdecken) aus Gußasphalt (Bitumen bzw. Naturasphalt mit Splitt, Kies u. a. Füllzusätzen) oder Asphaltmakadam (Gemisch aus grobkörnigem Gestein [z. B. Schotter, Splitt] und bituminösen Bindemitteln) ausgeführt. Zementbetondecken haben als Vorteile hohe Lebensdauer, gleichbleibend hohe Ebenheit infolge geringer und gleichmäßiger Abnutzung, hohe Festigkeit bei jeder Witterung und Temperatur sowie große Tragfähigkeit. Die Gesamtdicke einer ausreichend frostsicheren Fahrbahnkonstruktion beträgt 60–70 cm.

Straßenbahn (Tram[bahn]), elektr. betriebenes, schienengebundenes Personenbeförderungsmittel im Stadt- und Vorortverkehr, dessen Gleise (Regelspur 1 435 mm, Meterspur 1 000 mm) in die Straßenflächen verlegt sind bzw. auf einem eigenen Bahnkörper oder auch unterirdisch (bei Unterpflasterbahnen) verlaufen. Zum *Antrieb* dienen Gleichstromreihenschlußmotoren mit einer Leistung von 60–75 kW. Die elektr. Energie (Spannung 500–750 V) wird mittels Stromabnehmer der Oberleitung entnommen und über die geerdeten Schienen abgeführt. Zum Bremsen werden die Motoren als Generatoren geschaltet. Die Bremsausrüstung moderner Fahrzeuge besteht aus einer druckluftbetätigten Klotz- oder Scheibenbremse und aus einer unmittelbar auf die Schienen wirkenden Magnetschienenbremse.

Straßenbenutzungsgebühren, in einigen Ländern (z. B. Italien, Österreich, Schweiz, Frankreich) bei Benutzung der Autobahnen (Autobahngebühren) oder autobahnähnlich ausgebauter Straßen zu entrichtende Gebühr, z. T. als *Maut* bezeichnet. Im Juni 1993 stimmten die Verkehrsminister der EU-Staaten der Einführung einer S. für LKW zu. Deutschland, die Benelux-Staaten und Dänemark vereinbarten, ab 1. 1. 1995 die S. in Form einer Vignette zu erheben.

Straßenverkehr, i. w. S. jede Benutzung öffentl. Straßen, bes. durch Kraftfahrzeuge. Zu unterscheiden ist nach dem Zweck der Nutzung zw. Güter- und Personenverkehr, nach der Entfernung zw. Fern- und Nahverkehr, nach dem

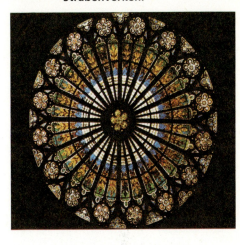

Straßburg 2). Fensterrose im Münster; 13. Jh.

Straßenverkehrsrecht

Stratford-upon-Apon
Geburtshaus Shakespeares

Träger zw. Individual- und öffentl. Verkehr.

Straßenverkehrsrecht, die Gesamtheit der Vorschriften, die die Benutzung der öffentl. Straßen, Wege und Plätze zu Zwecken des Verkehrs regeln. Rechtsquellen sind im wesentl. das *Straßenverkehrsgesetz* (StVG) vom 19. 12. 1952, die *Straßenverkehrsordnung* (StVO) vom 16. 11. 1970 und die *Straßenverkehrs-Zulassungs-Ordnung* (StVZO) vom 15. 11. 1974. Das StVG legt u. a. fest, daß Kfz für den Betrieb auf öffentl. Straßen zugelassen sein müssen und der Führer einer Fahrerlaubnis bedarf, die ihm unter bestimmten Voraussetzungen entzogen werden kann. Im Anschluß daran regelt die StVZO die Zulassung von Personen und Fahrzeugen zum Verkehr auf öffentl. Straßen. Die StVO stellt eingehende Verkehrsregeln auf.

Strasser, 1) Gregor, *Geisenfeld bei Manching 31. 5. 1892, †Berlin 30. 6. 1934 (ermordet), deutscher Politiker (NSDAP). Nahm 1923 am Hitlerputsch teil; einer der für die Entwicklung der NSDAP wichtigsten Funktionäre (u. a. 1928–32 Reichsorganisationsleiter); führend an der versuchten Abspaltung der norddt. Parteiorganisation 1925 beteiligt; stürzte, als er Ende 1932 die Beteiligung der NSDAP an einer Rechtskoalition vertrat; trat am 8. 12. 1932 von allen Parteiämtern zurück; beim sog. Röhm-Putsch ermordet.

2) Otto, *Windsheim (heute Bad Windsheim) 10. 9. 1897, †München 27. 8. 1974, dt. Politiker und Publizist. Bruder von Gregor S.; vertrat als Leiter des Berliner Kampfverlages (ab 1926) publizist. eine eigene antikapitalist. Konzeption des Nat.-Soz. im Ggs. zur Partei; nach dem offenen Bruch mit Hitler 1930 gründete er die »Kampfgemeinschaft revolutionärer Nationalsozialisten« (»Schwarze Front«); 1933 bis 1955 im Exil.

Straßmann, Friedrich (Fritz) Wilhelm, *Boppard 22. 2. 1902, †Mainz 22. 4. 1980, dt. Chemiker. Als Mitarbeiter O. Hahns 1938 an der Entdeckung der Kernspaltung beteiligt, wofür er 1966 zus. mit O. Hahn und Lise Meitner den Enrico-Fermi-Preis erhielt.

Strategic Arms Limitation Talks [engl. strə'tiːdʒɪk 'ɑːmz lɪmɪ'teɪʃən 'tɔːks] ↑SALT.

Strategic Arms Reduction Talks [engl. strə'tiːdʒɪk 'ɑːmz rɪ'dʌkʃən 'tɔːks] ↑START.

Strategie [griech.], i. e. S. die Kunst der Kriegführung; allg. der Entwurf und die Durchführung eines Gesamtkonzepts, nach dem der Handelnde [in der Auseinandersetzung mit anderen] ein bestimmtes Ziel zu erreichen sucht.

strategische Waffensysteme, Trägersysteme zum Transport nuklearer Sprengköpfe über eine Distanz von mehr als 5500 km.

Stratford-upon-Avon [engl. 'strætfəd ə'pɒn 'eɪvən], engl. Stadt am Avon, Gft. Warwick, 20900 E. Holy Trinity Church (12.–15. Jh.) mit dem Grab Shakespeares; zahlr. Fachwerkhäuser, u. a. Shakespeares Geburtshaus, Harvardhaus. – 691 erstmals erwähnt.

Stratifikation [lat.], 1) *Botanik:* Verkürzung der Samenruhe durch Einwirkung niedriger Temperaturen.

2) *Hydrologie:* Temperaturschichtung des Wassers in tiefen stehenden Gewässern, ausgelöst durch temperaturbedingte Dichteunterschiede.

Stratigraphie [lat./griech.], 1) *Archäologie:* Untersuchung der Abfolge der Kulturschichten bei der Ausgrabung.

2) Teilgebiet der *Geologie,* untersucht die räuml. und zeitl. Abfolge von Gesteinsschichten.

Stratokumulus [lat.] (Stratocumulus, Haufenschichtwolke) ↑Wolken.

Stratosphäre [lat./griech.] ↑Atmosphäre.

Stratovulkan [lat.] ↑Vulkanismus.
Straub, 1) Jean-Marie [frz. stro:b], *Metz 8. 1. 1933, frz. Filmregisseur. Dreht in Zus.arbeit mit seiner Frau Danièle Huillet (*1936) Filme von bed. künstler. Niveau, u. a. »Chronik der Anna Magdalena Bach« (1967), »Moses und Aron« (1974, Verfilmung der Oper von A. Schönberg), »Klassenverhältnisse« (1983, nach Kafkas Romanfragment »Der Verschollene«), »Der Tod des Empedokles« (1987, nach Hölderlin).
2) Johann Baptist, *Wiesensteig bei Geislingen an der Steige 1704, † München 15. 7. 1784, dt. Bildhauer des Rokoko. Kirchenausstattungen (Altäre) in München-Berg am Laim (1743–67), Schäftlarn (1755–64) und Ettal (1757 bis 1762).
Straube, Karl, *Berlin 6. 1. 1873, † Leipzig 27. 4. 1950, dt. Organist, Orgellehrer und Chorleiter. Organist und Thomaskantor in Leipzig; Verdienste um die Erneuerung des Orgelspiels.
Straubing, Stadt im Dungau, Bayern, 47 100 E. Stadt- und Gäuboden-Museum. Roman. Pfarrkirche Sankt Peter (12. Jh.), spätgot. Jakobskirche (1415 ff.; barockisiert), spätgot. Karmelitenkirche (1371 bis 1466; barockisiert), barocke Ursulinenkirche der Brüder Asam (1736 ff.); got. Schloß (1356 ff.); Stadtturm (1316 ff.); zahlr. Bürgerhäuser (15.–18. Jh.). – Reiche prähistor. Funde (v. a. Straubinger Kultur aus der frühen Bronzezeit). – Entstand um ein röm. Kohortenkastell; 1218 Stadt; 1353 bis 1425 Residenz des bayr. Teil-Hzgt. S.-Holland.
Strauch (Busch), Holzgewächs, das sich vom Boden an in mehrere, etwa gleich starke Äste aufteilt, so daß es nicht zur Ausbildung eines Hauptstammes kommt.
Straus, Oscar, *Wien 6. 3. 1870, † Bad Ischl 11. 1. 1954, österreichischer Komponist. 1938–1948 Emigration; Operetten, u. a. »Ein Walzertraum« (1907), Filmmusiken.
Strausberg, Kreisstadt am Straussee, Brandenburg, 28 500 E. Got. Pfarrkirche Sankt Marien (13. und 15. Jh.), Reste der Stadtmauer (13. Jh.).
Strauß, österr. Musikerfamilie; am bekanntesten: **1)** Johann (Vater), *Wien 14. 3. 1804, † ebd. 25. 9. 1845, Komponist. Gründete 1825 in Wien ein eigenes Orchester, wurde 1835 Hofballdirektor; komponierte mehr als 150 Walzer sowie Polkas und Märsche (»Radetzkymarsch«, 1848).
2) Johann (Sohn), *Wien 25. 10. 1825, † ebd. 3. 6. 1899, Komponist. Wurde mit seiner 1844 gegr. Kapelle, in der auch seine Brüder Josef (*1827, † 1870) und Eduard (*1835, † 1916) mitwirkten, zum internat. berühmten »Walzerkönig« (u. a. »Wiener Blut«). Von seinen 16 Operetten sind »Die Fledermaus« (1874), und »Der Zigeunerbaron« (1885) seine größten Erfolge.
Strauß, 1) Botho, *Naumburg/Saale 2. 12. 1944, dt. Schriftsteller. Einer der meistgespielten zeitgenöss. dt. Bühnenautoren; u. a. »Die Hypochonder« (1972), »Trilogie des Wiedersehens« (1978), »Groß und Klein« (1978), »Kalldewey, Farce« (1981), »Der Park« (1983), »Besucher«, »Die Zeit und das Zimmer«, »Sieben Türen« (alle 1988), »Schlußchor« (1991), »Das Gleichgewicht« (1993); schreibt auch herausfordernde Prosa, u. a. »Der junge Mann« (R., 1984), »Beginnlosigkeit« (1992), »Anschwellender Bocksgesang« (1993). 1989 Georg-Büchner-Preis.

Botho Strauß

2) David Friedrich, *Ludwigsburg 27. 1. 1808, † ebd. 8. 2. 1874, dt. ev. Theologe. Mit »Das Leben Jesu, kritisch betrachtet« (1835) wurde S. Mitbegründer der ↑Leben-Jesu-Forschung und zum Wegbereiter der histor.-philolog. Bibelkritik.
3) Franz Josef, *München 6. 9. 1915, † Regensburg 3. 10. 1988, dt. Politiker. Mitbegründer der CSU, ab 1961 deren Vors.; 1949–78 MdB; 1953–55 Bundes-Min. für bes. Aufgaben, 1955/56 für Atomfragen. Leitete als Verteidigungs-Min. ab 1956 den Aufbau der Bundeswehr. Der Vorwurf, in der Spiegelaffäre den Bundestag belogen zu haben, führte 1962 zu seinem Rücktritt als Min.; 1966–69 Bundesfinanz-Min.; ab Nov. 1978 Min.-Präs. von Bayern.

Franz Josef Strauß

Strauß [griech.-lat.] (Afrikan. S.), bis fast 3 m hoher, langhalsiger und langbeiniger, flugunfähiger Vogel, v. a. in Halbwüsten, Steppen und Savannen Afrikas südl. der Sahara; schneller Laufvogel (bis zu 50 km/h), der sich vorwiegend von Blättern, Früchten und Kleintieren ernährt; an den Füßen sind nur die dritte und vierte Zehe entwickelt; Gefieder des ♂

Strauß

Strauss

Richard Strauss

schwarz mit weißen Schmuckfedern an Flügeln und Schwanz; die bis 1,5 kg schweren Eier werden vorwiegend vom ♂ bebrütet. – Es entspricht nicht der Realität, daß der S. bei Gefahr seinen Kopf in den Sand steckt.

Strauss, Richard, *München 11. 6. 1864, † Garmisch-Partenkirchen 8. 9. 1949, dt. Komponist und Dirigent. Einer der führenden Vertreter der ↑Programmusik des 19. Jh., u. a. »Don Juan« (1888), »Macbeth« (1888, 1890), »Tod und Verklärung« (1889), »Till Eulenspiegels lust. Streiche« (1895), »Also sprach Zarathustra« (1896), »Eine Alpensinfonie« (1915) und bed. Musikdramatiker des 20. Jh.; seine 15 Opern zeigen sehr verschiedenartige Konzeptionen; sechs Werke sind in Zusammenarbeit mit H. von Hofmannsthal entstanden, u. a. »Elektra« (1909), »Der Rosenkavalier« (1911), »Ariadne auf Naxos« (1912), »Die Frau ohne Schatten« (1919), »Die ägypt. Helena« (1928, 1933) und »Arabella« (1933) sowie die bekannte Oper »Salome« (1905).

Straußfarn (Trichterfarn), Gatt. der Tüpfelfarngewächse; einheim. ist der *Deutsche S.* mit bis 1,5 m hohen Blättern; als Zierpflanze kultiviert.

Straußgras, Gatt. der Süßgräser mit rd. 200 Arten, v. a. im gemäßigten Bereich der N-Halbkugel; einjährige oder ausdauernde Gräser, Ährchen meist in zierl. pyramiden- oder eiförmigen Rispen. Einheimisch sind u. a. das 10–60 cm hohe *Rote S.,* das als gutes Futtergras geschätzte *Weiße S.* und das bis 1,5 m hohe *Fioringras* (häufig als Rasengras verwendet).

Strauß und Torney, Lulu von, verh. Luise Diederichs, *Bückeburg 20. 9. 1873, † Jena 19. 6. 1956, dt. Schriftstellerin. Schrieb histor. Balladen und Romane.

Strawinsky, Igor, *Oranienbaum (heute Lomonossow) 17. 6. 1882, † New York 6. 4. 1971, amerikan. Komponist russ. Herkunft. Lebte ab 1910 v. a. in der Schweiz, ab 1920 in Frankreich, ab 1939 in Kalifornien. Sein umfangreiches Werk umfaßt alle Bereiche der Komposition; einen Schwerpunkt bilden Bühnenwerke, v. a. Ballette. Für Diaghilews »Balletts Russes« entstanden u. a. »Der Feuervogel« (1910), »Petruschka« (1911), »Le sacre du printemps« (1913). Anfäng-

Straußgras.
Oben: Rotes Straußgras (Halmhöhe 20 bis 60 cm) ♦ Unten: Weißes Straußgras (Halmhöhe 10 bis 60 cm)

lich entwickelte S. einen folklorist. getönten Stil mit motor. Rhythmik und kurzgliedriger, oft diaton. Motivik. Epochemachend mit ihrer Trennung der musiktheatral. Elemente und parodist. Verwendung traditioneller Musiktypen wirkten dann u. a. die Ballett-Burleske »Renard« (1922) und »Die Geschichte vom Soldaten« (1918). Hier wie in späteren Werken, u. a. »Rag-Time« (1918), »Piano-Rag-Music« (1919), »Ebony Concerto« für Klarinette und Jazzband (1945), bezog S. Elemente des Jazz ein. Der von ihm seit den 1920er Jahren vertretene sog. Neoklassizismus, u. a. die Ballette »Pulcinella« (Musik nach Pergolesi, 1920), »Jeu de cartes« (1937); das Opern-Oratorium »Oedipus rex« (konzertant 1927, szen. 1928); die »Psalmsinfonie« (1930); die Oper »The rake's progress« (1951) galt als Alternative zur Zwölftonmusik. In seinem Spätwerk benutzte S. dann reihentechn. Verfahren, ohne aber die Tonalität preiszugeben, u. a. in den »Threni« (1957/58), der Kantate »A sermon, a narrative, and a prayer« (1960/61), dem Ballett »Agon« (1957), den Sologesängen »In memoriam Dylan Thomas« (1954) und »Abraham and Isaac« (1962/63), »Elegy for J. F. K.« (1964).

Stream of consciousness [engl. ˈstriːm əv ˈkɔnʃəsnɪs »Bewußtseinsstrom«] ↑innerer Monolog.

Strebewerk, konstruktives Verspannungssystem zur Ableitung der Gewölbeschübe, insbes. in der kirchl. Baukunst der Gotik. Die Gewölbeschübe werden mittels *Strebebögen* zu den *Strebepfeilern* am Außenbau geleitet, die sie auf die Fundamente übertragen.

Strecke, 1) *Geometrie:* die Gesamtheit der Punkte des kürzesten Verbindungsweges zw. zwei festen Punkten *A* und *B* einer Ebene; mathemat. symbolisiert durch *AB*.

2) *Jägersprache:* Bez. für 1. die Stückzahl des bei einer Jagd oder in einem Distrikt während eines Jahres erlegten Wildes; 2. das nach Beendigung einer Jagd auf der Erde niedergelegte Wild.

Streckmuskeln (Extensoren), Muskeln, die durch Kontraktion die gelenkig miteinander verbundenen Skeletteile, v. a. von Extremitäten, zum Strecken bringen.

Streckverband ↑Extensionsverband.

Streep, Meryl [engl. stri:p], amerikan. Schauspielerin, *Bernardsville (N.J.) 22. 4. 1949. Internat. bekannt als Charakterdarstellerin v. a. durch Filme wie u. a. »Die durch die Hölle gehen« (1978), »Holocaust« (Fernsehserie, 1978), »Kramer gegen Kramer« (1979), »Sophies Entscheidung« (1982), »Jenseits von Afrika« (1986), »Der Tod steht ihr gut« (1992), »Das Geisterhaus« (1993), »Die Brücken am Fluß« (1995).

Strehler, Giorgio, *Barcola (heute zu Triest) 14. 8. 1921, italien. Regisseur und Theaterleiter. Gründete 1947 mit Paolo Grassi (*1919, †1981) das »Piccolo Teatro« in Mailand; bis 1968 gemeinsam mit Grassi, seit 1972 dessen alleiniger Leiter. 1968–72 eigene Schauspieltruppe (»Gruppo Teatro e Azione«); auch Operninszenierungen, u. a. an der Mailänder Scala (1977–82 auch deren künstler. Berater) und bei den Salzburger Festspielen; u. a. 1983–89 Leiter des Pariser »Europatheaters«.

Streichen, 1) *Geologie:* die als Abweichung von der Nordrichtung in Grad angegebene Richtung der Schnittfläche einer geneigten geolog. Schichtfläche mit der Horizontalen.
2) *Schiffahrt:* seemänn. svw. Herunterlassen, z. B. S. der Segel; S. der Flagge.

Streicher, 1) Johann Andreas, *Stuttgart 13. 12. 1761, †Wien 25. 5. 1833, dt. Klavierbauer. – Begleitete 1782 seinen Freund F. Schiller auf dessen Flucht von Stuttgart nach Mannheim (»Schiller-Biographie«, hg. 1974); 1794 heiratete er *Nanette Stein* (*1769, †1833), die Tochter des Klavierbauers Johann Andreas Stein (*1728, †1792), und verlegte die Steinsche Werkstatt nach Wien, die ab 1802 als »Nanette S., née Stein« firmierte.
2) Julius, *Fleinhausen bei Augsburg 12. 2. 1885, †Nürnberg 16. 10. 1946 (hingerichtet), dt. Politiker (NSDAP). War maßgeblich am Hitlerputsch 1923 beteiligt; 1928–40 NSDAP-Gauleiter in Franken, einer der fanatischsten Propagandisten des Antisemitismus (seit 1923 Hg. des Hetzblattes »Der Stürmer«); 1946 in den Nürnberger Prozessen zum Tode verurteilt.

Streichgarn, aus kurzen, ungleichmäßigen Fasern (Wolle, Baumwolle, synthet. Fasern) hergestelltes, schwach gedrehtes Garn.

Streichholz, svw. ↑Zündholz.
Streichinstrumente, Musikinstrumente, die mit einem ↑Bogen angestrichen werden: Violine, Viola, Gambe, Violoncello, Kontrabaß.
Streichquartett, kammermusikal. Ensemble aus zwei Violinen, Viola und Violoncello sowie eine Komposition für diese Besetzung.

Streifenfarn, weltweit verbreitete Gatt. der Tüpfelfarngewächse mit rd. 700, teilweise epiphyt. lebenden Arten; einheimisch sind u. a. der *Braune S.* mit schwarzbraunen Blattstielen, der *Grüne S.* mit grünen Blattstielen und der auf Blumen siedelnde *Nestfarn.*
Streifenhörnchen, längsgestreifte, bes. in Asien, N-Amerika und Afrika beheimatete Nagetiere (Fam. Hörnchen), häufig vom Menschen gehalten.

Streik (Ausstand), gemeinsame, planmäßige Arbeitsniederlegung durch eine größere Zahl von Arbeitnehmern mit dem Ziel, die Arbeitsbedingungen und Löhne zu verbessern *(sozialer S.)* oder polit. Forderungen durchzusetzen *(politischer S.).* Der *organisierte S.* wird von einer Gewerkschaft, der *wilde S.* unabhängig von den Gewerkschaften, meist gegen deren Willen durchgeführt. Beim *Sympathie-S.* wird zugunsten der Arbeitnehmer eines anderen Betriebs gestreikt. Beim *Sitz-S.* bleiben die Arbeitnehmer an ihren Arbeitsplätzen, verweigern aber die Arbeit. Beim *Bummelstreik* werden die Dienstvorschriften so genau befolgt, daß die Arbeit nur schleppend vorangeht (»Dienst nach Vorschrift«). Die schärfste Form des S. ist der alle Arbeitsbereiche erfassende *Generalstreik.* – Das *S.-Recht* ist in vielen Staaten, so in einigen Länderverfassungen der BR Deutschland, anerkannt. Umstritten ist die Rechtmäßigkeit des polit. Streiks. In den kommunist. Ländern war der S. mit der Begründung, die Arbeiter könnten als Besitzer der Produktionsmittel nicht gegen sich selbst streiken, de facto verboten. Während des S. ruhen die Arbeitsverhältnisse der S.teilnehmer. Der Streikende hat keinen Anspruch auf Lohn oder Gehalt, auch nicht auf Arbeitslosengeld. Gewerkschafts-Mgl. erhalten S.unterstützung von der Gewerkschaft. Der bestreikte Arbeitgeber ist zur ↑Aussperrung berechtigt.

Igor Strawinsky

Streisand

Streitwagen. Assurnasirpal II. auf Kriegszug; Relief aus Kalach (9. Jh. v. Chr.; London, Britisches Museum)

Streisand, Barbra ['straɪsɔnd], eigtl. Barbara Joan S., * New York 24. 4. 1942, amerikan. Sängerin und Schauspielerin. Star in den Musicals »Funny girl« (1967) und »Hello Dolly« (1968); nuancenreiche Komikerin; »Nuts... Durchgedreht« (1987); auch Filmregie (»Yentl«, 1983; nach I. B. Singer), »Herr der Gezeiten« (1992).

Streitgegenstand, der im Zivilprozeß geltend gemachte *prozessuale Anspruch,* der sich aus dem Klageantrag und dem Klagegrund ergibt.

streitige Gerichtsbarkeit ↑ordentliche Gerichtsbarkeit.

Streitwagen, zwei- oder vierrädriger, pferdebespannter Kampfwagen des Altertums; bereits im 3. Jt. v. Chr. von den Sumerern verwendet, etwa seit 1600 v. Chr. bei Hurritern, Hethitern, Kassiten und Hyksos nachweisbar. Von den Griechen und Römern wurde der S. zu sportl. Wettkämpfen genutzt.

Streitwert, im *Zivilprozeß* und in verwandten Verfahrensarten der in Geld ausgedrückte Wert des Streitgegenstandes. Nach dem S. bemessen sich die sachl. Zuständigkeit der ordentl. Gerichte, die Zulässigkeit von Rechtsmitteln sowie die Höhe der Gerichts- und Anwaltsgebühren.

Strelasund, Meeresstraße der Ostsee zw. der vorpommerschen Küste bei Stralsund und der Insel Rügen; wird seit 1936 vom Rügendamm überquert.

Strelitzen [russ.], von Zar Iwan IV. Mitte des 16. Jh. geschaffene stehende Truppe. Die S. mußten lebenslänglich und erblich dienen; von Peter I. nach verschiedenen Aufständen, zuletzt 1698, gewaltsam aufgelöst.

Strelitzie (Strelitzia) [nach Charlotte Sophia, Prinzessin von Mecklenburg-Strelitz, * 1744, † 1818], Gatt. der Bananengewächse mit vier Arten in S-Afrika; bis 5 m hohe Gewächse mit sehr großen, ledrigen, länglich-eiförmigen oder lanzenförmigen Blättern; Blüten weiß und blau, von einer kahnförmigen, rötl. oder grünen Blütenscheide umgeben; z. B. die 1–2 m hohe *Paradiesvogelblume* (Papageienblume).

Streptokokken [griech.], Bakterien der Gatt. *Streptococcus* mit rd. 20 Arten aus der Gruppe der Milchsäurebakterien. Einige S. gehören zur normalen Flora der Schleimhäute des Nasen-Rachen-Raumes und des Darms; andere Arten rufen gefährl. Infektionen wie Kindbettfieber, Sepsis, Mittelohrentzündung, Wundeiterung und Entzündung der Herzinnenhaut hervor. Einige Arten spielen in der Milchwirtschaft als Säurewecker oder Starterkultur sowie bei der Herstellung von Gärfutter eine wichtige Rolle.

Streptomyzeten (Streptomycetaceae), Fam. der Strahlenpilze; überall verbreitete Bodenbewohner. Aus zahlreichen Arten wurden Antibiotika isoliert.

Streptomyzin (Streptomycin) [griech.], Antibiotikum, das von dem Strahlenpilz Streptomyces griseus gebildet wird und v. a. gegen gramnegative Kokken und

Strelitzie. Paradiesvogelblume

Bakterien, daneben bes. gegen Tuberkelbakterien wirksam ist.

Stresemann, Gustav, *Berlin 10. 5. 1878, † ebd. 3. 10. 1929, dt. Politiker. Schloß sich 1903 der Nationalliberalen Partei an; vertrat als Mgl. des Alldt. Verbandes im 1. Weltkrieg eine extensive Annexionspolitik im W und O; hatte 1917 wesentl. Anteil am Sturz des Kanzlers Bethmann Hollweg; gründete 1918 die Dt. Volkspartei; führte seine Partei – obwohl eigtl. Monarchist – aus realpolit. Gründen zur Mitarbeit auf dem Boden der Weimarer Verfassung. 1920–29 MdR; als Reichskanzler (bis Nov. 1923) und Außen-Min. ab Aug. 1923 erreichte S. eine relative Stabilisierung der Weimarer Republik (1923 Überwindung der Ruhrbesetzung, 1924 Dawesplan, 1925 Locarnopakt, 1926 Aufnahme Deutschlands in den Völkerbund). Er strebte die Revision des Versailler Vertrags im Rahmen eines kollektiven Sicherheitssystems an, scheiterte aber letztl. – trotz der vertrauensvollen Zusammenarbeit mit A. Briand – am frz. Bedürfnis nach Sicherheit auf der Basis des Status quo. Erhielt 1926 zus. mit Briand den Friedensnobelpreis.

Stresemann, nach G. Stresemann ben. Gesellschaftsanzug: schwarzgrau gestreifte umschlaglose Hose, schwarzer Sakko und graue Weste.

Streß [engl.], von H. Selye 1936 geprägter Begriff für ein generelles Reaktionsmuster, das Tiere und Menschen als Antwort auf erhöhte Beanspruchung zeigen. Die Belastungen *(Stressoren)* können physikal., chem., medizin. oder psych. Art sein. Die dadurch ausgelösten Körperreaktionen umfassen eine Überfunktion der Nebennieren (erhöhter Tonus des sympath. Nervensystems, Ausschüttung von Adrenalin) und Schrumpfung des Thymus und der Lymphknoten. – Langdauernder starker S. kann gesundheitl. Schäden vielfältiger Art verursachen; häufig entstehen Magengeschwüre, Bluthochdruck oder Herzinfarkt.

Stretta (Stretto) [italien.], in Arie, Opernfinale oder Konzertstück der effektvolle, oft auch im Tempo beschleunigte Abschluß.

Streulage, svw. Gemengelage (↑Flurformen).

Streulicht, das von kleinen Teilchen (Staubpartikeln, Gasmolekülen) aus seiner urspr. Richtung abgelenkte Licht.

Streuung, 1) *Physik:* 1. die Ablenkung eines Teils einer [gebündelten] Teilchen- oder Wellenstrahlung aus seiner urspr. Richtung durch kleine, im allg. atomare Teilchen *(Streuzentren)*. Die diffus in die verschiedenen Richtungen gestreute Strahlung wird als *Streustrahlung,* die Wechselwirkung eines Teilchens oder Quants der Strahlung mit einem einzelnen Streuzentrum als *Streuprozeß* bezeichnet; 2. *(magnet. S.)* Bez. für die in magnet. Kreisen zu beobachtende Erscheinung, daß der magnet. Induktionsfluß z. B. bei Transformatoren nicht völlig im Eisenkern verläuft, sondern z. T. als sog. *Streufluß* auch in der [Luft]umgebung. Das zugehörige Magnetfeld wird als *Streufeld* bezeichnet. **2)** *Statistik:* svw. ↑Varianz.

Streuvels, Stijn [niederl. 'strøːvəls], eigtl. Frank Lateur, *Heule (bei Kortrijk) 3. 10. 1871, † Ingooigem (bei Kortrijk) 15. 8. 1969, fläm. Schriftsteller. Bedeutendster Erzähler Flanderns; bed. v. a. »Der Flachsacker« (R., 1907), »Die Männer im feurigen Ofen« (Nov., 1926).

Strichätzung, nach einer Strichzeichnung hergestellte Hochdruck-Druckplatte, bei der die (zeichnungsfreien) Zwischenräume durch Ätzen vertieft werden.

Strichcode [...koːt], zum maschinellen »Lesen« (bes. von Kennummern) verwendeter Code, bestehend aus unterschiedlich dicken, parallel verlaufenden Strichen. ↑Europäische Artikel-Numerierung.

Strichprobe, Untersuchungsmethode zur Bestimmung von Mineralen; beim Reiben des Minerals auf unglasiertem Porzellan entsteht eine Reibspur, deren Farbe *(Strichfarbe)* der Eigenfarbe des Minerals entspricht.

Strichpunkt, svw. ↑Semikolon.

Strichvögel, Bez. für Vögel, die nach der Brutzeit meist schwarmweise in weitem Umkreis umherschweifen (z. B. Bluthänfling, Grünling, Goldammer, Stieglitz).

Stricker, der, † um 1250, mhd. Dichter. Einer der ersten bed. Vertreter der satir., schwankhaften Verserzählung (Bispel): »Der Pfaffe Amis« (um 1230); auch

Gustav Stresemann

3335

Strickleiternervensystem

Der Stricker. Illustriertes Blatt aus dem Roman »Karl der Große« aus der Sankt Galler Weltchronik; dargestellt sind Rolands Ernennung zum Statthalter durch Karl (oben) und das Speerwunder (nach 1300; St. Gallen, Kantonsbibliothek, Vadiana)

Versepos »Karl« (Neubearbeitung des †Rolandsliedes).

Strickleiternervensystem, das bei den Ringelwürmern und Gliederfüßern unterhalb des Darms als Bauchmark verlaufende Zentralnervensystem mit hintereinanderliegenden paarigen Ganglien.

Stridulationsorgane [lat./griech.] (Zirporgane), der Lauterzeugung dienende Einrichtungen bei Insekten; funktionieren durch Gegeneinanderstreichen von Kanten, Leisten und Flügeladern.

Strindberg, August [ˈʃtrɪntbɛrk, schwed. ˌstrindbærj], *Stockholm 22. 1. 1849, † ebd. 14. 5. 1912, schwed. Dichter und Maler. Bedeutendster schwed. Dramatiker mit wesentl. Einfluß auf das europ. Drama des 20. Jh., u. a. »Fräulein Julie« (1888), »Nach Damaskus« (Trilogie, 1898–1904), »Totentanz« (1901), »Ein Traumspiel« (1902) sowie die Kammerspiele »Gespenstersonate« (1907) und »Scheiterhaufen« (1907); auch Romane (u. a. »Das rote Zimmer«, 1879; »Der Sohn einer Magd«, autobiogr., gedr. 1886–1909; »Die got. Zimmer«, 1904) und Novellen (»Heiraten«, 1884).

August Strindberg

stringendo [strinˈdʒɛndo; italien.], Abk. **string.**, musikal. Vortrags-Bez.: allmähl. schneller werdend.

stringent [lat.], bündig, streng, zwingend.

Striptease [engl. ˈstriptiːz], erot. stimulierende Entkleidungsvorführung [in Nachtlokalen].

Strittmatter, 1) Erwin, *Spremberg 14. 8. 1912, † Schulzenhof (bei Dollgow, Kr. Gransee) 31. 1. 1994, dt. Schriftsteller. Seit 1947 Mgl. der SED; war vielgelesener Schriftsteller in der DDR; Erzählungen und Romane, u. a. »Der Wundertäter« (1957–73), »Ole Bienkopp« (1963), »Der Laden« (3 Bde., 1983–92).
2) Thomas, *Sankt Georgen im Schwarzwald 18. 12. 1961, † Berlin 29. 8. 1995, dt. Schriftsteller. – Wurde bekannt mit Theaterstücken, die in der Tradition des Volkstheaters stehen; auch Hörspiel- und Drehbuchautor. – *Werke:* Viehjud Levi (Dr., UA 1983, Hsp. 1984), Polenweiher (Dr., UA 1984, Hsp. 1984, Fernsehfilm 1985), Brach (Dr., UA 1984), Kaiserwalzer (Dr., UA 1986), Raabe Baikal (R., 1990), Untertier (Dr., UA 1991).

Stroboskop [griech.], Gerät zur Bestimmung der Frequenz und zur Beobachtung einzelner Phasen period. Bewegungen. Das *Lichtblitz-S.* ist eine Gasentladungslampe, die in konstanten Zeitabständen Lichtblitze aussendet. Stimmt deren Frequenz mit der des angeblitzten Vorgangs überein (oder ist sie ein ganzzahliges Vielfaches oder ein Bruchteil davon), so scheint der period. Vorgang stillzustehen. Bei niedrigerer Blitzfrequenz scheint der Vorgang verlangsamt abzulaufen, bei höherer Blitzfrequenz scheint er rückwärts abzulaufen *(stroboskop. Effekt)*.

Stroessner, Alfredo [ˈʃtrœsnər], *Encarnación 3. 11. 1912, paraguayischer General und Politiker. 1953 Oberbefehlshaber der Streitkräfte; diktatorisch regierender Staats-Präs. 1954–89.

Stroganow, russ. Händler-, Industriellen- und Großgrundbesitzerfamilie, als deren Stammvater *Anikita S.* (*1497, † 1570) gilt. Die S. betrieben in großem Umfang Landwirtschaft, Salz- und Erzgewinnung, bauten Städte und erschlossen neue Gebiete im Ural und in Sibirien. Ihre von Zar Iwan IV. gewährten

Stromstärke

Privilegien wurden 1722 aufgehoben. Als bed. Mäzene unterhielten sie u. a. Werkstätten für Ikonenmalerei (*Stroganowschule*).

Stroh, die trockenen Blätter und Stengel von gedroschenem Getreide, Hülsenfrüchtlern oder Öl- und Faserpflanzen.

Strohblume, Gatt. der Korbblütler mit rd. 500 (außer in Amerika) weltweit verbreiteten Arten; Kräuter, Halbsträucher oder Sträucher, Hüllblätter der Blütenköpfchen mehrreihig, dachziegelartig angeordnet, trockenhäutig, oft gefärbt; verschiedene Arten, v. a. die *Garten-S.,* werden zur Verwendung als Trockenblumen kultiviert.

Strohblumen, svw. ↑Immortellen.

Stroheim, Erich, Pseud. E. von S., E. S. von Nordenwald, *Wien 22. 9. 1885, † Maurepas bei Versailles 12. 5. 1957, amerikan. Filmschauspieler und -regisseur österreichischer Herkunft. Ab 1906 in den USA; drehte gesellschaftskrit. Stummfilme, u. a. »Närr. Frauen« (1921), »Gier nach Geld« (1923); nach 1933 (ab 1936 in Frankreich) nur noch Schauspieler.

Strohmann, jemand, der unter seinem Namen in Auftrag und Interesse eines anderen handelt.

Strom, 1) *Elektrotechnik:* (elektr. Strom) allg. jede geordnete Bewegung von elektr. Ladungsträgern. Die *Stromrichtung* in einem Stromkreis verläuft vom Pluspol zum Minuspol einer Stromquelle (willkürlich festgelegte sog. *techn. Stromrichtung*); da in elektr. Leitern der Ladungstransport auf der Bewegung von Elektronen beruht, ist die sog. *physikal. Stromrichtung* der technischen entgegengesetzt. Bewegen sich die Ladungsträger konstant in einer Richtung, dann spricht man von einem *Gleichstrom*, pendeln sie dagegen hin und her, dann liegt ein *Wechselstrom* vor. Mit einem elektr. S. ist stets ein Magnetfeld und eine Wärmewirkung (Joulesche Wärme) verbunden.

2) *Geographie:* Bez. für einen größeren ↑Fluß.

Stroma [griech.] (Grundgewebe), **1)** *Botanik:* in Chloroplasten der Raum außerhalb der Thylakoidmembranen; hier befinden sich die Enzyme für die CO_2-Fixierung während der Photosynthese.

2) in der *Zoologie* und *Medizin* das die inneren Organe umhüllende und durchziehende bindegewebige Stützgerüst.

Stromabnehmer, Vorrichtung zur Stromzufuhr bei elektr. Fahrzeugen; bei Oberleitungen werden *Rollen-, Bügel-, Scheren-* oder *Einholm-S.,* bei Stromschienenzufuhr *Gleitschuhe* benutzt.

Stromboli, eine der Lipar. Inseln, Italien, 12,6 km², 926 m hoch; von einem einzigen, noch aktiven Vulkan gebildet.

Stromkreis, geschlossener Kreis elektr. Leiter, in dem nach Anlegen einer Spannung elektr. Strom fließt.

Stromlinien, Kurven, d. h. Schnittbilder von Flächen gleicher Strömungsgeschwindigkeit, als anschaul. Darstellung der Strömungsverhältnisse bei umströmten Körpern.

Stromlinienform, eine strömungstechn. günstige Körperform, die den Strömungswiderstand verringert. ↑Luftwiderstand.

Strommesser, Geräte zur Messung der elektr. Stromstärke.

Stromschiene, unter Spannung stehende Schiene, über die einem elektr. Schienenfahrzeug mittels Gleitschuhen der Betriebsstrom zugeführt wird.

Stromschnelle (Katarakt), Flußstrecke, in der infolge Verkleinerung des Flußbettquerschnitts oder plötzl. Gefälles das Wasser meist reißend fließt.

Stromstärke, allg. die in der Zeiteinheit durch einen beliebigen Querschnitt einer Strömung hindurchtretende Menge an strömender Substanz. – *Elektr. S.* (Formelzeichen I): Quotient aus während der Zeitdauer durch einen Leiter-

Strohblume. Gartenstrohblume »Monstrosum« (Höhe 40–80 cm)

Stromboli

Strömung

Karin Struck

querschnitt hindurchfließender elektr. Ladung (Elektrizitätsmenge) und dieser Zeitdauer selbst. Ihre SI-Einheit ist das ↑Ampere.

Strömung, die in zusammenhängender, stetiger Weise erfolgende Bewegung von Flüssigkeiten, Gasen und Plasmen. Bleibt die S.geschwindigkeit an jeder Stelle des Raumes zeitl. unverändert, so liegt eine *stationäre S.* vor.

Strömungsenergie, die in einem strömenden Medium (Flüssigkeit, Gas oder Plasma) enthaltene, mit der Strömung verknüpfte und durch Strömungsmaschinen (z. B. Turbinen) in mechan. Leistung umsetzbare kinet. Energie.

Strömungsgetriebe, svw. Flüssigkeitsgetriebe (↑Strömungswandler).

Strömungskupplung (hydraul. Kupplung, Flüssigkeitskupplung), Kupplung, bei der die Strömungsenergie eines flüssigen Mediums (meist Öl) zur Übertragung des Drehmoments von der Antriebs- auf die Abtriebswelle benutzt wird.

Strömungslehre, die Lehre von der Bewegung und dem Verhalten flüssiger und gasförmiger Medien. ↑Aerodynamik, ↑Gasdynamik, ↑Hydrodynamik.

Strömungssinn, die Fähigkeit im Wasser lebender Tiere, mit Hilfe spezif. (Seitenlinienorgane der Fische und Amphibienlarven) oder unspezif. (druckempfindl. Haare bei Wasserinsekten) mechan. Sinnesorgane Strömungen wahrzunehmen.

Strömungswandler (Drehmomentwandler, Föttinger-Getriebe, hydrodynam. Getriebe), Getriebe, bei dem die Drehmomentübertragung von der Antriebs- auf die Abtriebswelle durch die dem flüssigen Medium (meist Öl) von der Antriebsseite her erteilte und auf die Abtriebsseite sich auswirkende Bewegungsenergie bei gleichzeitiger Wandlung der Größe des Drehmoments erfolgt *(Flüssigkeitsgetriebe):* S. geben bei großem Drehzahlunterschied zw. Antriebs- und Abtriebswelle, z. B. beim Anfahren eines Kraftfahrzeugs, ein großes Drehmoment ab.

Strömungswiderstand, entgegen der Anströmungsrichtung weisende Kraft, die auf einen umströmten Körper wirkt.

Stromwärme ↑Joulesches Gesetz.

Strontium [nach dem schott. Ort Strontian], chem. Symbol **Sr;** metall. chem. Element aus der II. Hauptgruppe des Periodensystems der chem. Elemente; Ordnungszahl 38; relative Atommasse 87,62; Dichte $2,54 g/cm^3$; Schmelztemperatur 769°C; Siedetemperatur 1384°C. S. ist ein silberweißes bis graues, in seinen Verbindungen zweiwertig vorliegendes Leichtmetall und, wie alle Erdalkalimetalle, sehr reaktionsfähig.

Strontiummethode, svw. ↑Rubidium-Strontium-Methode.

Strophanthine [griech.], Sammel-Bez. für mehrere, v. a. in Strophanthusarten enthaltene, früher als Pfeilgifte verwendete, bei intravenöser Anwendung herzwirksame Glykoside.

Strophanthus [griech.], Gattung der Hundsgiftgewächse mit 50 Arten in den tropischen Gebieten Afrikas und Asiens; die Samen enthalten ↑Strophanthine.

Strophe [griech.], in der lyr. und ep. Dichtung eine durch Verbindung mehrerer ↑Verse entstandene rhythm. Einheit; zahlr. Formen, unterschieden nach Verszahl, Reimart und Metrum.

Štrougal, Lubomír [tschech. 'ʃtrɔugal], *Veselí nad Lužnicí bei Tábor 19. 10. 1924, tschechoslowak. Politiker (KPČ). 1961–65 Innen-Min.; 1968 stellv. Min.-Präs.; konsolidierte als Min.-Präs. 1970–88 die Lage in der ČSSR im Sinne der sowjet. Besatzungsmacht.

Strozzi, seit dem 13. Jh. urkundlich erwähntes florentin. Patriziergeschlecht (Bankiers); polit. Gegner der Medici.

Struck, 1) Karin, *Schlagtow (heute zu Groß Kiesow bei Greifswald) 14. 5. 1947, dt. Schriftstellerin. Verfasserin autobiograph. Bekenntnisliteratur, u. a. »Klassenliebe« (R., 1973), »Mutter« (R., 1975), »Blaubarts Schatten« (R., 1991). **2)** Peter, dt. Politiker (SPD), *Göttingen 21. 1. 1943. Jurist; seit 1980 MdB; seit 1990 Erster Parlamentarischer Geschäftsführer der SPD-Bundestagsfraktion.

Strudel, in die Tiefe ziehender Wasserwirbel.

Strudelwürmer (Turbellaria), mit rd. 3000 Arten weltweit v. a. in Meeres-, Brack- und Süßgewässern verbreitete Klasse etwa 0,5 mm bis maximal 60 cm langer Plattwürmer; mit dichtem Wimpernkleid, mit dessen Hilfe sie sich schwimmend fortbewegen.

Strudler, meist festsitzende Tiere, die durch Wimpern- oder Gliedmaßenbewegungen einen Wasserstrom in die Mundöffnung hinein erzeugen und sich damit kleine, im Wasser schwebende Organismen und organ. Substanzen als Nahrung zuführen.

Struensee, Johann Friedrich Graf von (seit 1771) [ˈʃtruːənzeː, dän. ˈsdruːɔnsə], *Halle/Saale 5. 8. 1737, † Kopenhagen 28. 4. 1772 (hingerichtet), dän. Staatsmann dt. Herkunft. 1769 Hofarzt Christians VII.; 1771 Geheimer Kabinetts-Min.; Reformen im Sinn des aufgeklärten Absolutismus; wegen seines Verhältnisses mit der Königin hingerichtet.

Struktogramm [griech.], Darstellung des Ablaufs eines Algorithmus bzw. Programms mit speziellen Symbolen.

Struktur [lat.], 1) *allg.:* spezif. Aufbau, Gefüge eines gegliederten Ganzen, bei dem jeder Teil eine bestimmte Funktion erfüllt, die nur vom Ganzen her verständlich ist.
2) *Mathematik:* svw. ↑algebraische Struktur.

Strukturalismus [lat.-frz.], eine in den 1960er Jahren von Frankreich ausgehende Theorie (v. a. in der Linguistik, Kulturwiss., Psychoanalyse, Ethnologie und Anthropologie) mit dem Ziel, eine den exakten Untersuchungsmethoden der Naturwiss. analoge Form der Analyse für die Geistes- und Sozialwiss. zu finden; erkenntnistheoretisch geht der S. davon aus, daß die verschiedenen Systeme *(Ordnungen)* des kulturellen und gesellschaftl. Lebens auf kleinste Einheiten bzw. auf eine zu allen Zeiten gleiche Struktur zurückgeführt werden können. Bes. bekannt als Vertreter der strukturalist. Ethnologie ist C. Lévi-Strauss.

Strukturböden ↑Solifluktion.
Strukturformel ↑chemische Formeln.
Strukturresonanz, svw. ↑Mesomerie.

Struve, Gustav von, *München 11. 10. 1805, † Wien 21. 8. 1870, dt. Politiker. Scheiterte 1848 im Vorparlament mit seinem föderativen republikan. Verfassungsentwurf; am Aprilaufstand F. F. K. Heckers (1848) führend beteiligt; 1851 bis 1863 im Exil in den USA.

Struve [ˈʃtruːvə, engl. ˈstruːvɪ] (russ. Struwe), Astronomenfamilie; bed. Vertreter: **1)** Friedrich Georg Wilhelm von (seit 1862), *Altona (heute zu Hamburg) 15. 4. 1793, † Sankt Petersburg 23. 11. 1864, russ. Astronom dt. Herkunft. Erforschte v. a. Doppel- und Mehrfachsterne.
2) Otto von, *Charkow 12. 8. 1897, † Berkeley (Calif.) 6. 4. 1963, amerikan. Astronom russ. Herkunft. Enkel von Otto Wilhelm von S.; wanderte 1921 in die USA aus (1927 eingebürgert); arbeitete über Radialgeschwindigkeiten und Sternrotationen, über Doppelsternsysteme, über Sternentwicklung, interstellare Materie und Radioquellen.
3) Otto Wilhelm von, *Dorpat 7. 5. 1819, † Karlsruhe 16. 4. 1905, balt. Astronom und Geodät. Sohn von Friedrich Georg Wilhelm von S.; untersuchte u. a. die Bewegung des Sonnensystems.

Strychnin [griech.], giftiges Alkaloid aus den Samen des Brechnußbaumes; wirkt bei Warmblütern lähmend auf hemmende Synapsen: heftige Krämpfe und u. U. Tod durch Atemlähmung.

Strychnos [griech.], Gatt. der Loganiengewächse mit rd. 150 Arten in den Tropen mit zahlr. durch Alkaloide giftige Arten, z. B. der Brechnußbaum, aus dessen Samen Strychnin gewonnen wird. Mehrere in S-Amerika heim. Arten liefern Curare.

Stuart [engl. stjʊət] (Steuart, Stewart), schott. Geschlecht seit dem 11. Jh.; ben. nach dem Amt des Steward (»Seneschall«). Seit 1371 auf dem schott. (Robert II.), seit 1603 auch auf dem engl. (Jakob I. [VI.], der Sohn Maria I.) Thron auf Grund von Erbansprüchen aus der Ehe zw. Jakob IV. und Maria I. Tudor. 1688/89 wurde Jakob II. gestürzt, die kath. Linie der S. 1701 endgültig von der Regierung ausgeschlossen. Seine prot. Tochter Anna (⚭ 1702 bis 1714) war die letzte S. auf dem Thron. Die weibl. Linie der S. und Nebenlinien bestehen bis heute fort, die männl. Linie erlosch 1807.

Stubaier Alpen, stark vergletscherter Teil der Zentralalpen zw. Ötz- und Wipptal (Österreich und Italien), bis 3507 m hoch.

Stubbenkammer, Steilküste im NO der Insel Rügen, im Königsstuhl 119 m hoch.

Stubbs, George [engl. stʌbz], *Liverpool 25. 8. 1724, † London 10. 7. 1806, engl. Maler. Studien menschl. und tier.

Stubenfliege

Stubenfliege.
Oben: Große Stubenfliege (Länge 6–9 mm) ◆
Unten: Kleine Stubenfliege (4–6 mm)

Anatomie in der Tradition der Renaissance (Leonardo); bed. Tiermaler des 18. Jh., v. a. Pferdebilder.
Stubenfliege (Große S., Gemeine S.), v. a. in menschl. Siedlungen weltweit verbreitete, etwa 1 cm lange Echte Fliege; Körper vorwiegend grau mit vier dunklen Längsstreifen auf der Rückenseite des Thorax; als Krankheitsüberträger gefährl. Insekt, dessen ♀ jährl. bis zu 2000 Eier an zerfallenden organ. Substanzen ablegt, wo sich auch die Larven entwickeln.
Stuck, Franz von (seit 1906), * Tettenweis bei Passau 23. 2. 1863, † München 30. 8. 1928, dt. Maler und Bildhauer. Mytholog. und symbolist. Themen (»Die Sünde«, 1893; »Der Krieg«, 1894, beide München, Neue Pinakothek).
Stuck [italien.], Gemisch aus S.gips, Kalk, Sand und Wasser, das sich feucht leicht formen läßt und nach dem Abbinden sehr hart wird.
Stuckarbeiten: In Ägypten und Kreta überzog man Ziegelwände mit S. und bemalte ihn. Bei griech. Tempeln diente er der Verbesserung der Detailformen. Die Römer schätzten S.dekor, der in Vorderasien weiter tradiert wurde (Ktesiphon) und in der ganzen islam. Welt Verbreitung fand (Alhambra in Granada). In der Renaissance wurde die antike S.-Technik zuerst in Italien, dann in Frankreich und Deutschland aufgegriffen; im Barock war der S. unentbehrlich für die Gestaltung von Innenräumen: im 17. Jh. schwere, stets weiße Fruchtgehänge, Girlanden, Putten oder Trophäen; im 18. Jh. farbig gefaßt und flacher gearbeitet (Bandelwerk, Rocaille). In Süddeutschland erlebten die Stukkaturen ihre letzte große Blüte (Wessobrunner Schule).
Stücke, im *Bankwesen* Bez. für die auf bestimmte Nennbeträge lautenden Wertpapiere.
Stückelung, 1) *Effektenverkehr:* bei Wertpapieren die Aufteilung einer Emission auf die Nennbeträge der einzelnen, auf Teilbeträge lautenden Wertpapiere.
2) *Münzwesen:* die Aufteilung der jeweils maßgebl. Gewichtseinheit auf die einzelnen Münzsorten.
Stückkosten (Einheitskosten), die auf die Leistungseinheit bezogenen durchschnittl. Kosten.
Stücklohn, Arbeitsentgelt, das nach der Anzahl der erbrachten Leistungseinheiten bemessen wird.
Stuckmarmor (Scagliola), Marmorimitation aus gefärbtem, poliertem Stuck.
stud., Abk. für lat. **stud**iosus (↑Student); stets mit Bez. der Disziplin verwendet, z. B. stud. jur. (Student der Rechtswiss.).

Stuck. Detail des Stucks am Deckengewölbe im Chor der Wallfahrtskirche Mariahilf in Neumarkt i. d. OPf. von Johann Bajerna (1724)

Student [lat.], der zu einer wiss. Ausbildung ordentl. eingeschriebene Besucher einer Hochschule. Mit der Einschreibung (Immatrikulation) wird der S. Mgl. der Hochschule und der ↑Studentenschaft.

Studentenbewegung, die seit den 1960er Jahren in verschiedenen Ländern aufgetretenen und Anfang der 1970er Jahre abgeklungenen Unruhen unter Studenten mit polit. Aktionen an den Hochschulen, die sich zunächst v. a. gegen schlechte Studienbedingungen, bald aber gegen polit. und soziale Verhältnisse schlechthin wandten. In der BR Deutschland manifestierte sie sich v. a. in der ↑außerparlamentarischen Opposition.

Studentenschaft, die Gesamtheit der an einer Hochschule immatrikulierten Studenten, die in je nach Landesrecht unterschiedl. Ausprägung die Verwaltung student. Angelegenheiten (z. B. in Studentenwerken und Selbsthilfeeinrichtungen) und die Mitwirkung an der Hochschulselbstverwaltung wahrnimmt. Abgesehen von den Ländern Bayern, Bad.-Württ. und Berlin, wo die Interessen der Studenten nur noch in den gesamtuniversitären Gremien wahrgenommen werden können, ist der *Allg. Studentenausschuß* (AStA) als Exekutivorgan der S. tätig, gewählt vom *Studentenparlament*. Auf Fachbereichs- und Fakultätsebene gibt es die *Fachschaften*.

Studentenwerk, Einrichtung an Hochschulen im Rahmen der ↑Studienförderung, heute meist als eingetragener Verein oder Anstalt des öffentl. Rechts geführt. Zuständigkeiten: Errichtung und Unterhaltung von Studentenwohnheimen und Mensen, die Verwaltung von Stipendienmitteln (↑Ausbildungsförderung) und die Interessenwahrung der Studenten im sozialen Bereich.

studentische Verbindungen (Korporationen), Gemeinschaften von (meist männl.) Studenten (und [berufstätigen] Akademikern), deren Grundsätze, Umgangs-, Organisations- und auch Sprachformen bis heute noch von Traditionen aus dem 18. und 19. Jh. geprägt sind. Feste *Institutionen* sind der Konvent, die Kneipe, Vortragsabende sowie das alljährl. Stiftungsfest mit ↑Kommers, für schlagende Verbindungen außerdem der Pauktag (↑Mensur). Es

Studienkolleg

Stuck. Stuckdekor in Schrägschnitttechnik aus einem Haus in Samarra (9. Jh.; Berlin, Museum für Islamische Kunst)

gibt farbentragende (Couleur) und nichtfarbentragende (sog. schwarze) s. V.; die Mgl. sind zuerst *Füchse,* nach zwei Semestern werden sie vollberechtigte *Burschen,* im fünften Semester *Inaktive* und nach dem Examen *Alte Herren.*

studentische Vereinigungen, Zusammenschlüsse von Studenten zur Wahrung ihrer Interessen, zur Vertretung ihrer sozialen, wirtschaftl., fachl., kulturellen und polit. Belange und zur Durchführung internat. Beziehungen. Es gibt u. a. den polit. Parteien nahestehende s. V.: Ring Christl.-Demokrat. Studenten (RCDS), Juso-Hochschulgruppe, Liberaler Hochschulverband (LHV) sowie undogmat. sozialist. und alternativ orientierte »Basisgruppen«.

Studienförderung, die finanziell-materielle Unterstützung von Studenten durch Stipendien und Darlehen, bes. unter Aspekten des sozialen Ausgleichs, der Chancengleichheit und der Begabtenförderung, sowie durch das ↑Studentenwerk. S. wird nach unterschiedl. Kriterien vom Bund, von Ländern, Hochschulen, Stiftungen, einzelnen Industriebetrieben, kirchl. Stellen u. a. gewährt. In Deutschland erhielten 1992 rund 570 000 Schüler und Studenten ↑Ausbildungsförderung nach dem Bundesausbildungsförderungsgesetz (BAföG).

Studienkolleg, Einrichtung an den meisten Hochschulen Deutschlands, die

Studienrat

Friedrich August Stüler. Mitteltrakt der Akademie der Wissenschaften in Budapest; 1862–64

ausländ. Studenten in einem einjährigen Vorbereitungskurs zur sprachl. und fachl. Hochschulreife führen soll.

Studienrat, Amts-Bez. für den Inhaber eines Lehramtes (Beamter auf Lebenszeit) an weiterführenden Schulen (v. a. Gymnasien und berufsbildenden Schulen). Voraussetzung zur Übernahme in den Staatsdienst sind das 1. und 2. ↑Staatsexamen. Beförderungsstellen sind der *Ober-S.,* der *Studiendirektor* und der *Oberstudiendirektor* (Schulleiter). ↑Lehrer.

Studienstiftung des deutschen Volkes e. V., Einrichtung der Ausbildungsförderung zur Förderung des Studiums überdurchschnittl. Begabter; die Fördermittel stammen vom Bund, von den Ländern, vom Stifterverband für die dt. Wissenschaft und von Einzelpersonen; Sitz in Bonn.

Studienstufe, Bez. für die reformierte Oberstufe der Gymnasien.

Studio [italien.], **1)** Aufnahmeraum (Film, Fernsehen, Hörfunk, Schallplatten).
2) Künstlerwerkstatt, Atelier.
3) Übungsraum (u. a. für Tänzer).
4) Versuchsbühne (zeitgenöss. Theater).
5) Einzimmerappartement.

Studium [lat.], allg. das wiss. Erforschen eines Sachverhaltes; i. e. S. die Ausbildung an einer Hochschule.

Studium generale (Generalstudium) [lat.], im MA Bez. für die Univ. als die mit Privilegien (u. a. Promotionsrecht, Gerichtsbarkeit) ausgestattete, allen Nationen zugängl. Hochschule; an den heutigen Hochschulen versteht man unter S. g. Vorlesungen und Seminare allgemeinbildender Art, die Hörern aller Studiendisziplinen, aber auch fachlich interessierten Außenstehenden zugänglich sind.

Stufe, 1) *allg.:* Abschnitt einer Treppe; auch Bez. für einen Abschnitt oder Teil u. a. eines Vorgangs oder einer [techn.] Vorrichtung.

2) *Geomorphologie:* Gelände-S. der Erdoberfläche, z. B. Bruchstufe, Schichtstufe.

3) *Musik:* Bez. für den Tonort der Töne einer diaton. Tonleiter.

Stufenausbildung, Bez. des Berufsbildungsgesetzes von 1969 für ein neues Gliederungsprinzip bei Ausbildungsberufen. In der ersten Stufe *(berufl. Grundbildung)* sollen Grundfertigkeiten und -kenntnisse vermittelt werden; in der darauf aufbauenden Stufe *(allg. berufl. Fachbildung)* soll die Ausbildung für mehrere Fachrichtungen gemeinsam fortgeführt werden. Berufsqualifizierender Abschluß nach zwei Jahren. In der dritten Stufe bauen darauf verschiedene spezielle Fachausbildungen auf; berufsqualifizierender Abschluß i. d. R. nach 9–12 Monaten.

Stufenlinse, svw. ↑Fresnel-Linse.

Stufenwinkel, zwei sich in ihrer Lage entsprechende Winkel, die von einer Geraden mit zwei diese schneidenden parallelen Geraden gebildet werden, sind gleich groß.

Stuhl, svw. ↑Kot.

Stuhlgang (Stuhlentleerung, Defäkation), die Darmentleerung beim Menschen.

Stuhlweißenburg ↑Székesfehérvár.
Stukkateur [italien.], Handwerker, der Stuckarbeiten ausführt.
Stüler, Friedrich August, *Mühlhausen 28.1. 1800, † Berlin 18.3. 1865, dt. Architekt. Hauptvertreter des Historismus in Berlin um die Jh.mitte, erbaute u. a. das Neue Museum (1843–56, im 2. Weltkrieg zerstört). Bed. ist sein Wiederaufbau der Burg Hohenzollern (1850–67).
Stulpe, breiter Aufschlag an der Kleidung, auch bei Stiefeln (Stulpenstiefel).
Stülpnagel, Karl-Heinrich von, *Darmstadt 2. 1. 1886, † Berlin-Plötzensee 30. 8. 1944 (hingerichtet), dt. General. Leitete 1940 die dt.-frz. Waffenstillstandskommission; Armeeführer im Osten (1940/41) und Militärbefehlshaber in Frankreich (1942–1944); ab 1938 im Widerstandskreis um L. Beck, organisierte für den 20. Juli 1944 den Umsturzversuch in Paris.
Stumm, Karl Ferdinand, Freiherr von S.-Halberg (seit 1888), *Saarbrücken 30. 3. 1836, † Schloß Halberg bei Saarbrücken 8. 3. 1901, dt. Unternehmer. Begründer des Stumm-Konzerns; hatte großen Einfluß auf die gegen die Gewerkschaften und die SPD gerichtete Innenpolitik unter Wilhelm II. (»Ära Stumm«).
Stummabstimmung, svw. ↑Muting.
Stummelaffen, Gattung baumbewohnender Schlankaffen mit drei Arten in den Wäldern des trop. Afrika; Länge 50–80 cm, mit etwa ebenso langem Schwanz; Daumen rückgebildet.
Stummelfüßer (Onychophora), mit rd. 70 Arten in feuchten Biotopen der Tropen und südl. gemäßigten Regionen verbreiteter Stamm der Gliedertiere; Körper 1,5–15 cm lang, wurmförmig, eng geringelt; mit 14–43 Paar Stummelfüßen.
Stummfilm ↑Film.
stumpfer Winkel, ein Winkel, der größer als 90° und kleiner als 180° ist.
Stunde, Zeiteinheit, Einheitenzeichen h, bei Angabe des Zeitpunktes (Uhrzeit) hochgesetzt, ^{h}; das 60fache einer Minute (min) bzw. 3 600fache einer Sekunde (s).
Stundenbücher (Livres d'heures), mittelalterl. Gebetbücher für Laien mit Texten für die Stundengebete (Horen). Für die Entwicklung der Malerei wurden v. a. die niederl.-frz. S. des 14./15. Jh. wichtig, mit Miniaturen ausgestattet u. a. von den Brüdern ↑Limburg (u. a. »Les très riches heures« des Jean Duc de Berry, vor 1416, Chantilly, Musée Condé).
Stundengebet, in der kath. *Kirche* allen Mönchs- und Klostergemeinschaften sowie dem Klerus für bestimmte Stunden vorgeschriebenes (Offizium) liturg. (bei allein lebenden Klerikern privates) Gebet, zusammengestellt im Brevier: Psalmen, Schriftlesung und Gesänge (z. B. Hymnen). Das S. in seiner traditionellen Form setzte sich zusammen aus den (meist nach den Tagesstunden ben.) *Horen: Matutin* (»Mette«, Morgengebet um Mitternacht), *Laudes* (Lobgebet), *Prim* (Gebet zur 1. Stunde [Arbeitsbeginn]), *Terz* (zur 3. Stunde), *Sext* (zur 6. Stunde), *Non* (zur 9. Stunde), *Vesper* (Abendgebet zum Abschluß des Arbeitstages), *Komplet* (»Vollendung«, das eigtl. Nachtgebet). – Das 2. Vatikan. Konzil vereinfachte seine Struktur, ließ die Landessprachen zu und erleichterte die Gebetsverpflichtung.
Stundenglas ↑Sanduhr.
Stundenkreis, jeder auf der Himmelskugel von Pol zu Pol verlaufende größte Kreis, der auf dem Himmelsäquator senkrecht steht; der *Stundenwinkel* ist der Winkel zw. dem Meridian und dem S. eines Gestirns.
Stundung, Vereinbarung, durch die der Gläubiger dem Schuldner einen späteren Zeitpunkt für die Erbringung der Leistung einräumt als den vertragl. oder gesetzl. vorgesehenen.
Stuntman [engl. ˈstʌntmən], Schauspieler, der in Film und Fernsehen anstelle des eigentlichen Darstellers [als Double] bei riskanten, gefährlichen Szenen eingesetzt wird.
Stupa [Sanskrit], buddhist. Sakralbau; besteht aus einem vom Grabhügel abgeleiteten massiven Halbkugel mit Reliquienkammer, die von einer Balustrade mit zentralem Mast und mehreren übereinanderliegenden Ehrenschirmen bekrönt wird. Ein Zaun mit vier Toren nach den vier Himmelsrichtungen umschließt das auf einer Terrasse liegende Heiligtum. Mit dem Buddhismus kam der S.bau frühzeitig von Indien nach Ceylon (hier als *Dagoba* bezeichnet), dann nach SO-Asien (u. a. Birma, Indo-

stupid

Stupa. Schrägluftaufnahme des Borobudur

nesien [Tjandi]), SO-Asien *(Pagode)*, Z-Asien (Nepal, Tibet [Tschorten]).
stupid (stupide) [lat.], stumpfsinnig.
Stupor [lat.], völlige körperl. und geistige Regungslosigkeit.
Stürgkh, Karl Graf, * Graz 30. 10. 1859, † Wien 21. 10. 1916, österr. Politiker. 1911–1916 Min.-Präs.; regierte autoritär mit Notverordnungen; von F. Adler erschossen.
Sturlunga saga, Name eines umfangreichen Sammelwerkes (um 1300) über die isländ. Geschichte zw. etwa 1120 und 1264.
Sturm, 1) *Geophysik:* (magnet. S.) ↑Erdmagnetismus.
2) *Wetterkunde:* starker Wind (auf der Windstärkeskala nach Beaufort 9–11 mit Geschwindigkeiten von 20,8–32,6 m/s), der Schäden und Zerstörungen anrichtet.
Sturm, Der ↑Sturmkreis.
Sturmabteilung ↑SA.
Stürmer, Der, 1923–45 von J. Streicher in Nürnberg hg. antisemit. nat.-soz. Wochenschrift.
Sturmflut, ungewöhnlich hohes Ansteigen des Wassers an Meeresküsten und Tidenflüssen, bedingt durch Zusammenwirken von Flut und landwärts gerichtetem (auflandigem) Sturm, zuweilen durch eine Springtide verstärkt.

Sturmi (Sturm, Sturmius), hl., * in Oberösterreich um 715, † Fulda 17. 12. 779, erster Abt von Fulda. Benediktiner; Gefährte des Bonifatius; gründete 744 das Kloster Fulda, das er zum wirtschaftl. und geistig bedeutendsten Kloster Ostfrankens machte. – Fest: 17. Dezember.
Sturmkreis, Berliner Künstlerkreis (u. a. K. Schwitters, T. Tzara) um die von H. Walden hg. Zeitschrift »Der Sturm« (1910–32). 1914 wurde ein eigener Verlag und 1917 die *Sturm-Bühne* begründet.
Sturmschwalben (Hydrobatidae), Fam. sperlings- bis amselgroßer, meist schwärzlicher oder braunschwarzer Sturmvögel mit fast 20 Arten im Bereich aller Weltmeere. Zu den S. gehören u. a. der *Wellenläufer* (v. a. über dem N-Atlantik und N-Pazifik) und die *Gewöhnl. S.* (über dem östl. N-Atlantik und Mittelmeer).
Sturmtaucher (Procellariinae), Unter-Fam. etwa 25–50 cm langer, vorwiegend braun bis grau gefärbter Sturmvögel mit mehr als 40 Arten über allen Meeren; häufig nach Fischen und Kopffüßern tauchende Vögel.
Sturmtief (Sturmwirbel), ein besonders stark ausgeprägtes Tiefdruckgebiet (mit Luftdruck häufig unter 975 mbar = 975 hPa) mit Luftströmungen hoher Geschwindigkeit (bis Orkanstärke).

Stuttgart

Sturm und Drang (Geniezeit), geistige Bewegung in Deutschland etwa von der Mitte der 1760er bis Ende der 1780er Jahre. Der Name wurde nach dem Titel des Schauspiels »S. u. D.« (1776, urspr. Titel »Wirrwarr«) von F. M. Klinger auf die ganze Bewegung übertragen. Leitideen des S. u. D. sind Selbsterfahrung und Befreiung des Individuums; betont werden der Wert des Gefühls, der Sinnlichkeit, der Spontaneität und der Naturerfahrung. Höchste Steigerung des Individuellen wie des Naturhaften ist das Genie; der Künstler ist als *Originalgenie* schlechthin unvergleichlich; Shakespeare war das Ideal der Epoche. Anregungen erfuhr der S. u. D. durch die Kulturkritik J.-J. Rousseaus und das Genieverständnis E. Youngs sowie durch die pietist. und empfindsame Tradition; unmittelbarer Wegbereiter der antirationalen und religiösen Komponente war J. G. Hamann. Der literar. S. u. D. begann mit der Begegnung zw. J. G. Herder und Goethe 1770 in Straßburg. Von Herders ästhet. Ideen beeinflußt, verfaßte Goethe die initiierenden Werke: »Sesenheimer Lieder« (Ged., 1771), »Götz von Berlichingen« (Dr., 1773), »Die Leiden des jungen Werthers« (R., 1774). Bevorzugte Gatt. wurde das Drama, bes. Tragödie und Tragikomödie. Regeln wurden abgelehnt, die drei Einheiten der aristotel. Dramas aufgelöst; fast alle Dramen sind in Prosa, in einer alltagsnahen Sprache geschrieben (v. a. Goethe, Schiller, F. M. Klinger, Johann Anton Leisewitz [1752 bis 1806], Heinrich Leopold Wagner [1747–79], J. M. R. Lenz]. In der Epik spiegelte sich die Neigung zum Autobiographischen, beispielhaft J. J. W. Heinses »Ardinghello und die glückseligen Inseln« (R., 1787). Die Lyrik wurde [in Ballade, Hymne und Lied] Ausdruck persönl. Erlebens (G. A. Bürger, C. F. D. Schubart, M. Claudius), gelegentl. (wie bei den Dichtern des ↑Göttinger Hains) auch einer gesellschaftskrit. Einstellung.

Sturmvögel. Eissturmvogel

Sturmvögel, 1) (Röhrennasen, Procellariiformes) Ordnung etwa 15–130 cm langer, meist sehr gewandt fliegender Vögel mit rd. 90 Arten über allen Meeren von der Arktis bis zur Antarktis; Schnabel aus mehreren schmalen, längs verlaufenden Hornstücken zusammengesetzt; Füße mit Schwimmhäuten; ernähren sich von Fischen, Kopffüßern und Quallen. Man unterscheidet vier Fam.: Albatrosse, S. im engeren Sinne, Sturmschwalben und Tauchersturmvögel.
2) (S. im engeren Sinne, Möwen-S.) Fam. möwenähnl. aussehender Hochseevögel mit rd. 50 Arten über allen Meeren; bis 85 cm lang. Hierher gehören u. a. Sturmtaucher, die etwa 36 cm große *Kaptaube* (über den Südmeeren) und der fast 50 cm große *Eis-S.* über den Meeren der arkt. und kühl-gemäßigten Regionen; folgt häufig Fischdampfern.

Sturz, 1) *Bauwesen:* Träger über einer Maueröffnung.
2) *Kraftfahrzeugtechnik:* (Rad-S.) ↑Fahrwerk.

Stürze, Bez. für den Schalltrichter von Blechblasinstrumenten, im Ggs. zum Becher der Holzblasinstrumente.

Sturzgeburt, Geburt, bei der alle Phasen des Geburtsvorgangs stark verkürzt sind und das Kind bereits nach einigen Wehen und innerhalb weniger Minuten geboren wird.

Sturzo, Luigi, *Caltagirone 26. 11. 1871, †Rom 8. 8. 1959, italien. Theologe, Sozialtheoretiker und Politiker. 1919 Gründer und bis 1923 Generalsekretär des Partito Popolare Italiano (PPI); als Antifaschist 1924–46 im Exil; beeinflußte stark das Programm der Democrazia Cristiana.

Stute, geschlechtsreifes weibl. Tier der Fam. Pferde und der Kamele.

Stuttgart, Hauptstadt von Bad.-Württ., in einer kesselartigen Weitung des Nesenbachs gegen das Neckartal, 583 700 E. Sitz der Landesregierung, des Landtages und des Regierungspräsidiums; Univ. u. a. Hochschulen, Max-Planck-Inst. für Festkörperforschung und Metallforschung, Museen

Stuttgart Stadtwappen

Stuttgarter Liederhandschrift

Adolfo Suárez González

(u. a. Württemberg. Landesmuseum, Linden-Museum, Daimler-Benz-Museum, Weinmuseum), Staatsgalerie, Hauptstaatsarchiv; Staatstheater, Kammertheater, Konzerthaus (Liederhalle); Sternwarte und Planetarium; botan.-zoolog. Garten (Wilhelma). Mineralquellen in *Bad Cannstatt* und *Berg*. Elektrotechn. und elektron. Ind., Fahrzeug- und Maschinenbau. Messe- und Ausstellungsgelände im Höhenpark Killesberg; Neckarhafen; internat. ✈ in Echterdingen.

Stadtbild: Ev. gotische Stiftskirche zum Hl. Kreuz (14. bis 16. Jh.), spätgotische Leonhardskirche (15. Jh.), spätgotische Spitalkirche (1471 ff.); Altes Schloß (v. a. 1553 ff., mit Renaissanceinnenhof), barockes Neues Schloß (1746 ff.); Hauptbahnhof (1914–27, von P. Bonatz); Weißenhofsiedlung (1926/27, u. a. von Mies van der Rohe, Le Corbusier und W. Gropius); Liederhalle (1955/56). **Geschichte:** Um 1160 wird die Siedlung S., entstanden aus einem Gestüt (*Stuotgarte;* 1. Hälfte des 10. Jh.), erstmals urkundlich bezeugt; nach 1250 Stadt. Seit 1482 Haupt- und Residenzstadt der Gft. Württemberg (1492 geschriebenes Stadtrecht); seit 1374 Münzstätte. Im 15.–17. Jh. Erweiterung der Stadt; 1945 Hauptstadt von Württemberg-Baden, seit 1952 von Baden-Württemberg. – Der seit 1905 eingemeindete Ortsteil *Cannstatt* wurde 708 zuerst erwähnt; 1330 Stadtrecht.

Stuttgarter Liederhandschrift ↑Weingartner Liederhandschrift.

Stütz, Grundhaltung im Geräteturnen; der Körper wird entweder mit gestreckten (*Streck-S.*) oder gebeugten Armen (*Beuge-S.*) auf dem Gerät abgestützt.

Stutzen, 1) *Bekleidung:* kurzer Wadenstrumpf (ohne Füßling) der alpenländ. Gebirgstracht.
2) *Technik:* Ansatzrohrstück.
3) *Waffenkunde:* kurzes einläufiges Jagdgewehr für Kugelschuß.

Stützgewebe, pflanzl. (↑Festigungsgewebe), tier. und menschl. Gewebe (↑Bindegewebe), das dem Organismus Festigkeit und Stütze gibt.

StVO, Abk. für **St**raßen**v**erkehrs**o**rdnung.

StVZO, Abk. für **St**raßen**v**erkehrs-**Z**ulassungs-**O**rdnung.

Styling [engl. 'staɪlɪŋ], Formgebung, Formgestaltung, insbes. im Hinblick auf das funktionsgerechte Äußere.

Styliten (Säulenheilige), im 4.–6. Jh. christl. Asketen, die ihr Leben auf einer hohen Säule (griech. stỹlos) verbrachten, deren Kapitell eine Plattform trug (von einem Geländer umgeben).

Stylus (Mrz. Styli) [lat.], **1)** *Botanik:* ↑Griffel.
2) *Zoologie:* griffelartiges Rudiment von Gliedmaßen am Hinterleib mancher Insekten.

Stymphalische Vögel (Stymphaliden), menschenfressende Vögel der griech. Sage, die ihre Opfer zuvor mit pfeilspitzen, eisenharten Federn durchbohren; Herakles überwindet sie in seiner 5. »Arbeit«.

Styraxbaum (Storaxbaum), Gatt. der Styraxbaumgewächse mit rd. 100 Arten in den Tropen und Subtropen (mit Ausnahme Afrikas); immergrüne oder laubabwerfende Sträucher oder Bäume; u. a. der *Benzoebaum* in Hinterindien und im Malaiischen Archipel (liefert ein festes Benzoeharz) und der *Echte S.* in S-Europa und Kleinasien (lieferte früher das Balsamharz Storax).

Styria, neulat. Name der Steiermark.

Styrol [griech./arab.] (Vinylbenzol, Phenyläthylen), ungesättigter, aliphat.-aromat. Kohlenwasserstoff; farblose, wasserunlösl. Flüssigkeit, die leicht polymerisiert; zur Herstellung von Kunststoffen (Polystyrol) verwendet.

Styropor® [Kurzwort], Handels-Bez. für Schaumstoffe aus Polystyrol und Styrolmischpolymerisaten.

Styx, in der griech.-röm. Mythologie ein Fluß der Unterwelt.

s. u., Abk. für **s**iehe **u**nten!

Suaheli, svw. ↑Swahili.

Suárez, Francisco [span. 'suarεθ], * Granada 5. 1. 1548, † Lissabon 25. 9. 1617, span. Philosoph und Theologe. Jesuit; bedeutendster Vertreter der span. Barockscholastik; seine »Disputationes metaphysicae« (1597) sind die erste systemat. Darstellung der Metaphysik; im sog. Gnadenstreit suchte er mit seinem *Kongruismus* (dem angepaßten »Zusammentreffen« von göttl. Gnade und individuellem Handeln) zu vermitteln; von weitreichender Bedeutung war sein rechts- und staatsphilosoph. Werk »De legibus ac Deo legislatore« (1612).

Suárez González, Adolfo [span. 'su̯areð ɣɔn'θalɛθ], *Cebreros bei Avila 25. 9. 1932, span. Politiker. Jurist; Mitbegründer der konservativen Union de Centro Democrático (UCD); leitete als Min.-Präs. 1976–81 die Demokratisierung Spaniens ein.

sub..., Sub... (auch suf..., sug..., suk..., sup..., sur...) [lat.], Vorsilbe mit der Bedeutung »unter, unterhalb; von unten heran«.

subaltern [lat.], unterwürfig, untergeordnet.

Subdominante (Unterdominante), in der *Musik* die 4. Stufe einer Dur- oder Molltonleiter sowie der über diesem Ton errichtete Dur- bzw. Molldreiklang.

subfebril, leicht, jedoch nicht fieberhaft erhöhte Körpertemperatur; beim Menschen zw. 37,4 und 38 °C.

Subiaco [italien. su'bi̯a:ko], italien. Stadt in Latium, östl. von Rom, 8 900 E. Burg (11. Jh.); Kloster Santa Scolastica (Kirche von 1764, roman. Kampanile von 1053, 3 Kreuzgänge), Kloster Sankt Benedikt (13. und 14. Jh.).

Subjekt [lat.], **1)** *Musik:* das Thema einer kontrapunkt. Komposition.
2) *Philosophie:* das denkende, seiner selbst bewußte, handelnde Ich.
3) *Sprachwissenschaft:* (Satzgegenstand) Bez. für denjenigen Teil eines Satzes, der den Träger der Aussage, den Ausgangspunkt der Äußerung bezeichnet und meist durch ein Nomen oder Pronomen (immer im Nominativ), aber z. B. auch durch einen Nebensatz (sog. *S.satz*) ausgedrückt wird.

subjektiv [lat.], von persönl. Gefühlen, Interessen, Vorurteilen bestimmt; unsachlich.

Subjektivismus [lat.], in der Erkenntnistheorie die Auffassung, daß alles Erkennen nicht das Wesen der Dinge, sondern nur die Auffassung der Dinge durch das subjektive Bewußtsein wiedergebe.

Subjektivität [lat.], subjektive Darstellung, Beurteilung, Sichtweise.

Subkontinent, Teil eines Kontinents, der auf Grund seiner Größe und halbinselartigen Abgliederung als quasiselbständige Einheit betrachtet werden kann, z. B. Vorderindien.

Subkultur, innerhalb der Gesamtkultur einer Gesellschaft Teil- oder Eigenkultur einer relativ kleinen und geschlossenen Gruppe, gekennzeichnet durch erhöhte Gruppensolidarität; v. a. in hochdifferenzierten, pluralist. Gesellschaften.

subkutan [lat.], in der *Medizin* für: 1. unter die Haut verabreicht (z. B. Injektionen, Infusionen; Abk. **s. c.**); 2. unter der Haut liegend.

Sublimation [lat.], der direkte Übergang eines Stoffes vom festen Aggregat-

Subiaco. Innenansicht der Kirche des Klosters San Benedetto mit Fresken aus dem 13.–15. Jh.

Sublimierung

zustand in den gasförmigen [oder umgekehrt], ohne daß der normalerweise dazwischenliegende flüssige Zustand angenommen wird.

Sublimierung (Sublimation) [lat.], nach S. Freud die Umwandlung von Triebenergien in intellektuelle, kulturelle Leistungen.

submarin, unter dem Meeresspiegel befindlich, lebend bzw. entstanden.

Submission, svw. ↑Ausschreibung.

Subnormale, die Projektion des Normalenabschnitts (zw. dem Punkt einer ebenen Kurve, in dem die Normale errichtet ist, und ihrem Schnittpunkt mit der Abszissenachse) auf die Abszissenachse. Die Projektion des Tangentenabschnitts auf die Abszissenachse wird als *Subtangente* bezeichnet.

Subordination, svw. Unterordnung.

subpolares Klima, zw. dem gemäßigten Klima der mittleren Breiten und dem Polarklima befindl. Klima. Es ist auf der Nordhalbkugel *(subarkt. Zone)* stärker ausgebildet als auf der Südhalbkugel *(subantarkt. Zone).*

Subroutine [...ru...], in der *Datenverarbeitung* Teil einer ↑Routine zur Lösung kleinerer Aufgaben, deren Ergebnisse innerhalb des Unterprogramms weiterverarbeitet werden.

Subsidiarität [lat.], das Zurücktreten einer von mehreren an sich anwendbaren Rechtsnormen kraft ausdrücklich oder durch Auslegung zu ermittelnder gesetzl. Anordnung.

Subsidiaritätsprinzip, der kath. Sozialphilosophie entnommenes Prinzip, wonach jede gesellschaftl. und staatl. Tätigkeit ihrem Wesen nach »subsidiär« (unterstützend und ersatzweise eintretend) sei, die höhere staatl. oder gesellschaftl. Einheit also nur dann Funktionen der niederen Einheiten an sich ziehen darf, wenn deren Kräfte nicht ausreichen, diese Funktionen wahrzunehmen.

Subsistenz [lat.], in der *Philosophie* das Substanzsein, das Bestehen der Substanz in sich und für sich selbst.

Subsistenzwirtschaft, landwirtschaftl. Wirtschaftsform, die ganz oder überwiegend für die Selbstversorgung produziert, bes. in Entwicklungsländern.

Subskription [lat.], die Vorbestellung eines noch nicht gedruckten oder erst in einigen Bänden erschienenen Werkes. Der S.preis liegt meist etwa 10–20% unter dem Ladenpreis.

sub specie aeternitatis [- ˈspeːtsi-e ɛ...; lat.], unter dem Gesichtspunkt der Ewigkeit (nach Spinozas »Ethik« 5, 29–31).

substantiell (substantial) [lat.], wesentlich; stofflich, dinglich.

Substantiv [lat.] (Hauptwort, Dingwort, Gegenstandswort), eine Wortart, die zur Bezeichnung von Konkreta (Eigennamen für Einzeldinge bzw. -wesen, Gattungsnamen, Sammelnamen) und Abstrakta dient. Das S., der Häufigkeit nach die wichtigste Wortart, gehört zu der Kategorie ↑Nomen.

Substanz [lat.], 1) *allg.*: das den Wert, Gehalt, Stoff einer Sache Ausmachende; das Wesentliche, der Kern der Sache.
2) *Chemie:* (Stoff) ein festes, flüssiges oder gasförmiges Material.
3) *Philosophie:* das, was ein jedes in sich und für sich selbst ist, das unabhängig Seiende im Ggs. zum Akzidens, dem unselbständig Seienden.

Substitution [lat.], 1) *Chemie:* der Ersatz eines Atoms oder einer Atomgruppe in einem Molekül durch ein anderes Atom bzw. eine andere Atomgruppe *(Substituenten).*
2) *Neuro[physio]logie:* die Übernahme von Funktionen durch unbeschädigte Hirnareale bei gehirnorgan. Ausfällen.
3) *Psychoanalyse:* einer der Abwehrmechanismen: Ein Objekt, auf das urspr. die psych. Antriebsenergie gerichtet war, wird durch ein anderes ersetzt.
4) *Sprachwissenschaft:* Bez. für den Austausch oder Ersatz von sprachl. Elementen innerhalb gleicher Umgebung.
5) *Wirtschaft:* das Ersetzen von bestimmten Gütern oder Produktionsfaktoren durch andere.

Substitutionstherapie, medikamentöser Ersatz (Substitution) eines dem Körper fehlenden, eventuell lebensnotwendigen Stoffes (z. B. von Insulin bei Zuckerkrankheit).

Substrat [lat.], 1) *allg.*: das einer Sache Zugrundeliegende, (materielle) Grundlage.
2) *Mikrobiologie:* (Nährboden) Substanz aus flüssigen oder festen Stoffen als Untergrund für Pilz- und Bakterienkulturen.
3) *Sprachwissenschaft:* Bez. für eine sprachliche Schicht, die von andersspra-

Sucre

chigen Eroberern überlagert und verdrängt wird, aber ihrerseits auf die Sprache der Sieger in gewisser Weise einwirkt oder in Relikten erhalten bleibt.

Subsumtion (Subsumption) [lat.], die Unterordnung von Begriffen unter einen Oberbegriff.

Subtangente ↑Subnormale.

subtil [lat.], in die Feinheiten gehend, nuanciert, differenziert.

Subtrahend [lat.] ↑Minuend, ↑Subtraktion.

Subtraktion [lat.], eine der vier Grundrechenarten, die Umkehrung der Addition, symbolisiert durch das Zeichen − (minus). Bei einer S.: $a-b=c$ gelten folgende Bez.: a Minuend, b Subtrahend, $a-b$ Differenz, c Wert der Differenz.

Subtropen, Übergangszone zw. den Tropen und der gemäßigten Zone der mittleren Breiten.

Subventionen [lat.], zweckgebundene Unterstützungszahlungen öffentl. Finanzwirtschaften an bestimmte Wirtschaftszweige, Wirtschaftsgebiete oder auch an einzelne Unternehmen ohne Gegenleistung.

Subversion [lat.], (polit.) Umsturz, **subversiv,** umstürzlerisch; zerstörend.

Succinate [zʊki...; lat.], die Salze und Ester der Bernsteinsäure.

Suceava [rumän. su'tʃe̯ava], rumän. Stadt in der Moldau, 96 300 E. Zentrum der rumän. Bukowina. Zahlr. Kirchen: Mirăuțikirche (1380–90), Eliaskirche (1488 ff.), Gheorghekirche (1514–22), Dumitrukirche (1534/35), befestigte Klosterkirche Zamca (1606); Fürstenherberge (17. Jh.). – 1388 bis 1565 Hauptstadt der Moldau.

Suchkopf, in der Spitze von Flugkörpern, Torpedos, gelenkten Geschossen oder Bomben eingebautes, meist mit Infrarotstrahlen, Laserstrahlen oder Radar arbeitendes Peilgerät zur automat. Ausrichtung der Flugbahn auf das Ziel.

Sucht, die durch den Mißbrauch von Rauschgiften und bestimmten Arzneimitteln zustande kommende zwanghafte psych. und phys. Abhängigkeit, die zu schweren gesundheitl. Schäden führen kann. – Anstelle von S. wird heute vielfach der von der Weltgesundheitsorganisation vorgeschlagene und definierte Begriff Drogenabhängigkeit verwendet.

Suchumi, Hauptstadt der Republik Abchasien innerhalb Georgiens. Schwarzmeerkurort, 128 000 E. Theater, botan. Garten; Hafen. – Mitte des 15. bis Anfang des 19. Jh. osman.; seit 1829 russisch.

Suckert, Kurt Erich, italien. Schriftsteller, ↑Malaparte, Curzio.

Sucre [span. 'sukre], nominelle Hauptstadt Boliviens und Dép.-Hauptstadt, 420 km sö. von La Paz, 2 800 m ü. M., 101 400 E. Univ., Museen, Nationalbibliothek und -archiv; Handelszentrum.

Sucre. Im Bild links die Kathedrale (um 1550 – 1712)

Sucre y de Alcalá

Südafrika

Staatsflagge

Staatswappen

Im Schachbrettgrundriß angelegtes, kolonialzeitliches Stadtbild; Kathedrale (16. und 17. Jh.). – Gegründet 1538; seit 1776 Sitz einer Intendencia der Vize-Kgr. La Plata; 1809 offizielle Umbenennung in Chuquisaca; 1839 als S. (nach General A. J. de Sucre y de Alcalá) Hauptstadt Boliviens, verlor aber nach und nach seine Hauptstadtfunktionen an La Paz.

Sucre y de Alcalá, Antonio José de [span. ˈsukre i ðe alkaˈla], *Cumaná (Venezuela) 3. 2. 1795, † Berruecos (bei Pasto) 4. 6. 1830, südamerikan. General und Politiker. Bedeutendster militär. Mitstreiter S. Bolívars; 1826–28 erster verfassungsmäßiger Präs. Boliviens.

Sucrose (Sukrose) [frz.], svw. ↑Saccharose.

Südafrika (englisch South Africa, Afrikaans Suid-Afrika), Staat in Afrika, grenzt im W, S und O an den Atlant. bzw. Ind. Ozean, im N an Namibia und Botswana, im NO an Simbabwe, Moçambique und Swasiland.

Staat und Recht: Präsidialsystem; *Übergangsverfassung* von 1994 *Staatsoberhaupt* und Spitze der *Exekutive* ist der von der Nationalversammlung für 5 Jahre gewählte Staats-Präs.; jede Partei mit mehr als 20% der Wählerstimmen stellt einen Vize-Präsidenten. Die Regierung wird durch ein Mehrparteienkabinett gebildet, dem Minister aus allen Parteien angehören, die mehr als 5% der Wählerstimmen erhielten. *Legislative* ist das Zweikammerparlament, bestehend aus der Nationalversammlung (400 auf 5 Jahre direkt gewählte Abg.) und dem Senat (90 durch die Provinzparlamente gewählte Abg., 10 je Provinz), das zugleich als verfassungsgebende Versammlung fungiert. *Parteien:* u. a. African National Congress (ANC), National Party (NP), Inkatha Freedom Party (IFP).

Landesnatur: S. gliedert sich in die Flächentreppe in den Küstenzonen, den gewaltigen Steilanstieg der Großen Randstufe zu den Randschwellen des Binnenhochlandes und die weitflächige, sanfte Abdachung der Hochfläche gegen das tiefer liegende Kalaharibecken. Die höchste Erhebung ist der Grenzberg Champagne Castle mit 3375 m (Drakensberge). S. hat weitgehend randtrop. Klima; der äußerste S hat mediterranes Klima.

Bevölkerung: Die Bevölkerung setzt sich aus vier Gruppen zusammen: Schwarze (überwiegend Bantu) 75,2%, Weiße 13,6%, Mischlinge (Coloureds) 8,6% und 2,6% Asiaten. 92% der Weißen und 74% der Bantu sind Christen, 62% der Asiaten Hindus.

Wirtschaft, Verkehr: S. ist das am stärksten industrialisierte Land Afrikas. Schwerpunkte der exportorientierten Wirtschaft sind verarbeitende Ind. und Bergbau. Die durch Bewässerung sehr ertragreiche Landwirtschaft erzeugt Zuckerrohr, Mais, Bananen, Ananas, Mangos, Zitrusfrüchte, Wein und Obst. S. zählt zu den bed. Wollproduzenten der Erde (Schafe, Angoraziegen). Industrielles Zentrum ist das Bergbaugebiet am Witwatersrand mit Johannesburg (chem., Eisen- und Stahl-Ind.). Weitere Ind.-Zentren (Nahrungsmittel-, Textil- und Bekleidungs-Ind., Metallverarbeitung, Kfz-Montage, Elektro- und Papier-Ind.) sind Kapstadt, Durban, Port Elizabeth und East London. S. ist für Platin, Gold, Chrom und Vanadium der wichtigste, für Antimon, Diamanten und Lithium der zweitwichtigste Lieferant am Weltmarkt. Außerdem verfügt S. über bed. Kohlevorräte. Das Eisenbahnnetz hat eine Länge von 21 309 km (davon 78% elektrifiziert), das Straßennetz umfaßt 185 751 km (davon 30%

1970 1992 1970 1992
Bevölkerung Bruttosozial-
(in Mio.)   produkt je E
             (in US-$)

☐ Stadt   Land ☐

50% / 50%

Bevölkerungsverteilung 1992

■ Industrie
■ Landwirtschaft
■ Dienstleistung

42% / 4% / 54%

Bruttoinlandsprodukt 1992

Südafrika

Fläche:	1 221 037 km²
Einwohner:	39,818 Mio.
Hauptstadt:	Pretoria
Amtssprachen:	Englisch, Afrikaans und neun afrikan. Sprachen
Nationalfeiertag:	27. 4.
Währung:	1 Rand (R) = 100 Cents (c)
Zeitzone:	MEZ + 1 Std.

Südafrika

asphaltiert). Wichtigste Häfen sind Richards Bay, Durban, Saldanha Bay, Port Elizabeth und Kapstadt. Internat. ✈ bei Johannesburg, Kapstadt und Durban.

Geschichte: Seit 1652 entstand, ausgehend von einer Verpflegungsstation in der Tafelbucht, die niederl. Kapkolonie, in der die nomadisch lebenden sog. »Treck-Buren« (Viehzüchter) und die seßhaften Weißen (die sich seit etwa 1800 »Afrikaander« nennen) als Herrenschicht zus. mit den Mischlingen (Coloureds) lebten; die urspr. hier lebenden Hottentotten wurden verdrängt. 1779 begann die Eroberung des Landes der Xhosa; die daraus resultierenden »Kaffernkriege« dauerten fast 100 Jahre. 1806 annektierte Großbrit. die niederl. Kapkolonie. Um der brit. Herrschaft zu entgehen, zogen 14 000 Buren ($^1/_6$ aller Weißen) nach 1835 in benachbarte Gebiete (»Großer Treck«) und stießen in blutigen Kämpfen mit den dort lebenden Völkern (Ndebele, Zulu) zusammen. Seit 1838 ließen sich die weißen »Vortrecker« in Natal, dem Oranjegebiet und Transvaal nieder und gründeten mehrere Republiken. Zw. 1852 und 1860 erkannte Großbrit. den Oranjefreistaat und die Südafrikan. Republik (das heutige Transvaal) an, die jedoch 1867 und 1877 (bis zur Niederlage gegen die Buren 1881) unter brit. Herrschaft gerieten. Nach dem brit. Versuch, im sog. Jameson Raid die Südafrikan. Republik zu annektieren, brach der ↑Burenkrieg (1899–1902) aus, der mit der Kapitulation der Buren endete; ihre Republiken wurden brit. Kolonien (ab 1907 mit voller Selbstregierung). 1910 konstituierte sich als Vereinigung der brit. Kolonien in S-Afrika das Dominion Südafrikan. Union unter Premier-Min. L. Botha. Gegen die Beschränkung der polit. Rechte der Schwarzen kam es zu Protesten schwarzer Intellektueller, u. a. 1912 zur Gründung des »Afrikan. Nationalkongresses« (ANC). Nach der Fusion der weißafrikan. antibrit. National Party mit der oppositionellen probrit. Südafrikan. Partei zur Vereinigten Partei (1934) spaltete sich ihr radikaler Flügel als »gereinigte« National Party (ab 1948) begann die durch strikte Rassentrennung gekennzeichnete Politik

Südafrika. Mit geometrischen Ornamenten bemaltes Haus in einem Ndebele-Dorf in Transvaal

der ↑Apartheid. Die Schwarzen leisteten unter Führung des ANC gewaltfreien Widerstand, den die Regierung mit immer härteren »Staatsschutzgesetzen« beantwortete. 1959 spaltete sich der militante »Panafrikan. Kongreß« (PAC) vom ANC ab. Demonstrationen von Schwarzen führten 1960 zum Massaker von Sharpeville (67 Tote). Auf das gegen ANC und PAC ausgesprochene Verbot folgte ein anhaltender Kampf gegen die Regierung aus dem Untergrund und Exil. Die Organization of African Unity (OAU) erkannte 1963 ANC und PAC als Befreiungsbewegungen an. 1961 trat S. aus dem Commonwealth aus und wurde Republik. Unter Premier-Min. B. J. Vorster (1966–78; 1978/79 Staats-Präs.) begann die Entlassung der Bantuheimatländer (Homelands) in die staatl. Unabhängigkeit (Transkei 1976; Bophuthatswana 1977; Venda 1979; Ciskei 1981). Unruhen 1976 in Soweto wurden durch die Polizei blutig unterdrückt (mindestens 250 Tote), Organisationen (und Presseorgane) der Schwarzen sowie weiße Antiapartheidgruppen wurden verboten (1977). Premier-Min. W. P. Botha (1978–84) bemühte sich um eine Modifizierung der Apartheidpolitik und setzte eine neue Verfassung für S. durch; zugleich sicherte er sich mit dem Präsidentenamt (1984–89) die entscheidende

Südamerika

Machtposition. In bezug auf †Namibia, das bis 1966 Mandatsgebiet (durch UN entzogen) von S. war und seitdem widerrechtlich von diesem besetzt gehalten wurde, kam es 1989 unter internat. Druck zu einer polit. Lösung. Der Nachfolger Bothas als Staats-Präs., F. W. de Klerk, setzte sich für eine weitere (zunächst vorsichtige) Lockerung der Apartheidpolitik ein. Ende Febr. 1990 begnadigte er den Führer des African National Congress (ANC), N. Mandela, und hob gleichzeitig das Verbot des ANC auf. Ab Aug. 1990 kam es zu schweren Kämpfen zwischen ANC-Anhängern und der Inkatha-Bewegung des Zuluführers M. G. Buthelezi. Im Juni 1991 wurden mit der Abschaffung der Gesetze über die Registrierung der Bevölkerung, über rassenmäßig getrennte Wohngebiete und über den Bodenbesitz wichtige Grundlagen der bisherigen Apartheidpolitik beseitigt. Als Folge begann sich die diplomat. und wirtschaftspolit. Isolation S. zu lockern. Im März 1992 billigte die weiße Bevölkerungsminderheit in einem Referendum die Abschaffung der Apartheidsgesetze. Trotz wiederholter Unruhen gelang es einer Allparteienkonferenz, die von ANC und der weißen Regierung dominiert wurde, bis Ende 1993 eine Übergangsverfassung auszuarbeiten, auf deren Grundlage im April 1994 die ersten freien, gemischtrassigen Wahlen abgehalten wurden. Der ANC ging aus diesen als klarer Wahlsieger hervor; neuer Staats-Präs. wurde Mandela. Gemäß der Übergangsverfassung wurde eine Koalitionsregierung zw. ANC, National Party und Inkatha Freedom Party gebildet; gleichzeitig wurden alle Homelands in die neu errichteten neun Provinzen eingegliedert.

Südamerika, der mit 17,8 Mio. km² viertgrößte Erdteil umfaßt den S des Doppelkontinents Amerika, über die Atratosenke mit Mittelamerika verbunden. Die N–S-Erstreckung beträgt 7 600 km, die von O nach W über 5 000 km. Höchster Punkt ist der Aconcagua (6 958 m ü. M.). Nur die patagon. Pazifikküste ist durch Fjorde und Inseln stark gegliedert.

Gliederung: Im W wird der Erdteil vom Hochgebirge der Anden (zahlr. Vulkane) durchzogen. Östlich davon erstreckt sich eine Senkungszone, durch niedrige Schwellen in Orinokobecken, Amazonastiefland und La-Plata-Becken geteilt. Im O liegt das große Brasilian. Bergland, im NO das von Guayana. Beide erreichen Mittelgebirgshöhen. Der Amazonas und seine Nebenflüsse bilden das größte Stromnetz der Erde.

Klima: Nördlich und südlich des immerfeuchten trop. Klimas des Amazonastieflands herrscht wechselfeuchtes Tropenklima. Nach S folgt subtrop. Klima. Ständig feucht ist das Gebiet am unteren Paraná und am Uruguay, westlich davon, im Regenschatten der Anden, herrscht Steppenklima. Im Gebirgsraum der Anden findet sich Höhenstufung von der heißen Zone bis zur Zone ewigen Schnees. Die Pazifikküste hat teilweise Wüstenklima.

Vegetation: Trop. Regenwald (Hyläa) herrscht im Amazonastiefland und in Guayana vor. In den Bergländern überwiegt Feuchtsavanne, in NO-Brasilien Dornbusch. Die Trockenwälder des Gran Chaco leiten über zu den Steppen der Pampas und O-Patagoniens. Im N der Anden wächst trop. Regen- und Bergwald, im S immer- bis sommergrüner Mischwald. In den innerandinen Becken finden sich Gras- und Wüstensteppe sowie Wüste.

Tierwelt: Zahlr. Tierarten kommen sowohl in Süd- als auch in Mittelamerika vor, z. B. Ameisenbär, Faultier, Brüll- und Klammeraffe, Königsgeier, Gürteltiere, Papageien und Kolibris. Auf S.

Südamerika. Atacamawüste in Chile

Südamerika

Südamerika. Titicacasee in Bolivien

beschränkt sind u. a. Anakonda, Jaguar, Andenkondor, Nandu, Löwenäffchen, Kurz- und Langschwanzchinchilla, Riesenotter, Brillenbär, Piraya, Vikunja und Guanako sowie die Haustiere Lama und Alpaka.

Bevölkerung: Indian. Bauern konnten sich im Bereich der altamerikan. andinen Kulturen behaupten, indian. Wildbeuter leben v. a. im Amazonastiefland. Durch afrikan. Sklaven erhielt v. a. Brasilien einen bed. Anteil an Schwarzen und Mulatten. Masseneinwanderung aus Europa fand v. a. im 19. Jh. statt, im 20. Jh. aus Japan.

Geschichte Süd- und Mittelamerikas: Zu den *präkolumbischen Hochkulturen* ↑altamerikanische Kulturen.

Entdeckung und Eroberung: Auf vier Reisen (1492 bis 1504) entdeckte C. Ko-

Land	km²	E in 1000	E/km²	Hauptstadt
Argentinien	2 780 092	33 100	12	Buenos Aires
Bolivien	1 098 581	7 524	7	Sucre
Brasilien	8 511 965	154 113	18	Brasilia
Chile	756 945	13 600	18	Santiago de Chile
Ecuador	283 561	11 055	39	Quito
Guyana	214 969	808	4	Georgetown
Kolumbien	1 138 914	33 424	29	Bogotá
Paraguay	406 752	4 519	11	Asunción
Peru	1 285 216	22 451	17	Lima
Surinam	163 265	438	3	Paramaribo
Trinidad und Tobago	5 130	1 265	247	Port of Spain
Uruguay	177 414	3 130	18	Montevideo
Venezuela	912 050	20 186	22	Caracas
abhängige Gebiete				
von Frankreich				
Französisch-Guayana	91 000	104	1	Cayenne
von Großbritannien				
Falkland Islands and Dependencies	12 173	2	0,2	Stanley

Südamerika. Staatliche Gliederung (Stand 1992)

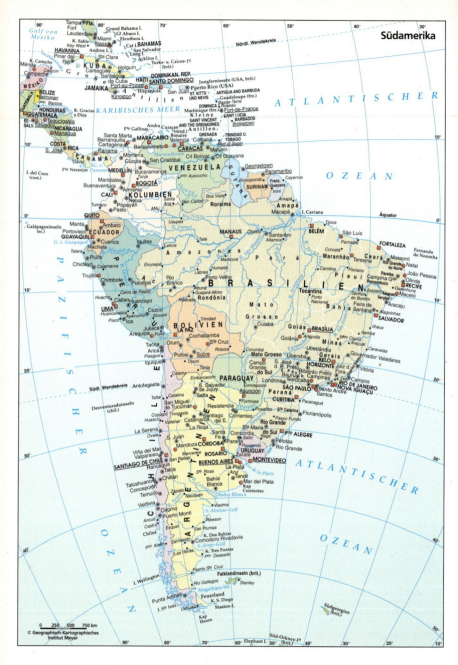

Südamerika

Südamerika.
Der 6 520 m hohe Vulkan Nevado Sajama in der Westkordillere Boliviens

lumbus die Großen und Kleinen Antillen, berührte 1498 im Golf von Paria (Orinokodelta) erstmals das südamerikan. Festland und erforschte 1502–04 die Ostküste M-Amerikas. Die überseeischen Interessensphären der Rivalen Portugal und Spanien waren 1494 im Staatsvertrag von Tordesillas (Demarkationslinie 370 span. Meilen westlich der Kapverd. Inseln) abgegrenzt worden. Portugal, dem die Inseln und Länder östlich dieser Linie zufielen, erwarb sich damit Besitzansprüche auf Brasilien. A. Vespucci, der 1497–1504 (oder 1499 bis 1502) die südamerikan. N- und O-Küste befuhr, erkannte als erster in Amerika einen eigenständigen Kontinent. Der Portugiese P. A. Cabral landete 1500 in Brasilien. Den Pazif. Ozean erreichte 1513 V. Núñez de Balboa über den Isthmus von Panama. F. de Magalhães gelang es 1519–21, die S-Spitze Südamerikas zu umfahren (erste Weltumsegelung). 1531–35 eroberten die Spanier unter F. Pizarro das Inkareich in Peru.

Die Kolonialreiche:
Schon mit den ersten Eroberern kamen auch schwarze Sklaven in die Neue Welt, die sich den körperlichen Anstrengungen der Plantagenwirtschaft und des Bergbaus im tropischen Tiefland besser gewachsen zeigten als die Indianer. Weiße, Indianer und Schwarze sowie Mestizen, Mulatten, Zambos und andere Mischlingsgruppen ergaben ein von sozialen Abstufungen verschiedenster Art geprägtes Völkergemisch. Der Ggs. zw. in Amerika geborenen Nachkommen span. Einwanderer (Kreolen) und Europa-Spaniern, der in der Unabhängigkeitsbewegung zu Beginn des 19. Jh. voll aufbrach, zeichnete sich schon bald ab. 1524 wurde der Indienrat, oberste Verwaltungs- und Gerichtsbehörde für das span. Amerika, errichtet. Daneben wurden mit den Audiencias (kollegiale Gerichts- und Verwaltungsbehörden) Aufsichtsbehörden geschaffen, die dem Machtstreben einzelner Personen vorbeugen konnten. 1535 entsandte Karl V. einen Vizekönig nach Neuspanien (mit der Hauptstadt Mexiko), das neben großen Teilen N-Amerikas auch M-Amerika (ohne Panama) und Venezuela umfaßte. 1543 wurde das Vize-Kgr. Peru gegründet mit der Hauptstadt Lima und ganz Span.-Südamerika außer Venezuela als Herrschaftsbereich. Im 18. Jh. wurden zwei weitere Vize-Kgr. neu gebildet: Neugranada (1717/39) mit Sitz in Bogotá umfaßte die heutigen Länder Ecuador, Kolumbien, Panama und Venezuela; Río de la Plata (1776) mit Sitz in Buenos Aires verwaltete die heutigen

Südamerika

Südamerika.
Waurá am Oberlauf des Rio Xingu in Nordbrasilien

Länder Argentinien, Uruguay, Paraguay und Bolivien.
Da zunächst Seeherrschaft und Organisation von Handelsfaktoreien Ziele der portugies. Politik waren, wurde erst in der Zeit der Personalunion der iber. Reiche (1580 bis 1640) nach span. Vorbild ein Indienrat (1604) errichtet. In Brasilien selbst begann jedoch der Aufbau einer staatl. Territorialverwaltung schon 1549: dem Generalgouverneur (Residenz Bahia) unterstanden die Prov.gouverneure des in Kapitanate geteilten Landes.

Die Staaten Süd- und Mittelamerikas:
Entstehung: Erst die frz. Eroberung der iber. Kolonialmächte ermöglichte den Erfolg der lateinamerikan. Unabhängigkeitsbewegung. Brasilien erlangte 1822/25 seine Unabhängigkeit von Portugal fast ohne Kampf. In den span. Kolonien in S. befreite S. Bolívar 1817–24 die heutigen Länder Venezuela, Kolumbien, Ecuador und Peru. 1817/18 befreite das Heer der Vereinigten Prov. von Río de La Plata (später Argentinien), die 1816 die Unabhängigkeit errungen hatten, unter der Führung von J. de San Martín Chile. Paraguay erklärte schon 1811 seine Unabhängigkeit. Z-Amerika (die heutigen Staaten Costa Rica, Honduras, Nicaragua und El Salvador) folgte 1821 der Unabhängigkeitserklärung Mexikos; 1822 schlossen sich die Prov. des Generalkapitanats Guatemala dem Kaiserreich Mexiko unter Itúrbide an, mit dessen Sturz (1823) die Prov. als Zentralamerikan. Föderation die volle Unabhängigkeit gewannen. Mit Haiti war 1804 der erste unabhängige Staat in S- und M-Amerika entstanden; Kuba und Puerto Rico konnte Spanien hingegen noch bis 1898 behaupten.

Die von Bolívar 1819 durchgesetzte Bildung Groß-Kolumbiens hatte nur vorübergehend Bestand. Als General A. J. de Sucre y de Alcalá Oberperu (Bolivien) 1825 praktisch ohne Kampf von den Spaniern befreite, schloß er es nur kurze Zeit Groß-Kolumbien an. Auch Peru verließ 1825 die Großrepublik wieder, 1829/30 spalteten sich Venezuela und Ecuador ab. Schließlich gelang es 1828 der Banda Oriental (Uruguay), sich mit argentin. Hilfe von der brasilian. Herrschaft (seit 1816) zu befreien; mit der Befreiung Perus von der Herrschaft (1836–39) des bolivian. Präs. Andrés de Santa Cruz (*1792, †1865) durch Chile und Argentinien zerfiel S. in die heute bestehenden Staaten. Zur gleichen Zeit zerbrach die Zentralamerikan. Föderation. Die Grenzen der neuen lateinamerikan. Republiken lagen zunächst nur in groben Zügen fest;

Südamerika

im 19. und 20. Jh. wurde eine Reihe von Kriegen um umstrittene Gebiete geführt (z. B. Salpeterkrieg, Chacokrieg).
Innere Entwicklung im 19. Jh.: Die innerpolit. Verhältnisse in Lateinamerika wurden weitgehend durch ↑Caudillos geprägt. Zwei polit. Gruppen bekämpften sich in Lateinamerika während des 19. Jh., z. T. noch heute: Konservative und Liberale. Die Konservativen suchten ihre Anhänger v. a. unter den Großgrundbesitzern, sie befürworteten den föderalist. Staatsaufbau und die Schutzzollpolitik und unterstützten die Kirche. Die Liberalen rekrutierten ihre Gefolgschaft in den Städten, forderten den unitar. Staat und den Freihandel und gaben sich meist antiklerikal. Generell gesehen verpaßte Lateinamerika im 19. Jh. den Anschluß an die Industrialisierung; die Einbeziehung in den Weltmarkt als Rohstofflieferant machte den Kontinent von den Konjunkturschwankungen in Europa und N-Amerika abhängig. Nur die Staaten mit starker europ. Einwanderung konnten schon im 19. Jh. beachtl. Fortschritte erzielen (Argentinien, Chile, Uruguay, Brasilien). Durch den neuen Mittelstand gewannen die Liberalen an Macht; mehrere lateinamerikan. Staaten erhielten unter ihrem Einfluß in der 2. Hälfte des 19. Jh. die z. T. heute noch gültigen Verfassungen.
Verhältnis zu den USA: Die Unabhängigkeitsbewegung wurde von den USA unterstützt. Die ↑Monroedoktrin von 1823 war ein entscheidender diplomat. Beitrag zur Verhinderung europ., speziell span. Intervention in Lateinamerika. Das wirtschaftl. Engagement der USA setzte Mitte der 1870er Jahre ein, als amerikan. Kapital die Plantagenkulturen, zunächst auf den Großen Antillen, bald darauf auch in Z-Amerika und im nw. S., belebte. Die durch den 1. panamerikan. Kongreß in Washington (1889) geschaffene Internat. Union Amerikan. Republiken (1910 in Panamerikan. Union umbenannt) und das Handelsbüro Amerikan. Republiken wurden von den USA zur Durchsetzung ihres dem urspr. Sinn der Monroedoktrin zuwiderlaufenden Hegemonieanspruchs über das gesamte Amerika benutzt. Einen bes. Rang unter diesen Einmischungen nimmt die von den USA unterstützte Abspaltung Panamas von Kolumbien ein (1903), die den USA die Panamakanalzone sicherte.
Die Krise der lateinamerikan. Staaten: Die Weltwirtschaftskrise förderte das Überhandnehmen ziviler und militär. Autokratien und Diktaturen, machte aber auch deutlich, daß neue polit. Kräfte entstanden, deren Ziel umfassende wirtschaftl., soziale und polit. Reformen sein sollten. Die lateinamerikan. Staaten erhielten jedoch auch Hilfe von den USA, die mit dem Amtsantritt von Präs. F. D. Roosevelt (1933) ihre Lateinamerikapolitik auf gutnachbarl. Beziehungen umzustellen begannen. Im Rahmen der Blockbildung nach dem 2. Weltkrieg kam es über den Interamerikan. Pakt für gegenseitigen Beistand (Rio-Pakt, 30. 8. 1947) 1948 in Bogotá

Südamerika.
Der Paraná in der Nähe von Corrientes in Argentinien

Südamerika.
Tal des Río Pampas (linker Nebenfluß des Río Apurímac) in der Westkordillere Perus

Sudan

zur Bildung der Organization of American States (OAS). Seit den 1930er Jahren waren neue Parteien entstanden, die eine gegen die USA und gegen die in Politik und Wirtschaft herrschenden Oligarchien gerichtete Politik verfolgten. Diese Parteien gewannen mit der gegen Ende der 1950er Jahre sich verschärfenden Strukturkrise – sinkende Exporterlöse, steigende Bevölkerungszahlen – immer mehr Zulauf, konnten in einer Reihe von Staaten die Regierungsgewalt erlangen und ihre Programme teilweise realisieren. Zur Koordinierung der eigenen Bemühungen und zur Verbesserung ihres inneren Warenaustausches gründeten die lateinamerikan. Staaten 1960 zwei Wirtschaftsgemeinschaften, die Lateinamerikan. Freihandelszone (ALALC) und den Mercado Común Centroamericano (MCCA). An der wirtschaftl. und sozialen Krise, die sich dennoch weiter verschärfte, scheiterten in den 1960/70er Jahren die meisten demokrat. Regierungen.

Neue Staaten entstanden in S- und M-Amerika nach dem 2. Weltkrieg. Frankreich gliederte seine Kolonien 1946 als Überseedepartements (Frz.-Guayana, Guadeloupe, Martinique) ein, die Niederlande gaben ihren Gebieten den Status von mit dem Mutterland gleichberechtigten konstituierenden Reichsteilen (↑Niederländische Antillen), Surinam wurde 1975 unabhängig. Großbrit. entließ seine größeren Kolonien in die Unabhängigkeit und bemüht sich, für die allein nicht lebensfähigen kleineren Kolonien neue Regelungen zu finden, v. a. seit sich zeigte, daß es wegen dieser Gebiete (Falklandinseln 1982) zu krieger. Verwicklungen kommen kann.

Sudan [zu'da:n, 'zu:dan], Großlandschaft in den wechselfeuchten Tropen N-Afrikas, die sich als breiter Gürtel fast über den gesamten Kontinent zw. Sahara im N und Regenwald im S erstreckt; im O endet der S. am W-Fuß des Abessin. Hochlands.

Sudan [zu'da:n, 'zu:dan], Bundesstaat in Afrika, grenzt im NO an das Rote Meer, im O an Äthiopien und Eritrea, im S an Kenia, Uganda und Zaire, im SW an die Zentralafrikan. Republik, im W an Tschad, im NW an Libyen, im N an Ägypten.

Staat und Recht: Militärregime; 1989 Aufhebung der Übergangs*verfassung* von 1985. Zehnköpfiger »Revolutionskommandorat« als oberstes Staatsorgan unter Vorsitz des Staatsoberhaupts. Seit 1992 tagt ein Übergangsparlament (300 vom Staatsoberhaupt ernannte Mgl.) mit Legislativaufgaben.

Landesnatur: S. ist weitgehend ein Flachland, das im NO, S und W von Bergländern umrahmt wird. An der Grenze nach Uganda liegt in den Imatong Mountains der Kinyeti (3 187 m), die höchste Erhebung des Landes. Das zentrale Bergland von Kordofan erreicht in den Nubabergen 1 450 m Höhe. Im zentralen S bilden Bahr Al Gabal und Bahr Al Ghasal die Überschwemmungs-

Sudan

und Sumpflandschaft des Sudd. Der S. wird vom Nil, Weißen Nil und Bergnil durchflossen. Es herrscht trop. und randtrop. Klima. Die Vegetation reicht vom Regenwald im Süden über Feucht- und Trockensavanne bis zur vollariden Wüste im Norden.

Bevölkerung: Große Probleme bringt der Gegensatz zw. den Arabern im N und den Sudaniden (Niloten, Nilotohamiten) im S des Landes. 73% sind Muslime. Rd. 60% der E sind Analphabeten.

Wirtschaft, Verkehr: Wichtigste Exportprodukte sind Baumwolle sowie Sesamsaat, außerdem werden Erdnüsse, Zuckerrohr, Weizen und Mais angebaut. S. liefert 80% der Weltproduktion an Gummiarabikum. Die schwach entwickelte Ind. ist in der Region Khartum konzentriert.

Die Länge des Eisenbahnnetzes beträgt 4786 km. Das Straßennetz ist rd. 50000 km lang; ganzjährig befahrbar sind 3000 km. Einziger Hafen ist Port Sudan; internat. ✈ ist Khartum.

Geschichte: 1820 begann unter Mehmet Ali die ägypt. Eroberung des Sudan, des »Lands der Schwarzen«. Nach der Niederschlagung der Mahdi-Aufstandes und der Beilegung der Faschodakrise wurde 1899 das anglo-ägypt. Kondominium S. proklamiert. Der brit.-ägypt. Vertrag von 1953 sah für 1955 eine Volksabstimmung im S. über Unabhängigkeit oder Anschluß an Ägypten vor. Der Erklärung der Unabhängigkeit 1956 folgte jedoch ein Aufstand der schwarzafrikanisch-christlich/animistisch dominierten Süd-Prov. gegen den arabisch-islam. N des Landes. Doch auch die Armee, die 1958–64 die Macht ausübte, konnte den Süden nicht unterwerfen. Nach einer neuerlichen Phase einer zivilen Regierung brachte ein Militärputsch 1969 Oberst D. M. An Numeiri an die Macht, der alle polit. Institutionen auflöste. Seit 1971 erfolgte allmählich die Bildung einer Kabinettsregierung, Gründung der Einheitspartei und Ausarbeitung einer Verfassung. 1972 gewährte An Numeiri den rebell. Süd-Prov. weitgehende innere Autonomie. Im Okt. 1981 löste Numeiri das Parlament der autonomen Südregion auf; das neugewählte Gesamtparlament ersetzte er im Febr. 1982 durch eine ernannte Volksvertretung. Seine Islamisierungspolitik (Sept. 1983 Einführung der Scharia als alleinige Grundlage des Rechtswesens) provozierte im nichtislam. Süd-S. eine Verschärfung der Kämpfe gegen die südsudanes. Volksbefreiungsfront um John Garang (*1943?). Im Mai 1984 setzte der Präs. an Stelle der Regierung einen Präsidialrat mit nur beratender Funktion ein. Sein autoritäres Regime wurde neben polit. auch von wirtschaftl. Schwierigkeiten bedroht, insbes. auf Grund einer Dürrekatastrophe und des Zustroms von Flüchtlingen aus den Hungergebieten Äthiopiens und des Tschad. Im April 1985 wurde Numeiri durch einen Militärputsch gestürzt. Nach Wahlen wurde im Mai 1986 eine zivile Regierung unter dem früheren Min.-Präs. Sadek al Mahdi (*1936) gebildet; doch schon im Juni 1989 ergriff die Armee in dem von Hungersnöten und dem anhaltenden Bürgerkrieg schwer gezeichneten S. wieder die Macht; unter Staatschef Omar Hassan Ahmed al Baschir (*1944) wurde die Gültigkeit der Scharia auf den N beschränkt und S. 1991 in einen Bundesstaat umgewandelt. Dennoch hält der Bürgerkrieg im S unvermindert an. Zudem kam es zu Auseinandersetzungen mit Ägypten, das dem S. Unterstützung islam. Terroristen in

Sudan

Fläche:	2 505 813 km²
Einwohner:	26,659 Mio.
Hauptstadt:	Khartum
Amtssprache:	Arabisch
Nationalfeiertag:	1.1.
Währung:	1 Sudanes. Pfund (sud£) = 100 Piastres (PT)
Zeitzone:	MEZ + 1 Std.

Sudan

Staatsflagge

Staatswappen

Bevölkerung (in Mio.) — Bruttosozialprodukt je E (in US-$)
1970 1992 — 1970 1992
13,9 — 26,7 — 281 — 400

☐ Stadt ☐ Land
23% — 77%
Bevölkerungsverteilung 1992

☐ Industrie
☐ Landwirtschaft
☐ Dienstleistung
17% — 34% — 49%
Bruttoinlandsprodukt 1992

Südäquatorialstrom

Ägypten vorwirft, um ein strittiges Grenzgebiet.

Südäquatorialstrom, in der Passatregion der niederen südl. Breiten in allen Ozeanen auftretende, beständig westwärts gerichtete Oberflächenströmung.

Südasien, umfaßt den ind. Subkontinent einschließlich Ceylon.

Südaustralien ↑South Australia.

Südchinesisches Meer, Randmeer des westl. Pazifik, im N begrenzt vom chin. Festland und Taiwan, im W von Vietnam und der Halbinsel Malakka, im SW von Sumatra, im SO und O von Borneo, Palawan und Luzon, bis 4 614 m tief.

Sudd, Überschwemmungsgebiet im S von Sudan.

Süddeutsche Zeitung, in München erscheinende liberale deutsche Tageszeitung mit überregionaler Verbreitung; gegründet 1945.

Sudeten, in eine Reihe von Schollen zerlegtes Mittelgebirge in Polen, in der Tschech. Republik und der BR Deutschland, erstreckt sich zw. der Elbtalzone im NW und der Mähr. Pforte im SO, rd. 150 km lang, bis 60 km breit, bis 1 602 m hoch (Schneekoppe im Riesengebirge).

Sudetendeutsche, seit 1919 allg. Bez. für die dt. Volksgruppe in der Tschechoslowakei (rd. 3,5 Mio.), die größtenteils in einem geschlossenen Sprachgebiet lebte; nach dem 2. Weltkrieg fast völlig vertrieben. ↑Sudetenland.

Sudetendeutsche Partei, Abk. SdP, polit. Partei in der ČSR, ging 1935 aus der 1933 von K. Henlein gegr. *Sudetendt. Heimatfront* (SHF) hervor; betrieb unter offenem Bekenntnis zum Nat.-Soz. seit 1937/38 die Eingliederung in das Dt. Reich; 1938 in die NSDAP eingegliedert.

Sudetenland, 1938–45 offizielle Bez. für einen im Anschluß an das Münchner Abkommen eingerichteten Reichsgau S. mit rd. 3 Mio. E und dem Verwaltungssitz Reichenberg. – Die angebl. nat. Unterdrückung der Sudetendeutschen diente Hitler 1938 als Vorwand, um in der durch dt. Kriegsdrohungen gegen die ČSR hervorgerufenen *Sudetenkrise* im Münchner Abkommen die Abtrennung des S. von der ČSR zu erzwingen.

Südgeorgien ↑Falkland Islands and Dependencies.

Sudhaus, Brauereigebäude, in dem die Bierwürze bereitet wird; mit Schrotmühlen, Maischpfannen, Läuterbottich, Würzpfannen, Kochbottichen und Kühlanlagen.

Südholland, Prov. in den westl. Niederlanden, 2 906 km², 3,21 Mio. E, Verwaltungssitz Den Haag.

Südinsel, eine der beiden Hauptinseln ↑Neuseelands.

Süd-Korea ↑Korea (Republik).

Südliche Hungersteppe ↑Kysylkum.

Südlicher Bug, Fluß in der Ukraine, mündet in den Dnjepr-Bug-Liman, 792 km lang.

Südlicher Landrücken, durch das Norddt. Tiefland ziehender Höhenzug (Endmoräne), verläuft von den Harburger Bergen über Lüneburger Heide, Altmark, Fläming, Niederschles.-Lausitzer Landrücken bis zum Katzengebirge (bis 257 m ü. M., höchster Punkt des S. L.) in Polen.

Südliches Eismeer, svw. ↑Südpolarmeer.

Südlicht ↑Polarlicht.

Süd-Molukken, am 25. 4. 1950 von den Ambonesen ausgerufene Republik (↑Molukken, Geschichte); im Okt. 1950 indones. Eroberung und Anschluß an Indonesien.

Süd-Orkney-Inseln [engl. ...ˈɔːknɪ...], Inselgruppe im sw. Atlantik, nö. der Antarkt. Halbinsel, 622 km²; unbewohnt, abgesehen von brit. und argentin. meteorolog. Rundfunk- und Forschungsstationen. – 1821 entdeckt und für Großbrit. in Besitz genommen; gehören seit 1962 zur Kolonie British Antarctic Territory.

Südostasien, Bez. für die Halbinsel Hinterindien und den Malaiischen Archipel.

Südosteuropa, geograph. Bez. für die Balkanhalbinsel; histor. und kulturhistor. Bez. für die Balkanhalbinsel, die Donauländer und das ehem. Jugoslawien.

Südpazifischer Rücken, untermeer. Schwelle im südl. Pazifik, trennt das Südpazif. vom Pazif.-Antarkt. Becken, bis 878 m u. M. aufragend.

Südpol ↑Pol, ↑Antarktis.

Südpolarmeer (Südl. Eismeer), zusammenfassende Bezeichnung für die antarkt. Bereiche des Atlant., Ind. und Pazif. Ozeans.

Südtirol.
Schloß Tirol bei Meran im oberen Etschtal (12. Jh.)

Süd-Sandwich-Inseln [engl. ...'sænwɪtʃ...] ↑Falkland Islands and Dependencies.
Südschleswigscher Wählerverband, Abk. **SSW,** 1948 gegr. polit. Vertretung der dän. Minderheit in Schleswig-Holstein, für die seit 1955 die Fünfprozentklausel keine Anwendung mehr findet; seit 1962 mit einem Abg. im Landtag vertreten.
Südsee, älteste Benennung des Pazif. Ozeans; heute Bez. für den Teil des Pazifiks, der die Inseln Ozeaniens umfaßt.
Süd-Shetland-Inseln [engl. ...'ʃetlənd...], gebirgige, vergletscherte Inselkette nördl. der Antarkt. Halbinsel, 4460 km². – 1819 entdeckt und für Großbrit. in Anspruch genommen; gehören seit 1962 zur Kolonie British Antarctic Territory.
Südsternwarte (Europ. S., European Southern Observatory, Abk. ESO), die von Deutschland, Belgien, Dänemark, Frankreich, Schweden und den Niederlanden unterhaltene, in N-Chile auf dem Berg La Silla am Südende der Atacama in 2400 m Höhe errichtete Sternwarte (3,6-Meter-Spiegelteleskop, ↑NTT, ↑VLT).
Südtirol (italien. Alto Adige, 1948–72 amtl. dt. Bez. Tiroler Etschland), südl. des Brenners gelegener Teil von Tirol; entspricht der italien. autonomen Prov. Bozen innerhalb der autonomen Region ↑Trentino-Südtirol; auch Bez. für das Gebiet der Region Trentino-S. insgesamt. – Das durch die Angliederung von S. (Prov. Bozen und Trient) an Italien 1919/20 entstandene Nationalitätenproblem *(Südtirolfrage)* wurde während des italien. Faschismus durch eine verstärkte Italienisierungspolitik (u. a. Unterdrükkung der dt. Sprache) verschärft. Der dt.-italien. Umsiedlungsvertrag von 1939 (86 % der dt.sprachigen Bevölkerung entschieden sich für die dt. Staatsbürgerschaft, damit für die Umsiedlung) wurde (wegen des Krieges) nur begrenzt realisiert, ebenso das *Gruber-De-Gasperi-Abkommen* vom 5. 9. 1946, das der dt.sprachigen Bevölkerung (1991: rd. 68% der E) Gleichberechtigung und weitgehende Autonomie gewähren sollte. Die österr.-italien. Verhandlungen (seit 1956) und damit die S.frage fanden erst 1969 durch Annahme des *Südtirolpakets* (Wahrung des Sonderstatus der Region; weitgehende, auch sprachl. Autonomie u. a.) ihren Abschluß (bis 1992 Verhandlungen über prakt. Bestimmungen).
Südwestafrika ↑Namibia.
Südwestasien ↑Vorderasien.
Sueben ↑Sweben.
Suebicum Mare [lat.], antiker Name der Ostsee.
Sueton [swe...] (Gajus Suetonius Tranquillus), * Hippo Regius (heute Annaba) (?) um 70, † um 130, röm. Schriftsteller. Kaiserbiographien von Cäsar bis Domi-

Suez

Suharto

tian sowie Kurzbiographien namhafter Persönlichkeiten der röm. Literatur.
Suez (Suez), ägypt. Hafenstadt am N-Ende des Golfs von Suez, 376 000 E.
Suez, Golf von, nw. Arm des Roten Meeres, zw. Afrika und der Halbinsel Sinai, Ägypten; Teil des Ostafrikan. Grabensystems, rd. 300 km lang, bis zu 45 km breit, maximal 80 m tief.
Suezkanal, Großschiffahrtskanal zw. dem Mittelmeer und dem Golf von Suez, Ägypten; durchschneidet ohne Schleusen unter Benutzung des Timsah- sowie des Großen und des Kleinen Bittersees die *Landenge von Suez*. Er ist 195 km lang, an der Oberfläche 100–365 m, an der Sohle 45–100 m breit und bis 20 m tief.
Geschichte: Zum Bau und Betrieb eines Schiffahrtskanals zw. Mittelmeer und Rotem Meer erhielt F. M. Vicomte de Lesseps 1854 vom ägypt. Vizekönig eine vorläufige Konzession für 99 Jahre (ab Inbetriebnahme des Kanals). Am 17. 11. 1869 wurde der S. eingeweiht. 1882 besetzte Großbrit. die Kanalzone. Die von neun Staaten unterzeichnete Konvention von Konstantinopel (29. 10. 1888) garantiert die freie Durchfahrt durch den S. für Handels- und Kriegsschiffe aller Flaggen in Kriegs- und Friedenszeiten. 1967–75 war der S. von Ägypten gesperrt.
Suezkonferenzen, drei Londoner Konferenzen zur Beilegung der Suezkrise (16.–25. 8., 19.–21. 9., 1.–5. 10. 1956). Beschlossen wurde die Konstituierung einer internat. Vereinigung der Suezkanalbenutzer (von Ägypten abgelehnt).
Suezkrise, polit.-militär. Nahostkrise (die die Gefahr eines Weltkriegs heraufbeschwor), ausgelöst nach dem Abzug der brit. Truppen aus der Suezkanalzone (Juni 1956) durch die Verstaatlichung der Suezkanalgesellschaft seitens Ägyptens (Juli 1956). Auf Grund einer geheimen Absprache mit Israel, das am 29. 10. 1956 den 2. Israel.-Arab. Krieg begann, und unter Ausnutzung der sowjet. Bindung durch den ungar. Volksaufstand intervenierten Großbrit. und Frankreich militärisch (Bombardement der Kanalzone und Landung von Truppen bei Port Said), mußten jedoch am 6. 11. unter dem Druck der USA und der Sowjetunion der Forderung der UN nach einem Waffenstillstand nachgeben.

suf..., Suf... ↑sub..., Sub...
süffisant, spöttisch, selbstgefällig.
Suffix [lat.] (Nachsilbe), an ein Wort oder einen Wortstamm angehängte Ableitungssilbe, z. B. -bar in frucht*bar,* zur Bildung eines neuen Wortes.
Suffraganbistum [mittellat./dt.], im kath. Kirchenrecht Bez. für ein zu einer Kirchenprovinz gehörendes Bistum.
Suffragetten [lat.-frz.-engl.], die radikalen Mgl. (z. T. auch Bez. für andere aktivist. Gruppen) der Frauenbewegung in Großbrit., die vor 1914 für die polit. Gleichberechtigung der Frauen mit Hungerstreiks, Demonstrationen, aber auch gewaltsamen Aktionen kämpften.
Sufismus, islam. Mystik, die in Anknüpfung an hellenist. Vorbilder neben der Gesetzesreligion entstand mit dem Ziel, die Kluft zw. Mensch und Gott zu überwinden. Der *Sufi* will durch myst. Selbstentäußerung bis hin zur Ekstase alles überwinden, was ihn von Gott trennt. Der S. wirkte auf die arab., bes. die pers. Dichtung; in ihm wurzeln auch die Orden der Derwische.
Suggestion [lat.], starke Beeinflussung des Denkens, Fühlens, Wollens oder Handelns eines Menschen unter Umgehung der rationalen Persönlichkeitsanteile. Es wird zw. *Hetero-S.* bzw. *Fremd-S.* und *Auto-S.* (Beeinflussung erfolgt durch ichbezogen erlebte, affektbetonte Vorstellungsinhalte) unterschieden.
Suggestivfrage, Frage, die so formuliert ist, daß eine Aussage in ganz bestimmter Richtung naheliegend ist bzw. nahegelegt wird.
Suharto, * Kemusu (Z-Java) 8. 6. 1921, indones. General und Politiker. Wurde nach 1945 zum bedeutendsten Partisanenführer Z-Javas; 1962 Kommandant der Truppen zur Befreiung W-Neuguineas; entmachtete allmählich A. Sukarno (1966 Regierungschef, seit 1968 Staatspräsident).
Suhl, Stadt im Thüringer Wald, Thüringen, 54 400 E. Heimat- und Waffenmuseum; Freilichttheater. U. a. Jagd- und Sportwaffenproduktion; Solquelle. Spätgot. Hauptkirche (15. und 18.Jh.). – Um 1232 erstmals erwähnt, 1527 Stadtrecht; kam 1583 an die Wettiner, 1815 an Preußen.
Sühneversuch, förml. Versuch des Gerichts oder eines anderen Rechtspflege-

organs zur gütl. Beilegung einer Rechtsstreitigkeit.

Suhr, Otto, *Oldenburg (Oldenburg) 17.8. 1894, † Berlin (West) 30.8. 1957, dt. Politiker (SPD). 1945 Mitbegründer des DGB in Berlin; 1946–48 Stadtverordnetenvorsteher von Groß-Berlin, 1948–50 von Berlin (West), 1951–55 Präs. des Westberliner Abg.-Hauses, ab 1955 Regierender Bürgermeister von Berlin (West).

sui generis [lat.], (nur) durch sich selbst eine Klasse bildend, einzig, besonders.

Suitbert [ˈzuːɪtbɛrt, zuˈiːtbɛrt] (Suidbert, Swidbert), hl., † Kaiserswerth (heute zu Düsseldorf) im März 713, Missionsbischof aus Northumbria. Missionar bei den Friesen und Brukterern; gründete um 695 in Kaiserswerth ein Kloster. – Kostbarer S.schrein (13./14. Jh.) in der Stiftskirche.

Suite [ˈsviːtə; lat.-frz.], 1) *allg.:* Folge von Zusammengehörendem, z. B. von Zimmern in Hotels, von Graphiken. 2) *Musik:* mehrteilige Komposition aus einer Folge von in sich geschlossenen, nur lose, etwa durch gleiche Tonart oder motiv. Verwandtschaft verbundenen Tänzen oder tanzartigen Sätzen. Die Bez. S. kam in der Lautenmusik des 16. Jh. auf für eine Zusammenstellung mehrerer gleichartiger Einzeltänze oder durch Umrhythmisierung und Variation geschaffener Tanzpaare. In Oper und Ballett entfaltete sich im 17. Jh. die Orchestersuite. Die kammermusikalisch besetzte S. entwickelte sich v. a. in Italien und Frankreich, wo auch die *Lauten-S.* und die neugeschaffene *Klavier-S.* beliebt waren. Seit dem 17. Jh. gehören Allemande, Courante, Sarabande und Gigue zum Kernbestand, der oft um weitere Tanztypen und tanzfreie, oft programmat. betitelte Stücke vermehrt wurde. In der 2. Hälfte des 18. Jh. wurde die S. von anderen Formen, wie Divertimento oder Serenade abgelöst.

Suizid [lat.], ↑Selbstmord.

Suk [arab.], ↑Basar.

Suka, Dschabal, höchster Berg Saudi-Arabiens, nahe dem Roten Meer, 3 133 m hoch.

Sukarno, Achmed, *Surabaja 6. 6. 1901, † Jakarta 21. 6. 1970, indonesischer Politiker. Maßgeblicher Führer der indones. Unabhängigkeitsbewegung; ab 1945 Staats-Präs. der Republik Indonesien; setzte 1949 die Anerkennung der Souveränität durch; 1965 schrittweise entmachtet.

Sukkot (Sukkoth) [hebr.], svw. ↑Laubhüttenfest.

Sukkubus (Succubus) [mittellat.], im Dämonenglauben Bez. für einen weibl. Teufel, der mit Menschen sexuell verkehrt.

Sukkulenten [lat.] (Fettpflanzen, Saftpflanzen), v. a. in Trockengebieten verbreitete Pflanzen, die Wasser über lange Dürreperioden hinweg in bes. großzelligem Grundgewebe speichern können. Man unterscheidet: *Blatt-S.* mit fleischig verdickten Blättern (z. B. Aloe, Agave, Fetthenne), *Stamm-S.,* deren mehr oder weniger verdickte Sproßachsen wegen fehlender oder reduzierter Blätter auch der Assimilation dienen (v. a. Kakteen- und Wolfsmilchgewächse), und *Wurzel-S.* (einige Arten der Pelargonie).

Sukzessionsstaaten ↑Nachfolgestaaten.

Sukowa, Barbara, *Bremen 2. 2. 1950, dt. Schauspielerin. Spielte u. a. an Bühnen in Darmstadt, Bremen, Frankfurt am Main, München, Hamburg; gefragte Darstellerin auch in Filmen, u. a. »Berlin Alexanderplatz« (1980), »Die bleierne Zeit« (1981), »Lola« (1982), »Rosa Luxemburg« (1985), »Homo Faber« (1991).

Sukzession [lat.], im *Staatsrecht* svw. Thronfolge; im *Zivilrecht* svw. Rechtsnachfolge.

Sukzession

Suhl. Das ehemalige Malzhaus, in dem heute das Heimat- und Waffenmuseum untergebracht ist (1663)

Achmed Sukarno

Barbara Sukowa

Süleiman I.

Sully Prudhomme

Süleiman I., der **Große** oder der **Prächtige** (früher auch S. II.) (Suleiman, Soliman, türk. Süleyman), *6. 11. 1494 (April 1495?), † vor Szigetvár 6. 9. 1566, Sultan (seit 1520). Eroberte Belgrad (1521) und Ungarn (1526), das 1541 dem osman. Reich eingegliedert wurde, und stieß bis Wien (1529) vor. Unter S. erreichte das osman. Reich den Höhepunkt seiner Macht und seine höchste kulturelle Blüte.

Sulfate [lat.], die Salze und Ester der ↑Schwefelsäure.

Sulfatierung [lat.], Veresterung von Alkoholen mit Schwefelsäure; im Ggs. zur ↑Sulfonierung wird die Sulfogruppe, $-SO_3H$, hier über ein Sauerstoffatom an den organ. Rest gebunden.

Sulfatminerale, natürlich vorkommende Salze der Schwefelsäure. Zu den *kristallwasserfreien* S. gehören u. a. die Minerale Baryt, Zölestin, Anhydrit; zu den *kristallwasserhaltigen* S. zählen v. a. Gips, Kieserit, Alaune, Bittersalz und Kupfervitriol.

Sulfide [lat.], **1)** Salze des Schwefelwasserstoffs; die Alkali-S. gehen durch Kochen mit Schwefel in *Poly-S*. über, aus denen durch Ansäuern *Polyschwefelwasserstoffe (Sulfane)* freigesetzt werden; Schwermetall-S. bilden in der Natur wichtige Erzlagerstätten.
2) die Ester des Schwefelwasserstoffs; bei den Halbestern *(Mercaptane)* ist nur ein Wasserstoffatom durch einen organ. Rest, bei den neutralen Estern sind beide Wasserstoffatome durch organ. Reste ersetzt.

Sulfidminerale, Sammel-Bez. für natürlich vorkommende, sauerstofffreie Verbindungen von Metallen, v. a. mit Schwefel, auch mit Arsen, Antimon, Wismut, Selen und Tellur. S. haben große Bedeutung als Rohstoffe zur Gewinnung vieler Metalle. Unterteilung in: *Kiese* (metall. Glanz, große Härte, z. B. Pyrit), *Glanze* (dunkelgrau, gut spaltbar, metall. Aussehen, geringere Härte, z. B. Bleiglanz), *Fahle* (grau, spröde, v. a. die Fahlerze) und *Blenden* (nicht metall. erscheinend, durchsichtig oder durchscheinend, kräftig gefärbt, z. B. Zinkblende).

Sulfite [lat.], die Salze und Ester der schwefligen Säure.

Sulfonamide [Kw.], die Amidderivate der Sulfonsäuren, v. a. der Sulfanilsäure. Das einfachste S. ist das von der Sulfanilsäure abgeleitete *Sulfanilamid*, von dem sich weitere, gegen grampositive und gramnegative Bakterien sowie gegen einige Chlamydien- und Protozoenarten wirksame S. ableiten. Die antibakterielle Wirkung beruht auf einer Konkurrenzreaktion mit der den Bakterien als Wuchsstoff dienenden p-Aminobenzoesäure. Die Heilwirkung wurde 1935 von G. Domagk entdeckt.

Sulfonierung [lat.], Einführung einer Sulfongruppe, $-SO_3H$, direkt an ein Kohlenstoffatom einer organ. Verbindung (Ggs. ↑Sulfatierung), wobei Sulfonsäuren entstehen.

Sulfonsäuren (Sulfosäuren), feste, in Wasser mit stark saurer Reaktion lösl. Substanzen, die wichtige Zwischenprodukte insbes. bei der Herstellung von Farbstoffen und Waschmitteln sind.

Sulky ['zʊlki, engl. 'sʌlki], leichter, zweirädriger, gummibereifter Wagen mit Spezialsitz, für Trabrennen.

Sulla, Lucius Cornelius, *138, † bei Puteoli (heute Pozzuoli) 78 v. Chr., röm. Politiker. 88 und 80 Konsul; erhielt den Oberbefehl im Krieg gegen Mithridates VI.; brach 82 v. Chr. die Herrschaft des Marius und schaltete seine Gegner durch Proskriptionen (freiwilliger Verzicht) aus. Regierte bis 79 v. Chr. (öffentl. Bekanntgabe von Ächtungen) als Diktator.

Sullivan [engl. 'sʌlɪvən], **1)** Sir (seit 1883) Arthur Seymour, *London 13. 6. 1842, † ebd. 22. 11. 1900, engl. Komponist. Neben Opern, Bühnenmusiken, Orchesterwerken v. a. bekannt durch seine Operetten, u. a. »The Mikado« (1885).
2) Louis Henry, *Boston 3. 9. 1856, † Chicago 14. 4. 1924, amerikan. Architekt. Funktionelle Bauten (↑Hochhaus) in Stahlkonstruktion; hatte bed. Einfluß auf die Architektur des 20. Jahrhunderts.

Sully, Maximilien de Béthune, Hzg. (seit 1606) von [frz. syl'li], *Rosny-sur-Seine bei Paris 13. 12. 1560, † Villebon bei Chartres 22. 12. 1641, frz. Staatsmann. Hugenotte; als Min. (1597 bis 1610) bed. Finanz- und Wirtschaftspolitiker.

Sully Prudhomme [frz. syllipry'dɔm], eigtl. René François Armand P., *Paris 16. 3. 1839, † Châtenay-Malabry bei Pa-

Sumerisch

ris 7.9.1907, frz. Dichter. Schrieb zarte Lyrik und Gedankendichtungen in einer oft der Prosa nahekommenden wissenschaftlich präzisen Sprache. Erster Nobelpreisträger für Literatur (1901).

Sultan [arab. »Macht, Herrschaft«], seit dem 11. Jh. Herrschertitel in islam. Ländern.

Sultaninen [arab.-italien.], getrocknete, kernlose, hellgelbe Beeren der *Sultanatraube*, v. a. aus der Türkei.

Suluinseln, philippin. Inselgruppe zw. Mindanao und Borneo 2688 km², Verwaltungssitz Jolo.

Sulzbach-Rosenberg, Stadt am O-Rand der Fränkischen Alb, 17700 E. Textil- und Elektroindustrie. Spätgot. Stadtpfarrkirche Mariä Himmelfahrt (14., 15. und 17. Jh.); Schloß (15., 16. und 18. Jh.); spätgot. Rathaus (um 1400); Stadtmauer (14. Jh.) z. T. erhalten. – *Sulzbach* wurde 1614 Sitz des Ft. Pfalz-Sulzbach; *Rosenberg* wurde 1934 mit Sulzbach vereinigt.

Sulzburg, Stadt am W-Rand des Schwarzwalds, Bad.-Württ., 2200 E. Landesbergbaumuseum; Weinbau. Ehemaliges Klosterkirche Sankt Cyriacus, otton. Bau (Weihe 993) mit roman. Krypta (11. Jh.). – Siedlung erstmals 840 erwähnt; 1250 Stadtgründung.

Sumach [arab.], Gatt. der Anakardiengewächse mit rd. 60 Arten im gemäßigten Asien, im Mittelmeergebiet und in N-Amerika; sommer- oder immergrüne Bäume oder Sträucher. Viele Arten sind giftig, v. a. der in N-Amerika vorkommende *Gift-S.* Als Ziergehölz wird u.a. der *Hirschkolben-S. (Essigbaum)* angepflanzt; 5–12 m hoher Baum mit samtig behaarten Zweigen und gefiederten Blättern; Blüten grünlich, in 15–20 cm langen, dichten Rispen; Früchte rot, in kolbenartigen Ständen. Die Blätter und jungen Triebe des *Sizilian. S.* dienen zum Gerben des Saffianleders.

Šumadija [ʃuˌmadija], serbisches Berg- und Hügelland zw. Save und Donau im N, Morava im O, Westl. Morava im S und Kolubara im W, bis 1132 m hoch.

Sumatra [zuˈmaːtra, ˈzuːmatra], zweitgrößte der Großen Sundainseln, Indonesien, durch die Sundastraße von Java und die Malakkastraße von der Halbinsel Malakka getrennt, 1770 km lang, bis 400 km breit, mit benachbarten kleineren Inseln 473606 km², im Vulkan Kerinci 3805 m hoch, 36,9 Mio. E (v. a. Alt- und Jungmalaien sowie umgesiedelte Javaner und Balinesen). – Zur *Geschichte* ↑Indonesien.

Sulky

Sumba, eine der Kleinen Sundainseln, Indonesien, 11031 km², bis 1225 m hoch, Hauptort Waingapu. – Mitte des 19. Jh. Niederl.-Indien angegliedert.

Sumbawa, eine der Kleinen Sundainseln, Indonesien, 13890 km², bis 2851 m ü. M., Hauptort Raba. – 1978 wurden auf S. 20000 bzw. 30000 Jahre alte Steinsärge gefunden. – Die urspr. sechs Sultanate (davon 2 Anfang des 19. Jh. erloschen) gehörten seit 1673/74 zu Niederl.-Ostindien; durch Verträge (1765, 1875 und 1905) erlangten sie weitgehende Selbständigkeit.

Sumer [akkad.], Bez. für M- und S-Babylonien als Land der Sumerer.

Sumerer, die Bewohner von Sumer im letzten Drittel des 4. und im 3. Jt. v. Chr. Sie sind unbekannter Herkunft, und ihre Sprache ist mit keiner anderen verwandt. Sie waren entscheidend an der Schaffung der altoriental. Hochkultur, der altmesopotam. Kunst und der Entwicklung der babylon. Keilschrift beteiligt. An der Spitze ihrer weitgehend selbständigen Stadtstaaten (u. a. Uruk, Ur, Kisch, Lagasch) im 3. Jt. standen Stadtfürsten, die wechselnd die Vormachtstellung erlangten. Nach der Herrschaft der ersten semit. Dynastie (Dynastie von Akkad, um 2235–2094 v. Chr.) und einer Zeit der Fremdherrschaft wilder Bergvölker (Gutäer) kam es unter der 3. Dynastie von Ur (um 2047–1940 v. Chr.) zum letztenmal zu einer »sumerischen Renaissance«.

Sumerisch, Sprache der Sumerer, in Keilschrifttexten des 3.–1. Jt. überliefert; als lebende Sprache spätestens im 19./18. Jh. vom Akkadischen verdrängt.

Sumach. Hirschkolbensumach; Zweig mit Fruchtstand

3365

James Sumner

Sumpfschnepfen.
Bekassine

Sumpfschildkröten.
Europäische Sumpfschildkröte

sumerisch-akkadische Kunst

sumerisch-akkadische Kunst ↑altmesopotamische Kunst.
sumerische Literatur ↑babylonische Literatur.
sumerische Religion, die Zahl der sumer. *Götter* war außerordentlich groß, da urspr. jeder Stadtstaat eigene Gottheiten verehrte. Neben der Dreiheit des Himmelsgottes An, des Sturmgottes Enlil und des Grundwassergottes Enki besaßen die Liebesgöttin Inanna, der Sonnengott Utu, der Mondgott Nanna und Ereschkigal, die Herrin der Unterwelt, bes. Bedeutung. An der Spitze jedes Stadtstaates stand ein *Priesterfürst,* dessen vornehmste Aufgabe es war, im Kult den Göttern zu dienen. Der Jenseitsglaube war mit der Vorstellung eines freudlosen Totenreiches verbunden.
Summa [lat.], Abk. **Sa.,** svw. Summe.
summa cum laude [lat.] ↑Doktor.
Summanden [lat.], diejenigen Zahlen bei einer Addition, die zusammengezählt werden.
summa summarum [lat. »die Summe der Summen«], alles in allem.
Summe [lat.], Ergebnis einer Addition; mathemat. Ausdruck der Form $a+b$. Die S.bildung aus n Summanden $x_1, x_2, ..., x_n$ wird mit Hilfe des *S.zeichens* $\sum$ symbolisiert; es ist

$$\sum_{i=1}^{n} x_i = x_1 + x_2 + \ldots + x_n.$$

Summenformel ↑chemische Formeln.
Summepiskopat [lat./griech.], die seit Ende des 17. Jh. dem ev. Landesherrn (*summus episcopus* »oberster Bischof«) zugeschriebene oberste Kirchengewalt; in Deutschland nach 1918 abgeschafft.
Summerhill [engl. 'sʌməhɪl], engl. Internatsschule in Leiston bei Ipswich, gegr. 1924 von A. S. ↑Neill.

Sumner, James [engl. 'sʌmnə], * Canton (Mass.) 19. 11. 1887, † Buffalo (N. Y.) 12. 8. 1955, amerikan. Biochemiker. Isolierte 1926 die Urease als erstes Enzym in kristalliner Form, wofür er 1946 (mit J. H. Northrop und W. M. Stanley) den Nobelpreis für Chemie erhielt.
Sumō [jap.], traditioneller jap. Ringkampf; mit 48 verschiedenen Griffen kann der Gegner zu Boden geworfen oder aus dem Ring gedrängt werden.
Sumpfdotterblume ↑Dotterblume.
Sumpffieber, svw. ↑Malaria.
Sumpfgas, bei bakteriellen Fäulnisprozessen in Sümpfen entstehendes, v. a. aus Methan bestehendes Gasgemisch.
Sumpfhühner (Sumpfhühnchen), weltweit verbreitete Gatt. etwa 15–25 cm langer Rallen mit 13 Arten in vegetationsreichen Sümpfen und Sumpfgewässern; Oberseite vorwiegend bräunlich bis schwarzbraun, oft weiß getüpfelt; Unterseite hell, mit schwarz und weiß gestreiftem Bauch.
Sumpfried (Sumpfsimse, Sumpfbinse), weltweit verbreitete Gatt. der Riedgräser mit über 100 Arten; einheimisch ist die 8–60 cm hohe *Gemeine Sumpfbinse,* in Verlandungszonen und Flachmooren.
Sumpfschildkröten (Emydidae), mit rd. 80 Arten umfangreichste Fam. der Schildkröten, v. a. in den wärmeren Zonen der nördl. Erdhalbkugel; überwiegend wasserbewohnende Reptilien mit meist flach gewölbtem, ovalem Panzer. Neben den ↑Schmuckschildkröten gehört hierher die *Europäische Sumpfschildkröte,* Panzerlänge bis 30 cm; Rückenpanzer fast schwarz, gelb getüpfelt oder mit strahlenförmiger Zeichnung; Bauchpanzer bräunlich; in Deutschland unter Naturschutz.
Sumpfschnepfen, Gatt. etwa 30–40 cm langer Schnepfenvögel mit zwölf Arten; einheimisch ist u. a. die *Bekassine,* mit Schwanz etwa 28 cm lang, mit langem, geradem Schnabel, schwarzem bis rötlichbraunem Rücken.
Sumpfzypresse (Sumpfeibe, Sumpfzeder), Gatt. der Sumpfzypressengewächse mit drei 30–50 m hohen Arten im südl. N-Amerika einschließl. Mexiko; hohe Bäume mit nadelförmigen Blättern, die zus. mit den Kurztrieben im Herbst, bei der halbimmergrünen

Mexikan. S. erst nach mehreren Jahren, abgeworfen werden.

Sumpfzypressengewächse (Taxodiaceae), Fam. der Nadelhölzer mit nur 15 Arten in acht Gatt. im südl. N-Amerika einschließlich Mexiko, O-Asien sowie auf Tasmanien, meist große Bäume mit schuppen-, nadel- oder sichelförmigen Blättern.

Sumy, ukrain. Gebietshauptstadt am Psjol, 262 000 E. Museen, Theater, Philharmonie; Superphosphatwerk, Maschinenbau. – In den 1650er Jahren von ukrain. Kosaken gegründet.

Sun, The [engl. ðə 'sʌn »Die Sonne«], brit. unabhängige Boulevardzeitung; 1912 als »Daily Herald« in London gegr., seit 1964 »The Sun«.

Sund (Öresund), Meerenge zw. der dän. Insel Seeland und der südschwed. Küste, östlichster Ostseeausgang zum Kattegat.

Sund, svw. ↑Meerenge.

Sundagraben, Tiefseegraben im Ind. Ozean, südl. der Inseln Sumatra und Java, bis 7 455 m tief.

Sundainseln, Teil des Malaiischen Archipels, umfaßt die ↑Großen Sundainseln und die ↑Kleinen Sundainseln.

Sunday Mirror [engl. sʌndɪ 'mɪrə], brit. Sonntagszeitung; gegr. 1915 als »Sunday Pictorial«; seit 1963 unter dem heutigen Titel.

Sünde, theol. Begriff, mit dem in theist. Religionen ein Verstoß gegen Gott und seinen Willen bezeichnet wird. In allen Religionen versucht der Mensch, sich durch Waschungen, Bußgesinnung, Opfer u. a. von der S. zu befreien bzw. sie durch Erkenntnis oder Erleuchtung, durch Einswerden mit der Gottheit aufzuheben. – Nach *kath. Lehre* ist S. eine persönl. Schuld, die aus der freien Entscheidung gegen den in der Schöpfungsordnung und in der Wortoffenbarung erkannten Willen Gottes entsteht. Eine Handlung gilt dann als *Todsünde,* wenn sie eine schwerwiegende Übertretung darstellt, die mit klarer Erkenntnis und freiwillig begangen wurde; beim Fehlen eines oder mehrerer dieser Momente liegt eine *läßliche Sünde* vor. Die vollkommene Reue und das Sakrament der Buße heben den Zustand der Gottferne wieder auf. – Von der Grundverfassung des gefallenen Menschen ausgehend, begreift die *ev. Theologie* die S. als Auflehnung gegen Gott, die sich v. a. als Unglaube und Egozentrik manifestiert. Alle konkreten Verfehlungen lassen sich auf diese Grundverfassung zurückführen. S. ist immer zugleich auferlegtes Schicksal (Erbsünde) und persönl. Schuld.

Sündenbekenntnis, als persönl. Schuldgeständnis Bestandteil des kath. Bußsakraments, als allg. Schuldgeständnis Bestandteil des ev. Abendmahlsgottesdienstes und der kath. Messe.

Sündenbock, Bock, dem der jüd. Hohepriester am Jom Kippur als Zeichen der Übertragung der Sünden des Volkes die Hände auflegte und der dann in die Wüste gejagt wurde. – Übertragen: Mensch, der für die Schuld anderer büßen muß, dem man die Verantwortung für etwas zuschiebt.

Sündenfall, in der *Bibel* und der *Theologie* Sünde der ersten Menschen Adam und Eva (1. Mos. 2, 8–3, 24); entsprungen aus dem neugierigen Verlangen nach gottähnl. Erkenntnis, ist der S. Verletzung des göttl. Gebots. Durch ihn verlieren die Stammeltern für sich und ihre Nachkommen die Verbundenheit mit Gott; aus ihm folgt die Erlösungsbedürftigkeit des Menschengeschlechts. ↑Erbsünde.

Sunderland [engl. sʌndələnd], engl. Ind.-Stadt an der Mündung des Wear in die Nordsee, 196 200 E. Verwaltungssitz

Sündenfall. Gotische Miniatur (um 1280 – 90)

Sundern

der Metropolitan County Tyne and Wear; Museum, Kunstgalerie, Theater; Hafen.

Sundern, Stadt im Hochsauerland, NRW, 27 500 E. Metallwarenind., Holz- und Papierverarbeitung.

Sundgau, Hügelland im Oberelsaß, zw. den südl. Vogesenausläufern, dem Schweizer Jura und dem Oberrheingraben.

Sundman, Per Olof, *Vaxholm 4. 9. 1922, schwed. Schriftsteller. Bed. Vertreter des Dokumentarromans, u. a. »Ingenieur Andrées Luftfahrt« (1967), »Bericht über Samur« (1977).

Sungari (Songhuajiang [chin. sʊŋxuadʑi̯an]), rechter und größter Nebenfluß des Amur, in der Mandschurei, entfließt dem Kratersee des Paitow Shan, mündet bei Tungkiang an der chin.-russ. Grenze, 1 865 km lang.

Sunion (Kap Sunion), S-Spitze der Halbinsel Attika, Griechenland; Ruine des dorischen Poseidontempels (444 v. Chr.).

Sunna [arab.], die Gesamtheit der von Mohammed überlieferten Aussprüche, Entscheidungen und Verhaltensweisen, die im Islam als Richtschnur des persönl., gesellschaftl. und staatl. Handelns betrachtet werden.

Sunniten, die größere der beiden Hauptgruppen des Islams (etwa 90 % der Muslime). Im Ggs. zu den ↑Schiiten erkennen sie die Nachfolger des Propheten Mohammed, die nicht dessen Nachkommenschaft entstammen, als rechtmäßig an. Ihre Glaubens- und Pflichtenlehre beruht auf der »Sunna« des Propheten.

Sun Yixian (Sun Yat-sen, Sun Wen, Sun Chungshan), *Siangshan (Kwangtung) 12. 11. 1866, † Peking 12. 3. 1925, chin. Politiker. 1905 Gründer des »Chin. Revolutionsbundes«; nach gescheitertem Aufstandsversuch gegen das alte Regime in Kanton 1895–1911 im Exil. Nach der Revolution von 1911 und dem Sturz des Kaisertums Jan./ Febr. 1912 Präs. der neuen Republik China. 1917/18 und seit 1921 an der Spitze einer Gegenregierung in Kanton. 1919 benannte er seine bereits 1911 aufgetretene Partei, in der u. a. der Revolutionsbund aufgegangen war, endgültig in Guomindang (»Nat. Volkspartei«) um. 1922 aus Kanton vertrieben; Reorganisation der Guomindang und ihre Umwandlung in eine Kaderpartei.

Suomi, finn. für Finnland.

sup, Abk. für **Sup**remum (↑Grenze).

super..., Super... [lat.], Vorsilbe mit der Bedeutung »über, über–hinaus; zu sehr«.

Superbenzin ↑Vergaserkraftstoffe.

Super-G ↑Skisport.

Superhelden, Comicfiguren (↑Comics), die in den 1930er Jahren in den USA erfunden wurden: »Doc Savage« (1933), »Phantom« (1936), »Batman« (1937) und »Superman« (1939). Neben omnipotenten Kräften und Fähigkeiten im Kampf gegen das »Böse« hat die Figur des S. einen Hang zum Doppelleben: Batman ist z. B. außerhalb seiner Superheldenexistenz der Millionär und Playboy Bruce Wayne, Superman der Reporter Clark Kent. *Superman* (Text von Jerôme Siegel [*1914] und Bild Joseph Shuster [*1914, † 1992]) war das Urbild des S. und verhalf der Comicheftindustrie in den 1940er Jahren zu ihrem Aufschwung (ab 1939 eigene Heftreihe, dt. erstmals 1953); 1988 wurde Superman von dem engl. Autor und Zeichner John Byrne (*1950) rekonzipiert.

Superintendent [lat.], in einigen dt. ev. Landeskirchen der aufsichtführende geistl. Amtsträger eines Kirchenkreises mit Leitungs- und Verwaltungsaufgaben.

Superior [lat.], im *kath. Ordensrecht* der Leiter eines Klosters o. ä.

Superior, Lake [engl. 'leɪk sjʊ'pɪərɪə] ↑Oberer See.

Superlativ [lat.] (Meiststufe, Höchststufe) ↑Komparation.

Superman [engl. 'suːpəmæn], Superheld einer 1939 in den USA begründeten Comicserie; auch Hörfunkserien und Verfilmungen. ↑Superhelden.

Supernova, Stern mit plötzl. Helligkeitszunahme von z. T. mehr als einer 10^8-fachen Leuchtkraftsteigerung. Im Milchstraßensystem sind drei S. mit Sicherheit bekannt: der Crabnebel (seit 1054), Tychos Nova (seit 1572) und Keplers Nova (seit 1604). 1885 wurde im Andromedanebel die erste S. außerhalb des Milchstraßensystems beobachtet. 1987 wurde in der Großen Magellanschen Wolke die Supernova 1987 A entdeckt.

Sun Yixian

Suprematismus

Superposition (Überlagerung), gleichzeitiges Zusammenwirken mehrerer, von verschiedenen Ursachen oder Quellen hervorgerufener physikal. Größen gleicher Art (Felder, Kräfte u. a.), insbes. von zeitl. period. Größen, v. a. von Wellen (↑Interferenz).

Super-Riesenslalom ↑Skisport.

Supervielle, Jules [frz. sypɛr'vjɛl], *Montevideo 16. 1. 1884, † Paris 17. 5. 1960, frz. Dichter. Vom Surrealismus beeinflußt; bevorzugt in Lyrik, Romanen (»Der Kinderdieb«, 1926) und Komödien (»Ritter Blaubarts letzte Liebe«, 1932) mit Fabel- und Märchenmotiven.

Suppè, Franz von [italien. sup'pɛ], *Split 18. 4. 1819, † Wien 21. 5. 1895, österr. Komponist. Schrieb v. a. Operetten, u. a. »Das Pensionat (1860), »Boccaccio« (1879), und Bühnenmusik, u. a. »Dichter und Bauer« (1846).

Suppenschildkröte ↑Meeresschildkröten.

Supplement [lat.], Ergänzungsband; Beiheft.

Supplementwinkel, ein Winkel, der einen gegebenen Winkel zu 180° ergänzt.

Suppositorien [lat.] (Zäpfchen), kegel- oder walzenförmige Arzneiform, bei der das Medikament zur rektalen *(Stuhlzäpfchen)* bzw. vaginalen *(Vaginalzäpfchen)* Applikation in eine bei Körpertemperatur schmelzende Grundmasse eingebettet ist.

supra..., Supra... [lat.], Bestimmungswort mit Zusammensetzungen mit der Bedeutung »über, oberhalb«.

Suprafluidität, Eigenschaft von Quantenflüssigkeiten, d. h. von Stoffen, die bei tiefen Temperaturen aufgrund von Quantenfluktuationen ihrer Teilchen nicht in den festen Aggregatzustand übergehen. Flüssigkeiten *(Supraflüssigkeiten)* strömen reibungsfrei durch enge Kapillaren und tragen in ringförmigen geometr. Anordnungen Dauerströme, die über lange Zeit (Jahre) aufrecht erhalten werden. S. wurde zuerst 1938 von P. L. Kapiza für flüssiges Helium, das überwiegend aus dem Isotop Helium 4 (^{4}He) besteht, entdeckt.

Supraleitung (Supraleitfähigkeit), eine bei Temperaturen nahe dem absoluten Nullpunkt zu beobachtende, 1911 von H. Kamerlingh Onnes entdeckte physikal. Erscheinung: Der elektr. Widerstand vieler Metalle (u. a. Quecksilber, Blei, Aluminium, Zinn, Niob, Zirkonium und Titan), Metallegierungen und intermetall. Verbindungen verschwindet vollkommen bei Abkühlung auf Temperaturen unterhalb einer für das jeweilige Material charakterist. Temperatur, der sog. *Sprungtemperatur* T. Zeigt ein Stoff ein derartiges Verhalten, so befindet er sich im *supraleitenden Zustand* und wird als *Supraleiter* bezeichnet. Das Verschwinden des Widerstandes hat zur Folge, daß sich in einem Supraleiter beim Stromdurchgang keinerlei Joulesche Wärme entwickelt, ein einmal induzierter Strom *(Suprastrom)* bleibt über längere Zeit bestehen; Anwendung z. B. in supraleitenden Magneten zur Erzeugung bes. starker Magnetfelder. Mit der Entdeckung keram. Supraleiter, deren Sprungtemperatur über 77 K liegt *(Hochtemperatursupraleiter)*, öffnen sich weitere Anwendungsgebiete, z. B. in der Computertechnik (Supraleitungsspeicher), da als Kühlmittel flüssiger Stickstoff verwendet werden kann. Die bisher höchste erreichte Sprungtemperatur beträgt 250 K (1993).

supranationale Organisationen, durch einen völkerrechtl. Vertrag begründete Staatenverbindungen, deren Exekutivorgane über selbständige Entscheidungs- und Handlungsbefugnisse verfügen.

Supremat (Suprematie) [lat.], Oberhoheit; Obergewalt, Vorrang des Papstes.

Suprematismus [lat.], eine von K. S. ↑Malewitsch begr. Richtung in der Malerei, die unter ausschließl. Verwendung von Rechteck und Kreis die »Suprematie der reinen Empfindung« anstrebt.

Sunion. Poseidontempel (444 v. Chr.)

Suprematsakte

Surrealismus.
Ives Tanguy. »Demain« (1938; Zürich, Kunsthaus)

Suprematsakte (engl. Act of Supremacy), engl. Parlamentsgesetz von 1534, das eine von Rom unabhängige engl. Nationalkirche begründete mit dem König als Oberhaupt. ↑anglikanische Kirche.

Supreme Court [engl. sjʊ'priːm 'kɔːt], in einigen Staaten mit angloamerikan. Recht der oberste Gerichtshof (z. B. USA).

Supremum [lat.] ↑Grenze.

Surabaya [indones. suraˈbaja], indones. Stadt in O-Java, 2,22 Mio. E. Verwaltungssitz der Prov. Ostjava; Univ., TU; wichtiger Ind.standort, Exporthafen, ✈. – Um die Mitte des 15. Jh. gegr.; unter niederl. Verwaltung bedeutendste indones. Handelsstadt.

Surakarta, indones. Stadt in Z-Java, 470 000 E. 2 Univ., Theater, Museum, Zoo; u. a. Maschinenbau. Palast (1745), Hof des Fürsten Mangkunegora (1788), ehem. niederl. Fort (1779). – 1755 bis zur Unabhängigkeit Indonesiens Residenz des Ft. Surakarta.

Suramigebirge ↑Kaukasus.

Surat, Stadt im ind. Gliedstaat Gujarat, am Golf von Cambay, 1,5 Mio. E. Univ.; Textil-Ind.; Hafen. Erhalten sind Moscheen sowie Tempel der Parsen, Hindus und Djainas.

Sure [arab.], Kapitel des ↑Korans.

Surfen ['sɔːfən; engl.], bes. Segeltechnik, bei der man versucht, das Boot möglichst lange von einem Wellenkamm nach vorne schieben zu lassen.

Surfing [engl. 'sɔːfiŋ] (Surfen, Wellenreiten, Brandungsschwimmen, Brandungsreiten), Wassersportart polynesischen Ursprungs; der *Surfer* läßt sich, auf einem flachen Brett aus Balsaholz oder Kunststoff (etwa 2,50–2,80 m lang, etwa $^1/_2$ m breit) stehend, mit den Brandungswellen ans Ufer tragen. Eine Kombination aus Surfing, Segeln und Wasserskilaufen ist *Windsurfing:* Der Windsurfer steht auf einem Kunststoffbrett (rd. 3,65 m lang und 0,50 m breit) und steuert mit dem Gabelbaum des um 360° schwenkbaren, 4,20 m hohen Mastes, an dem ein Segel (5,2 m²) angebracht ist.

Surinam (niederländisch Suriname), Staat in Südamerika, grenzt im N an den Atlantik, im W an Guyana, im S an Brasilien, im O an Frz.-Guayana.

Staat und Recht: Präsidiale Republik; *Verfassung* von 1987. *Staatsoberhaupt* und oberster Inhaber der *Exekutivgewalt* ist der Staatspräs., er wird für 5 Jahre von der Nationalversammlung gewählt. Ihm steht ein Staatsrat zur Seite, der auch die Gesetze auf ihre Verfassungsmäßigkeit hin prüft. *Legislative* ist die Nationalversammlung (51 Abg., für 5 Jahre gewählt). *Parteien* u. a.: Kerukanan Tulodo Pranatan, Nationale Partij Suriname, Vooruitstrevende Hervormings Partij.

Surrealismus

Surinam

Landesnatur: Die breite Küstenebene geht allmähl. in ein 50–400 m hohes Hügelland über, das zum Wilhelminagebirge (1 280 m) und zur Sierra Tumucumaque ansteigt. S. hat trop. Klima mit Mangroven an der Küste und trop. Regenwald im Landesinneren.

Bevölkerung: Sie konzentriert sich auf die Küstenebene. Neben den Nachkommen der urspr. indian. Bewohner (Aruak, Kariben) finden sich rd. 35 % Inder, 32 % Kreolen, 15 % Javaner, 10 % Buschneger sowie Chinesen und Europäer. Rd. 30 % sind Christen, 23 % Hindu, 17 % Muslime.

Wirtschaft, Verkehr: Die Wirtschaft ist weitgehend agrar. bestimmt. Hauptanbaupflanzen sind Reis, Bananen und Zitrusfrüchte. Wichtigstes Exportprodukt ist Bauxit. Es besteht eine Eisenbahnstrecke von 86 km Länge; das Straßennetz ist 8 917 km lang (davon 2 300 km asphaltiert). Wichtigster Hafen ist Paramaribo; internat. ✈ ist Zanderij, nahe der Hauptstadt.

Geschichte: 1593 in span., 1650 in brit. Besitz, 1667 niederländisch. Im 18. Jh. zw. Briten, Franzosen und Niederländern umstritten, wurde S. (in Deutschland bis 1975 »Niederländ.-Guayana«) vom Wiener Kongreß endgültig den Niederländern zugesprochen. 1863 Abschaffung der Sklaverei. Ab 1954 autonomer, gleichberechtigter Reichsteil des Kgr. der Niederlande. 1973 übernahm Henck Alfonsius Eugene Arron (* 1936), der Führer der kreol. Nationale Partij Suriname, die Regierung; seine Koalition wurde in den ersten allg. Wahlen 1977 nach Erlangen der Unabhängigkeit am 25. 11. 1975 bestätigt. Bis zu diesem Zeitpunkt emigrierten etwa 140 000 Surinamer, um die niederländ. Staatsbürgerschaft zu behalten. Am 25. 2. 1980 wurde Arron durch einen Militärputsch abgesetzt, das Parlament aufgelöst. Das daraufhin eingerichtete Militärregime ließ nach blutigen Verfolgungswellen gegen Oppositionelle auf internat. Druck im Nov. 1987 Wahlen zu, aus denen Ramsewak Shankar als Präs. hervorging. Ein weiterer Putsch der Militärs um Desi Bouterse im Dez. 1990 scheiterte erneut am internat. Widerstand; aus den Wahlen vom Mai 1991 ging Ronald Venetiaan als Sieger und Präs. hervor. Auch 1992/93 kam es zu Kollisionen zw. ziviler und militär. Führung, bei denen sich dank internat. Drucks die zivile Reg. durchsetzte.

Suriname [niederl. syˑriːˈnaːmə], Fluß in Surinam, entspringt im Bergland von Guayana, mündet bei Paramaribo in den Atlantik, rd. 500 km lang.

Surrealismus [zʊ..., sy...], nach 1918 in Paris entstandene avantgardist. Bewegung in Literatur, bildender Kunst, Photographie und Film, die die eigtl. Wirklichkeit in einem mit traditionellen Erkenntnismitteln nicht zu begreifenden, nichtrationalen Unbewußten suchte; Ausgangsbasis künstler. Produktion waren daher Träume, Visionen, spontane Assoziationen, hypnot. Mechanismen, Bewußtseinszustände nach Genuß von Drogen. Haupttheoretiker war A. Breton (»Erstes Manifest des S.«, 1924). Tendenzen zur Auflösung der surrealist. Gruppe wurden nach 1928 bzw. 1929 deutlich. Die Résistance 1940–44 brachte eine gewisse Neubelebung; surrealist. Einflüsse wurden u. a. in der Malerei aufgenommen bzw. weitergeführt.

Die surrealist. *Literatur* (u. a. L. Aragon, A. Artaud, J. Prévert, Philippe Soupault [* 1897, † 1990], R. Vitrac) wollte unter totalem oder teilweisem Verzicht auf Logik, Syntax und ästhet. Gestaltung nur »passiv« die von psych. Mechanis-

Staatsflagge

Surinam

Fläche:	163 265 km²
Einwohner:	438 000
Hauptstadt:	Paramaribo
Amtssprache:	Niederländisch
Nationalfeiertag:	25. 11.
Währung:	1 Surinam-Gulden (Sf) = 100 Cents
Zeitzone:	MEZ – 4 Std.

Staatswappen

1970 1992   1970 1992
Bevölkerung   Bruttosozial-
(in Tausend)   produkt je E
(in US-$)

Bevölkerungsverteilung 1992

Bruttoinlandsprodukt 1991

Surrey

Rita Süssmuth

men gesteuerten Bildsequenzen aus vorrationalen Tiefenschichten festhalten. Außer in Frankreich entstanden u. a. auch im dt. Sprachraum (A. Döblin, H. H. Jahnn, H. Kasack, A. Kubin u. a.) literar. Texte mit surrealist. Gepräge.
Die surrealist. *Malerei* (aus der Pariser Dada-Bewegung: H. Arp, M. Ernst, M. Duchamp, M. Ray, F. Picabia, denen sich u. a. A. Masson, R. Magritte, Y. Tanguy, S. Dalí, P. Delvaux, Hans Bellmer [* 1902, † 1975], J. Miró anschlossen) hat ihre Wurzeln in Dada und in der »Pittura metafisica« von G. de Chirico: In der verfremdeten, illusionist. Bildbühne stellten die Surrealisten Gegenstände und Situationen in scheinbar widersprüchl. Kombinationen zusammen, um durch traumhafte Vieldeutigkeit die herkömml. Erfahrungs-, Denk- und Sehgewohnheiten zu erschüttern, Realität und Irrealität in einer Überwirklichkeit aufzulösen. M. Duchamp und M. Ray erweitern die surrealist. Malerei zur surrealist. Objektkunst und verwenden z. T. auch *Photographie* und *Film*.
Surrey, Henry Howard, Earl of [engl. ˈsʌrɪ], * Kenninghall bei Norwich 1517 (?), † London 21. 1. 1547, engl. Dichter. Bed. Sonettdichter; führte den Blankvers in die engl. Literatur ein.
Surrogat [lat.], Ersatz, Ersatzstoff.
Sursee, Bezirkshauptort im schweizer. Kt. Luzern, am Ausfluß der Sure aus dem Sempacher See, 7500 E. Spätrenaissancekirche Sankt Georg (1639/40), Kapuzinerkloster (1704 umgebaut), barocke Wallfahrtskirche Mariazell (1657); spätgot. Rathaus (1538–46).
Surt (Surtr) [altnord.], in der nordgerman. Mythologie der Herr über Muspelheim (ein südl. »Feuerland«), der bei der Götterdämmerung (Ragnarök) den Weltbrand entzündet.
Surtsey [isländ. ˈsʏrtsɛi], 1963–66 entstandene Vulkaninsel 33 km südl. von Island, 2,8 km², bis 174 m hoch.
Susa, 1) italien. Stadt im westl. Piemont, 7100 E. Römischer Augustusbogen (9 v. Chr.), roman. Dom (11. Jh. ff.). 2) Ruinenstätte südwestlich von Desful, Iran; ehem. Hauptstadt von Elam. Ausgrabungen seit 1884. Ältester Teil ist die sog. Akropolis mit Grabfunden aus der Zeit ab etwa 4000 v. Chr., bes. der dünnwandigen, bemalten sog. Susa-I-Keramik. Um 3000 v. Chr. entwickelte sich eine Stadtkultur, u. a. Funde von Tontafeln mit protoelam. Strichinschriften. Aus dem 13. und 12. Jh. v. Chr. stammen eine reliefierte Backsteinfassade des Inschuschinaktempels sowie Beutestücke aus Babylon und Eschnunna, u. a. der sog. Kodex Hammurapi. Unter den Achämeniden wurde S. Residenzstadt; Ruinen des großen Palasts Darius' I. und Artaxerxes' II. mit glasierten farbigen Ziegelreliefs.
Susanna, Hauptfigur eines apokryphen Zusatztextes zum alttestamentl. Buch Daniel (Daniel 13): Die Jüdin S. wird von zwei jüd. Ältesten im Bade überrascht; da sie sich weigert, sich ihnen hinzugeben, wird sie von ihnen des Ehebruchs bezichtigt und zum Tod verurteilt, jedoch von Daniel gerettet, die Ältesten der Falschaussage überführt.
Susdal [russ. ˈsuzdɛlj], russische Stadt 30 km nördlich von Wladimir, etwa 10 000 E. Zehn Klöster und 25 Kirchen bestimmen das Stadtbild: Im Kern des Kreml die Roschdestwenski-Kathedrale (1101 bis 20, zweiter Bau 1222–25); Rispoloschenski-Kloster (Heiliges Tor 1688, Kathedrale 16. Jh.); neben dem Pokrowski-Kloster liegt die große Peter-und-Pauls-Kirche (1694). Um den Markt erheben sich eine Reihe Kreuzkuppelkirchen (18. Jh.). – Eine der ältesten russischen Städte (erstmals 1024 erwähnt). Seit dem 13. Jh. Hauptstadt des Ft. *Susdal* (bis 1350); im 15. Jh. Anschluß an das Groß-Ft. Moskau.
Süskind, Patrick, * Ambach 26. 3. 1949, dt. Schriftsteller. Hatte großen Erfolg mit dem Einpersonenstück »Der Kontrabaß« (1984) und dem Roman »Das Parfüm« (1985); auch Drehbuchautor.
Suso, Heinrich ↑Seuse, Heinrich.
suspekt [lat.], fragwürdig, zweifelhaft.
suspendieren [lat.], [einstweilen] des Dienstes entheben; zeitweilig aufheben.
Suspension [lat.] (Aufschwemmung), disperse Verteilung kleiner Teilchen eines Feststoffs in einer Flüssigkeit. ↑Dispersion.
Suspensorium [lat.], tragbeutelartige Verbandsform zur Anhebung und Ruhigstellung herabhängender Körperteile.

Süßholzstrauch.
Glycyrrhiza glabra
(Höhe bis 1,5 m)

Süßwasserpolypen

Susdal.
Nikolaj-Kirche (links; 1720) und Roschdestwenskij-Kathedrale (1222–25)

Sussex [engl. 'sʌsɪks], eines der angelsächs. Kgr. in SO-England. – Nach 477 gegr.; ab 681 christianisiert; im 9. Jh. an Wessex. Gft. seit dem 11. Jahrhundert.

Süßgräser, systemat. Bez. für die in der Umgangssprache ↑Gräser gen. Fam. Gramineae der Einkeimblättrigen.

Süßholzstrauch, Gatt. der Schmetterlingsblütler mit rd. 15 Arten im Mittelmeergebiet und im gemäßigten und subtrop. Asien; oft drüsenhaarige Kräuter oder Halbsträucher; die durch den Gehalt an Glycyrrhizinsäure, Glucose und Rohrzucker süß schmeckenden Wurzeln einiger Arten *(Süßholz)* dienen zur Gewinnung von Lakritze.

Süßkartoffel, svw. ↑Batate.

Süßkirsche, Bez. für die zahlr. Sorten der Vogelkirsche, die in die Kulturformen Herz- und Knorpelkirsche untergliedert werden. Das Fruchtfleisch der *Herzkirsche* ist weich, saftig und meist schwärzlich. Die *Knorpelkirsche* hat schwarzrote bis gelbe Früchte mit hartem Fruchtfleisch.

Süßklee, Gatt. der Schmetterlingsblütler mit über 150 Arten in der nördl. gemäßigten Zone, v. a. im Mittelmeergebiet und in Z-Asien; meist Stauden oder Halbsträucher; Blätter unpaarig gefiedert; Blüten purpurfarben, weiß oder gelb, in achselständigen Trauben. Wichtige Futterpflanzen sind *Alpen-S.* (bis 60 cm hoch, purpurrote Blüten) und *Hahnenkamm* (Span. Esparsette; über 1 m hoch, purpurrote Blüten; auch Zierpflanze).

Süssmuth, Rita, *Wuppertal 17. 2. 1937, dt. Politikerin (CDU). Hochschullehrerin; 1986–88 Bundes-Min. für Jugend, Familie, Frauen und Gesundheit; seit 1988 Bundestagspräsidentin.

Süß-Oppenheimer, Joseph, eigtl. Joseph Süß Oppenheimer, gen. Jud Süß, *Heidelberg 1692 oder 1698 (1699?), † Stuttgart 4. 2. 1738, jüd. Finanzmann. Geheimer Finanzrat (1736) Hzg. Karl Alexanders von Württemberg; nach dessen Tod (1737) wegen Verfassungsbruchs und persönl. Bereicherung im Amt hingerichtet.

Süßreserve, dem fertigen Wein kurz vor der Flaschenabfüllung zugesetzter Anteil (4–10%) unvergorenen oder leicht angegorenen, steril gemachten Mostes von Trauben gleicher Sorte, Qualität und Lage.

Süßstoffe, synthet. und natürl. Verbindungen mit stärkerer Süßkraft als Saccharose (Rohr- oder Rübenzucker; seine Süßkraft wird gleich 1 gesetzt), die aber keinen entsprechenden Nährwert besitzen. Der älteste S. ist das *Saccharin* und dessen leicht wasserlösl. Natriumsalz, dessen Süßkraft 418 beträgt. Weitere S. sind die *Cyclamate,* die Salze der N-Cyclohexylsulfaminsäure, z. B. das Natriumcyclamat mit einem Süßwert von 30.

Süßwassergewinnung ↑Meerwasserentsalzung.

Süßwasserpolypen (Hydridae), Fam. süßwasserbewohnender Nesseltiere mit

Süßklee.
Alpensüßklee

Süßwasserschwämme

etwa 1–30 mm langen einheimischen Arten mit etwa 1–25 cm langen Tentakeln, ohne Medusengeneration, einzelnlebend; die Fortpflanzung ist überwiegend ungeschlechtlich durch Knospung; sehr verbreitet ist die Gattung *Hydra* mit den einheimischen Arten *Braune Hydra*, *Graue Hydra* und *Grüne Hydra*.

Süßwasserschwämme (Spongillidae), Familie der Kieselschwämme mit mehreren einheim. Arten; bilden meist krustenförmige Kolonien auf Wasserpflanzen oder Steinen.

Sustenpaß ↑Alpenpässe (Übersicht).

Sutane ↑Soutane.

Sutermeister, Heinrich, *Feuerthalen bei Schaffhausen 12. 8. 1910, schweizer. Komponist. V. a. durch Opern bekannt, u. a. »Romeo und Julia« (1940), »Die Zauberinsel« (1942), »Titus Feuerfuchs« (1958), »Madame Bovary« (1967), »Le Roi Bérenger« (1985).

Sutherland [engl. ˈsʌðələnd], **1)** Donald, kanad. Schauspieler, *Saint John 17. 7. 1934. Im Film Darsteller kom.-hintergründiger oder auch psychopath. Typen; spielte u. a. in »Klute« (1971), »Wenn die Gondeln Trauer tragen« (1974), »Casanova« (1977), »Crackers« (1984), »J. F. K.« (1992), »Younger & Younger« (1993).

2) Earl, *Burlingame (Kansas) 29. 11. 1915, † Miami (Fla.) 9. 3. 1974, amerikan. Physiologe. Arbeitete ab etwa 1950 auf dem Gebiet der Hormonforschung. Erhielt 1971 den Nobelpreis für Physiologie oder Medizin.

3) Graham, *London 24. 8. 1903, † ebd. 17. 2. 1980, brit. Maler. Verwandelte Formen aus der Welt der Tiere und Pflanzen in neuartige, bedrohl. Metaphern.

4) Joan, *Sydney 7. 11. 1926, austral. Sängerin (Koloratursopran). Singt seit 1959 an allen bed. Opernhäusern der Welt.

Sutlej [engl. ˈsʌtlɪdʒ], größter der fünf Pandschabflüsse, entspringt in Tibet, ist für 110 km Grenzfluß zw. Indien und Pakistan, vereinigt sich bei Alipur mit dem Trinab, rd. 1 370 km lang.

Sutra [Sanskrit], in der ind. Tradition knapp formulierter Lehrsatz; auch die aus S. bestehenden Werke u. a. des Rechts, der Poetik, der Erotik (↑Kamasutra).

Sutri, Synode von, nach Sutri (Prov. Viterbo) 1046 einberufene Kirchenversammlung, in deren Verlauf im Dez. die Päpste Gregor VI., Silvester III. und Bendikt IX. unter maßgebl. Einfluß des dt. Königs Heinrich III. abgesetzt wurden; an ihre Stelle trat als Klemens II. der Bamberger Bischof Suitger.

Sütterlin, Ludwig, *Lahr 23. 7. 1865, † Berlin 20. 11. 1917, dt. Graphiker. Schuf die Frakturschrift, die 1935–41 als »Dt. Schreibschrift« an den dt. Schulen eingeführt wurde.

Suttner, Bertha Freifrau von, geb. Gräfin Kinsky, Pseud. B. Oulot, *Prag 9. 6. 1843, † Wien 21. 6. 1914, österr. Pazifistin und Schriftstellerin. Schrieb den Roman »Die Waffen nieder!« (1889); gründete 1891 die »Österr. Gesellschaft der Friedensfreunde« (seit 1964 »Suttner-Gesellschaft«); Vize-Präs. des »Internat. Friedensbureaus« in Bern; regte die Stiftung des Friedensnobelpreises an, den sie selbst 1905 erhielt.

Suu Kyi [suːˈkxi], eigtl. Aung San Suu Kyi, *1945, birman. Politikerin. Tochter von General Aung San (*1916?, † 1947), der die birman. Unabhängigkeit gegen die Briten durchsetzte. Lebte bis 1988 im Ausland; gründete trotz Verbots der Militärregierung 1988 die Nationale Liga für Demokratie (NLD), die bei den Wahlen 1990 einen triumphalen, von der Militärregierung nicht anerkannten Wahlsieg errang. 1989–95 unter strengem Hausarrest; erhielt für ihren gewaltfreien Einsatz für Demokratie und Menschenrechte 1991 den Friedensnobelpreis.

Suva, Hauptstadt von Fidschi, auf Viti Levu, 71 600 E. Univ., Schiffbau; Hafen; ✈.

Suvannavong, *Luang Prabang 12. 7. 1912 (nach anderen Angaben 13. 7. 1909), † Vientiane 9. 1. 1995, laot. Politiker. Aus der königl. Familie, Halbbruder des ehem. Min.-Präs. (1962–75) *Suvanna Phuma* (*1901, † 1984); ab 1938 aktiver nationalist. Politiker; unter S. entstand 1944 der prokommunist. Pathet Lao; nach Errichtung der Demokrat. VR Laos 1975–86 Staatspräsident.

Suzeränität [lat.-frz.], im *Völkerrecht* eine Staatenverbindung, bei der ein Staat *(Suzerän)* die auswärtigen Beziehungen eines anderen Staates regelt, der über Souveränität nur hinsichtlich sei-

Earl Sutherland

Bertha Suttner

Swasiland

ner inneren Verhältnisse verfügt *(Halbsouveränität).*

Sv, Einheitenzeichen für ↑Sievert

Svarez (entstellt zu: Suarez), Carl Gottlieb, eigtl. C. G. Schwar[e]tz, *Schweidnitz 27. 2. 1746, † Berlin 14. 5. 1798, dt. Jurist. Leistete die entscheidenden Vorarbeiten für die großen Kodifikationen der Aufklärung in Preußen (z. B. Allg. Landrecht [für die preuß. Staaten]).

SVD, Abk. für lat. Societas Verbi Divini, ↑Steyler Missionare.

Svear (lat. Sviones), Kernstamm der Schweden; schloß mit seinem Königsgeschlecht der Ynglingar zw. dem 6. und 10. Jh. die Gauten in S-Schweden sowie die Inseln Öland und Gotland zum Schwedenreich (Svea-Rike) zusammen.

Svedberg, The (Theodor) [schwed. ˌsveːdbærj], *Valbo 30. 8. 1884, † Kopparberg 26. 2. 1971, schwed. Chemiker. Arbeiten über Kolloide; Konstruktion von Ultrazentrifugen; erhielt für seine Arbeiten über disperse Systeme 1926 den Nobelpreis für Chemie.

Svedberg-Einheit (Svedberg) [nach T. Svedberg], Einheitenzeichen S; Einheit für die Sedimentationskonstante (= Quotient aus Absinkgeschwindigkeit und Zentrifugalbeschleunigung) von Molekülen oder kleinen Teilchen; $1 S = 10^{-13}$ Sekunden.

Svendsen, Johan Severin [norweg. ˈsvɛnsən], *Oslo 30. 9. 1804, † Kopenhagen 14. 6. 1911, norweg. Komponist und Violinist. Schrieb Orchester- und Kammermusik, Lieder und Chöre.

Svenska Dagbladet, 1884 gegr. konservative Stockholmer Tageszeitung.

Svensson, Jón, eigtl. J. Stefán Sveinsson, *Möðruvellir 16. 11. 1857, † Köln 16. 10. 1944, isländ. Erzähler. Seine autobiograph. Kinderbücher über den Jungen Nonni wurden in 30 Sprachen übersetzt.

Sverdrup Islands [engl. ˈsvɛədrʊp ˈaɪləndz], Inselgruppe im N des Kanad.-Arkt. Archipels; größte Insel ist Axel Heiberg Island.

Svevo, Italo [italien. ˈzvɛːvo], eigtl. Ettore Schmitz, *Triest 19. 12. 1861, † Motta di Livenza bei Venedig 13. 9. 1928 (Autounfall), italien. Schriftsteller. Erster und wichtigster Vertreter des psychoanalyt. Romans in Italien (»Ein Leben«, 1892; »Ein Mann wird älter«, 1898; »Zeno Cosini«, 1923); ab 1904 eng befreundet mit J. Joyce.

Svoboda, Ludvík, *Hroznatín (Mähren) 25. 11. 1895, † Prag 20. 9. 1979, tschechoslowak. Offizier und Politiker (KPČ). 1945–51 Verteidigungs-Min. und Oberbefehlshaber der Armee; 1968–75 Staatspräsident.

SVP, Abk. für ↑Schweizerische Volkspartei.

Swahili (ki-Swahili, Suaheli, Kisuaheli), Bantusprache, die urspr. nur an der O-Küste Afrikas zw. Kismaayo im N und Ibo (Insel 75 km nördl. von Pemba, Moçambique) im S gesprochen wurde. Heute ist S. Amtssprache in Tansania, Uganda und Kenia und Verkehrssprache in weiten Teilen O-Afrikas. Wird heute in lat. Schrift geschrieben. – Die alten Versdichtungen des S. sind in arab. Schrift überliefert; das älteste erhaltene Manuskript stammt aus dem Jahr 1728.

Swansea [engl. ˈswɔnzɪ], Stadt in S-Wales, 167 800 E. Verwaltungssitz der Gft. West Glamorgan; u. a. Stahlwerke; Hafen.

Swanson, Gloria [engl. swɔnsn], *Chicago 27. 3. 1899, † New York 4. 4. 1983, amerikan. Schauspielerin und Filmproduzentin. Einer der großen internat. Filmstars; berühmt u. a. durch »Königin Kelly« (1928), »Boulevard der Dämmerung« (1950).

Swapgeschäft [engl. swɔp...], im Devisenhandel Verbindung von Kassa- mit Termindevisengeschäft v. a. zur Ausschaltung des Kursrisikos bei Handelsgeschäften, aber auch zu Spekulationszwecken. Der *Swapsatz* ist dabei die zum Kassakurs ins Verhältnis gesetzte Differenz zw. Termin- und Kassakurs.

SWAPO, Abk. für ↑South West African People's Organization. ↑Namibia.

Swarowsky, Hans, *Budapest 16. 9. 1899, † Salzburg 10. 9. 1975, österr. Dirigent. Ab 1959 Dirigent der Wiener Staatsoper; bed. Bruckner- und Mahlerinterpret.

Swasiland (Ngwane; englisch Swaziland), Staat in Afrika, grenzt im NO an Moçambique, ansonsten allseits an die Republik Südafrika.

Staat und Recht: Konstitutionelle Monarchie im Rahmen des Commonwealth; *Verfassung* von 1978. Staatsober-

The Svedberg

Swastika

Swasiland

Staatsflagge

Staatswappen

Swasiland

Fläche:	17 737 km²
Einwohner:	792 000
Hauptstadt:	Mbabane
Amtssprachen:	Isi-Swazi und Englisch
Nationalfeiertag:	6.9.
Währung:	1 Lilangeni (E) = 100 Cents
Zeitzone:	MEZ + 1 Std.

Bevölkerung (in Mio.) 0,41 / 0,79 — 1970 / 1992
Bruttosozialprodukt je E (in US-$) 361 / 1090 — 1970 / 1992

☐ Stadt 33% ☐ Land 67%
Bevölkerungsverteilung 1992

☐ Industrie 47%
☐ Landwirtschaft 15%
☐ Dienstleistung 38%
Bruttoinlandsprodukt 1991

haupt, oberster Inhaber der *Exekutiv-* und der *Legislativgewalt* ist der Monarch. Er wird unterstützt von einem Kabinett und Stammesinstitutionen. Das Zweikammerparlament besteht aus Nationalversammlung (40 indirekt gewählte, 10 vom König ernannte Abg.) und Senat (10 indirekt gewählte, 10 vom König ernannte Mgl.). *Parteien* ist seit 1973 die Tätigkeit untersagt.
Landesnatur: Die Landschaft von S. ist charakterisiert durch vier Landschaftszonen: das Highveld (900–1 800 m), das Middleveld (350–1 050 m), das Lowveld (60–700 m) und die Lebombo Range (270–810 m). S. hat gemäßigtes Klima mit ausgedehnten Grasfluren und Trockensavannen.
Bevölkerung: Über 90% der Bevölkerung gehören dem Volk der Swasi an, daneben gibt es Zulu und Tsonga sowie andere Bantu.
Wirtschaft, Verkehr: Die Swasi betreiben Selbstversorgungswirtschaft. Wichtigstes Anbauprodukt (Export) ist Zuckerrohr sowie Mais und Hirse (Eigenbedarf). Viehzucht ist wichtiger als Ackerbau. An Bodenschätzen gibt es Asbest, Eisenerz und Steinkohle. Die Eisenbahnlänge beträgt 370 km, davon 220 km zum Freihafen Maputo in Moçambique. Das Straßennetz ist rd. 2800 km lang (davon 689 km asphaltiert). Internat. ✈ bei Manzini.

Geschichte: Die Swasi wanderten erst Anfang des 19. Jh. in ihr heutiges Land ein, das seit 1894 von Südafrika verwaltet wurde. 1907 wurde S. brit. Protektorat; am 6. 9. 1968 erhielt das Kgr. die volle Unabhängigkeit, verblieb jedoch bis heute im Einflußbereich von Südafrika. Im Okt. 1978 wurde eine neue Verfassung in Kraft gesetzt, die die absolute Position des Königs bestätigt. Bei Wahlen 1993 verlor der bisherige Premierminister sein Mandat, woraufhin König Mswati III. selbst die Reg. übernahm.
Swạstika [von altind. »Glück«], das, -/ ...ken, altind. Name für das ↑Hakenkreuz.
Swatch [engl. swɔtʃ] ↑SMH Schweizerische Gesellschaft für Mikroelektronik und Uhrenindustrie AG.
Sweater [engl. ˈswɛtə], meist auf der Schulter zu knöpfender Sportpullover.
Swẹben (Sueben, lat. Suebi, Suevi), erstmals von Cäsar genannte Gruppe elbgerman. Völker (↑Elbgermanen), die als Kultgemeinschaft in Erscheinung traten und urspr. im Bereich der Elbe nördlich der Mittelgebirge wohnten. Teile von ihnen zogen unter Ariovist 58 v. Chr. nach Gallien, wurden aber zurückgeschlagen. Zu ihnen gehörten die ↑Markomannen. Ein Teil der S. (u. a. die Senonen) drang im 3.–5. Jh. nach SW-Dtl. vor und bildete dort die ethn. und kulturelle Grundlage der ↑Alemannen (*Suevia* lat. Name für Schwaben). Teile der in der SW-Slowakei siedelnden S. (Quaden) zogen 406/409 mit Vandalen und Alanen bis nach NW-Spanien (eigenes Kgr. der S. bis 585).
Swedenborg, Emanuel [ˈsveːdənbɔrk, schwed. ˈsveːdənbɔrj], eigtl. E. Svedberg, * Stockholm 29. 1. 1688, † London 29. 3. 1772, schwed. Naturforscher und Theosoph. Schwerpunkte seiner wiss. Tätigkeit lagen bei techn. Konstruktionen, Studien zur Kristallographie und Kosmogonie, daneben astronom., geolog., paläontolog. und anatom.-physiolog. Arbeiten (z. B. Entdeckung der Lokalisation der Gehirnfunktionen). 1744/45 religiöse Wende durch Christusvisionen; ausschließl. Hinwendung zu einer visionären Theorie der spirituellen Welt. Umfangreiche Bibelkommentare dienten dem Entwurf einer universalen Religion, der ab 1782 zur

Bildung zahlr. Gemeinden der »Neuen Kirche« (u. a. in England, Deutschland, in den USA; *Swedenborgianer*) führte.

Sweelinck, Jan Pieterszoon, * Deventer 10. 5. 1562, † Amsterdam 16. 10. 1621, niederl. Komponist und Organist. Einer der großen Orgelmeister seiner Zeit; schrieb u. a. auch Vokalwerke.

Swell (Schwell, Dünung), die auslaufenden Bug- und Heckwellen der Schiffe vor und in Häfen.

Swerdlowsk, 1924–91 Name der russ. Stadt ↑Jekaterinburg.

Swift, Jonathan, * Dublin 30. 11. 1667, † ebd. 19. 10. 1745, ir. Schriftsteller. Ab 1695 anglikan. Geistlicher, ab 1713 Dekan in Dublin; im »Scriblerus Club« in London Bekanntschaft u. a. mit J. Gay und A. Pope. Seine stilistisch geschliffene Prosasatire »Märchen von einer Tonne« (1704) ist eine facettenreiche Allegorie über den Streit der Konfessionen. In den »Tuchhändlerbriefen« (1724) ergriff er publizistisch Partei für die Belange der Iren. Unzufriedenheit mit dem aufklärerisch-optimist. Zeitgeist und bittere Menschenverachtung finden ihren Ausdruck in dem realistisch-phantast. satir. Roman »Des Capitains Lemuel Gulliver Reisen...« (2 Bde., 1726). Als persönlichstes Werk und – neben den Briefen an »Vanessa« – als ein Höhepunkt der Briefliteratur gilt sein »Tagebuch in Briefen an Stella« (entst. 1710–13, erste vollständige Ausgabe 1784).

Swinburne, Algernon Charles [engl. 'swɪnbə:n], * London 5. 4. 1837, † Putney (heute zu London) 10. 4. 1909, engl. Dichter. Bed. Erneuerer der engl. Verskunst; schockierend wirkten die Sinnlichkeit und erot. Deutlichkeit seiner »Gesänge und Balladen« (drei Bde., 1866–89). Sein Hauptwerk ist die Dichtung »Atalanta in Calydon« (1865); auch histor. Dramen.

Swinemünde (poln. Świnoujście), Stadt auf Usedom und Wollin, an der Mündung der Swine in die Ostsee, Polen, 47 000 E. Vorhafen Stettins; Seebad.

Swing [engl.], 1) *Musik:* 1. im Jazz Bez. für die rhythm. Spannung, die durch das Aufeinandertreffen von ↑Beat und ↑Off-Beat sowie durch Polyrhythmik entsteht. 2. Stilbereich des Jazz der 1930/40er Jahre, bei dem europ. Klangvorstellungen dominierend wurden.

Bed. Orchester des S. leiteten F. Henderson, D. Ellington, C. Basie, B. Goodman.

2) *Wirtschaft:* (techn. Kredit) Toleranzvolumen bei bilateral abgeschlossenen Verrechnungsabkommen, innerhalb dessen kein Zahlungsausgleich durch Devisen erfolgt.

Swing-by-Technik [engl. swɪŋ baɪ] ↑Raumflugbahnen.

Swissair Schweizerische Luftverkehr AG ['svɪsɛːr], schweizer. Luftverkehrsgesellschaft, Sitz Zürich, gegr. 1931.

Sybaris, berühmte griech. Kolonie am Golf von Tarent (Gründung um 720 v. Chr.). Das Wohlleben der Bewohner wurde allmählich sprichwörtlich (»Sybariten«). 510 v. Chr. durch Kroton (heute Crotone) vernichtet.

Sybel, Heinrich von, * Düsseldorf 2. 12. 1817, † Marburg 1. 8. 1895, dt. Historiker. Schüler L. von Rankes; Gründer der Histor. Zeitschrift (1859).

Syberberg, Hans-Jürgen, * Nossendorf bei Demmin 8. 12. 1935, dt. Filmregisseur. Bes. bekannt wurde »Hitler – Ein Film aus Deutschland« (1977); v. a. Zusammenarbeit mit E. ↑Clever. – *Weitere Filme:* Ludwig – Requiem für einen jungfräul. König (1972), Karl May (1974), Winifred Wagner – Die Geschichte des Hauses Wahnfried von 1914–75 (1975), Die Nacht (1985), Marquise von O... (1990).

Sydney [engl. 'sɪdnɪ], Hauptstadt des austral. Bundeslandes New South Wales, an der SO-Küste des Kontinents, 52 000 E (City of S.; Metropolitan Area 3,69 Mio. E, 12 406 km²). Drei Univ., Konservatorium, Museen, Theater, Oper; botan. Garten, Zoo. Führendes Wirtschaftszentrum und bedeutendster Hafen Australiens; östl. Endpunkt der transkontinentalen Bahnlinie von Perth; internat. ✈ in Mascot (an der Botany Bay). Berühmt ist das auf einer Landzunge am Hafen erbaute Opernhaus (1957–66), das Wahrzeichen der Stadt. – 1788 als Sträflingskolonie *(Sydney Cove)* gegr., ben. nach dem damaligen brit. Innen- und Kolonial-Min. Lord Thomas Townshend Sydney (* 1733, † 1800); älteste Siedlung Australiens.

Sydow, Max von [schwed. 'syːdɔv], * Lund 10. 4. 1929, schwed. Schauspieler. Spielte im Film zunächst v. a. unter

Emanuel Swedenborg (Ausschnitt aus einem Ölgemälde von Per Kraft d. Ä.; Gripsholm)

Jonathan Swift (aus einem Gemälde von C. Jervas; London, National Portrait Gallery)

Sydney Stadtwappen

Syenit

der Regie von I. Bergman, u. a. in »Das siebente Siegel« (1956), »Die Jungfrauenquelle« (1959), »Wie in einem Spiegel« (1961), »The Touch« (1970). – *Weitere Filme:* Die drei Tage des Condor (1975), Verstecktes Ziel (1978), Bis ans Ende der Welt (1991), Die besten Absichten (1992).

Syenit [nlat.], hellgraues bis rötl. Tiefengestein mit hohem Feldspat- und geringem Quarzgehalt.

Sykes-Picot-Abkommen ['saɪks pi-'ko...], ein nach den Unterhändlern Sir Mark Sykes und Charles François Georges-Picot benanntes brit.-frz. Geheimabkommen vom Jan. 1916 zur Aufteilung des Osman. Reiches, bestätigt im Mai 1916.

Syktywkar [russ. siktif'kar], Hauptstadt der Republik Komi innerhalb Rußlands, an der Mündung der Syssola in die Wytschegda, 218000 E, Univ., Theater; Hafen.

Syllabus [griech.-lat.], der von Papst Pius IX. 1864 veröffentlichte Katalog von 80 »Zeitirrtümern« hinsichtlich der Säkularisierung des geistigen, sittl. und polit. Lebens; durch die Lehrentwicklung, bes. seit dem 2. Vatikan. Konzil, in den meisten Punkten überholt.

Syllogismus [griech.], deduktiv. Schluß, der von zwei Prämissen ausgeht, um über einen beiden gemeinsamen Mittelbegriff den gültigen Schlußsatz (Konklusion) abzuleiten. Die *Syllogistik* ist das auf Aristoteles zurückgehende Kernstück der traditionellen Logik.

Sylt, nördlichste und größte der Nordfries. Inseln, Schlesw.-Holst., 99,1 km², bis 52 m ü. M., mit Dünen und Kliffen; Fremdenverkehr in den Badeorten (u. a. Westerland, Wenningstedt, Kampen, List, Hörnum); Bahnverbindung über den Hindenburgdamm.

Sylvensteinsee ['zɪlvən...], Stausee der Isar in Bayern, 6,2 km².

Sylvester ↑Silvester.

Sylvin (Kaliumchlorid, Chlorkalium), Salzmineral, farblos oder gefärbt, glasglänzend; chem. KCl; Mohshärte 2; Dichte 1,9–2 g/cm³; Kalisalz, Verwendung als Düngemittel.

Symbiose [griech.], das Zusammenleben artverschiedener, aneinander angepaßter Organismen *(Symbionten)* zu gegenseitigem Nutzen. Die bekanntesten Beispiele für *pflanzl.* S. bieten die Flechten (S. zw. Algen und Pilzen) und die Knöllchenbakterien in den Wurzeln von Hülsenfrüchtlern. Die Gemeinschaft von Ameisenpflanzen und Ameisen stellt eine S. zw. Pflanzen und Tieren dar. Ein Beispiel für *tier.* S. ist das Zusammenleben der Putzerfische mit Raubfischen.

Symbol [griech.], Zeichen bzw. Sinnbild, das stellvertretend für etwas nicht Wahrnehmbares steht. So wird z. B. in der *Religionsgeschichte* eine profane Erscheinung durch das Zusammentreffen mit der Sphäre des Göttl. zu einem S., erhält dadurch selbst einen religiösen Sinn und vermittelt die Gegenwart des Heiligen. – I. e. S. ist S. jedes Schrift- oder Bildzeichen mit verabredeter und unmittelbar einsichtiger Bedeutung, das zur verkürzten oder bildhaften Kennzeichnung und Darstellung eines Begriffs, Objekts, Sachverhalts u. a. verwendet wird.

Symbolik [griech.], **1)** *allg.:* Sinnbildgehalt einer Darstellung; durch Symbole dargestellter Sinngehalt; Wiss. von den Symbolen und ihrer Verwendung.

2) *ev. Kirche:* seit der Reformation Bez. für die Einleitung in die Bekenntnisschriften bzw. für die konfessionellen Unterscheidungslehren.

Symbolismus [griech.], etwa 1860 in Frankreich entstandene uneinheitl. Richtung in Literatur und Kunst in Europa; gekennzeichnet v. a. durch subjektivist.-idealist., irrationalist. und myst. Tendenzen. Stand im Ggs. zu den realist. und naturalist. Strömungen der Zeit. In der *Literatur* (insbes. der Lyrik) bis in die Gegenwart wirkende Ausprägung des europ. Manierismus. Vorbild war v. a. C. Baudelaire und dessen Dichtungstheorie. Der symbolist. Dichter lehnt die gesellschaftsbezogene Wirklichkeit ab; er verzichtet prinzipiell auf Zweckhaftigkeit. Seine dichter. Phantasie zerlegt vielmehr die Elemente der realen Welt in Bildzeichen, Symbole und erzeugt so eine autonome Welt der Schönheit. Die Verwendung der Realitätsbruchstücke führt zu traumhaften Bildern, verrätselten Metaphern, zu Vertauschungen realer und imaginierter Sinneseindrücke, zu bewußt dunkler, hermet. Aussage. Bed. Vertreter waren v. a. S. Mallarmé, P. Verlaine, A. Rimbaud. Der S. beeinflußte die gesamte

Sylvin
(kristallisiert)

Sympathikus

Symbolismus.
Fernand Khnopff. »Die Kunst oder Die Liebkosungen« (1896; Brüssel, Musées Royaux des Beaux-Arts)

europ. Lyrik, in Deutschland S. George, auch H. von Hofmannsthal, R. M. Rilke, R. Dehmel.
In der *bildenden Kunst* ist der S. Gegenentwurf zum herrschenden Realismus. Seine ästhet. Opposition richtete sich gegen die Leere des gründerzeitl.-viktorian. Protzes, den vordergründigen wiss. Positivismus der Zeit und die Gedankenleere des Impressionismus. Zu seinen Vorläufern oder frühen Vertretern zählen u. a. W. Blake, Puvis de Chavannes, die Präraffaeliten, A. Böcklin, H. von Marées und G. Moreau. Die Symbolisten sind Wegbereiter der modernen Malerei: Eugène Carrière (*1849, †1906), M. Denis, J. Ensor, P. Gauguin, F. Hodler, A. Kubin, E. Munch, P. Sérusier, J. F. Willumsen haben dem Expressionismus vorgearbeitet; G. de Chirico, J. Ensor, F. Khnopff, F. Rops, M. Klinger, A. Kubin, O. Redon dem Surrealismus, F. Hodler, L. von Hofmann, G. Klimt, E. Munch, Giovanni Segantini (*1858, †1899), F. von Stuck, Jan Toorop (*1858, †1928), F. Vallotton dem Jugendstil. M. Klinger, A. Maillol, G. Minne schufen symbolist. Plastik.

Symmachie [griech. »Kampfbund«], Bez. für zwischenstaatl. Bündnisse in der Antike im Hinblick auf einen Kriegsfall.

Symmetrie [griech.], **1)** *allg.:* Ebenmäßigkeit, spiegelbildl. Gleichheit. – Ggs. Asymmetrie.
2) *Geometrie:* Bez. für die Eigenschaft zweier ebener Figuren, die sich durch †Spiegelung an einer Geraden *(Achsen-S.)* oder durch Drehung um einen Punkt *(Punkt-S.)* zur Deckung bringen lassen. Auch zwei geometr. Körper können zueinander symmetr. sein; sie besitzen dann an Stelle der Symmetrieachse eine Symmetrieebene. Figuren, die sich durch eine Achse bzw. Ebene in zwei symmetr. Teilfiguren gliedern lassen oder durch Drehung um einen festen Punkt bzw. eine feste Achse in sich selbst übergeführt werden können, bezeichnet man ebenfalls als symmetrisch.

Sympathie [griech.], Zuneigung, positive Gefühlsreaktion.

Sympathikolytika (Sympatholytika) [griech.], Arzneimittel, die aufgrund ihrer chem. Ähnlichkeit mit Noradrenalin und Adrenalin, den natürl. Überträgerstoffen des Sympathikus, in der Lage sind, die Wirkung einer sympath. Erregung (oder Sympathikusreizung) und auch diejenige von †Sympathikomimetika auf das Erfolgsorgan zu verhindern oder aufzuheben. In der Therapie haben v. a. die β-S. (sog. β-Blocker) eine große Bedeutung bei Herzkranzgefäßinsuffizienz und Herzarrhythmien erlangt.

Sympathikomimetika (Sympathomimetika) [griech.], Arzneimittel, deren Wirkung einer Erregung des Sympathikus gleicht. *Direkt wirkende S.* können die adrenergen Rezeptoren im Erfolgsorgan (aufgrund ihrer chem. Ähnlichkeit mit den natürl. Überträgerstoffen Noradrenalin und Adrenalin) direkt beeinflussen und somit die Erregung sympath. Neurone bzw. die des Nebennierenmarks imitieren. Dabei sind sog. α-Wirkungen (über α-Rezeptoren; meist die Kontraktion glatter Muskeln; Gefäßverengung) von sog. β-Wirkungen (über β-Rezeptoren; im allg. die Erschlaffung glatter Muskeln wie Gefäßerweiterung, Bronchodilatation und Herzerregung) zu unterscheiden.

Sympathikus [griech.] (sympath. Nervensystem), der efferente Anteil des vegetativen Nervensystems der Wirbeltiere (einschließlich Mensch), der meist als Antagonist zum Parasympathikus wirkt. Der S. nimmt seinen Ursprung von den Ganglienzellen in den Seitenhörnern der grauen Substanz des Rückenmarks im Bereich der Brust- und Lendensegmente, deren Neuriten als »weißer Verbindungsstrang« (markhaltiger Spinalnervenast) zu den Ganglien des ↑Grenzstrangs weiterleiten. Von diesen Umschaltstellen des S. aus stellen marklose Fasern als »grauer Verbindungsstrang« die eigentl. Verbindung zu den Erfolgsorganen (die glatte Muskulatur, das Herz, die Drüsen) her. – Der S. befindet sich aufgrund ständiger Impulse, die von bestimmten übergeordneten Regionen des Zentralnervensystems (v. a. vom Hypothalamus sowie von Bezirken des Mittelhirns und des verlängerten Marks) ausgehen, in einem variablen Zustand der Erregung *(Sympathikotonus)* und kann allein oder (meist) im Wechselspiel mit dem Para-S. zahlr. Organfunktionen beeinflussen. Dabei bewirkt der S. allg. eine Leistungssteigerung (augenblickl. Höchstleistung) des Gesamtorganismus (u. a. Pupillenerweiterung, eine Steigerung der Herztätigkeit, die Erweiterung der Herzkranzgefäße, eine Hemmung der Aktivität der Drüsen des Magen-Darm-Trakts und seiner Peristaltik, die Kontraktion des Samenleiters und der Samenblase [führt zur Ejakulation] sowie allg. eine Verengung der Blutgefäße).

Sympathisant [griech.], jemand, der einer Angelegenheit, einer Anschauung u. a. wohlwollend gegenübersteht (und sie unterstützt).

Symphonie ↑Sinfonie.

Symphyse, *Anatomie:* Bez. für feste, faserig-knorpelige Verbindungen (Verwachsungen) zweier Knochenstücke.

Symposion (Symposium) [griech.], 1) das auf eine festl. Mahlzeit folgende Trinkgelage im alten Griechenland, bei dem das [philos.] Gespräch im Vordergrund stand.
2) [wiss.] Tagung, auf der in Vorträgen und Diskussionen bestimmte Fragen erörtert werden.

Symptom [griech.], Krankheitszeichen.

symptomatisch [griech.], anzeigend; warnend, alarmierend; bezeichnend.

syn..., Syn... (sym..., Sym..., syl..., Syl..., sy..., Sy...) [griech.], Vorsilbe mit der Bedeutung »mit, zusammen, gleichzeitig mit; gleichartig«.

Synagoge [griech.] (hebr. bet ha-knesset »Haus der Versammlung, der Zusammenkunft«), nach dem Tempel in Jerusalem die wichtigste kult. Institution der jüd. Religion. Nach der Zerstörung des 2. Tempels (70 n. Chr.) wurde die S. zur alleinigen Kultstätte des Judentums und in allen Ländern der Diaspora zum örtl. Zentrum des religiösen und sozialen Lebens.

Synapse [griech.], Struktur, über die eine Nervenzelle oder (primäre) Sinneszelle mit einer anderen Nervenzelle oder einem Erfolgsorgan (z. B. Muskel, Drüse) einen Kontakt für die Erregungsübertragung bildet. Im menschl. Gehirn bildet im Durchschnitt jede Nervenzelle mehrere hundert synapt. Kontakte aus. Die Erregungsübertragung erfolgt auf chem. Weg durch Freisetzung von Neurotransmittern (v. a. Acetylcholin). Viele Medikamente (v. a. Psychopharmaka, Blutdruckmittel, Rauschmittel), chem. Kampfstoffe und Insektizide entfalten ihre Wirkung durch Beeinflussung der S.funktion.

Synästhesie [griech.] (Mitempfindung), die [Mit]erregung eines Sinnesorgans durch einen nichtspezif. Reiz; z. B. subjektives Wahrnehmen opt. Erscheinungen (Farben) bei akust. und mechan. Reizeinwirkung.

synchron [...'kro:n; griech.], gleichzeitig, zeitgleich [verlaufend].

Synchronie [...kro:...; griech.], Zustand einer Sprache in einem bestimmten Zeitraum im Ggs. zu ihrer geschichtl. Entwicklung. ↑Diachronie.

Synapse.
Schematische Darstellung einer chemischen Synapse

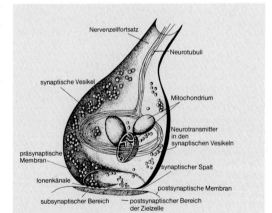

Synchronisierung (Synchronisation) [...kro:...; griech.], allg. die Herstellung des Gleichlaufs zw. zwei Vorgängen, Maschinen oder Geräten bzw. -teilen.
Synchronmotor [...'kro:n...] ↑Wechselstrommaschinen.
Synchronorbit [...'kro:n...], Bez. für diejenige Umlaufbahn um eine Zentralmasse (z. B. ein Planet), auf der der umlaufende Körper (Satellit) ständig die gleiche Position über einem bestimmten Punkt der Zentralmasse beibehält. Beim Umlauf eines Satelliten auf einem S. um die Erde spricht man von einer *geostationären Bahn.*
Synchrotron ['zynkrotro:n, zynkro'tro:n; griech.] ↑Teilchenbeschleuniger.
syndetisch [griech.], Bez. für durch Konjunktionen verbundene Reihungen gleichgeordneter Wörter, Wortgruppen oder Sätze. – Ggs. asyndetisch (↑Asyndeton).
Syndets [Kurzwort aus engl. **syn**thetic und **de**tergen**ts**], aus dem Engl. übernommene Bez. für synthet. waschaktive Substanzen (Detergenzien; Tenside) sowie deren stückige Zubereitungen (anstelle von [Toiletten]seifen).
Syndikalismus [griech.-frz.], eine in der Arbeiterbewegung Ende des 19. Jh. entstandene Richtung (Hauptwirkungszeit: von der Jh.wende bis zum 1. Weltkrieg), die in den gewerkschaftl. Zusammenschlüssen der Lohnarbeiter (Syndikate) den Träger revolutionärer Bestrebungen sah. Der S. lehnte den polit. [parlamentar.] Kampf als Umweg ab; der Klassenkampf müsse vielmehr in dem die Klassengegensätze verursachenden ökonom. Bereich, im einzelnen Betrieb, durch die direkte Aktion geführt werden. In Theorie und Praxis eng mit dem Anarchismus verflochten, ist das Ziel des S. eine Gesellschaft ohne [staatl.] Zentralgewalt.
Syndikat [griech.-frz.], **1)** ↑Kartell.
2) Bez. für eine geschäftlich getarnte Verbrecherorganisation in den USA.
Syndikus [griech.], ständiger Rechtsbeistand, z. B. bei Unternehmen und Verbänden.
Syndrom [griech.], eine Gruppe von Merkmalen oder Faktoren (Symptome), deren gemeinsames Auftreten einen bestimmten Zusammenhang oder Zustand anzeigt, z. B. in der Medizin (z. B. Down-Syndrom).

Synod

Synedrium [griech.-lat.] (Synedrion, Hoher Rat, hebr. Sanhedrin), oberste religiöse, gerichtl. und polit. Behörde des Judentums in röm. Zeit (71 Mgl.); nach Zerstörung des Tempels (70 n. Chr.) entscheidende polit. Instanz des Judentums des gesamten Röm. Reiches; bestand bis 425.
Synergetik [griech.], neues, interdisziplinäres Forschungsgebiet, das sich mit der Aufdeckung von Entsprechungen und gemeinsamen Wesenszügen von Phänomenen völlig verschiedener Wissensgebiete (z. B. Thermodynamik, Laserphysik, Biologie, Ökologie und Soziologie) und der Entstehung von Strukturen befaßt.
Synergist [griech.] (Agonist), **1)** *Chemie und Pharmakologie:* Bez. für eine Substanz, die die Wirkung einer anderen additiv oder verstärkend ergänzt (z. B. verstärkt Alkohol die Wirkung zahlr. Arzneimittel).
2) *Physiologie:* im Ggs. zum ↑Antagonisten ein Muskel, der einen anderen Muskel bei einem Bewegungsvorgang unterstützt.
Synge [engl. sɪŋ], **1)** John Millington, *Rathfarnham bei Dublin 16. 4. 1871, †Dublin 24. 3. 1909, ir. Dramatiker. Machte den angloir. Dialekt bühnenfähig; u. a. »Kesselflickers Hochzeit«, »Ein wahrer Held« (beide 1907).
2) Richard Laurence Millington, *Liverpool 28. 10. 1914, †Norwich 18. 8. 1994, brit. Biochemiker. Entwickelte mit A. J. P. Martin die Verteilungschromatographie, wofür beide 1952 den Nobelpreis für Chemie erhielten.
Synklinale [griech.] ↑Falte.
Synkope [griech.], **1)** *Grammatik:* ['zynkope] Ausfall eines Vokals im Wortinneren (z. B. ew'ger für ewiger).
2) *Musik:* [zyn'ko:pə] eine rhythm. Verschiebung gegenüber der regulären Taktordnung bzw. die Betonung eines regulär unbetonten Taktteils.
Synkretismus [griech.], in der *Religionswiss.* Bez. für eine Vermischung verschiedener Religionen bzw. einzelner ihrer Phänomene, meist ohne innere Einheit.
Synod [griech.] (Heiliger Synod, offiziell: Allerheiligster Dirigierender Synod), heute nur noch neben dem Patriarchat bestehendes, von 1721–1917 jedoch oberstes Organ der russ.-orth.

Richard Laurence Millington Synge

Synodale Kirche, staatl. Instrument in der Hand des Zaren.

Synodale, Mgl. einer ↑Synode.

Synodalverfassung, Form der ev. kirchl. Verfassung auf der Grundlage gleichberechtigter Repräsentanz der Kirchengemeinden.

Synode, im *frühen Christentum* Versammlung von Bischöfen und Gemeindevorstehern zu Beratung, Beschlußfassung und Gesetzgebung unter der Leitung des Bischofs von Rom (des Papstes). – Während bis zum 2. Vatikan. Konzil in der *kath. Kirche* unter S. v. a. das allg. Konzil verstanden wurde, nimmt seither die Bedeutung von Regional-S. (z. B. Pastoral-S.) zu. – Die Verfassung der einzelnen, selbständigen (autokephalen) *orth. Kirchen* und die der gesamten orth. Kirche ist synodal. Die ständigen S. sind die höchsten Verwaltungsorgane der einzelnen orth. Kirchen. – In den *ev. Kirchen* ist S. das regelmäßige, durch Kirchengesetz landeskirchlich geregelte Zusammentreten von Gemeinde- bzw. Kirchenkreisbeauftragten *(Synodalen)* zu gegenseitiger Beratung und Entscheidung. Entsprechend der landeskirchlichen Gliederung unterscheidet das ev. Kirchenrecht *Kreis-* und *Landes-S.* sowie S. übergeordneter Kirchenverbände (EKD, EKU), die jedoch keine Leitungsbefugnis besitzen.

Synoikismos [griech. »Zusammensiedeln«], Bez. für das Zusammenlegen mehrerer Siedlungen in der griech. Antike zur Schaffung neuer oder zur Stärkung bestehender Siedlungen.

Synökie (Synözie) [griech.], das Zusammenleben zweier oder mehrerer Arten von Organismen in der gleichen Behausung, ohne daß die Gemeinschaft den Wirtstieren nützt oder schadet.

Synonym [griech.], Wort, das mit einem anderen Wort derselben Sprache (fast) bedeutungsgleich ist, z. B. *Samstag – Sonnabend, Junggeselle – unverheirateter Mann, selten – nicht oft.* ↑Homonyme.

Synopse (Synopsis) [griech.], die Anordnung von verwandten Texten in parallelen Spalten v. a. zu wiss. Zwecken; in der *Theologie* die entsprechende Anordnung der *synopt. Evangelien* des Matthäus, Markus und Lukas.

Syntagma [griech.] ↑Paradigma.

Syntaktik [griech.], Teilgebiet der ↑Semiotik.

Syntax [griech.], 1) (Satzlehre) Lehre vom Bau des Satzes. Als Teilgebiet der *Grammatik* erforscht die S. die in einer Sprache zulässigen Verbindungen von Wörtern zu Wortgruppen und Sätzen hinsichtl. ihrer äußeren Form, ihrer inneren Struktur und ihrer Funktion bzw. Bedeutung.

2) *Datenverarbeitung:* die nach bestimmten Regeln festgelegten Verknüpfungsmöglichkeiten von Zeichen und Befehlen aus dem Zeichen- und Befehlsvorrat einer Programmiersprache. Abweichungen *(S.fehler)* bewirken eine Unterbrechung des Programmablaufs und eine Fehlermeldung.

Synthese [griech.], 1) *allg.:* Zusammenfügung [einzelner Teile zu einem Ganzen].

2) *Chemie:* die Herstellung von Verbindungen aus Elementen der Verbindungen.

3) *Philosophie:* die wechselseitige, etwas (qualitativ) anderes ergebende Verbindung verschiedener (gegensätzl.) gedankl. Vorstellungen, Aussagen o. ä.; auch das Verfahren, von elementaren zu komplexen Begriffen zu gelangen.

Synthesekautschuk (Kunstkautschuk), künstlich hergestellte Elastomere, die sich gegenüber dem Naturkautschuk durch größere Abriebfestigkeit, Beständigkeit gegen Chemikalien und Wärme oder geringere Gasdurchlässigkeit auszeichnen. Bes. wichtige S. werden aus Butadien bzw. Butadien und Styrol oder Acrylnitril durch [Misch]polymerisation hergestellt, z. B. *Butadienkautschuk* (Abk. BR; von engl. butadiene rubber), *Styrol-Butadien-Kautschuk* (Abk. SBR), *Nitril-Butadien-Kautschuk* (Abk. NBR), *Chloroprenkautschuk* (Abk. CR), *Butylkautschuk* (Abk. IIR), *Chlorbutylkautschuk* und der bes. verschleißfeste *Acrylkautschuk*.

Synthesizer ['syntəsaızər; engl. 'sınθɪsaızə; griech.-engl.], elektron. Musikinstrument, das aus einer Kombination aufeinander abgestimmter elektron. Bauelemente und Geräte (Module) besteht, mit der sich auf rein elektron. Wege Töne und Klänge, Tongemische und Geräusche jegl. Art erzeugen und [halbautomat.] zu musikal. Abläufen oder synthet.-sprachl. Abfolgen zusammenfügen bzw. verändern lassen.

Synthetasen [griech.], svw. ↑Ligasen.

synthetisch [griech.], allg. svw. zusammengesetzt, künstlich hergestellt.
synthetische Sprachen, 1) Sprachen, in denen syntakt. Beziehungen am Wort selbst und nicht durch selbständige Wörter ausgedrückt werden.
2) Abfolge von Schallereignissen, die der menschl. Sprache physikalisch und linguistisch ähnlich sind und mit Hilfe eines Sprachgenerators erzeugt werden. S. S. sind u. a. bedeutungsvoll bei der akust. Ausgabe der von Datenverarbeitungsanlagen gelieferten Informationen.
Syphilis [nach dem Lehrgedicht »Syphilis sive de morbo gallico« von G. Fracastoro, in dem die Geschichte eines an dieser Krankheit leidenden Hirten namens Syphilus erzählt wird] (Lues, harter Schanker, Franzosenkrankheit), als chron. Infektionskrankheit verlaufende, wegen ihrer Spätfolgen gefährlichste Geschlechtskrankheit. Erreger der S. ist das Bakterium Treponema pallidum. Die erworbene S. wird am häufigsten durch den Geschlechtsverkehr übertragen. Die S. verläuft in drei Stadien. Für das *Primärstadium* (zus. mit dem Sekundärstadium auch unter der Bez. *Früh-S.* zusammengefaßt) ist der *Primäraffekt* vom Beginn der 3. bis 6. Woche nach der Infektion an kennzeichnend. Er tritt meist als einzelnes kleines, hartes, gerötetes Knötchen im Bereich der Infektionsstelle auf und entwickelt sich gewöhnlich zu einem oberfläch. Geschwür mit hartem Rand *(harter Schanker)*. Das zweite oder *Sekundärstadium* der S. wird durch Hautausschläge *(Syphilide)* eingeleitet, die 9–10 Wochen nach der Ansteckung (oder etwa 45 Tage nach Erscheinen des harten Schankers) auftreten. Betroffen sind v. a. Mund, Mandeln, Nase, Genitale und After. Nach etwa 20 Wochen klingen die Hautausschläge ab. Nach einer zweiten Latenzzeit von drei bis fünf Jahren folgt das dritte oder *Tertiärstadium* der Syphilis. In diesem Stadium können große, entzündl. Geschwülste *(Syphilome, Gummen)* auftreten, die schließlich geschwürig zerfallen und das befallene Gewebe, wie z. B. Knochen, Gelenke, Nieren, die Leber oder das Nervensystem *(Neurosyphilis)*, zerstören. In der Gefäßwand führt die tertiäre S. zu entzündl. Veränderungen, die das Bindegewebe schädigen; dadurch kommt es u. a. zur sackartigen Ausweitung der Schlagaderwand. Das Nervensystem schließlich kann durch Gehirngefäß- oder Gehirnhautgummen geschädigt werden. – Als *metasyphilit. Erkrankungen (Metasyphilis, 4. Stadium der S.)* bezeichnet man Rückenmarksschwindsucht und fortschreitende ↑Paralyse. Beide beruhen auf einem Schwund des Nervengewebes im Rückenmark bzw. im Gehirn.
Bei der *angeborenen S. (konnatale S., Heredosyphilis)* erfolgt die Ansteckung durch die syphilit. Mutter über den Plazentakreislauf gegen Ende der ersten Schwangerschaftshälfte. Die Infektion führt häufig zur Fehlgeburt in der zweiten Schwangerschaftshälfte. Die gesetzlich vorgeschriebene Behandlung erfolgt mit Penicillin, Tetrazyklinen oder Erythromyzin.
Syrakus, italien. Prov.-Hauptstadt in SO-Sizilien, 124 400 E. Museen, Staatsarchiv; Erdölraffinerie, Fischerei, Meersalzgewinnung, Hafen. – Ruinen antiker Bauten, u. a. dor. Apollontempel (um 565 v. Chr.), Altar Hierons II. (3. Jh. v. Chr.), griech. Theater (nach 238 v. Chr.), röm. Amphitheater (3. Jh. n. Chr.), große Steinbrüche. Der Dom (7. und 17. Jh.) auf Fundamenten und mit den Säulen des Athenatempels (um 480 v. Chr.). Ausgedehnte Katakomben. Aus staufischer Zeit stammen u. a. Palazzo Bellomo (13. und 15. Jh.) und die Ruine des Kastells Maniace (1038, erneuert vor 1239). – **Geschichte:** Um

Syrakus. Das griechische Theater im antiken Stadtteil Neapolis (2. Hälfte des 3. Jh. v. Chr.)

Syrdarja

Syrien

Staatsflagge

Staatswappen

1970 1992 1970 1991
Bevölkerung Bruttosozial-
(in Mio.)   produkt je E
             (in US-$)

☐ Stadt   Land ☐

Bevölkerungsverteilung
1992

☐ Industrie
☐ Landwirtschaft
☐ Dienstleistung

Bruttoinlandsprodukt
1992

733 v. Chr. von Korinth gegr.; unter dem Tyrannen Gelon Herrschaft über das ganze griech. Sizilien; 480 v. Chr. Sieg über Karthago; die Regierungszeiten Hierons I. und Dionysios' I. waren kulturelle Blütezeiten; 413 v. Chr. Sieg über das athen. Invasionsheer; 212 v. Chr. von Rom erobert (lat. *Syracusae*), Hauptstadt der Prov. Sizilien.

Syrdarja [sɪrdarj'ja] (im Altertum *Jaxartes*), Zufluß des Aralsees, entsteht durch den Zusammenfluß von Naryn und Karadarja, 3019 km lang (mit Naryn).

Syrien, Staat in Asien, grenzt im N an die Türkei, im O und SO an Irak, im S an Jordanien, im SW an Israel, im W an Libanon und das Mittelmeer.

Staat und Recht: Präsidialrepublik; *Verfassung* von 1973. *Staatsoberhaupt* und Inhaber der *Exekutive* ist der Staatspräsident. Er hat u. a. Gesetzgebungsinitiative und -veto, ernennt und entläßt die Regierung mit dem Min.-Präs. an der Spitze. Die *Legislative* liegt beim Volksrat (250 Mgl.). Von den polit. *Parteien* ist die weitaus mächtigste die sozialist. ↑Bath-Partei; dominierend auch in der Progressiven Nat. Front (gegr. 1972), die außerdem die Kommunist. Partei, die Syr. Arab. Sozialist. Union, die Sozialist. Unionisten und die Arab. Sozialist. Partei umfaßt.

Landesnatur: S. ist weitgehend ein ebenes Tafelland, das nach O in den meso-

Syrien

Fläche:	185 180 km²
Einwohner:	13,276 Mio.
Hauptstadt:	Damaskus
Amtssprache:	Arabisch
National-	
feiertag:	17. 4.
Währung:	1 Syrisches Pfund (syr£) = 100 Piastres (PS)
Zeitzone:	MEZ + 1 Std.

potam. Trog übergeht. Im NO wird es von einem Hügelland (bis 920 m) überragt, im S von einer Vulkanlandschaft (bis 1735 m) begrenzt. Die höchsten Erhebungen liegen im W des Landes: Hermon (bis 2814 m) und Antilibanon (bis 2629 m). S. liegt im Übergangsbereich vom winterfeuchten Mittelmeerklima (im W) zum kontinentalen Trockenklima (im O).

Bevölkerung: Der überwiegende Teil sind Araber (89%), der Rest Kurden (6%), Armenier (3%) und Splittergruppen (Turkmenen, Tscherkessen, Türken, Zigeuner, Perser). 90% der E sind Muslime, rd. 9% Christen.

Wirtschaft, Verkehr: Hauptanbauprodukte im N, im sog. Fruchtbaren Halbmond, sind Weizen und Baumwolle. Zentral-S. wird durch die Weidewirtschaft der Nomaden genutzt. S. ist arm an Bodenschätzen. Die Erdölfelder im NO des Landes liefern Rohöl minderer Qualität. In den Ind.standorten Aleppo, Damaskus, Hama und Homs gibt es Nahrungsmittel-, Möbel- und Textil-Ind., Maschinen- und Fahrzeugbau; bed. Kunsthandwerk. Das Streckennetz der Eisenbahn ist 1 686 km, das der Straßen 30 208 km lang. Bed. Häfen sind Latakia und Tartus. Internat. ✈ ist Damaskus.

Geschichte: Im Altertum urspr. Bez. für das Gebiet zw. Mittelland. Meer im W und Arabien im O, etwa dem heutigen Aleppo im N und Palästina im S (die Zuordnung Phönikiens ist unterschiedlich). Im 2./1. Jt. v. Chr. befand sich S. im Überschneidungsbereich der Interessen der altoriental. Mächte Ägypten, Babylonien, der Hurriter, Hethiter, Assyrien und Persien. 301 v. Chr. wurde S. unter Ptolemäer und Seleukiden geteilt; 195 v. Chr. gänzlich seleukid.; 64/63 richtete Pompejus die röm. Provinz Syria ein, die später mehrfach geteilt wurde. Ab 395 gehörte S. zum Oström. Reich. 634/640 wurde es von den muslim. Arabern erobert; ab 750 in Abhängigkeit von Ägypten, fiel es 1517 an das Osman. Reich. 1920 wurde S. als vom Osman. Reich unabhängiges Kgr. Groß-S. unter Faisal I. proklamiert, kam jedoch noch 1920 als Völkerbundsmandat unter frz. Herrschaft. 1925/26 wurde das Gebiet Libanon selbständig. Im 2. Weltkrieg besetzten brit. Truppen

FS., de Gaulle erklärte S. für unabhängig, doch räumten die brit. und frz. Truppen erst nach wachsenden Unruhen 1946 das Land. 1945 wurde S. Mgl. der UN und der Arab. Liga; 1958 wurde die Vereinigte Arab. Republik (VAR) gegründet, aus der S. aber bereits 1961 wieder ausschied. Aus den einsetzenden Machtkämpfen ging die sozialist. Bath-Partei 1963 siegreich hervor. 1971 wurde General H. al-Assad (Putsch 1970) Staats-Präs. (zuletzt 1991 wiedergewählt). Der 3. Israel.-Arab. Krieg 1967 brachte den Verlust der Golanhöhen (im Dez. 1981 von Israel annektiert). Das direkte Eingreifen syr. Streitkräfte im libanes. Bürgerkrieg seit Juni 1976 belastete zeitweilig die Beziehungen zu fast allen arab. Staaten. Nach kurzzeitiger Annäherung an Irak nach Abschluß des ägypt.-israel. Friedensvertrags brach im Zusammenhang mit dem irak.-iran. Krieg die alte Feindschaft (seit 1966) wieder auf (1982 Schließung der Grenzen). Nach der israel. Invasion im Libanon kam es im Sommer 1982 zu Kämpfen zw. israel. und syr. Truppen. Einer israel.-libanes. Vereinbarung vom Mai 1983 über den Abzug aller fremden Truppen aus dem Libanon verweigerte S. seine Zustimmung. 1987 intervenierten syr. Truppen in Beirut. Nachdem S. Verbindungen zum internat. Terrorismus nachgewiesen worden waren, sah sich das Land weltweit isoliert. Im †Golfkrieg stand S. auf Seiten der Alliierten. Seit 1991 nimmt es an den Nahost-Friedensgesprächen teil.

Syrinx [griech.], 1) *Musik:* griech. Bez. für †Panflöte.
2) *Zoologie:* für die Vögel (mit Ausnahme der Störche, Strauße und Neuweltgeier) charakterist. Stimmbildungsorgan, das an der Gabelung der Luftröhre in die beiden Hauptbronchien als sog. *unterer Kehlkopf* ausgebildet ist.

Syrisch †Aramäisch.

syrische Kirchen, Bez. für eine Gruppe östl. Kirchen, die dem west- oder ostsyr. Ritus angehören und voneinander unabhängig sind. †orientalische Kirchen.

Syrische Kriege, die sechs Kriege zw. Seleukiden und Ptolemäern (274–271, 260–253, 246–241, 221–217, 201–195, 170–168 v. Chr.), in deren Verlauf 200 v. Chr. Südsyrien mit Phönikern und Palästina an die Seleukiden fiel.

syrische Kunst, im Altertum Teilbereich der altoriental. Kunst im Gebiet von Aleppo bis Palästina. Jericho war schon vor 7000 befestigt; frühe Porträtplastik (Modellierungen über Schädeln). Seit dem 5. Jt. mesopotam. Kultureinflüsse (Tell Halaf); Ebla (Tell Mardich) und Mari sind bed. Städte des sumer.-akkad. Kulturbereichs. Im 2. und 1. Jt. im N †hethitische Kunst (im 10. bis 7. Jh. spricht man von syrohethit. Kunst), in den Küstenstädten †phönikische Kunst. Im 4. Jh. v. Chr. begann die Einbeziehung Altsyriens in den hellenist. Kulturkreis. Bed. der frühchristl. Sakralbau in N-Syrien (3.–6./7. Jh.): Die älteste christl. Kirche befindet sich in Dura-Europos (3. Jh.), den klass. Typ der nordsyr. Basilika mit zwei S-Eingängen vertritt v. a. Markianos Kyris (um 400). †altmesopotamische Kunst.

Syrische Wüste, wüstenhaftes Kalkplateau westlich des Euphrat in Syrien, Jordanien und Irak.

Syrjänen †Komi.

Syrlin [ˈzʏrliːn] (Sürlin, Sirlin), 1) Jörg, d. Ä., *Ulm um 1425, † ebd. 1491, dt. Bildschnitzer der Gotik. In seiner Werkstatt entstand 1468 der Dreisitz und 1469–74 das Chorgestühl für das Ulmer Münster.
2) Jörg, d. J., *Ulm um 1455, † ebd. nach 1532, dt. Bildschnitzer. Sohn von Jörg S. d. Ä., dessen Werkstatt er fortführte; zahlr. Chorgestühle (u. a. in Blaubeuren, 1493).

Syromalabaren †Thomaschristen.

Syromalabaren

syrische Kunst. Statuette eines thronenden Herrschers mit Hörnerkrone aus Qatna (Paris, Louvre)

Jörg Syrlin d. Ä. Detail vom Chorgestühl des Ulmer Münsters

System

Albert Szent-Györgyi

System [griech.], **1)** *allg:* Prinzip, nach dem etwas gegliedert geordnet wird.
2) *Geologie:* Bez. für eine Gesteinsschichtenfolge innerhalb eines Zeitalters (z. B. Devon); hat die veraltende Bez. »Formation« abgelöst.
3) *Naturwissenschaft* und *Technik:* jede Gesamtheit von Objekten, die sich in einem Zusammenhang befinden und gegenüber ihrer Umgebung abzugrenzen sind. Ein *physikal.* S. wird im Hinblick auf seine Wechselwirkung mit der Umwelt als *offenes* oder *abgeschlossenes* S. bezeichnet, je nachdem, ob das S. mit der Umgebung in Energie- und Materieaustausch steht oder nicht. *Techn.* S. sind im allg. Zusammenfügungen unterschiedl. Bauelemente, z. B. alle Apparate, Geräte, Maschinen oder techn. Anlagen, als *elektrotechn.* S. alle elektr. Schaltungen und Netzwerke. ↑Kybernetik.
4) *Politik:* abwertende, verallgemeinernde Bez. für eine jeweils vorgegebene, aber abgelehnte polit.-soziale und/oder wirtschaftl. Ordnung.
5) *Wiss.* und *Philosophie:* natürl. oder künstl. Gebilde, deren Teile in Abhängigkeit voneinander stehen und so als Ganzes eine bestimmte Ordnung aufweisen.
6) *zoolog.* und *botan. Systematik:* die übersichtl., hierarchisch nach dem Grad der (natürl.) verwandtschaftl. Zusammengehörigkeit geordnete und dementsprechend in verschiedene Kategorien gegliederte Zusammenstellung der verschiedenartigen Tiere bzw. Pflanzen, die deren stammesgeschichtl. Entwicklung widerspiegeln soll.
Systemanalyse, die Untersuchung der Funktion, der Struktur und des Verhaltens kybernet. Systeme unter Zuhilfenahme von Modellsystemen und -methoden.
Systematik [griech.], **1)** *allg.:* Darstellung, Gestaltung nach einem bestimmten System.
2) *Zoologie (Tier-S., systemat. Zoologie;* als Teilgebiet der speziellen Zoologie) und *Botanik (Pflanzen-S., systemat. Botanik;* als Teilgebiet der speziellen Botanik): umfassender Begriff für die Wiss. und Lehre von der Vielfalt der Organismen mit der übersichtl. Erfassung dieser Vielfalt in einem hierarch., der Abstammungslehre gerecht werdenden Ordnungsgefüge (↑System). Zur Benennung der Tiere und Pflanzen bedient sich die S. der taxonom. Nomenklatur. – Begründer der S. ist C. von Linné.
systematische Theologie, v. a. in der prot. Theologie die theolog. Kerndisziplinen (Dogmatik, Apologetik, theolog. Ethik).
systemische Mittel, Pflanzenschutzmittel, die über Blätter und Stengel oder über die Wurzel von der Pflanze aufgenommen und mit dem Saftstrom im Gefäßsystem und durch Diffusion von Zelle zu Zelle transportiert werden; vernichten saugende oder fressende Schädlinge, ohne die Pflanze selbst zu schädigen.
Systole ['zʏstole, zʏs'to:lə; griech.], in der *Physiologie* die mit der Diastole (als Ruhephase) rhythmisch wechselnde Kontraktionsphase des Herzmuskels vom Beginn der Anspannungszeit bis zum Ende der Austreibungszeit.
systolischer Blutdruck ↑Blutdruck.
Szabó [ungar. 'sɔbo:], **1)** István, *Budapest 18. 2. 1938, ungar. Filmregisseur. Drehte u. a. »Vater« (1967), »Der grüne Vogel« (1979), »Mephisto« (1980; nach K. Mann), »Oberst Redl« (1984), »Hanussen« (1988), »Zauber der Venus« (1991).
2) Magda, *Debrecen 5. 10. 1917, ungar. Schriftstellerin. Schreibt v. a. Romane, u. a. »Das Fresko« (1958), »Die andere Esther« (1959), »1. Moses 22« (1967), »Katharinenstraße« (1969), »Die Tür« (1990).
Szálasi, Ferenc [ungar. 'sɑːlɔʃi], *Košice 6. 1. 1897, † Budapest 12. 3. 1946 (hingerichtet), ungar. Politiker. Gründete 1935 die spätere Bewegung der ↑Pfeilkreuzler; unter dt. militär. Schutz Okt. 1944–April 1945 Staatschef.
Szczypiorski, Andrzej [poln. ʃtʃi'pjɔrski], *Warschau 3. 2. 1924, poln. Schriftsteller. Nahm 1944 am Warschauer Aufstand gegen die dt. Besatzung teil; bis April 1945 im KZ Sachsenhausen; ab 1968 Kritiker des poln. Regimes; Dez. 1981–Mai 1982 interniert. In dt. Übers. sind u. a. »Eine Messe für die Stadt Arras« (R., 1971), »Die schöne Frau Seidenmann« (R., 1986), »Amerikan. Whisky« (En., 1989), »Nacht, Tag und Nacht« (R., 1991), »Selbstportrait mit Frau« (R., 1994) erschienen.

Szientismus

Szeged [ungar. 'sɛgɛd] (dt. Szegedin), ungar. Stadt an der Mündung der Maros in die Theiß, 188 000 E. Univ., u. a. Hochschulen, Museum, Theater, Oper; Sommerfestspiele. Maschinenbau, Herstellung von Gewürzpaprika und Salami. Roman. Demetriusturm (12./ 13. Jh.), spätgot. Marienkirche (15. Jh.) mit barocker Einrichtung. – 1498 königl.-ungar. Freistadt; fiel 1543 an die Osmanen; 1686 wieder ungarisch.

Székesfehérvár [ungar. 'se:kɛʃfɛhe:rva:r] (dt. Stuhlweißenburg), ungar. Stadt zw. Platten- und Velencer See, 113 000 E. Museum; u. a. Aluminiumwalzwerk, Motorradfabrik. Im Ruinengarten u. a. Reste der roman. Basilika und Mausoleum Stephans I. (beide 11. Jh.); spätgot. Annakapelle (um 1470). Zahlr. Barockbauten, u. a. Dom, Rathaus und Bischofspalast. – Erhielt unter König Stephan I., dem Heiligen, Stadtrecht *(Alba regia);* Residenz- und (bis 1526) Krönungsstadt sowie (bis 1540) Begräbnisstätte der ungar. Könige; im 15./16. und ab Ende des 17. Jh. königl. Freistadt.

Szekler ['se:...], ungarisch sprechende ethn. Minderheit in SO-Siebenbürgen.

Szell, George (György) [engl. sɛl], * Budapest 7. 6. 1897, † Cleveland (Ohio) 30. 7. 1970, amerikan. Dirigent tschech.-ungar. Abkunft. 1939 Emigration in die USA; leitete 1946–70 das Cleveland Orchestra.

Szenarium [griech.-lat.] (Szenar, Szenario), **1)** *Film, Theater:* Szenenfolge eines Dramas; v. a. im Stegreifspiel Skizze des Handlungsablaufs; seit dem 19. Jh. im Theater Übersichtsplan für die Regie und das techn. Personal; auch Rohentwurf eines Dramas, auch eines Filmdrehbuchs.
2) *Planung:* in vielen Bereichen der öffentl. und industriellen Planung method. Instrument zur Vorbereitung von Entscheidungen im Hinblick auf zukünftige Situationen. Szenarien verarbeiten weniger wahrscheinl. Ereignisse und Entwicklungen, deren Eintreten erhebl. Folgen für das untersuchte Gesamtsystem haben könnte.

Szene [griech.], **1)** Schauplatz einer [Theater-]handlung; Bühne.
2) (Auftritt) Gliederungseinheit des Dramas; kleinere Einheit eines Theateraktes, Hörspiels oder Films.

Szenerie [griech.], Landschaftsbild, Schauplatz; Bühnenbild.

Szent-Györgyi, Albert [ungar. 'sɛndjørdji, engl. sɛnt'dʒɔ:dʒɪ], eigtl. Albert S.-G. von Nagyrapolt, * Budapest 16. 9. 1893, † Woods Hole (Mass.) 22. 10. 1986, amerikan. Biochemiker ungar. Herkunft. Arbeiten u. a. zur Erforschung von Vitaminen (er isolierte erstmals Vitamin C); 1937 Nobelpreis für Physiologie oder Medizin.

Szepter ↑Zepter.

Szeryng, Henryk [poln. 'ʃerɨŋk], * Zelazowa-Wola bei Warschau 22. 9. 1918, † Kassel 3. 3. 1988, mex. Violinist poln. Herkunft. Während des 2. Weltkriegs Verbindungsoffizier der poln. Exilregierung in Großbritannien; ab 1946 mexikan. Staatsbürger. S. gehört zu den großen Geigern des 20. Jh.; Konzertreisen ab 1933; auch Musikpädagoge, Komponist (Schüler von N. Boulanger) und Kulturdiplomat, u. a. ab 1970 musikal. Sonderbeauftragter der permanenten Delegation Mexikos bei der UNESCO.

Szetschuan, Prov. in China, ↑Sichuan.

Szientismus [lat.] (Scientismus), Wissenschaftstheorie, nach der die Methoden der vermeintlich exakten (Natur)-wiss. auf die Geistes- und Sozial-Wiss. übertragen werden sollen.

Szeged. Neuromanischer Dom mit zwei 93 m hohen Türmen, erbaut Anfang des 20. Jh.

Székesfehérvár Stadtwappen

Szilla

Szilla.
Hasenglöckchen
(Höhe 15–30 cm)

• **Szilla** [griech.] (Blaustern, Scilla), Gattung der Liliengewächse mit rund 100 Arten in Europa, im gemäßigten Asien und in den tropischen Gebirgen Asiens und Afrikas; bis 30 cm hohe Stauden mit stern- oder glockenförmigen, blauen, rosa- oder purpurfarbenen, in Trauben stehenden Blüten; einheimischer ist das *Hasenglöckchen* in Laubwäldern; mit zahlr. blauen, weißen, roten oder rosafarbenen Blütenglöckchen in überhängender Traube; wird häufig in Gärten kultiviert.

Szintigraphie [lat./griech.], Untersuchungsmethode der Nuklearmedizin: Nach Injektion oder Einnahme werden radioaktive Stoffe innerhalb kürzerer, organspezif. Zeit in bestimmten Organen des Körpers selektiv angereichert. Die abgegebene radioaktive Strahlung wird mit Hilfe eines ↑Szintillationszählers zweidimensional erfaßt *(Scanning)* und graphisch dargestellt *(Szintigramm)* oder mit einer ↑Szintillationskamera aufgenommen.

Szintillation [lat.], **1)** *Astronomie:* Glitzern und Funkeln der Sterne auf Grund der Luftunruhe.
2) *Physik:* das scharf lokalisierte Aufblitzen in einem Szintillationskristall beim Auftreffen eines energiereichen Teilchens.

Szintillationskamera (Gammakamera), nuklearmedizin. Gerät zur Funktionsdiagnostik von Organen, insbes. zur Untersuchung des zeitl. Verlaufs von Verteilung bzw. Anreicherung eingespritzter kurzlebiger Radionuklide (z. B. Jod 131 in der Schilddrüse). Die S. besteht aus Szintillationskristall, Photomultiplier, Impulshöhenanalysator und Bildschirm.

Szintillationszähler (Leuchtstoffzähler), Gerät zur Zählung oder Bestimmung der Energie schneller Elementarteilchen und Gammaquanten. Die in einem Szintillator ausgelösten Lichtblitze werden mit einem Photomultiplier registriert.

Szintillator [lat.], in Szintillationszählern verwendeter durchsichtiger fluoreszierender Leuchtstoff (z. B. mit Thallium aktivierter Cäsiumjodidkristall), in dem energiereiche geladene Teilchen oder Gammaquanten Szintillationen hervorrufen.

Szombathely [ungar. 'sombɔthej] (dt. Steinamanger), ungarische Stadt am W-Rand des Kleinen Ungar. Tieflands, 87 000 E. Röm. Isistempel; Ruine einer frühchristlichen Basilika (4. Jh.), Dom (1781 ff.), ehem. Bischofspalast (18. Jh.).

Szymanowski, Karol [poln. ʃima-'nɔfski], * Timoschewka (Ukraine) 6. 10. 1882, † Lausanne 29. 3. 1937, poln. Komponist. Gelangte, angeregt durch den frz. Impressionismus, bis hin zur Atonalität; u. a. Opern (»König Roger«, 1926), Ballette, 4 Sinfonien, Kammer- und Klaviermusik, Chorwerke.

Szymborska, Wislawa [poln. ʃim-'bɔrska], * Bnin bei Posen 2. 7. 1923, poln. Dichterin. Exponentin der poln. Gegenwartslyrik; in dt. Sprache sind die Auswahlbände »Salz« (1973), »Deshalb leben wir« (1980) und »Hundert Freuden« (1986) erschienen; schreibt auch Essays.

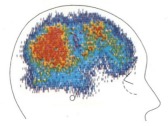

Szintigraphie.
Aufnahme eines Gehirns mit krankhaften Veränderungen, die im Szintigramm durch unterschiedliche Färbung (Wechsel zwischen rot und blau) sichtbar gemacht werden

Tt

T, 1) 20. Buchstabe des dt. Alphabets (im lat. der 19.), im Griech. τ (Tau).
2) *(T)* Formelzeichen für die Dauer einer Schwingung.
3) chem. Symbol für ↑Tritium.
4) Einheitenzeichen für ↑Tesla.
5) *(T)* Formelzeichen für die absolute Temperatur [in K].
6) ↑Vorsatzzeichen (Tera).

t, 1) *(t)* Formelzeichen für die Zeit.
2) Einheitenzeichen für die Massen- bzw. Gewichtseinheit Tonne.
3) *(t)* Formelzeichen für die Temperatur [in °C].

Ta, chem. Symbol für ↑Tantal.

Tabak [indian.], Gatt. der Nachtschattengewächse mit rd. 100 Arten, v. a. im trop. und subtrop. Amerika; meist Kräuter mit großen, oft drüsig behaarten Blättern und in endständigen Trauben oder Rispen stehenden, weißen, gelben, roten oder rosafarbenen Blüten mit langröhriger oder glockiger Krone. Die beiden wirtschaftlich bedeutendsten Arten sind der bis 3 m hohe *Virgin. T.* und der bis 1,2 m hohe *Bauern-T.* (Machorka). Einige Arten werden als Zierpflanzen kultiviert. Alle T.arten enthalten das Alkaloid ↑Nikotin. Zur T.gewinnung wird der Virgin. T. in zahlr. Sorten von den Tropen bis in die gemäßigten Zonen angebaut (in der BR Deutschland v. a. in der Vorderpfalz, im Hess. Ried, im Kraichgau, in der Ortenau sowie in Franken), Bauern-T. wird in Osteuropa kultiviert.
Die Blatternte findet zeitlich gestaffelt in Abständen von 10–20 Tagen für die einzelnen Blattqualitäten statt, die man an der Pflanze (von unten nach oben) als *Grumpen, Sandblatt, Mittelgut, Hauptgut* (Bestgut) und *Obergut* bezeichnet. Nach der Ernte werden die sortierten Blätter auf Fäden aufgezogen (sog. *Bandolieren*) und getrocknet. Nach dem Trocknungsprozeß werden die Blätter sortiert, büschelweise zusammengelegt, zu Ballen gepreßt und mit Jute umhüllt als *Rohtabak* zur Weiterverarbeitung der Tabak-Ind. zugeführt.
Bei der T.verarbeitung werden die T.blätter zunächst einer mehrere Wochen dauernden Fermentation unterworfen, durch die unerwünschte Substanzen abgebaut und gleichzeitig Aromastoffe gebildet werden. Anschließend werden die T.blätter von den stärkeren Blattrippen befreit, danach häufig mit aromagebenden Substanzen besprüht (»soßiert«, »gesoßt«) und auf die gewünschte Schnittbreite geschnitten. Zuletzt wird das Schneidgut in Trockenanlagen »geröstet«. Je nach den verwendeten T.sorten und der Art der Verarbeitung erhält man sehr unterschiedl. Endprodukte als *Rauch-T.* (z. B. der fein geschnittene, speziell gesoßte *Shag*). ↑Rauchen.

Tabasco [span. ta'βasko], mex. Staat am Golf von Campeche, 25 267 km^2, 1,32 Mio. E, Hauptstadt Villahermosa. – Der W des heutigen Staatsgebiets war in präkolumb. Zeit von Olmeken bewohnt (Ruinenstätte La Venta), der O gehörte zum Bereich der Mayakultur. Die ersten span. Siedlungen entstanden Ende des 16. Jahrhunderts.

Tabascosoße [nach dem mex. Staat Tabasco], sehr scharfe Würzsoße u. a. aus roten Chilischoten, Essig, Salz.

Tabernakel [lat.], seit dem 12. Jh. Bez. für ein schrein- oder gefäßförmiges Behältnis zur Aufbewahrung der Hostien, später auch die Monstranz; daneben auch die Gestaltung als transportables *Altar-T.* oder auch *Wand-T., Sakramentshäuschen* oder *Ziboriums-T.* (Altarüberbau mit Baldachin, an dem der Hostienbehälter hängt).

Tablette (Tabuletta), aus pulverförmiger Substanz in gewöhnlich flach-zylindr. Form gepreßte Arzneizubereitung.

Tabor, kegelförmiger Berg in Israel, östlich von Nazareth, 588 m ü. M. Der T. wird seit dem 4. Jh. als Berg der Verklärung Christi angesehen (Mark. 9, 2–9).

Tabak.
Virginischer Tabak

Entwicklung des Buchstabens **T**

†X	Semitisch	𝕋t	Textur
T	Griechisch	Tt	Renaissance-Antiqua
T	Römische Kapitalschrift	𝔖t	Fraktur
Τ	Unziale		
τ	Karolingische Minuskel	Tt	Klassizistische Antiqua

Tabori

George Tabori

Tabori, George [engl. tə'bəri], eigtl. György T., *Budapest 24. 5. 1914, Schriftsteller und Regisseur ungar. Herkunft. 1936 Emigration nach London (engl. Staatsbürger), 1946–70 in den USA, ab 1971 in der BR Deutschland, 1987–90 in Wien (eigenes Theater), seit 1990 v. a. in Berlin tätig. Mit seinen Stücken (u. a. »Die Kannibalen«, 1968; »Jubiläum«, 1983; »Mein Kampf«, 1987; »Weisman und Rotgesicht«, 1990; »Die Goldberg-Variationen«, 1991; »Der Großinquisitor«, 1993) hat T. in der Tradition des Shakespeare-Theaters und der Kultur des jüd. Witzes Entmenschlichungsprozesse auf die Bühne gebracht; auch Prosa (u. a. »Meine Kämpfe«, En., 1986) und Drehbücher. 1992 Georg-Büchner-Preis.

Taboriten, nach dem Berg Tabor benannter Zweig der ↑Hussiten.

Täbris ['tɛːbrɪs, tɛˈbriːs], Stadt in NW-Iran, 971 500 E. Hauptstadt eines Verw.-Geb.; Univ.; Museum, Theater; Verkehrsknotenpunkt, Handelsstadt, Zentrum der NW-iran. Teppichherstellung. Ruinen der Zitadelle (14. Jh.); Blaue Moschee (1465–66). – Unter den mongol. Ilkhanen 1265–1304 offizielle Hauptstadt Irans; auch in der nachmongol. Zeit meist Hauptstadt des Landes; im 19. Jh. Residenz des pers. Thronerben.

Tabu [polynes.], religiös, magisch oder rituell begründetes, allg. respektiertes Verbot, bestimmte Gegenstände oder Personen anzurühren oder zu verletzen, gewisse Handlungen vorzunehmen oder gewisse Namen auszusprechen, um durch übernatürl. Macht bewirktes Unheil zu vermeiden (Ggs. ↑Noa). – Der Begriff T. bezeichnet heute v. a. Themen, Bereiche, Dinge, über die nicht gesprochen, die nicht getan werden, deren »Ächtung« *(Tabuierung, Tabuisierung)* aber im allg. weder rational noch funktional begründet ist.

Tabucchi, Antonio [italien. taˈbukki], *Pisa 23. 9. 1943, italienischer Schriftsteller. Prof. für italienische Literatur; zunächst bekannt als Übersetzer des Werks F. Pessoas, der als Figur in vielen seiner z. T. traumartig-phantastischen Romane und Erzählungen auftritt; schrieb u. a. »Indisches Nachtstück« (E., 1984), »Kleine Mißverständnisse ohne Bedeutung« (En., 1985), »Lissabonner Requiem« (R., 1992), »Erklärt Pereira« (R., 1994).

Tabulatur [lat.], vom 14. bis 18. Jh. die Notierung von Musik für mehrstimmige solist. Instrumente (Orgel, Cembalo, Laute). Hauptformen sind die *Orgel-* oder *Klavier-T.,* in der Mensuralnoten, Buchstaben und Ziffern verwendet werden, und die *Lauten-T.,* in der Ziffern bzw. Buchstaben die Kreuzungsstellen von Saiten und Bünden bezeichnet.

Tachismus [taˈʃɪsmus; frz.] ↑abstrakter Expressionismus.

Tachometer (Geschwindigkeitsmesser), als ↑Drehzahlmesser gebautes Gerät zur Anzeige der Geschwindigkeit von Fahrzeugen bzw. der Umdrehungsgeschwindigkeit von Zentrifugen u. a.

Tachtigers [niederl. ˈtɑxtəxərs »Achtziger«], Gruppe von Schriftstellern, die ab 1880 die ↑niederländische Literatur erneuerten.

Tachometer. Schematische Darstellung (Längsschnitt)

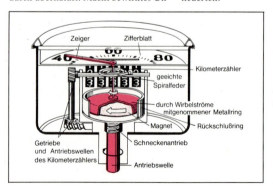

Tachykardie [griech.] (Herzbeschleunigung, Herzjagen), Zunahme der Herzfrequenz auf Werte über 100 Schläge pro Minute.

Tachymeter (Tacheometer) ↑Theodolit.

Tacitus, Publius (?) Cornelius, *um 55, † nach 115, röm. Geschichtsschreiber. Seine erste Schrift, die Biographie »Agricola« (wohl 98), enthält einen bed. Exkurs über Britannien; in seinem geograph.-ethnograph. Werk »Germania« rügt T. mittels eines idealisierten Germanenbilds die in seinen Augen dekadente röm. Gesellschaft der Kaiserzeit. Die beiden nur teilweise erhaltenen Hauptwerke, die »Annalen« und die »Historien«, umfassen die Zeit vom Tod des Augustus (14 n. Chr.) bis zum Ende Domitians (96).

Tadschikistan, Staat in Mittelasien, grenzt im W an Usbekistan, im N an Usbekistan und Kirgistan, im O an China und im S an Afghanistan.

Staat und Recht: Präsidialrepublik; die z. T. noch gültige *Verfassung* von 1978 der Tadschik. SSR soll durch eine in Ausarbeitung befindliche Verfassung ersetzt werden. *Staatsoberhaupt* ist der für 5 Jahre gewählte Präsident. Die *Exekutive* obliegt neben dem Präs. dem Ministerrat. Die *Legislative* liegt beim Parlament (230 Abg.). Fast alle Abg. des Parlaments gehören der Kommunist. Partei an, oppositionelle (v. a. islam.) Parteien wurden 1993 verboten.

Landesnatur: T. ist ein schwer zugängl. Hochgebirgsland. Den SO und O nimmt der Pamir (Pik Kommunismus mit 7495 m ü. M.), den mittleren Teil nehmen Turkestan- und Serawschankette sowie Hissar- und Alaigebirge ein. Im N hat T. Anteil an den südwestl. Ausläufern des Tienschan und am Ferganabecken. Es herrscht trockenes Kontinentalklima, in tiefen Tälern subtrop. Klima vor.

Bevölkerung: Die Bevölkerung besteht aus über 60% Tadschiken, über 20% Usbeken, rund 5% Russen sowie anderen Nationalitäten. Die traditionelle Religion der Tadschiken ist der Islam sunnit. Richtung.

Wirtschaft, Verkehr: Wirtschaftsgrundlage ist der monokulturartig betriebene Baumwollanbau mittels Bewässerung, der durch die ständige Aus-

Tadschikistan

Tadschikistan

Fläche:	143 100 km²
Einwohner:	5,587 Mio.
Hauptstadt:	Duschanbe
Amtssprache:	Tadschikisch
Nationalfeiertag:	9.9.
Währung:	1 Rubel (Rbl) = 100 Kopeken
Zeitzone:	MEZ + 4 Std.

weitung zu erhebl. ökolog. Schäden (bes. Bodenversalzung) führte. Daneben werden Getreide, Futterpflanzen, Obst und Wein angebaut. In den Gebirgsregionen dominiert die Weidewirtschaft (Schafe, Rinder, Ziegen) und die Seidenraupenzucht. An Bodenschätzen werden Erdöl, Erdgas, Braunkohle, Gold, Quecksilber, Uran, Bauxit u. a. abgebaut. Führend ist die Textil-, gefolgt von der Nahrungsmittelindustrie. Große Landesteile sind nur durch den Luftverkehr erreichbar. Das Straßennetz umfaßt etwa 30 000 km, das Eisenbahnnetz etwa 470 km.

Geschichte: Das zuvor unter pers., griech., arab. und mongol. Herrschaft befindl. Gebiet von T. gehörte ab dem 16. Jh. größtenteils zum usbek. Khanat Buchara. 1868 gliederte Rußland den N von T. in sein Generalgouvernement Turkestan ein. 1924 wurde die Tadschik. ASSR gebildet, die 1929–91 als SSR bestand. 1991 erklärte T. seine Unabhängigkeit von der Sowjetunion und wurde Mgl. der GUS. Ende 1991 wählte das von Kommunisten dominierte Parlament R. Nabijew zum Präs.; 1992 kam es zu einem Bürgerkrieg zw. radikalmoslem. und kommunist. Gruppen. Nach dem durch Demonstrationen erzwungenen Rücktritt Nabijews im Sept. 1992 wurde im Nov. 1992 E. Rachmanow zum Präs. gewählt. Mit

Staatsflagge

Staatswappen

Bevölkerungsverteilung 1992

Bruttoinlandsprodukt 1992

Taekwondo

Tafelberg im nördlichen Namibia, 120 km westlich von Otjiwarongo

russ. Hilfe gelang es der Regierung, die islam. Aufständischen in die Grenzregionen zu Afghanistan abzudrängen, wo die Kämpfe seither andauern. Die Präsidentschaftswahlen im Nov. 1994, deren Legitimität umstritten war, konnte der Amtsinhaber Rachmanow für sich entscheiden. Aus den Parlamentswahlen von 1995 gingen die Kommunisten gestärkt hervor.

Taekwondo [tɛ...; korean.], korean. Zweikampfsportart auf der Basis von Fuß- (Tae) und Handtechniken (Kwon); auch zur Selbstverteidigung

Tafel, in der *Geologie* ein Teil der Erdkruste aus ungefalteten, überwiegend flach liegenden Schichten.

Tafelberg (Mesa), Bez. für eine isolierte, plateauartige Bergform, deren meist tischebene Oberfläche durch eine widerstandsfähige Gesteinsschicht gebildet wird; häufig in trockenen Klimagebieten.

Tafelgeschäft (Schaltergeschäft, Over-the-counter-Geschäft), Geschäft, bei dem Leistung und Gegenleistung sofort (Zug um Zug) erfolgen, bes. der so getätigte Kauf und Verkauf von Wertpapieren oder Devisen (Sorten). Nach dem Zinsabschlaggesetz vom 12. 11. 1992 beträgt der Zinsabschlag bei T. seit dem 1. 1. 1993 35%.

Tafelklavier, ein Hammerklavier mit waagrechtem rechteckigem Resonanzkörper wie das Klavichord, aus dem es durch Einbau einer Hammermechanik im 18. Jh. oft hergestellt wurde.

Tafelmalerei, bildl. Darstellung auf flachem, festem Material wie Holz, Ton, Metall, Elfenbein oder versteiftem Malgrund (auf Holzrahmen gespannte Leinwand). Die Malfläche wird i. d. R. mit einer Grundierung versehen. Als Maltechnik dienen vorwiegend Tempera-

malerei und Ölmalerei. Im 20. Jh. kamen neue Malgründe wie Sperrholz-, Holzfaser- und Kunststoffplatten hinzu.

Tafelrunde, die von den zwölf Rittern des Königs †Artus gebildete Tischgesellschaft.

Tafelwein, unterste Qualitätsstufe des Weins; sein Most darf vor der Gärung angereichert werden.

Tafilalt (Tafilalet, Tafilelt), Oasengruppe in SO-Marokko, sö. des Hohen Atlas, am Mittellauf der hier parallel nach S fließenden Atlasflüsse Oued Ziz (Staudamm) und Oued Rheris, rd. 800 m ü. M. in einer weiten Senke, mit rd. 1 400 km² das größte zusammenhängende Oasengebiet N-Afrikas außerhalb Ägyptens. Hauptorte sind Erfoud und Rissani.

Taft, William Howard [engl. tæft, tɑːft], *Cincinnati (Ohio) 15. 9. 1857, †Washington D. C. 8. 3. 1930, 27. Präs. der USA (1909–13; Republikaner). Verfolgte außenpolitisch den Kurs der Dollar-Diplomatie, verbunden mit Prohibitivzöllen.

Taft [pers.] (Taffet), leinwandbindiges Gewebe mit feinen Querrippen; aus Seiden- oder Chemiegarnen.

Taft-Hartley-Gesetz [engl. 'tæft-'hɑːtlɪ..., 'tɑːft...] (amtlich Labor-Management Relations Act), nach Senator Robert Alfonso Taft (*1889, †1953) und dem Abg. Fred A. Hartley (*1902, †1960) ben. Gesetz zur Einschränkung gewerkschaftl. Macht in den USA von 1947.

Tag, 1) *allg.*: die Zeit zw. Sonnenaufgang und -untergang. Die T.länge hängt von der Jahreszeit und der geograph. Breite des Beobachtungsortes ab.

2) *Astronomie:* der durch die Erdrotation bestimmte Zeitraum von Mitternacht bis Mitternacht (*Sonnen-T.*) bzw. zw.

zwei aufeinanderfolgenden Höchstständen des Frühlingspunktes *(Stern-T.).* Der mittlere Sonnen-T. (Zeichen: d), der die Grundlage der heutigen Zeitrechnung bildet (1 d = 24 h), ist um 3 min 56,6 s länger als der Sterntag.

Tagalen, jungmalaiisches Volk, v. a. auf der Insel Luzon.

Tagalog, zur nordwestl. Gruppe der indones.-malaiischen Sprachen gehörende Sprache der Tagalen; seit 1946 ist das T. die als »Pilipino« (Filipino) bezeichnete Staatssprache der Philippinen.

Taganrog, russ. Stadt am Asowschen Meer, 291 000 E; Hochschule; Theater; u. a. Schiffsreparatur, Hüttenwerk; Hafen. – 1698 gegründet.

Tag der deutschen Einheit, 1) Gedenktag des ↑Siebzehnten Juni 1953, gesetzl. Feiertag in der BR Deutschland 1954–90.
2) Gedenktag des 3. Oktober (Beitritt der ehemaligen DDR zur BR Deutschland), gesetzl. Feiertag seit 1990.

Tagebau ↑Bergbau.

Tagebuch, Buch, Heft für (tägl.) Eintragungen persönl. Erlebnisse und Gedanken.

Tagelied, in der mhd. Lyrik ein meist dreistrophiges Lied, das (nach provenzal. Vorbild) den Abschied zweier Liebenden – einer Dame und eines Ritters – am Morgen nach einer Liebesnacht schildert.

Tages-Anzeiger, schweizer. bürgerl. Tageszeitung; gegr. 1893 in Zürich.

Tagesbefehl, Anweisung, die allg. militär. Angelegenheiten regelt.

Tageslicht, das am Tage vorhandene Licht. Je nach Sonnenstand, Wolkenbedeckung, Dunst u. a. sind Farbtemperatur und Beleuchtungsstärke unterschiedlich. *Farbtemperatur:* für direkte Sonneneinstrahlung zw. 5 500 und 6 000 K, für den klaren (blauen) Himmel zw. 12 000 und 26 000 K und für den bedeckten Himmel bei 7 000 K. *Beleuchtungsstärke:* in 50° n. Breite mittags bei klarem Himmel bis 100 000 lx im Sommer und 20 000 lx im Winter, bei bedecktem Himmel entsprechend bis 20 000 lx bzw. 5 000 lx.

Tagessatzsystem, *Strafrecht:* Festsetzung einer Geldstrafe nach der Schwere der Tat und die Bestimmung der Höhe der Tagessätze nach den persönl. und wirtschaftl. Verhältnissen des Täters.

Tageswert (Tagespreis, Marktwert), Börsen-, Markt- oder Wiederbeschaffungspreis eines Vermögensgegenstandes zu einem bestimmten Zeitpunkt.

tageszeitung, die, Abk. **taz,** 1979 in Berlin gegr. linksalternative Zeitung.

Tagetes [lat.], svw. ↑Sammetblume.

Taglilie (Hemerocallis), Gatt. der Liliengewächse mit 16 Arten in S-Europa und im gemäßigten Asien; mit großen, trichterförmigen, gelben oder orangefarbenen, nur einen Tag lang geöffneten Blüten; Gartenzierpflanzen.

Tagore, Rabindranath, *Kalkutta 6. 5. 1861, † Santiniketan (Bengalen) 7. 8. 1941, ind. Dichter und Philosoph. Mittler zw. östl. und westl. Kultur; lehnte das Kastensystem ab; spielte eine führende Rolle im Widerstand gegen die Teilung Bengalens 1905; leistete mit Lyrik (u. a. »Gitanjali«, 1910), Romanen und Dramen einen bed. Beitrag zur bengal. Literatursprache; 1913 Nobelpreis für Literatur.

Tagpfauenauge, etwa 5–6 cm spannender, von W-Europa bis Japan verbreiteter Tagschmetterling.

Rabindranath Tagore

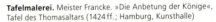

Tafelmalerei. Meister Francke. »Die Anbetung der Könige«, Tafel des Thomasaltars (1424 ff.; Hamburg, Kunsthalle)

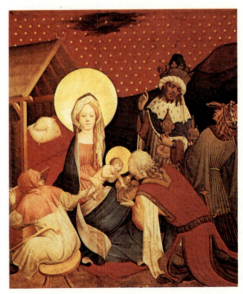

Tagschmetterlinge

Tahiti. Blick vom Ponte Vénus im Norden der Insel über die Matavaibucht zum Doppelgipfel des Orohena

Tagschmetterlinge (Tagfalter, Diurna), zusammenfassende Bez. für die am Tage fliegenden Schmetterlinge: 1. *Echte Tagfalter* mit den wichtigsten einheim. Familien Ritterfalter, Weißlinge, Augenfalter, Edelfalter und Bläulinge; 2. *Unechte Tagfalter* mit der Fam. Dickkopffalter.

Tagundnachtgleiche ↑Äquinoktium.

Tahiti, größte der ↑Gesellschaftsinseln, Frz.-Polynesien, mit dessen Hauptstadt Papeete an der NW-Küste, 1 042 km², bis 2 237 m hoch. – 1767 von Samuel Wallis (*1728, †1795) entdeckt; ab 1842 frz. Protektorat (1880 Kolonie).

Tai, Volk in Südostasien, ↑Thai.

Taifun [chin. bzw. griech.-engl.] ↑Wirbelstürme.

Taiga [russ., aus Turksprachen entlehnt], borealer Nadelwald Sibiriens und des europ. Teils Rußlands.

Taille ['taljə; frz.], zw. Brust und Hüfte gelegener schmalster Abschnitt des Rumpfes.

Tailleferre, Germaine [frz. taj'fɛːr], *Le Parc-de-Saint-Maur (heute zu Saint-Maur-des-Fossés) 14. 4. 1892, †Paris 7. 11. 1983, frz. Komponistin. Als Mgl. der Gruppe der ↑Six war sie an der Komposition des Balletts »Les mariés de la tour Eiffel« (1921) beteiligt; Opern, Orchesterwerke, Kammer- und Klaviermusik.

Taillenwespen (Apocrita), weltweit verbreitete Unterordnung der Hautflügler mit deutl. Abschnürung des Hinterleibs vom Vorderkörper (Legwespen und Stechimmen).

Taimyr [russ. taj'mir], mittelsibir. Halbinsel zw. Jenissei- und Chatangabucht, vom Byrrangagebirge durchzogen; Tundrenvegetation.

Tainan, kreisfreie Stadt auf SW-Taiwan, 658 300 E; Univ.; u. a. Maschinenbau. – Seit 1590 chin. besiedelt; älteste Stadt auf Taiwan, von 1684 bis ins 19. Jh. Verwaltungszentrum.

Taine, Hippolyte [frz. tɛn], *Vouziers bei Reims 21. 4. 1828, †Paris 5. 3. 1893, frz. Kulturkritiker, Philosoph und Historiker. Als Vertreter der Milieutheorie von Einfluß auf den literar. Naturalismus; Begründer des literarhistor. Positivismus (»Geschichte der engl. Literatur«, 1863; »Die Entstehung des modernen Frankreich«, 1875–93).

Taipeh ['taɪpɛ, taɪ'peː] (Taibei), Hauptstadt von Taiwan, nahe der N-Küste der Insel Taiwan, 2,7 Mio. E. Sechs Univ., Museen, Nationalgalerie, Nationalbibliothek; traditionelle Pekingoper; botan. Garten, Zoo. Konsumgüterindustrie, Verlage. Nördl. von T. zahlr. Schwefeltermen (Kurorte); internat. ✈. Buddhist. Lungshan-(»Drachenberg«-)Tempel (1739–1741). – Entstanden ab 1720; Hauptstadt der 1885 gebildeten Prov. Taiwan (1895–1945 jap.); seit 1950 Hauptstadt von Taiwan.

Tairow, Alexandr Jakowlewitsch [russ. ta'irɛf], *Romny 6. 7. 1885, †Moskau 25. 9. 1950, russ. Regisseur. Mit seiner

Hippolyte Taine

Taiwan

Frau, der Schauspielerin Alissa G. Koonen (*1889, †1974), 1914 Begründer des Moskauer Kammertheaters.

Taiwan [ˈtaɪvan, taɪˈva(ː)n] (chin. Chunghua Min-kuo), Staat in Asien, umfaßt die durch die Formosastraße vom chin. Festland getrennte Insel Taiwan, die Pescadoresinseln sowie die unmittelbar dem chin. Festland vorgelagerten Inseln Quemoy und Matsu.

Staat und Recht: Kombiniertes Präsidial- und Kabinettsystem; nat.-chin. *Verfassung* von 1946 (1994 geändert). Da T. den Anspruch auf Alleinvertretung aller Chinesen erhebt, existieren eine Nationalregierung und eine Provinzregierung mit den entsprechenden parlamentar. Körperschaften. *Staatsoberhaupt* ist der direkt gewählte Staats-Präs.; Gewaltenteilung wird in einem Fünfersystem (nach Sun Yatsen) von Staatsräten (Yüan) praktiziert. Der Regierungschef als Vors. des *Exekutiv*-Yüan wird vom Staats-Präs. im Einvernehmen mit dem *Legislativ*-Yüan (161 Mgl.) ernannt, der seinerseits vom Volk gewählt wird. Beim Kontroll- und beim Prüfungs-Yüan liegen die gesellschaftl. Überwachung bzw. die Beamtenauswahl. Dem Justiz-Yüan untersteht das Gerichtswesen. Dominierende *Partei* ist die ↑Guomindang; seit 1986 bestehen Oppositionsparteien (Demokrat. Fortschrittspartei, Neue Partei).

Landesnatur: T. wird im zentralen Teil von N–S-verlaufenden Faltengebirgszügen eingenommen (im Mount Morrison 3997 m hoch). Die Küstenebene ist allg. 8–40 km breit. T. liegt im trop. Klimabereich mit einem sehr differenzierten, nach der Höhe abgestuften Vegetationsbild.

Bevölkerung: Sie besteht aus Chinesen, die sich überwiegend zum Buddhismus bekennen.

Wirtschaft, Verkehr: Bei ganzjähriger Vegetationszeit werden Reis, Süßkartoffeln, Champignons, Spargel, Tee, Zuckerrohr, Bananen und Ananas angebaut. Zunehmende Bedeutung gewinnen Holzexport und Hochseefischerei. T. verfügt über Erdöl, Erdgas, Kohle und Goldvorkommen. Die wichtigsten Ind.-Zweige sind Nahrungsmittel-, Textil-, Bekleidungs-, elektron., petrochem. und metallurg. Ind. sowie Schiff- und Maschinenbau. Die Länge des Eisenbahnnetzes beträgt 2526 km, des Straßennetzes 19981 km. Die wichtigsten Häfen sind Kaohsiung und Keelung; internat. ✈ bei Taipeh und Kaohsiung.

Geschichte: Von malaiisch-polynes. Urbevölkerung besiedelt; seit dem 7. Jh. chines. Einwanderung; 1590 von den Portugiesen entdeckt und »[Ilha] Formosa« (»schöne Insel«) gen.; 1642–62 niederl.; 1683 von der chin. Chingdynastie erobert; 1895 an Japan; 1945/51 von den Alliierten China zugesprochen (ohne Volksabstimmung auf der Insel). Nachdem die Guomindang-Regierung vor den Kommunisten vom chin. Festland nach T. geflohen war, wurde am 1. 3. 1950 durch den Staats-Präs. (1948–75) Chiang Kai-shek die »Republik China« (Nationalchina) ausgerufen. Seit 1949 ist die Guomindang ununterbrochen Regierungspartei. Nach Chiang Ching-kuo (ältester Sohn und Nachfolger Chiang Kai-sheks) setzte Staats-Präs. Lee Teng-hui die in den 1980er Jahren begonnene Politik eines graduellen Reformprozesses im vormals ausgeprägt repressiv-antikommunist. T. fort. Im Gefolge einer prosperierenden wirtschaftl. Entwicklung entkrampfte sich das Verhältnis sowohl zu den USA wie auch zur VR China; 1991 wurden das Ausnahmerecht aufgehoben und

Taiwan

Fläche:	3 600 km²
Einwohner:	20,455 Mio.
Hauptstadt:	Taipeh
Amtssprache:	Chinesisch
Nationalfeiertag:	10. 10.
Währung:	1 Neuer Taiwan-Dollar (NT$) = 100 Cents (c)
Zeitzone:	MEZ +7 Std.

Staatsflagge

Staatswappen

Bevölkerung (in Mio.) 1970: 14,0; 1992: 20,5
Bruttosozialprodukt je E (in US-$) 1970: 810; 1992: 10200

□ Stadt □ Land

Bevölkerungsverteilung 1992
Stadt 51%, Land 49%

□ Industrie
□ Landwirtschaft
□ Dienstleistung

Bruttoinlandsprodukt 1993
Industrie 40%, Landwirtschaft 3%, Dienstleistung 57%

Taiyuan

Tal.
Von oben links: Kerbtal, Klamm, Cañon ◆
Rechts: Sohlental, Trogtal, Muldental

Talk
(aus Talkschiefer)

Handelskontakte zur VR China legalisiert. 1993 wurde mit Lien Chan erstmals ein Politiker taiwan. Abstammung zum Min.-Präs. ernannt.
Taiyuan [chin. taiyɛn], Hauptstadt der chin. Prov. Shanxi, am Fenho, 1,8 Mio. E. Zentrum des Maschinenbaus. – T. bestand als *Jinyang* unter der Dynastie der westl. Zhou (etwa 1050–771 v. Chr.); viele Jahrhunderte lang wichtiges Handelszentrum. Wahrzeichen T.: 13stöckiger Zwei-Pagoden-Tempel.
Taizé [frz. tɛ'ze] (Communauté de T.), ökumen., urspr. ausschließlich ev. Kommunität, ben. nach ihrem Sitz in Taizé bei Cluny; von ihrem Initiator R. Schutz seit 1949 als Prior geleitet. Die »Brüder« haben sich durch »Engagements« zur Ehelosigkeit, Gütergemeinschaft und Anerkennung einer Autorität verpflichtet und leben vom Ertrag ihrer eigenen Arbeit.
Taj Mahal, Grabanlage in ↑Agra (Indien), ben. nach Mumtaz-Mahal, der 1631 verstorbenen Lieblingsfrau des Mogulkaisers Shah Jahan; etwa 1648 vollendet.
Tajo [span. 'taxo] (portugies. Tejo), mit 1008 km längster Fluß der Iber. Halbinsel, entspringt in der span. Sierra de Albarracín, bildet unterhalb des Tajobeckens 60 km lang die span.-portugies. Grenze, mündet nahe bei Lissabon in den Atlantik.
Tajumulco [span. taxu'mulko], Vulkan in SW-Guatemala, mit 4210 m höchster Berg Z-Amerikas.
Take [engl. teɪk], *Film* und *Fernsehen:* **1)** Szenenausschnitt.
2) Filmabschnitt für die Synchronisation.
Takelage [...'la:ʒə; niederdt.] (Takelwerk), seemänn. Bez. für die Gesamtheit der Masten, Rahen, Bäume, Stengen und Segel eines Schiffes.
Takelung (Taklung), Art der Takelage eines Schiffes: *Rah-T.* (Anordnung der Segel quer zum Schiff), *Gaffel-* bzw. *Schoner-T.* (Segel in Längsrichtung).
Takt [lat.], **1)** *allg.:* Rücksichtnahme und Feinfühligkeit.
2) *Datenverarbeitung:* in bestimmtem Abstand aufeinanderfolgende Zeitpunkte, denen diskrete Signalwerte zugeordnet sind. Das für techn. Anwendungen notwendige Zeitraster wird durch *T. impulse* gebildet, die von einem *T. generator* (Impulsgenerator) erzeugt werden. Der zeitl. Abstand zweier Taktimpulse wird *Taktfrequenz* genannt.
3) *Kraftfahrzeugtechnik:* bei Verbrennungsmotoren ein einzelner Arbeitsgang während des Kolbenlaufs im Zylinder (z. B. Ansaugen, Verdichten).
4) *Literaturwissenschaft:* kleinste formale Einheit der *Lyrik* (↑Vers).
5) *Musik:* Maß- und Bezugssystem, das die Betonungsabstufung und zeitl. Ordnung der Töne regelt und insofern nicht nur den ↑Rhythmus bestimmt, sondern auch mit dem melod. und harmon. Geschehen in engstem Wechselverhältnis steht. Die T.art wird am Beginn eines Stücks durch einen Bruch angegeben. Der Nenner gibt die Einheiten an, in denen gezählt werden soll (Achtel, Viertel, Halbe usw.), der Zähler die Anzahl solcher Einheiten in einem Takt.
Taktik [griech.], die planvollen Einzelschritte im Rahmen eines Gesamtkonzepts (Strategie), bes. im militär. Bereich; berechnendes, zweckbestimmtes Vorgehen (»taktieren«).
Taktmesser ↑Metronom.
Tal, langgestreckte, offene Hohlform der Erdoberfläche mit i. d. R. gleichsinnigem Gefälle in der Längsachse, geschaffen von einem fließenden Gewässer. *Längstäler* folgen den Achsen geolo-

gischer Mulden oder Sättel, *Durchbruchstäler* queren Gebirge. Man unterscheidet nach dem Querschnitt ↑Klamm, Schlucht, ↑Cañon, *Kerbtal* oder *V-Tal* (mit V-förmigem Querschnitt), *Muldental* mit breitem, ohne deutl. Grenze in die flachen T.hänge übergehendem T.boden, *Sohlen-* oder *Kastental* mit sehr breitem T.boden und scharfem Knick am Fuß der T.hänge sowie das glazial überformte *Trogtal* oder *U-Tal* (mit U-förmigem Querschnitt).

Talar [italien.], knöchellanges, weites Amtskleid von Geistlichen, Gerichtspersonen, Hochschullehrern.

Talbot, William Henry Fox [engl. 'tɔːlbət], * Melbury House (Dorset) 11. 2. 1800, † Lacock Abbey bei Bath 17. 9. 1877, brit. Physiker und Chemiker. Einer der Erfinder der Photographie; entwickelte ab 1834 das erste photograph. Negativ-Positiv-Verfahren *(Talbotypie),* das die Vervielfältigung photograph. Bilder erlaubte.

Tal der Könige (arab. Biban el-Moluk), Tal im Wüstengebirge auf dem westl. Nilufer von Theben mit Felsgräbern ägypt. Könige des Neuen Reichs (18.–20. Dynastie). Die Grabanlagen, bestehend aus langen Korridoren, Sälen und der eigtl. Sargkammer, waren weit (bis 200 m) und tief (bis 100 m) in den Fels hineingearbeitet. Bemalte Reliefs mit religiösen Darstellungen und Texten schmückten die Wände. Von den reichen Grabbeigaben sind nur vereinzelte Reste erhalten, einzig der Grabschatz des Tut-ench-Amun wurde 1922 weitgehend unversehrt gefunden. Durch Reichtum, Erhaltungszustand und Qualität der farbigen Reliefs ragen im T. d. K. v. a. die Gräber von Haremhab und Sethos I. hervor. – In dem benachbarten *Tal der Königinnen* (arab. Biban el-Harim) wurden die kleineren Felsgräber der Königinnen und Prinzen angelegt, darunter v. a. das reich dekorierte der Nofretiri.

Talent, 1) [griech.] *Münzwesen:* antike Gewichts- und Recheneinheit, je nach Ort 20–39 kg schwere Metallbarren, das att. T. wog etwa 26,2 kg. Als Recheneinheit wurde das att. T. zunächst unterteilt in 30, dann in 60 Minen zu je 100 Drachmen.

2) [mittellat.] *Psychobiologie:* Anlage zu überdurchschnittlich geistigen oder körperl. Fähigkeiten auf einem bestimmten Gebiet.

Taler, Bez. für zahlr. Silbermünzen und Rechnungswerte; entstanden aus dem Versuch, den Gegenwert eines rhein. Goldguldens in Silber darzustellen; namengebend war der *Joachimstaler* (Guldengroschen), der 1518–28 in Sankt Joachimsthal (heute Jáchymov) geprägt wurde. 1566 wurde der zunächst umstrittene T. förmlich anerkannt, und es kam zur Spaltung in sog. *Guldenländer* (Österreich, Süddeutschland) und *T.-länder* (Mitteldeutschland und große Teile Nord- sowie Westdeutschlands); daneben stand noch das *Markgebiet* lüb. Währung, die jedoch die Überschichtung durch den seit 1566 sog. *Reichstaler* (1572: 2 Mark, 1624: 3 Mark) hinnehmen mußte. Die letzten T. wurden in Deutschland 1871 geprägt und 1908 außer Kurs gesetzt.

Talg, 1) *Chemie:* (Unschlitt) körnig-feste, gelbl. Fettmasse, die aus inneren Fettgeweben von Rindern, Schafen u. a. Wiederkäuern ausgeschmolzen und als Speisefett, zur Herstellung von Seifen, Kerzen, Lederfettungsmitteln, Salben u. a. verwendet wird.
2) *Medizin:* (Hauttalg) ↑Talgdrüsen.

Talgdrüsen, traubenförmige Drüsen der Haut, die zumeist in Haarbälge ausmünden. Ihr Sekret *(Hauttalg)* schützt Haut und Haare vor Austrocknung.

Talien, chin. Stadt, ↑Dalian.

Talisman [arab.-roman.], Gegenstand, der gegen Schäden schützen und Glück bringen soll.

Talk [arab.], Mineral von weißer, gelbl. oder grünl. Farbe, auch farblos; chem. $Mg_3[(OH)_2|Si_4O_{10}]$; Mohshärte 1, Dichte 2,7–2,8 g/cm³. T. fühlt sich fettig an und ist fein pulverisierbar *(Talkum).* Rohstoff u. a. für Puder, feuerfeste Geräte, Füllstoff für Papier, Polier- und Gleitmittel.

Talk-Show ['tɔːkʃəʊ], Unterhaltungssendung im Fernsehen, in der ein Moderator *(Talkmaster)* seine Gäste u. a. zu Themen ihres berufl. und privaten Werdegangs befragt.

Tall, svw. ↑Tell.

Tallahassee [engl. tæləˈhæsɪ], Hauptstadt des Staates Florida, USA, nahe der S-Grenze gegen Georgia, 125 500 E. Zwei Univ., Kunst-, geolog. Museum. State Capitol (1839–45).

Talleyrand

Charles Maurice de Talleyrand

Igor Jewgenjewitsch Tamm

Tangaren. Schwalbentangare (Männchen, Größe 16 cm)

Talleyrand (T.-Périgord) [frz. tal'rã (peri'gɔːr), talɛ'rã], altes frz. Adelsgeschlecht. Bed. Vertreter:
Talleyrand, Charles Maurice de, Fürst von Benevent (seit 1806), Hzg. von Talleyrand-Périgord (seit 1807), Hzg. von Dino (seit 1815), *Paris 2. 2. 1754, † ebd. 17. 5. 1838, Staatsmann. Bischof von Autun; seit 1791 im Kirchenbann; wurde royalist. Umtriebe beschuldigt und emigrierte (1792–96 Großbrit. und USA); 1797–1807 Außen-Min. des Direktoriums und Napoleons I.; vergebl. Versuche zur Verständigungspolitik mit Großbrit. und Österreich. 1814 nahm T. entscheidenden Einfluß auf die Rückkehr der Bourbonen. Dank seiner überragenden diplomat. Fähigkeiten blieb auf dem Wiener Kongreß Frankreichs Rang innerhalb Europas gewahrt. 1830 betrieb er die Thronkandidatur Louis Philippes.
Tallinn, estn. Name der Stadt ↑Reval.
Tallit [hebr.] (Tallith), viereckiges mit Quasten versehenes Tuch (Gebetsmantel), das die Juden bei religiösen Verrichtungen anlegen.
Talmi [Kurzform der nach dem frz. Erfinder Tallois ben. Kupfer-Zink-Legierung **Tallois-demi-or**] ↑Tombak.
Talmud [hebr.] Name der beiden großen, zu den hl. Schriften zählenden Literaturwerke des Judentums, ↑Mischna (Kommentare und Ergänzungen zur Thora; bestehend aus 63 Traktaten, die in sechs »Ordnungen« thematisch zusammengestellt sind) und deren rabbin. Kommentare (Gemara); beide sind in einem langen Prozeß seit der Rückkehr der Juden aus dem Babylon. Exil entstanden. Entsprechend den beiden Zentren jüd. Gelehrsamkeit in Palästina und Babylonien entstanden ein palästin. oder Jerusalemer (»Jeruschalmi«; 5. Jh. n. Chr.) und ein babylon T. (»Babli«; 7. Jh. n. Chr.). – Inhaltlich unterscheidet man die beiden Gattungen ↑Halacha und ↑Haggada.
Talon [ta'lõː; lat.-frz.], beim Kartenspiel der nicht ausgegebene Kartenrest.
Talsperre, Bauwerk, das ein Tal in seiner ganzen Breite abschließt und damit einen Stauraum zur Wasserspeicherung (Stausee) schafft; besteht aus Staumauer oder Staudamm und den dazugehörigen Betriebsanlagen. *Staumauern* werden aus Bruchstein, Ziegeln, Beton und Stahlbeton so gebaut, daß der Wasserdruck entweder durch das Eigengewicht oder durch Pfeiler auf die Talsohle oder/und (bei der Bogenstaumauer) auf die Talflanken übertragen wird. *Staudämme* können auf jedem Baugrund errichtet werden.
Tamanrasset [frz. tamanra'sɛt], Oasenort im Ahaggar, Algerien, 38 100 E.
Tamarinde [arab.], bis 25 m hoher, in den Tropen und Subtropen kultivierter Baum (Caesalpiniengewächs); Früchte werden als Abführmittel und Nahrungsmittel verwendet.
Tamariskengewächse (Tamaricaceae), Fam. der Zweikeimblättrigen mit vier Gatt. und rd. 100 Arten in M- und S-Europa, im gemäßigten Asien und in Afrika; kleine Bäume, Sträucher oder Stauden mit (häufig mit Salzdrüsen versehenen) Blättern; v. a. in Steppen- und Wüstengebieten sowie auf salzhaltigen Böden verbreitet.
Tamaulipas, Staat in NO-Mexiko, 79 384 km², 2,29 Mio. E, Hauptstadt Ciudad Victoria.
Tambour [frz. tã'buːr], meist zylindr. Unterbau einer Kuppel; vielfach mit Fenstern.
Tambourin [frz. tãbu'rɛ̃], längl., zylindr. Trommel, die mit zwei Fellen bespannt ist.
Tambourmajor [...buːr...], Anführer eines Spielmannszuges.
Tamburin [pers.-arab.-frz.], svw. ↑Schellentrommel.
Tamerlan ↑Timur.
Tamil, zu den drawid. Sprachen gehörende Literatursprache (v. a. in S-Indien und Sri Lanka) mit über 2000jähriger Tradition und einer eigenen Schrift; mehr als 30 Mio. Sprecher. – Die *Tamilliteratur* ist die erste unter den ↑indischen Literaturen, die unabhängig vom Vorbild des Sanskrit entstanden ist.
Tamilen, eine drawid. Sprache sprechendes Volk in S-Indien, Sri Lanka, O- und S-Afrika, Mauritius, Malaysia und Fidschi.
Tamil Nadu (früher Madras), Gliedstaat in S-Indien, 130 058 km², 55,859 Mio. E, Hauptstadt Madras.
Tamisdat-Literatur ↑Samisdat-Literatur.
Tamm, Igor Jewgenjewitsch, *Wladiwostok 8. 7. 1895, † Moskau 12. 4. 1971, russ. Physiker. Lieferte 1937 (mit I. M.

Frank) die theoret. Erklärung des Tscherenkow-Effekts; erhielt 1958 (zus. mit Frank und P. A. Tscherenkow) den Nobelpreis für Physik.

Tampere (schwed. Tammerfors), Stadt in SW-Finnland, 171 000 E. Univ., TH, Museen, Theater. U. a. Maschinenbau.

Tampico [span. tam'piko], mex. Stadt in der Golfküstenebene, oberhalb der Mündung des Río Pánuco, 268 000 E. Zentrum eines bed. Erdölfördergebiets; Hafen.

Tamponade [frz.], Ausstopfung, z. B. von Wunden, Hohlorganen oder Körperhöhlen, mit *Tampons* (Watte- oder Mullbäusche) u. a. zur Blutstillung.

Tamsweg, österr. Bezirkshauptort im oberen Murtal, Bundesland Salzburg, 5 300 E. Zentraler Ort des Lungau. Spätgot. befestigte Wallfahrtskirche Sankt Leonhard (15. Jh.); Rathaus (16. Jh.), Schloß (1742). – 1160 bezeugt.

Tamtam [Hindi-frz.], ein aus O-Asien stammender großer Gong.

tan, Funktionszeichen für Tangens (↑trigonometrische Funktionen).

Tana, größter Fluß Kenias, entspringt am O-Hang der Aberdare Range, mündet in zwei Armen bei Kipini in den Ind. Ozean, rd. 800 km lang.

Tanasee, mit 3630 km³ größter See Äthiopiens, im nördl. Abessin. Hochland; mehrere Inseln mit Klöstern.

Tandem [lat.-engl.], Fahrrad mit zwei hintereinander angeordneten Sitzen sowie zwei Tretkurbelpaaren.

Tandschur [tibet. »Übersetzung der Lehre«], neben dem »Kandschur« die andere große, im 14. Jh. abgeschlossene Schriftensammlung des Lamaismus.

Tang, svw. ↑Seetang.

Tanganjika, Landesteil von Tansania.

Tanganjikasee, Süßwassersee im Zentralafrikan. Graben, zu Tansania, Sambia, Burundi und Zaire, 34 000 km², bis 1435 m tief.

Tangaren [indian.], Unter-Fam. 10–25 cm langer, häufig farbenprächtiger Singvögel in Amerika mit mehr als 200 Arten; z. B. *Violettblauer Organist.*

Tange Kenzō, *Imabari 4. 9. 1913, jap. Architekt. Einer der bedeutendsten Architekten der Gegenwart; bekannt das Friedenszentrum in Hiroshima (1949 bis 1955) sowie in Tokio die Kathedrale Sankt Maria (1962–65) und das Olympiastadion (1961–64); Planung und Realisation der Weltausstellung in Ōsaka (1970).

Tangelos [Kw.] ↑Mandarine.

Tangens [lat.] ↑trigonometrische Funktionen.

Tangente [lat.], **1)** *Geometrie:* eine Gerade, die eine Kurve in einem Punkt berührt.

2) *Musikinstrumente:* ↑Klavichord.

tangential [lat.], eine Kurve oder gekrümmte Fläche berührend, in Richtung der Tangente verlaufend.

Tangentialebene (Tangentenebene), eine Ebene, die eine gekrümmte Fläche in einem Punkt berührt.

Tanger, marokkan. Prov.-Hauptstadt an der Straße von Gibraltar, 363 000 E. Univ. (gegr. 1971), Volkskunst- und Altertümermuseum; u. a. Schiffbau; bed. Hafen. – Unter dem Namen *Tingis* im 5. Jh. v. Chr. pun. Hafen, ab 40 n. Chr. Hauptstadt der röm. Prov. Mauretania

Tanger

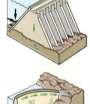

Talsperre. Von oben: Staudamm, Gewichtsstaumauer, Pfeilerstaumauer; die Pfeile markieren die auftretenden Kräfte (schwarz Wasserdruck, rot Widerstand der Talsperre gegen den Wasserdruck, grün Gewichtskraft zur Erzeugung der für die Haftung auf der Sohle notwendigen Reibung, bei der Bogenstaumauer auch die auf die Talflanken übertragende Kraft, blau durch Gestein bzw. Untergrund aufgebrachte Gegenkräfte)

Tamarinde. Frucht von *Tamarindus indica*

Tangerinen

Tanger
Stadtwappen

Tingitana; 1661–84 engl.; 1912–56 internat. Zone (1923 entmilitarisiert); 1940–45 spanisch besetzt; 1956 an Marokko.
Tangeriner [nach Tanger] ↑Mandarine.
Tangermünde, Stadt an der Mündung der Tanger in die Elbe, Sa.-Anh., 11 900 E. Reste der Burg (11. und 14. Jh.), Stadtmauer mit Wiekhäusern, Toren und Wehrtürmen; Pfarrkirche Sankt Stephan und Rathaus (Backsteingotik).
Tango [span.], aus Argentinien stammender Tanz im $^2/_4$- oder $^4/_8$-Takt, in synkopiertem Rhythmus, mit Kreuz- und Knickschritten und abruptem Stillstand.
Tanguten, nordosttibet. Nomadenvolk, das im 10. Jh. in NW-China ein eigenes Reich (Xixia) errichtete, eine eigene Schrift einführte und die Handelswege zw. China und Innerasien kontrollierte; Buddhisten. Ihr Reich wurde 1227 von Dschingis Khan zerstört, der vor der T. hauptstadt Ningxia (heute Yinchuan) starb.
Tanguy, Yves [frz. tã'gi], *Paris 5. 1. 1900, † Waterbury (Conn.) 15. 1. 1955, französischer Maler. 1939 Emigration in die USA; v. a. (surrealistische) Darstellung unendlich erscheinender Ebenen; in der Spätzeit mit architektonischen Elementen.
tanh, Funktionszeichen für Hyperbeltangens (↑Hyperbelfunktionen).
Tanis, ägypt. Ruinenstätte im östl. Nildelta; Residenz der 21. Dynastie; gegr. Mitte des 10. Jh. v. Chr.; Wiederverwendung von Material der Ramsesstadt; unversehrte Gräberfunde.
Tanit ↑Tinnit.
Tank [engl.], Behälter zur Aufnahme und Lagerung bzw. zum Mitführen (Treibstoff-T.) von Flüssigkeiten, Gasen oder pulverförmigen Stoffen.
Tanka [jap.], jap. Kurzgedicht (↑Waka).
Tanker [engl.] (Tankschiff), Spezialschiff zum Transport von flüssiger Ladung, z. B. Öl-, Chemikalien- und Gas-T.; *Öltanker* besitzen meist mehrere Tanks, die untereinander mit einem Rohrleitungssystem verbunden sind. ↑Schiff.
Tannaiten [aramäisch], die in der Mischna zitierten jüd. Gesetzeslehrer bis Juda Hanassi (*135, † nach 200).

Tanne.
Weißtanne; oben: blühend, weiblich (links), männlich (rechts) ◆ Unten: Zweig mit Zapfen

Tanne (Abies), Gatt. der Kieferngewächse mit rd. 40 Arten in den außertrop. Gebieten, v. a. in den Gebirgen der N-Halbkugel; immergrüne, meist pyramidenförmig wachsende, bis 80 m hohe Bäume mit nadelförmigen, zerstreut oder zweizeilig stehenden Blättern, die unterseits meist zwei weiß. Wachsstreifen aufweisen; Zapfen aufrecht, Samen einseitig geflügelt. – Wichtige Waldbäume sind u. a.: *Weiß-T. (Edeltanne, Silbertanne),* bis 50 m hoch, mit weißl. Rinde; in den Gebirgen S- und M-Europas. *Nordmanns-T.,* bis 30 m hoch, mit schwärzlichgrauer Rinde; im westl. Kaukasus, heute auch in M-Europa. *Himalaya-T.,* bis 50 m hoch, mit breiter Krone und weit abstehenden Ästen; im Himalaya, in Sikkim und Bhutan. *Balsam-T.,* bis 25 m hoch, mit glatter schwarzer Rinde; in N-Amerika; liefert ↑Kanadabalsam.
Tännel, weltweit verbreitete Gatt. der zweikeimblättrigen Pflanzen-Fam. Tännelgewächse mit zwölf Arten (vier in Deutschland); meist einjährige Sumpf- und Wasserpflanzen.
Tannenberg (poln. Stębark), Ort im westl. Masuren, Polen. – In der *Schlacht bei Tannenberg* (Schlacht von Grunwald) am 15. 7. 1410 besiegten die Polen, unterstützt von russ.-tatar. Hilfstruppen, den Dt. Orden. In der *Schlacht bei Tannenberg* vom 23. bis 31. 8. 1914 siegte die dt. 8. Armee unter P. von Hindenburg (Stabschef E. Ludendorff) entscheidend über die russ. 2. Armee. – Das 1927 errichtete *Tannenbergdenkmal* wurde 1945 gesprengt.
Tannenhäher (Nucifraga caryocatactes), 34–35 cm großer Rabenvogel, der v. a. in Nadelwäldern Eurasiens lebt, in Mitteleuropa ausschließlich in Gebirgen.
Tanner, Alain ['tanər, frz. ta'nɛr], *Genf 6. 12. 1929, schweizer. Filmregisseur. Mitbegründer des neuen schweizer. Films, u. a. mit »Charles tot oder lebendig« (1969), »Der Salamander« (1971), »Der Mittelpunkt der Welt« (1974), »Messidor« (1979).
Tannhäuser (Der T.; mhd. Tan[n]huser), *vermutlich Tannhausen bei Neumarkt i. d. OPf. bald nach 1200, † nach 1266, mhd. Dichter. Schrieb Tanzlieder und parodist. Minnedichtung. – Die *Tannhäusersage* ist für das späte 14. Jh.

erstmals überliefert: Der Ritter T. wird von Frau Venus in ihren Zauberberg gelockt. Von seinem Gewissen geplagt, pilgert er nach Rom, wo ihm der Papst (Urban IV.) jedoch keine Vergebung gewährt. Als das Zeichen göttl. Verzeihung eintritt (Wunder vom grünenden Wanderstab), ist T. bereits in den Venusberg zurückgekehrt; Oper von R. Wagner (1845).

Tannin [mittellat.-frz.] (Gallusgerbsäure), in Holz, Rinde und Blättern zahlr. Pflanzen sowie in Pflanzengallen enthaltene gallussäurehaltige Substanz; T. denaturiert Proteine; wird als Ledergerbstoff und Adstringens verwendet.

Tano [engl. 'tɑnəʊ], Sprachfamilie des Uto-Aztek-Tano-Sprachstammes. Die T. sprechenden Indianer (rd. 10 000) gehören kulturell zu den Puebloindianern im Tal des Rio Grande, New Mexico, USA.

Tansambahn [**Tan**sania-**Sam**bia-**Bahn**], Eisenbahnlinie in O-Afrika, zw. Daressalam in Tansania und Kapiri Mposhi in Sambia; 1 860 km lang; 1970–76 von der VR China erbaut.

Tansania [tanˈzaːnia, tanzaˈniːa] (Tanzania), Staat in O-Afrika, grenzt im S an Moçambique, im SW an Malawi und Sambia, im W an Zaire, im NW an Burundi und Ruanda, im N an Uganda, im NO an Kenia, im O an den Ind. Ozean. Im Ind. Ozean liegen die Inseln Sansibar und Pemba, die den autonomen Teilstaat Sansibar bilden, sowie Mafia Island.

Staat und Recht: Föderative Präsidialrepublik, bestehend aus den beiden Landesteilen Tanganjika und Sansibar; *Verfassung* von 1977 (geändert 1993). *Staatsoberhaupt* und oberster Inhaber der *Exekutive* ist der vom Volk auf 5 Jahre gewählte Staats-Präs.; die *Legislative* liegt bei der Nationalversammlung (291 Mgl., teils direkt gewählt, teils vom Staats-Präs. ernannt, teils Vertreter gesetzl. Körperschaften). Einzig zugelassene *Partei* war bis 1992 die Chama Cha Mapinduzi (CCM).

Landesnatur: T. ist weitgehend ein Hochland in 1 000–2 000 m Höhe, das im W vom Zentralafrikan. Graben begrenzt wird und im SO eine nach S sich verbreiternde (bis 450 km) Küstenebene mit bis zu 700 m Höhe vorgelagert ist. Am Rand der Hochebene liegen meist erloschene Vulkanmassive, u. a. der Kilimandscharo (im Kibo 5 895 m). T. hat weitgehend trop. Hochlandklima. Das Landschaftsbild bestimmen Savannen und im Bereich der Gebirge immergrüne Berg- und Nebelwälder. Reich an Großwild, zu dessen Schutz Tierreservate und Nationalparks angelegt wurden (u. a. Serengeti-Nationalpark).

Bevölkerung: Die E sind größtenteils Bantu (etwa 120 Stämme). Außerdem gibt es Inder, Pakistani, Araber (60 % der E auf Sansibar) und Europäer. 23 % der Afrikaner sind Anhänger von Naturreligionen, 33 % Muslime, 40 % Christen.

Wirtschaft, Verkehr: Wichtige Exportgüter sind Baumwolle und Kaffee sowie Gewürznelken und Sisal. Bes. gefördert wird der Anbau von Tee und Tabak. Die Holzwirtschaft liefert die Edelhölzer Mahagoni, Ebenholz und Sandelholz. Die Ind. ist noch schwach entwickelt. Auf dem Bergbausektor ist nur die Diamantenförderung bei Shinyanga von Bedeutung. Die Länge des Eisenbahnnetzes beträgt 3 569 km, die des Straßennetzes rd. 82 000 km, davon 7 530 km mit fester Decke. Die wichtigsten Seehäfen sind Daressalam, Tanga und Mtwara. Internat. ✈ bei Daressalam, bei Arusha und auf Sansibar.

Tansania

Tansania

Staatsflagge

Tansania

Fläche:	945 087 km²
Einwohner:	27,829 Mio.
Hauptstadt:	Dodoma
Amtssprache:	Swahili
Nationalfeiertag:	26. 4.
Währung:	1 Tansania-Schilling (T.Sh.) = 100 Cents (c)
Zeitzone:	MEZ + 2 Std.

Staatswappen

Bevölkerungsverteilung 1992

Bruttoinlandsprodukt 1992

Tantal

Geschichte: 1503 machten sich die Portugiesen das Sultanat Sansibar (spätestens seit dem 10. Jh. arab.-pers. Niederlassungen) tributpflichtig; nach 1698 erneut unter Arabern aus Oman (Sklaven- und Elfenbeinhandel). Seit 1884 erwarb C. Peters Festlandgebiete in O-Afrika, die seit 1885 durch einen kaiserl. Schutzbrief faktisch dt. Kolonien wurden. Durch den ↑Helgoland-Sansibar-Vertrag 1890 wurde Sansibar brit. Protektorat. Im 1. Weltkrieg konnte sich die dt. Schutztruppe unter General P. von Lettow-Vorbeck bis 1916 gegen belg.-portugies.-brit.-südafrikan. Truppen halten, im Nov. 1918 stellte sie die Kampfhandlungen ein. 1919/20 vergab der Völkerbund den größten Teil des vormaligen Dt.-Ostafrika, Tanganjika, an Großbrit., dem auch 1946 die UN das Gebiet als Treuhandgebiet übertragen. 1960 bildete J. K. Nyerere die erste afrikan. Regierung. Am 9.12. 1961 entließ Großbrit. Tanganjika in die Unabhängigkeit, ab 1962 als Republik innerhalb des Commonwealth mit Nyerere als Staatspräsident. 1963 wurde auch Sansibar als Sultanat unabhängig. 1964 nach Sturz des Sultans wurde Scheich A. A. Karume Staats-Präs. der neugebildeten VR Sansibar und Pemba. Am 26. 4. 1964 schlossen sich Tanganjika und Sansibar unter Beibehaltung eigener Legislativ- und Exekutivorgane sowie separater Rechtssysteme unter Staats-Präs. Nyerere, der für eine sozialist. Politik eintrat, zu der Vereinigten Republik von Tanganjika und Sansibar (seit Okt. 1964 T.) zusammen. 1985 wurde A. H. Mwinyi zum neuen Staats-Präs. gewählt; nach seiner Wiederwahl 1990 kündigte Mwinyi eine polit. Öffnung an. Im Mai 1992 wurde ein Mehrparteiensystem eingeführt.

Tantal [griech., nach Tantalus], chem. Symbol **Ta**, metall. chem. Element aus der V. Nebengruppe des Periodensystems der chem. Elemente; Ordnungszahl 73; relative Atommasse 180,9479; Dichte 16,6 g/cm³; Schmelztemperatur 2996 °C; Siedetemperatur 5425 (± 100) °C; wird zur Herstellung chirurg. Instrumente und chem. Geräte, für Gleichrichter und Kondensatoren sowie als Legierungsbestandteil für nichtrostende Stähle verwendet.

Tantalus (Tantalos), Gestalt der griech. Mythologie. Um die Allwissenheit der Götter zu prüfen, setzte er ihnen das Fleisch seines Sohnes vor, wofür er ewige Qualen erleiden muß: In der Unterwelt muß er durstend im Wasser stehen, das zurückweicht, wenn er trinken will; über ihm hängen Früchte, die zurückschnellen, sobald er nach ihnen greift (T.-Qualen).

Tantieme [tã..., tan...; frz.], **1)** Beteiligung am Gewinn, seltener am Umsatz eines Unternehmens.
2) Zahlungen an Autoren als Beteiligung am Erlös aus Aufführungen musikal. oder literar. Werke.

Tantrismus, religiöse Strömung in Indien, die seit dem 5.Jh. großen Einfluß auf Hinduismus und Buddhismus gewann. Die Erlösung sucht der T. auf dem Weg des Rituals (im *Tantra* niedergelegt) mit Hilfe mag., mitunter auch orgiast. Praktiken; im Mittelpunkt stehen die Rezitation myst. Silben (»Mantra«; im *Mantrayana* galt dies als wichtiges Mittel zur Erlösung) und der Genuß der fünf mit »M« beginnenden Dinge: *Madaya* (Wein), *Maithuna* (Geschlechtsverkehr), *Matsya* (Fisch), *Mamsa* (Fleisch), *Mudra* (geröstete Körner).

Tanz, rhythm. Körperbewegung zu Musik- oder Geräuschbegleitung, auch die zum T. erklingende Musik oder deren Stilisierung in instrumentaler (Instrumental-T.) oder vokaler Form (T.lied). – Urspr. ein rein religiöser Akt, war der T. neben dem Opfer wichtigster Bestandteil des Kultes. Der T. verleiht wichtigen Akten des menschl. Lebens eine religiöse Weihe; dabei diente er oft zugleich der Abwehr dämon. Einflüsse, z. B. bei Initiationsriten, beim Hochzeits-T. sowie bei Totentänzen. Daneben hat der T. oft auch die Bedeutung einer mag. Analogiehandlung, z. B. Fruchtbarkeitstänze, die den Ertrag der Felder fördern sollten. ↑Gesellschaftstanz, ↑Volkstanz, ↑Ballett, ↑Tanzsport.

Tanzlied, Lied, das im Hoch- und Spät-MA zum Tanz gesungen wurde; z B. die [stroph.] Refrainlieder.

Tanzmaus, Zuchtform der Hausmaus, die infolge krankhafter Veränderungen im Labyrinth kreisförmige Zwangsbewegungen ausführt.

Tanzsport (Turniertanz), wettkampfmäßig durchgeführte Variante des ↑Gesellschaftstanzes. Hierzu gehören die fünf Standardtänze langsamer Walzer, Tango, Slowfox, Wiener Walzer und Quickstep sowie die vier lateinamerikan. Tänze Rumba, Samba, Cha-Cha-Cha und Pasodoble; die Berufstänzer tanzen zusätzlich den Jive.

Tanztheater, Sammel-Bez. für eine Gegenbewegung zum klass. Ballett, die v. a. in der BR Deutschland Mitte der 1970er Jahre durch die Arbeit von Pina Bausch und H. Kresnik an Bedeutung gewonnen hat. Der Begriff T. stammt vermutlich von K. Jooss und charakterisiert die enge Wechselbeziehung von Tanz und Drama. – Das T. befreit nicht nur den Tanz aus seiner bis dahin beschränkten Funktion als Einlage in Oper, Operette oder Musical, sondern steht auch für eine avantgardist. Ästhetik, die zwar auf tänzer. Trivialtraditionen von Revue, Vaudeville oder Musichall fußt, gleichzeitig aber der Montagetechnik zeitgemäße Formen abgewinnt. Stilbildend wirkt dabei Bausch, die in ihren »Stücken« nicht einfach Bewegungen erfinden, sondern Bewegungsgründe sichtbar machen will. Die Alltagsgestik kann dabei eine ebenso große Rolle spielen wie Text und Gesang. Auch der Körper als Ausdrucksmittel wird im T. auf andere Weise definiert. Die Musik, meist collagehaft aus den verschiedensten Elementen zusammengesetzt, hat oft nur noch eine begleitende Funktion. Entsprechend änderten sich die Inhalte, mit denen sich das T. auseinandersetzt.

Tanztherapie, Sammel-Bez. für verschiedene Formen der Anwendung des Tanzes zu therapeut. Zwecken. Die Grundlage der T. bildet die Auffassung, daß der Bewegung für die körperl., emotionale und kognitive Entwicklung des Menschen und die Kommunikation zw. Individuum und Umwelt eine hohe Bedeutung zukommt und daß Leib und Seele in einer wechselseitigen Abhängigkeit stehen.

Tao ['ta:o, taʊ] (Dao) ↑Taoismus.

Taoismus (Daoismus), religiös-philosoph. Lehre in China, als deren Begründer ↑Laotse gilt. Zentral ist die Beschäftigung mit dem Urgrund des Seins. Der T. baut seine Metaphysik und Ethik auf den Begriffen Tao (»Weg«) und Te (»Tugend«) auf. *Tao,* das Absolute, bringt das

Tapete. Von links: Papiertapete, Handdruck, Paris (um 1780); deutsche Wachstuchtapete (um 1760); Biedermeiertapete, Handdruck (um 1820); alle Kassel, Deutsches Tapetenmuseum)

Universum und die Dinge der Welt hervor. *Te* ist das Wirken des Tao in der Welt. Für den Menschen bedeutet deshalb das Te die Norm für sein ethisches und politisches Verhalten. Da das Tao »ohne Handeln« ist, ist die Handlungsnorm (eth. und polit.) das Angleichen an das Tao.

Taormina, italien. Stadt auf O-Sizilien, 10 000 E. Filmfestspiele. Bed. griech. Theater (im 1. Jh. n. Chr. röm. erneuert); Reste eines kleinen röm. Theaters und der sog. Naumachia (Badeanlage). Got. Dom (13. und 15. Jh.); got. ehem. Adelspaläste. – In der Antike *Tauromenion;* 396 v. Chr. von Sikelern gegr.; 358 griech., um 215 v. Chr. an Rom; ab 902 arab., ab 1079 normannisch.

Tapete [griech.], Wandverkleidung aus Papier, textilem Material, Leder oder Kunststoff, die in Bahnen auf den Wandputz geklebt wird. Heute verwendet man v. a. farbig bedruckte, geprägte, auch unter Zusatz von grobem Holzschliff oder durch Aufwalzen von Sägemehl hergestellte Papier-T. *(Rauhfasertapeten).*

Tàpies, Antoni [katalan. 'tapiəs], eigtl. A. T. Puig, *Barcelona 23. 12. 1923,

Tapioka

Taranteln. Apulische Tarantel

span. Maler. Vertreter des ↑abstrakten Expressionismus.
Tapioka [indian.] ↑Maniok.
Tapire [indian.] (Tapiridae), mit vier Arten in den Wäldern SO-Asiens, M- und S-Amerikas vertretene Fam. der Unpaarhufer; primitive Säugetiere mit rd. 1,8–2,5 m langem, bis 1,2 m schulterhohem Körper, deren Kopf einen kurzen Rüssel aufweist. Zu den T. gehört u. a. der *Schabracken-T.* auf Malakka und Sumatra.
Tara [arab.-italien.], Gewicht der Verpackung einer Ware. Durch Abzug der T. vom Gesamt-(Brutto-)gewicht ergibt sich das Nettogewicht.
Tarantella [italien.], süditalien. Volkstanz, der im schnellen ³/₈- oder ⁶/₈-Takt mit sich steigerndem Tempo zur Begleitung von Kastagnetten und Schellentrommel getanzt wird.
Taranteln [italien.], Bez. für verschiedene trop. und subtrop., z. T. giftige Arten bis 5 cm langer Wolfspinnen; z. B. *Apul. T.* (Tarantelspinne), im Mittelmeergebiet, etwa 3–4 cm lang; Biß für den Menschen schmerzhaft, aber ungefährlich.
Tarasken, Indianerstamm im mex. Staat Michoacán. Gründeten (nach der Sage im 15. Jh.) ein bed. Reich; 1522 von den Spaniern ohne Kampf unterworfen.
Tarbes [frz. tarb], frz. Dép.-Hauptstadt im Pyrenäenvorland, 51 400 E. Got. Kathedrale (13.–15. und 18. Jh.), got. Kirche Sainte-Thérèse (v. a. 15. Jh.), Garten »Jardin Massey«. – Im 1. Jh. v. Chr. röm.; seit dem 5. Jh. Bischofssitz.
Tardieu, André [frz. tar'djø], *Paris 22. 9. 1876, †Menton 15. 9. 1945, frz. Politiker. Als enger Mitarbeiter G. B.

Tapire. Schabrackentapir (Körperlänge bis 2,5 m)

Antoni Tàpies. Triptychon mit Fußabdrücken (1970; Buffalo, N.Y., Allbright-Knox Art Gallery)

Clemenceaus an der Ausarbeitung des Versailler Vertrags beteiligt; 1926–32 mehrfach Min.; Min.-Präs. 1929/30 und 1932.
Tarent, italien. Prov.-Hauptstadt in Apulien, am Golf von Tarent, 244 700 E. Werften, Hütten- und Stahlwerke; Hafen. Der Dom (im 18. Jh. barockisiert) besitzt im Innern antike Säulen mit roman. Kapitellen; got. Kirche San Domenico Maggiore (13. Jh.); Kastell (15./16. Jh.). – Das griech. *Taras,* gegr. um 706 v. Chr., wurde im 5. Jh. mächtigste Stadt Großgriechenlands; mußte sich 272 den Römern unterwerfen; wurde 123 v. Chr. röm. Kolonie; nach häufigem Besitzwechsel im frühen MA 1063 normann. Teil des Kgr. Sizilien.
Target [engl. 'tɑ:gɪt] (Zielscheibe), in der Kernphysik Bez. für ein Materiestück (Folie, Flüssigkeits- oder Gasvolumen), in dem durch Beschuß mit hochenerget. Teilchen Kernreaktionen ausgelöst werden.
Târgu Mureş [rumän. 'tirgu 'mureʃ] (dt. Neumarkt), rumänische Stadt im östl. Siebenbürgen, 157 400 E. Zentrum des Szeklerlandes; rumän. und ungar. Theater; Zoo. Innerhalb der Mauern der Stadtburg (15.–17. Jh.) steht die got. ref. Kirche (15. Jh.); barocke röm.-kath. Kirche (1728–50); Kulturpalast (1911

Tarkowski

bis 1913). – Neolith., skythenzeitl., dak.-röm. Funde; erstmals 1332 als Sitz eines Stuhles der Szekler erwähnt.

tarieren [arab.-italien.], eine unbelastete Waage auf den Nullpunkt (Gleichgewicht) einstellen.

Tarif [arab.-italien.-frz.], Verzeichnis für Preis- bzw. Gebührensätze für bestimmte Lieferungen und Leistungen, z. B. Eisenbahn-, Zoll-, Lohntarif.

Tarifa, span. Hafenstadt an der Straße von Gibraltar, 14 000 E. Maur. Stadtbild mit Alkazar.

Tarifvertrag, schriftl. Vertrag zw. einer oder mehreren Gewerkschaften und einem einzelnen Arbeitgeber oder einem Arbeitgeberverband *(T.parteien)* zur Festlegung von Arbeits- und Wirtschaftsbedingungen; gehört zum kollektiven Arbeitsrecht. Rechtsgrundlage ist das T.gesetz in der Fassung vom 25. 8. 1969. Voraussetzung für die Tariffähigkeit einer Vereinigung ist, daß die Mitgliedschaft freiwillig ist, daß sie vom Staat und vom tarifl. Gegenspieler unabhängig ist und daß sie mächtig genug ist, den Abschluß von T. wirksam zu verfolgen, ggf. durch Arbeitskampfmaßnahmen. Gegenstand von T. ist die Höhe der Arbeitsentgelte in verschiedenen, im T. beschriebenen Tarifgruppen *(Entgelt-T.)* und die Regelung sonstiger Arbeitsbedingungen wie Arbeitszeit, Urlaub, Kündigungs-, Rationalisierungsschutz *(Mantel-T., Rahmen-T.).* Die Bestimmungen im T., die den Inhalt der einzelnen Arbeitsverhältnisse regeln *(Inhaltsnormen),* sind Mindestbedingungen, von denen nur zugunsten der Arbeitnehmer abgewichen werden darf *(Günstigkeitsprinzip).* Rechtsanspruch auf Leistungen aus T. haben nur die Mgl. einer T.partei.

Tarik ibn Sijad, † um 720, arab. Heerführer berber. Herkunft. Landete 711 bei dem nach ihm ben. Gibraltar (Djebel al-Tarik) und eroberte große Teile der Pyrenäenhalbinsel.

Tarim [taˈrɪm, taˈriːm, ˈtaːrɪm], 2 179 km langer Fluß in NW-China, entsteht (vier Quellflüsse) sö. des Oasenortes Aksu, gabelt sich sö. von Kucha: der eigtl. T. fließt nach SO bzw. S und mündet, z. Z. etwa für zehn Monate des Jahres wasserlos, in das Sumpfgebiet des Kara Buran Köl; der zweite Arm endet im Lop Nor.

Tarimbecken [taˈrɪm..., taˈriːm..., ˈtaːrɪm...], abflußloses Hochbecken in Sinkiang, China, mit einer Länge von 1 500 km und maximal 650 km Breite, zw. 780 und 1300 m ü. M.; im zentralen Teil liegt die Wüste Takla Makan, im O der Lop Nor.

Tarkọwski, Andrei Arsenjewitsch, * Sawraschje (Geb. Iwanowo) 4. 4. 1932, † Paris 29. 12. 1986, russ. Filmregisseur. Verließ 1983 die UdSSR; schuf systemkritische Filmkunst, u. a. »Iwans Kindheit« (1962), »Andrej Rubljow« (1966), »Der Stalker« (1979), »Nostalghia« (1983), »Das Opfer« (1985).

Tarent
Stadtwappen

Tarn

Tarock.
Tarockkarten; links: Trumpfzehn eines deutschen Tiertarocks ♦ Rechts: Karte VIII »Gerechtigkeit« des »großen Arkana« aus einem Wahrsagetarock (Neuzeichnung des klassischen Bildes)

Tarn, rechter Nebenfluß der Garonne, 375 km lang.

Tarnopol (russ. Ternopol), Geb.-Hauptstadt am Seret, Ukraine, 189 000 E. Theater, Philharmonie; u. a. Nahrungsmittel-Ind., Porzellanfabrik. – Entstand Mitte des 16. Jh. als Festung.

Tarnów [poln. 'tarnuf], poln. Stadt an der Mündung des Biała in den Dunajec, 118 400 E. Maschinenbau, Holz-Ind., Ölraffinerie. Got. Kathedrale (um 1400; mehrfach umgebaut), got. Rathaus (14. und 16. Jh.). – 1105 erstmals erwähnt; gehörte 1772–1918 zu Österreich; seit 1785 Bischofssitz.

Taro [polynes.] (Kolokasie, Blattwurz), Gatt. der Aronstabgewächse mit sechs Arten im trop. Asien; große Stauden mit meist knollig verdicktem Rhizom und Blütenkolben mit großer Blütenscheide. Das bis 4 kg schwere Rhizom von *Colocasia esculenta* ist ein wichtiger Stärkelieferant (Stärkegehalt zw. 15 und 26%).

Tarock [italien.], Kartenspiel für drei Personen mit 78 Karten (52 gewöhnl. Blätter, vier Reiter [Cavall], 21 T. [Trumpfkarten] und ein Einzelblatt, der *Sküs*).

Tarquinia, italien. Stadt in Latium, nahe der tyrrhen. Küste, 13 500 E, Marktort mit Landmaschinenmesse. Mittelalterl. Stadtbild mit 13 Geschlechtertürmen, Kastell mit der roman. Kirche Santa Maria di Castello (1121–1208); Dom (17. Jh.), Palazzo dei Priori (13. Jh.), Palazzo Vitelleschi (15. Jh.); Nationalmuseum. Nahebei bed. etrusk. Nekropole. – *Tarquinii,* eine bed. etrusk. Stadt, wurde im 3. Jh. v. Chr. von Rom unterworfen. Nach Zerstörung durch die Sarazenen im 8. Jh. entstand an der Stelle einer älteren Siedlung *Corneto* (1872–1922 *Corneto Tarquinia*).

Tarquinius, Name des etrusk. Geschlechts der *Tarquinier.* – Bed. Vertreter:
1) **Lucius T. Collatinus,** nach der Überlieferung 509 v. Chr. zus. mit Lucius Junius Brutus erster röm. Konsul.
2) **Lucius T. Priscus,** nach der Sage der 5. König von Rom. Soll 616–578 v. Chr. regiert und u. a. das Forum Romanum und den Circus maximus angelegt haben.
3) **Lucius T. Superbus,** nach der Sage der 7. (letzte) König von Rom. Soll 533–509 v. Chr. willkürlich geherrscht haben; als sein Sohn ↑Lucretia entehrt hatte, wurde er vertrieben.

Tarragona, span. Prov.-Hauptstadt in Katalonien, 109 600 E; Museen; u. a. petrochem. Industrie, Weinexport (v. a. Süßweine: *Tarragonawein*); Reste eines röm. Amphitheaters, des Augustuspalastes und der iber.-röm. Stadtmauer; Kathedrale im roman.-got. Übergangsstil mit roman. Kreuzgang; nahebei

Taro.
Oben: Blätter ♦ Unten: Rhizomknolle

Taschenrechner

röm. Aquädukt. – *Tarraco* fiel 218 v. Chr. an Rom; 476 von Westgoten, 714 von Arabern in Besitz genommen; nach Rückeroberung 1117 Erhebung des alten Bistums zum Erzbistum.

Tarsus, türk. Stadt im südl. Anatolien, 160 200 E. – Alte kilik. Siedlung; pers. Satrapensitz, 333 v. Chr. von Alexander d. Gr. eingenommen; Hochblüte unter den Seleukiden (griech. *Tarsos*) und anschließend unter den Römern; Heimat des Apostels Paulus; seit 1515 beim Osman. Reich.

Tartan, Bez. für die je nach Clan spezif. Musterung des ↑Kilts.

Tartan ®, Handels-Bez. für einen wetterfesten Kunststoffbelag für Sportbahnen.

Tartarus (Tartaros), bei den Griechen ein Teil der Unterwelt.

Tartini, Giuseppe, * Piran (Istrien) 8. 4. 1692, † Padua 26. 2. 1770, italien. Violinist und Komponist. Seine Violintechnik (Bogentechnik, Doppelgriffe, Triller) wurde Grundlage für das moderne Violinspiel; schrieb etwa 125 Violinkonzerte, 50 Triosonaten, 200 Violinsonaten, darunter die »Teufelstrillersonate«; auch musiktheoret. Schriften.

Tartrate [mittellat.-frz.] ↑Weinsäure.

Tartu ↑Dorpat.

Tartus, Hafenstadt an der syr. Mittelmeerküste, 52 600 E. – Bauten aus der Kreuzfahrerzeit, u. a. die Kathedrale (jetzt Museum) und die Festung der Templer (beide 12. und 13. Jh.). – In der Antike *Antarados;* lag gegenüber der auf einer kleinen Insel gelegenen altphönik. Stadt *Arwada* (griech. *Arados*); 1099 und erneut 1102 von den Kreuzfahrern erobert *(Tortosa),* 1183–1291/1303 Hauptfestung der Templer.

Tarzan, Dschungelheld in den Abenteuerromanen des amerikan. Schriftstellers Edgar Rice Burroughs (* 1875, † 1950); danach auch in Filmen und als Comicfigur.

Täschelkraut ↑Pfennigkraut.

Taschenbuch, preiswertes, broschiertes Buch im handl. Taschenformat, das meist in Rotationsdruck und mit Klebebindung (Lumbeckverfahren) hergestellt wird.

Taschenkrebs, etwa 20 cm breite Krabbe an den europ. und nordafrikan. Küsten; eßbar.

Taschenmäuse (Heteromyidae), Nagetier-Fam. mit rd. 70 bis rattengroßen Arten in ganz Amerika; u. a. die nachtaktiven *Taschenspringer* (Känguruhratten) mit hüpfender Fortbewegung.

Taschenrechner, kleine, handl. elektron. Rechengeräte mit mindestens zwei Registern (Anzeige- und Rechenregister), die wegen ihrer kompakten, durch Miniaturisierung erreichten Bauweise leicht mitgeführt werden können. Die Anzeige der Werte erfolgt in Leuchtdioden- oder Flüssigkristallanzeige (LED- bzw. LCD-Anzeige). Als *Taschencomputer* bezeichnet man T., die

Taschenmäuse.
Taschenspringer

Tarragona
Stadtwappen

Tarquinia.
Tänzerin und Tänzer.
Wandmalerei aus dem
»Grab des Löwen«
(um 510 v.Chr.)

Taschkent

Torquato Tasso
(Ausschnitt aus einem zeitgenössischen Gemälde)

über ein geeignetes Interface (Schnittstelle) an Peripheriegeräte (z. B. Plotter, Printer, Kassettenlaufwerk, Datensichtgerät, Fernsehgerät, Terminal), an Datenfernübertragungssysteme und/oder an Meßgeräte angeschlossen werden können.

Taschkent [russ. taʃˈkjent], Hauptstadt von Usbekistan und des Gebiets Taschkent, im westl. Vorland des Tienschan, 2,09 Mio. E, Univ., Hochschulen, Museen, Theater; alle Jahre Filmfestival; botan. Garten; Zoo; bedeutendstes Ind.-Zentrum in Mittelasien. 1966 starke Zerstörungen durch Erdbeben; erhalten blieben die Kukeldasch-Medrese und die Barak-Khana-Medrese (beide 15. und 16. Jh.). – Bereits im 5./4. Jh. Stadt; Anfang des 8. Jh. von den Arabern erobert; unterstand im 11./12. Jh. dem Reich der Ilekchane; im 14. Jh. von Timur erobert; kam 1865 an Rußland, wurde 1867 Hauptstadt des Generalgouvernements Turkestan; seit 1930 Hauptstadt der Usbek. SSR, seit 1991 Usbekistans.

Tasman, Abel Janszoon, *Lutjegast bei Groningen um 1603, † Batavia (heute Jakarta) vor dem 22. 10. 1659, niederl. Seefahrer. Entdeckte 1642 Van Diemen's Land (heute Tasmanien), 1643 die Tongainseln und die Fidschiinseln.

Tasmania [engl. tæzˈmeɪnjə] (Tasmanien), Gliedstaat des Austral. Bundes, umfaßt die durch die Bass-Straße vom Kontinent getrennte, bis 1167 m hohe Insel Tasmanien sowie die sie umgebenden Inseln, 67 800 km², 469 000 E, Hauptstadt Hobart. 1642 von A. J. Tasman entdeckt, hieß bis 1853 *Van Diemen's Land;* gehörte bis 1825 zu New South Wales; trat 1901 dem Austral. Bund bei.

Tasmanien ↑Tasmania.

TASS, Abk. für russ. **T**elegrafnoje **A**genstwo **S**owjetskogo **S**ojusa (»Nachrichtenagentur der Sowjetunion«), sowjet. Nachrichtenagentur; 1925 gegr., 1991 mit der Russ. Informationsagentur (RIA) und der Wirtschaftsdienst der von Jelzin aufgelösten Nowosti zur »Informations-Telegraphen-Agentur Rußlands« (ITAR-TASS) zusammengeschlossen; Sitz Moskau.

Tassili N' Ajjer [frz. - - adˈʒeːr], Teil der zentralen Sahara, nö. des Ahaggar (Algerien), bis 2554 m hoch; zahlr. Felsbilder, die ältesten zw. 10 000 und 5 000 v. Chr.

Tassilo III., *um 741, † Kloster Lorsch 11. 12. nach 794, Hzg. von Bayern (748/749–788). Agilolfinger; wurde nach einem Aufstand (787) gegen seinen fränk. Lehnsherrn 788 von Karl d. Gr. zu lebenslanger Klosterhaft verurteilt.

Tasso, Torquato, *Sorrent 11. 3. 1544, † Rom 25. 4. 1595, italien. Dichter. Lebte als gefeierter Dichter seit 1565 im Dienste der Este in Ferrara; danach Wanderleben. Nach dem Ritterepos »Rinaldo« (1562) wurde sein Hauptwerk, das Kreuzzugsepos »Das befreite Jerusalem« (1581), zu einem europ. Erfolg; weites Echo fand auch sein Schäferspiel »Aminta« (UA 1573); auch lyr. Dichtungen, philos. und literar. Dialoge. – Schauspiel von Goethe (»Torquato T.«, 1790).

Tastatur [lat.-roman.], Eingabegerät für elektron. Datenverarbeitungsanlagen, bestehend aus Tasten für die manuelle Eingabe von Zeichen oder Befehlen (Funktionstasten).

Taster [lat.-roman.], **1)** *Technik:* 1. mit einer Taste (sog. *Geber*) oder einer Tastatur ausgestattetes Gerät (z. B. Setzmaschine), auch Bez. für die ein solches Gerät bedienende Person; 2. svw. Abtastvorrichtung, Meßfühler; 3. zirkelähnl. Gerät *(T. zirkel)* mit an den Enden spitz zulaufenden, gekrümmten Schenkeln zum Abgreifen (und Übertragen) von Werkstückmaßen.

2) *Zoologie:* bei Tieren svw. ↑Palpen.

Tasthaare, 1) *Botanik:* (Fühlhaare) bei *Pflanzen* haarartige Bildungen, die Berührungsreize registrieren.

2) *Zoologie:* bei den *Säugetieren* die als Tastsinnesorgane fungierenden Sinushaare (z. B. die Schnurrhaare).

Tastsinn (Fühlsinn), mechan. Sinn, der Organismen (Tier und Mensch) befähigt, Berührungsreize wahrzunehmen.

Tastsinnesorgane (Tastorgane, Fühlorgane, Tangorezeptoren), bei Tieren und beim Menschen: mechan. Einwirkungen auf den Körper in Form von Berührungsempfindungen (Tastempfindungen) registrierende Sinnesorgane; v. a. Hautsinnesorgane *(Tastkörperchen,* u. a. die ↑Meißner-Körperchen), die bevorzugt an Stellen lokalisiert sind, die für die Reizaufnahme entsprechend exponiert liegen, z. B. an den Händen oder bei Tieren v. a. am Kopf bzw. an der Schnauze (als Tasthaare). Die zw. den Zellen der Epidermis vieler Tiere (auch des Menschen) verteilt vorkommenden freien Nervenendigungen sind v. a. Schmerzrezeptoren.

Tataren (fälschlich Tartaren), urspr. Name eines von Dschingis Khan vernichteten mongol. Stammes, später Bez. der Russen für die ↑Goldene Horde; nach deren Zusammenbruch seit etwa 1420 Bez. für das aus ihr entstandene Mischvolk in Z-Asien.

Tatarisch (Kasantatarisch), zur Nordwestgruppe (kiptschak. Gruppe) der Turksprachen gehörende Sprache der Tataren in der Tatar. Republik, in einigen angrenzenden Gebieten und in W-Sibirien. Seit dem Ende des 19. Jh. setzten sich Bestrebungen durch, den zentralen Dialekt als Schriftsprache zu benutzen (seit 1939 mit kyrill. Schrift).

Tatarstan, autonome Republik innerhalb Rußlands, am Kuibyschewer Stausee der Wolga, 68 000 km², 3,67 Mio. E, Hauptstadt Kasan. – Im 10. Jh. Bildung eines Khanats turksprachiger bulgar. Stämme; 1236–41 von den Mongolen erobert, kam an die Goldene Horde, im 15. Jh. an das Khanat Kasan; 1552 Anschluß an Rußland; 1920–91 Bildung der Tatar. ASSR.

Tatauierung [polynes.-engl.] (Tätowierung), Anbringen von Mustern auf der menschl. Haut durch Einstiche, oft verbunden mit Einführung von Farbstoffen; bes. kunstvoll in Polynesien und Mikronesien.

Tatbestand, im Strafrecht die abstrakte Beschreibung verbotenen Verhaltens in einem Strafgesetz. Der Tatbestand enthält alle Merkmale, die die Strafwürdigkeit einer Handlung, ihren materiellen Unrechtsgehalt sowie den Schuldgehalt einer Straftat ausmachen. Die einzelnen Bestandteile des T. sind die *Tatbestandsmerkmale*.

Täter, derjenige, der eine Straftat selbst oder durch einen anderen begeht. Handeln bei einer Straftat mehrere (gemeinschaftlich) im bewußten und gewollten Zusammenwirken, so sind sie *Mittäter*. Vollenden mehrere durch die Gesamtheit ihrer Handlungen eine Straftat, ohne gemeinschaftlich zu handeln, sind sie *Nebentäter* und werden als Täter bestraft.

Tatform (Tätigkeitsform), svw. ↑Aktiv.

Tati, Jacques, eigtl. J. Tatischeff, *Pecq (Dép. Yveline) 9. 10. 1907, † Paris 4. 11. 1982, frz. Filmschauspieler und -regisseur. Übertrug die Stummfilmkomik in den Tonfilm; u. a. »Tatis Schützenfest« (1947), »Die Ferien des Monsieur Hulot« (1951), »Mein Onkel« (1958).

Tätigkeitswort, svw. ↑Verb.

Tatlin, Wladimir Jewgrafowitsch, *Moskau 28. 12. 1885, † ebd. 31. 5. 1953,

Tatra. Die Hohe Tatra bei Zakopane

Edward Lawrie Tatum

Taubnessel.
Weiße Taubnessel
(Höhe 30–60 cm)

Täublinge.
Kirschroter Speitäubling (Hutbreite 3 bis 8 cm)

Tätowierung

russ. Künstler. Mitbegründer und Theoretiker des Konstruktivismus; ab 1913 sog. »Kontra-Reliefs«, ab 1915 dreidimensionale, an der Wand (auch übereck) angebrachte Konstruktionen (»Eck-Kontra-Reliefs«); Protagonist einer »Ingenieurkunst« mit dem nicht ausgeführten »Monument für die III. Internationale« (1919/20), einem drehbaren Kongreßgebäude.

Tätowierung [polynes.-engl.], in der *Völkerkunde* svw. ↑Tatauierung.

Tatra, Gebirgsmassiv der Westkarpaten zw. Arva und Poprad (Slowak. Rep. und Polen), z. T. Nationalpark. Höchster Teil ist die *Hohe Tatra,* die ein durch Vergletscherungen geprägtes Hochgebirgsrelief und zahlr. Gipfel über 2000 m besitzt. – Abb. S. 3409.

Tatum [engl. 'teɪtəm], **1)** Art[hur], * Toledo (Ohio) 13. 10. 1909, † Los Angeles 4. 11. 1956, amerikan. Jazzmusiker (Pianist). Wurde v. a. durch sein 1943 gegr. Trio bekannt (mit Gitarre und Baß); überragender Virtuose der Swing-Epoche.
2) Edward Lawrie, * Boulder (Colo.) 14. 12. 1909, † New York 5. 11. 1975, amerikan. Biochemiker und Genetiker. Entdeckte in Zusammenarbeit mit G. W. Beadle, daß bestimmte chem. Vorgänge beim Aufbau der Zelle durch Gene reguliert werden; 1958 Nobelpreis für Physiologie und Medizin (zus. mit Beadle und J. Lederberg).

Tatverdacht, Vermutung, daß eine bestimmte Person Täter einer strafbaren Handlung ist.

Tau, Max, * Beuthen O. S. (Oberschlesien) 19. 1. 1897, † Oslo 13. 3. 1976, dt. Schriftsteller. Emigrierte 1938; norweg. Staatsbürger seit 1943; schrieb Romane (»Denn über uns ist der Himmel«, 1955), Essays, Autobiogr. (»Trotz allem«, 1973); erhielt 1950 als erster den Friedenspreis des Börsenvereins des Dt. Buchhandels.

Tau, 1) [griech.], 21. Buchstabe des urspr., 19. des klass. griech. Alphabets mit dem Lautwert [t]: T, τ.
2) abgesetzter Niederschlag in Form kleiner Tröpfchen; entsteht durch Kondensation von Wasserdampf an der Erdoberfläche oder an Pflanzen und Gegenständen, wenn deren Temperatur unter den Taupunkt der Luft absinkt.
3) [niederdt.], dickes, kräftiges Seil.

Taube, Henry, * Neudorf (Prov. Saskatchewan) 30. 11. 1915, amerikan. Chemiker kanad. Herkunft. Seit 1961 Prof. in Stanford (Calif.); erhielt für seine Arbeiten über die Reaktionsmechanismen der Elektronenübertragung, insbes. bei der Bildung von Metallkomplexen 1983 den Nobelpreis für Chemie.

Tauben (Columbidae), mit rd. 300 Arten v. a. in Wäldern und Baumsteppen nahezu weltweit verbreitete Fam. etwa 15–80 cm langer Taubenvögel; fluggewandte Tiere mit häufig blaugrau oder braun gefärbtem Gefieder; Schnabel kurz, mit Wachshaut an der Oberschnabelbasis. T. ernähren sich vorwiegend von Samen und grünen Pflanzenteilen. – Zu den T. gehören u. a.: *Felsen-T.,* bis 33 cm lang, v. a. in felsigen Landschaften großer Teile S-Eurasiens sowie N- und M-Afrikas; Stammform der ↑Haustaube. *Lach-T.,* etwa 26 cm lang, in NO-Afrika und SW-Arabien. *Ringel-T.,* rd. 40 cm lang, in Wäldern und Parkanlagen Europas, NW-Afrikas sowie SW-Asiens. *Türken-T.,* fast 30 cm lang, in Gärten und Parkanlagen Europas, des Sudans und S-Asiens; oberseits graubraun, unterseits heller. *Turtel-T.,* fast 30 cm lang, v. a. in lichten Wäldern, Gärten und Parkanlagen NW-Afrikas und Eurasiens bis Turkestan. – In Deutschland gibt es über 200 Haustaubenrassen: u. a. Feld-T., Formen-T. (u. a. Brieftauben), Kropf-T., Struktur-T., Tümmler und Warzen-T. (Bagdetten).

Taubenkropf ↑Leimkraut.

Taubenvögel (Columbiformes), mit über 300 Arten weltweit verbreitete (Polargebiete ausgenommen) Ordnung bis 80 cm langer Vögel mit großem Kropf, relativ kleinem Kopf und nackter oder fehlender Bürzeldrüse. Man unterscheidet drei Familien: Flughühner, Tauben und Dronten.

Tauber, Richard, * Linz 15. 5. 1891, † London 8. 1. 1948, brit. Sänger (lyr. Tenor) österr. Herkunft. Ab 1913 Mgl. der Dresdner Hofoper; 1933 Emigration nach Großbrit.; u. a. gefeierter Mozartinterpret; trat auch in Operetten.

Tauber, linker Nebenfluß des Mains, mündet bei Wertheim, 120 km lang.

Tauberbischofsheim, Kreisstadt an der Tauber, Bad.-Württ., 12 200 E. Verw.-Sitz des Main-Tauber-Kreises; Olym-

Taufe

piastützpunkt der Fechter. Ehem. kurmainz. Schloß (15. und 16. Jh.; heute Museum) mit Teilen eines ehem. Stadtturms. – 978 erstmals erwähnt; wurde zw. 1265 und 1285 Stadt.

Taubheit (Gehörlosigkeit), angeborener oder erworbener, völliger oder teilweiser Verlust des Hörvermögens. *Absolute T.* (Kophosis) besteht bei einem Hörverlust für alle Schallreize, *prakt. T.* bei Einschränkung des Hörvermögens auf sehr laute Geräusche. Bei *angeborener T.* bleibt die normale Sprachentwicklung aus, und es kommt ebenso wie bei Verlust des Hörvermögens vor dem achten Lebensjahr zur ↑Taubstummheit.

Täublinge, mit rd. 250 Arten weltweit verbreitete Gatt. der Ständerpilze; mit mürbem, trockenem Fleisch ohne Milchsaft; Speisepilze sind u. a. der *Ledertäubling* mit drei Arten in Laub- und Nadelwäldern und der ↑*Speisetäubling.*

Taubnessel, Gatt. der Lippenblütler mit rd. 40 Arten in Europa, N-Afrika sowie im gemäßigten und subtrop. Asien; Kräuter und Stauden mit herzförmigen, gesägten Blättern und purpurroten, gelben oder weißen Blüten in achselständigen Quirlen. Einheimisch sind u. a. die 30–60 cm hohe *Weiße T.* und die bis 30 cm hohe, in feuchten Laubwäldern verbreitete *Goldnessel.*

Taubstummensprache, Zeichensystem, mit dessen Hilfe sich Taubstumme untereinander bzw. mit anderen verständigen. Es gibt »künstl. Gebärdensprachen«, mit denen man sich durch Handzeichen verständigen kann (Chirologie), und »Lautsprachmethoden«, mit denen durch Absehen vom Munde artikuliertes Sprechen eingeübt wird. 1778 eröffnete die erste dt. Taubstummenschule, gegr. von S. Heinicke.

Taubstummheit (Surdomutitas), Ausbleiben der normalen Sprachentwicklung bei intaktem Sprechorgan infolge angeborener Taubheit; auch infolge Verlernens der artikulierten Sprache bei vor dem achten Lebensjahr erworbener, sekundärer Taubheit.

Tauchen, Aufenthalt und Fortbewegung unter Wasser: T. ohne Gerät bzw. nur mit Tauchermaske, Schnorchel und Flossen (sog. ABC-Geräte) bis etwa 40 m Tiefe und etwa 3 Min. Dauer; T. mit Atem-, Preßluft- oder Mischgasgerät (↑Tauchgeräte), Kälteschutzanzug, Gewichtsgürtel u. a. über längere Zeit in Tiefen bis etwa 90 m.

Taucherkrankheit ↑Druckfallkrankheit.

Tauchgeräte, Gerätschaften und Hilfsmittel, die ein längeres Verweilen unter Wasser erlauben. *Taucherglocken* sind unten offene Stahlkonstruktionen, in denen mehrere Personen gleichzeitig unter Wasser arbeiten können. *Helm-T.* bestehen aus einem wasserdichten Spezialanzug mit allseits geschlossenem Metallhelm (mit Sichtscheiben); Zuführung von Atemluft über einen Schlauch von der Wasseroberfläche aus *(Schlauchgeräte)* oder mit Hilfe eines Regenerationsgeräts (↑Sauerstoffgeräte). – *Sport-T.* enthalten Atemluft in Preßluftflaschen (Nenndruck meist 20 oder 30 MPa, entsprechend 200 oder 300 bar), die dem Taucher über den sog. *Lungenautomaten* (eine durch den bei der Atmung entstehenden Unter- und Überdruck automatisch gesteuerte Dosiereinrichtung) zugeführt wird. Für Tieftauchversuche und Forschungszwecke werden mit Greifwerkzeugen ausgerüstete, druckfeste *Panzer-T.,* kugelförmige *Tiefsee-T.* (↑Bathyscaph) und unterseebootähnliche Fahrzeuge eingesetzt.

Tauchsieder, Heizvorrichtung für Flüssigkeiten, besteht aus einem wendelförmigen Rohr mit einem in Isoliermasse eingebetteten Heizleiter.

Tauern, Niederer und Hoher ↑Alpenpässe (Übersicht).

Taufe, das allen christl. Kirchen gemeinsame Sakrament; geht urspr. zurück auf die Taufbewegung des Judentums. Unmittelbarer Vorgänger der christl. Taufpraxis ist Johannes der Täufer, an dessen Tätigkeit Jesus anknüpfte. Im Urchristentum wurde die T. wahrscheinlich zunächst durch Untertauchen des Täuflings gespendet. Die Heilsbedeutung wird darin gesehen, daß mit der T. die Sünden (v. a. die Erbsünde) vergeben werden (Symbol des Abwaschens), der Geist empfangen und der Täufling in die christl. Heilsgemeinde eingegliedert wird (Initiation). Die T. ist unwiederholbar; sie kann von jedem Menschen gültig gespendet werden, wenn er die Absicht dazu hat und die notwendige Form wahrt. Darin

Tauben.
1 Felsentaube;
2 Ringeltaube; **3** Turteltaube; **4** Kropftaube

Täufer

gründet die Möglichkeit der *Nottaufe,* der in dringenden Fällen (z. B. zu erwartender Tod des Täuflings) von einem getauften oder ungetauften Laien vollzogenen nichtfeierl. Taufe. Die hierin deutlich werdende Betonung der Heilsnotwendigkeit der T. führte zu der verbindl. *kath.* Praxis der *Kinder-T.*, wobei die Glaubensvoraussetzung durch die Eltern oder Paten gewährleistet wird. – Nach *luth.* Lehre durchdringen sich in der T. Gottes rechtfertigende Macht, sakrament. Symbolhandlung und persönl. Tat des Täuflings. Im *ref.* Verständnis setzt T. als Vergebung der Schuld im Tod Christi gläubige Annahme von seiten des Täuflings voraus; deshalb wird die *Erwachsenen-T.* bevorzugt.

Mit der Feier der T. sind im christl. Abendland viele Bräuche verbunden. Der Termin der T. lag bis ins 12./13. Jh. an der Oster- und Pfingstvigil, dann wenige Tage nach der Geburt. Erst seit dem frühen MA ist mit der T. die Verleihung des Vornamens *(Taufname)* verknüpft. In einigen Bräuchen zeigt sich eine enge Verbindung von christl. Denken (z. B. Abschwörung) mit vorchristl. Dämonenabwehrzauber. Seit dem späten MA wurden *Taufkerze* und (meist weißes) *Taufkleid* in die Taufliturgie übernommen.

Täufer (Anabaptisten, Wiedertäufer), nach ihrer [strikten] Praxis der Erwachsenentaufe ben. Anhänger einer uneinheitl., bald unterdrückten Nebenbewegung der Reformation mit eigenständigen theolog. Ansätzen v. a. in der polit. Ethik und in der Lehre von der Kirche. Die radikalen sozialrevolutionären Kreise um T. Müntzer diskreditierten das täufer. Anliegen in der Öffentlichkeit, was zu anhaltenden Verfolgungen führte. 1534/35 bestand das T.reich von Münster.

Taufkirche, svw. ↑Baptisterium.

Taufliegen (Essigfliegen, Drosophilidae), weltweit verbreitete, rd. 750 Arten umfassende Fam. 1–5 mm langer Fliegen (davon rd. 50 Arten in Europa); Körper meist gelblich oder rötlichbraun, häufig rotäugig; leben bes. in der Nähe faulender und gärender Stoffe (v. a. von Früchten). Die bekannteste Art ist *Drosophila melanogaster* (Taufliege i. e. S.; etwa 2,5 mm lang); Versuchstier für die genet. Forschung.

Taufliegen.
Drosophila melanogaster; oben: Weibchen ♦
Unten: Männchen

Taufnamen ↑Personennamen.

Tauler, Johannes, *Straßburg um 1300, † ebd. wahrscheinlich 15. 6. 1361, dt. Mystiker und Prediger. Dominikaner; vielleicht Schüler Meister ↑Eckharts; seine volkssprachl. Predigten haben wesentlich zur Herausbildung eines dt. Prosastils beigetragen.

Taumelkäfer (Drehkäfer, Kreiselkäfer, Gyrinidae), weltweit verbreitete, über 800 Arten umfassende Fam. etwa 5–10 mm langer Wasserkäfer (davon zwölf Arten einheimisch).

Taumesser (Drosometer), Geräte zur Messung der Taumenge, i. d. R. durch Bestimmung des Gewichts der als Tau abgesetzten Flüssigkeit.

Taunton [engl. 'tɔ:ntən], engl. Stadt auf der Halbinsel Cornwall, 35 300 E. Verwaltungssitz der Gft. Somerset; u. a. Landmaschinenbau. Pfarrkirchen im Perpendicular style: Saint Mary Magdalene (1508) und Saint James (15. Jh.). – Entstand bei einer um 710 gegr. sächs. Königsburg.

Taunus, sö. Teil des Rhein. Schiefergebirges, Mittelgebirge zw. der Lahn im N und dem oberen Mittelrhein im W, nach S gegen das Tiefland an Rhein und Untermain, nach O gegen die Wetterau abfallend, im Großen Feldberg 878 m hoch.

Tauon (Tauteilchen, τ-Teilchen), physikal. Symbol τ^-, instabiles, mit einer Elementarladung negativ geladenes Elementarteilchen aus der Gruppe der Leptonen; ähnelt physikalisch dem Elektron, besitzt aber eine 3490mal größere Ruhemasse als dieses.

Taupunkt, die Temperatur, bei der in einem Gas-Dampf-Gemisch (z. B. Luft und Wasserdampf) das Gas mit der vorhandenen Dampfmenge gerade gesättigt ist, also keinen weiteren Wasserdampf mehr aufnehmen kann. Das Gemisch hat am T. demnach seine maximale Feuchtigkeit erreicht, seine relative Feuchtigkeit beträgt 100%.

Taurische Chersones [- çer...] ↑Krim.

Tauroggen (litauisch Taurage [tau-ra'gɛ:]), Stadt im W Litauens, 22 000 E. – Die *Konvention von Tauroggen* (30.12. 1812) zw. dem preuß. General J. D. L. Graf Yorck von Wartenburg und dem russ. General Johann Graf Diebitsch (*1785, † 1831) leitete die Trennung des preuß. Hilfskorps von der frz. Armee ein.

Taurus, Gebirgssystem in der südl. und östl. Türkei, gliedert sich in den *Lyk. T.* (West-T.; bis 3086 m hoch), den östl. anschließenden Mittel-T., dessen O-Teil auch *Kilik. T.* genannt wird (bis 3585 m hoch, mit dem N anschließenden Aladağ (3734 m hoch); danach Gabelung in den Inneren Ost-T., der sich bis zum Ararat erstreckt und in den Äußeren Ost-T., der bis zum Vansee reicht. Ein wichtiger Durchlaß nw. von Adana ist die *Kilikische Pforte.*

Taurus [griech.-lat.] (Stier) ↑Sternbilder (Übersicht).

Tauschhandel, direkter Austausch von Waren ohne Vermittlung durch Geld.

Tauschieren [arab.] (Damaszieren), Verzieren unedler Metalle durch Einlegearbeiten mit Edelmetall. Die zum T. verwendeten Gold- oder Silberstückchen werden eingehämmert und durch Erhitzen mit dem Untergrund verbunden. In der islam. Kunst war das T. bes. hoch entwickelt, da der Koran den Gebrauch von Gegenständen aus Edelmetall als unerlaubten Luxus verbietet.

Täuschung, vorsätzl. Verhalten mit dem Ziel, bei einem anderen einen Irrtum zu erregen. Die T. ist im Strafrecht Tatbestandsmerkmal z. B. des Betrugs.

Tausendblatt, weltweit verbreitete Gatt. der Meerbeerengewächse mit zahlr. Arten (davon drei einheimisch); mehr oder weniger untergetaucht lebende Wasserpflanzen; z. T. Aquarienpflanzen.

Tausendfüßer (Myriapoda, Myriapoden), mit über 10 000 Arten v. a. in feuchten Biotopen weltweit verbreitete Klasse landbewohnender Gliederfüßer; gekennzeichnet durch einen deutlich abgesetzten Kopf, ein Paar Fühler (↑Antennen) und einen weitgehend gleichförmig gegliederten Körper, dessen Segmente fast alle ausgebildete Laufbeine tragen (bis 340 Beinpaare). – Zu den T. gehören u. a. Hundertfüßer und Doppelfüßer.

Tausendgüldenkraut, Gattung der Enziangewächse mit rd. 40 Arten auf der nördl. Halbkugel, in S-Amerika und Australien mit rosafarbenen, gelben oder weißen Blüten; einheimisch u. a. das 10–50 cm hohe *Echte T.* (mit hellroten Blüten; auf Wiesen und Waldlichtungen; geschützt).

tausendjähriges Reich, vom Nat.-Soz. ins Polit. gewendeter, urspr. geschichtstheolog. (↑Chiliasmus) Begriff.

Tausendundeine Nacht, arab. Sammlung von über 300 Erzählungen (z. B. Aladins Wunderlampe, Ali Baba und die 40 Räuber); den Kern bilden persische Bestandteile (bezeugt im 10. Jh.), die auf einer ind. Vorlage basieren. Um ihn gruppiert sind Erzählungen arab. und ägypt. Stoffe; ind. Herkunft ist v. a. die Rahmenhandlung, in der die kluge Scheherazade ihren zukünftigen Gatten, den König von Samarkand, während 1001 Nacht mit ihren spannenden Erzählungen so gut unterhält, daß er seinen Vorsatz, sie töten zu lassen, aufgibt.

Taut, Bruno, *Königsberg 4. 5. 1880, † Ankara 24. 12. 1938, dt. Architekt. Ab 1908 v. a. in Berlin, ab 1933 in Japan, ab 1936 an der türk. Kunstakademie in

Tausendgüldenkraut. Echtes Tausendgüldenkraut

Tauteilchen

Bruno Taut. Glaspavillon der Werkbundausstellung in Köln (1914)

Istanbul tätig; schuf Ausstellungsbauten (Glaspavillon der Werkbundausstellung in Köln, 1914), die den Baustoffen Stahl und Glas neue Formen abgewannen; wirkte wegweisend für die Reform der Wohnungen in Siedlungen (in Berlin Hufeisensiedlung Britz, 1925–30; Zehlendorf, 1926–31); bemühte sich um die Farbe als Gestaltungselement im Stadtbild.

Tauteilchen (τ-Teilchen, Taulepton, schweres Lepton), ein zu den Leptonen zählendes, negativ geladenes ↑Elementarteilchen.

tauto..., Tauto... [griech.], Bestimmungswort von Zusammensetzungen mit der Bedeutung »dasselbe, das gleiche«.

Tautologie [griech.], 1) *Philosophie:* in der *formalen Logik* (v. a. in der Junktorenlogik) die logisch wahre Aussage (log. Axiom), sofern sie zur Eindeutigkeit des Gemeinten, z. B. durch Erläuterung des Inhalts, beiträgt.
2) *Sprachwissenschaft:* Fügung, die einen Sachverhalt doppelt wiedergibt, meist ein Wortpaar, z. B. einzig und allein, nackt und bloß. ↑Pleonasmus.

Tautomerie [griech.], Form der Strukturisomerie bei bestimmten organ. chem. Verbindungen, die in zwei miteinander im Gleichgewicht stehenden Molekülformen *(Tautomeren)* vorliegen und auf Grund verschiedener physikal. und chem. Eigenschaften häufig einzeln isolierbar sind. Bei der *Keto-Enol-T.* steht eine Enolverbindung mit einer oder mehreren Hydroxylgruppen an ungesättigten Kohlenstoffatomen im Gleichgewicht mit einem (gesättigten) Keton.

Tavernier, Bertrand [frz. tavɛrn'je:], *Lyon 25. 4. 1941, frz. Filmregisseur. Zeitweise Assistent von C. Chabrol und J.-L. Godard. – *Filme:* Der Uhrmacher von St. Paul (1974, nach G. Simenon), Der Dichter und der Mörder (1976), Der Saustall (1982), Ein Sonntag auf dem Lande (1984), Die Passion Béatrice (1988), Das Leben und nichts anderes (1989), Daddy Nostalgie (1990), Auf offener Straße (1992).

Taviani, Paolo, *San Miniato 8. 11. 1931, italien. Filmregisseur. Gemeinsame Arbeiten mit seinem Bruder Vittorio (*1929), u. a. »San Michele hatte einen Hahn« (1971), »Allonsanfan« (1974), »Die Nacht von San Lorenzo« (1982), »Kaos« (1984), »Good Morning Babylon« (1986), »Nachtsonne« (1990).

Taxameter [frz.], in ein Taxi eingebautes, geeichtes Gerät, das den jeweils zu zahlenden Betrag (in Abhängigkeit von der gefahrenen Strecke und der [Warte]zeit) automatisch berechnet und anzeigt.

Taxe [lat.], ein durch Wertbeurteilung (Taxierung) im Wege der Schätzung festgestellter Preis bzw. Gebühr.

Taxi [lat.-frz.] (Taxe), Pkw mit ↑Taxameter zur gewerbl. Beförderung von Personen an ein vom Fahrgast zu bestimmendes Ziel; für T. besteht eine gesetzl. Beförderungspflicht.

Taxila ↑Rawalpindi.

Taxis, lombard. Geschlecht; war seit dem 15. Jh. im päpstl. Kurierdienst tätig (»Erfinder« des Postwesens). ↑Thurn und Taxis.

Taxis [griech.] (Mrz. Taxien), Ortsbewegungen frei beweglicher tier. und pflanzl. Lebewesen, die von der Richtung abhängen, aus der ein Reiz auf den Organismus einwirkt. Man unterscheidet Taxien nach der Art des Reizes: Viele Einzeller und Spermatozoiden reagieren im Wasser auf ein Konzentrationsgefälle verschiedener Substanzen *(Chemotaxis).* Andere reagieren auf einseitig einfallendes Licht *(Phototaxis);* wird die Beleuchtung zu stark, wendet sich das Lebewesen von der Reizquelle ab. Mit Hilfe kleiner, fester Inhaltskörper im Zytoplasma ist ein Pantoffeltierchen in der Lage, die Richtung der Schwerkraft festzustellen *(Gravitaxis).* Weitere wichtige Reize sind Wärme *(Thermotaxis)* und Feuchtigkeit *(Hydrotaxis).* Bei der *Phonotaxie* erfolgt eine Ortsbewegung auf Richtung und Entfernung von Schallwellen, z. B. die Ultraschallorientierung bei Fledermäusen.

Taxkurs, geschätzter Kurs eines Wertpapiers, für das im amtl. Handel (mangels Umsatzes) keine Notierung erfolgte.

Taxonomie [griech.], **1)** *Botanik, Zoologie:* als Zweig der Systematik die Wiss. und Lehre von dem prakt. Vorgehen bei der Einordnung der Organismen in systemat. Kategorien *(Taxa;* Einz.: *Taxon).* Die so gebildeten Organismengruppen stellen Einheiten dar, deren Vertreter in stammesgeschichtl. Hinsicht unmittelbar miteinander verwandt sind. Das elementare Taxon ist die ↑Art. ↑System.

2) *Sprachwissenschaft:* Richtung der strukturalist. Sprachwissenschaft.

Taxus [lat.], svw. ↑Eibe.

Taygetos, Gebirge auf der südl. Peloponnes, bis 2 407 m hoch.

Taylor [engl. 'teɪlə], **1)** Bayard, * Kennet Square (Pa.) 11. 1. 1825, † Berlin 19. 12. 1878, amerikan. Schriftsteller. Hauptwerk ist die auch metrisch originalgetreue Übersetzung von Goethes »Faust« ins Englische (1870/71).

2) Cecil Percival, * New York 15. 3. 1929, amerikan. Jazzmusiker (Pianist, Komponist). Leitete ab 1956 zahlr. Gruppen (u. a. mit A. Shepp), die wegbereitend für die Entwicklung des ↑Free Jazz waren, dessen bedeutendster Pianist er bis heute ist (Verbindung von europ. Avantgardemusik mit der rhythm. Energie des Free Jazz).

3) Elizabeth, * London 27. 2. 1932, amerikan. Filmschauspielerin brit. Herkunft. Kinderstar; entwickelte sich seit den 1950er Jahren zum internat. bekannten Filmstar, u. a. in den Filmen »Ein Platz an der Sonne« (1951), »Die Katze auf dem heißen Blechdach« (1958), »Cleopatra« (1962), »Wer hat Angst vor Virginia Woolf?« (1966).

4) Joseph Hoorton jr., * Philadelphia 29. 3. 1941, amerikan. Astronom und Physiker. Entdeckte 1974 zus. mit R. A. Hulse den ersten Doppelpulsar. Für ihre Untersuchungen an diesem System (Bestimmung der Bahndaten, indirekter Nachweis von Gravitationswellen u. a.), die die allgemeine Relativitättheorie mit zuvor nicht erreichter Präzision bestätigten, erhielten beide 1993 den Nobelpreis für Physik.

5) Richard Edward, * Medicine Hat 2. 11. 1929, kanad. Physiker. Erhielt 1990 zus. mit J. I. Friedman und H. W. Kendall für den Nachweis der Quarkelementarteilchen den Nobelpreis für Physik.

6) Zachary, * Orange County (Va.) 24. 11. 1784, † Washington 9. 7. 1850, 12. Präs. der USA (1849/50). Befehlshaber der amerikanischen Truppen im Mexikanischen Krieg (1846–48); danach als Kandidat der Whigs zum Präsidenten gewählt.

Taylorismus [te:lə...], von dem amerikan. Ingenieur Frederick Winslow Taylor (* 1856, † 1915) entwickeltes System der wiss. Betriebsführung, das v. a. auf dem Prinzip der Zerlegung von Arbeitsvorgängen in einzelne Bewegungsabläufe zum Zweck der Rationalisierung beruht.

Taylor-Wulst [engl. 'teɪlə...; nach dem amerikan. Admiral David Watson Taylor, * 1864, † 1940], svw. ↑Bugwulst.

Tb, 1) *Chemie:* Symbol für ↑Terbium.

2) *Medizin:* (Tbc, Tbk) Abk. für ↑Tuberkulose.

Tc, chem. Symbol für ↑Technetium.

TCDD ↑Dioxine.

tdw, Abk. für engl. tons deadweight (Deadweighttons); ↑Deadweight).

Te, 1) *Chemie:* Symbol für ↑Tellur.

2) *Philosophie:* ↑Taoismus.

Teakbaum [ti:k...; Malayalam-portugies.], Gatt. der Eisenkrautgewächse mit vier Arten in SO-Asien und auf den pazif. Inseln. Der in den Tropen forstlich kultivierte, bis 50 m hohe Baum liefert das harte und termitenfeste *Teakholz.*

Team [engl. ti:m], **1)** *allg.:* Arbeitsgruppe; **Teamarbeit, Teamwork** [...wə:k], Gemeinschaftsarbeit. **2)** *Sport:* Mannschaft.

Tebaldi, Renata, * Pesaro 1. 2. 1922, italien. Sängerin (Sopran). Debütierte 1944 in Rovigo, sang ab 1946 an der

Elizabeth Taylor

Joseph Hoorton jr. Taylor

Richard Edward Taylor

Tébessa

Mailänder Scala und trat u. a. auch an der Covent Garden Opera in London, der Metropolitan Opera in New York sowie der Wiener Staatsoper auf; hochgeschätzte Verdi- und Puccini-Interpretin.

Tébęssa, Stadt in NO-Algerien, 111 700 E. Ruinen eines Minervatempels (3. Jh.), Caracalla-Triumphbogen (214), Basilika (5. Jh.). – Im 7. Jh. v. Chr. von Karthago gegr. *(Theveste);* im 1./2. Jh. röm.; 597 durch die Berber, 682 durch die Araber erobert; im 16. Jh. osman. Garnison; 1840 französisch.

Technẹtium [griech.] (früher Masurium), chem. Symbol **Tc,** radioaktives, nur künstlich darstellbares chem. Element aus der VII. Nebengruppe des Periodensystems der chem. Elemente; Ordnungszahl 43; Dichte 11,5 g/cm^3; Schmelztemperatur 2172 °C. An Isotopen sind Tc 90 bis Tc 110 bekannt, wobei Tc 98 mit $4,2 \cdot 10^6$ Jahren die längste Halbwertszeit hat.

Tęchnik [griech.], Bez. für die Gesamtheit aller Objekte (Werkzeuge, Geräte, Maschinen u. a.), Maßnahmen und Verfahren, die vom Menschen durch Ausnutzung der Naturgesetze und -prozesse sowie geeigneter Stoffe hergestellt bzw. entwickelt werden und sich bei der Arbeit und in der Produktion anwenden lassen. Darüber hinaus bezeichnet T. die Wiss. von der Anwendung naturwiss. Erkenntnisse. Die Einteilung der T. in bestimmte Sachbereiche erfolgt nach prakt. und organisator. Gesichtspunkten. Durch die T. sind in der Vergangenheit die Lebensbedingungen des Menschen zunehmend verbessert und erweitert worden. Die T. beeinflußte jedoch heute die Umwelt schon so weit, daß ernste ökolog. Schäden bereits eingetreten sind und der Nutzen der T. in ihrem heutigen Ausmaß nicht mehr unumstritten ist. Die mit techn. Entwicklungen verknüpfte Veränderung handwerkl. Produktionsformen bis hin zur industriellen Produktionsform zog die »techn. Revolution« des Maschinenzeitalters nach sich, der eine zweite techn. Revolution durch die Automatisierung des 20. Jh. entspricht.

Tęchniker [griech.-frz.], Berufs-Bez. für verschiedene techn. Ausbildungsberufe des Handwerks (Radio- und Fernsehtechniker, Fernmeldetechniker, Zahntechniker) sowie für alle Berufe, die den Abschluß einer techn. Fachschule voraussetzen (staatl. geprüfter Techniker).

Technikfolgenabschätzung (Technikbewertung), Abk. **TA,** interdisziplinäre Forschungsrichtung, die den Stand einer Technik und ihre Entwicklungsmöglichkeiten analysiert, deren Folgen für Umwelt und Gesellschaft abschätzt und beurteilt sowie auf Grund dessen Empfehlungen an die zuständigen Entscheidungsinstanzen in Wirtschaft und Politik gibt. Besondere Probleme liegen in der schwierigen Vergleichbarkeit von Werten und Risiken verschiedener Ordnungen (ökonomisch, technisch, sozial, politisch, ästhetisch), deren qualitative Verschiedenheit eine Quantifizierung und damit Meßbarkeit erschwert, und in der Einschätzung von langfristigen Planungen, die möglicherweise Nachteile für die gegenwärtige Generation, aber Vorteile und Lebenschancen für spätere Populationen enthalten. Die wachsende Forderung nach T. konzepten und deren Institutionalisierung war Folge eines Bewußtseinswandels in der Einstellung zum techn. Fortschritt. Die Risiken großtechn. Anlagen (v. a. im Bereich der Kernenergie), die Umweltproblematik und die Ernüchterung über die Grenzen der Leistungsfähigkeit von Forschung und Technik führten im Verlauf der 1970er Jahre zur Abnahme des Modernisierungsoptimismus, zu Sensibilisierung, zur Formierung von Kritikpotentialen und zur Einrichtung von T. projekten. Das 1973 in den USA gegr. »Office of Technology Assessment« (OTA) war hierbei Vorreiter und Vorbild zahlr. Institutionen in anderen Ländern, in der BR Deutschland seit 1989 etwa des Büros für Technikfolgenabschätzung des Dt. Bundestages (TAB).

Tęchnikum [griech.-nlat.], **1)** früher allg. Bez. für Ingenieurschulen (heute Fachhochschulen).
2) in der *Schweiz* Bez. für Höhere Techn. Lehranstalt (HTL); entspricht unseren Fachhochschulen (Ausbildung diplomierter Ingenieure).

technische Arbeitsfähigkeit, svw. ↑Exergie.

tęchnische Hochschulen und Universitäten, Abk. **TH, TU,** wiss. Hochschulen für Forschung und Lehre, bei denen die Ingenieurwissenschaften und mathematisch-naturwiss. Fächer den Schwerpunkt bilden. – In Deutschland bestehen (1992) neun Hochschulen, die die Bez. TH (Aachen, Darmstadt, Ilmenau, Köthen, Leipzig, Merseburg, Wismar, Zittau, Zwickau) und neun, die die Bez. TU tragen (Berlin, Braunschweig, Chemnitz, Clausthal-Zellerfeld, Cottbus, Dresden, Hamburg-Harburg, Magdeburg, München). Ferner gibt es als techn. Spezialhochschule die Bergakademie Freiberg. – Die Vorläufereinrichtungen der TH hießen höhere »polytechn.« Schule oder Polytechnikum; die ältesten deutschsprachigen Gründungen sind die Einrichtungen in Prag (1803), Karlsruhe (1825), München (1827), Dresden (1828) und Stuttgart-Hohenheim (1829). 1889 erhielten sie die Bez. TH, zw. 1899 und 1901 das Promotionsrecht. Die Bez. TU wurde in der 2. Hälfte des 20. Jh. eingeführt (meist Ende der 1960er Jahre).

technische Produktgestaltung ↑Industriedesign.

technische Richtkonzentrationen ↑RK-Werte.

Technisches Hilfswerk, Abk. **THW,** 1950 gegr. Organisation zur techn. Hilfe im Zivilschutz, bei Unglücksfällen und Katastrophen sowie in der humanitären Auslandshilfe; Bundesanstalt im Geschäftsbereich des Bundesministeriums des Inneren; rund 80 000 Helfer.

technisches Werken, Lernbereich in Fachverbindung mit Arbeitslehre, Textilgestaltung bzw. Textilarbeit oder Hauswirtschaftslehre.

technisches Zeichnen, die Anfertigung exakter [Konstruktions]zeichnungen von techn. Gegenständen (Maschinenteilen, Werkstücken u. a.), insbes. als Vorlagen für die Fertigung.

technische Überwachung, durch Gesetze bzw. Verordnungen festgelegte Überprüfung von Kfz und Kfz-Führern sowie Überwachung techn. Anlagen durch amtlich anerkannte Sachverständige oder Prüfer bzw. durch *Techn. Überwachungsverein* (Abk. TÜV, eingetragene Vereine, Selbstverwaltungsorganisationen der Wirtschaft) bzw. (in Hessen) durch die Staatl. Techn. Überwachung.

Technokratie [griech.], eine Gesellschaft, in der die rationale, effektive Planung und Durchführung aller gesellschaftl. Ziele vorherrscht. Die Ausrichtung der gesellschaftl. Entwicklung nach wiss.-techn. Kriterien verringert die Bedeutung demokrat. Willensbildung und polit. Entscheidungsprozesse.

Technologie [griech.], die Wiss. von den techn. Produktionsprozessen. Als T. wird auch das Verfahren und die Methodenlehre eines einzelnen [ingenieurwiss.] Gebietes oder eines bestimmten Fertigungsablaufs sowie der alle techn. Einrichtungen u. ä. umfassende Bereich eines Forschungsgebietes (z. B. Raumfahrt-T.) bezeichnet, ferner der einzelne technolog. Prozeß, d. h. die Gesamtheit der zur Gewinnung und/oder Bearbeitung eines Materials bzw. Werkstücks erforderl. Prozesse, einschließlich der Arbeitsmittel, Werkzeuge und Arbeitsorganisation.

Teckel [niederdt.], svw. ↑Dackel.

Tecumseh, * Piqua (Ohio) um 1768, ✗ bei Thamesville (Ontario) 5. 10. 1813, Häuptling der Shawnee. Suchte das Vordringen der weißen Siedler zu verhindern, scheiterte nach der Niederlage seiner Krieger am Tippecanoe River (7. 11. 1811); fiel als Brigadegeneral in brit. Diensten.

Teddy, 1) (Teddybär) einem Bären nachgebildetes Plüschtier (Kinderspielzeug). Den Namen erhielt das Stofftier, als es bei einem Galadiner für Theodore (»Teddy«) Roosevelt als Tischdekoration verwendet wurde, weil der Präs. bei einer Jagd Bären verschont hatte.

2) leichter Plüsch mit langem Flor.

Tedeum [lat.] (Ambrosian. Lobgesang), nach den Anfangsworten »Te Deum laudamus« (»Dich, Gott, loben wir«) benannter Dankhymnus der lat. Liturgie. – Seit dem 13. Jh. auch als Motette (O. di Lasso), später als Kantate, Messe oder Oratorium (Händel, Haydn), im 19. Jh. mit sinfon. Zügen (Berlioz, Verdi, Bruckner).

Tee [chin.], **1)** (Echter T.) die getrockneten Blattknospen und jungen Blätter des Teestrauchs, die je nach Herkunft und Qualität 1–5 % Koffein, ferner Theobromin, Theophyllin, äther. Öl und 7–12 % Gerbstoffe enthalten. Beim Aufbrühen werden das Koffein und die Aromastoffe rasch, die Gerbstoffe, die auch die Bräunung bestimmen, erst nach und nach ausgezogen. Bei der Her-

Technisches Hilfswerk

Teenager

Teichhuhn

stellung des *schwarzen Tees* wird das Pflückgut nach dem Welken gerollt (um die Zellwände aufzubrechen) und dann in Gärkammern bei 35–40 °C über vier Stunden fermentiert. Das Trocknen erfolgt bei 85–125 °C. – Beim *grünen Tee* unterbleibt die Fermentation. Durch kurzes Dämpfen über siedendem Wasser bleibt die grüne Farbe erhalten. – Grüner T. ist ebenso wie der halbfermentierte »gelbe« *Oolong-Tee* v. a. in China und Japan verbreitet. Die Handelssorten werden nach der Blattqualität unterschieden: *Flowery Orange Pekoe* (im wesentlichen nur Knospen), *Orange Pekoe* (Knospen und oberstes Blatt), *Pekoe Souchong* (das zweite Blatt) und *Souchong* (das dritte, gröbste Blatt). Der Rest wird als *Fannings* (Blattbruch und Blattstiele), als *Backsteintee* (Ziegel-T., Tafel-T.; zusammengepreßte Blattabfälle) und als *Dust* (abgesiebter Teestaub) gehandelt. Auch die beim Rollen gebrochenen Blätter werden sortiert und in den Qualitäten *Broken Orange Pekoe, Broken Pekoe* oder *Broken* angeboten. Qualitativ sehr hochwertiger T. kommt aus den klimat. günstigen Hochlagen von Darjeeling, Ceylon und Assam (Temperatur im Jahresdurchschnitt 18 °C, 2 000 mm Jahresniederschlag).
2) allg. Bez. für Getränke aus Aufgüssen und Abkochungen bestimmter Pflanzenteile bzw. für die dazu verwendete, meist getrocknete Substanz, z. B. Kräutertee, Pfefferminztee.

Teenager [engl. 'tiːneɪdʒə; gebildet aus der engl. Nachsilbe -teen der Zahlen 13 bis 19 und age »Alter«], Junge oder Mädchen zw. 13 und 19 Jahren.

Teer, flüssige bis halbfeste, braune bis schwarze, bei der therm. Zersetzung (Schwelung, Verkokung, Vergasung) von Stein- und Braunkohle, Holz, Torf und Erd- bzw. Schieferöl neben gasförmigen und leichtflüchtigen Substanzen anfallende Produkte. Wichtig sind v. a. der *Steinkohlenteer* und der *Braunkohlenteer* (Destillationsprodukte liefern Kraftstoffe, Paraffinöl).

Teerkrebs (Teerkarzinom), nach längerem Umgang mit Kohle, Teer und Pech auftretender Krebs der Haut (Spinaliom), des Kehlkopfs oder der Lunge; häufigste berufsbedingte Krebserkrankung, entschädigungspflichtige Berufskrankheit.

Teestrauch
(Zweig mit Blüten)

Teesside [engl. 'tiːzsaɪd], nordengl. Ind.- und Verstädterungsgebiet, umfaßt die Distrikte Hartlepool, Middlesbrough und Stockton-on-Tees; petrochem., Eisen- und Stahlindustrie, Hafen.

Teestrauch, in Assam und Oberbirma beheimatete Art der Kamelie; kleiner, immergrüner Baum oder Strauch; zwei Varietäten: der 10 bis 15 m hoch werdende *Assam-T.* und der meist nur 3–4 m hohe *Chin. T.*; in Kultur durch Schnitt in einer Höhe von 1–2 m gehalten.

Teestrauchgewächse (Teegewächse, Theaceae), Pflanzen-Fam. mit rd. 600 Arten in 35 Gatt.; überwiegend in Gebirgswäldern der Tropen und Subtropen; meist immergrüne Bäume oder Sträucher; Früchte als Kapseln, Steinfrüchte oder Beeren ausgebildet.

Tefillin [hebr.], jüd. Gebetsriemen mit zwei Kapseln, die auf Pergament geschriebene Bibelstellen enthalten; werden beim Morgengebet an Kopf und Arm angelegt.

Teflon ® [Kw.], Handelsbezeichnung für einen Kunststoff aus Polytetrafluoräthylen.

Tegea, antike Stadt auf der Peloponnes, sö. von Tripolis. Ausgegraben wurden u. a. Teile der Stadtmauer und der neuere Tempel der Athena Alea (von Skopas, 350–340).

Tegernsee, 1) Stadt am O-Ufer des Tegernsees, Bayern, 5 000 E. Olaf-Gulbransson-Museum; heilklimatischer Kurort, Mineralbad. Barocker Umbau der Pfarrkirche (ehem. Abteikirche) Sankt Quirin (1684–89) mit roman. (11. Jh.) und spätgot. (15. Jh.) Resten. – Bedeutendstes Benediktinerkloster Bayerns (746–1803).

2) Moränenstausee am Alpennordrand, Bayern, 9 km².

Tegetthoff, Wilhelm von, *Maribor 23. 12. 1827, † Wien 7. 4. 1871, österr. Admiral. Erreichte im Deutsch-Dän. Krieg 1864 als Führer eines österr.-preuß. Geschwaders durch ein Seegefecht bei Helgoland die Aufhebung der dän. Blockade der Elbmündung; siegte 1866 vor Lissa über die italien. Flotte.

Tegucigalpa [span. teɣusiˈɣalpa], Hauptstadt von Honduras, 678 800 E. Universität, Nationalarchiv, -bibliothek und -museum, Theater; u. a. Konsumgüter-Ind.; internat. ✈. Kathedrale (1758–82), Kirche Los Dolores (1736 bis 1815). – 1579 gegr., seit 1880 Hauptstadt von Honduras.

Teheran [ˈteːhəraːn, tehəˈraːn], Hauptstadt von Iran, am S-Fuß des Elbursgebirges, 6,04 Mio. E. Sitz der Regierung, sechs Univ., Nationalbibliothek, Museen. Wirtschaftszentrum des Landes, internat. Messen; großer Basar; u. a. Erdölraffinerie, Konsumgüter-Ind., internat. ✈. Zahlr. Moscheen, Sepah-Salar-Moschee (19. Jh.), Golestanpalast (18./19. Jh.). – In frühislam. Zeit unbed. Kleinstadt, seit 1786 offizielle Hauptstadt des Landes. – Auf der *Konferenz von Teheran* (28. 11. bis 1. 12. 1943) zw. Churchill, F. D. Roosevelt und Stalin wurde die Landung alliierter Truppen in der Normandie und in S-Frankreich (Sommer 1944) mit der gleichzeitigen sowjet. Offensive koordiniert (»zweite Front«), die sowjet. Beteiligung am Krieg gegen Japan nach dem Sieg in Europa in Aussicht gestellt und die »Westverschiebung« Polens geplant.

Tehuantepec, Isthmus von [span. - - teuanteˈpek], Landenge im sö. Mexiko, zw. dem Golf von Campeche und dem Golf von Tehuantepec, morpholog. Grenze zw. dem Kontinent Nordamerika und der mittelamerikan. Landbrücke.

Teichhuhn, über 30 cm lange, fast weltweit verbreitete Ralle, v. a. auf stehenden Süßgewässern; Teilzieher.

Teichjungfern (Lestidae), mit über 100 Arten bes. an Tümpeln und Teichen weltweit verbreitete Fam. schlanker, metall. grüner, bronze- oder kupferfarbener Kleinlibellen; Flügel farblos.

Teichlinse, Gatt. der Wasserlinsengewächse mit drei fast weltweit verbreiteten Arten.

Teichmolch (Grabenmolch), 8–11 cm langer, schlanker Molch in Europa und Asien (bis Sibirien); häufigste einheim. Molchart in Tümpeln und Wassergräben.

Teichmuschel (Schwanenmuschel), bis 20 cm lange Muschel, v. a. in ruhigen Süßgewässern M-Europas; Schalen außen bräunlichgrün, Innenseiten mit Perlmutter bekleidet.

Teichoskopie [griech.] (Mauerschau), dramentechn. Mittel, das dazu dient, bestimmte Szenen (z. B. Schlachten) durch eine Art synchroner Reportage

Teichmolch. Männchen im Hochzeitskleid (Länge bis 11 cm)

Teichmuschel. Große Teichmuschel (Größe 12 – 26 cm)

Teheran. Khomeinimoschee (früher Schahmoschee, Anfang des 19. Jh.)

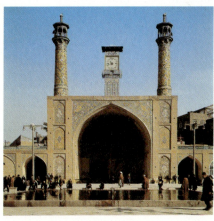

Teichrose

auf der Bühne zu vergegenwärtigen (nach der Szene in der »Ilias«, in der Helena von der trojan. Mauer aus dem Priamos die Haupthelden der Achäer zeigt).

Teichrose (Mummel), Gatt. der Seerosengewächse mit wenigen Arten auf der nördl. Halbkugel; ausdauernde Wasserpflanzen mit herzförmigen Blättern; einheim. u. a. die *Gelbe T.* mit wohlriechenden, gelben, kugeligen Blüten.

Teide, Pico de [span. - ðe 'teiðe], höchster Berg (Vulkan) des span. Staatsgebietes und der Kanar. Inseln, auf Teneriffa, 3 718 m hoch.

Teilchen (Korpuskel, Partikel), allg. die Bez. für sehr kleine materielle Körper, z. B. *Staub-T.* und *Schwebe-T.* in Gasen und Flüssigkeiten; in der Mikrophysik die *atomaren T.:* Atome, Moleküle, Ionen, Elektronen, Atomkerne (z. B. Deuteronen, Alpha-T.), Nukleonen sowie alle übrigen Elementarteilchen.

Teilchenbeschleuniger (Akzeleratoren, Beschleuniger), Bez. für verschiedenartige Vorrichtungen zur Beschleunigung elektr. geladener Teilchen (Elektronen, Protonen, Ionen). Um hochenerget. Teilchen zu erhalten, läßt man sie eine einzelne, sehr hohe [Beschleunigungs]spannung durchlaufen bzw. eine oder mehrere relativ kleine Spannungen sehr oft in derselben Richtung, so daß sie ihre Energie stufenweise erhöhen. Daraus ergeben sich zwei verschiedene Bauarten: die Linearbeschleuniger und die Kreis- bzw. Zirkularbeschleuniger.

Bei den *Linearbeschleunigern* erfolgt die Beschleunigung auf geradlinigen Bahnen. Große Bedeutung erlangten Linearbeschleuniger beim Bau sog. *Schwerionenbeschleuniger,* in denen Ionen vorbeschleunigt, zusätzlich ionisiert, dann in weiteren Beschleunigerstufen auf ihre Endenergie gebracht werden (über 10 MeV/Nukleon).

Bei den *Kreisbeschleunigern* werden die beschleunigten Teilchen auf kreisartigen Bahnen geführt und können auf diese Weise ein oder mehrere elektr. Felder fast beliebig oft durchlaufen. Das *Zyklotron* besteht aus zwei flachen, metallischen, D-förmigen Halbkreisdosen *(Duanten).* Die aus einer Ionenquelle im Zentrum ausgehenden Teilchen laufen im homogenen Magnetfeld in den Duanten auf Spiralbahnen von innen nach außen und werden tangential aus dem Zyklotron herausgeführt. Das *Betatron (Elektronenschleuder)* arbeitet nach dem Prinzip des Transformators. An die Stelle der Sekundärwicklung tritt eine evakuierte Ringröhre, in der die eingeschossenen Elektronen durch ein induziertes elektr. Wechselfeld in einer zum Magnetfeld senkrechten Richtung beschleunigt werden. Das *Synchrotron* ist ein T. zur Erreichung höchster Energien, bei dem geladene Teilchen während ihrer Beschleunigung in einer evakuierten Ringröhre durch Magnetfelder auf einer geschlossenen Bahn gehalten und an mehreren Stellen durch geradlinige Hochfrequenzstrecken beschleunigt werden. Zusatzanlagen an T. sind die sog. *Speicherringe,* in denen die Teilchen durch magnet. Führungsfelder auf geeigneten Bahnen für Experimente gespeichert werden. T. werden insbes. in der Physik (Entdeckung von Quarks u. a. Elementarteilchen sowie die Herstellung neuer Elemente), aber auch in der Biologie, Chemie und Medizin angewendet.

Teilchenstrahlung, svw. ↑Korpuskularstrahlung.

Teileigentum, beim Wohnungseigentum das Sondereigentum an nicht zu Wohnzwecken dienenden Räumen eines Gebäudes.

Teiler, Begriff der elementaren Zahlentheorie: Eine ganze Zahl *b* wird als T. einer ganzen Zahl *a* bezeichnet, wenn die Division von *a* durch *b* ohne Rest aufgeht; *a* nennt man dann *Vielfaches* von *b*. Als *gemeinsamen T.* mehrerer Zahlen bezeichnet man jede Zahl, die T. jeder dieser Zahlen ist; die größte Zahl dieser gemeinsamen T. heißt *größter gemeinsamer T.* (ggT).

Teilhaber, im *Handelsrecht* der [mit einem Geschäftsanteil beteiligte] Gesellschafter einer Personengesellschaft.

Teichrose. Gelbe Teichrose (Blütenstengel bis 40 cm hoch)

Teilhard de Chardin, Marie-Joseph Pierre [frz. tɛjardəʃar'dɛ̃], *Landsitz Sarcenat bei Clermont-Ferrand 1.5. 1881, † New York 10. 4. 1955, frz. Paläontologe und Philosoph. Jesuit; mehrere Forschungsreisen nach China, Afrika und Indien; beteiligt an der Auswertung der Ausgrabung des Pekingmenschen; versucht in seinem philosoph. Hauptwerk »Der Mensch im Kosmos« (1955) die materialist. Evolutionstheorie und die christl. Heilslehre in Einklang zu bringen.
Teilmenge ↑Mengenlehre.
Teilschuldverschreibung, in einer eigenen Urkunde verbriefter Teil des Gesamtbetrages einer als Anleihe herausgegebenen Schuldverschreibung.
Teilungsgewebe, svw. ↑Bildungsgewebe.
Teilzahlung ↑Abzahlungsgeschäft.
Teilzahlungsbanken, Spezialkreditinstitute, die Abzahlungsgeschäfte durch Kredite finanzieren.
Teilzeitbeschäftigung, Arbeitsverhältnis, bei dem eine geringere als die übliche durchschnittl. Arbeitszeit vereinbart ist.
Teilzieher, Vogelarten, bei denen nur ein Teil der Individuen (meist die nördl. Populationen) einer Art nach S zieht (z. B. Star, Ringeltaube, Kiebitz, Teich- und Bläßhuhn).
Teiresias (Tiresias), in der griech. Mythologie Thebens blinder Seher (↑Ödipus).
Teja (Theia, Tejus, Theja), ✕ Mons Lactarius (heute zu Sant'Angelo a Trepizzi bei Positano) Okt. 552, letzter ostgot. König in Italien (seit Juli 552). Nachfolger des Totila; wurde von den Byzantinern unter Narses geschlagen.
Tejo [portugies. 'tɛʒu], Fluß in Portugal, ↑Tajo.
Te Kanawa, Dame (seit 1983) Kiri, *Gisborne 6. 3. 1944, neuseeländ. Sängerin (Sopran). Bes. bekannt als Mozart-, Verdi- und Strauss-Interpretin.
Tektonik [griech.], Lehre vom Bau und den Lagerungsstörungen der Erdkruste.
Telanaipura, indones. Prov.-Hauptstadt in SO-Sumatra, 230 400 E. Univ., Erdölgewinnung, Hafen, ✈. – 1858 kam das Sultanat Djambi (bis 1973 Name von T.) unter die Schutzherrschaft der niederl. Ostindienkompanie, 1901 unter deren direkte Verwaltung.

Telefonüberwachung

Tel Aviv-Jaffa, größte Stadt Israels, an der Mittelmeerküste, 340 000 E. Univ., Institut für Talmudforschung, Afroasiat. Institut für Zusammenarbeit, Museen; Theater, Nationaloper, Kammertheater; Planetarium, Zoo. Wirtschaftszentrum Israels, mit internat. Fachmessen und Diamantenbörse; Hafen. In Jaffa: Franziskanerklosterkirche Sankt Peter (1654), Große Moschee (1810); in Tel Aviv: zahlr. Synagogen, Kunstgalerie Helena Rubinstein (1959) mit Konzerthalle, Tempel der Kultur (1957). – *Jaffa* (griech. *Ioppe*), seit dem 5. Jt. v. Chr. besiedelt, war im 1. Jt. v. Chr. wichtige Hafenstadt für Jerusalem; ab 64/63 röm.; im 4. Jh. n. Chr. Bischofssitz; 1948 im 1. Israel.-Arab. Krieg von Israel erobert und 1950 mit *Tel Aviv* (1908 als zionist. Siedlung gegr.; 1948–50 Hauptstadt Israels) vereinigt. – Am 14. 5. 1948 proklamierte in Tel Aviv der Nationalrat der Juden den Staat Israel.
tele..., Tele... [griech.], Bestimmungswort von Zusammensetzungen mit der Bedeutung »fern, weit«.
Telebrief, Briefdienst der Deutschen Post AG, bei dem Schrift- oder Zeichenvorlagen bis zum Format DIN A 4 mit Fernkopierer übertragen und wie Eilbriefe zugestellt werden.
Telefax ↑Fernkopierer.
Telefon [griech.], svw. Fernsprechapparat, Fernsprecher (↑Fernsprechen).
Telefonkarte, Plastikkarte zur bargeldlosen Bezahlung von Telefongesprächen in sogenannten Kartentelefonen des öffentlichen Fernsprechnetzes. Über einen integrierten Mikrochip mit nichtflüchtigem Speicher (ROM, EEPROM) und Logikteil wird das festgesetzte Guthaben im Wert von 12 DM (40 Einheiten) bzw. 50 DM (200 Einheiten) während des Gesprächs entsprechend der verbrauchten Einheiten entwertet.
Telefonseelsorge, Form der Stadtseelsorge, die jedem Anrufer die Möglichkeit zu anonymem seelsorgl. Gespräch mit (meist ehrenamtl.) Mitarbeitern bietet.
Telefonüberwachung, gerichtlich angeordnete Überwachung des Fernmeldeverkehrs; erfolgt aufgrund des Abhörgesetzes, wenn der begründete Verdacht staatsgefährdender Straftaten vorliegt.

Marie-Joseph Pierre Teilhard de Chardin

Telegonos

Georg Philipp
Telemann

Telegonos, *griech. Mythos:* Sohn des Odysseus und der Kirke. Nach der »Telegonie«, dem jüngsten der zykl. Epen, zog er aus, um seinen Vater zu suchen, und tötete ihn mit einem Speer in Ithaka, ohne daß sie einander erkannten. T. heiratete seine Stiefmutter Penelope. .

Telegraaf, De [niederl. də te:ləˈxraːf], unabhängige niederl. Tageszeitung; gegr. 1893.

Telegraf (Telegraph), Gerät zur Übertragung codierter Informationen auf opt., akust. oder elektr. Wege. ↑Fernschreiber.

Telegrafenalphabet, die Gesamtheit der in einem Telegrafiersystem den zu übertragenden Buchstaben, Ziffern, Zeichen zugeordneten Codeelementfolgen. Das *Morsealphabet* verwendet Kombinationen von Punkten und Strichen. Eine erste internat. Normung wurde mit dem *Internat. T. Nr. 1* (ein sog. Fünferalphabet) erreicht; seit 1929 ist das *Internat. T. Nr. 2* eingeführt, ebenfalls ein *Fünferalphabet*, das mit Gruppen von je fünf Schritten arbeitet.

Telegrafie (Telegraphie), die Übermittlung von Informationen in Form von codierten Signalen. Bei der heute übl. Art der T. werden die zu übertragenden Informationen vom Sender (z. B. Fernschreiber) nach einem bestimmten Code (↑Telegrafenalphabet) in elektr. Schrittfolgen (Impulse) umgesetzt und nach der Übertragung über Leitungen (als modulierter Gleichstrom bei der *Gleichstromtelegrafie* bzw. mittels amplituden- oder frequenzmodulierter Wechselströme bei der *Wechselstromtelegrafie*) oder auf dem Funkwege *(Funktelegrafie)* im Empfänger wieder in ihre urspr. Form zurückverwandelt.

Telegramm, von der Dt. Post AG im Telegrafendienst (auf Wunsch auf bes. Schmuckblättern) telegrafisch übermittelte Nachricht.

Telekinese, die psych. Beeinflussung externer Materie (z. B. »Tischrücken«) durch angebl. okkulte Kräfte.

Telekolleg, Weiterbildungseinrichtung in Form eines Medienverbundsystems aus Fernseh- und/oder Hörfunksendungen, schriftl. Begleitmaterial und einem Gruppenunterricht, der etwa einmal im Monat die Teilnehmer versammelt.

Telekom ↑Deutsche Telekom AG.

Telekommunikation, der Austausch von Nachrichten und Informationen über größere Entfernungen mit Hilfe von *T. mitteln* wie Fernsprecher, Fernseh- bzw. Bildschirmgerät, Fernkopierer. ↑Breitbandkommunikation, ↑ISDN.

Telekopie, svw. Fernkopieren; auch die dabei entstehende Kopie des Originals.

Telemachos, Sohn des ↑Odysseus; Hauptperson der ersten vier Bücher der »Odyssee« (»Telemachie«).

Telemann, Georg Philipp, *Magdeburg 14. 3. 1681, † Hamburg 25. 6. 1767, dt. Komponist. Ab 1721 in Hamburg Musikdirektor der fünf Hauptkirchen und Kantor am Johanneum, ab 1722 auch Leiter der Oper; befreundet mit J. S. Bach und G. F. Händel. Sein ungemein umfangreiches Werk umfaßt Opern, Passionen, Kirchenkantaten, Orchestersuiten, Solokonzerte für verschiedene Instrumente, Kammer-, Klavier- und Orgelwerke; T. gilt als Wegbereiter der Klassik.

Telemetrie [griech.], die automat. Übertragung von Meßwerten oder Meßdaten über eine größere Entfernung über Draht oder auf dem Funkwege.

Teleobjektive ↑Photoapparat.

Teleologie [griech.], in der Philosophie (und Theologie) Lehre von der Zielgerichtetheit menschl. Handlungen, der Naturereignisse und des allg. Geschichts- bzw. Entwicklungsverlaufs. ↑Gottesbeweis.

Teleostei [...te-i; griech.] (Teleostier, Echte Knochenfische), mit ca. 30 000 Arten in Meeres- und Süßgewässern weltweit verbreitete Überordnung der Knochenfische; wenige Zentimeter bis etwa 4 m lang; mit meist vollständig verknöchertem Skelett. Zu den T. gehört die überwiegende Mehrzahl aller Knochenfische.

Telepathie [griech.], in der Parapsychologie die Übertragung von Gefühlen, Gedanken o. ä. von einer Person auf eine andere ohne Vermittlung der Sinnesorgane. ↑außersinnliche Wahrnehmungen.

Telephos, *griech. Mythos:* Sohn des Herakles und der Auge, König von Mysien. Als die Griechen auf der Fahrt nach Troja in Mysien landeten, verwundete Achill T. mit einer Lanze und heilte nach dem Mißerfolg dieser ersten Fahrt die Wunde durch Auflegen des Lanzenrostes. Auf T. führten die Könige von Pergamon ihr Geschlecht zurück. (T.-Fries im Innenhof des Pergamonaltars).

Teleprompter, [engl.], Vorrichtung, die es Fernsehmoderatoren und -ansagern ermöglicht, beim Blick in die Studiokamera Texte ablesen zu können. Die auf einem Monitor ablaufende Schrift wird dem Sprecher über einen einseitig durchlässigen Spiegel vor der Optik der Fernsehkamera präsentiert. Dadurch entsteht der Eindruck der freien Rede ohne Manuskript.

Teleshopping [...ʃɔpɪŋ], Verkauf von Ge- und Verbrauchsgütern mit Hilfe audiovisueller Medien, v. a. des Fernsehens. Bestellungen können über eingeblendete Telefonnummern getätigt werden.

Teleskop [griech.], svw. Fernrohr; auch Bez. für radioastronom. Geräte (Spiegel-, Radio-T.) und Nachweisgeräte für Höhenstrahlung, Neutrinos u. a. Elementarteilchen.

Teleskopaugen, stark hervortretende bis röhrenförmig ausgezogene Augen bei manchen Fischen, Kopffüßern und Schlammbewohnern.

Teletex, von der Dt. Telekom AG betriebener Fernmeldedienst für die Textkommunikation; Übertragungsgeschwindigkeit 2 400 Bit/s. Als Teletex-Endgeräte können u. a. Speicherschreibmaschinen (↑Schreibmaschine) und Textverarbeitungsanlagen verwendet werden.

Teletext, allg. Bez. für unterschiedl. Systeme zur elektron. Übermittlung von Texten, die auf dem Bildschirm eines Fernsehgeräts dargestellt werden; i. e. S. svw. ↑Videotext.

Television [televiˈzioːn, engl. ˈtɛlɪvɪʒən], aus dem Engl. übernommene Bez. für ↑Fernsehen.

Telexnetz [Kw. aus engl. **te**leprinter **ex**change »Fernschreiberaustausch«] ↑Fernschreiber.

Telgte, Stadt im Kreis Warendorf, NRW, im östl. Münsterland an der Ems, 18 000 E; Wallfahrtsort. – Das aus einem bischöfl. Hof hervorgegangene T. wurde 1238 Stadt.

Tell, Wilhelm, Sagengestalt, Nationalheld der Schweiz. T. schießt, von dem habsburg. Landvogt Geßler gezwungen, einen Apfel vom Kopf seines Sohnes, tötet danach den Landvogt und gibt damit

Tell Halaf

Wilhelm Tell. Tells Apfelschuß; Holzschnitt des Meisters D. S. (1507)

das Zeichen zum Volksaufstand gegen die Habsburger. Literar. Bearbeitung u. a. von Schiller (»Wilhelm T.«, 1804).

Tell [arab. »Hügel«] (Tall, pers. Tepe, türk. Hüyük), Bez. für die vorderasiat. Ruinenhügel aus übereinander abgelagerten Siedlungsresten verschiedener Zeitstufen.

Tell Abu-Schahrein [- - ...ʃaxˈraɪn] ↑Eridu.

Tell Asmar ↑Eschnunna.

Tell Brak, Ruinenhügel in NO-Syrien. Brit. Ausgrabungen (1937–39 und 1977 ff.) legten den sog. Augentempel (Augenidole), eine Palastfestung und Karawanserei frei, von Naramsin von Akkad (um 2155–2119 v. Chr.) erbaut und von Urnammu und Schulgi aus der 3. Dynastie von Ur erneuert.

Tell el-Amarna ↑Amarna.

Tell el-Oheimir ↑Kisch.

Teller, Edward [engl. ˈtɛlə], *Budapest 15. 1. 1908, amerikan. Physiker ungar. Herkunft. Beiträge zur Kernphysik und Quantentheorie; maßgeblich an der Entwicklung der Atom- und Wasserstoffbombe beteiligt.

Tell Fara ↑Schuruppak.

Tell Halaf, Ruinenhügel einer altmesopotam. Stadt in NO-Syrien. Die in ganz Mesopotamien verbreitete sog. T.-H.-Keramik (5.–4. Jt. v. Chr.) ist mehrfarbig mit geometr. (Bandkeramik) und figürl.

Tell Hariri

Howard Martin Temin

Motiven (Stierkopf oder Doppelaxt). Im 10. Jh. v. Chr. Sitz einer Aramäerdynastie, im 9. Jh. als Guzana (biblisch Gozan) assyr. Provinzhauptstadt (Palast des 9./8. Jh.).

Tell Hariri ↑Mari.

Tell Mardich, Ruinenhügel der altoriental. Stadt Ebla (Ibla) in N-Syrien, sw. von Aleppo. Bereits 2400–2150 v. Chr. ein bed. Stadtstaat; aus dieser Zeit sind auf dem Burgberg u. a. freigelegt ein Tempel, ein Palast und ein Keilschriftarchiv (bisher etwa 16 000 Tontafeln) mit Texten in sumer.-akkad. und einer altsemit. Sprache (Eblaitisch).

Tell Mukajir (Tell Muqayir) ↑Ur.

Tello, Ruinenhügel der altoriental. Stadt Girsu im südl. Irak, von Stadtfürst Gudea ausgebaute Residenzstadt des Staates ↑Lagasch. Frz. Ausgrabungen (1877–1933): Baureste eines Ningirsutempels (3. Jt. v. Chr.), Steinreliefs (sog. Geierstele des Königs Eannatum, um 2340 v. Chr.), ferner Rundplastiken (bes. Statuen des Gudea) in neusumer. Stil sowie Keilschrifttexte.

Tell Obeid [-oˈbeɪd] (Tell el-Obed, Tell al-Ubaid), Ruinenhügel im südl. Irak bei Ur; mit ersten Zeugnissen aus dem 5./4. Jt. v. Chr.; nach der dort gefundenen rohen Buntkeramik wird die jüngere Phase des Chalkolithikums in Mesopotamien als *Obeidperiode* bezeichnet. Reste des Tempels der Göttin Ninhursanga (nach 2500 v. Chr.).

Tellur [lat.], chem. Symbol Te, halbmetall. chem. Element aus der VI. Hauptgruppe des Periodensystems der chem. Elemente; Ordnungszahl 52; relative Atommasse 127,60; Schmelztemperatur 449,5 °C; Siedetemperatur 989,8 °C. T. tritt in einer silberweißen metall., hexagonal kristallisierenden und einer braunschwarzen, amorphen Modifikation auf; alle Verbindungen des dem Selen und Schwefel chem. ähnl. T. sind giftig; Legierungsbestandteil für Blei, Kupfer und Eisen, Verwendung in der Halbleitertechnik.

Tellus, röm. Erd- und Fruchtbarkeitsgöttin.

Telos [griech.], Ziel, [End]zweck.

Teltow, Grundmoränenlandschaft in der mittleren Mark Brandenburg und in Berlin.

Temesvar [ˈtɛmɛʃvaːr] (Timișoara), rumän. Stadt am Rand des Großen Ungar. Tieflands, 319 000 E. Univ., Hochschulen, Sternwarte; Museum des Banats; rumän., ungar. und dt. Theater, Oper. Schloß (14. und 15. Jh.), barocke Kirchen- und Verwaltungsbauten. – Im 14. Jh. zeitweise Residenz der ungar. Könige, 1552 osman.; nach der Befreiung durch Prinz Eugen (1716) Sitz der Banater Landesadministration.

Temin, Howard Martin, *Philadelphia 10. 12. 1934, amerikan. Biologe. Klärte bei Stoffwechseluntersuchungen an durch Viren infizierten Tumorzellen den Chemismus der Virusreplikation auf; erhielt 1975 (mit D. Baltimore und R. Dulbecco) den Nobelpreis für Physiologie oder Medizin.

Tempel [lat.], in vielen Kulturen urspr. ein Bezirk, der dem sakralen Kult vorbehalten war; dann auch der den Göttern, der Gottheit geweihte Kultbau. Die ersten T. im alten *Mesopotamien* bestanden aus einem in zwei Bereiche (für den Opferaltar und das Kultbild) unterteilten Rechteckraum (5. Jt.), woraus sich mehrere T.typen bildeten, u. a. in *Uruk* T-förmiger Innenraum mit seitl. Raumgruppen (4./3. Jt.), der *assyr. T.,* bei dem dem Eingang an der Schmalseite in Breitraum vorgelegt war (16. Jh. v. Chr.), der *babylon. T.* (Ende des 3. Jt.), dessen Eingang von der Langseite in einen Innenhof führte und von dort erst zum Kultraumbereich (↑auch Zikkurat). Die *hethit. T.* sind gekennzeichnet durch Innenhof und wechselnde Durchgangsrichtungen zu den Kulträumen. Der *ägypt. T.* ist axial angeordnet (Prozessionsweg): Pylon, offener Hof, Säulenhalle, Speisesaal und Kultbildraum. Der *jüd. T.* Salomons in Jerusalem war nach der bibl. Überlieferung ein Langhaus-T. mit abgetrenntem Allerheiligsten an einer Schmalseite. Der *griech. T.* vom Typ des Ringhallen-T. (Peripteros, Dipteros) entwickelte sich aus einer langgestreckten Cella (Megaron), die seit dem 7. Jh. v. Chr. von Säulen umgeben wurde und später um eine Vorhalle (Pronaos) und eine Rückhalle (Opisthodom) erweitert wurde (Zeustempel von Olympia). Später entwickelten sich der Anten-T., bestehend aus einer Cella und einer Vorhalle mit zwei Säulen vor den vorgezogenen Längswänden, ferner der Doppelanten-T., der Prostylos ohne Säulenumgang, aber mit einer Säulenreihe vor der Eingangsfront, und der Amphiprostylos mit einer Säulenreihe vor der Eingangsfront und einer Säulenreihe vor der Rückseite. Der Aufbau des T. wurde von der dor. oder ion. (bzw. korinth.) Säulenordnung bestimmt. Der *röm. T.* ist im 2. Jh. v. Chr. aus dem italoetrusk. T. durch Verschmelzung mit griech. Bauformen entstanden, er ist ein Podium-T. mit Fronttreppe und Säulenvorhalle (häufig korinth. Ordnung). Neue Lösungen fand die röm. Baukunst im kuppelüberwölbten Rundbau (Pantheon). In *Mesoamerika* standen meist mehrere kleine T. (mit zwei Räumen) auf einer Stufenpyramide. Der *hinduist. T.* war im 4. Jh. (Gupta) eine Cella mit einem Steinplattendach. Dieser Schrein wurde zum Turm, erhielt einen Umgang sowie eine Plattform (später mit Terrassen). Die buddhist. Baukunst entwickelte den ↑Stupa.

Tempelherren ↑Templerorden.

Temperamalerei [italien./dt.], Malerei mit Farben, die mit anorgan. Pigmenten in Emulsionen aus Lein-, Mohn- oder Nußöl und wäßrigen Bindemitteln (Lösungen von Ei bzw. Kasein) angerieben werden. Sie trocknen matt und deckend auf. Bis zur allmähl. Durchsetzung der ↑Ölmalerei (15. Jh.) gebräuchl. Maltechnik; heute auch als *Plakat-* oder *Schultemperafarben* angeboten.

Temperament [lat.], die für ein Individuum spezif., relativ konstante Weise des Fühlens, Erlebens, Handelns und Reagierens; auch der spezif. Grad der Antriebsstärke. – Versuche, T. mit körperl. Gegebenheiten (unterschiedl. Mischung der »Körpersäfte«) in Beziehung zu setzen, gehen auf Hippokrates zurück; er unterschied vier *T. typen* (Sanguiniker, Choleriker, Phlegmatiker, Melancholiker). Neuere Versuche, Körperbau und T. aufeinander zu beziehen, finden sich u. a. bei E. Kretschmer.

Temperatur [lat.], Maß für den Wärmezustand eines Körpers bzw. für die mittlere kinet. Energie der sich in ungeordneter Wärmebewegung befindl. kleinsten Bestandteile (↑Brownsche Molekularbewegung). Die tiefstmögliche T. ist diejenige, bei der die kinet. Energie der Moleküle gleich Null ist *(absoluter Nullpunkt)*. Will man die T. eines Körpers erhöhen, so muß man ihm Energie zuführen, etwa in Form von Wärme oder mechan. Energie. Viele physikal. Eigenschaften eines Körpers oder Systems, wie z. B. Druck, Volumen, elektr. Widerstand und Aggregatzustand sind eindeutig von der T. abhängig und können zur T. messung verwendet werden (↑Thermometer). SI-Einheit der T. ist das ↑Kelvin.

Temperaturmethode ↑Empfängnisverhütung.

Temperaturregler (Thermostat), das Einhalten einer vorgegebenen Temperatur bewirkender Regler (z. B. in Bügeleisen, Kühlanlagen, Brutschränken

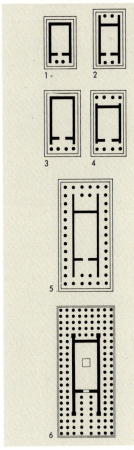

Tempel. Grundrißtypen griechischer Tempel:
1 Antentempel;
2 Doppelantentempel;
3 Prostylos; **4** Amphiprostylos; **5** Peripteros;
6 Dipteros

Temperatursinn

	°C	°F	K
Temperatur im Explosionszentrum einer Atombombe	rund 50 Mill.	rund 90 Mill.	rund 50 Mill.
Temperatur im Innern der Sonne	20 Mill.	36 Mill.	20 Mill.
Temperatur der Sonnenoberfläche	5600	10112	5873,15
Explosionstemperatur in Zylindern von Ottomotoren	bis 1650	bis 3000	1923,15
hell glühendes Eisen	1000	1832	1273,15
Siedepunkt reinen Wassers	100	212	373,15
höchste gemessene Lufttemperatur (Libyen)	58	136,4	331,15
	30	86	303,15
	25	77	
	20	68	293,15
	15	59	
	10	50	283,15
	5	41	
Gefrierpunkt reinen Wassers	0	32	273,15
	−5	23	
	−10	14	263,15
	−15	5	
	−20	−4	253,15
Kältemischung Alkohol und Schnee	−25	−13	
	−30	−22	243,15
tiefste auf der Erdoberfläche gemessene Temperatur (Antarktis)	−94,5	−138,1	178,65
Siedepunkt des Sauerstoffs	−182,97	−361,35	90,18
Siedepunkt des Heliums	−268,9	−452,02	4,25
absoluter Nullpunkt	−273,15	−459,7	0

Temperaturskala. Gegenüberstellung von Celsius- (°C), Fahrenheit- (°F) und Kelvin-Skala (K) mit ausgewählten Temperaturen

u. a.). *Bimetall-T.* enthalten Bimetallstreifen, die sich bei einer bestimmten Temperatur so stark durchbiegen, daß ein elektr. Kontakt unterbrochen oder hergestellt wird. *Thermostatventile* an Heizkörpern enthalten einen metallenen Faltenbalg mit einer Flüssigkeit, die sich bei Temperaturerhöhung stark ausdehnt und dadurch ein Ventil (Schieber) betätigt.

Temperatursinn (Thermorezeption), die Fähigkeit des Menschen und aller Tiere, mittels Thermorezeptoren in der Körperoberfläche bzw. Haut (auch Mund- und Nasenschleimhaut) [örtl.] Unterschiede und Änderungen in der Umgebungstemperatur wahrzunehmen.

Temperaturskala, auf physikal. Gesetzmäßigkeiten zurückgeführte, durch Fundamental- bzw. Fixpunkte festgelegte Einteilung der Temperaturwerte. Die *relativen Temperaturskalen* gehen von temperaturabhängigen Stoffeigenschaften wie z. B. dem Eispunkt und dem Siedepunkt des Wassers aus; dazu gehören z. B. die Celsius-Skala und die Fahrenheit-Skala. Die *absolute T.* ist die 1848 von Lord Kelvin erstmals aufgestellte *thermodynam. T. (Kelvin-Skala).* Der absolute Nullpunkt bei 0 K = −273,15 °C und der Tripelpunkt des Wassers bei 273,16 K = 0,01 °C sind die beiden Fundamentalpunkte dieser Skala.

Temperaturumkehr ↑Inversion.

temperieren [lat.], 1) die Temperatur regeln, auf einem bestimmten Wert halten; auch svw. [ein wenig] erwärmen. 2) mäßigen, mildern.

Tempest [lat.-engl.], Sportsegelboot für zwei Mann, das mit Trapez gesegelt wird und einen Spinnaker tragen kann.

Templerorden, 1119 gegr. geistl. Ritterorden der *Templer (Tempelherren);* ben. nach ihrem Domizil auf dem Tempelberg in Jerusalem; Tracht: rotes Kreuz auf weißem Gewand. Nach dem Fall Jerusalems Hauptsitz in Akkon (1191 bis 1291), ab 1291 auf Zypern; breitete sich rasch v. a. in W- und SW-Europa aus. Philipp IV., der Schöne, von Frankreich vernichtete den T., v. a. wegen dessen Reichtum und Machtstellung (1307 Verhaftung aller frz. Templer einschließlich des Großmeisters J. B. de Molay, Todesurteile); 1312 Aufhebung des T. durch Papst Klemens V.

Tempo [italien.], 1) *allg.:* Geschwindigkeit.

2) *Musik:* das Zeitmaß, in dem ein Stück gespielt wird. Zu den langsamen Tempi gehören largo, adagio, grave, lento, zu den mittleren andante, moderato, zu den schnellen allegro, vivace und presto;

sie stellen typenhafte, keine absoluten Zeitmaße dar; im 20. Jh. findet sich auch die Angabe der Aufführungsdauer in Minuten und Sekunden. ↑Metronom.

Tempolimit, umgangssprachl. Bez. für eine gesetzlich vorgeschriebene Höchstgeschwindigkeit auf Autobahnen, die durch eine Erhöhung der Verkehrssicherheit, einen ungehinderten Verkehrsfluß und eine verminderte Umweltbelastung (Anstieg des Schadstoffausstoßes der Fahrzeuge bei hohen Geschwindigkeiten) begründet wird. Im Ggs. zu allen anderen europ. Ländern, in denen T. zw. 90 und 130 km/h gelten, besteht in Deutschland bislang lediglich die Empfehlung einer ↑Richtgeschwindigkeit.

Tempora, Mrz. von ↑Tempus.

Temporalsatz [lat./dt.], Adverbialsatz, der ein Geschehen zeitl. einordnet, eingeleitet mit »als«, »nachdem« u. a.

Tempo rubato [italien.] (verkürzt rubato), in der Musik bewußte Temposchwankung.

Tempus [lat.] (Mrz. Tempora), grammat. Form des Verbs, durch welche Gegenwart, Vergangenheit oder Zukunft eines Geschehens, Sachverhalts ausgedrückt wird: Präsens, Präteritum, Futur, Perfekt, Plusquamperfekt.

Tenda, Colle di ↑Alpenpässe (Übersicht).

Tendenz [lat.], sich abzeichnende Entwicklung in eine bestimmte Richtung.

Tendenzbetriebe (Tendenzunternehmen), Unternehmen und Betriebe, die unmittelbar und überwiegend polit., konfessionellen, karitativen, erzieher., wiss. oder künstler. Bestimmungen oder Zwecken der Berichterstattung oder Meinungsäußerung dienen. Für T. ist die Anwendung des Betriebsverfassungsgesetzes eingeschränkt. Der bes. Schutz für T. *(Tendenzschutz)* bezweckt die Sicherung des aus dem Grundrecht auf freie Meinungsäußerung abgeleiteten Rechts der Inhaber solcher Betriebe, die Tendenz frei zu bestimmen; die Mitbestimmungsrechte der Arbeitnehmer stehen demgegenüber zurück.

Tendenzschutz ↑Tendenzbetriebe.

Tender [lat.-engl.], 1) *Eisenbahnwesen:* Behälter für Kohle oder Treibstoff und Wasser hinter dem Dampflok-Führerhaus bei sog. *T.lokomotiven;* bei größeren Lokomotiven auch als mehrachsiger Anhänger.
2) *Schiffahrt:* (Begleitschiff) Zubringer- bzw. Anlandungsschiff in der Passagier- und Kreuzschiffahrt; Mutter- und Versorgungsschiff in der Marine.

Teneriffa (span. Tenerife), mit 1929 km² größte der ↑Kanarischen Inseln, bis 3718 m hoch, Hauptort Santa Cruz de Tenerife.

Teng Hsiao-p'ing ↑Deng Xiaoping.

Teniers, David, d. J. [niederl. təˈniːrs], *Antwerpen 15. 12. 1610, † Brüssel 25. 4. 1690, fläm. Maler. Darstellungen des fläm. Volkslebens.

Tennengebirge, stark verkarsteter Teil der Salzburg.-Oberösterr. Kalkalpen, östl. der Salzach, bis 2431 m hoch.

Tennessee [engl. ˈtenəsiː, tenəˈsiː], Staat im SO der USA, 109152 km², 5,0 Mio. E, Hauptstadt Nashville-Davidson.

Geschichte: Die ersten Weißen im westl. T. waren Spanier (1541); um 1750 drangen in das von Stämmen der Cherokee bewohnte östl. T. die ersten Briten ein; 1790 als Bundesterritorium südlich des Ohio organisiert und 1796 in die USA aufgenommen. Schloß sich 1861 als letzter Staat den Konföderierten an; 1866 als erster Staat der Konföderation wieder in die Union aufgenommen.

Tennessee River [engl. ˈtenəsiː ˈrivə], linker Nebenfluß des Ohio, mündet nahe Paducah; 1049 km, mit Quellfluß Holston River 1450 km lang.

Tennis [frz.-engl.], in seiner heutigen Form um 1875 in Großbrit. entwickeltes Rückschlagspiel, das von zwei männl. oder weibl. Spielern oder im Doppel ausgetragen wird. Gespielt wird mit *T.schlägern (Rackets)* sowie mit einem filzüberzogenen *T.ball* (Durchmesser 6,35–6,67 cm) über ein in der Mitte eines Spielfeldes befindl. Netz, wobei der Ball auf jeder Seite des Spielfeldes höchstens einmal auf den Boden aufspringen darf. Das Netz muß in der Mitte 0,915 m, außen 1,06 m hoch sein. Jeder Ball, den von einem Spieler ins Netz oder »Aus« (d. h. außerhalb des Spielfeldes auftreffend) oder erst nach zweimaliger Bodenberührung geschlagen wird, ist für den Gegner ein gewonnener Punkt. Zählweise: 15 beim ersten gewonnenen Punkt, 30 beim zweiten, 40

Tennis

Tennessee
Flagge

Tennit

Tennis. Spielfeld

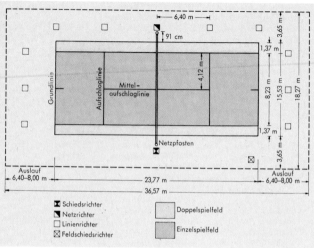

beim dritten, »Spiel« beim vierten (beim Stand von 40:40 Einstand; danach Vorteil-Spiel oder erneut Einstand). Sechs gewonnene Spiele ergeben einen Satzgewinn, wobei aber der Gewinner einen Vorsprung von zwei Spielen haben muß. Seit 1970 dient der *Tie-Break* beim Spielstand von 6:6 Spielen (Sieg mit sieben Gewinnpunkten zum 7:6) zur Abkürzung überlanger Sätze. Ein Match besteht aus zwei bzw. drei Gewinnsätzen.

Tennit, svw. ↑Tinnit.

Tennō [jap. »himml. Kaiser«], Titel der Herrscher Japans seit 702; gelten als direkte Nachfahren der Sonnengöttin Amaterasu.

Tennyson, Alfred Lord (seit 1884) [engl. tɛnɪsn], *Somersby bei Lincoln 6. 8. 1809, † Aldworth bei Reading 6. 10. 1892, engl. Dichter. Spätromant. Dichtung, u. a. »In memoriam A. H. H.« (1850), »Königs-Idyllen« (1859–85; zwölf Kleinepen in Blankversen) um König Artus.

Tenochtitlán [span. tenɔtʃtiˈtlan], Hauptstadt des Aztekenreiches, ↑Mexiko (Stadt).

Tenor, 1) [ˈteːnor; lat.] *allg.:* Sinn, Wortlaut; Inhalt (z. B. eines Gesetzes, eines Urteils).

2) [ˈteːnor; lat.] *Musik:* in der mehrstimmigen Musik des 13.–16. Jh. die den Cantus firmus (↑Cantus) tragende Stimme.

3) [teˈnoːr; italien.], 1. hohe Männerstimme (Umfang c–$a^1[c^2]$); 2. Sänger mit Tenorstimme.

Tenside [lat.], auf Grund ihrer Molekülstruktur als Wasch-, Reinigungs-, Spül- und Netzmittel verwendete grenzflächenaktive Stoffe.

Tension [lat.], svw. Dehnung bzw. Spannung; in der physikal. Chemie häufig verwendete Bez. für [Dampf]druck.

Tentakel [lat.], in der *Zoologie* Bez. für meist in der Umgebung der Mundöffnung stehende, mehr oder weniger lange, mit Sinnesorganen versehene sehr bewegl. Körperanhänge z. B. bei Nesseltieren, Kopffüßern (mit Saugnäpfen), Schnecken; dienen als Tastorgane *(Fühler)* v. a. dem Aufspüren der Beutetiere und (als *Fangarme, Fangfäden*) zu deren Ergreifen.

Tentakelträger (Kranzfühler, Tentaculata), Stamm der Wirbellosen mit rd. 5000 etwa 0,5 mm bis 30 cm langen Arten im Meer und (seltener) im Süßwasser; fast ausschließlich festsitzende, häufig koloniebildende Tiere; Mundöffnung von einem Tentakelkranz umgeben.

Tenuis [lat.] (Mrz. Tenues), stimmloser Verschlußlaut, z. B. [k, p, t].

Alfred Tennyson (Kreidezeichnung; London, National Portrait Gallery)

Teos, bed. antike (ion.) Hafenstadt in W-Kleinasien beim heutigen Sigacık, sw. von İzmir; Sitz der (gesamtgriech.) Dionysoskünstlergemeinschaft (sog. *Techniten,* Schauspieler und Musiker). – Überreste u. a. des hellenist. Theaters, des Dionysostempels (2. Jh. v. Chr.), des Gymnasions.

Teotihuacán [span. teotiu̯aˈkan], Ruinenstadt nö. der Hauptstadt Mexiko, gegr. im 2. Jh. v. Chr.; hatte um 100 n. Chr. 60 000 E, um 600 mehr als 150 000 E, im 8. Jh. aufgegeben. Schachbrettartige Anlage um 200 n. Chr. An der Kreuzung der Hauptachsen Verwaltungszentrum (3. Jh. n. Chr., mit Quetzalcoatl-Palast mit Tempel; Skulptur und Reliefschmuck 5. Jh.). An der N–S-Achse (»Straße der Toten«) liegen im N zwei große Stufenpyramiden (»Sonnen-« und »Mondpyramide«, 5. Jh.). Hochentwickelt waren Bewässerungsfeldbau, Verwaltung, Handel und [Kunst]handwerk: Keramik, Steinschneiderei (u. a. Masken aus Jade), Obsidianabbau und -verarbeitung (Waffen, Werkzeug).

Tepaneken, voreurop. Volk in Zentralmexiko, zu den Nahua gehörig, das um 1230 Azcapotzalco gründete und dort aus um die Hegemonie im Becken von Mexiko kämpfte; 1430 aztek. Eroberung von Azcapotzalco, Ende des T.staates.

Tepe ↑Tell.

Teplice [tschech. ˈtɛplitsɛ] (dt. Teplitz), Stadt im sö. Vorland des Erzgebirges, Tschech. Rep., 55 300 E. Erzgebirgstheater. Ältestes Heilbad Böhmens (Quellen seit 762 bekannt); Braunkohlentagebau, Glas- und Keramikindustrie. Rathaus (1545); Dekanatskirche (um 1700 barocker Umbau); Dreifaltigkeitssäule (1718); ehemaliges Schloß (v. a. 18. Jh.; heute Museum). – Entwickelte sich im 13. Jh. um das 1156 erwähnte Kloster *Teplitz*.

Teppich [griech.-lat.], textiles Erzeugnis, das v. a. als Bodenbelag oder Wandbehang genutzt wird. Ein T. wird mit verschieden eingefärbten Fäden gewirkt oder geknüpft (seit dem 19. Jh. auch maschinell), wodurch Musterungen entstehen. *Wirk-T.:* Bei den gewirkten, d. h. mit einfacher Bindung gewebten, meist kleineren T. bilden die verschiedenfarbigen Schußfäden das Muster. Beim oriental. Wirk-T. sind durch ihre Technik v. a. Kelim und Sumakh zu unterscheiden, der europ. gewirkte Wand-T. des 17. und 18. Jh. ist der ↑Gobelin. *Knüpf-T.:* Zunächst wird die Kette meist senkrecht auf ein Rahmengestell gespannt. Nachdem die ersten festigenden »Schüsse« (Querfäden) eingebracht sind, werden kurze farbige Fäden um die Kettfäden geschlungen (Flor) und bilden das Muster. Am weitesten verbreitet ist der *türk. Knoten* (Gördesknoten), bei dem das Fadenstück vor zwei Kettfäden gelegt, die Enden zw. diesen beiden Kettfäden gemeinsam wieder hervorgezogen werden; beim *pers. Knoten* (Senneknoten; in O-Iran, Indien und China angewandt) erscheint jeweils ein Fadenende neben einem Kettfaden. Die Anzahl der Knoten variiert, z. B. 200 pro dm^2 bei einfachen Nomaden-T., 12 700 bei alten pers. Teppichen.

Geschichte: Die älteste überlieferte Darstellung eines T. (Kelims?) wird um 5000 v. Chr. datiert (Çatal Hüyük), die ältesten realen Funde (Knüpf- und Filz-T.) aus dem Altai-Gebirge um 500 v. Chr. (Pasyrykteppiche). Im 12. und 13. Jh. Blüte des geometr. seldschuk. und osman. T. in Anatolien (Konya), im 12. bis 16. Jh. T.kunst der Mamelucken in Ägypten. Unter den Mogulherrschern gelangte die T.kunst im 16. Jh. auch nach Indien. Bed. Entwicklung in Persien im 15. und 16. Jh. an der Hofmanufaktur. Die pers. T.kunst wurde v. a. von der türk. Hofmanufaktur in Istanbul, auch von Bursa und Kaschgar aufgenommen. Abgesehen von Spanien

Teppich. Handknüpfen von Orientteppichen (Iran)

Teppich.
a Türkischer Knoten;
b Persischer Knoten

Teppichboden

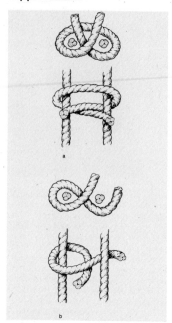

Mutter Teresa

kannte Europa im MA nur gewirkte und gestickte Wand-T., berühmt der Bayeux-Teppich (um 1077). Spanien importierte schon im 13. Jh. den oriental. Knüpf-T. und hatte auch eigene Manufakturen (bes. Knüpfteppiche in Alcaraz bei Albacete). Seit dem Ende des 14. Jh. werden Orient-T. in ganz Europa importiert. Eine nennenswerte europ. Verbrauchsproduktion ist trotz verschiedener Ansätze erst mit der Einführung der Bányai-Knüpfmaschine in den 1920er Jahren entstanden.

Teppichboden, in Bahnen oder als Fliesen verlegter Fußbodenbelag, Oberschicht aus textilen Materialien (Chemiefasern, Naturfasern), Unterschicht häufig aus geschäumtem Kunststoff. Nach dem Herstellungsverfahren unterscheidet man *Nadelvliesteppiche* (Laufschicht aus Nadelfilz) und *Tuftingteppiche* (Nadelflorteppiche), nach der Art der Oberfläche *Schlingenware* (mit nicht aufgeschnittenen Florgarnschlingen), *Veloursware* (mit geschnittenem Flor und veloursartiger Oberfläche) und sog. *Strukturware* (mit strukturierter Oberfläche).

Teppichkäfer ↑Speckkäfer.
Tequila [te'ki:la], aus Agavensaft gewonnener mex. Branntwein.
Tera... [griech.] ↑Vorsatzzeichen.
Teramo, italien. Prov.-Hauptstadt in den nördl. Abruzzen, 52500 E. Amphitheater, Dom (12. bis 14. Jh.). – In der Antike *Interamnia*.
Terbium [nach dem schwedischen Ort Ytterby], chem. Symbol **Tb**, metall. chem. Element aus der Reihe der Lanthanoide des Periodensystems der chem. Elemente; Ordnungszahl 65; relative Atommasse 158,9254; Schmelztemperatur 1360 °C; Siedetemperatur 3123 °C; kommt als Phosphat und Silikat vor.
Terborch, Gerard, d. J. [niederl. tɛr'bɔrx], *Zwolle 1617, † Deventer 8. 12. 1681, niederl. Maler. Bürgerl. Genrebilder mit wenigen Figuren.
Terbrugghen (ter Brugghen), Hendrick [niederl. tɛr'brʏxə], *Den Haag (?) 1588, □ Utrecht 9. 11. 1629, niederl. Maler. Bed. Vertreter der niederl. Utrechter Schule in Nachfolge von Caravaggios.
Terceira [portugies. tər'sɐirɐ], Azoreninsel, 396 km², bis 1022 m ü. M., Hauptort Angra do Heroísmo.
Terengganu, Gliedstaat Malaysias, im O der Halbinsel Malakka, 12953 km², 615000 E, Hauptstadt Kuala Terengganu.
Terenz (Publius Terentius Afer), *Karthago 185 (um 195?), † 159 während einer Griechenlandreise, röm. Komödiendichter. Kam als Sklave nach Rom. Seine sechs sämtlich erhaltenen Stücke stammen aus den Jahren 166–160. Vorgeführt werden sensible Figuren und differenzierte eth. Probleme; die Handlungen sind meist komplizierte Intrigengeflechte.
Teresa (Theresa), gen. Mutter T., eigtl. Agnes Gonxha Bojaxhio, *Skopje 27. 8. 1910, ind. Ordensgründerin alban. Herkunft. Gründete 1950 die Kongregation »Missionaries of Charity« (»Missionarinnen der Liebe«; Sitz Kalkutta) mit dem Ziel der Sorge für die Sterbenden, Waisen und [Lepra]kranken. Die Kongregation ist heute weltweit verbreitet (inzwischen auch ein männl. Zweig). Mutter T. erhielt 1971 als erste Trägerin den »Friedenspreis des Papstes« und 1979 den Friedensnobelpreis.

Term [lat.-frz.], **1)** *Mathematik:* spezielles System von Zeichen in einer mathemat. Theorie, auch ein aus diesen Zeichen gebildeter mathemat. Ausdruck, z. B. $x + 5$.
2) *Physik:* (Energie-T.) Bez. für die einzelnen Energiezustände von Atomen und Molekülen, insbes. im Hinblick auf ihre Anordnung in einem *Termschema,* der graph. Darstellung aller Terme bzw. Energiestufen.

Termin [lat.], allg. ein festgelegter Zeitpunkt; Liefer-, Zahlungstag.

Terminal [engl. 'tə:mɪnl; lat.], **1)** *elektron. Datenverarbeitung:* svw. Datenstation; besteht aus Ein- und Ausgabewerk (im allg. mit Tastatur, Datensichtgerät, Drucker u. a.) und Datenübertragungswerk. Programmierbare T. werden auch als *intelligente T.* bezeichnet.
2) *Verkehrswesen:* Abfertigungsgebäude oder -anlage eines Flughafens für Fluggäste oder Luftfracht *(Fracht-T.);* Umschlaganlage für Container *(Container-T.)* in Häfen und an Bahnanlagen; Be- und Entladeanlage für Tanker *(Eröl-T.).*

Termingeschäft, Börsengeschäft zum Kurs des Tages des Geschäftsabschlusses, dessen Erfüllung jedoch erst zu einem vereinbarten späteren Termin erfolgt.

Terminologie [lat./griech.], Gesamtheit der in einem Fachgebiet übl. Fachwörter und -ausdrücke.

Terminus [lat.], **1)** *allg.:* festgelegte Bezeichnung, Fachausdruck; auch *Terminus technicus.*
2) *Geschichte:* in Rom Begriff und vergöttlichte Personifikation der Grenze, bes. des Grenzsteins. Zu Ehren des T. wurden jährlich am 23. Febr. die Terminalien begangen.

Termiten [lat.] (Isoptera), mit rd. 2000 Arten in den Tropen und Subtropen verbreitete Ordnung staatenbildender Insekten, nächstverwandt mit den Schaben und Fangheuschrecken (nicht dagegen mit den Ameisen); Körper 0,2–10 cm lang (eierlegende ♀♀); Geschlechtstiere mit Facettenaugen und zeitweise geflügelt; Arbeiter und Soldaten ungeflügelt, fast stets augenlos; Mundwerkzeuge beißend-kauend (mit Ausnahme der Soldaten). – Bei T. gibt es ausgeprägte Kasten: 1. *Primäre Geschlechtstiere* (geflügelte ♂♂ und ♀♀): Diese erscheinen einmal im Jahr. Nach dem Hochzeitsflug gründen je ein ♂ und ein ♀ eine neue Kolonie, sie bleiben als König und Königin zusammen und erzeugen alle anderen Koloniemitglieder. 2. *Ersatzgeschlechtstiere* (mit kurzen Flügelanlagen oder völlig ungeflügelt): Diese können bei Verlust der primären Geschlechtstiere aus Arbeiterlarven nachgezogen werden. 3. *Arbeiter* (fortpflanzungsunfähige, stets ungeflügelte ♂♂ und ♀♀): Sie machen normalerweise die Masse des Volks aus und übernehmen gewöhnlich (zus. mit den Larven) alle Arbeiten, v. a. die Ernährung der übrigen Kasten. 4. *Soldaten* (fortpflanzungsunfähige ♂♂ und ♀♀): Mit meist sehr kräftigen Mandibeln oder einem nasenartigen, ein Sekret ausscheidenden Stirnzapfen. Die T. legen ihre *Nester* meist unterirdisch oder in Holz an; mit zunehmendem Alter ragen die bei manchen Arten steinharten Bauten über den Erdboden hinaus, z. T. bis 6 m hoch. Das Baumaterial besteht aus zerkautem Holz, mit Speichel vermischtem Sand bzw. Erde oder Kotteilchen. – In trop. Gebieten sind einige Arten der T. wegen der Zerstörung von Holz (Möbel, ganze Gebäude) sehr schädlich. Nach S-Europa sind einige Arten vorgedrungen.

Termone [Kw.], hormonähnl., geschlechtsbestimmende Stoffe bei bestimmten niederen Pflanzen und Tieren, v. a. bei Flagellaten. Das Mengenverhältnis in den Zellen zw. den das männl. Geschlecht bestimmenden *Andro-T.* und den das weibl. Geschlecht bestimmenden *Gyno-T.* entscheidet über die endgültige Ausprägung des Geschlechts bei einem Kopulationsprodukt.

Terms of trade [engl. 'tə:mz əv 'treɪd »Handelsbedingungen«], die Austauschrelation zw. den Import- und Exportgütern eines Landes, in ihrer einfachsten Form berechnet als Verhältnis zw. den (gewichteten) Preisindizes für Einfuhr- und für Ausfuhrgüter oder als Mengenverhältnis zw. bestimmten Gütern.

Terni, italien. Prov.-Hauptstadt im südl. Umbrien, 110 500 E. Stahlwerke. Röm. Amphitheater (32 n. Chr.); romanisch-gotischer Dom (im 17. Jh. erneuert); romanische Kirche San Salvatore (12. Jh.); Paläste (16. Jh.). – In der Antike *Inter-*

Termiten.
1 Junges Weibchen;
2 Arbeiter; **3** Weibchen (Königin); **4** Soldat;
5 entflügeltes Männchen (König); **6** und
7 Soldaten

Terpene

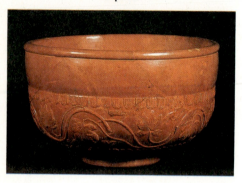

Terra sigillata

amna, angeblich 673 v. Chr. von Umbrern gegr.; fiel 1420 an den Kirchenstaat.

Terpene [griech.], im Pflanzen- und Tierreich häufig vorkommende, gesättigte oder ungesättigte Kohlenwasserstoffe, die sich formal als Kondensationsprodukte des Isoprens auffassen lassen (daher auch als *Isoprenoide* bezeichnet). Bekannte T. sind u. a. Karotinoide, Menthol, Thymol, Kampfer und Guttapercha; Kautschuk ist ein Polyterpen.

Terpentin [griech.], die beim Anritzen der Rinde harzreicher Kiefernarten austretenden Harze (Balsame), die sich durch Destillation in 70 bis 85% feste Bestandteile, v. a. Harzsäuren (↑Kolophonium), und 15 bis 30% flüchtige Bestandteile, v. a. das *Terpentinöl* (Lösungsmittel für Harze, Kautschuk, Lacke, Wachsprodukte; zur Herstellung von Riechstoffen, Schuhcreme, Bohnerwachs), trennen lassen.

Terpsichore [...çore] ↑Musen.

Terracina [italien. terra'tʃi:na], italien. Hafenstadt am Tyrrhen. Meer, im südl. Latium, 37 000 E. Reste zweier röm. Thermen, eines Tempels, eines Amphitheaters und eines Triumphbogens; Dom (1074, 12. bis 14. und 17. Jh.) mit antiken Säulen und Mosaikfußboden (12./13. Jh.). – Geht auf die alte volsk. Siedlung *Anxur* zurück, die 329 v. Chr. röm. Colonia *(Tarracina)* und zur bedeutendsten Küstenstadt Latiums neben Ostia wurde.

Terra di Siena [italien.] (Sienaerde), in der Toskana (früher v. a. bei Siena) gewonnenes Gemenge von eisenhaltigen Tonmineralen, das gebrannt als Farbpigment verwendet wird; enthält bis zu 65% Eisen(III)-oxid, Fe_2O_3.

Terra ferma [italien.], die ehem. Festlandsbesitzungen Venedigs, die seit Ende des 14. Jh. zu einem geschlossenen Territorium zw. Adria, Alpen, Po und Adda ausgebaut wurden.

Terrain [tɛˈrɛ̃:; lat.-frz.], Gebiet, Gelände.

Terrakotta [italien. »gebrannte Erde«], bei niedriger Temperatur gebrannte unglasierte Tonware mit und -plastik mit meist rötl. Scherben; Verzierung durch Auftrag von Tonschlicker mit und ohne Ritzungen oder Bemalung. Früheste Funde im Nahen und Mittleren O aus dem 8. Jt. v. Chr.; in China lebensgroße T.figuren (Grab des Kaisers Qin Shi Huangdi, †210) und Grabplastik aus der Tang-Zeit; bei Griechen und Etruskern tritt neben die Gefäßkunst figürl. T.plastik (Grabbeigaben, Bauplastik), z. B. die Tanagrafiguren (3. Jh. v. Chr.) oder der Apollon von Veji (um 500 v. Chr.). Die Technik wurde erneuert in der italien. Frührenaissance (L. Della Robbia, Entwicklung zur ↑Fayence) und gelangte von dort auch in die dt. Kunst (Tonplastik von der Spätgotik [Weicher Stil] bis zum Barock). Seit dem 17. Jh. v. a. für Modellentwürfe (Bozetti).

Terrarium [lat.], Behälter zur Haltung bes. von Kriechtieren entweder in Räumen oder im Freien.

Terra rossa [italien.] ↑Bodentypen.

Terra sigillata [lat.], röm. Tafelgeschirr aus Ton mit glänzend rotbraunem Schlickerüberzug und Reliefverzierung; in Italien (Arretium, Puteoli) ab etwa 30 v. Chr.; von Südgallien (1. Jh.) in die röm. Provinzen verbreitet (2. Jh. n. Chr.).

Terrasse [lat.-frz.], **1)** *Bauwesen:* befestigte Plattform oder auch größerer Vorbau (meist ohne Überdachung) am Erdgeschoß eines Gebäudes.
2) *Geologie:* Hangstufe; man unterscheidet: 1. Flußterrasse, die entweder bei tekton. Bewegungen oder Klimaschwankungen entstehen; 2. Denudationsterrasse, entstanden durch Verwitterung und Abtragung wechselnd widerständiger Gesteine; 3. Landterrasse der Schichtstufenlandschaft; 4. Strandterrassen.

terre des hommes [frz. tɛrdeˈsɔm »Erde der Menschen«], Abk. **tdh,** 1959 in Lausanne gegründete, seit 1967 auch in der BR Deutschland bestehende, internationale nicht staatliche Organisation, die weltweit Kindernot und -elend bekämpft.

Terres Australes et Antarctiques Françaises [frz. ˈtɛrz oˈstral eãtarkˈtik frãˈsɛːz], frz. Überseeterritorium im südl. Ind. Ozean und in der Antarktis, umfaßt die Kerguelen, die Crozetinseln, die Île Nouvelle-Amsterdam, die Île Saint-Paul und Terre Adélie, rd. 440 000 km², Verwaltungssitz Paris; mehrere Forschungsstationen.

Terrier [teriɔr; lat.-engl.], aus England stammende, formenreiche Rassengruppe von Haushunden (urspr. Jagdhunde) mit länglich-schmalem Kopf und meist kleinen Kippohren; häufig drahthaarig; u. a. *Airedale-T.,* 60 cm schulterhoch, rauhhaarig, meist gelblichbraun mit schwarzen Platten; *Fox-T.,* 35–40 cm schulterhoch, weiß mit schwarzen und gelblichen Flecken und Platten, Behaarung beim Kurzhaar-Foxterrier dicht, glatt, beim Rauhhaar-Foxterrier (Drahthaar.-T.) hart drahtig; *Schott. T.* (Scotch-T.), klein, mit Schnauzbart und Stehohren, langes, drahtiges Haar, meist schwarz.

Terrine [lat.-frz.], große Suppenschüssel, meist mit Deckel; auch Pastetenform.

territorial [lat.], zu einem [Staats]gebiet gehörend, dieses betreffend.

Territorialgewässer, die Küstenstreifen des Meeres, in dem der Küstenstaat durch einseitige Erklärung volle Hoheitsgewalt beansprucht; früher allg. drei Seemeilen, heute bis zu 200 Seemeilen.

Territorialheer, Teil des Heeres der dt. Bundeswehr, der im Ggs. zum Feldheer im Verteidigungsfall nicht der operativen Führung der NATO unterstellt ist, sondern unter nat. Kommando Aufgaben der territorialen Verteidigung wahrnimmt.

Territorialitätsprinzip [lat.], Grundsatz der Rechtsgeltung und -anwendung, nach dem der räuml. Aspekt (meist das Hoheitsgebiet eines Staates) und nicht der personenbezogene ausschlaggebend ist (u. a. Erwerb der Staatsangehörigkeit).

Terrorismus

Terrier. Schottischer Terrier (Widerristhöhe 26–28 cm)

Territorium [lat.], allg. ein Teil der Erdoberfläche. Im *Völkerrecht* das Hoheitsgebiet eines Staates, auch ein (umgrenztes) Gebiet, das zu keinem Staat gehört.

Terror [lat.], 1) *allg.*: Einschüchterung, Unterdrückung.
2) *Politik*: Schreckens-, Gewaltherrschaft; Form des polit. Machtkampfs und -mißbrauchs.

Terrorismus [lat.], politisch motivierte Gewaltanwendung v.a. durch revolutionäre oder extremist. Gruppen und Einzelpersonen. Mit auf bes. hervorragende Vertreter des herrschenden Systems gezielten oder auch wahllos die Bevölkerung treffenden *direkten Aktionen* sucht der T. die Hilflosigkeit des Regierungs- und Polizeiapparates gegen solche Aktionen bloßzustellen, Loyalität von den Herrschenden abzuziehen und eine revolutionäre Situation zu schaffen. Trotz der jahrtausendelangen Tradition des T. (Tyrannenmord) entwickelte sich eine Theorie des T. (u. a. Bakunin) erst seit etwa 1800.
In der BR Deutschland entwickelte sich der T. 1968 aus einem kleinen Teil der student. Protestbewegung. Die größtenteils der RAF (»Rote-Armee-Fraktion«, sog. Baader-Meinhof-Gruppe um Andreas Baader [* 1944, † 1977] und Ulrike Meinhof [* 1934, † 1976]) zuzuschreibenden Anschläge waren mit sozialrevolutionär-utop. Zielsetzungen verbunden. Die Staatsorgane sahen sich gezwungen, mit Gesetzesänderungen sowie mit dem Ausbau des Bundeskriminalamtes und der Verstärkung des Bundesgrenzschutzes und der Polizei-

terre des hommes

Terschelling

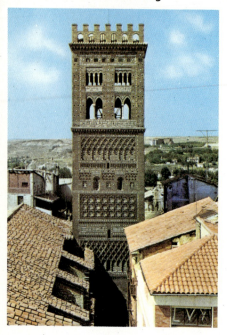

Teruel. Turm der Kirche San Salvador; 13. Jh.

kräfte der Länder dem T. gegenüber Stärke zu demonstrieren und dem Sicherheitsbedürfnis der Bürger Rechnung zu tragen. Nach Fahndungserfolgen wurden die Angeklagten in langwierigen Prozessen wegen Mordes, Bildung einer kriminellen Vereinigung oder Mitgliedschaft in dieser, Banküberfällen, Bombenattentaten und Verstößen gegen das Waffen- bzw. Kriegswaffengesetz zu lebenslangen bzw. langjährigen Haftstrafen verurteilt; der Versuch ihrer Freipressung durch die Entführung von Hanns Martin Schleyer (*1915, †1977, ermordet) und eines Flugzeugs der Lufthansa nach Mogadischu scheiterte 1977.

Zumindest zeit- und teilweise haben sich im 20. Jh. zur Befreiung von fremder Herrschaft die nat. Befreiungsbewegungen in der Dritten Welt, die ETA, die Irisch-Republikan. Armee (IRA), jüd. Organisationen in Palästina vor 1948 sowie die palästinens. Befreiungsorganisationen terrorist. Mittel bedient. Die von palästinens. Gruppen zur polit. Erpressung unternommenen Flugzeugentführungen brachten den Übergang zum internat. Terrorismus. Neben den linksextremist. T.bewegungen, deren Aktionen i. d. R. gegen einzelne Repräsentanten des staatl. und gesellschaftl. »Systems« intendiert sind (z. B. seitens der »Roten Brigaden« in Italien), sind insbes. seit den 1980er Jahren vermehrt neofaschist. bzw. neonazist. T.aktionen zu verzeichnen, v. a. in Italien (Attentat von Bologna), Frankreich (Synagogenattentat von Paris) und Deutschland (Anschläge auf Ausländerwohnheime).

Terschelling [niederl. tɛrˈsxɛlɪŋ], eine der Westfries. Inseln, 108 km², Hauptort West-Terschelling.

Tersteegen, Gerhard, eigtl. Gerrit ter Steegen, *Moers 25. 11. 1697, †Mülheim a. d. Ruhr 30. 4. 1769, dt. ev. Mystiker. Zahlr. Epigramme und Kirchenlieder (»Ich bete an die Macht der Liebe«).

Tertia [lat.], früher Bez. für die 4. (Untertertia) und 5. (Obertertia) Klasse des Gymnasiums (8. und 9. Schuljahr).

tertiär [lat.-frz.], **1)** *allg.:* die dritte Stelle in einer Reihe einnehmend.
2) *Chemie:* in mehrfacher Bedeutung verwendetes Wort: *t. Salze* sind Salze dreibasiger Säuren, bei denen alle drei Wasserstoffatome durch Metallatome ersetzt sind; *t. Kohlenstoff-* und *Stickstoffatome* sind mit drei [weiteren] Kohlenstoffatomen verbunden.

Tertiär [lat.-frz.], das ältere System der Erdneuzeit, ↑Geologie (Übersicht Erdzeitalter).

Tertiärbereich, Sammelbez. für alle Bildungseinrichtungen, die an den Sekundarbereich II (↑Sekundarstufe) anschließen und dessen Abschluß voraussetzen: Universitäten, Gesamthochschulen, techn., pädagog., Kunst- und Fachhochschulen.

tertiärer Sektor ↑Wirtschaftssektoren.

Tertium comparationis [lat.], Vergleichspunkt, das Gemeinsame (»Dritte«), in dem die zu vergleichenden Gegenstände oder Sachverhalte übereinstimmen.

Tertium non datur [lat.] (Satz vom ausgeschlossenen Dritten), log. Prinzip, das besagt, daß *A* oder *nicht-A* gilt und eine dritte Möglichkeit nicht besteht.

Tertullian (Quintus Septimius Florens Tertullianus), *Karthago um 160,

Tessin

† ebd. nach 220, lat. Kirchenschriftsteller. Trennte sich um 205 von der christl. Gemeinde in Karthago und wandte sich dem Montanismus, einer religiösen Bewegung mit schwärmer. Endzeiterwartungen, zu; gilt als Schöpfer der lat. Kirchensprache.

Teruel [span. te'ṟu̯el], span. Prov.-Hauptstadt im Iber. Randgebirge, 27 300 E. Bauten im Mudejarstil, u. a. Kathedrale (v. a. 16. Jh.; Turm von 1257), Aquädukt (16. Jh.).

Terz, Abram [russ. tjerts], Pseud. des russ. Schriftstellers A. D. ↑Sinjawski.

Terz [lat.], 1) *kath. Kirche:* ↑Stundengebet.
2) *Musik:* der dritte Ton der diaton. Tonleiter, das Intervall im Abstand von drei diaton. Stufen. Man unterscheidet die große (c–e), kleine (c–es), übermäßige (c–eis) und die verminderte T. (cis–es). ↑Dreiklang.

Terzerol [lat.-italien.], kleine ein- oder doppelläufige Vorderladerpistole.

Terzett [lat.-italien.], Komposition für drei konzertierende Singstimmen, meist mit Instrumentalbegleitung. ↑Trio.

Terzine [lat.-italien.], dreizeilige italien. Strophenform mit durchlaufender Reimverkettung nach dem Schema aba/bcb/cdc/ded/ ... und einem abschließenden Vers, der den Mittelreim der letzten Strophe aufgreift; von Dante für seine »Divina Commedia« entwickelt.

Terzka (Terzky, tschech. Trčka), Adam Erdmann, Graf von der Lipa (seit 1628), *um 1599, † Eger 25. 2. 1634 (ermordet), kaiserl. General (nach 1630). Schwager und engster Vertrauter Wallensteins; zus. mit C. Frhr. von Ilow und W. Kinský beim Festmahl des Kommandanten J. Gordon ermordet.

Teschen, ehem. österr.-schles. Kreisstadt, beiderseits der Olsa, 1920 geteilt in einen poln. und einen tschech. Teil: Polnisch-T. (poln.: *Cieszyn*) am rechten Flußufer, 36 600 E; Tschechisch-T. (tschech.: *Český Těšín*) am linken Ufer, 28 800 E. – T., 1155 erstmals erwähnt, wurde vor 1284 als Stadt mit dt. Recht angelegt; Sitz des schles. Herzogtums T., das 1653 an Habsburg kam. – Der *Friede von T.* beendete 1779 den Bayer. Erbfolgekrieg.

Tesla, Nikola, *Smiljan 10. 7. 1856, † New York 7. 1. 1943, amerikan. Physiker und Elektrotechniker serb. Herkunft. Entwickelte ab 1881 (unabhängig von G. Ferraris und F. Haselwander) das Prinzip des Elektromotors mit rotierendem Magnetfeld (Drehstrommotor) und gab 1887 das Mehrphasensystem zur elektr. Energieübertragung an.

Tesla [nach N. Tesla], Einheitenzeichen **T**, SI-Einheit der magnet. Induktion oder Flußdichte. 1 T ist gleich der Flächendichte des homogenen magnet. Flusses 1 Weber (Wb), der die Fläche 1 m² senkrecht durchsetzt: $1\,T = 1\,Wb\,m^{-2}$.

Tesla-Transformator [nach N. Tesla] (Hochfrequenztransformator), ein spezieller Transformator zur Erzeugung hochfrequenter Wechselströme geringer Stromstärke, aber sehr hoher Spannung bzw. hochfrequenter elektr. Schwingungen.

Tessin, 1) Nicodemus, d. Ä., *Stralsund 7. 12. 1615, † Stockholm 24. 5. 1681, schwed. Baumeister. Vater von Nicodemus T. d. J.; Erbauer von Schloß ↑Drottningholm und des Doms in Kalmar (1660 ff.).
2) Nicodemus Graf (seit 1714), d. J., *Nyköping 23. 5. 1654, † Stockholm 10. 4. 1728, schwed. Baumeister des Barock. Gartenanlagen, Stockholmer Schloß (nach 1697).

Tessin, 1) (amtl. Cantone Ticino [italien. ti'tʃi:no]) schweizer. Kt., erstreckt sich vom Alpengebiet des Sankt Gotthard bis in die Nähe der Poebene, 2811 km², 294 100 E, Hauptstadt Bellinzona. Zentren des Fremdenverkehrs sind Lugano, Locarno und Ascona.

Tessin 1)
Kantonswappen

Nicodemus Tessin d. J.
Schloß Steninge
bei Sigtuna; um 1690

Test

Tessin 1). Blick vom Sankt Gotthard auf Airolo

Geschichte: Zw. 196 und 15 v. Chr. von den Römern erobert, 12.–14. Jh. im Besitz von Mailand. 1496–1516 von der Eidgenossenschaft erobert und in der Folgezeit als gemeinsames Untertanengebiet *(Ennetberg. Vogteien)* verwaltet; 1803 Kanton.
2) linker Nebenfluß des Po, 248 km lang.
Test [lat.-engl.], **1)** *allg.:* Prüfung zur Feststellung der Eignung, Leistung o. ä. einer Person oder Sache.
2) *Statistik:* ein mathemat. Verfahren zur Prüfung von Hypothesen an Zufallsstichproben.
Testakte (Test Act), 1673–1829 gültiges engl. Gesetz, das die Zulassung zu öffentl. Ämtern an die Zugehörigkeit zur anglikan. Staatskirche und die Ableistung des Suprematseids band.
Testament [lat.], ein Erbrecht die einseitige, frei widerrufl. Willenserklärung des Erblassers, mit dem er den Erben abweichend von der gesetzl. Erbfolge bestimmt *(letztwillige Verfügung,* einseitige Verfügung von Todes wegen). Die Freiheit, nach Belieben einseitige Verfügungen zu treffen *(Testierfreiheit),* wird lediglich durch Pflichtteilsrechte, einen Erbvertrag oder ein gemeinschaftl. T. beschränkt. Voraussetzung für ein gültiges T. ist die *Testierfähigkeit* des Erblassers (die Fähigkeit, ein Testament zu errichten, zu ändern oder aufzuheben), die, beschränkt auf das öffentl. T., mit dem 16. Lebensjahr beginnt. Entmündigte sind nicht testierfähig. Der Erblasser muß das Testament stets persönlich errichten und darf sich keines Vertreters bedienen. Das *öffentliche* T. wird durch mündl. Erklärung oder Übergabe einer Schrift zur Niederschrift eines Notars errichtet. Das *eigenhändige* T. ist die handgeschriebene und unterschriebene Erklärung des Erblassers, wer Erbe sein soll. In den Fällen, in denen der Erblasser wegen naher Todesgefahr nicht (mehr) in der Lage ist, ein öffentl. T. zu errichten, kann der fremdhändige, vom Erblasser unterzeichnete letzte Wille, vor dem Bürgermeister des Aufenthaltsortes und zwei Zeugen oder vor drei Zeugen in einem *Not-T.* niedergelegt werden. Ein *gemeinschaftl.* T. kann nur von Ehegatten errichtet werden, und zwar als eigenhändiges T. in der Weise, daß der eine Ehegatte das T. schreibt und beide handschriftlich unterzeichnen.
Testamentsvollstrecker, vom Erblasser testamentarisch berufene Person(en) zur Ausführung seiner letztwilligen Anordnungen.
testieren [lat.], **1)** *allg.:* bescheinigen, bestätigen.
2) *Recht:* ein Testament machen.
Testosteron [Kw.], wichtigstes männl. ↑Geschlechtshormon.

Tettnang

Tetanie [griech.], auf einer Verminderung des in Form von Ionen vorliegenden Calciums in den Körperflüssigkeiten beruhende neuromuskuläre Übererregbarkeit. Bezeichnend sind v. a. die von Angst begleiteten Krampfzustände im akuten tetan. Anfall bes. der Extremitäten, die gewöhnlich bei vollem Bewußtsein auftreten.

Tetanus, svw. ↑Wundstarrkrampf.

Tethys, eine Titanin (↑Titanen).

Tétouan [frz. te'twã], Prov.-Hauptstadt in NW-Marokko, 199 600 E. Archäolog. Museum; Kalifenpalast (17. Jh.).

tetra..., Tetra..., tetr..., Tetr... [griech.], Bestimmungswort von Zusammensetzungen mit der Bedeutung »vier«.

Tetrachloräthan (Acetylentetrachlorid), farblose, nicht brennbare, chloroformartig riechende, giftige Flüssigkeit, Lösungsmittel für Fette und Öle.

Tetrachlorkohlenstoff (Kohlenstofftetrachlorid, Tetrachlormethan), farblose, stark lichtbrechende, süßlich riechende, giftige, nur mit organ. Lösungsmitteln mischbare Flüssigkeit; Lösungsmittel, z. B. für Fette, Harze und Kautschuk, sowie als Ausgangsstoff zur Herstellung organ. Chlorverbindungen.

Tetrachord [...'kɔrt; griech.], Anordnung von vier aufeinanderfolgenden Tönen im Rahmen einer Quarte.

Tetracycline, svw. ↑Tetrazykline.

Tetrade (Nibble, Halbbyte), in der Datenverarbeitung binäres Informationswort aus vier Bits.

Tetraeder [griech.] (Vierflach, Vierflächner), eine Pyramide mit dreieckiger Grundfläche. ↑platonische Körper.

Tetrafluoräthylen (Perfluoräthylen), farb- und geruchloses, brennfähiges Gas; Verwendung zur Herstellung von Kunststoffen wie Polytetrafluoräthylen (Teflon®) und T.-Kopolymeren.

Tetragramm ↑Jahwe.

Tetralogie, Folge von vier selbständ. (literar.) Werken, die aufeinander bezogen eine Einheit bilden, z. B. T. Manns »Joseph und seine Brüder« (1933–43).

Tetrameter, aus vier metr. Einheiten zusammengesetzter antiker Vers.

Tetrapoden [griech.] (Tetrapoda), svw. ↑Vierfüßer.

Tetrarchie [griech.], in der Antike durch Vierteilung eines Territoriums entstandenes Herrschaftsgebiet (z. B. in Thessalien, Galatien, Judäa), meist unter eigenen Dynasten *(Tetrarchen).*

Tetrazykline [griech.] (Tetracycline), von Bakterien der Gattung Streptomyces gewonnene, oral wirksame Breitbandantibiotika und deren halbsynthet., substituierte Derivate, die gegen zahlr. grampositive und gramnegative Bakterien sowie auch gegen Spirochäten, Mykobakterien und Rickettsien wirksam sind.

Tettnang, Stadt im östl. Bodenseebekken, Bad.-Württ., 14 800 E. Barockes Neues Schloß (1712 ff.; jetzt Museum), ehem. Altes Schloß (1667; jetzt Rathaus).

Tetrachlorkohlenstoff

Tettnang. Neues Schloß; 1712 ff., nach einem Brand im Jahr 1753 restauriert

Tetzel

Erwin Teufel

Teuerlinge.
Gestreifter Teuerling
(Fruchtkörperhöhe
1 bis 1,5 cm)

Tetzel, Johannes (Johann), *Pirna um 1465, †Leipzig 11. 8. 1519, dt. kath. Theologe und Ablaßprediger. Dominikaner; die materielle Zielsetzung seiner Ablaßpredigten veranlaßte Luther zur Veröffentlichung seiner 95 Thesen (1517).

Teuerlinge, weltweit verbreitete Gatt. der Nestpilze mit zwei Arten in M-Europa: *Gestreifter T.* und *Topf-T.*; beide auf humusreichen Böden oder (faulendem) Holz.

Teufel, Erwin, *Rottweil 4. 9. 1939, dt. Politiker (CDU). Seit 1972 MdL in Bad.-Württ.; 1974–78 Staatssekretär; 1978–91 Fraktions-Vors.; seit 1991 Min.-Präs.; Okt. 1991 Landes-Vors. der CDU.

Teufel, von griech. diábolos (»Verleumder«; lat. diabolus) abgeleiteter Begriff für die Personifikation der widergöttl. Macht. Die Gestalt des T. geht im christl. Bereich auf den Satan des AT zurück. Im MA und der beginnenden Neuzeit findet der T.glaube seine stärkste Verbreitung. Der T. erscheint im Volksglauben in vielfältiger Gestalt, meist mit Hörnern, Vogelkrallen, Bocksbeinen, Flügeln, Hufen und Schwanz. Er gilt als gefallener Engel und kann vom Menschen angerufen und durch Pakt zu Hilfeleistungen veranlaßt werden. Diese von Augustinus ausgebildete T.pakttheorie (Dämonenpakttheorie) hatte großen Einfluß auf den Hexenwahn.

Teufelsaustreibung ↑Exorzismus.

Teufelskrabbe (Meerspinne, Große Seespinne), größte Krabbenart im Mittelmeer; Körperlänge bis 12 cm; mit langen, schlanken Scheren und rotem, zottig behaartem Rücken mit Warzen und Höckern.

Teufelskralle (Rapunzel), in Europa heim. Gatt. der Glockenblumengewächse mit rd. 30 Arten v. a. in den Alpen und Voralpen; Stauden mit in Ähren oder Köpfchen stehenden, blauen, weißen, purpurfarbenen oder gelben Blüten; z. T. Gartenzierpflanzen; u. a. *Halbkugelige T.,* bis 30 cm hoch, mit schwärzl.-blauvioletten Blüten; *Hallers T.,* 0,3–1 m hoch, mit schwarzvioletten bis schwarzblauen Blüten.

Teufelsmesse (schwarze Messe), seit dem MA zu Ehren des Teufels oder einer Hexe begangene, der kath. Meßfeier nachgebildete orgiast. Feier.

Teufelsmoor, weitgehend abgetorfte, urspr. aus Hoch- und Niedermooren bestehende Landschaft in Niedersachsen.

Teufelsnadeln (Edellibellen, Aeschnidae), weltweit verbreitete Fam. der Li-

Teutoburger Wald
mit den Externsteinen im Vordergrund

bellen mit über 600 schlanken, meist sehr bunten Arten, davon 13 in Mitteleuropa; u. a. die Teufelsnadel (bis 6 cm lang, grün, blau gefleckt) und die Königslibellen.

Teufelsrochen (Mantarochen, Hornrochen, Meerteufel, Mobulidae), Fam. der Rochen mit wenigen Arten, v. a. in trop. und subtrop. Meeren; bis 7 m groß und 2 000 kg schwer, je ein löffelartiger Lappen an jeder Seite der breiten Mundöffnung.

Teutoburger Wald, Höhenzug in NRW und Ndsachs., trennt die Westfäl. Bucht vom Weserbergland, rd. 120 km lang, bis 468 m hoch; im SO liegt die Grotenburg mit dem Hermannsdenkmal. – Im Umkreis des T. W. (*Teutoburgiensis saltus*; Tacitus, Annalen 1, 60, meint ein größeres Gebiet als den heutigen T. W.), wohl bei Kalkriese am Rand des Wiehengebirges, vernichtete der Cheruskerfürst Arminius mit Verbündeten 9 n. Chr. ein röm. Heer unter Publius Quinctilius Varus.

Teutonen, german. Volk an der W-Küste Jütlands und an der Elbmündung, zog um 120 v. Chr. nach S; nach verheerenden Zug durch Gallien zus. mit den Kimbern (um 105 v. Chr.) von Gajus Marius bei Aquae Sextiae (heute Aix-en-Provence) 102 v. Chr. vernichtend geschlagen.

Tex [lat.], ↑Garnnumerierung.

Texas ['teksas, engl. 'teksəs], Staat in S der USA, am Golf von Mexiko, 691 027 km², 17,65 Mio. E, Hauptstadt Austin. **Geschichte:** Ende des 17. Jh. erste span. Niederlassungen, ab 1821 Entstehung einer durch Einwanderung aus den USA anwachsenden Kolonie in der Republik Mexiko. Die Spannungen mit der mex. Regierung (u. a. Sklavenfrage; Verbot weiterer angloamerikan. Einwanderung) entluden sich 1835 in einem Aufstand der Angloamerikaner. Der Einsatz mex. Truppen (Schlacht von Alamo, 6. 3. 1836) scheiterte, als die Texaner am 21. 4. 1836 am San Jacinto River den mex. Präs., General Antonio López de Santa Anna (*1795, †1876), gefangennahmen. T. wurde nach kurzfristiger Unabhängigkeit unter Präs. Sam Houston (*1793, †1863) 1845 als 28. Staat in die Union aufgenommen und erhielt 1848, nach dem aufgrund des Anschlusses T. an die USA ausgebrochenen Mex. Krieg, seine im wesentl. noch heute gültigen Grenzen; im Sezessionskrieg auf der Seite der Konföderierten.

Texasfieber, von der Rinderzecke übertragene, seuchenhafte Hämoglobinurie bei Rindern in warmen Ländern (bes. in Texas, Mexiko und Argentinien).

Texel [niederl. 'tɛsəl], mit 163 km² größte der Westfries. Inseln, Hauptorte Den Burg und Het Horntje.

Text [lat.], (schriftlich fixierte) im Wortlaut festgelegte Folge von Aussagen; auch der Wortlaut eines Liedes, einer Oper (Libretto) o. ä.; auch Bibelstelle, über die ein Prediger aufbaut.

Textart, Begriff, der die spezif. Eigenschaft eines Textes im Unterschied zu anderen bezeichnet; z. B. wiss., lyr., ep., nichtliterar. Text; Pressebericht, Reportage, Werbung.

Textildruck, svw. ↑Stoffdruck.

Textkritik, philolog. Methode der Geistes-, Rechts- und Bibel-Wiss. zur krit. Prüfung solcher Texte, deren Authentizität nicht gesichert ist oder von denen mehrere autograph. Entwürfe oder Fassungen *(Redaktionen)* vorliegen. Die Analyse der Texte und ihrer Überlieferung soll zur Herstellung (Synthese) eines dem Original nahestehenden Textes *(Archetypus)* oder zu einer vom Autor mutmaßlich intendierten Fassung führen.

Texturierung [lat.], Sammel-Bez. für alle Verfahren, durch die glatte endlose Chemiefäden gekräuselt und gebauscht werden; u. a. zur Erhöhung der

Teufelskralle.
Zarte Teufelskralle
(Höhe 15–55 cm)

Texas
Flagge

Texas.
Der Big Bend National Park am Rio Grande im Süden von Texas

William Makepeace Thackeray

Textverarbeitung

Dehnbarkeit, Wärmehaltigkeit und des Feuchtigkeitsaufnahmevermögens der aus den Chemiefäden hergestellten Textilien.

Textverarbeitung, Sammel-Bez. für alle Methoden und Verfahren zur rationalisierten Verarbeitung von Texten beliebiger Art. Zur T. werden T.systeme (z. B. Speicherschreibmaschinen, Personalcomputer) eingesetzt, die zu einem Informationsnetz zusammengeschlossen bzw. an Informationsnetze angeschlossen werden können.

tg, Funktionszeichen für Tangens (↑trigonometrische Funktionen).

TGV [frz. teʒeˈveː], Abk. für frz. **T**rain à **G**rande **V**itesse, frz. Hochgeschwindigkeitszug. Der TGV Atlantique stellte 1990 mit einer Geschwindigkeit von 515,3 km/h einen neuen Weltrekord für Schienenfahrzeuge auf.

Th, chem. Symbol für ↑Thorium.

TH, Abk. für **T**echnische **H**ochschule.

Thackeray, William Makepeace [engl. ˈθækərɪ], *Kalkutta 18. 7. 1811, †London 24. 12. 1863, engl. Schriftsteller. Als Satiriker und Humorist bed. Vertreter der engl. Literatur des 19.Jh., schrieb v. a. gesellschaftskrit. (»Die Snobs«, 1846/47; »Jahrmarkt der Eitelkeit«, 1847) und histor. Romane.

Thaddäus ↑Judas Thaddäus, hl.

Thai, 1) *Sprachen:* (Thailändisch, früher auch Siamesisch gen.) zu den ↑Thaisprachen gehörende Sprache v. a. in Thailand.

2) *Völkerkunde:* (Tai) zu den Paläomongoliden gehörende, Thaisprachen sprechende Völker und Stämme in S-China und Hinterindien. Zu den T. gehören v. a. die früher *Siamesen* gen. Thai i. e. S., das Staatsvolk Thailands, die Lao, Lü und Shan. In W-Yünnan bestand etwa 740–1253 das Thaireich der Nan-Chao. Die Thai Noi (»Kleine Thai«) bildeten den Kern der heutigen Staatsvölker von Laos und Thailand. Nach Eroberung des Kgr. der Khmer gründeten sie 1238 das Reich Sukhothai. 1353 spaltete sich das laot. Kgr. Lanchang ab.

Thailand (amtlich Thai: Prades Thai), Staat in Asien, grenzt im NW und W an Birma, im S an die Andamanensee, Malaysia und den Golf von Thailand, im SO an Kambodscha, im O und NO an Laos.

Staat und Recht: Konstitutionelle Monarchie; Übergangs*verfassung* von 1991 (geändert 1992). *Staatsoberhaupt* ist der König (seit 1946 Rama IX. Bhumibol Adulyadej); er ist auch religiöses Oberhaupt. Die *Exekutive* liegt bei der Regierung unter Führung des Min.-Präs. Die *Legislative* nimmt das Repräsentantenhaus (Unterhaus; 360 Mgl., vom Volk gewählt) wahr. Der Senat (Oberhaus; 270 Mgl., vom Militär ernannt) wurde 1992 vom Gesetzesverfahren ausgeschlossen. Die bis 1992 festgeschriebenen Vollmachten der Streitkräfte wurden weitgehend beschnitten. Das Parteiensystem besteht aus zwei Blöcken, zum einen den jegl. Zusammenarbeit mit den Militärs ablehnenden Parteien (sog. »Engel«: u. a. Democrat Party [DP], New Aspiration Party

Thailand.
Dschungellandschaft bei Yala im Süden des Landes

Thailand

Staatsflagge

[NAP], Palang Dharma, Social Action Party [SAP]), zum anderen den mit den Streitkräften sympathisierenden Gruppen (sog. »Teufel«: Chart Thai, Chart Pattana).

Landesnatur: Der Kernraum von T. ist das rd. 140 km lange und an der Küste bis 100 km breite Menamtiefland. Dieses wird von N–S-verlaufenden Gebirgsketten (bis 2 595 m hoch), die auf der Halbinsel Malakka ihre Fortsetzung finden, umrahmt. Den O des Landes nimmt das Khoratplateau ein. T. wird vom trop. Monsunklima geprägt. 60% der Landfläche sind von Wald bestanden.

Bevölkerung: Staatstragendes Volk sind die Thai mit rd. 99% der Gesamtbevölkerung. Ferner gibt es Chinesen, Malaien, Inder und Birmanen. Rd. 86% sind Buddhisten, 3,4% Muslime.

Wirtschaft, Verkehr: T. ist einer der führenden Reisexporteure Asiens. Weitere wichtige Produkte sind Mais, Maniok, Kautschuk, Jute, Kenaf, Zuckerrohr, Kokosnüsse, Sago und Sojabohnen. Bed. ist außerdem die Seidenraupenzucht. T. hat bed. Wolframproduktion und Zinnerzabbau. Die Industrie ist traditionell auf die Verarbeitung agrar. Erzeugnisse ausgerichtet. Daneben gibt es Erdölraffinerien sowie Betriebe der Eisen-, Stahl-, petrochem., Reifen- und Textilindustrie. Bed. Fremdenverkehr. Die Länge des Eisenbahnnetzes beträgt 3 924 km, die des Straßennetzes 156 776 km. Bedeutendster Überseehafen ist Bangkok; internat. ✈ bei Bangkok.

Geschichte: Nachdem die Thaivölker, von Yünnan kommend, sich im N des Khmerreiches niedergelassen hatten, gründeten sie das Reich Sukhothai (1238), das u. a. durch den Mongolenansturm von 1258 weit nach S bis auf die Malaiische Halbinsel ausgriff; es wurde im 14. Jh. durch das um die südl. Thai-Ft. und Kambodscha erweiterte Reich von Ayutthaya ersetzt. Seit 1686 zeitweise Errichtung frz. Handelsniederlassungen, Missionstätigkeit frz. Priester und Stationierung frz. Truppen in der Hauptstadt. 1767 zerstörten die Birmanen Ayutthaya, wurden jedoch von Paya Tak (✶1767–82), einem General chin. Abstammung, vertrieben. Sein Nachfolger, General Chaophraya

Thailand

Fläche: 513 115 km²
Einwohner: 56,129 Mio.
Hauptstadt: Bangkok
Amtssprache: Thai
Nationalfeiertag: 5. 12.
Währung: 1 Baht (B) = 100 Stangs (St., Stg.)
Zeitzone: MEZ + 6 Std.

Staatswappen

Chakri, bestieg als Rama I. (✶1782 bis 1809) den Thron und verlegte seine Residenz nach Bangkok. Auf Grund einer umsichtigen Außen- und Handelspolitik mit den europ. Großmächten und den USA konnte T. als einziges Land SO-Asiens dem europ. Kolonialismus widerstehen und staatl. Unabhängigkeit wahren, wenn es auch auf frz. und brit. Druck weite Gebiete abtreten mußte. Unter König Rama V. (Chulalongkorn, ✶1868–1910) fanden Reformen in allen Bereichen des staatl. und öffentl. Lebens (u. a. Abschaffung der Sklaverei) statt. Nach einem Staatsstreich wurde T. 1932 konstitutionelle Monarchie. 1938 bis 1944 bestand eine Militärdiktatur unter Marschall Pibul Songgram, während der bis dahin *Siam* genannte Staat 1939 den Namen T. erhielt. Im 2. Weltkrieg kämpfte T. auf jap. Seite. In der Nachkriegszeit ereigneten sich zahlr. meist unblutige Putsche und Parlamentsauflösungen: 1946 Ermordung König Ramas VIII., Pibul Songgram erneut Min.-Präs.; 1957 Staatsstreich Sarit Thanarats, Außerkraftsetzung der Verfassung; 1963–73 Militärdiktatur unter General Thanom Kittikachorn (1968–71 von einer Periode mit demokrat. Verfassung unterbrochen), der eine prowestl. antikommunist. Außenpolitik mit enger Bindung an die USA verfolgte. 1976 be-

Bevölkerung (in Mio.) Bruttosozialprodukt je E (in US-$)

Bevölkerungsverteilung 1992

Bruttoinlandsprodukt 1992

Thailand, Golf von

endete ein neuer Militärputsch den Versuch einer demokrat. Regierung (seit 1973); die von der Militärjunta eingesetzte Zivilregierung wurde bereits 1977 erneut gestürzt. Unter dem neuen Machthaber General Kriangsak Chamanand wurde die Armee entpolitisiert, 1978 eine neue Verfassung in Kraft gesetzt. Unter seinem Nachfolger, Prem Tinsulanonda, erlebte T. seit 1980 trotz verschiedener Putschversuche eine Phase relativer innenpolit. Stabilität. Nach den Wahlen 1988 wurde Chatichai Choonhavan Min.-Präs.; nach seinem Sturz durch einen Militärputsch wurde Anand Panyarachun 1991 als Min.-Präs. eingesetzt. Nach Parlamentswahlen 1992 wurde auf Druck des Militärs im April General Suchinda Kraprayoon Min.-Präs.; er mußte jedoch nach vom Militär niedergeschlagenen Unruhen zurücktreten. König Bhumibol ernannte daraufhin im Juni 1992 Anand Panyarachun zum Min.-Präs. Im Sept. fanden erneute Parlamentswahlen statt, die die Opposition deutlich gewann. Min.-Präs. wurde Chuan Leekpai, der nach der Aufhebung des seit 1976 geltenden Notstandsgesetzes länger als jeder andere Min.-Präs. seit dem Ende der absoluten Monarchie regierte. Bei Parlamentswahlen von 1995 errang die Chart Thai vor der DP, der NAP und Chart Pattana die meisten Sitze; neuer Min.-Präs. wurde ihr Vorsitzender, Banharn Silpa Archa.

Thailand, Golf von, Meeresbucht zw. der Halbinsel Malakka und der SW-Küste Hinterindiens.

Thaisprachen, zu den sinotibet. Sprachen gehörende Sprachengruppe (u. a. Thai, Laotisch). Charakterist. Merkmale der T. sind bedeutungsdifferenzierende Worttöne, einsilbige Wortwurzeln, isolierende Struktur und Bestimmung der grammatikal. Kategorien durch die Satzstellung.

Thalamus [griech.], i. w. S. zusammenfassende Bezeichnung für die den dritten Gehirnventrikel umschließenden Wände des Zwischenhirns (↑Gehirn) bei Wirbeltieren und beim Menschen. Die beiden seitlichen Wände, der (paarige) *Thalamus* i. e. S., weisen meist eine beträchtliche Dicke auf. – Der T. darf mit seinen zahlreichen afferenten sensorischen Bahnen als wichtigste subkortikale (also unbewußt arbeitende) Sammel-, Umschalt- und Integrationsstelle der allgemeinen körperlichen Sensibilität (Tastempfindung, Tiefensensibilität, Temperatur- und Schmerzempfindung, Seh-, Gehör- und Riechfunktionen) angesehen werden, als ein Ort, den alle zum Bewußtsein gelangenden Impulse passieren müssen und an dem gleichzeitig »unwesentliche«, die Konzentration störende Meldungen abgeschirmt werden.

Thailand.
Schwimmender Markt

Thales von Milet, *Milet um 625, † um 547, griech. Philosoph und Mathematiker. Begründer der ion. Naturphilosophie; nahm als Seinsgrund des Kosmos das Wasser an. Der nach ihm ben. geometr. Lehrsatz *(Satz des Thales)* war bereits den Babyloniern bekannt: Alle Winkel, deren Scheitel auf einem Halbkreis, dem *Thales-Kreis,* liegen und deren Schenkel durch die Endpunkte eines Durchmessers gehen, sind rechte Winkel.

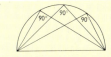

Thales von Milet. Satz des Thales

Thalia ↑Musen, ↑Chariten.
Thalidomid [Kw.] (Handels-Bez.: Contergan®), heute nicht mehr verwendetes, schwere Mißbildungen an menschl. Embryonen und bei Erwachsenen Nervenschädigungen verursachendes Schlaf- und Beruhigungsmittel.
Thallium [griech.], chem. Symbol **Tl**, metallisches chemisches Element aus der III. Hauptgruppe des Periodensystems der chemischen Elemente; Ordnungszahl 81; relative Atommasse 204,38; Dichte 11,85 g/cm^3; Schmelztemperatur 303,5°C; Siedetemperatur 1457°C. Das weiche, weiß glänzende, sehr reaktionsfähige Schwermetall liegt in seinen sehr giftigen Verbindungen meist einwertig, seltener dreiwertig vor. T. findet Verwendung in Quecksilberlegierungen für Thermometerfüllungen, Thalliumsulfid, -selenid, -tellurid und -arsenid in der Halbleitertechnik, Thalliumsulfat als Ratten- und Mäusegift.
Thallus [griech.] (Mrz. Thalli), vielzelliger Vegetationskörper der niederen Pflanzen (↑Lagerpflanzen), der im Ggs. zum Kormus (↑Kormophyten) der höheren Pflanzen nicht in echte Organe gegliedert ist und keine oder eine nur wenig ausgeprägte Gewebsdifferenzierung aufweist.
Thalluspflanzen, svw. ↑Lagerpflanzen.
Thälmann, Ernst, *Hamburg 16. 4. 1886, † KZ Buchenwald 18. 8. 1944, dt. Politiker. 1917 Wechsel von der SPD zur USPD, 1920 zur KPD; 1924 in der Parteiführung der KPD; Führer des Roten Frontkämpferbundes; 1925–33 Vors. der KPD, Vertrauensmann Stalins; 1924–33 MdR; 1925 und 1932 Kandidat für die Reichspräsidentenwahl; am 3. 3. 1933 verhaftet, von der SS ermordet.

Thanatos, bei den Griechen Begriff und Personifikation des Todes.
Thanh Phô Hô Chi Minh [vietnames. θajn fo ho tʃi mijɲ] (Ho-Chi-Minh-Stadt; bis 1976 Saigon), vietnames. Stadt am N-Rand des Mekongdeltas, rd. 3 Mio. E. Zwei Univ., Museum; botan. Garten. Wichtigstes Ind.zentrum S-Vietnams; Flußhafen; internat. ✈. Europ. Stadtbild mit Bauten im Kolonialstil, Alleen und Parks; im Vorort Cholon Pfahlbauten an Kanälen. – Die ehem. Khmersiedlung *Saigon* wurde 1859 Sitz des frz. Gouverneurs von Cochinchina, 1887–1902 Hauptstadt des frz. Indochina; 1945 von jap. Truppen erobert; 1954–76 Hauptstadt Südvietnams.
Thanka [tibet.] (Thangka), tibet. Rollbild auf grobem Leinen.
Thanksgiving Day [engl. 'θæŋksgɪvɪŋ 'deɪ] (Danksagungstag), 1621 von den Pilgervätern eingeführtes Erntedankfest; seit 1941 am 4. Donnerstag im Nov. gefeiert.
Thar, Wüstensteppe im NW Vorderindiens (v. a. in Indien, zum kleineren Teil in Pakistan), zw. der Aravalli Range im SO und dem Tiefland von Indus und Sutlej im NW, rd. 260000 km^2.
Thasos, griech. Insel im Thrak. Meer, 379 km^2, bis 1203 m hoch, Hauptort Thasos. Reste der antiken Stadtmauer mit Toren und der von hellenist. und röm. Säulenhallen umgebenen Agora mit Archäolog. Museum; Herakles- und Artemistempel. – Berühmt durch seine Goldbergwerke; bis 465 v. Chr. Mgl. des Att.-Del. Seebundes; 340/339–196 makedonisch.
Thatcher, Margaret Hilda [engl. 'θætʃə], Baroness T. of Kesteven (seit 1992), *Grantham bei Lincoln 13. 10. 1925, brit. Politikerin (Konservative Partei). 1970–74 Min. für Erziehung und Wiss., 1975–90 Vors. der Konservativen Partei, 1979–90 als erste Frau in der brit. Geschichte Premierminister. Ihre Politik des »Thatcherismus« verband eine extrem am Markt orientierte

Ernst Thälmann

Margaret Hilda Thatcher

Thayngen

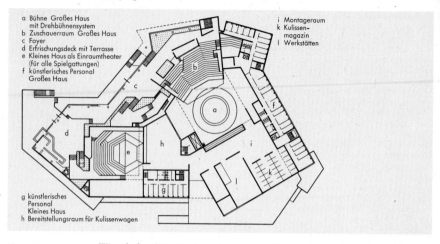

a Bühne Großes Haus mit Drehbühnensystem
b Zuschauerraum Großes Haus
c Foyer
d Erfrischungsdeck mit Terrasse
e Kleines Haus als Einraumtheater (für alle Spielgattungen)
f künstlerisches Personal Großes Haus
g künstlerisches Personal Kleines Haus
h Bereitstellungsraum für Kulissenwagen
i Montageraum
k Kulissenmagazin
l Werkstätten

Theater. Grundriß des Badischen Staatstheaters Karlsruhe (Erdgeschoß) von Helmut Bätzner; 1970–75

Wirtschaftspolitik (Senkung der Staatsausgaben, Privatisierungen) mit einer rigoros nationalist. Außenpolitik (Falkland-Konflikt 1982, skept. Haltung zur europ. Einigung).

Thayngen ['taːɪŋən], Bezirkshauptort im schweizer. Kt. Schaffhausen, 3 800 E. Maschinenbau. – Bed. Fundort mehrerer vorgeschichtl. Siedlungsplätze: u. a. die Höhle *Keßlerloch* mit reichen Funden des Magdalénien.

Theater [griech.], Sammelbegriff für alle für Zuschauer bestimmten Darstellungen eines in Szene gesetzten Geschehens; zu den Formen des T. gehören u. a. das Schauspiel, die Pantomime, die Oper und das Musiktheater; auch die Gesamtheit aller Einrichtungen, die eine T.darstellung ermöglichen (v. a. T.bau und Bühne) sowie die Gesamtheit des künstler., techn. und organisator. Ensembles, das Planung, Inszenierung und Realisierung von T.aufführungen übernimmt.

Der *Theaterbau* besteht üblicherweise aus dem Bühnen- und dem Zuschauerhaus, die durch brandsichere Wände und den sog. eisernen Vorhang (Feuerschutz) voneinander getrennt sind. Zum *Bühnenhaus* gehören die Bühne als eigtl. Spielfläche mit der dazugehörenden Bühnentechnik sowie Künstlergarderoben, Probenräume, Chor- und Ballettsaal, techn. Betriebsräume, Werkstätten, oft auch Verwaltungsräume. Zum *Zuschauerhaus* gehört der Zuschauerraum, der von Foyers, Zuschauergarderoben, Eingangs- und Kassenhallen umgeben ist. Der Zuschauerraum besteht aus dem im Parterre gelegenen vorderen Parkett, den hinteren, von den oberen Stockwerken erreichbaren Rängen und den abgeteilten Logen. Bei Opern- und gemischten Bühnen befinden sich zw. Bühne und Zuschauerraum der (meist versenkte) Orchesterraum. In jüngerer Zeit wird eine T.architektur bevorzugt, die Bühne und Zuschauerraum als Einheit in einer großen Halle zusammenfaßt, um Spielfläche und Zuschauersitze nach den Erfordernissen eines Stücks oder des Ensembles jeweils neu anordnen zu können. Dieser Intention kommen oft kleine, zusätzlich im T.bau untergebrachte Studios und sog. Werkstatt-T. entgegen. Daneben steht die Nutzung von freien Plätzen, Straßen, Zelten, leerstehenden Fabriken durch mobile T.gruppen. Die *Theateraufführung* ist Ergebnis künstler. Kollektivarbeit zw. ↑Intendant, Regisseur (↑Regie), ↑Dramaturg, Schauspieler, Bühnenbildner und techn. Personal, das sich, im Ggs. zum Filmtheater, in jeder Vorstellung neu erweisen muß. Im Musik-T. werden leitende Funktionen zusätzlich u. a. vom Dirigenten, der Choreographie, der Ballett- und Chorleitung wahrgenommen. Der techn. Bereich besteht aus verschiedenen Ab-

Theater

teilungen: u. a. der Bühnentechnik (Werkstätten mit Dekorateuren, Tischlern, Polsterern, Schlossern u. a.), der Beleuchtungs- und Tontechnik, dem Malersaal, der Requisiten-, Maskenbildner-, Kostümabteilung und dem Wagenpark.

Seit Ende des 19. Jh. gelten als wichtigste maschinelle *Bühnensysteme* (die miteinander kombiniert werden können): 1. die *Drehbühne* (in den Bühnenboden eingelassene drehbare kreisförmige Fläche, die sektorenartig mit den einzelnen Szenenbildern bebaut ist); 2. die *Schiebebühne* (Szenenwechsel mit Hilfe von sog. Bühnenwagen, flachen, auf Rollen leicht bewegl. Podien); 3. die *Versenkbühne* (Verwandlung der Bühne durch hydraul. Heben oder Senken des Bühnenbodens); 4. die *Doppelstockbühne* (zwei übereinanderliegende, starr miteinander verbundene Spielflächen, die eine in der Höhe der Spielebene, die andere in der Unterbühne; zum Szenenwechsel wird die gesamte Konstruktion angehoben). Die techn. Einrichtungen der *Bühnenmaschinerie* lassen sich in folgende Baugruppen einteilen: 1. feste und bewegl. Untermaschinerie, 2. feste und bewegl. Obermaschinerie, 3. Sicherheitseinrichtungen. Zur Untermaschinerie gehören u. a. die Unterbühnen, die Versenkungen und die Antriebselemente. Der Bühnenboden trägt mehrere Unterteilungen (Bühnenpodien), die elektrisch oder hydraulisch bewegt werden können. Zur Obermaschinerie zählen alle oberhalb des Bühnenbodens liegenden maschinellen Einbauten. Sie sind zum großen Teil im *Rollenboden* (fälschlich oft als Schnürboden bezeichnet) untergebracht. Der Rollenboden ist ein über dem Bühnenraum liegendes Geschoß aus stählernen Trägern oder Fachwerken, der u. a. Arbeitsgalerien, Beleuchtungsbrücken, Verbindungstreppen, Vorhänge, Prospekte, Flugwerk und Berieselungsanlagen aufnimmt. Die Bühne wird durch den *Rundhorizont* (große, die gesamte Bühnenfläche umspannende Leinwand) zum Hintergrund abgeschlossen.

Geschichte: Die Bühne des antiken griech. Dramas war urspr. der runde Tanzplatz (↑Orchestra) vor dem Tempel des Dionysos mit dem Altar des Gottes als Mittelpunkt. Die Literarisierung des

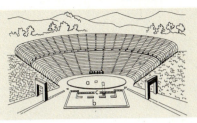

Theater. Griechisches Theater: a Orchestra, b Skene, c Proskenion

Dramas (seit Aischylos) führte zur Trennung von Bühne und Kultstätte: als Spielfläche diente ein einfaches Podest (Proskenion) vor der Bühnenwand (Skene); der ↑Chor hielt sich in der Orchestra auf, zu der er auf zwei Aufmarschstraßen (Paradoi) Zugang hatte. Die Skene schloß in klass. Zeit die auf einen Halbkreis reduzierte Orchestra nach rückwärts ab.

Auch das ↑geistliche Spiel des MA fand zunächst im sakralen Raum (Kirche) statt; die Zunahme weltl. Elemente führte dann zur Verlegung auf Straßen und öffentl. Plätze. Typ. Bühnenformen waren die *Wagenbühne* (in England seit

Theater. Innenraum der Oper in Paris von Charles Garnier (1861–75)

3445

Max Theiler

Theateragentur

1264; die verschiedenen Schauplätze sind auf einzelne Wagen verteilt) und die *Simultan-Raum-Bühne* (die Schauplätze sind an verschiedenen Plätzen in der Stadt aufgebaut); jünger ist die *Simultan-Flächen-Bühne* (die einzelnen Schauplätze stehen nebeneinander auf einem größeren Podium). Die Bühnenformen des 16. Jh. waren z. T. Weiterbildungen des neutralen Bühnenpodiums: die *Meistersingerbühne* grenzt die Spielfläche auf dem Podium seitlich und nach rückwärts durch Vorhänge ab; bei der *Terenzbühne* (Badezellenbühne) des Humanistendramas bilden den rückwärtigen Abschluß des Podiums durch Säulen und Pfeiler getrennte »Häuser«, die Einblick in kleine Innenräume (Badezellen) gewähren konnten. Die engl. *Shakespearebühne* (zuerst 1576; Globe-Theatre 1599; durch die ↑englischen Komödianten nach Deutschland gebracht) verwendet eine gegliederte Bühnenrückwand mit Ballustrade als Abschluß der offenen Hauptspielfläche. Die *Winkelrahmenbühne* (in Ferrara seit 1508) besteht aus einer breiten Vorderbühne (Spielbühne) und einer schmalen, nach hinten ansteigenden Hinterbühne (Bildbühne), auf der mit Hilfe zweier rechts und links angebrachter, mit bemalter Leinwand bespannter Winkelrahmen und eines abschließenden perspektivisch gemalten ↑Prospekts u. a. die Illusion einer Straßenflucht vorgetäuscht wird. Mit dem Entstehen fester Theaterbauten entstand die neuzeitl. *Guckkastenbühne*. Beim Guckkastensystem sind Zuschauerraum und Bühnenraum architektonisch getrennt. Die Frühform der Guckkastenbühne (Telaribühne) arbeitete mit dem Telarisystem (seit 1589; an die Stelle der Winkelrahmen treten Telari: mehrere entlang der linken und rechten Bühnenseite aufgestellte, drehbare Prismenpfeiler). Normalform war bis ins späte 19. Jh. die *Kulissenbühne* (seit 1620; an Stelle der Winkelrahmen bzw. Telari treten die paarweise nach rückwärts gestaffelten seitlich verschiebbaren Kulissen; der Prospekt ist im Rollenboden aufgehängt und vertikal auswechselbar). Eine bes. Rolle spielt neben der Guckkastenbühne die *Freilichtbühne*, entstanden im Zusammenhang mit den Versuchen, das antike Drama im Sinne eines (kult.) Festspiels erneut zu beleben; als »Naturtheater« diente sie den Aufführungen höf. Liebhabertheater des 17./18. Jh. sowie dem volkstüml. Laientheater des 19./20. Jahrhunderts.

Theateragentur, Agentur zur Vermittlung von Schauspielern und Regisseuren auf Provisionsbasis.

Theatiner (offiziell lat. Ordo Clericorum Regularium vulgo Theatinorum, Abk. OTheat; Cajetaner), Name für die Mgl. des 1524 von Cajetan von Thiene und Gian Pietro Carafa (Papst Paul IV.) in Rom gegr. Ordens von Regularklerikern mit dem Ziel der religiösen Reform des Klerus. Seit 1633 auch *Theatinerinnen*.

Théâtre-Libre [frz. tɛɑtrə'libr »freies Theater«], von André Antoine (*1858, †1943) 1887 gegr. Privatbühnenverein, der in geschlossenen, vor der staatl. Zensur geschützten Aufführungen der naturalist. Moderne (z. B. H. Ibsen, G. Hauptmann, L. N. Tolstoi) zur Premiere verhalf.

Theben, 1) ehem. Stadt in Oberägypten, beiderseits des Nil; Hauptstadt des ägypt. Reiches unter der 18. Dynastie, zerstört durch Assurbanipal (633). Auf dem O-Ufer des Nils lag die Wohnstadt mit gewaltigen Palastanlagen und riesigen Tempelbezirken (heute ↑Karnak und ↑Luxor), auf dem W-Ufer die Totenstadt: im Wüstengebirge zahlreiche Felsengräber im Tal der Könige (Biban el-Moluk) und im Tal der Königinnen (Biban el-Harim), in der Ebene die großen Totentempel, v. a. des Mentuhotep und der Hatschepsut *(Deir el-Bahari)*, von Ramses II. *(Ramesseum)*, Ramses III. *(Medinet Habu)* und Amenophis III., von dem nur noch die *Memnonkolosse* erhalten sind.

2) griech. Stadt nw. von Athen, 19000 E. Zentraler Ort für das südl. Böotien. Reste des myken. Königspalastes, Turmruine der Kreuzfahrerburg (13. Jh.). – Der Sage nach von Kadmos gegr. Ort der Sage von Ödipus und den Sieben gegen Theben. In spätmyken. Zeit Zentrum eines Kgr., festigte T. seine Stellung in dem 447 gebildeten Böotischen Bund. Mit dem Sieg von Epaminondas und Pelopidas 371 bei Leuktra über Sparta errichtete T. die Hegemonie über Griechenland, scheiterte aber am Eingreifen König Philipps II. von Makedonien (338 Niederlage bei Chaironeia). Nach einem Aufstand gegen Alexander d. Gr. 335 zerstört; 316 wiedererrichtet.

Theiler, Max [engl. ˈθaɪlə], *Pretoria 30.1.1899, † New Haven (Conn.) 11.8.1972, amerikan. Mikrobiologe südafrikan. Herkunft. Forschungen über Tropenkrankheiten, bes. über das Gelbfiebervirus (Entwicklung eines Impfstoffs); 1951 Nobelpreis für Physiologie oder Medizin.

Thein [chin.] (Tein), svw. ↑Koffein.

Theismus [griech.], im Ggs. zum ↑Deismus Glaube an einen persönlich wirkenden, überweltl. Gott (Monotheismus) oder an mehrere Götter (Polytheismus).

Theiß, linker Nebenfluß der Donau, entspringt im SW der Waldkarpaten, durchfließt die Große Ungar. Tiefebene, mündet 40 km nnw. von Belgrad, etwa 970 km lang.

Thema [griech.], **1)** *allg.:* Gegenstand einer Rede, wiss. Untersuchung, künstler. Darstellung, eines Gesprächs. **2)** *Geschichte:* byzantin. Militäreinheit, zugleich Verwaltungsbezirk (Themenverfassung). **3)** *Musik:* Melodie, die den musikal. Grundgedanken einer Komposition oder eines Teils derselben bildet: 1. das T., das von den Einzelstimmen einer Komposition nacheinander vorgetragen wird, z.B. in der Fuge; 2. das Bassoostinato-T. (↑Ostinato) und das Lied-T. in Variationswerken, u.a. Tanz-, Marsch-, Liedsätze und Arien; 3. das T. der Sonatensatzform, wobei in der Regel einem markanten, bewegten Haupt-T. ein kantables Seiten-T. gegenübertritt. Das T. selbst besteht meist aus mehreren Gliedern (↑Motiv), die zumal bei den Wiener Klassikern an eine harmon.-metr. Ordnung (↑Metrum, ↑Periode) gebunden sind.

Themistokles, *Athen um 525 v. Chr., † Magnesia am Mäander kurz nach 460 v. Chr., athen. Politiker. Schuf als Archon 493/492 durch Anlage des Hafens von Piräus die Voraussetzungen für die See- und Handelsmacht Athens. Als Führer des athen. Flottenkontingents erzwang er die Schlacht (und den Sieg) bei Salamis gegen die Perser (Ende Sept. 480); ließ 479/478 Athen befestigen; wurde 471 (?) durch ↑Ostrakismos verbannt, (468/466?) wegen angebl. Hochverrats zum Tode verurteilt; floh 465 nach Persien.

Themse (engl. Thames), Hauptfluß Englands, entspringt an der O-Flanke der Cotswold Hills, mündet unterhalb von London mit einem Ästuar in die Nordsee, 346 km lang.

Theobromin, (3,7-Dimethylxanthin), in Kakaobohnen, echtem Tee und Kolanüssen enthaltenes leicht harntreibendes, herzkranzgefäßerweiterndes Alkaloid.

Theoderich, Name gotischer Könige: **1) Theoderich I.** (Theoderid), ✕ auf den Katalaunischen Feldern 451, König der Westgoten (seit 418). Begründer des Tolosanischen Reichs; erreichte wohl 425 die Anerkennung der Unabhängigkeit durch Rom; verband sich mit Flavius Aetius gegen die Hunnen und fiel in der Entscheidungsschlacht. **2) Theoderich der Große,** *um 453, † Ravenna 30.8.526, König der Ostgoten (ab 474, in Italien ab 493). Aus dem Geschlecht der Amaler; führte sein Volk an die untere Donau; bekämpfte im Auftrag des oström. Kaisers 489/493 Odoaker und gewann Italien, das er durch bed. Römer (Cassiodor, Boethius) verwalten ließ. T. wurde bald nach seinem Tod zur Sagengestalt (Dietrich von Bern).

Theoderich der Große, gotischer König (Goldmedaillon, Anfang des 6. Jh.; Rom, Thermenmuseum)

Theodizee

Theodolit

Theodizee [griech.], i. e. S. der Versuch einer Rechtfertigung Gottes angesichts des von ihm trotz seiner Allmacht und Güte zugelassenen (phys.) Übels, (moral.) Bösen und Leidens in der Welt; i. w. S. Bez. für die Gesamtheit der Probleme der philosoph. Gotteserkenntnis. Der Begriff T. wurde 1697 von Leibniz geprägt.

Theodolit, mechan.-opt. Präzisionsinstrument zur Bestimmung von Horizontal- und Vertikalwinkeln; Hauptbestandteile: Grundplatte mit horizontalem Teilkreis *(Limbus),* Fernrohr mit Faden- oder Strichkreuz, Dosen- und Röhrenlibelle zum Horizontieren. Der T. ist auf einem dreibeinigen Stativ montiert. T. mit Einrichtungen zur Entfernungsmessung werden als *Tachymeter (Schnellmesser)* bezeichnet. *Elektronischer Tachymeter* arbeiten mit einem modulierten Infrarotsender und einem Reflektor am Zielpunkt. Die Entfernung wird durch Phasenvergleich zwischen reflektiertem und Referenzsignal bestimmt.

Theodor von Mopsuestia, *Antiochia (heute Antakya) um 352, † Mopsuestia (heute Misis) bei Adana 428, syr. Kirchenschriftsteller und Bischof (ab 392). Mönch; bedeutendster Exeget der Antiochenischen Schule; zu Unrecht als Urheber des ↑Nestorianismus 553 auf dem 2. Konzil von Konstantinopel als Häretiker verurteilt.

Theodora, *Konstantinopel um 500, † ebd. 28. 6. 548, byzantin. Kaiserin. Einflußreiche Gattin des byzantin. Kaisers Justinian I., d. Gr., vor ihrer Heirat Schauspielerin. T. verhinderte beim Nikaaufstand (532) die Flucht des Kaisers und rettete ihm so Thron und Reich.

Theodorakis, Mikis, *auf Chios 29. 7. 1925, griech. Komponist. 1964–67 Abgeordneter der EDA (Vereinigte Demokrat. Linke) im griech. Parlament, 1967–70 (wie schon 1947–49) inhaftiert, 1981–88 erneut Abg. im griech. Parlament als Mgl. der kommunist. Fraktion (KKE); nach Abkehr von der KKE 1989–93 Abg. für die »Neue Demokratie« und 1990–92 Min. ohne Geschäftsbereich im bürgerl. Kabinett K. Mitsotakis; komponierte Ballette, Orchesterwerke, Kammermusik, Oratorien, Lieder sowie Filmmusiken (u. a. »Alexis Sorbas«, 1964).

Mikis Theodorakis

Theodoros Studites (Theodor von Studion), hl., *Konstantinopel 759, † auf den Prinzeninseln (heute zu Istanbul) 11. 11. 826, byzantin. Theologe. Formte das Studionkloster in Konstantinopel zu einem Idealkloster für das byzantin. Mönchtum; erbitterter Gegner der Ikonoklasten (↑Bild). Fest: 11. November.

Theodosius, Name von Herrschern des Röm. Reichs bzw. des Byzantin. Reichs: **1) Theodosius I., der Große,** *Cauca (heute Coca, Prov. Segovia, Spanien) 11. 1. 347, † Mediolanum (heute Mailand) 17. 1. 395, röm. Kaiser (seit 379). Durch Gratian 379 zum Augustus im Osten erhoben, unterwarf bis 394 auch den Westteil des Reiches. 380 getauft; beendete mit dem 1. Konzil von Konstantinopel (381) durch Sanktionierung der Beschlüsse des 1. Konzils von Nizäa den Kirchenstreit seit 325. Die Teilung des Reiches (395) unter die Söhne Arcadius und Honorius bedeutete das Ende der Reichseinheit.
2) Theodosius II., *Konstantinopel 30. 8. 401, † ebd. 28. 7. 450, byzantin. Kaiser (seit 408). Sohn und Nachfolger des Arcadius; nach T. ist die Kodifizierung der seit Konstantin d. Gr. erlassenen Gesetze (»Codex Theodosianus«, 438) benannt.

Theogonie [griech.], myth. Bericht über die Herkunft der Götter, an den sich oft Göttergenealogien anschließen.

Theokratie [griech.], ganz von der Religion her geprägte und durch sie legitimierte Staatsform *(Gottesstaat),* in der religiöse und weltl. Ordnung deckungsgleich sind, z. B. das alttestamentl. Israel.

Theokrit, *um 300 v. Chr., † um 260 v. Chr., griech. Dichter aus Syrakus. Begründete die Bukolik (↑Schäferdichtung) unter Benutzung von vorwiegend sizilian. Volksgesängen. T. ist das Vorbild für die Hirtendichtung Vergils.

Theologie [griech.], die mit wiss. Methoden betriebene theoret. Bemühung um Inhalte, Grundlage und Geschichte religiöser Glaubensaussagen. Der Begriff T. ist erstmals bei Platon bezeugt, für den er Aufdeckung des Wahrheitsgehalts der religiösen Mythenerzählungen bedeutet. Darüber hinaus kennt Aristoteles T. auch als philos. Reflexion der metaphys. Dimension. Im *christl.* MA umfaßte T. die Lehre von Gottes Wesen,

Theosophische Gesellschaft

Existenz und Trinität. Erst mit dem Beginn der Hochscholastik (etwa ab 1200) wurde er zum Oberbegriff für die wiss. Beschäftigung mit allen Gegenständen der christl. Tradition: T. wurde zur *Glaubenswissenschaft.* – Bis ins MA hinein wurde die T. von Männern betrieben, die aufgrund einer bes. geschichtl. Situation oder eines kirchl. Amtes literarisch tätig wurden; eine kirchl. oder wiss. Ausbildung gab es so gut wie nicht. Mit der Vermittlung des Christentums in den noch wenig entwickelten abendländ. (german. und kelt.) Kulturraum wurde T. nur noch möglich im Umkreis von [Kathedral- und Kloster]schulen; T. wurde zur schul. (d. h. scholast.) Vermittlung und trug so wesentlich zur Entfaltung der Univ. bei. – In ihren Anfängen kannte die T. keine exakte Differenzierung in verschiedene Fachgebiete. Erst allmählich schälte sich ein Fächerkomplex heraus; 1. *histor. T.:* Bibel.-Wiss. (Exegese des AT und NT; alttestamentl. und neutestamentl. T.), Kirchengeschichte, T.geschichte, kanonist. Rechtsgeschichte, Religionsgeschichte u. a.; 2. *systemat. T.:* Dogmatik (Systematik), Ethik (Moral-T.), Fundamental-T.; 3. *prakt. T.:* Pastoral-T. (prakt. T.), Kirchenrecht, Liturgie-Wiss. (Liturgik), Religionspädagogik (Katechetik).

Theologie der Befreiung, in den 1960er Jahren in den lateinamerikan. Ländern entstandene vielschichtige [vorwiegend kath.] theolog. Bewegung mit dem Ziel, die polit. Unterdrückung großer Teile der Bevölkerung Lateinamerikas zu beseitigen und ihre sozioökonom. Lage zu bessern.

theologische Ethik, in der *ev.* Theologie die Lehre vom Ethos auf der theolog. Grundlage der Rechtfertigung des Sünders aus dem Heilshandeln Christi; systemat. Grundlage der Ethik ist die luth. Zweireichelehre. Der t. E. entspricht in der kath. Theologie die ↑Moraltheologie.

Theophanes Confessor (Theophanes Homologetes), hl., * Konstantinopel um 760,† auf Samothrake (heute Samothraki) 12. 3. 817, byzantin. Historiker. Beeinflußte mit seiner für die byzantin. Geschichte zw. 769 und 814 bed. »Weltchronik« die abendländ. Historiographie.

Theophanes der Grieche ↑Feofan Grek.

Theophanie [griech.], Gotteserscheinung.

Theophanu (Theophano), * um 955, † Nimwegen 15. 6. 991, Röm. Kaiserin. Byzantin. Prinzessin, seit 972 ⚭ mit Kaiser Otto II., auf den sie großen Einfluß ausübte; nach dessen Tod (983) Regentin für ihren Sohn Otto III.

Theophrast (Theophrastos), eigtl. Tyrtamos, * Eresos um 372, † Athen 287, griech. Philosoph. 322 Nachfolger des Aristoteles in der Leitung des Peripatos; forderte für jeden Gegenstandsbereich eine eigene Methodologie.

Theophyllin [griech.] (1,3-Dimethylxanthin), in geringen Mengen in Teeblättern enthaltenes Alkaloid mit koffeinähnl. Wirkung.

Theorbe (Tiorba) [italien.], Baßlaute mit Spielsaiten und Bordunsaiten.

Theorell, Hugo [schwed. teu'rel], * Linköping 6. 7. 1903, † Stockholm 15. 8. 1982, schwed. Biochemiker. Forschungen über Struktur und Wirkungsweise der Enzyme, insbes. der Flavoproteine; konnte sie reversibel in ein Flavin (Koenzym) und Protein (Apoenzym) spalten; erhielt 1955 den Nobelpreis für Physiologie oder Medizin.

Theorem [griech.], Lehrsatz, der für wahr gehalten werden muß (z. B. wegen Bestätigung durch Experiment).

Theorie [griech.-lat.], 1) Bez. für die Erkenntnis um ihrer selbst willen *(reine T.).*

2) Bez. sowohl für ein System von (wiss.) Aussagen über eine (hypothet.) gesetzmäßige Ordnung als auch über einzelne empir. Befunde eines bestimmten Erkenntnis- bzw. Objektbereichs.

Theosophie [griech.], religiös (meist synkretist.) motivierte Weltanschauung, die versucht, über Philosophie, Theologie und andere Wiss. hinaus von einem Glauben zu einer höheren Wahrheitsschau aufzusteigen, um zu höchster Ethik und Vollendung im Sein zu gelangen.

Theosophische Gesellschaft, 1875 in New York von H. P. Blavatsky und Henry Steel Olcott (* 1832, † 1902) gegr. Gesellschaft mit dem Ziel, die verstreuten Wahrheiten der Theosophie zu sammeln und sie durch die Bildung einer universalen Bruderschaft der

Hugo Theorell

Theorbe.
Venezianische Arbeit (17. Jh.; London, Victoria and Albert Museum)

3449

Thera

Menschheit im Leben zu verwirklichen. Die starke Hinwendung zu Buddhismus und Hinduismus führte 1913 zur Abspaltung der ↑Anthroposophie.

Thera (neugriech. Thira), griech. Insel der Kykladen, Hauptinsel (75,8 km²) einer aus den Resten eines alten Kraterrandes (Caldera) bestehenden ringförmigen Inselgruppe, Hauptort Thira. Unter der Bimssteinschicht bei Akrotirion wurde eine sehr gut erhaltene minoische Siedlung entdeckt (1967 ff.). – Von einem Vulkanausbruch um 1500 v. Chr. verwüstet; Anfang des 1. Jt. v. Chr. neu durch Dorier besiedelt; 1539–1821 osmanisch. Seit dem MA auch als *Santorin* (von italien. »Santa Irene«) bezeichnet.

Therapeut [griech.], Arzt oder Angehöriger eines medizin. Heilberufes, der eine Behandlung mittels eines Therapieplans durchführt.

Therapie [griech.], alle [medizin.] Maßnahmen zur Heilung einer Krankheit. Während die *spezif. T.* möglichst gezielt auf die Krankheit abgestimmt ist, bedient sich die *unspezif. T.* allg. heilungsfördernder Maßnahmen. Die *kausale T.* ist gegen die Krankheitsursachen gerichtet; z. B. gegen Krankheitserreger; die *symptomat. (palliative) T.* dagegen zielt nur gegen bestimmte Krankheitserscheinungen, z. B. Schmerzen.

Theresa (Mutter T.) ↑ Teresa (Mutter T.).

Theresia vom Kinde Jesu (T. v. K. J. und vom hl. Antlitz, Theresia von Lisieux), eigtl. Marie Françoise Thérèse Martin, gen. Kleine hl. Theresia, hl., *Alençon 2. 1. 1873, † Lisieux 30. 9. 1897, frz. Karmelitin. Ihre Autobiographie »Geschichte einer Seele« (hg. 1898) zeigt wie ihre anderen Schriften eine klare christozentr. und kirchl. Theologie; seit 1927 Hauptpatronin aller Missionen. – Fest: 1. Oktober.

Theresia von Ávila (Teresa de Ávila, Teresa de Jesús), eigtl. Teresa de Cepeda y Ahumada, gen. T. die Große, hl., *Ávila 28. 3. 1515, † Alba de Tormes bei Salamanca 4. 10. 1582, span. Mystikerin. Reformierte den Karmelitenorden; Begründerin des Reformzweigs der Unbeschuhten Karmelitinnen. Ihre Schriften gelten als Höhepunkt der span. Mystik. Seit 1617 Patronin Spaniens; 1970 zum »Doctor Ecclesiae« ernannt. – Fest: 15. Oktober.

Theresienstadt (tschech. Terezín), Stadt an der Eger, Tschech. Republik, 2 700 E. – Das im Nov. 1941 in T. errichtete KZ diente v. a. als Durchgangslager für den Transport von Juden in die Vernichtungslager. Von den bis April 1945 in T. rd. 141 000 Inhaftierten starben im Lager rd. 33 000, etwa 88 000 wurden in Vernichtungslager deportiert. Heute Gedenkstätte.

Theriak [griech.], beliebtes Arzneimittel des MA aus über 60 (später 80) Bestandteilen (u. a. pflanzl. Drogen und Gewürze).

Thermaischer Golf, Golf des nördlichen Ägäischen Meeres, zwischen der Halbinsel Chalkidike und der Griechischen Halbinsel.

Thermen [griech.], öffentl. Badeanstalten der Antike, urspr. mit Wannensitzbad, Schwitzbad und Schwimmbecken, ab dem 1. Jh. v. Chr. mit Umkleideraum (Apodyterium), mäßig warmem Bad (Tepidarium), Warmbad (Kaldarium), Kaltbad (Frigidarium), evtl. Schwitzbad (Laconium), Warmluftraum (Sudatio), in den Kaiserthermen außerdem u. a. Ringkampfanlagen (Palästren), Freibad (Natatio) und Massageräume, Gärten, Wandelhallen.

Thermidor [griech.-frz.], 11. Monat des Kalenders der Frz. Revolution (Juli/Aug.); bekannt v. a. der 9. T. (= 27. 7. [1794]): Sturz Robespierres.

Thermik [griech.], durch starke Erwärmung des Bodens und der darüberliegenden Luftschichten hervorgerufener Aufwind; wird von Segel- und Drachenfliegern zum Höhengewinn ausgenutzt.

Thermionikelement [griech./lat.] (thermion. Energiewandler, thermion. Konverter), eine den glühelektr. Effekt ausnutzende Vorrichtung zur direkten Umwandlung hochwertiger, d. h. auf hoher Temperatur befindl. Wärmeenergie in elektr. Energie. Anordnungen von in Reihe geschalteten T. bezeichnet man als *Thermionikgeneratoren*.

thermische Energie, svw. Wärmeenergie (↑Wärme).

Thermistor [Kw. aus griech. **therm**al und lat.-engl. re**sistor** »Widerstand«], Halbleiterbauelement, bei dem die Temperaturabhängigkeit seines Widerstands zu Meß- und Regelzwecken genutzt wird.

Thermographie

thermo..., Thermo..., therm..., Therm... [griech.], Bestimmungswort von Zusammensetzungen mit der Bedeutung »Wärme, Hitze; Wärmeenergie; Temperatur«.

Thermodiffusion ↑Isotopentrennung.

Thermodynamik (Wärmelehre), Teilgebiet der Physik, in dem das Verhalten physikal. Systeme bei Zu- oder Abführung von Wärmeenergie und bei Temperaturänderungen untersucht wird. Grundlage der Th. sind die sog. *Hauptsätze der Wärmelehre:*
1. Hauptsatz *(Energieerhaltungssatz)*: Wärme ist eine besondere Form der Energie; sie kann in andere Energieformen umgewandelt werden und umgekehrt. In einem abgeschlossenen System bleibt die Summe aller Energiearten (mechan., therm., elektr., magnet. und chem. Energie) konstant.
2. Hauptsatz *(Entropiesatz)*: Die ↑Entropie eines abgeschl. thermodynam. Systems kann sich nur durch Austausch mit der Umgebung ändern, oder sie kann sich nur von selbst vermehren. Damit ist gleichzeitig der Richtungscharakter aller Wärmevorgänge ausgedrückt: Wärme kann nicht von selbst von einem kälteren auf einen wärmeren Körper übergehen.
3. Hauptsatz *(Nernstsches Wärmetheorem)*: Die Entropie eines festen oder flüssigen Körpers hat am absoluten Nullpunkt den Wert Null.

Thermoelektrizität, alle Erscheinungen in elektr. leitenden festen Stoffen (Metalle und Halbleiter), in denen Temperaturdifferenzen, elektr. Spannungsdifferenzen bzw. Ströme und Wärmeenergien (oder Wärmeströme) miteinander verknüpft sind.

Thermoelement, ein Leiterkreis aus zwei oder mehreren verschiedenen Metallen oder halbleitenden Materialien, deren Verbindungsstellen (Lötstellen) auf verschiedene Temperaturen gebracht, infolge des ↑Seebeck-Effektes eine Thermospannung bzw. einen Thermostrom liefern. T. mit metall. Leiterpaar werden v. a. zur Temperaturmessung verwendet, T. aus halbleitenden Materialien zur direkten Umwandlung von Wärmeenergie in elektr. Energie.

Thermographie, Verfahren zur Abbildung von Objekten mittels ihrer Wärmestrahlung (Infrarotstrahlung). Die Sichtbarmachung von Temperaturverteilungen auf Oberflächen erfolgt direkt mit Hilfe von Wärmesichtgeräten oder auf Wärmebildern *(Thermogrammen)*, die mit Wärmebildgeräten (Thermographen) aufgenommen werden. Die T. wird v. a. in der Bautechnik (z. B. Überprüfung der Wärmedämmung) und in der Fertigungskontrolle angewendet. Bei der *Platten-T.* werden zwei durchsichtige Kunststoffolien, zw. denen sich

Thermographie. Wärmekarte eines Mehrfamilienhauses, durch die die Zonen unzureichender Wärmedämmung im Mauerwerk aufgespürt werden

Thermometer

eine dünne Schicht aus einer flüssigkristallinen Substanz befindet, in direkten Kontakt mit der zu untersuchenden Oberfläche gebracht. Die flüssigkristalline Substanz nimmt dann bei Vorhandensein von Bereichen unterschiedl. Temperatur an diesen Stellen unterschiedl. Farbe an. Auf diese Weise lassen sich z. B. in der Medizin auch Temperaturmuster der Haut aufzeichnen, die ihre Durchblutung sowie Tumorbildungen aufzeigen.

Thermometer, Gerät zur Messung der Temperatur. *Ausdehnungs-T.* sind meist als *[Flüssigkeits]glas-T.* ausgeführt, bei denen eine Meßkapillare an ein flüssigkeitsgefülltes Glasgefäß als Fühler angesetzt ist; nimmt die Temperatur zu, so dehnt sich die Flüssigkeit aus und steigt in der Kapillare hoch. Je nach dem gewünschten Meßbereich verwendet man hierzu organ. Flüssigkeiten, z. B. Alkohol *(Alkohol-T.),* Toluol oder Pentan und sehr häufig Quecksilber *(Quecksilber-T.;* Meßbereich von −35 °C bis 600 °C).

Beim *Maximum-T.,* z. B. dem *Fieber-T.,* sorgt eine Einschnürung der Kapillare dafür, daß bei Abkühlung der Quecksilberfaden abreißt. Das *Minimum-T.* ist ein Alkohol-T., bei dem ein kleiner Glasstift das Temperaturminimum anzeigt. Das *Maximum-Minimum-T.* mit U-förmigem Kapillarrohr dient zum Messen der höchsten bzw. tiefsten Temperatur innerhalb eines bestimmten Zeitraumes. *Bimetall-T.* bestehen aus einem häufig spiralförmigen Streifen von zwei aufeinandergeschweißten Metallen verschiedener Ausdehnungskoeffizienten; dieser Streifen krümmt sich bei steigender Temperatur. Im *Gas-T.* befindet sich im Meßfühler ein nahezu ideales Gas, dessen Druck bei konstantem Volumen *linear* von der Temperatur abhängt. Bei *Dampfdruck-T. (Dampfspannungs-* oder *Tensions-T.)* ist der Druck im Wasser und Wasserdampf enthaltenden Fühler ein Maß für die Temperatur. Beim *Thermoelement* und beim *Widerstands-Thermometer* wird die Temperaturabhängigkeit des Widerstandes eines Leiters ausgenutzt. *Halbleiter-Thermometer* arbeiten mit Halbleiterwiderständen, die eine nichtlineare Abhängigkeit ihres Widerstandes von der Temperatur aufweisen.

Thermometer. Maximum-Minimum-Thermometer

thermonukleare Reaktion, svw. ↑Kernfusion.

Thermopylen, etwa 7 km lange Engstrecke in M-Griechenland, zw. dem Malischen Golf und dem Fuß des Kallidromon, urspr. nur bis 40 m, heute ca. 4 km breit; am westl. Eingang Schwefelthermen. – Berühmt durch die Vernichtung eines Teils der griech. Truppen unter dem spartan. König Leonidas (480 v. Chr.) durch das pers. Heer Xerxes' I.

Thermoregulation (Temperaturregulation, Wärmeregulation), die Fähigkeit homöothermer (warmblütiger) Organismen, ihre Körpertemperatur unter wechselnden Umweltbedingungen und unterschiedl. eigenen Stoffwechselleistungen bei geringen Schwankungen konstant zu halten. Die *Wärmebildung* wird v. a. durch eine Zunahme der motor. Nervenimpulse mit einer entsprechenden Steigerung des Skelettmuskelstoffwechsels (Zunahme des reflektor. Muskeltonus bis zum Kältezittern) bewerkstelligt. Zitterfreie Wärmebildung findet in dem braunen Fettgewebe von Winterschlaf haltenden und sehr jungen Säugetieren (auch dem menschl. Säugling) statt. Mechanismen der *Wärmeabgabe* an die Umgebung sind die Wärmeleitung, Konvektion und die Wärmeabstrahlung von der Haut (sie sind variabel durch Aufrichten von Haaren bzw. Federn) sowie die Abkühlung durch Wasserverdunstung von der Hautoberfläche (durch die Schweißsekretion). Auch die Schleimhäute der Atemwege können durch Wasserverdunstung an der Wärmeabgabe beteiligt sein, bes. bei hechelndem Atmen. – Auch manche Insekten (Hummeln, Käfer, Zikaden) können bei gemäßigter Außentemperatur durch schnelle Vibration der Flugmuskulatur die zum Flug erforderliche Wärme produzieren. Größere Fische wie der Thunfisch können ihre Kerntemperaturen auf bis zu 12 °C über die Umgebungstemperatur erhöhen. Dies wird durch ein Gefäßsystem unter der Haut erreicht, das wie ein Gegenstrom-Wärmeaustauschsystem arbeitet.

Thermorezeptoren (Temperaturrezeptoren), nervale Strukturen des tier. und menschl. Körpers, die Temperaturänderungen registrieren. Man unterscheidet *Thermoenterorezeptoren,* die als Innenrezeptoren die Temperatur im Körperinnern (v. a. die des Blutes) kontrollieren, von den *Thermoexterorezeptoren,* die als Außenrezeptoren in der Körperperipherie, d. h. der Haut, liegen und die Temperaturreize aus der Umwelt aufnehmen. Letztere sind in Form von *Temperaturpunkten* nachweisbar. Diese kommen in erhöhter Dichte im Bereich des Gesichts (v. a. an der Nasenspitze und am Mund) sowie an Händen, Füßen und in Mund- und Nasenhöhle vor.

Thermosgefäße® [griech./dt.], Vakuummantelgefäße zur Aufbewahrung z. B. von Speisen und Getränken über längere Zeit bei nahezu gleichbleibender Temperatur; erfunden von A. F. Weinhold.

Thermostat [griech.], svw. ↑Temperaturregler.

These [griech.], aufgestellter Lehrsatz; zu beweisende Behauptung.

Theseus, Gestalt der griech. Mythologie. Nach seiner Heimfahrt an den Königshof von Athen, auf der er das Land von sechs Plagen befreit hatte, tötet T. mit Hilfe von ↑Ariadnes Faden als Orientierungshilfe im Labyrinth des kret. Königs Minos den Stiermenschen Minotaurus.

Thespiskarren, der Wagen, auf dem der Tragödiendichter Thespis (nach Horaz) seine Stücke aufgeführt haben soll; übertragen für Wanderbühne.

Thessalien, Landschaft (Region) im O des mittleren Griechenland, Hauptorte sind Wolos und Larisa. – In der Antike berühmt durch die Pferdezucht. Die Einheit des Landes wurde erst unter Jason von Pherä Anfang des 4. Jh. v. Chr. erreicht; 352–196 makedonisch; 148 v. Chr. von Rom unterworfen.

Thessalonicherbriefe (Abk. 1. Thess./2. Thess.), im NT zwei Briefe des Apostels Paulus an die Gemeinde in Thessalonike (Saloniki), um 50/51 entstanden. – 1. Thess. betont die Autorität der apostol. Verkündigung und gibt Ermahnungen für das Leben der Gemeinde; 2. Thess. (Echtheit umstritten) spricht vom göttl. Gericht und ermahnt zum Leben aus dem Glauben.

Thessalonike, antiker Name von ↑Saloniki. 1204–46 bestand um T. ein Kreuzfahrerstaat (Kgr. Thessalonike).

Theta [griech.], 9. Buchstabe (ursprünglich der achte) des klassischen griechischen Alphabets: Θ, ϑ.

Thetis, in der griech. Mythologie die schönste der Nereiden; Mutter des Achilleus.

Thiamin [Kw.], svw. Vitamin B₁ (↑Vitamine).

Thibaut IV. (Thibaud IV.) **de Champagne** [frz. tiboˈkatrə dəʃãˈpaɲ], * Troyes 30. 5. 1201, † Pamplona 7. 7. 1253, König von Navarra (seit 1234), frz. Dichter. Mit seinen (Liebes-)Liedern einer der bedeutendsten Lyriker des frz. Mittelalters.

Thidrekssaga (Þiðreks saga), altwestnord. Erzählung über den Sagenhelden Dietrich von Bern, entstanden in der Mitte des 13. Jh. in Norwegen.

Thielicke, Helmut, * Barmen (heute zu Wuppertal) 4. 12. 1908, † Hamburg 5. 3. 1986, dt. ev. Theologe. Entschiedener Vertreter der Bekennenden Kirche; verfaßte zahlr. Arbeiten zur luth. Dogmatik und Ethik.

Thierack, Otto Georg, * Wurzen 19. 4. 1889, † Sennelager (heute zu Paderborn) 22. 11. 1946 (Selbstmord), dt. Politiker (NSDAP). 1933 als sächs. Justiz-Min. mit der Gleichschaltung beauftragt; Präs. des Volksgerichtshofs (1936–42); Reichsjustiz-Min. (1942 bis 1945).

Thiers, Adolphe [frz. tjɛːr], * Marseille 14. 4. 1797, † Saint-Germain-en-Laye 3. 9. 1877, frz. Politiker. 1836 und 1840 Min.-Präs. und Außen-Min.; widersetzte sich dem Staatsstreich des späteren Napoleon III., 1851/52 im Exil; ab 1863 Abg. und Führer der liberalen Opposition; 1871–73 Präs. der 3. Republik; schlug im Mai 1871 den Aufstand der Pariser Kommune nieder.

Thierse, Wolfgang, * Breslau 22. 10. 1943, dt. Politiker. Germanist; Juni bis September 1990 Vors. der SPD (DDR); wurde nach dem Vereinigungsparteitag der SPD stellv. Vorsitzender; seit 1990 MdB.

Thieß, Frank, * Eluisenstein bei Ogre (Livland) 13. 3. 1890, † Darmstadt 22. 12. 1977, dt. Schriftsteller. Prägte den Begriff der ↑inneren Emigration; schrieb v. a. zahlr. Romane, u. a. »Die Verdammten« (1923), »Tsushima« (1936), »Die Geburt Europas« (1959), »Der Zauberlehrling« (1975).

Thietmar (Dietmar) **von Merseburg,** * Walbeck (?) bei Haldensleben 25. 7. 975, † 1. 12. 1018, dt. Geschichtsschrei-

Helmut Thielicke

Wolfgang Thierse

Thiêu

Helene Thimig

ber. Bischof von Merseburg (ab 1009). Seine Chronik behandelt die Zeit von Heinrich I. bis 1018 und ist eine wichtige Quelle v. a. für die otton. Ostpolitik.

Thiêu, Nguyên Văn ↑Nguyên Văn Thiêu.

Thimig, österr. Schauspielerfamilie; bed.: **1)** Hans, *Wien 23.7. 1900, † ebd. 17.2. 1991, Schauspieler und Regisseur. Sohn von Hugo T.; subtiler Komiker; u. a. 1918–24 und ab 1949 am Burgtheater in Wien.
2) Helene, *Wien 5. 6. 1889, † ebd. 7. 11. 1974, Schauspielerin. Tochter von Hugo T.; spielte u. a. in Meiningen und Berlin (1917–33); ∞ mit M. Reinhardt; 1933–46 Emigration in die USA; 1948–54 und 1960 Prof. an der Wiener Akademie für Musik und darstellende Kunst.
3) Hugo, *Dresden 16.6. 1854, † Wien 24. 9. 1944, Schauspieler. Ab 1874 am Wiener Burgtheater, 1912–17 dessen Direktor.

Thimphu, Hauptstadt von Bhutan, im Tal des gleichnamigen Flusses, 15 000 E. Kunsthandwerk, Wollweberei.

Thing (Ding), in german. Zeit die Volks-, Heeres- und Gerichtsversammlung, auf der alle Rechtsangelegenheiten des Stammes (auch die Entscheidung über Krieg und Frieden) behandelt wurden. Das T. fand unter Vorsitz des Königs (Stammes-, Sippenoberhauptes) unter freiem Himmel an bestimmten Orten *(Mal-, T.statt)* statt. Alle Freien (d. h. Waffenfähigen) mußten mit Waffen erscheinen *(T.pflicht)*. Die Entscheidungen wurden einstimmig getroffen. Während des T. bestand ein Sonderfriede *(T.friede)*, dessen Verletzung streng bestraft wurde.

Thioalkohole, svw. ↑Mercaptane.
Thiobarbiturate ↑Barbitursäure.
Thiocarbamid [Kw.], svw. ↑Thioharnstoff.

Thiocyanate (Rhodanide), die Salze und Ester der *Thiocyansäure* (Rhodanwasserstoffsäure; farbloses, leicht wasserlösl. Gas). Die meist wasserlösl. Salze färben sich in Gegenwart von Fe^{3+}-Ionen dunkelrot; *Kaliumthiocyanat (Kaliumrhodanid)* wird zur Herstellung von Kältemischungen, Schädlingsbekämpfungs- und Textilhilfsmitteln verwendet.

Thioharnstoff (Thiocarbamid, Schwefelharnstoff), farblose, kristalline, wasserlösl. Substanz, die u. a. zur Herstellung von Aminoplasten und Vulkanisationsbeschleunigern sowie zur Synthese heterocycl. Verbindungen dient.

Thionville [frz. tjõ'vil] (dt. Diedenhofen), frz. Stadt an der Mosel, Dép. Moselle, 40 600 E. Eisenerzbergbau, metallurg. Industrie. Got. Bauwerke sind ehem. Schloß und Altes Rathaus (1669 aufgestockt). – Bevorzugte Residenz der Karolinger; 870 an das Ostfränk. Reich; im Hoch-MA zu Luxemburg; 1445 an das Hzgt. Burgund, danach an das Haus Österreich; 1659 frz.; im 18./19. Jh. bed. Festung.

Thiophen [griech.] (Thiofuran), heterocycl. Verbindung mit einem Schwefelatom im fünfgliedrigen Ring; farblose Flüssigkeit; Zwischenprodukt u. a. bei der Arzneimittel- und Schädlingsbekämpfungsmittelherstellung; als Odoriermittel (Duftstoff) für Gase wird das sehr unangenehm riechende *Tetrahydro-T.* verwendet.

Thioplaste (Polyäthylenpolysulfide, [Alkyl]polysulfide, Polysulfidkautschuk), gegen Sauerstoff, Säuren und zahlr. organ. Lösungsmittel beständige, kautschukartige Polymere; werden durch Polykondensation von Alkylhalogeniden und Natriumpolysulfid erhalten.

Thiosulfate, die Salze der Thioschwefelsäure; Alkali-T. lösen Schwermetallverbindungen unter Komplexbildung, z. B. wird Natrium-T. als Fixiersalz in der Photographie verwendet.

Thiruvananthapuram *(früher Trivandrum),* Hauptstadt des ind. Gliedstaates Kerala, an der südl. Malabarküste, 523 000 E. Univ.; Zucker- und Textil-Ind.; Hafen.

Thixotropie [griech.], Eigenschaft bestimmter Gele, die sich bei mechan. Beanspruchung (Rühren, Schütteln, Ultraschall) verflüssigen (Solzustand), bei Beendigung der mechan. Beanspruchung jedoch wieder verfestigen. Thixotrope Flüssigkeiten werden als nichttropfende Lacke verwendet.

Thjórsá (Þjórsá) [isländ. 'θjoursau], mit 230 km längster Fluß Islands, mündet rd. 20 km sö. von Selfoss in den Atlantik.

Tholos [griech.], in der griech. Antike ein runder Kultbau (um eine Opfergrube, ein Grab, eine Tempelcella), auch mit umlaufender Säulenhalle (Monopteros); u. a. in Delphi (6. Jh. v. Chr.) und Samothrake (um 280 v. Chr.).

Thoma, 1) Hans, *Bernau bei Sankt Blasien 2. 10. 1839, † Karlsruhe 7. 11. 1924, dt. Maler. Landschaftsbilder sowie Genrebilder aus seiner bäuerl. Umwelt (»Mutter und Schwester«, 1866).

2) Ludwig, Pseud. Peter Schlemihl, *Oberammergau 21. 1. 1867, † Rottach (heute zu Rottach-Egern) 26. 8. 1921, dt. Schriftsteller. Wurde 1899 Redakteur des »Simplicissimus«; bes. bekannt sind seine »Lausbubengeschichten« (1905) sowie »Jozef Filsers Briefwexel« (1912), auch Bauernromane und Komödien; ambivalente Haltung zw. nat.-konservativem Pathos und Gesellschaftskritik.

Thomanerchor, aus Schülern der wohl bis 1212 zurückreichenden Thomasschule in Leipzig gebildeter Knabenchor.

Thomas, hl., Apostel. Nach Joh. 20, 24 ff. zweifelte er an der Auferstehung Jesu (»ungläubiger T.«). Die spätere Überlieferung macht T. zum Apostel in Persien und Indien. – Fest: 3. Juli.

Thomas [ˈtoːmas, engl. ˈtɔməs, frz. tɔˈma]: 1) Ambroise, *Metz 5. 8. 1811, † Paris 12. 2. 1896, frz. Komponist. Komponierte v. a. Opern, u. a. »Mignon« (1866).

2) Dylan, *Swansea (Wales) 27. 10. 1914, † New York 9. 11. 1953, walis. Schriftsteller. Bed. v. a. als Lyriker (»Collected poems« 1934–52); auch surrealist. Kurzgeschichten und Hörspiele (»Unter dem Milchwald«, 1954).

3) Edward Donnall, *Mart (Tex.) 15. 3. 1920, amerikan. Arzt. Für seine Arbeiten zur Überwindung der Immunabwehr bei Organ- und Zelltransplantationen erhielt er 1990 (zus. mit J. E. Murray) den Nobelpreis für Physiologie oder Medizin.

4) Kurt, *Tönning bei Husum 25. 5. 1904, † Bad Oeynhausen 31. 3. 1973, dt. Komponist und Chorleiter. 1956–60 Thomaskantor in Leipzig, 1960–65 Leiter der Chorkonzerte des Bach-Vereins Köln.

5) Sidney Gilchrist, *Canonbury (heute zu London) 16. 4. 1850, † Paris 1. 2. 1885, brit. Metallurg. Erfand 1876/77 mit seinem Vetter, dem Chemiker Percy Carlyle Gilchrist (*1851, † 1935), ein Verfahren zur Erzeugung von Eisen und Stahl aus phosphorreichem Erz (↑Thomas-Verfahren).

Thomas a Kempis (T. von Kempen), eigtl. T. Hemerken, latin. Malleolus, *Kempen 1379 oder 1380, † Kloster Agnetenberg bei Zwolle 25. 7. 1471, dt. Mystiker. Bedeutendster Vertreter der Devotio moderna, einer religiösen Erneuerungsbewegung des 14./15. Jh., die

Ludwig Thoma

Edward Donnall Thomas

Hans Thoma. Schwarzwaldlandschaft (1867; Bremen, Kunsthalle)

Thomas

Christian Thomasius

anstelle des mönchisch-klösterl. Frömmigkeitsideals eine »prakt.« Frömmigkeit (Krankenpflege, Armenfürsorge) propagierte; gilt als Verfasser des im 15. Jh. weit verbreiteten Erbauungsbuchs »De imitatione Christi« (»Nachfolge Christi«).

Thomas von Aquin, hl., gen. Doctor communis und Doctor angelicus, *Burg Roccasecca bei Aquino 1225 (1226?), † Kloster Fossanova 7. 3. 1274, scholast. Theologe und Philosoph. Dominikaner; Schüler von Albertus Magnus; lehrte v. a. in Paris und Rom; schuf ein umfassendes Denksystem, das in der Synthese von Theologie und Philosophie, Glauben und Wissen, Offenbarung und Vernunft, Gnade und Natur- bzw. Schöpfungsordnung das ganze Universum erfassen sollte. In seinen Kommentaren zu den Schriften des Aristoteles bediente sich T. der aristotel. Kategorien (z. B. Akt und Potenz, Wirklichkeit und Möglichkeit), die er mit christl. Inhalten füllte. Hauptwerke: »Summa theologiae« (1266–73), »Summa contra gentiles« (1254–56). Im Blick auf die Heilsgeschichte entwickelt T. seine Lehre eines auf natürl. Vernunft gegründeten und durch prakt. Vernunft zu realisierenden Naturrechts, in dessen Rahmen auch seine Anschauung von Staat, Obrigkeit und Gesellschaft zu sehen ist. – T. wurde 1567 zum Kirchenlehrer erhoben. – Fest: 7. März.

Thomas von Canterbury [engl. 'kæntəbərɪ] ↑Thomas Becket.

Thomas von Kempen ↑Thomas a Kempis.

Thomas Becket [engl. 'tɔməs 'bɛkɪt] (T. von Canterbury), hl., *London 21. 12. 1118, † Canterbury 29. 12. 1170, engl. Lordkanzler, Erzbischof von Canterbury (seit 1162). 1155–62 Kanzler, Freund und Ratgeber König Heinrichs II.; 1162 vom König zum Erzbischof von Canterbury erhoben; widersetzte sich der Wiedereinführung königl. Vorrechte im kirchl. Bereich. 1163/64 wurde T. B. der Felonie (Treuebruch gegenüber dem Lehnsherrn) angeklagt und floh nach Frankreich; 1170 Rückkehr nach Canterbury; von königstreuen Rittern in der Kathedrale ermordet.

Thomaschristen, Selbst-Bez. der Christen an der Malabarküste Indiens. Nach alter Überlieferung soll der Apostel Thomas hier missioniert haben. Die Liturgie der T. *(malabar. Liturgie)* gehört zur antiochen. (westsyr.) Liturgiefamilie. Durch mehrere Spaltungen zerfiel die alte Kirche Indiens in eine Vielzahl von Kirchen, z. B. *[Syro]malankaren, Syromalabaren,* jakobit. (syr.-orth.) Kirche, Mar-Thomas-Kirche.

Thomasin von Circlaere (Zerklaere) ['to:mazi:n - tsɪr'klerə], *Friaul um 1186, † nach 1216, mhd. Dichter. Verfaßte um 1215/16 das moralphilosoph. Werk »Der wälsche Gast« (über 14700 Verse), ein weitverbreitetes, umfangreiches Lehrgedicht über allgemeine Tugenden und Laster.

Thomasius, Christian, *Leipzig 1. 1. 1655, † Halle/Saale 23. 9. 1728, dt. Jurist und Philosoph. Bed. Vertreter der dt. Aufklärung und der Naturrechtslehre; trug wesentlich zur Beseitigung der Hexenprozesse und der Folter bei.

Thomaskantor, der Kantor der Thomaskirche in Leipzig und Leiter des ↑Thomanerchors. Zu den T. zählen u. a. J. S. Bach (1723–50), K. Straube (1918 bis 1939), G. Ramin (1940–56), K. Thomas (1956–60), Erhard Mauersberger (*1903, †1982; 1961–72), Hans Joachim Rotzsch (*1929; 1972–91) und Georg Christoph Biller (*1955; seit 1992).

Thomas Morus ↑More, Thomas.

Thomas-Verfahren [nach S. G. Thomas], älteres Verfahren zur Stahlerzeugung *(Thomasstahl)* aus phosphorreichen Eisenerzen, wobei durch die am Boden des mit Dolomitsteinen oder –stampfmassen) ausgekleideten Konverters *(Thomas-Konverter, Thomas-Birne)* befindl. Düsenöffnungen Luft in das flüssige Roheisen geblasen wird. Die anfallende *Thomasschlacke* wird fein gemahlen als Phosphatdünger *(Thomasmehl)* in den Handel gebracht.

Thomismus, Sammel-Bez. für an ↑Thomas von Aquin anschließende theolog.-philosoph. Positionen und Richtungen; erlebte im 19. Jh. eine neue Blüte (Neuscholastik).

Thompson, Emma [engl. 'tɔmpsn], *Hampstead 15. 4. 1959, brit. Schauspielerin. Seit 1989 ∞ mit K. Branagh; wandlungsfähige Darstellerin in Theaterstücken und Filmen, u. a. »Heinrich V.« (1989), »Howard's End« (1991),

Michael Thonet.
Bugholzstuhl (Wiener Kaffeehausstuhl)

Thorbecke

»Was vom Tage übrig blieb« (1993), »Im Namen des Vaters« (1993).

Thomson [engl. tɔmsn], **1)** Sir (seit 1943) George, *Cambridge 3. 5. 1892, † ebd. 10. 9. 1975, brit. Physiker. Sohn von Sir Joseph John T.; bestätigte 1927 (unmittelbar nach C. J. Davisson und L. H. Germer) anhand von Beugungserscheinungen beim Durchgang von Elektronenstrahlen durch Metallfolien den Welle-Teilchen-Dualismus des Elektrons; erhielt hierfür 1937 (mit Davisson) den Nobelpreis für Physik.
2) James, *Ednam bei Edinburgh 11. 9. 1700, † Richmond (heute zu London) 27. 8. 1748, schott. Dichter. Bekannt ist v. a. die Blankversdichtung »Die Jahreszeiten« (1726–30; danach das Oratorium (1801) von J. Haydn).
3) Sir (seit 1908) Joseph John, *Cheetham Hill (heute zu Manchester) 18. 12. 1856, † Cambridge 30. 8. 1940, brit. Physiker. Mitbegründer der modernen Atomphysik; untersuchte v. a. den Elektrizitätsdurchgang in Gasen, wobei er die elektr. und magnet. Ablenkung der Kathodenstrahlung nachwies, das Ladung-Masse-Verhältnis der vermuteten Kathodenstrahlteilchen bestimmte und somit zum eigtl. Entdecker des Elektrons wurde. 1906 Nobelpreis für Physik.
4) Sir William, brit. Physiker, ↑Kelvin, William Lord K. of Largs.

Thonburi, thailänd. Stadt am Menam, gegenüber von Bangkok, zu dem es seit 1972 gehört. – 1767–82 Hauptstadt Thailands.

Thonet, Michael ['tɔnɛt], *Boppard 2. 7. 1796, † Wien 3. 3. 1871, dt. Industrieller. Erfinder eines Verfahrens zum Biegen von Holz (Bugholz; 1830); gründete in Wien eine Möbelfabrik *(T.-Stühle).*

Thonon-les-Bains [frz. tɔnõlɛ'bɛ̃], frz. Stadt am Genfer See, Dép. Haute-Savoie, 27 000 E. Heilbad. Kirche Saint-Hippolyte (12. und 17. Jh.).

Thöny, Eduard [...ni], *Brixen 9. 2. 1866, † Holzhausen (heute zu Utting a. Ammersee) 26. 7. 1950, österreichischer Karikaturist. Mitarbeiter am »Simplicissimus«.

Thor (german. Donar), altgerman. Gott (↑Asen); Gott des Donners, der Winde und Wolken.

Thora ['to:ra, to'ra:; hebr.] (Tora), im *Judentum* Bez. für den ↑Pentateuch; als Gesetz Gottes Kernstück jüd. Glaubens; im Gottesdienst wird am Sabbat aus der *Thorarolle* vorgelesen, die in dem meist reich geschmückten *Thoraschrein* aufbewahrt wird.

Thorax [griech.], bei Wirbeltieren und beim Menschen ↑Brustkorb.

Thorbecke, Johan (Jan) Rudolf, *Zwolle 14. 1. 1798, † Den Haag 4. 6. 1872, niederländischer liberaler Politiker. 1848 als Vors. der Verfassungskommission maßgebl. an der Umgestaltung der Niederlande in eine konstitutionelle Monarchie beteiligt; 1849–53, 1862–66 und 1871/72 Regierungschef.

George Thomson

Joseph John Thomson

Thora. Verlesung der Thora aus einer Thorarolle

Thorianit

Thorn
Stadtwappen

Thorianit [zu ↑Thorium], seltenes, relativ stark radioaktives Mineral, chem. (Th,U)O₂; Mohshärte 6; Dichte 8,8 bis 9,5 g/cm³.
Thorium [nach dem altgerman. Gott Thor], chem. Symbol **Th**, radioaktives metall. chem. Element aus der Reihe der Actinoide des Periodensystems der chem. Elemente; Ordnungszahl 90; mittlere relative Atommasse 232,0381; Dichte 11,72 g/cm³; Schmelztemperatur 1750°C; Siedetemperatur etwa 4790°C. An Isotopen sind Th 212 bis Th 236 bekannt; Th 232 besitzt mit 1,405 · 10¹⁰ Jahren die längste Halbwertszeit und ist Ausgangselement der *Thorium-Zerfallsreihe,* deren stabiles Endprodukt das Bleiisotop Pb 208 *(Thorblei, Thoriumblei)* ist. *Thoriumdioxid* (Thorerde), ThO₂, wird als keram. Werkstoff für hochtemperaturfeste, chem. resistente Geräte verwendet. T. wird im Gemisch mit Plutonium oder angereichertem Uran als Kernbrennstoff sowie (in Form des Isotops Th 232) als Brutstoff für das spaltbare Uranisotop U 233 verwendet.
Thorn, Gaston, *Luxemburg 3. 9. 1928, luxemburg. Politiker (Demokrat. Partei). 1969–79 Außen-Min., 1974–79 Regierungschef (Staats-Min.); 1970–82 Präs. der Liberalen Internationale; 1981–84 Präs. der EG-Kommission.

Thot.
Darstellung des Gottes als Pavian auf einem Kalksteinblock (um 300 v. Chr.; Hildesheim, Roemer- und Pelizaeus-Museum, ägyptische Sammlung)

Thorn (poln. Toruń), poln. Stadt an der unteren Weichsel, 202000 E. Hauptstadt des Verw.-Geb. Toruń; Univ., Museen, Theater; u. a. Maschinen- und Fahrzeugbau; Flußhafen. – Erhalten auf der Weichselseite die Stadtmauern (14. Jh.) mit drei Tortürmen. Altstädt. Kauf- und Rathaus (1602/03 im Renaissancestil umgebaut), Altstädt. Pfarrkirche Sankt Johann (im 15. Jh. vollendet). Marienkirche (14. Jh.) mit Mausoleum der schwed. Prinzessin Anna Wasa (1636); Neustädt. Pfarrkirche Sankt Jakob (14. und 15. Jh.), barocke Patrizierhäuser. – 1234 Errichtung einer Burg des Dt. Ordens (1454 zerstört). Nachdem der Dt. Orden im *1. Thorner Frieden* (1. 2. 1411) trotz der Niederlage bei Tannenberg sein Gebiet außer dem Land Dobrzyń und Schamaiten behauptet hatte, mußte er im *2. Thorner Frieden* (19. 10. 1466) Pomerellen, das Culmer Land und das Ermland samt den schon 1454 abgefallenen Städten Danzig, Elbing, T. und Marienburg an Polen abtreten. T. kam 1793/1815 an Preußen, fiel 1920 an Polen, gehörte 1939–45 zum Reichsgau Danzig-Westpreußen; seit 1945 wieder zu Polen.
Thorndike, Edward Lee [engl. ˈθɔːndaɪk], *Williamsburg (Mass.) 31. 8. 1874, † Montrose (N. Y.) 10. 8. 1949, amerikan. Psychologe. Befaßte sich vorwiegend mit Fragen des Lernens und Verhaltens.
Thorn Prikker, Johan (Jan), *Den Haag 6. 6. 1868, † Köln 5. 3. 1932, niederl. Maler. Glas- und Wandmalereien, Mosaiken u. a., bes. für rheinländ. Kirchen (Jugendstil).
Thorvaldsen, Bertel [dän. ˈtɔrvalsən], *Kopenhagen 19. 11. 1770, † ebd. 24. 3. 1844, dän. Bildhauer. 1797–1842 (mit Unterbrechungen) in Rom. Schuf klassizist. Figuren, Reliefs und Denkmäler (T.-Museum in Kopenhagen); Grabmal Papst Pius' VII. (1823–31, Rom, Peterskirche), Reiterstandbild Kurfürst Maximilians I. in München (1830–39).
Thot, ägypt. Mondgott; Erfinder der Schreib- und Rechenkunst (↑Hermes Trismegistos).
Thraker, indogerman. Volk, das in viele Stämme gegliedert war und mindestens seit dem 2. Jt. v. Chr. Thrakien sowie die vorgelagerten Inseln (v. a. Samothrake) bewohnte, ferner Dakien, seit dem 8. Jh.

v. Chr. auch Mysien und Bithynien (NW-Kleinasien). Die T. bildeten bis ins 6./7. Jh. eine sprachl., ethn. und kulturelle Einheit. – Von der hochstehenden *Kultur* der T. zeugen Dolmen (12.–6. Jh. v. Chr.) und Schatzfunde (Waltschitran, 8. Jh., Sofia, Nationalmuseum).

Thrakien (Thrazien), histor. Landschaft auf der östl. Balkanhalbinsel, in Griechenland, Bulgarien und in der Türkei. **Geschichte:** Zur Bildung eines eigenen thrak. Reiches kam es um 450 v. Chr., als der König der Odrysen die Thrakerstämme einigte. Seine größte Ausdehnung (im N bis zur Donau) erreichte dieses Reich unter Sitalkes (✝ um 440–424); 341 v. Chr. wurde T. makedonisch und war seit 150 v. Chr. röm. Klientelstaat und seit 44 n. Chr. röm. Prov. Mösien und Thrakien. Byzanz verlor den größten Teil des alten T. an die Bulgaren im 11./12. Jh. Seit der Mitte des 14. Jh. wurde T. osman. (Rumelien); zw. 1912 und 1923 heutige Grenzziehung zw. der Türkei, Griechenland und Bulgarien.

Thrakische Chersones [- çer...], antike Bez. für die Halbinsel ↑Gelibolu.

Thrasybulos, *um 445 v. Chr., ✕ Aspendos 388 v. Chr., athen. Feldherr und Politiker. Gegner des oligarch. Staatsstreiches 411/410; 404 verbannt; fiel in Attika ein und führte den Sturz der Dreißig Tyrannen herbei.

Thrazien ↑Thrakien.

Threni [griech.-lat.], svw. ↑Klagelieder Jeremias.

Threonin (α-Amino-β-hydroxybuttersäure), eine der essentiellen Aminosäuren.

Thriller [engl. 'θrɪlə; engl.-amerikan.], auf emotionale Spannungseffekte, Horror zielender Kriminalfilm oder -roman.

Thrombin [griech.], für die Blutgerinnung wichtiges eiweißspaltendes Enzym im Blut; entsteht aus Prothrombin und wandelt Fibrinogen in Fibrin um.

Thromboplastin [griech.] (Thrombokinase, Faktor III), in den Thrombozyten gespeichertes Lipoproteid, das bei der Blutgerinnung die Fibrinbildung veranlaßt.

Thrombose [griech.] (Blutpfropfbildung), Entstehung eines Blutgerinnsels (↑Thrombus) in der Blutbahn (mit Blutgefäßverstopfung) mit den entsprechenden Krankheitssymptomen. Bevorzugter Sitz einer T. sind die Venen der unteren Extremität und des Beckens. Zu den Folgen der T. zählt v. a. die Lungenembolie.

Thrombozyten [griech.] ↑Blut.

Thrombus [griech.] (Blutpfropf), im lebenden Organismus entstehendes oberflächlich rauhes, brüchiges, mit der Gefäßwand verklebtes Blutgerinnsel, das zu einer Thrombose führt.

Thrombus

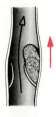
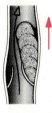

Thrombose. Wachstum des Thrombus in der Richtung der Blutströme aus einer Venenklappe bis zum vollständigen Verschluß des Gefäßes, woraufhin das retrogene Wachstum beginnt

Thron

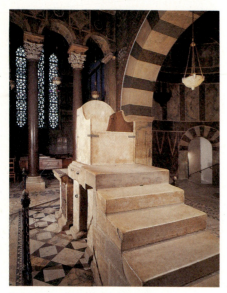

Thron. Steinerner Thron mit Holzsitz (wohl Kaiser Ottos I.) im Obergeschoß der Pfalzkapelle des Aachener Münsters

Thron [griech.-lat.], hervorgehobener Sitz eines weltl. oder geistl. Würdenträgers, Zeichen der Herrschaft (auch Gottes); seit dem Altertum (Assyrien, Ägypten) bekannt.

Thronfolge (Sukzession), Übernahme der Rechte und Pflichten eines Monarchen durch dessen Nachfolger kraft Wahl oder Erbrecht.

Thujon [griech.] (Absinthol, Tanaceton), im ätherischen Öl des Lebensbaums, Salbeis, Echten Wermuts und Rainfarns enthaltene, pfefferminzartig riechende Terpenverbindung; starkes Nervengift; in Wermutwein und Absinth enthalten.

Thukydides, *Athen zw. 460 und 455, †um 400, athen. Geschichtsschreiber. Gilt mit seiner Monographie über den Peloponnes. Krieg (erhalten acht Bücher bis 411) als Begründer der wiss. polit. Geschichtsschreibung.

Thule, 1) antike Bez. einer Insel in N; heute meist mit dem mittelnorweg. Küstengebiet (so zuerst F. Nansen) gleichgesetzt.

Thunbergie. Schwarze Susanne (Höhe 90–200 cm)

2) (Qaanaaq), grönländ. Ort am Murchisonsund, 400 E. Verwaltungssitz für Nordgrönland. – Geht auf den 1910 von K. Rasmussen gegr. Handelsposten T. 100 km südl. zurück, 1953 verlegt; beim alten T. Luftwaffenstützpunkt der USA *(Dundas).*

Thulegesellschaft, 1918 gegr. logenartiger Bund (Mgl. u. a. R. Heß, A. Rosenberg), der in München antisemit. Propaganda trieb und u. a. die NSDAP unterstützte.

Thulin, Ingrid, *Solleftea 27. 1. 1929, schwed. Schauspielerin. Eindringl. Interpretationen von existentiell gefährdeten Frauen, insbes. in Filmen von I. Bergman, u. a. »Das Schweigen« (1963). – *Weitere Filme:* Wilde Erdbeeren (1957), Schreie und Flüstern (1972), Eins und eins (1977), Das Haus des Lächelns (1991).

Thulium [nach der sagenhaften Insel Thule], chem. Symbol **Tm**, metall. chem. Element aus der Reihe der Lanthanoide des Periodensystems der chem. Elemente; Ordnungszahl 69; relative Atommasse 168,9342; Dichte 9,32 g/cm^3; Schmelztemperatur 1545 °C; Siedetemperatur 1727 °C; ähnelt in seinem chem. Verhalten den übrigen Lanthanoiden.

Thumb, dt. Baumeisterfamilie, die zu den Begründern der †Vorarlberger Bauschule zählt; bed. Vertreter: **1)** Michael, *Bezau um 1640, † ebd. 19. 2. 1690. Vater von Peter T.; u. a. Wallfahrtskirche auf dem Schönenberg bei Ellwangen (1686 ff., vollendet von seinem Bruder Christian T. [*um 1645, † 1726] und Franz Beer von Bleichten [*1660, † 1726]).
2) Peter, *Bezau 18. 12. 1681, † Konstanz 4. 3. 1766. Sohn von Michael T.; Abteikirche Ebersmünster (1719–27) und Abteikirche Sankt Peter im Schwarzwald (1724–27); Hauptwerk ist die Wallfahrtskirche in †Birnau, Spätwerk der Bibliothekssaal des Benediktinerstifts Sankt Gallen (1766 vollendet).

Thun, Bezirkshauptort im schweizer. Kt. Bern, am Ausfluß der Aare aus dem Thuner See, 38 200 E. Histor. Museum, Kunstsammlung; u. a. Maschinen- und Apparatebau; Burg (12. Jh.) spätgot. Amtsschloß (1429) und Kirche (1738); Rathaus (1514 ff.). – Kam 1384 an Bern; Sitz des Berner Landvogts; 1798–1803 Hauptstadt des Kt. Oberland.

Thüringen

Thunbergie [nach dem schwed. Botaniker Carl Peter Thunberg, *1743, †1828] (Thunbergia), Gatt. der Akanthusgewächse mit rd. 150 Arten in den Tropen und Subtropen der Alten Welt; die bekannteste der zahlr. in Kultur befindl. Arten ist die *Schwarze Susanne*, bis 2 m hohes windendes Kraut, Blüten braungelb, trichterförmig.

Thunder Bay [engl. ˈθʌndə ˈbeɪ], kanad. Hafenstadt an der Thunder Bay des Oberen Sees, 112 300 E. Univ., Museum; kanad. Endpunkt der Schiffahrt auf den Großen Seen.

Thuner See, von der Aare durchflossener Alpenrandsee im schweizer. Kt. Bern, 48,4 km².

Thunfische [griech.-lat./dt.], zusammenfassende Bez. für die Gatt. *Thunnus* und einige weitere nah verwandte Gatt. etwa 0,5–5 m langer Makrelen in Meeren der nördl. bis südl. gemäßigten Regionen; Körper spindelförmig, Beschuppung weitgehend rückgebildet, Schwanzflosse annähernd mondsichelförmig gestaltet; gesellige Schwimmer, die sich räuberisch von kleineren Schwarmfischen ernähren. Zum Teil geschätzte Speisefische, u. a. der *Bonito* (70–100 cm lang) und der *Unechte Bonito* (bis 60 cm lang).

Thuralpen, Gebirgsgruppe in den schweizer. Kt. Sankt Gallen und Appenzell, mit dem Säntis.

Thurandt ↑Alken (Gemeinde).

Thurgau, schweizer. Kt. im nö. Mittelland, 1 013 km², 213 200 E, Hauptstadt Frauenfeld. Das thurgauische Bodenseeufer ist das wichtigste schweizer. Obstbaugebiet neben dem Wallis; Textil- und Stickerei-Ind., Maschinen- und Fahrzeugbau.

Geschichte: 58 v. Chr. von den Römern unterworfen; 455 allemann.; im 8. Jh. Gau des Fränk. Reiches; 1264 fiel der T. als Land-Gft. an die Grafen von Habsburg; 1460 von den Eidgenossen erobert und als gemeine Herrschaft verwaltet; 1798–1803 Kt. der Helvet. Republik; ab 1803 selbständiger Kanton.

Thüringen, Bundesland (Freistaat) in der BR Deutschland, 16 251 km², 2,57 Mio. E, Hauptstadt Erfurt. T. umfaßt den Thüringer Wald und das Thüringer Becken, reicht im W bis an die Werra und die Rhön, im N bis zu den Ausläufern des Harz und greift im O noch über die Saale hinaus. Neben der Univ. in

Thunfische.
Roter Thunfisch
(Länge bis 4,5 m)

Thurgau
Kantonswappen

Peter Thumb.
Bibliothekssaal des
Benediktinerstifts in Sankt
Gallen, 1758–66

Thüringer Becken

Thüringen
Landeswappen

Jena gibt es die Medizin. Akademie in Erfurt und die TU in Ilmenau. Im fruchtbaren Thüringer Becken werden Weizen, Gerste und Zuckerrüben angebaut. Im Thüringer Wald herrschen Grünlandwirtschaft und Viehhaltung vor; an Saale und Unstrut wird Weinbau betrieben. Bed. Kalibergbau im Werragebiet, Uranerzvorkommen in Ronneburg. Vorherrschende Ind.-Zweige sind Automobil-Ind., opt. und feinmechan. Ind., Textil-Ind., Spielzeug-Ind. und Glas-Industrie. Eine wichtige Rolle spielt der Fremdenverkehr.
Geschichte: Anfang des 5. Jh. entstand das Kgr. der Thüringer, das 531 von Franken und Sachsen besiegt und aufgeteilt wurde. Die Ludowinger (Landgrafen von T. ab 1130) genossen als Reichsfürsten und Kreuzfahrer, Förderer der Minnesänger und des Kirchenwesens (v. a. Ludwig IV., Gemahl der hl. Elisabeth) hohes Ansehen. Nach ihrem Aussterben (1247) fiel T. an den Wettiner Markgrafen von Meißen (1294–1307 veräußert). Durch die Leipziger Teilung von 1485 zersplitterten die Wettiner ihren Besitz in T.: Die Hauptmasse kam an die sächs. Kurlinie der Ernestiner, der N an die Albertin. Linie (später zahlr. Teilungen). Die albertin. Teile, seit 1547 kursächs., seit 1806 beim Kgr. Sachsen, fielen 1815 an Preußen, das schon 1803 das kurmainz. Eichsfeld und Erfurt sowie die Reichsstädte Nordhausen und Mühlhausen gewonnen hatte. Erst 1920 wurden die verbliebenen thüring. Kleinstaaten – vier ernestin. Sächs. Hzgt., die Ft. Schwarzburg (Rudolstadt und Sondershausen) und Reuß (jüngere und ältere Linie) – zum Land T. (Hauptstadt Weimar) vereinigt. 1934 verlor T. seine Eigenständigkeit, 1944 kamen von der preuß. Provinz Sachsen der Regierungsbezirk Erfurt und vom preuß. Hessen-Nassau der Kreis Schmalkalden an Thüringen. Nach kurzer amerikan. Besetzung 1945 wurde T. Teil der SBZ. 1952 erfolgte die Auflösung in die Bezirke Erfurt, Gera und Suhl. 1990 wurde das Land T. wieder errichtet. Die ersten Landtagswahlen am 14. 10. 1990 gewann die CDU, die sich mit der FDP zu einer Regierungskoalition unter J. Duchač (CDU) verband, der im Jan. 1992 zurücktrat; neuer Min.-Präs. wurde B. Vogel. 1993 wurde die Landesverfassung verabschiedet. Nach den Landtagswahlen von 1994 bildeten CDU und SPD eine große Koalition.
Thüringer Becken, durch Höhenzüge und Hochflächen gegliederte Mulde zw. Harz und Thüringer Wald.
Thüringer Wald, Kammgebirge zw. der oberen Werra und dem Thüringer Becken, rd. 60 km lang, im Großen Beerberg 982 m hoch. Auf der Kammlinie verläuft der Rennsteig.
Thüringisch †deutsche Mundarten.
Thurn und Taxis, dt. Fürstenfamilie aus dem urspr. lombard. Geschlecht der Taxis; seit 1615 im Besitz des erbl. Reichspostgeneralats; 1695 Reichsfürsten; 1806 mediatisiert, 1815 bundesunmittelbare Stellung. Die T. und T. mußten 1867 die gesamte Postorganisation an den preuß. Staat abtreten.
Thusis, Bezirkshauptort im schweizer. Kt. Graubünden, am Hinterrhein, am Eingang der Via Mala, 2500 E. Spätgot. Kirche (1506); Haus Rosenroll (1634), Schlößli (1727), Via-Mala-Brunnen.
Thutmosis, vier ägypt. Könige der 18. Dynastie (gräzisierte Form). Bed. v. a.: **1) Thutmosis I.,** ⚰ 1506/05–1493. Leitete die Eroberung Asiens ein; drang bis zum Euphrat vor.
2) Thutmosis III., ⚰ 1490–1436. Unterwarf die Stadtstaaten Palästinas und Syriens (der »Eroberpharao«); errichtete Bauten u. a. in Karnak.
Thylakoide [griech. »Sack«], *Botanik:* in Chloroplasten der Pflanzen sackförmige Membranen, die, tw. gestapelt, Ort der Lichtreaktion der Photosynthese sind.
Thymian (Thymus) [griech.-lat.], Gatt. der Lippenblütler mit über 30 Arten in Eurasien und N-Afrika; durch den Ge-

Thymian.
Gemeiner Thymian

halt an äther. Ölen aromat. duftende Halbsträucher oder Zwergsträucher. Einheim. Arten: *Feld-T.* (Feldkümmel), polsterbildender Halbstrauch (bis 30 cm hoch) mit rosafarbenen Blüten; *Gemeiner T.* (Garten-T.), ästiger Halbstrauch (20–40 cm hoch), Blüten lilarosa; Gewürz- und Heilpflanze.

Thymin [griech.] (5-Methyluracil), zu den Nukleinsäurebasen zählende Pyrimidinverbindung (Pyrimidinbase), die in Form ihres Desoxyribosids *Thymidin* in der ↑DNS, stets gepaart mit Adenin, vorkommt.

Thymol [griech./arab.] (2-Isopropyl-5-methylphenol), in den äther. Ölen von Thymianarten u. a. Lippenblütlern enthaltenes antisept. wirkendes Terpen; verwendet für Mundwässer und Zahnpasten.

Thymus [griech.] (T.drüse, Brustdrüse), paarige, im Hals- und/oder Brustbereich vor dem Herzbeutel liegende, »endogene Drüse« (ohne eigtl. Drüsenzellen) der Wirbeltiere, mit Ausnahme der Rundmäuler. Der T. ist ein während der Embryonal- bzw. Jugendzeit stark entwickeltes lymphat. Organ, wird jedoch während der Geschlechtsreife und danach nahezu völlig rückgebildet (nicht bei Robben, Delphinen und verschiedenen Nagetieren). Der T.wirkstoff (vermutlich ein Wachstumshormon) ist noch unbekannt. – Der T. hemmt die (körperl.) Geschlechtsreife (als Antagonist zu den Keimdrüsen) und ist durch die Bildung weißer Blutkörperchen bzw. die Antikörperbildung wichtig für Immunreaktionen des Körpers.

Thyreocalcitonin [griech./lat.], svw. ↑Calcitonin.

Thyreostatika [griech.], Stoffe, die durch Behinderung des Jodeinbaus zur Hemmung der Synthese von Schilddrüsenhormon führen.

Thyreotropin [griech.] (thyreotropes Hormon, thyreoidstimulierendes Hormon, TSH, Thyrotrophin), Hormon (Glykoproteid) der Hirnanhangdrüse, das die Jodidaufnahme durch die Schilddrüse und die Freisetzung der Schilddrüsenhormone stimuliert.

Thyristor [griech.-lat.], Halbleiterbauelement auf Siliciumbasis mit vier abwechselnd n- und p-leitenden Bereichen in der Reihenfolge npnp; Anwendungen u. a. in Regelschaltungen, Gleichrichtern mit steuer- bzw. regelbarer Ausgangsspannung, Wechselrichtern und regelbaren Antrieben (z. B. Steuerung der Fahrmotoren von E-Loks). Ein spezieller T.typ ist der *Triac*, bei dem der Stromfluß in beiden Richtungen gesteuert werden kann.

Thyrotrophin ↑Thyreotropin.

Thyroxin [griech.] (3,3',5,5'-Tetrajodthyronin, T_4), wichtigstes Schilddrüsenhormon; Wirkung: Steigerung des Grundumsatzes und Erhöhung der Ansprechbarkeit des Organismus auf Adrenalin und Noradrenalin.

Thyssen-Bornemisza, Heinrich Baron [ungar. ...'bornɛmisɔ], ungar. Kunstsammler dt. Herkunft, *Mühlheim a. d. Ruhr 31. 10. 1875, †Castagnola bei Lugano 26. 6. 1947. Baute eine der wertvollsten privaten Kunstsammlungen auf, die 1937 nach Lugano-Castagnola gebracht und seit 1948 öffentlich zugänglich wurde. Die von seinem Sohn Hans Heinrich T.-B. (*1921) erweiterte Sammlung wird seit 1992 in Madrid (Palacio Villahermosa) ausgestellt (1993 vom span. Staat erworben).

Thyssen-Gruppe, multinationaler dt. Konzern der Eisen- und Stahl-Ind.; in der zweiten Hälfte des 19. Jh. von August Thyssen (*1842, †1926) aufgebaut. Hauptunternehmen war die 1890 gegr. August Thyssen-Hütte AG, die 1926 in die Vereinigte Stahlwerke AG aufging und nach dem 2. Weltkrieg entflochten wurde. Führungsgesellschaft der T.-G. ist seit 1976 die *Thyssen AG*, Sitz Düsseldorf.

Ti, 1) *Chemie:* Symbol für ↑Titan. 2) *Geschichte:* röm. Abk. für **Tiberius.**

Tiahuanaco [span. tiaua'nako], bolivian. Ort nahe dem Titicacasee, westlich von La Paz, Ruinenfeld der Kultzentrum der *T.kultur* (ab 300 n. Chr.), deren Kern das Hochland von Bolivien bildet (Altperu). Residenz des zeitweilig bed. Reiches (um 600–800) war vermutlich ↑Huari; pfeilartige große Steinskulpturen, Sonnentor (ehem. Tempeltor) mit dem Hauptgott (»Stabgottheit«); Keramikfunde (Jaguar- und Kondormotiv).

Tianjin [...dʒɪn] ↑Tientsin.

Tian Shan [...ʃan, chin.] ↑Tienschan.

Tiara [pers.-griech.], 1) Kopfbedeckung altiran. und assyr. Herrscher, kegelförmig, mit Diademreif am unteren Rand.

Tibaldi

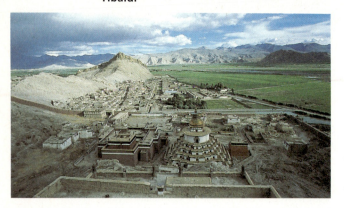

Tibet. Blick auf Gyangzē in Südtibet mit dem Tschorten Kumbum im Zentrum des Palkhorklosters

2) außerliturg., mit drei übereinandergesetzten Kronen geschmückte Kopfbedeckung des Papstes; seit 1964 (symbol. Ablegung durch Paul VI.) außer Gebrauch.

Tibaldi, Pellegrino, *Puria bei Como 1527, † Mailand 27. 5. 1596, italien. Maler und Baumeister. U. a. Fresken in der Nachfolge Michelangelos (Bologna, Palazzo und Cappella Poggi); 1587 ff. Bauintendant des ↑Escorial.

Tiber (italien. Tevere), mit 405 km größter Fluß Mittelitaliens, entspringt im südl. Etrusk. Apennin, mündet westl. von Lido di Ostia mit einem Delta in das Tyrrhen. Meer.

Tiberias, Stadt in Israel, am W-Ufer des Sees von Genezareth, 28 000 E. Archäolog. Museum; Kurort (heiße Mineralquellen). – Ben. nach Kaiser Tiberius; seit Ende des 2. Jh. n. Chr. Zentrum jüd. Gelehrsamkeit; 637 arab.; 1099–1187 in der Hand der Kreuzfahrer.

Tiberias, See von ↑Genezareth, See von.

Tiberius (Tiberius Iulius Caesar), eigtl. Tiberius Claudius Nero, *Rom 16. 11. 42 v. Chr., † Misenum (am heutigen Kap Miseno) 16. 3. 37 n. Chr., röm. Kaiser (seit 14 n. Chr.). Stief- und Adoptivsohn des späteren Kaisers Augustus; ∞ in durch Augustus erzwungener Ehe mit ↑Julia; einer der bedeutendsten Feldherren dieser Zeit (u. a. 8/7 Unterwerfung Germaniens bis zur Elbe; als Kaiser Beschränkung auf die Rheingrenze). Sein Rückzug aus Rom (21/22) nach Kampanien und Capri führte in Rom zu einem Schreckensregiment durch den Prätorianerpräfekten Sejan.

Tibẹsti, Gebirge in der östl. Sahara, Tschad und Libyen; stark zerklüftete Vulkanlandschaft, bis 3415 m hoch; frühgeschichtl. Felszeichnungen.

Tibet ['ti:bɛt, ti'be:t], autonome Region in W-China, 1 214 000 km², 2,22 Mio. E, überwiegend Tibeter, Hauptstadt Lhasa.

Geschichte: 620–649 wurden die nomad. Hochlandstämme vereinigt und Lhasa zur Hauptstadt erhoben; Einführung des Buddhismus (↑Lamaismus). Im 13. Jh. befand sich T. zeitweilig unter mongol., seit dem 14. Jh. unter chin. Vorherrschaft. Nach der Vertreibung der Dsungaren, die 1717 Lhasa erobert hatten, wurde T. chin. Protektorat. Mehrere ethnt. Aufstände wurden von den Chinesen blutig unterdrückt. Obwohl eine brit. Militärexpedition 1904 bis Lhasa vorgedrungen war, erkannten Großbrit. (1906) und Rußland (1907) die chin. Oberhoheit über T. an. 1911 von China gelöst, wurde T. nach dem chin. Einmarsch 1950/51 unter Zusicherung regionaler Autonomie in die VR China eingegliedert. Mit der Flucht des 14. Dalai Lamas nach Indien 1959, wo er eine Exilregierung bildete, setzte eine breite Fluchtbewegung ein. 1965 wurde die »Autonome Region T.« errichtet. Auf Grund der ethn., kulturellen und religiösen Unterdrückung der Tibeter (u. a. Zerstörung zahlr. Klöster) kam es, verstärkt seit 1987, zu wiederholten antichin. Unruhen.

Tibet, Hochland von ['ti:bet, ti'be:t], Hochland im südl. Innerasien, China, mit rd. 2 Mio. km² und einer mittleren Höhe von 4500 m die ausgedehnteste geschlossene und höchstgelegene Landmasse der Erde, zugleich der isolierteste Großraum Asiens, da allseits von bis 7000–8000 m Höhe erreichenden Gebirgsmauern umrahmt (Kunlun im N, osttibet. Randketten im O, Himalajasystem im S sowie Pamir und Karakorum im W).

Tibeter (Eigen-Bez. Bod), teils zu den Mongoliden, teils zu den Turaniden zählendes Volk im Hochland von Tibet sowie in den angrenzenden Teilen des Himalaya; Anhänger des Lamaismus.

Tibetisch, zur tibetobirman. Gruppe der sinotibet. Sprachen gehörende Sprache in der autonomen Region Tibet, angrenzenden Gebieten sowie einigen Sprachinseln, u. a. in Indien. Geschrieben wird mit einem im 7. Jh. n. Chr. aus der ind. Guptaschrift entwickelten Alphabet (30 Grundbuchstaben). Im Wortschatz gibt es heute viele Lehnübersetzungen aus dem Chinesischen.

tibetobirmanische Sprachen, zu den sinotibet. Sprachen gehörende Sprachgruppe, die sich in folgende Untergruppen gliedert: *Tibeto-Himalaya-Sprachen,* u. a. mit Tibetisch sowie Newari und Lepcha in Nepal; *Birma-Sprachen,* zu denen u. a. die birman. Sprache sowie Arakanisch am Golf von Bengalen gehört; weitere Gruppen sind die *Assam-Sprachen* und die *Lolo-Sprachen.*

tibetochinesische Sprachen ↑sinotibetische Sprachen.

Tibull (Albius Tibullus), *um 50 v. Chr., † um 17 v. Chr., röm. Dichter. Zus. mit Properz Vertreter der klass. röm. ↑Elegie.

Tic [frz.], (Tic), krampfartiges, willkürlich nicht unterdrückbares Zucken von Muskeln oder Muskelgruppen, bes. häufig im Gesichtsbereich.

Tick [frz.], 1) *Medizin:* svw. ↑Tic.
2) *Umgangssprache:* svw. ↑Spleen.

Ticket [engl.], Flug-, Fahr-, Eintrittskarte.

Tiden [niederdt.] ↑Gezeiten.

Tidenhub ↑Gezeiten.

Tiefdruckgebiet

Tieck, Ludwig, Pseud. Peter Lebrecht, Gottlieb Färber, *Berlin 31. 5. 1773, † ebd. 28. 4. 1853, dt. Dichter. Unter dem programmat. Titel »Volksmärchen« (3 Bde., 1797) gab T. modellhafte Texte der frühen Romantik heraus (u. a. die Volksbucherzählung »Liebesgeschichten der schönen Magelone«, die Literaturkomödie »Der gesticfelte Kater«, das Kunstmärchen »Der blonde Eckbert«); seine Konzeption einer mobilen künstler. Imagination, gewonnen aus der Analyse Shakespearescher Dramen, verbindet sich in dem Künstlerroman »Franz Sternbalds Wanderungen« (2 Bde., 1798) mit der Kunstbegeisterung seines früh verstorbenen Freundes Wilhelm Heinrich Wackenroder (*1773, † 1798). Unter dem Titel »Romantische Dichtungen« (1799/1800) erschienen die Literaturkomödie »Prinz Zerbino«, das Trauerspiel »Leben und Tod der heiligen Genoveva« sowie »Der getreue Eckhart und der Tannhäuser«, Dichtungen, die zum Teil in dem von Rahmengesprächen umfaßten Sammelwerk »Phantasus« (3 Bde., 1812–16) wieder aufgelegt wurden. In dem Lustspiel »Kaiser Octavianus« (1804) verbindet er alle Gattungen der Literatur. T. setzte auch das von A. W. Schlegel begr. Unternehmen der Shakespeare-Übersetzung unter Mitarbeit seiner Tochter Dorothea T. (*1799, † 1841) und Wolf Heinrich Graf Baudissins (*1789, † 1878) fort. Dem früh verstorbenen Freund Novalis setzte er ein Denkmal mit einer ersten Werkausgabe, auch für J. M. R. Lenz und H. v. Kleist besorgte er Editionen. – *Weitere Werke:* Die Geschichte des Herrn William Lovell (Brief-Roman, 1795/96), Liebeszauber (Nov., 1811), Der Aufruhr in den Cevennen (Nov., 1826), Krit. Schriften (4 Bde., 1848–52).

Ludwig Tieck (Lithographie von Ludwig Zöllner)

Tief, 1) *Geologie:* Rinne in Küstengewässern.
2) *Meteorologie:* ↑Druckgebilde.

Tiefbau, Teilgebiet des Bauwesens, umfaßt die Arbeiten des Straßen-, Eisenbahn-, Erd- und Grundbaues, des Wasserbaues und der Abwasserbeseitigung.

Tiefdruck ↑Drucken.

Tiefdruckgebiet, Gebiet relativ niedrigen Luftdrucks, in dem der Luftdruck von außen zu einem Zentrum hin abnimmt. ↑Druckgebilde.

Tiefenbronn

Giovanni Battista Tiepolo. Jupiter und Danae (um 1735; Stockholm, Universität)

Tiefenbronn, Gem. 10 km sö. von Pforzheim, Bad.-Württ., 4300 E. In der got. Pfarrkirche Hochaltar (1469) und der *Tiefenbronner Altar* mit der Darstellung der Magdalenenlegende, auf dem Rahmen signiert (Lucas Moser) und datiert (1432).

Tiefenpsychologie, psycholog. und psychotherapeut. Lehren und Schulen, die die Bedeutung unbewußter Prozesse betonen (z. B. Psychoanalyse, analyt. Psychologie, Individualpsychologie).

Tiefenrausch, beim Tieftauchen mit Preßluftatemgeräten (etwa ab 40 m) auftretende, dem Alkoholrausch ähnl. Erscheinung, die zur Bewußtlosigkeit führen und tödlich enden kann; Ursache sollen die erhöhten Partialdrucke der Atemgase sein.

Tiefenschrift, svw. ↑Edison-Schrift.

Tiefgang, der Abstand des tiefsten Punkts eines Schiffes von der Wasserlinie.

Tiefkühlen ↑Gefrieren.

Tieflader, Spezialfahrzeug für Schwertransporte.

Tiefland ↑Flachland.

Tiefsee, Bereich des Weltmeeres mit Tiefen von mehr als 1 000 m. Damit umfaßt die T. den unteren Teil des Kontinentalabhanges, die T.becken und -gräben sowie den größten Teil des mittelozean. Rückensystems; insgesamt 318 Mio. km² (rd. 62 % der Erdoberfläche oder 80 % des Weltmeeres).

Tiefseebergbau, Teilbereich der Meerestechnik zur Gewinnung von Tiefseeerzen (insbes. der auf dem Meeresboden lagernden Manganknollen) sowie hydrothermalen Erzschlämmen (z. B. die kupfer- und zinkhaltigen Schlämme des Roten Meeres). Erforderl. sind ferngesteuerte Meeresbodenfahrzeuge und Explorationssysteme sowie Prospektierungsverfahren, die neben einer genauen Lokalisierung eine opt. Aufnahme des Tiefseebodens mit Unterwasserkameras oder seine akust. Abbildung (z. B. nach dem Sonarverfahren) und eine Bestimmung der Metallgehalte an Ort und Stelle erlauben; ferner neuartige Fördermethoden.

Tiefseefauna, die Tierwelt der Tiefsee mit Vertretern aus fast allen Tierstämmen, die jedoch auf unterschiedl. maximale Wassertiefen verteilt sind; z. B. Fische bis in Tiefen von rd. 7 600 m, Schwämme bis etwa 8 600 m, Foraminiferen, manche Korallen, Faden- und Ringelwürmer, verschiedene niedere Krebstiere, Weichtiere und Seegurken bis über 10 000 m Tiefe; Tiefseetiere besitzen oft rückgebildete oder ungewöhnlich große, hochentwickelte Augen (Teleskopaugen) und Leuchtorgane.

Tieftemperaturphysik (Kryophysik, Cryophysik), Forschungsgebiet der Physik, das seine Untersuchungen der physikal. Eigenschaften der Materie bei Temperaturen nahe dem absoluten Nullpunkt durchführt; hierbei treten als bes. Eigenschaften der Materie die Supraleitung und die Suprafluidität auf. Die Untersuchung dieser Phänomene liefert Kenntnisse über die Struktur der Materie (insbes. des Festkörpers) und eröffnet zunehmend Möglichkeiten

tiergeographische Regionen

techn. Anwendung (Bau supraleitender Magnete). – Mit dem Verfahren der adiabat. Entmagnetisierung können Temperaturen im μK-Bereich erreicht werden.

Tiegel, Gefäß aus feuerfestem Ton, Graphit, Eisen, Quarz, Iridium oder Platin zum Schmelzen von Metallen.

Tienschan [chin tjen...] (Tienshan, Tian Shan), Gebirgssystem in Z-Asien (Kirgistan, Kasachstan und v. a. China), erstreckt sich von der Kysylkum im W über rd. 2500 km bis zur Gobi im O, höchste Erhebung im Kokschaaltau (Pik Pobeda, 7439 m hoch).

Tientsin [tjen...] (Tianjin), regierungsunmittelbare Stadt in NO-China, 5,62 Mio. E (Agglomeration 8,83 Mio. E). Zwei Univ., Observatorium, stadthistor. Museum. Ind.-Zentrum, Werft; zweitgrößter Handelshafen Chinas. – Unter der Nördl. Songdynastie (960 bis 1127) gegr.; 1860 Öffnung als Vertragshafen durch die *Verträge von T.* (1858, ↑China [Geschichte]).

Tiepolo, Giovanni Battista, *Venedig 5. 3. 1696, † Madrid 27. 3. 1770, italien. Maler. Der letzte herausragende Meister der venezian. Kunst schuf in heller Farbigkeit eine Fülle von Altarbildern und Fresken für Kirchen, Paläste und Villen in Venedig und anderen Städten Oberitaliens; auch Deckengemälde in Treppenhaus und Kaisersaal der fürstbischöfl. Residenz in Würzburg; seit 1762 in Madrid (»Apotheose Spaniens«, 1764).

Tierarzt, Berufs-Bez. für Tiermediziner nach Erteilung der Approbation. Aufgaben: v. a. Behandlung kranker Tiere, Überwachung der Herstellungs-, Lagerungs-, Transport- und Verkaufshygiene von Lebensmitteln tier. Herkunft.

Tierdichtung, Sammel-Bez. für literar. Werke, in denen Tiere im Zentrum stehen. Aitiolog. *Tiersagen* wollen die Eigentümlichkeit der Tiere, die Tiersprache oder die Erschaffung der Tiere erklären; *Tiermärchen* von dankbaren und hilfreichen Tieren sind bes. verbreitet. Das Symbolhaft-Dialektische überwiegt in *Tierbüchern* (Bestiarium), *Tierfabeln* und *Tierepen* (z. B. ↑Reineke Fuchs), die mit eindeutig didakt., oft auch krit. Stoßrichtung eine allgemeingültige Maxime oder Lehre exemplifizieren, fortgesetzt u. a. in E. T. A. Hoffmanns »Lebensansichten des Katers Murr...« (2 Bde., 1819–21) und G. Orwells Roman »Farm der Tiere« (1945). Seit dem 19. Jh. entwickelte sich der *Tierroman* bzw. die *Tiererzählung* (R. Kipling, Francis Jammes [*1868, † 1938], J. London, W. Bonsels). Vertreter einer auf realist. Beobachtung aufbauenden T. sind u. a. M. Maeterlinck, Manfred Kyber (*1880, † 1933) und S. Fleuron.

Tiere (Animalia), Lebewesen, die sich im Ggs. zu den (meist) autotrophen Pflanzen ↑heterotroph ernähren. T. sind fast immer freibeweglich und mit Sinnesorganen zur Aufnahme von Reizen sowie einem Erregungsleitungssystem (Nervensystem) ausgestattet. Rd. 20000 der 1,2 Mio. heute bekannten Tierarten sind Einzeller, die übrigen mehrzellig. Die Zellen haben (im Unterschied zur Zellulosezellwand der Pflanzen) nur eine sehr dünne Zellmembran und sind (bei den Mehrzellern) fast stets gegeneinander abgegrenzt. T. haben (im Unterschied zu den Pflanzen mit größerer äußerer Oberfläche) eine eher kompakte Form mit reich gegliederten inneren Oberflächen (Körperhohlräumen), an denen der Stoffaustausch mit der Umgebung überwiegend stattfindet. Da tier. Zellen meist keinen ausgeprägt hohen Turgor (Zelldruck) haben, wird die Ausbildung von bes. Stützorganen notwendig (Außen-, Innen-, Hydroskelett). Im Unterschied zu vielen Pflanzen ist das Wachstum bei Tieren i. d. R. zeitlich begrenzt (↑Lebensdauer), da die teilungsfähigen, undifferenzierten Zellen größtenteils aufgebraucht werden.

Tiergeographie (Geozoologie), Wiss. und Lehre von der Verbreitung der Tiere auf der Erde und von den Ursachen, die dieser Verteilung zugrunde liegen.

tiergeographische Regionen (Tiergionen, Faunenregionen), in der Tiergeographie bestimmte, mehr oder weniger in sich abgeschlossene oder über Durchmischungsgebiete ineinander übergehende geograph. Verbreitungsräume der Tiere mit jeweils charakteristischer Fauna. Große, wenig einheitliche t. R. werden auch als *Tierreiche* (tiergeograph. Reiche, Faunenreiche), kleinere Untereinheiten als *Subregionen* bezeichnet.

Tierhalterhaftung

Man unterscheidet in bezug auf das Festland: *Holarktis* (gemäßigter und kalter kontinentaler Bereich der nördl. Halbkugel), bestehend aus der *Paläarktis* (Eurasien und N-Afrika) und *Nearktis* (N-Amerika und Grönland); *Paläotropis (paläotrop. Tierreich),* bestehend aus der *äthiop. Region* (Afrika südl. der Sahara und Madagaskar) und der *oriental. Region* (Vorder- und Hinterindien, Ceylon, S-China, Taiwan, Große Sundainseln, Philippinen); *Neotropis (neotrop. Region;* S- und Mittelamerika einschließlich der Westind. Inseln); *Notogäa (austral. Region;* Australien, Tasmanien, Neuguinea, Neuseeland, pazif. Inseln östl. Australiens und Neuguineas); *Antarktika (antarkt. Region, Archinotis,* als Bereich der vom ↑Gondwanaland abgedrifteten Antarktis). − *Arktogäa* (Megagäa) ist die zusammenfassende Bez. für die paläarkt., nearkt., äthiop. und oriental. Regionen. − Bes. Bereiche der Gewässer sind *Pelagial* (das freie Wasser der Meere und Binnengewässer, von der Oberfläche bis zur größten Tiefe) und *Benthal* (Bodenregion der Seen und Meere); hinzu kommt v. a. in den Ozeanen das ↑Abyssal.

Tierhalterhaftung, Haftung desjenigen, der ein Tier im eigenen Interesse hält, für die durch das Tier verursachten Personen- und Sachschäden.

Tierkörperbeseitigungsanstalt (Abdeckerei), Anlage zur Lagerung, Behandlung und Verwertung (z. B. Tiermehl als Futtermittel) von verendeten oder nicht zum menschl. Genuß verwertbaren getöteten Tieren und tier. Erzeugnissen (z. B. Fleisch, Eier, Milch) sowie von Schlachthausabfällen (z. B. Borsten, Häuten, Knochen).

Tierkreis (Zodiakus), die Himmelssphäre umspannende Zone von zwölf Sternbildern *(Tierkreissternbilder)* entlang der Ekliptik (scheinbare Sonnenbahn); in dieser Zone bewegen sich Sonne, Mond und Planeten. Zur *Tierkreisastrologie* ↑Astrologie.

Tierkreislicht ↑Zodiakallicht.

Tierkreiszeichen, Bez. für die jeweils 30° umfassenden Abschnitte der Ekliptik, die die Namen der Tierkreissternbilder tragen.

Tiermedizin (Veterinärmedizin, Tierheilkunde), Wiss. vom gesunden und kranken Funktionszustand des tier. Organismus sowie von den Ursachen, den Erscheinungsformen, der Vorbeugung und der Heilung von Krankheiten der Tiere.

Tierreich, oberste Kategorie der zoolog. Systematik; umfaßt die Gesamtheit aller Tiere und den Menschen.

Tierschutz, im Unterschied zu Maßnahmen zur Erhaltung von Tierarten und deren Lebensmöglichkeiten (↑Naturschutz) Bez. für Bestrebungen zum Schutz des Lebens und zur angemessenen Behandlung von Tieren (insbes. der Haus- und Laborversuchstiere). *T.vereine* unterhalten *Tierheime* (zur Unterbringung herrenloser Tiere) und wirken aufklärend in der Bevölkerung, und zwar sowohl im Hinblick auf die Vermeidung von Tierquälereien als auch im Hinblick auf die nutzbringende Funktion freilebender Tiere. Verboten sind nach dem *Tierschutzgesetz* in der Neufassung 17. 2. 1993 u. a. das Töten ohne einsichtigen Grund, *Tierquälerei* (unnötiges, rohes Mißhandeln von Tieren), das Schlachten und Kastrieren ohne vorhergehende Betäubung, die Verwendung schmerzbereitender Tierfallen, die zwangsweise Fütterung und das Aussetzen von Tieren, um sich ihrer zu entledigen (bis zu zwei Jahre Freiheitsstrafe, Geldbuße bis 50 000 DM). Genauen Vorschriften sind mit etwaigen Leiden verbundene wiss. Versuche mit Wirbeltieren, der gewerbsmäßige Tierhandel und die Massentierhaltung unterworfen.

Tierseuchen, Infektionskrankheiten der Haustiere und der wildlebenden Tiere. − Das *Tierseuchengesetz* (früher Viehseuchengesetz) in der Fassung vom 26. 3. 1980 sieht bei T. u. a. Quarantänemaßnahmen (z. B. Stallsperren, Ortssperren), Schlacht-, Abhäutungs-, Verkaufs- und Transportverbote oder -beschränkungen und Zwangstötungen vor. Es regelt den Handel (Ein-, Durch- und Ausfuhr) mit lebenden und toten Tieren, mit Tierteilen, tier. Erzeugnissen, Sera und Impfstoffen und schreibt Schutzmaßnahmen für Viehmärkte, Schlachthöfe, Körungen und Tierschauen vor.

Tierstaaten, Nestgemeinschaften sozialer Insekten (z. B. Termiten, Ameisen, Bienen und Wespen), die aus den Nachkommen eines Elternpaares bzw.

eines befruchteten Weibchens entstehen und deren Individuen für längere Zeit zusammenbleiben.

Tierstock, durch Knospung und ausbleibende Ablösung der neu gebildeten Individuen entstehendes Gebilde aus zahlr. Einzeltieren als bes. Form einer Tierkolonie, z. B. bei Schwämmen.

Tierversuche, Eingriffe oder Behandlungen an Tieren oder am Erbgut von Tieren zu Versuchszwecken, die mit Schmerzen oder Schäden für Tiere verbunden sein können. Nach dem Tierschutz-Ges. i. d. F. v. 17. 2. 1993 dürfen T. nur stattfinden, wenn sie der Gesundung von Mensch oder Tier dienen bzw. zum Erkennen von Umweltgefährdungen, für die Grundlagenforschung oder wenn sie zur Prüfung von Substanzen auf gesundheitl. Unbedenklichkeit (bei Mensch und Tier) und auf Wirksamkeit gegen tier. Schädlinge als unerläßlich erachtet werden und notwendige neue Erkenntnisse auf andere Weise nicht erlangt werden können. Grundsätzlich verboten sind T. zur Entwicklung von Waffen, Tabakerzeugnissen, Waschmitteln und dekorativen Kosmetika. T. bedürfen i. d. R. der Genehmigung durch die zuständige Behörde; ausdrücklich vorgeschriebene Versuche sind lediglich anzeigepflichtig.

Tierwanderung, aktive, meist period. Standortwechsel von Tieren, meist von ganzen Populationen *(Massenwanderung).* Die Gründe für diese Wanderaktivität sind einerseits Umwelteinflüsse (Winterkälte, Nahrungsmangel, Massenvermehrung), andererseits endogene Stoffwechselrhythmen (Fortpflanzungstrieb). *Aperiodische Wanderungen* finden sich z. B. bei den Lemmingen (Lemmingzüge) und den Wanderheuschrecken (Heuschreckenschwärme). *Periodische Wanderungen* kommen u. a. vor als Vogelzug und in Form der Laichwanderungen vieler Amphibien.

Tierzucht, allg. die Zucht landwirtschaftl. Nutztiere, wobei oft auch die Haltung zur Produktion z. B. von Fleisch oder Milch gemeint ist. I. e. S. ist T. die planmäßige Paarung von Tieren zur Erzeugung von Nachkommen mit bestimmten erbl. Eigenschaften und/oder Merkmalen. – Die urspr. zur Eindämmung von Deckinfektionen vorgesehene künstl. †Besamung dient heute

Louis C. Tiffany. Tischlampe mit Glasschirm in Opal- und Favrile-Glas; Höhe 76 cm (um 1900/02; München, Bayerisches Nationalmuseum)

der großräumigen Verbreitung des Erbgutes hervorragender Vatertiere.

Tietmeyer, Hans, * Metelen (Westfalen) 18. 8. 1931, dt. Finanz- und Wirtschaftsfachmann. 1982–89 Staatssekretär im Bundesfinanzministerium; 1991 bs 1993 Vizepräs., seit 1993 Präs. der Dt. Bundesbank.

Tiffany, Louis Comfort [engl. ˈtɪfəni], * New York 18. 2. 1848, † ebd. 17. 1. 1933, amerikan. Kunsthandwerker des Jugendstils. Farbige Glaskunstarbeiten, auch Schmuck, Möbel und Bronzen.

Tiflis (offiziell Tbilissi), Hauptstadt Georgiens (Grusinien), an der Kura, 1,26 Mio. E. Univ., Hochschulen, Museen, Theater, Philharmonie, Zirkus; botan. Garten, Zoo. U. a. Maschinen- und Apparatebau, Filmstudio; warme Quellen. Reste der Zitadelle (13. Jh. und 1576); Metechikirche (urspr. 5. Jh.), Antschischatikirche (7. und 12. Jh.). – Im 6. Jh. wurde T. Hauptstadt des ostgeorg. Königreichs Iberien; in der 2. Hälfte des 7. Jh. von den Arabern erobert, seit den 30er Jahren des 8. Jh. Hauptstadt eines arab. Emirats; 1122 Hauptstadt eines christlich-georg. Staates; 1386 Einfall Timurs (bis 1402), danach der Osmanen; 1555–1747 unter pers. Herrschaft; 1783 russ. Protektorat; 1795 von den Persern weitgehend zerstört. 1800 mit

Tiger

Tiflis.
Teile der Altstadt am Ufer der Kura

O-Grusinien an Rußland angeschlossen, 1922–36 Hauptstadt der Transkaukas. SFSR, 1936–91 der Georg. SSR, seit 1991 Georgiens.

Tiger, Theobald, Pseud. des dt. Journalisten und Schriftstellers K. ↑Tucholsky.

Tiger [awest.-griech.-lat.], mit maximal 2,8 m Körperlänge größte, sehr kräftige Großkatze in verschiedenen Biotopen SW- bis O-Asiens (einschließlich der Sundainseln); Kopf rundlich, mit Backenbart (bes. beim Männchen); Schwanzlänge 60–95 cm; Färbung blaß rötlichgelb bis rotbraun mit schwarzen Querstreifen; Einzelgänger. Beutetiere sind v. a. Huftiere und Vögel. – Man unterscheidet acht Unterarten, darunter der *Sibir. T.* (Amur-Ussuri-Gebiet; größte T.unterart), *Insel-T.* (zusammenfassende Bez. für die auf den Sundainseln vorkommenden *Sumatra-T.*, bis 170 cm Körperlänge, *Java-T.*, fast ausgerottet, und *Bali-T.*, vermutlich ausgerottet) und *Königs-T.* (Bengal. Tiger; in Vorder- und Hinterindien, etwa 2 m lang).

Tigerauge, goldgelbe bis goldbraune Varietät des Quarzes; zeigt an Bruchflächen seidigen Glanz, an polierten Flächen wandernden Lichtschimmer *(Chatoyance);* beliebter Schmuckstein.

Tigerblume, Gatt. der Schwertliliengewächse mit 15 Arten in Mittelamerika, Peru und Chile; Zwiebelpflanzen mit großen schalenförmigen Blüten; u. a. *Pfauenblume,* mit bis 15 cm langen, verschiedenfarbigen Blüten, die nur einen Tag blühen; Gartenblume.

Tigerhai ↑Grauhaie

Tigerlilie ↑Lilie.

Tiglatpileser III., assyr. König (⌂ 745–727). Schuf nach einer Phase des Machtverfalls das neuassyr. Großreich; eroberte 733/732 Israel und Damaskus; 729 auch König von Babylon (unter dem akkad. Namen *Pulu,* AT *Phul*); festigte die assyr. Macht.

Tigon [Kw. aus engl. **tig**er und li**on** »Löwe«] ↑Löwe.

Tigre, Volk in N-Äthiopien und Eritrea; die T. sprechen *Tigre,* eine äthiop. Sprache; meist Christen.

Tigrinja, Volk im N des Hochlandes von Äthiopien und in Eritrea, sprechen Tigrinja, eine äthiop. Sprache; meist Muslime.

Tigris, Fluß in Vorderasien, rd. 1 800 km lang, entfließt dem See *Hazar gölü* im Äußeren Osttaurus, vereinigt sich in Irak mit dem Euphrat zum Schatt Al Arab, der in den Pers. Golf mündet.

Tigerauge

Tiger.
Königstiger

Tikal, Ruinenstadt der Maya im Peténgebiet in N-Guatemala, nö. von Flores. Besiedelt 600 v. Chr. bis 900 n. Chr., eine der größten Städte der Maya (16 km²); die Fürsten beherrschten auch die umliegenden Orte. Das Tempelzentrum mit sechs Pyramiden war von weiteren Plätzen umgeben; datierte Stelen (81 v. Chr.–869), geschnitzte Tempeltüren; 1956–67 amerikan. Ausgrabungen. Touristenzentrum.

Tilburg [niederl. 'tɪlbʏrx], niederl. Stadt am Wilhelminakanal, 155 100 E. Traditionelle Wollindustrie.

Tilde [lat.-span.], Aussprachezeichen (˜); bezeichnet z. B. im Span. die palatale Aussprache des n (z. B. doña [span. 'doɲa]), im Portugies. die nasalierte Aussprache eines Vokals (z. B. Camões [portugies. kaˈmõiʃ]).

Tilgung (Amortisation), die Rückzahlung langfristiger Schulden, wobei die jährl. T.raten gewöhnlich im *Tilgungsplan* festgelegt sind.

Till Eulenspiegel ↑Eulenspiegel.

Tillich, Paul, *Starzeddel bei Guben 20. 8. 1886, †Chicago (Ill.) 22. 10. 1965, dt.-amerikan. ev. Theologe und Philosoph. 1933 Emigration in die USA, ab 1940 amerikan. Staatsbürger; bed. Vertreter der philosoph. Theologie, dessen umfangreiches Werk der Vermittlung von Kirche und Gesellschaft, Religion und Kultur, Luthertum und Marxismus gewidmet war; Hauptwerk: »Systemat. Theologie« (1951–66). 1962 Friedenspreis des Börsenvereins des Dt. Buchhandels.

Tilly, Johann Tserclaes Graf von (seit 1623), *Schloß Tilly (Brabant) im Febr. 1559, †Ingolstadt 30. 4. 1632, kaiserl. Feldherr. Siegte 1620 in der Schlacht am Weißen Berg (bei Prag) und schlug 1626 die Dänen bei Lutter am Barenberge; eroberte 1631 Magdeburg; von Gustav II. Adolf bei Breitenfeld besiegt, 1632 bei Rain am Lech tödlich verwundet.

Tilsit (russ. Sowetsk), Stadt an der Memel, Rußland, 41 000 E. Theater; u. a. Schiffbau, Zellstoff-Papier-Kombinat; Hafen. Die Lutherkirche war einer der frühesten prot. Kirchenbauten Ostpreußens (1598–1612, W-Turm 1702); Litauische Landeskirche (1757); Rathaus (18. Jh.). – Der *Friede von Tilsit* zw. Frankreich und Rußland bzw. Preußen (7./9. 7. 1807) beendete den 4. Koalitionskrieg (1806/07): Aus den Gebieten zw. Rhein und Elbe wurde das Kgr. Westfalen gebildet, aus den durch die poln. Teilungen preuß. gewordenen Gebieten das Hzgt. Warschau, aus Danzig eine Freie Stadt.

Timalien [...li-ən] (Timaliinae), Unter-Fam. 9–40 cm langer Singvögel mit fast 250 Arten, verbreitet v. a. in Afrika, S- und SO-Asien, Australien; u. a. die *Bartmeise* in großen Teilen Eurasiens, Oberseite zimtbraun, Unterseite rötlichbraun, und der *Chin. Sonnenvogel* (Chin. Nachtigall), in SO-Asien, Käfigvogel.

Timbales [span.] aus M-Amerika stammendes, auf einem Ständer befestigtes Trommelpaar, bes. in der Schlagzeuggruppe von Tanzorchestern verwendet.

Timbales

Tigerblume. Pfauenblume (Blüten bis 15 cm lang)

Tikal. Der 42 m hohe Tempel II am Hauptplatz

Timbre

Felix Timmermans

Timbre ['tɛ̃:brə; frz.], charakterist. Klangfarbe eines Instruments oder einer Singstimme.

Timbuktu, Oasenstadt im nördl. Z-Mali, 7 km nördlich des Niger, 20500 E. 14. bis 16. Jh. Ausgangspunkt der Transsaharakarawanen.

timen ['taɪmən; engl.]; 1) *allg.:* die Zeit mit der Stoppuhr messen.
2) *übertragen:* den geeigneten Zeitpunkt für ein Vorgehen bestimmen.

Time-sharing [engl. 'taɪm.ʃɛərɪŋ], zeitlich ineinandergeschachtelte Benutzung einer Datenverarbeitungsanlage durch mehrere Benutzer mit eigenen Ein- und Ausgabegeräten im On-line-Betrieb.

Times, The [engl. ðə 'taɪmz »die Zeit«], 1785 in London gegr. brit. Tageszeitung (heutiger Name seit 1788).

Time Warner Inc. ['taɪm 'wɔ:nə ɪn'kɔpəreɪtɪd], einer der weltgrößten Medienkonzerne (USA); 1989 aus dem Zusammenschluß der Time Inc. und der Warner Communications Inc. hervorgegangen.

Timm, Uwe, *Hamburg 30. 3. 1940, dt. Schriftsteller. Schreibt Romane, u. a. »Heißer Sommer« (1974), »Der Schlangenbaum« (1986), »Kopfjäger« (1991), auch Hörspiele und Lyrik.

Timmelsjoch ↑Alpenpässe (Übersicht).

Timmendorfer Strand, Ostseebad an der Lübecker Bucht, Schlesw.-Holst., 11500 E.

Jean Tinguely.
Baluba III (1959; Köln, Museum Ludwig)

Timmermans, Felix, *Lier bei Antwerpen 5. 7. 1886, † ebd. 24. 1. 1947, fläm. Schriftsteller und Maler. Seine zahlr. Romane und Erzählungen schildern ein Bild des Lebens in Brabant; u. a. »Pallieter« (R., 1916), »Pieter Bruegel« (R., 1928), »Adriaan Brouwer« (R., hg. 1948).

Timor, östlichste und größte der Kleinen Sundainseln, Indonesien, 32300 km², bis 2960 m hoch, rd. 2 Mio. E, Hauptort Kupang. – 1520 landeten Portugiesen auf T.; 1859 Teilungsvertrag mit den Niederlanden; Portugies.-Timor (Ost-T.) war 1951–76 portugies. Überseeprovinz, danach wurde es von Indonesien annektiert (andauernder Widerstand).

Timorsee, Teil des Australasiat. Mittelmeeres, zw. Australien, Timor und den Tanimbarinseln, bis 3108 m tief.

Timotheus [...te-ʊs], hl., *Lystra bei Konya, † Ephesus (?) 97 (?), Apostelschüler. Begleiter des Paulus. – Fest: 24. Jan. (bei den Griechen und Syrern: 22. Jan.).

Timotheusbriefe [...te-ʊs...] (Abk. 1./2. Tim.), die beiden Pastoralbriefe, die an ↑Timotheus adressiert sind; Entstehungsort und -zeit sind unbekannt; bed. für die frühchristl. Bezeugung des kirchl. Amtes.

Timur [osttürk. »Eisen«] (pers. Timur-i Läng [»T. der Lahme«], Tamerlan), *bei Käsch (heute Schahr-i säbs, bei Samarkand) 8. 4. 1336 (traditionelles Datum), † Otrar (bei Tschimkent) 18. 2. 1405, transoxanischer Herrscher. Türkisierter muslim. Mongole; durch seine Grausamkeit berüchtigter Eroberer; erlangte um 1370 die Herrschaft in Transoxanien (prächtiger Ausbau Samarkands), eroberte 1380/81 Herat, zog 1385 nach Persien und unterwarf Khorasan im O, Sistan im S sowie N-Iran, 1386–88 Z-Persien (Zerstörung Isfahans), Aserbaidschan, Georgien und Armenien, 1388–91 das Gebiet der Goldenen Horde und drang 1398 bis Delhi vor. Danach zog er nach Syrien und nach Anatolien (1402 Gefangennahme des osman. Sultans Bajasid I.). Er starb auf dem Weg zur Eroberung Chinas. Unter seinen Söhnen und Enkeln *(Timuriden)* zerfiel das Reich rasch (endgültig 1506/07). Der Timuride Babur begründete die ind. Moguldynastie.

Tintoretto

Tinbergen [niederl. 'tɪnbɛrxə], **1)** Jan, *Den Haag 12. 4. 1903, † Den Haag 9. 6. 1994, niederl. Nationalökonom. Bruder von Nikolaas T.; bed. Arbeiten v. a. zur Ökonometrie, Konjunkturtheorie und Außenwirtschaftspolitik; erhielt 1969 den Nobelpreis für Wirtschaftswissenschaften (zus. mit R. Frisch).
2) Nikolaas (Niko), *Den Haag 15. 4. 1907, † Oxford 21. 12. 1988, niederl. Zoologe. Mitbegründer der vergleichenden Verhaltensforschung (»Instinktlehre«, 1950). Für seine grundlegenden verhaltensphysiolog. Forschungen erhielt er (mit K. Lorenz und K. von Frisch) 1973 den Nobelpreis für Physiologie oder Medizin.
Tindale, William [engl. tɪndl], ↑Tyndale, William.
Ting, Samuel Chao Chung, *Ann Arbor 27. 1. 1936, amerikanischer Physiker chinesischer Herkunft. Entdeckte 1974 zus. mit B. Richter ein schweres Elementarteilchen, das von ihm als J-Teilchen bezeichnete *Psiteilchen.* Hierfür erhielten beide 1976 den Nobelpreis für Physik.
Tinguely, Jean [ˈtɪŋəli, frz. tɛ̃gəˈli], *Fribourg 22. 5. 1925, † Bern 31. 8. 1991, schweizer. Objektkünstler. Häufig Zusammenarbeit mit seiner zweiten Frau, Niki de Saint Phalle (∞ seit 1961); Vertreter des ↑Nouveau réalisme; v. a. kinet. Montagen.
Tinktur [lat.] (Tinctura), Abk. **Tct.,** flüssiger, meist alkohol. Auszug aus Drogen.

Tinnit (Tennit, unrichtig Tanit), Hauptgöttin von Karthago und des pun. N-Afrika.
Tinos, griech. Kykladeninsel, 194 km², bis 760 m hoch, Hauptort Tinos. – In der Antike *Tenos;* seit 1207 venezianisch, 1715–1830 osmanisch.
Tinten [mittellat.], aus meist wäßrigen Lösungen organiacher Farbstoffe bestehende intensiv gefärbte, lichtbeständige Schreibflüssigkeiten mit bestimmten Zusätzen: Dextrine und Glycerin für *Kopier-T.,* Silbernitrat oder ein Anilingemisch mit Oxidationsmitteln für *Wäsche[zeichen]-T.; Geheim-T. (sympathet. T.)* werden nach dem Trocknen unsichtbar und können erst nach Behandlung mit Chemikalien, Erhitzen oder UV-Bestrahlung sichtbar gemacht werden (z. B. Lösungen von Tannin, Kobaltchlorid oder opt. Aufhellern).
Tintenfische, i. w. S. svw. ↑Kopffüßer; i. e. S. svw. ↑Sepien.
Tintling, Pilz-Gatt. aus der Familie der Tintlinge (Blätterpilze) mit rd. 100 Arten; Fruchtkörper bis 10 cm hoch, weiß, grau bis braun; Hut faltig gefurcht und wie die Lamellen im Alter manchmal zerfließend; Sporen schwarz oder schwarzbraun; bekannte Arten: *Rad-T.* und *Schopf-T.* (Tintenpilz, Spargelpilz, Porzellantintling; jung eßbar).
Tintoretto, eigtl. Iacopo Robusti, *Venedig Ende Sept./Anfang Okt. 1518,

Jan Tinbergen

Nikolaas Tinbergen

Tintoretto. Abendmahl (1592–94; Venedig, San Giorgio Maggiore)

Tiorba

Tirol. Landschaft bei Ellmau, im Hintergrund der Wilde Kaiser

† ebd. 31. 5. 1594, italien. Maler. Vertreter des Manierismus; schulte sich an Tizian und Michelangelo. Nach seinem ersten Erfolg, »Das Wunder des hl. Markus« (1548, Venedig, Gallerie dell'Accademia), schuf er bes. großformat. Gemälde. Seit den 1560er Jahren verstärkte T. die perspektiv. Illusion der oft diagonal geführten Tiefenräume und die kompliziert verschränkten Figurenbewegungen und entwickelte eine das Kolorit zersetzende Lichtwirkung bei dünnem (trockenen) Farbauftrag, der die Leinwandstruktur hervortreten läßt (»Bergung des Leichnams des hl. Markus«, Venedig, Gallerie dell'Accademia). – *Weitere Werke:* Vulkan überrascht Mars und Venus (um 1552, München, Alte Pinakothek), Susanna im Bade (um 1560, Wien, Kunsthistor. Museum), 56 Bilder für die Scuola di San Rocco, Venedig (1564–87), Geschichte des Hauses Gonzaga (1579/80, München, Alte Pinakothek), Selbstbildnis (1588, Paris, Louvre), Abendmahl (1594, Venedig, San Giorgio Maggiore).

Tiorba [italien.], svw. ↑Theorbe.

T. I. R. [frz. tei'ɛːr], Abk. für frz. **T**ransport **I**nternational de Marchandises par la **R**oute (»Internationaler Warentransport auf der Straße«), von den Zollbehörden ausgegebenes Kennzeichen für Transportfahrzeuge zur vereinfachten Grenzabfertigung.

Tirol
Landeswappen

Tirade, 1) *allg.:* wortreiche (nichtssagende) Darlegung; Wortschwall.
2) *Musik:* (Tirata) schneller Lauf zwischen zwei Melodietönen.

Tirana (Tiranë), Hauptstadt Albaniens, am Rand des inneralban. Berglandes, 243 000 E. Univ.; Museen, Nationalbibliothek, Theater, Oper, Filmstudio. Ind.-Zentrum Albaniens; internat. ✈. Orientalisch geprägte Altstadt mit zahlr. Moscheen, modernes Regierungsviertel. – Im 15. Jh. erstmals gen., seit 1920 Hauptstadt.

Tirata ↑Tirade.

Tiresias ↑Teiresias.

Tirich Mir ['tɪrɪtʃ 'mɪə], mit 7708 m höchster Berg des Hindukusch (Pakistan).

Tirol, österreichisches Bundesland, setzt sich aus den räumlich getrennten Teilen Nordtirol und Osttirol zusammen; 12 648 km², 631 000 E, Hauptstadt Innsbruck. Nordtirol liegt im Einzugsbereich von Inn und Lech, Osttirol in dem der Drau. Im unteren Inntal bestehen gemischtwirtschaftliche Betriebe mit höherem Ackeranteil, in allen anderen Landesteilen überwiegt die Grünland- und Viehwirtschaft. An Bodenschätzen kommen Magnesit, Wolfram- und Uranerz, Schwerspat, Gips und Salz vor. Schwerpunkte des Fremdenverkehrs sind der Raum Kitzbühel, das Zillertal, Innsbruck, Stubaital, Seefeld, das Arlberggebiet und das Ötztal.

Geschichte: Ab 16/15 v. Chr. romanisiert (Prov. Rätien und Noricum). Die

Tischlerplatte

seit dem Ende des 6. Jh. vordringenden Bayern verdrängten Slawen und Alemannen; 788 wurde das Gebiet dem Fränk. Reich einverleibt. 952 wurde die Mark Verona geschaffen und dem Hzgt. Bayern unterstellt, das sie jedoch bereits 976 an das neugegr. Hzgt. Kärnten verlor. Im 11. Jh. kamen die Gft. nördlich und südlich des Brenners an die Bischöfe von Brixen und Trient. Nach der Herrschaft in T. strebten bes. die Grafen von Andechs und die Grafen von T., nach deren Aussterben (1248 bzw. 1253) das Land an die Grafen von Görz, 1363 durch Margarete Maultasch an die Hzg. von Österreich. 1564–1665 bestand eine tirol. Linie des Hauses Österreich. 1803 wurden Brixen und Trient säkularisiert und mit T. vereinigt; 1805 fiel T. an Bayern. Daraufhin kam es unter A. Hofer im April 1809 zu einem Aufstand, der jedoch nach anfängl. Erfolgen von bayr., frz. und italien. Truppen am 1. 11. 1809 niedergeschlagen wurde *(Tiroler Freiheitskampf)*; T. wurde zw. Bayern, Italien und Österreich geteilt, kam jedoch 1814 wieder ganz an Österreich. 1919 wurde T. erneut geteilt: Aus Nord- und Ost-T. wurde das österr. Bundesland T., ↑Südtirol wurde italienisch.

Tirpitz, Alfred von (seit 1900), * Küstrin 19. 3. 1849, † Ebenhausen (heute zu Schäftlarn) 6. 3. 1930, dt. Großadmiral (seit 1911). Ab 1892 Stabschef der Marine; 1897–1916 Staatssekretär im Reichsmarineamt (ab 1898 preuß. Marine-Min.), forcierte T. den Aufbau der dt. Schlachtflotte und trug so zur dt.-brit. Flottenrivalität bei. Im 1. Weltkrieg scheiterte T. mit seiner Konzeption und trat 1916 aus Protest gegen eine Einschränkung des U-Boot-Krieges zurück. – 1917 Mitbegründer der Dt. Vaterlandspartei.

Tirschenreuth, Kreisstadt am S-Rand des Fichtelgebirges, Bayern, 9500 E. Porzellanindustrie. Renaissancerathaus (1582/83); barocke Pfarrkirche (17. Jh.) mit spätgot. Chor (1475).

Tirso de Molina, eigtl. Gabriel Téllez, * Madrid vielleicht 9. 3. 1584 (1571?), † Soria 12. 3. 1648, span. Dichter. Erzähler und Dramatiker in der Nachfolge von Lope de Vega Carpio (rd. 90 Stücke erhalten); dramatisierte als erster den Don-Juan-Stoff; bekannt v. a. die Intrigenkomödie »Don Gil von den grünen Hosen« (1635).

Tiruchirapalli [tɪrʊtʃɪ'rɑ:pəlɪ], Stadt im ind. Gliedstaat Tamil Nadu, an der Cauvery, 361 000 E. U. a. Lokomotiven- und Waggonbau. – Der heutige Vorort *Uraiyur* war die urspr. Hauptstadt der südind. Coladynastie (9.–12. Jh.).

Tiryns (neugriech. Tirins), antike Ruinenstätte bei Argos, früher am Argolischen Golf, im 2. Jt. v. Chr. ein Zentrum der ↑mykenischen Kultur; dt. Ausgrabungen 1884–1929 (H. Schliemann, W. Dörpfeld u. a.) und erneut seit 1965. Das flache Felsplateau hatte seit dem späten 3. Jt. einen Rundbau (Wehrturm?); befestigt im 2. Jt., seit 1500 v. Chr. folgten einander 3 myken. Burgen, die jüngste Burg (ab 1300) mit gewaltigen kyklop. Mauern. Die große myken. Stadt lag um den Burgberg.

Tischa Be-Aw [hebr.], jüd. Trauer- und Festtag zum Gedenken an die zweimalige Zerstörung des Tempels in Jerusalem sowie die Vertreibung der Juden aus Spanien (1492).

Tischbein, 1) Friedrich August, gen. Leipziger T., * Maastricht 9. 3. 1750, † Heidelberg 21. 6. 1812, dt. Maler. Schüler seines Onkels Johann Heinrich T. d. Ä.; Rokokoporträts im Übergang zum Klassizismus.

2) Johann Heinrich, d. Ä., gen. Kasseler T., * Haina (Kloster) bei Frankenberg (Eder) 14. 10. 1722, † Kassel 22. 8. 1789, dt. Maler des Rokoko. Religiöse und mytholog. Bilder, Bildnisse mitteldt. Fürsten.

3) Johann Heinrich Wilhelm, gen. Goethe-T., * Haina (Kloster) bei Frankenberg (Eder) 15. 2. 1751, † Eutin 26. 6. 1829, dt. Maler. Studierte bei seinem Onkel Johann Heinrich T. d. Ä.; lange in Rom und Neapel, wohin er 1787 mit Goethe reiste; klassizist. Porträts (u. a. »Goethe in der Campagna«, 1787; Frankfurt am Main, Städelsches Kunstinstitut).

Johann Heinrich Wilhelm Tischbein (Ausschnitt aus einem Selbstbildnis)

Tischendorf, Konstantin von (seit 1869), * Lengenfeld 18. 1. 1815, † Leipzig 7. 12. 1874, deutscher evangelischer Theologe. Zahlr. Entdeckungen und Editionen bibl. Handschriften, deren wichtigste, die des »Codex Sinaiticus«, ihn zur Neuformulierung textkrit. Grundsätze veranlaßte.

Tischlerplatte ↑Sperrholz.

3475

Tischrechner

Titanic. Das britische Passagierschiff vor Antritt seiner einzigen Überseereise im Jahr 1912

Tischrechner, mit höheren Programmiersprachen programmierbare kleine elektron. Datenverarbeitungsanlage, z. B. *Heimcomputer, Personalcomputer* und *Arbeitsplatzcomputer.*

Tischrücken, Phänomen des Okkultismus in spiritist. Sitzungen: Bewegungen des Tisches und Klopfzeichen *(Tischklopfen)* werden als Verständigung mit Geistern gedeutet.

Tischtennis, Rückschlagspiel, bei dem zwei Spieler oder zwei Paare versuchen, an einer durch ein Netz (15,25 cm hoch; 15,25 cm über beide Plattenseiten hinausreichend) in zwei Hälften getrennten waagerechten Platte (274 × 152,5 cm, 76 cm hoch), einen Zelluloidball (Ø 37,2–38,2 mm) mit einem Schläger so auf die gegner. Plattenhälfte zu schlagen, daß er nicht mehr regelgerecht zurückgespielt werden kann.

Tiselius, Arne, * Stockholm 10. 8. 1902, † Uppsala 29. 10. 1971, schwed. Biochemiker. Entwickelte Methoden zur Analyse und Trennung biochem. Substanzen durch Elektrophorese und Adsorptionschromatographie; 1948 Nobelpreis für Chemie.

Tisza, István (Stephan) Graf (seit 1897) [ungar. 'tisɔ], * Pest (heute zu Budapest) 22. 4. 1861, † Budapest 31. 10. 1918 (ermordet), ungar. Politiker. 1903–05 und 1913–17 Min.-Präs.; versuchte von 1. Weltkrieg zu verhindern, stimmte aber dem Kriegseintritt nach dem Ultimatum an Serbien zu.

Arne Tiselius

Titan [nach den Titanen], chem. Symbol **Ti,** me-tall. chem. Element aus der IV. Nebengruppe des Periodensystems der chem. Elemente; Ordnungszahl 22; mittlere relative Atommasse 47,88; Dichte 4,54 g/cm^3; Schmelztemperatur 1 660 °C; Siedetemperatur 3 287 °C. Bei Rotglut verbrennt T. zu T.*dioxid* (Titan(IV)-oxid), TiO$_2$, einem weißen, in der Natur in Form der Minerale Rutil, Anatas und Brookit vorkommenden Pulver. Feinverteiltes T. *(T.schwamm)* reagiert mit Sauerstoff u. a. Gasen schon bei niederen Temperaturen sehr heftig. T. wird v. a. als Legierungsbestandteil für Stähle und als leichter, hochwarmfester Werkstoff in der Flugzeug- und Raketentechnik verwendet; wegen seiner Korrosionsbeständigkeit dient T. auch zur Herstellung chem. Geräte und dem Seewasser ausgesetzter Gegenstände.

Titaneisen (Titaneisenerz), svw. ↑Ilmenit.

Titanen, in der griech. Mythologie die sechs Söhne und sechs Töchter aus der Verbindung der göttl. Erstahnen Uranos (»Himmel«) und Gäa (»Erde«): Okeanos, Koios, Krios, Hyperion, Iapetos, Kronos und deren Schwestern Tethys, Phoibe, Eurybie, Theia, Klymene und Rheia. Im »Kampf der T.« *(Titanomachie)* unterliegen diese gegen die »Kroniden« (Kronossöhne) unter Zeus.

Titanic [engl. tar'tænɪk], brit. Passagierschiff der White-Star-Line, Stapellauf

Titularbischof

am 31. 5. 1911, 46 329 BRT; beim Zusammenstoß mit einem Eisberg am 14.4. 1912 im Verlauf der Jungfernreise in der Nähe Neufundlands unter Verlust von 1 503 Menschenleben gesunken.

Titanit [griech.], 1) *Mineralogie:* grünlichgelbes oder braunschwarzes Mineral, chemische Zusammensetzung $CaTi[O|SiO_4]$; Mohshärte 5–5,5, Dichte 3,4–3,6 g/cm^3; wichtiges Titanerz.
2) *Werkstoffkunde:* ® Handels-Bez. für eine Gruppe von Sinterhartmetallen aus Titan-, Molybdän- und Wolframcarbiden.

Titel [lat.], 1) *allg.:* dem Namen vorangestellter Rang, Stand oder Würde seines Trägers kennzeichnender Zusatz.
2) *Buchwesen und Kunst:* Überschrift eines Schriftwerks, Films, eines Werkes der Musik, Kunst.
3) *Finanzwirtschaft:* im Haushalt Bez. des Verwendungszwecks von zu einer Gruppe zusammengefaßten Ausgaben.
4) *Recht:* 1. Abschnitt eines Gesetzes- oder Vertragswerkes; 2. Kurz-Bez. für Vollstreckungstitel.

Titicacasee, mit 8 100 km^2 größter See Südamerikas und größter Hochlandsee der Erde, im Altiplano, 3 812 m ü. M., Peru und Bolivien.

Titisee, See im südl. Schwarzwald.

Titisee-Neustadt, Stadt im südl. Schwarzwald, am Gutach und Titisee, Bad.-Württ., 11 000 E. Kneippkurort und Wintersportzentrum.

Tito, Josip Broz [ˈtiːto, serbokroat. ˈtitɔ], eigtl. J. Broz, gen. T., * Kumrovec bei Varaždin 25. 5. 1892, † Ljubljana 4. 5. 1980, jugoslaw. Marschall (seit 1943) und Politiker. Urspr. Sozialdemokrat, ab 1915 Kommunist; emigrierte 1934; 1936–38 im Span. Bürgerkrieg für die Republik aktiv; ab 1937 Generalsekretär der KPJ. Ab 1941 organisierte T. in Jugoslawien den Partisanenkampf gegen die dt. und italien. Besatzung; wurde 1943 Präs. des »Antifaschist. Rates der Nat. Befreiung«; ab 1945 Min.-Präs. und Verteidigungs-Min., ab 1953 Staatspräsident. Nach Abkehr vom Stalinismus 1948 verfolgte T. einen eigenen Weg zum Sozialismus (↑Titoismus); innenpolitisch weithin anerkannte Integrationsfigur, in der internat. Politik einer der Wortführer der »blockfreien Staaten«.

Titograd, 1946–92 Name der montenegrin. Stadt ↑Podgorica.

Titoismus, nach Tito ben., in Jugoslawien ausgeprägte nationalkommunist. Variante des Kommunismus. Wichtigste Besonderheiten: Einführung der Arbeiterselbstverwaltung, Durchsetzung marktwirtschaftl. Tendenzen bei weiterbestehender Vormachtstellung der Partei, offenere Kulturpolitik, außenpolitisch Übergang zur »Blockfreiheit«.

Titrimetrie, svw. ↑Maßanalyse.

Titular... [lat.], den Namen (eines Bischofs, Patriarchen, Primas oder Heiligen) tragend, z.B. ist das Titularfest einer Kirche der Feiertag des Heiligen, dem die Kirche geweiht ist.

Titularbischof [lat./griech.], nach röm.-kath. Kirchenrecht Bischof, der keine Diözese leitet.

Titanit 1)

Josip Broz Tito

Titicacasee. Blick auf die Bucht von Puno mit Schilfbooten der Uruindianer

Titus

Tivoli 1)
Panoramaansicht der Villa d'Este, gemalt nach einer Radierung von Étienne Dupérac (Privatbesitz)

Titus (T. Flavius Vespasianus), **1)** *Rom 30. 12. 39, † Aquae Cutiliae bei Rieti 13. 9. 81, röm. Kaiser (seit 79). Sohn Vespasians; ab Ende 69 Oberbefehlshaber im 1. jüd.-röm. Krieg (70 Eroberung und Zerstörung Jerusalems); 69 Caesar, 71 Imperatortitel. Als Kaiser vollendete er das Kolosseum und erbaute die nach ihm ben. Thermen.
2) hl., Apostelschüler des 1. Jh. n. Chr. Von Paulus bekehrt. – Fest: 6. Febr. (in der griech. und syr. Kirche: 25. August).
Titusbrief (Abk. Titus), Tit, Pastoralbrief, der an den Apostelschüler ↑Titus adressiert ist; Autor, Entstehungsort und -zeit sind unklar; bed. für die Bezeugung frühkirchl. Ämterbesetzung sowie der Praxis der Häresienbekämpfung.

Tiu ↑Tyr.
Tivoli, 1) italien. Stadt in Latium, östl. von Rom, 53 800 E. Rundtempel (2. Jh. v. Chr.), barocker Dom (17. und 18. Jh.) mit Kampanile (12. Jh.). Berühmt sind die Villa d'Este und die nahegelegene Hadriansvilla. – In der Antike *Tibur*, bed. Mgl. des Latinischen Städtebundes; fiel (endgültig) 338 v. Chr. an Rom.
2) Name von Vergnügungsparks, u. a. in Kopenhagen.
Tizian, eigtl. Tiziano Vecellio, * Pieve di Cadore bei Belluno um 1477 (oder 1488/90?), † Venedig 27. 8. 1576, italien. Maler. Ausgehend von seiner farbbetonenden Ausbildung in Venedig, nahm T. mit der dramat. »Himmelfahrt Marias« (1516–18, Venedig, Frarikirche) barocke Wirkungen (Diagonalkomposition) vorweg, ebenso in der Madonna des Hauses Pesaro (1519–26, ebd.) oder der Darstellung von »Bacchus und Ariadne« (1523, London, National Gallery). Seit etwa 1530 näherte er sich der beruhigten klass. Auffassung mit klarer Raumdefinition und Figurenmodellierung (»La Bella«, um 1536, Sankt Petersburg, Eremitage; »Venus von Urbino«, 1538, Florenz, Uffizien); zahlr. bed. Bildnisse, u. a. von Karl V., für den er ab 1530 arbeitete, sowie von Papst Paul III. und seinen Nepoten (1546, Neapel, Museo di Capodimonte); mytholog. und allegor. Darstellungen, u. a. »Venus mit dem Orgelspieler« (um 1550–52, Berlin-Dahlem). Um die Mitte der 1550er Jahre setzte sein visionäres, farblich wie zeichnerisch gröberes Spätwerk ein, u. a. »Mädchen mit der

Tizian. Verlöbnis der heiligen Katharina mit dem Jesuskind (um 1530; Paris, Louvre)

Fruchtschale« (um 1555, Berlin, Gemäldegalerie), »Iacopo da Strada« (1567/68, Wien, Kunsthistor. Museum), »Dornenkrönung« (um 1576, München, Alte Pinakothek). T. Wirkung reicht bis ins 20. Jahrhundert.

Tjalk [niederländ.], Segelfrachtschiff in den Niederlanden mit Seitenschwertern und einem Mast mit kurzem Gaffel für den Einsatz im Wattenmeer.

Tjumen [russ. tju'mjenj], Geb.-Hauptstadt im Westsibir. Tiefland, Rußland, 440000 E. Univ., Hochschulen, Theater, Philharmonie, Zirkus. U. a. Schiffbau, Kammgarnkombinat; Flußhafen. – 1586 als erster Stützpunkt bei der Eroberung Sibiriens von Kosaken gegründet.

Tjuttschew, Fjodor Iwanowitsch [russ. 'tjutʃɪf], *Gut Owstjug bei Brjansk 5. 12. 1803, † Zarskoje Selo (heute Puschkin) 27. 7. 1873, russ. Dichter. Lyriker der russ. Romantik; übersetzte u. a. Goethe, Schiller und Heine.

tkm, Abk. für ↑Tonnenkilometer.

Tl, chem. Symbol für ↑Thallium.

Tlaloc, bed. Gottheit Z-Mexikos, Regengott der Azteken.

Tlaxcala [span. tlas'kala], Staat in Z-Mexiko, 4016 km², 676400 E, Hauptstadt Tlaxcala de Xicoténcatl.

Tlaxcala de Xicoténcatl [span. tlas'kala ˈðe xiko'teŋkatl], Hauptstadt des mexikanischen Staates Tlaxcala, im N des Beckens von Puebla-Tlaxcala, 23000 E. Univ.; bed. Bauten sind der Palacio Municipal (um 1550), die barocke Pfarrkirche und das ehem. Franziskanerkloster (1524–27).

Tlemcen [frz. tlɛm'sɛn], alger. Stadt 100 km sw. von Oran, 146100 E. Archäolog. Museum; Handelszentrum. – 1035 gegr., drei Jh. Mittelpunkt eines selbständigen Kgr.; 1559 von den Osmanen erobert, 1830 von Frankreich besetzt; bis heute eine den Muslimen hl. Stadt.

Tm, chem. Symbol für ↑Thulium.

TNT, Abk. für den Sprengstoff 2,4,6-**T**ri**n**itro**t**oluol (↑Nitrotoluole).

Toamasina (früher Tamatave), Hafenstadt an der O-Küste Madagaskars, 139000 E.

Tobago ↑Trinidad und Tobago.

Tobel, schluchtartige, steilwandige Kerbtalform mit unausgeglichenem Gefälle.

Tobey, Mark [engl. 'təʊbɪ], *Centerville (Wis.) 11. 12. 1890, † Basel 24. 4. 1976, amerikan. Maler. Beeinflußt von ostasiat. Kunst; Mitbegründer des ↑abstrakten Expressionismus in den USA.

Tobias (hebr. Tobija, Tobit), Vater und Sohn T. sind die Hauptgestalten des gleichnam. apokryphen alttestamentl. Buches T. (Abk. Tob.).

Tobin, James [engl. 'təʊbɪn], *Champaign (Ill.) 5. 3. 1918, amerikan. Wirtschaftswissenschaftler. Erhielt 1981 den Nobelpreis für Wirtschaftswissenschaften für seine Arbeiten zur Geldtheorie und zur staatl. Finanzwirtschaft.

Tobruk, Hafenstadt an der ostlibyschen Küste, 94000 E. – Im 2. Weltkrieg hart umkämpft.

Tocantins [brasilan. tokan'tĩs], Gliedstaat in N-Brasilien, 277322 km², 739000 E, Hauptstadt Palmas.

Toccata [italien.] (Tokkata), ein zunächst frei präludierendes, aus Akkorden und Läufen gemischtes Stück für Tasteninstrumente, das als Vorspiel dient und die Nähe zur Improvisation zeigt. Im 17. und 18. Jh. eigenständ. Satztypus (Höhepunkt: J. S. Bach), dessen Teile abwechselnd von virtuoser Spielfreude und strengem fugiertem Satz bestimmt sind.

Tochtergeneration, svw. ↑Filialgeneration.

Tochtergeschwulst, svw. ↑Metastase.

Tochtergesellschaft, eine von einer anderen Gesellschaft *(Muttergesellschaft)* durch Beteiligung abhängige Kapitalgesellschaft.

Tocqueville, Charles Alexis Henri Clérel de [frz. tɔk'vil], *Verneuil-sur-Seine bei Paris 29. 7. 1805, † Cannes 16. 4. 1859, frz. Schriftsteller und konservativer Politiker. 1849–51 Außenminister. Nach einer Reise in die USA 1831/32 schrieb T. sein berühmtes Werk »Über die Demokratie in Amerika« (1835–40), in dem er die amerikan. Gesellschaft als Modell für die sich unausweichlich ausbreitende Demokratie beschrieb. In dem Werk »Der alte Staat und die Revolution« (1856) analysierte T. die Situation Frankreichs vor der Frz. Revolution.

Tod (Exitus), der Stillstand der Lebensfunktionen bei Mensch, Tier und Pflanze. Lediglich einzellige Lebewesen besitzen *potentielle Unsterblichkeit,* da ihr

Todd

Alexander Todd

Zellkörper durch Teilung immer wieder vollständig in den Tochterzellen aufgeht, so daß kein Leichnam zurückbleibt. *Medizinisch gesehen* tritt der Stillstand der Lebensfunktionen in den verschiedenen Organen und Geweben zeitlich versetzt ein. Unter *klinischem Tod* versteht man den Status in einer Zeitspanne von etwa drei Minuten nach einem Herz- und Atemstillstand, während der im Prinzip eine Wiederbelebung v. a. durch Herzmassage und Beatmung noch möglich ist. Das Absterben einzelner lebenswichtiger Organe *(Partialtod, Organtod)* kann den Untergang anderer Organe und des gesamten Organismus nach sich ziehen (z. B. Hirn-T. als *zentraler Tod*), wenn keine Maßnahme zum Ersatz der betreffenden Organfunktionen getroffen werden kann (z. B. Wiederherstellung der Kreislauffunktion). Ohne Reanimation geht der klin. T. in den *biologischen Tod* (endgültiger, allg. T.) über, mit irreversiblem Untergang aller Organe und Gewebe (Stoffwechselstillstand, Ausfall von Zellteilung, Erregbarkeit und Kontraktilität, schließlich Ausbildung der ↑Todeszeichen und Strukturverfall).

In der *Philosophie* wird die Frage behandelt, inwieweit mit dem Erlöschen des organ. Lebens auch ein Erliegen der seel. bzw. geistigen Funktionen verbunden ist. Teils wird das individuelle Weiterleben der Seele (u. a. Platon, christl. MA), teils auch eine Auflösung in eine nicht mehr als individuell zu bezeichnende Substanz gelehrt (u. a. in der Stoa). – In der Existenzphilosophie führt die Annahme des T. als eines absoluten Endes individuellen Lebens zu einem Selbstverständnis des Menschen aus seiner eigenen Endlichkeit; nach M. Heidegger ist menschl. Existenz ein »Sein zum Tode«.

In der Sicht der *Religionen* ist der T. äußerst selten ein unwiderrufl., die menschl. Existenz auslöschendes Ereignis. Vorherrschend ist der Glaube an ein Weiterleben nach dem T. in veränderter Existenz, entweder als Auferstehung oder als Unsterblichkeit des Leibes oder der Seele. Das Christentum sieht im T. eine Folge des Sündenfalls, die im Glauben an Christus besiegt wird.

Todd, 1) Sir (seit 1954) Alexander, Baron of Trumpington (seit 1962), * Glasgow 2. 10. 1907, brit. Chemiker. Arbeiten v. a. über organ. Naturstoffe und zur Strukturermittlung von Nukleotiden und Nukleotidkoenzymen; Nobelpreis für Chemie 1957.
2) Mike (Michael), eigtl. Avrom Goldenbogen, * Minneapolis 22. 6. 1907, † in den Zuni Mountains (N. Mex.) 21. 3. 1958 (Flugzeugabsturz), amerikan. Theater- und Filmproduzent. Wandte 1956 in den Filmen »In 80 Tagen um die Welt« und »Oklahoma« zum ersten Mal das Todd-AO-Verfahren ® (↑Breitbildverfahren) an.

Todeserklärung, Festlegung von Tod und Todeszeitpunkt einer verschollenen Person durch gerichtl. Entscheidung. Die T. ist frühestens zulässig nach Ablauf einer Frist *(Verschollenheitsfrist)* von regelmäßig 10 Jahren im Fall der allg. Verschollenheit bzw. von 1 Jahr und weniger bei Kriegs-, See- und Luftverschollenheit. Bedeutung hat sie v. a. für die Möglichkeit der Wiederverheiratung (die frühere Ehe bleibt selbst dann aufgelöst, wenn die T. aufgehoben wird) sowie im Erb- und Sozialversicherungsrecht.

Nach *röm.-kath.* Kirchenrecht wird bei irriger kirchl. T. die Zweitehe als nichtexistent angesehen, da die erste Ehe nur durch den Tod gelöst wird.

Todesstrafe, in den Strafrechtsordnungen vieler Länder vorgesehene schwerste Kriminalstrafe. Die abschreckende Wirkung der T. ist in der Kriminalistik umstritten. – In der BR Deutschland ist die T. durch Artikel 102 GG abgeschafft.

In *Österreich* ist die T. durch Artikel 85 Bundesverfassungsgesetz abgeschafft. In der *Schweiz* kennt das bürgerl. Strafrecht die Todesstrafe nicht; nach Militärstrafrecht kann sie in Kriegszeiten verhängt und vollstreckt werden. In den *USA* ist die 1972 beseitigte T. seit 1976 in vielen Bundesstaaten wieder zulässig.

Todeszeichen, nach dem biolog. Tod auftretende sichere Anzeichen des Ablebens, u. a. Totenstarre, Totenflecke, Fäulnisvorgänge und Verwesungsgeruch.

Todi, italien. Stadt im südl. Umbrien, 17 200 E. Dom (12.–16. Jh.), got. Kirche San Fortunato (1292 ff.); mehrere Paläste (13./14. Jh.).

Todsünde ↑Sünde.

Toga.
Marmorstatue eines Mannes mit Tunika und Toga (um 390/410 n. Chr.; Ostia, Archäologisches Museum)

Todt, Fritz, *Pforzheim 4. 9. 1891, †Rastenburg 8. 2. 1942 (Flugzeugabsturz), dt. Politiker. 1922 Eintritt in die NSDAP, ab 1931 in der Obersten SA-Führung; von Hitler zum Generalinspekteur für das dt. Straßenwesen ernannt, leitete T. seit 1933 den Reichsautobahnbau; 1938 mit dem Bau des Westwalls betraut. Die dabei aufgestellte techn. Spezialtruppe *Organisation Todt* übernahm im Krieg wichtige Aufgaben im militär. Bauwesen; 1940–42 Reichs-Min. für Bewaffnung und Munition.

Toe-Loop [engl. ˈtəʊluːp], Sprung im Roll- und Eiskunstlauf: beginnt mit einem Bogen rückwärts-auswärts, Einstechen der Zacke mit dem Spielfußes, nach Absprung volle Drehung in der Luft, Landung auf dem anderen Bein; Auslauf rückwärts-auswärts.

Toga [lat.], Obergewand des freien röm. Bürgers; die rechte Schulter blieb beim Drapieren des Tuchs (ein Kreissegment von gut 3 m Länge) frei; in der Kaiserzeit offizielles Staats- und Festgewand.

Toggenburg, Landschaft im schweizer. Kt. Sankt Gallen, umfaßt die Talschaft der Thur bis zur Paßhöhe Wildhaus bis Wil. – Seit 1209 unter der Herrschaft der gleichnamigen Grafen, fiel 1468 an das Kloster Sankt Gallen; kam 1802 zum Kt. St. Gallen.

Togliatti, Palmiro [italien. toʎˈʎatti], *Genua 26. 3. 1893, †Jalta 21. 8. 1964, italien. Politiker. 1921 Mitbegründer des Partito Comunista Italiano (PCI); ab 1926 im Exil (ab 1940 in Moskau); proklamierte nach der Rückkehr nach Italien (März 1944) die »Partei neuen Typs« (Übergang von der Kader- zur Volks- und Massenpartei); 1944/45 stellv. Min.-Präs., 1945/46 Justiz-Min., ab 1947 PCI-Generalsekretär.

Togo, Staat in Afrika, grenzt im W an Ghana, im N an Burkina Faso, im O an Benin, im S an den Atlantik.
Staat und Recht: Präsidiale Republik; *Verfassung* von 1992. *Staatsoberhaupt* und oberster Inhaber der *Exekutivgewalt* ist der Präs., er wird auf 5 Jahre direkt gewählt. Organ der *Legislative* war übergangsweise der Hohe Rat der Republik (81 Abg.). Einzige zugelassene *Partei* war bis 1991 der Rassemblement du Peuple Togolaise (RPT); ihr steht seither die Union colletif de l'opposition démocratique gegenüber.
Landesnatur: T. nimmt einen maximal 140 km breiten Gebietsstreifen ein, der sich von der Küste 600 km ins Landesinnere erstreckt. Er ist weitgehend ein Plateau in 200–500 m Meereshöhe, das vom Togo-Atakora-Gebirge (bis 1 020 m ü. M.) zentral von SW nach NO durchzogen wird. T. hat randtrop. Klima mit zwei Regenzeiten. Im südl. Landesteil findet sich Feuchtsavanne, die nach N in Trockensavanne übergeht.
Bevölkerung: Unter den 35 ethn. Gruppen dominieren Ewe, Kabre und Gurrna. 46% sind Anhänger traditioneller Religionen, 37% Christen, 17% Muslime. An der Küste ist die Bevölkerungsdichte am größten.
Wirtschaft, Verkehr: Etwa 70% der Bevölkerung leben von der Landwirtschaft. Wichtige Exportkulturen sind Kaffee, Kakao und Baumwolle. Im N dominiert die Weidewirtschaft, im S die Schweinehaltung. Wichtigstes Bergbauprodukt ist Phosphat. Größte Industrieunternehmen sind eine Textilfabrik und eine Erdölraffinerie. T. verfügt über 525 km Eisenbahnlinien. Das Straßennetz ist 7 850 km lang. Einziger Überseehafen und internationaler ⚓ ist Lomé.

Togo

Staatsflagge

Togo

Fläche:	56 785 km²
Einwohner:	3,763 Mio.
Hauptstadt:	Lomé
Amtssprache:	Französisch
Nationalfeiertag:	27. 4.
Währung:	1 CFA-Franc = 100 Centimes (c)
Zeitzone:	MEZ – 1 Std.

Staatswappen

1970 1992   1970 1992
Bevölkerung (in Mio.)   Bruttosozialprodukt je E (in US-$)

Bevölkerungsverteilung 1992

Bruttoinlandsprodukt 1992

Tokio
Stadtwappen

Tohuwabohu

Geschichte: G. Nachtigal errichtete am 5. 7. 1884 im Auftrag der Reichsregierung das dt. Schutzgebiet Togo. 1919 wurde es Mandat des Völkerbundes, 1946 Treuhandgebiet der UN unter frz. (O-Togo) und brit. (W-Togo) Verwaltung. Das brit. Togo wurde bis 1957 zusammen mit der Goldküste verwaltet; seitdem ist es ein Teil Ghanas. Das frz. Togo ist seit 1960 unabhängige Republik. Die prowestl. Außenpolitik des Landes blieb von mehreren Umstürzen in den 1960er Jahren, aus denen 1967 General G. Eyadéma als Präsident hervorging, unberührt. Innenpolitisch betrieb Eyadéma eine Politik der »authenticité« (Rückbesinnung auf afrikaspezifische kulturelle Grundlagen). Mit Verabschiedung einer neuen Verfassung wurde Ende 1979 der Ausnahmezustand (seit 1967) aufgehoben und 1980 die 3. Republik Togo proklamiert. Nach Protestaktionen der Opposition gestand Eyadéma im Dezember 1991 die Bildung einer Regierung mit Beteiligung der Opposition zu. Die ersten freien Wahlen, die für Mai 1992 vorgesehen waren, scheiterten jedoch am Terror der Armee. Im Frühjahr 1993 kam es in Zuspitzung des andauernden Machtkampfes zu einem Generalstreik gegen Präsidenten Eyadéma und den Einfluß der ihm ergebenen Armee, zu gewaltsamen Zusammenstößen, zur Bildung einer Exilregierung unter J. K. Koffigoh, zur Flucht Hunderttausender. Die Präsidentschaftswahl im August, die von internationale Beobachtern als offensichtlich undemokratisch verurteilt wurde, konnte Eyadéma gewinnen. Nach den Parlamentswahlen 1994 mußte Eyadéma jedoch die Bildung der ersten Mehrparteienregierung unter E. Kodjo zugestehen.

Tohuwabohu [hebr. »Wüste und Öde«], chaot. Urzustand der Welt nach 1. Mos. 1,2; übertragen: heilloses Durcheinander.

Toile [frz. twal; lat.] (Toile de Soie), leinwandbindiges Gewebe aus feinfädiger Schappe- oder Kunstseide; v. a. Blusen- und Kleiderstoff.

Toilette [toa'lɛtə; frz.], **1)** *Bekleidung:* festl. (Ball-)Kleid.
2) *Hygiene:* (Abort, Abtritt, Klosett), Raum mit Einrichtungen zum Aufnehmen und Abführen menschl. Ausscheidungen (Fäkalien). Als *Trockenabort* über Gruben angelegt (im Freien: *Latrine*). Heute als *Spülklosett* (engl. watercloset, Abk. WC) gebaut, wobei Spülkästen und Druckspülungen verwendet werden.

Tokio. Im Vordergrund der von Parkanlagen umgebene, 1968 vollendete Neubau des kaiserlichen Palastes

Tōjō Hideki (Todscho H.), *Tokio 30.12.1884, † ebd. 23.12.1948 (hingerichtet), jap. General und Politiker. 1940 Heeres-Min., 1941–44 Min.-Präs. und Inhaber verschiedener Min.-Posten; führte Japan in den 2. Weltkrieg; nach militär. Rückschlägen zum Rücktritt gezwungen; als Hauptkriegsverbrecher von den Alliierten zum Tode verurteilt.

Tokaj [ungar. 'tokɔj], ungar. Ort an der Theiß, 5500 E. Weinmuseum; Zentrum eines Weinbaugebiets *(Tokajer)*.

Tokamak [russ.], Bez. für in der ehemaligen Sowjetunion entwickelte Versuchsanlagen zur Erzielung kontrollierter Kernfusionen. ↑JET.

Tokio (amtl. jap. Tōkyō), Hauptstadt Japans, auf Honshū, an der NW-Küste der Tokiobucht, 8,16 Mio. E. vier staatl., 36 private und eine städt. Univ., sieben TU, zahlreiche Museen, u. a. Nationalmuseum, Nationalmuseum für moderne Kunst, Volkskunstmuseum; Nationalbibliothek, Nationaltheater, botan. Garten, Zoo. T. ist Mittelpunkt des wichtigsten jap. Ind.-Gebiets, größter Verbrauchermarkt des Landes und Finanzzentrum Japans. Der Hafen ist Teil einer Hafengemeinschaft, die sich von Yokohama bis Chiba erstreckt; U-Bahn, internat. ✈.

Stadtbild: Mittelpunkt ist der kaiserl. Palast in der Oberstadt, inmitten des größten der 215 Parks. Nahebei befinden sich das Parlament, die Ministerien und ausländ. Vertretungen; daran schließt sich sö. zum Hafen hin die eigtl. City mit der Ginza (Einkaufs- und Vergnügungsviertel) an. Wahrzeichen ist der 335 m hohe Tokioturm (1958).

Geschichte: Seit dem 12. Jh. Lehnssitz einer Kriegerfamilie, die den Namen des Gebiets *Edo* angenommen hatte. Seit Bau der Burg Edo 1457 entwickelte sich eine gleichnamige Burgstadt. 1590 kam sie in den Besitz der Familie Tokugawa und ist seit 1603 das polit. Zentrum Japans. 1868 kam die Burg in kaiserl. Besitz, und Edo wurde in T. umbenannt; ab 1869 Residenz des Tennō und Regierungssitz.

Tokkata ↑Toccata.

Toland, John [engl. 'təʊlənd], *Redcastle (Donegal) 30.11.1670, † Putney (heute zu London) 11.3.1722, ir.-engl. Religionsphilosoph. Als einer der Hauptvertreter des engl. Deismus beeinflußte T. stark die frz. Aufklärung.

Toledo [to'le:do; span. to'leðo], span. Prov.-Hauptstadt in Kastilien, am Tajo, 58 400 E. El-Greco-Museum; Handelszentrum.

Stadtbild: Das Stadtbild wird beherrscht vom Alkazar (1538 ff., 1937 stark zerstört, wiederaufgebaut als Nationaldenkmal) und der got. Kathedrale (13. bis 15. Jh.); außerdem zahlr. Kirchen und Klöster, z. T. im Mudejarstil. Die westgot. Kapelle San Cristo de la Luz wurde 999 Moschee, im 12. Jh. wieder Kirche.

Geschichte: Das antike *Toletum* wurde 192 v. Chr. von den Römern erobert; 576–711 war die Stadt Hauptstadt des Westgotenreiches und wurde im 7. Jh. dessen kirchl. Zentrum; 711 von den Arabern eingenommen; ab 1036 Residenz eines unabhängigen Teil-Ft. (Taifa); seit dieser Zeit wegen seiner Waffenproduktion berühmt (Toledaner Klingen); 1085 zu Kastilien und León (bis 1561 dessen bzw. Spaniens Hauptstadt); das ma. T. erlebte durch eine muslim.-jüd.-christl. Symbiose eine kulturelle Blüte europ. Ranges (Übersetzerschule des 13. Jh., die über arab. Schriftgut dem Abendland die »heidn.« griech. und arab. Philosophie vermittelte).

Toledo
Stadtwappen

Toledo, Montes de [span. 'mɔntez ðe to'leðo], Gebirge in Spanien, zw. Tajo im N und Guadiana im S, bis 1448 m hoch.

Toleranz [lat.], Handlungsregel für das Geltenlassen der religiösen, eth.-sozialen, polit., wiss.-philos. Überzeugungen, Normen und Wertesysteme sowie der ihnen entsprechenden Handlungen anderer.

Toleranzen, im techn. Bereich die Differenzen zw. den durch den Fertigungsvorgang gegebenen tatsächl. Maßen eines Werkstücks *(Istmaß)* und den angestrebten *Nenn-* oder *Sollmaßen*.

Tolkien, John Ronald Reuel [engl. 'tɔlki:n], *Bloemfontein 3.1.1892, † Bournemouth 2.9.1973, engl. Schriftsteller und Philologe. Schuf mit der Romantrilogie »Der Herr der Ringe« (1954/55) eine systematisch gestaltete, phantast. Mythenwelt.

Toller, Ernst, *Samotschin (heute Szamocin bei Posen) 1.12.1893, † New

J. R. R. Tolkien

Tollkirsche

Lew Nikolajewitsch Tolstoi
(Gemälde von Ilja Jefimowitsch Repin)

York 22. 5. 1939 (Selbstmord), dt. Dramatiker. 1933 Emigration, ab 1936 in den USA. Wurde als Mgl. der Münchner Räterepublik zu fünf Jahren Festungshaft verurteilt; in der Haft entstanden die meisten seiner expressionist. Dramen, u. a. »Masse Mensch« (1921), »Die Maschinenstürmer« (1922), »Hinkemann« (1924); auch Lyrik und Essays; nach seiner Autobiographie »Eine Jugend in Deutschland« (1933) entstand das Schauspiel »Toller« (1968) von T. Dorst.

Tollkirsche, Gatt. der Nachtschattengewächse mit fünf Arten im gemäßigten Eurasien; einheimisch ist die in Laubwäldern vorkommende *Schwarze T.* (Belladonna), eine bis 1,5 m hohe Staude. V. a. die Beerenfrüchte sind durch ihren hohen Alkaloidgehalt (Hyoscyamin, Atropin, Scopolamin) sehr giftig. Der Extrakt aus Wurzeln und Blättern wird medizinisch als krampflösendes, gefäß- und pupillenerweiterndes Mittel verwendet.

Tollkraut, Gatt. der Nachtschattengewächse mit vier Arten im gemäßigten Eurasien; einheim. ist das *Krainer T.;* Rhizom giftig (alkaloidhaltig).

Tollwut (Hundswut, Lyssa, Rabies), viröse Infektionskrankheit des Zentralnervensystems (Gehirnentzündung), die, unbehandelt, bei allen Warmblütern (mit Ausnahme der blutsaugenden mittel- und südamerikan. Echten Vampire) stets tödlich endet. Das Auftreten der T. beim Menschen ist meldepflichtig, beim Tier anzeigepflichtig. Die Übertragung der T. erfolgt durch Speichelinfektion (meist Biß, auch Lecken im Bereich verletzter Haut- und Schleimhautstellen). Infektionsquelle für den Menschen sind v. a. an T. erkrankte Katzen und Hunde, die mit erkrankten Wildtieren, v. a. Füchsen, Mardern und Eichhörnchen, in Berührung gekommen sind oder von frischen Kadavern solcher Tiere gefressen haben. Erreger der T. sind die *Tollwutviren.* Die T. beginnt nach einer Inkubationszeit von ein bis drei Monaten uncharakteristisch mit leichtem Fieber, Kopfschmerzen, Angst, Beklemmungsgefühl und Niedergeschlagenheit. Häufig werden auch Schmerzen an der Bißstelle empfunden. An dieses erste »Stadium der Melancholie« schließt sich das »Erregungsstadium« mit starker Reizbarkeit an· (motor. Unruhe, Krämpfe, bes. augenfällig der Schluck- und Atemmuskulatur, die reflektorisch schon durch geringste äußere Reize ausgelöst werden können). Eine aktive Immunisierung nach tollwutverdächtiger Verletzung ist möglich, weil die Inkubationszeit i. d. R. ungewöhnlich lang ist. Bei Haustieren kann das Erregungsstadium fehlen; die Tiere werden dann aber apathisch und melancholisch (»stille Wut«). Schließlich tritt nach einem »Lähmungsstadium« mit fortschreitender Benommenheit, Muskel- und Empfindungslähmung innerhalb von zwei bis drei Tagen der Tod ein. Wildlebende Tiere fallen v. a. durch den Verlust ihrer natürl. Scheu gegenüber Menschen auf.

Tolosanisches Reich, Bez. für das westgot. Reich von 418 bis 507 mit Aquitanien als Kerngebiet (ben. nach der Residenz Tolosa [= Toulouse]). – ↑Spanien (Geschichte).

Tölpel (Sulidae), Fam. vorwiegend schwarz-weiß gefärbter, bis 1 m langer Meeresvögel mit neun Arten, v. a. in trop. bis gemäßigten Küstenregionen; stoßtauchende Fischfresser, brüten kolonieweise in Bodennestern; bekannt ist v. a. der etwa gänsegroße *Baßtölpel.*

Tolstoi [tɔl'stɔy], russ. Adelsfamilie, Grafen (seit 1724); bed. v. a.: **1)** *Alexei Konstantinowitsch Graf,* * Sankt Petersburg 5. 9. 1817, † Krasny Rog (Gebiet Brjansk) 10. 10. 1875, Schriftsteller. Bed. Balladendichter; histor. Roman »Fürst Serebräny« (1862), Dramentrilogie »Der Tod Iwan des Grausamen« (1866), »Zar Fjodor« (1868), »Zar Boris« (1870).

2) *Alexei Nikolajewitsch [Graf],* * Nikolajewsk (heute Pugatschow, Gebiet Saratow) 10. 1. 1883, † Moskau 23. 2.

Tollkirsche.
Schwarze Tollkirsche

Tomahawk

1945, Schriftsteller. 1918–23 in der Emigration; bekannt ist die Romantrilogie »Der Leidensweg« (1920–41) sowie der unvollendete historische Roman »Peter der Erste« (1929–45); schrieb auch utopische Romane (u.a. »Das Geheimnis der infraroten Strahlen«, 1925–27), Gedichte, Dramen und Novellen.

3) Lew Nikolajewitsch Graf (Leo T.), *Jasnaja Poljana 9. 9. 1828, † Astapowo (Gebiet Lipezk) 20. 11. 1910, Dichter. Studierte oriental. Sprachen und Jura in Kasan (1844–47); 1851–56 Offizier der Kaukasusarmee, 1854/55 Teilnahme am Krimkrieg; 1857 erste, 1860/61 zweite Reise nach Westeuropa (v. a. Studium des Schulwesens); ab 1862 ∞ mit Sofia Andrejewna Bers (* 1844, † 1919); lebte ab 1855 als Gutsbesitzer teils in Jasnaja Poljana (gab dort den Bauernkindern Schulunterricht), teils in Moskau und Sankt Petersburg. Verließ 1910 seine Familie, um sein Leben in asket. Einsamkeit zu beenden, starb während der Reise auf der Bahnstation Astapowo. – Gehört zu den großen Schriftstellern der Weltliteratur. Seine literar. Tätigkeit begann mit einer autobiograph. Trilogie, den Erzählungen »Kindheit« (1852), »Knabenjahre« (1854) und »Jünglingszeit«; in den Erzählungen »Der Überfall« (1852) und »Die Kosaken« (begonnen 1852, abgeschlossen 1862) verarbeitet T. seine Erlebnisse im Kaukasus; ein Aufenthalt im belagerten Sewastopol gab die Anregung zu den »Sewastopoler Erzählungen« (1855). T. war ein typischer Vertreter des psycholog. Realismus: die anschaul. und nuancenreiche Darstellung von Natur und Gesellschaft entspricht einer subtilen Gestaltung der komplizierten psych. Struktur des Menschen. Charakteristisch für sein Erzählwerk ist die mehrschichtige Komposition (innerer Monolog; zwei oder mehr ineinander verflochtene Parallelhandlungen); v. a. seine Romane »Krieg und Frieden« (6 Bde., 1868/69) und »Anna Karenina« (1878) gehören zu den Gipfelleistungen dieser Gattung. Seine Dramen (u. a. »Die Macht der Finsternis«, 1886; »Der lebende Leichnam«, 1900) sind bei vergleichbarer Bed. weniger bekannt. – Als Ethiker vertrat T. einen rigorosen, am Urchristentum orientierten Standpunkt; durch die Idealisierung des naturnahen Lebens und des »einfachen Volkes«, durch die heftige Kritik an gesellschaftl. Konvention und des sozialen Unrechts und durch ein tiefes Mißtrauen gegen alle intellektuellen Leistungen des Menschen gelangte er zu einer Art Kulturnihilismus; bekämpfte jegl. polit., soziale und kirchl. Organisation (1901 Ausschluß aus der orth. Kirche). – *Weitere Werke:* Polikuschka (Nov., 1863), Volkserzählungen (1881 bis 1886), Kirche und Staat (Schrift, 1882), Meine Beichte (Bekenntnisschrift, 1884), Der Tod des Iwan Ilitsch (E., 1886), Die Kreutzersonate (E., 1889), Was ist Kunst (1895), Chadschi Murat (E., 1896–1904, hg. 1912), Auferstehung (R., 1899).

Tolteken, prähistor. Volk in Z-Mexiko. Die T. wanderten im 9. Jh. aus dem N ein, gründeten um 920 die Hauptstadt Tula und schufen ein größeres Reich; innere Kämpfe führten 987 zur Auswanderung einer Gruppe nach Yucatán. Das zentralmex. T.reich brach 1160 zusammen.

Toluol [span./arab.] (Methylbenzol), farblose, brennbare Flüssigkeit; Lösungsmittel für Lacke, Kautschuk und Fette; wird aus Steinkohleteer und Erdöl gewonnen.

Tomahawk [ˈtɔmahaːk, ˈtɔmahoːk; indian.-engl.], urspr. Bez. für eine Steinkeule bzw. -axt der Indianer N-Amerikas, später für eine nach Vorbild europ. Zimmermannsbeile gestaltete Wurf- und Hiebwaffe mit Stahlblatt; als Zeremonialgegenstand auch in Verbindung mit einer Tabakspfeife.

Tollkraut.
Krainer Tollkraut
(Höhe bis 60 cm)

Tölpel.
Baßtölpel

Tomahawk der Apachen mit lederüberzogener Steinkugel (oben) und Stahlaxt der Osage

Tomar

Tomar [portugies. tu'mar], portugies. Stadt am Nabão, 16000 E. Zur Christusritterburg (12.–17. Jh.) gehören die frühgot. Templerkirche, die Christuskirche und Klostergebäude (u. a. 4 Kreuzgänge).

Tomasi di Lampedusa, Giuseppe, eigentlich G. Tomasi, Fürst von Lampedusa, *Palermo 23. 12. 1896, † Rom 23. 7. 1957, italienischer Schriftsteller. Hatte außergewöhnlichen Erfolg mit seinem einzigen Roman »Der Leopard« (postum 1958; verfilmt von L. Visconti, 1963).

Tomate [aztek.] (Liebesapfel, Paradiesapfel), wahrscheinlich aus Peru und Ecuador stammendes Nachtschattengewächs, 0,3–1,5 m hohe, einjährige, sehr frostempfindl. Pflanze, Blüten gelb, Frucht eine vielsamige, rote oder gelbe Beere. Die Früchte enthalten pro 100 g eßbaren Anteil etwa 94 g Wasser, nur wenig Kohlenhydrate, v. a. aber 24 mg Vitamin C sowie Vitamine der B-Gruppe. Das im grünen Zustand vorhandene giftige Alkaloid Solanin wird während der Reife abgebaut. Die T. wird heute in zahlr. Kultursorten fast weltweit angebaut.

Tombak [malaiisch-niederl.], Sammel-Bez. für rote bis gelbe Kupfer-Zink-Legierungen mit 72 bis 95% Kupfer; fein ausgehämmert als *unechtes Blattgold,* vergoldet als *Talmi* bezeichnet.

Tombola [italien.], Verlosung von [gestifteten] Gegenständen; Warenlotterie.

Tomis ↑Constanţa.

Tommaso da Modena, *Modena zw. 9. 3. 1325 und 6. 5. 1326, † ebd. vor dem 16. 7. 1379, italien. Maler. Vorläufer der Gotik mit Einfluß auf die venezian und böhm. (Tafeln auf Burg Karlstein, Prag, 1370) Malerei. – *Werke:* u. a. Fresko zur Ursulalegende (Treviso, S. Margherita).

Tomographie [griech.] ↑Röntgenuntersuchung.

Tomonaga Shin'ichirō, *Kyōto 31. 3. 1906, † Tokio 8. 7. 1979, jap. Physiker. Entwickelte eine mit der speziellen Relativitätstheorie verträgl. Form der Quantenelektrodynamik; 1965 Nobelpreis für Physik (mit R. P. Feynman und J. S. Schwinger).

Tomsk, Geb.-Hauptstadt im Westsibir. Tiefland, Rußland, 506000 E. Univ.; Theater, botan. Garten. T. ist eines der wichtigsten Ind.-Zentren in W-Sibirien; Flußhafen.

Tomtom (Tom-Tom, Jazzpauke), Trommelart mit zylindr. Korpus, meist an Ständern montiert.

Ton [griech.], 1) *Geologie:* Lockergestein, ↑Tone.

2) *Malerei:* fein abgestufter Farbwert.

3) *Physik:* eine vom Gehör wahrgenommene Schwingung der Luft (Schwallschwingung) mit einem sinusförmigen Schwingungsverlauf *(harmon. T.* oder *Sinus-T.).* Da das Schallspektrum eines T. im Unterschied zum ↑Klang nur eine einzige Frequenz enthält, wird er auch als *reiner* oder *einfacher T.* bezeichnet. Die charakterist. Merkmale eines T. sind *T.höhe* und *T.stärke,* die durch die Frequenz bzw. die Amplitude der zugehörigen Schallschwingung bestimmt sind.

Tonacatecutli [span. tonakate'kutli], aztek. Gott des Maises, der Lebensmittel; gilt als Manifestation des obersten Gottes.

Tonalität, i. w. S. jede Beziehung zwischen Tönen, Klängen und Akkorden; i. e. S., gültig für die Musik des 17. bis 19. Jh., die Bezogenheit von Tönen und Akkorden auf ein Zentrum sowie ihre Funktion und Rangordnung innerhalb dieses Bezugssystems. T. prägt sich harmonisch durch ein gestuftes System von Akkordbeziehungen aus: Die sog. Hauptfunktionen Tonika (Dreiklang der I. Stufe), Subdominante (Dreiklang der IV. Stufe) und Dominante (Dreiklang der V. Stufe) bestimmen die

Tomate

↑Tonart, wobei die Tonika als übergeordnetes Zentrum fungiert (↑Kadenz).
Tonart, Bestimmung des ↑Tongeschlechts als Dur und Moll auf einer bestimmten Tonstufe, z. B. C-Dur und a-Moll. Die T. prägt sich einerseits aus in der Tonleiter, andererseits wird sie in der Musik vom 17. bis 19. Jh. durch die Kadenz eindeutig festgelegt. Die Kirchentonarten wurden im 17. Jh. durch Dur und Moll verdrängt. Bestimmend für Dur ist die große Terz eines Dreiklangs (z. B. c e g), für Moll die kleine Terz (a c e). Grundskalen sind C-Dur und a-Moll. Aus der Transposition der beiden Grundskalen auf andere Ausgangstöne ergeben sich mit 12 Dur und 12 Moll-T. die 24 T. des temperierten Systems (↑Stimmung), die sich im ↑Quintenzirkel darstellen lassen.
Tonaufnahmeverfahren, Sammel-Bez. für die verschiedenen Verfahren der ↑Schallaufzeichnung.
Tonband (Magnettonband, Band, Tape), Magnetband, das in Tonbandgeräten oder Kassettenrecordern zur magnet. Speicherung von Musik und Sprache verwendet wird. Die normale Breite der T. beträgt 6,25 mm, daneben gibt es für Bandkassetten 3,81 mm breite und für Spezialzwecke 12,65 und 25,4 mm breite Bänder; *Normal-* oder *Standardbänder* haben eine Dicke von rund 50 µm, *Langspielbänder* von 33–40 µm, *Doppelspielbänder* von 24–29 µm, *Tripel* (Dreifach-)Bänder von etwa 18 µm. Als magnetisierbare Schicht dient mit Bindemitteln und Zusatzstoffen versehenes γ-Eisen(III)-oxid (γ-Fe_2O_3) beim *Eisenoxidband* und/oder Chrom(IV)-oxid (Chromdioxid, CrO_2) beim *Chromdioxidband.* T. mit Eisenoxid- und Chromdioxidbeschichtung, sog. *Doppelschicht-* oder *Zweischichten-T.,* die für hochwertige Musikaufzeichnungen bes. geeignet sind, werden als *Ferrochrom-, Ferrichrom-* oder *FeCr-Bänder* bezeichnet. Neuentwicklungen sind Tonbänder mit nichtoxid. Beschichtung, z. B. sog. *Reineisenbänder, Metallpigment- (MP-)* oder *Metall-Alloy-Bänder (MA-Bänder).*
Tonbandgerät (Bandaufnahmegerät), Gerät zur magnet. Schallaufzeichnung und -wiedergabe, bei dem die Schallereignisse von einem Magnetkopf, dem *Aufnahme-, Aufzeichnungs-* oder *Sprechkopf,* in Form einer Magnetspur auf einem vorbeilaufenden Tonband aufgezeichnet werden (Bandgeschwindigkeit im allg. 19,05 cm/s, 9,53 cm/s bzw. 4,75 cm/s). Bevor das Tonband den Aufnahmekopf erreicht, wird es an einem als *Löschkopf* bezeichneten Magnetkopf vorbeigeführt, der in der Stellung »Wiedergabe« unwirksam ist, in der Stellung »Aufnahme« hingegen das Band durch ein Hochfrequenzfeld entmagnetisiert. Bei der Wiedergabe wird das bespielte Tonband über einen als *Wiedergabe-* oder *Hörkopf* bezeichneten Magnetkopf geführt (in vielen T. zus. mit dem Sprechkopf zum *Kombikopf* bzw. *Tonkopf* vereint); die dort entstehenden Wechselspannungen werden über den Wiedergabeverstärker dem Lautsprecher zugeführt und dort in Schallschwingungen umgewandelt. Nach der Anzahl von Tonspuren (Spuren), die auf einem Band aufgebracht sind, unterscheidet man T. für *Doppelspuraufzeichnung (Halbspurverfahren)* und T. für *Vierspuraufzeichnung (Viertelspurverfahren).* – Abgesehen von Studiogeräten (Tonbandmaschinen) heute meist von Kassettenrecordern abgelöst.
Tonblende (Klangblende, Klangfarberegler), Vorrichtung an Radios, Verstärkern u. a., mit der die Lautstärke der hohen *(Höhenregler)* bzw. der tiefen *(Baßregler)* Teiltöne eines Schalls geregelt werden kann.
Tondern (dän. Tønder [dän. 'tøn'ər]), dän. Stadt im sw. Nordschleswig, 13 000 E. Christuskirche (v. a. 16. Jh.); alte Häuser mit reichem Schnitzwerk. – Erhielt 1243 lüb. Recht; kam 1920 mit Schleswig an Dänemark.
Tondo Rundbild; Ursprünge in antiken Bildnismedaillons; Ausbildung v. a. im 15. Jh. (Jean Malouel [* um 1370, † 1415], Michelangelo); im Barock zum Oval gewandelt. – Abb. S. 3489.
Tone (Tongesteine), Bez. für verfestigte Gesteinsmehle, bestehen v. a. aus Tonmineralen, ferner aus Quarz, Feldspat, Glimmer und biogenen Resten. T. sind quellfähig, wasserstauend und neigen an Hängen zum Rutschen. Etwa 70 % aller Sedimentgesteine sind Tone.
Tonegawa, Susumu, * Nagoya 5. 9. 1939, japan. Virologe. Erhielt 1987 den Nobelpreis für Physiologie oder Medizin für die Erforschung der genet. Grundlagen der Antikörpervielfalt.

Tonegawa Susumu

Tonerde

Tonga

Staatsflagge

Staatswappen

Bevölkerungsverteilung 1992

Bruttoinlandsprodukt 1988

Tonerde, 1) *Chemie:* svw. ↑Aluminiumoxid.
2) *Pharmazie:* ↑essigsaure Tonerde.
Tonfrequenzspektrometer, Gerät zur Durchführung einer Schallanalyse.
Tonga, Staat im südl. Pazifik, umfaßt die Tongainseln, deren rd. 170 Inseln und Eilande sich in drei Hauptgruppen anordnen: Vavau-, Haapai- und Tongatapugruppe.
Staat und Recht: Konstitutionelle Monarchie; *Verfassung* von 1875 (mit Änderungen). *Staatsoberhaupt* und Inhaber der *Exekutivgewalt* ist der König, ihm steht der Staatsrat zur Seite. *Legislative* ist die Gesetzgebende Versammlung (zehn vom König auf Lebenszeit ernannte Minister, zwei Gouverneure, neun vom Erbadel bestimmte Vertreter, neun von Teilen der Bevölkerung für drei Jahre gewählte Abg.). Polit. *Parteien* gibt es nicht.
Landesnatur: Die Tongainseln bestehen aus zwei Inselreihen, die N–S-verlaufenden untermeer. Rücken aufsitzen. Die westl. Reihe ist vulkan. Ursprungs (bis 939 m hoch), die östl. Reihe besteht aus Atollen und Korallenriffen. T. besitzt trop. Regenklima. Auf den Vulkaninseln gibt es z. T. Regenwald, auf den Korallinseln Kokospalmen.
Bevölkerung: 98 % der E sind (überwiegend christl.) Polynesier.
Wirtschaft, Verkehr: Haupterzeugnisse sind Kopra und Bananen. Für den Eigenbedarf kultiviert man Maniok, Jams, Melonen, Mais, Erdnüsse, Zuckerrohr und Orangen. Industrie ist kaum entwickelt, Bodenschätze sind nicht bekannt. Insgesamt 1 242 km Straßen, davon 291 km Allwetterstraßen. Wichtigste Häfen sind Nukualofa und Neiafu. Internat. ✈ bei Nukualofa.
Geschichte: Die Tongainseln wurden 1616 von Niederländern entdeckt. J. Cook, der sie 1773 und 1777 erreichte, nannte sie *Freundschaftsinseln*, Ende des 18. Jh. von Europäern besiedelt. 1845 schuf Georg Tupou I. (⚭1845–93) ein christl. Kgr. T.; seit 1900 brit. Protektorat. Am 4. 6. 1970 unabhängig; trat dem Commonwealth bei. Seit 1965 regiert König Taufa'ahau Tupou IV. (* 1918).
Tonga, Bantustamm in Sambia und Simbabwe, beiderseits des Karibasees.
Tongagraben, Tiefseegraben im sw. Pazifik, östlich der Tongainseln, bis 10 882 m tief.
Tongenerator (Tonfrequenzgenerator), Gerät zur Erzeugung tonfrequenter Wechselspannungen; in Verbindung mit einem Lautsprecher auch Schallquelle mit einstellbarer Frequenz; u. a. in der Meßtechnik und als Bauelement von elektron. Musikinstrumenten bzw. Synthesizern verwendet.
Tongern (amtl. niederl. Tongeren [niederl. 'tɔŋərə], frz. Tongres), belg. Stadt nw. von Lüttich, 29 000 E. Museen; Marktzentrum des Haspengaus. Got. Onze-Lieve-Vrouwe-Kerk mit roman. Kreuzgang und 75 m hohem Turm. – Im 4. Jh. Bischofssitz; entstand im 10. Jh. nach Zerstörung neu.
Tongeschlecht, die charakterist., jeweils durch eine bestimmte Abfolge von Intervallschritten festgelegte Gestalt von Tonleitern eines Tonsystems. Seit dem 16./17. Jh. bildeten sich aus den Kirchentonarten die T. Dur und Moll heraus.
Tongesteine ↑Tone.
Tonika, in der *Musik* der Grundton einer Tonart, die von ihm ihren Namen erhält (z. B. C-Dur, c-Moll, D-Dur).
Tonikum [griech.], Kräftigungsmittel.
Tonkin, Gebiet in Vietnam, umfaßt das v. a. vom Roten Fluß aufgebaute Delta am Golf von Tonkin und das umgebende, bis 3 143 m hohe Bergland.

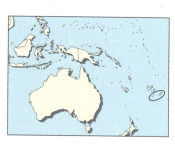

Tonga

Fläche:	747 km²
Einwohner:	95 000
Hauptstadt:	Nukualofa
Amtssprache:	Englisch, Tonganisch
Nationalfeiertag:	4. 6.
Währung:	1 Pa'anga (T$) = 100 Seniti (s)
Zeitzone:	MEZ + 12 Std.

Tonkin, Golf von, flache Bucht des Südchin. Meeres, im W und N von den Küsten N-Vietnams und S-Chinas, im O von der chin. Halbinsel Leitschou und der Insel Hainan begrenzt.

Tonkin-Zwischenfall ↑Vietnamkrieg.

Tonkopf ↑Tonbandgerät.

Tonleiter (Skala), stufenweise in jeweils bestimmten Intervallabständen angeordnete Abfolge von Tönen innerhalb eines ↑Tonsystems. Die T. wird durch Rahmentöne begrenzt (meist die Oktave) und ist i. d. R. jenseits dieser Grenze wiederhol- bzw. transponierbar. Entscheidende Bestimmungsmerkmale der vielfältigen T.typen (Pentatonik, Ganztonleiter, Zigeunertonleiter) sind Zahl, Abstand und Abfolge der Tonstufen. In der abendländ. Musik stehen seit dem MA die diaton. T. im Vordergrund, so bereits im System der ↑Kirchentonarten. Aus diesen entwickelten sich die beiden heute gebräuchlichsten T. Dur und Moll, die auf alle zwölf Stufen der chromat. T. transponierbar sind.

Tonle Sap, See im W Kambodschas, zw. 2700 km² (bei Niedrigwasser) und 15 000 km² (bei durch monsunale Niederschläge bedingtem Anschwellen des Mekong, mit dem der See durch den 110 km langen Fluß T. S. in Verbindung steht).

Tonmalerei, die Nachahmung sicht- oder hörbarer außermusikal. Erscheinungen oder Vorgänge (Gewitter, Pferdegetrappel, Schüsse o. ä.); bes. wichtig wurde die T. in der ↑Programmusik.

Tonminerale, wasserhaltige Aluminiumsilicate mit Schichtgitteraufbau (Schichtsilicate); entstanden durch Verwitterung silicat. Gesteine, z. B. von Feldspäten und Glimmern; Hauptbestandteile der Tone und des Kaolins. Mit Wasser ergeben sich plastisch leicht formbare Massen für die Herstellung von Keramik.

Tonnage [tɔˈnaːʒə; mittellat.-frz.], Bez. für den Rauminhalt, die Tragfähigkeit bzw. Wasserverdrängung eines Schiffes.

Tonne [mittellat.], 1) *allg.:* zylindr. Behälter.
2) *Maßwesen:* (metr. T.) Einheitenzeichen t, gesetzl. Einheit der Masse: 1 t = 1 000 kg. 1 000 t = 1 kt (Kilotonne); 1 000 000 t = 1 Mt (Megatonne).
3) *Schiffahrt:* schwimmendes ↑Seezeichen.

Tonnengewölbe ↑Gewölbe.

Tonnenkilometer, Abk. **tkm,** Berechnungseinheit der Transportleistungen und -kosten auf dem Land-, Wasser- oder Luftwege (Tonnen mal Kilometer).

Tonnenschnecken (Tonnoidea), Familiengruppe großer Vorderkiemer, zu der u. a. die Sturmhauben, Tritonshörner und die Faßschnecke gehören.

Tönnies, Ferdinand [...njɛs], *Riep (heute zu Oldenswort bei Husum) 26. 7. 1855, † Kiel 11. 4. 1936, dt. Soziologe und Philosoph. 1909 Mitbegründer (1922–33 Präs.) der Dt. Gesellschaft für Soziologie; Hauptwerk: »Gemeinschaft und Gesellschaft« (1887).

Tönnies

Tondo. Michelangelo, »Madonna Doni« (1503/04; Florenz, Uffizien)

Tonga. Kopragewinnung

Tonplastik

Topas. Kristall von prismatisch-pyramidalem Habitus

Klaus Töpfer

Friedrich Torberg

Tonplastik ↑Terrakotta.
Tonschiefer, meist bläulichgraues, dünnschiefriges, in Platten spaltendes Tongestein; bes. dunkler T. dient zur Herstellung von Schreibtafeln.
Tonsillen [lat.] ↑Mandeln.
Tonsillitis [lat.] (Mandelentzündung), Entzündung der Gaumenmandeln (↑Angina).
Tonsur [lat.], ausgeschorene Stelle auf dem Kopf als Zeichen der Zugehörigkeit zum Stand der Kleriker; 1973 abgeschafft.
Tonsystem, der musikalisch verwendete Tonvorrat einer Kultur oder Epoche, der nach bestimmten Prinzipien (Intervallaufbau, Melodiestruktur, akust. Stimmung) geordnet ist. Grundlage jedes T. ist die Tonleiter. Das antike T. beruhte auf Viertonfolgen (Tetrachord), nach deren interner Struktur das Tongeschlecht als Diatonik, Chromatik und Enharmonik bestimmt wurde; zwei Tetrachorde bildeten eine Tonleiter (Oktavgattung). Das mittelalterl. T. übernahm die griech. Oktavgattungen und – mit abweichender Zuordnung – deren Namen (↑Kirchentonarten). In der Dur-Moll-Tonalität des 17.–19. Jh. bilden die zwölf Halbtöne der chromat. Skala den verfügbaren Tonbestand. In den einzelnen Oktavlagen (Subkontraoktave bis viergestrichene Oktave) werden die Töne durch Zahlen oder Striche (z. B. a^1 oder a') gekennzeichnet. Andere Oktavteilungen zeigen z. B. das indones. T., das von fünf- (Slendro) und siebenstufigen (Pelog) Leitern ausgeht. Das fünftönige T. der halbtonlosen ↑Pentatonik ist aus Ganztönen und Terzen aufgebaut.

Tonus [griech.-lat.], 1) *Human- und Tierphysiologie:* svw. ↑Muskeltonus; i. w. S. svw. Spannung[szustand] von Geweben.
2) *Pflanzenphysiologie:* der durch innere oder äußere Faktoren (Abstumpfung durch wiederholte Reizung, Temperatur) beeinflußbare Zustand der Empfindlichkeit gegenüber Außenreizen.
top..., Top... [engl.], Bestimmungswort in Zusammensetzungen mit der Bedeutung »äußerst, höchst, Spitzen...«.
Topas [griech.-lat.], verschieden gefärbtes, durchsichtiges, glasglänzendes Mineral, chem Al$_2$[F$_2$|SiO$_4$]. Der klare, goldgelbe *Edel-T.* wird als Schmuckstein verwendet; Mohshärte 8; Dichte 3,5 bis 3,6 g/cm^3.
Topeka [engl. tə'pi:kə], Hauptstadt des Staates Kansas, USA, am unteren Kansas River, 115 300 E. Univ.; u. a. Verlage.
Töpfer, Klaus, *Waldenburg/Schlesien 29.7. 1938, dt. Politiker (CDU). Volkswirt; seit 1987 MdB; 1987–94 Bundes-Min. für Umwelt, Naturschutz und Reaktorsicherheit; seit 1994 Bundes-Min. für Raumordnung, Bauwesen und Städtebau.
Töpferscheibe (Drehscheibe), zur Formung rotationssymmetr. Keramik verwendete einfache Maschine, bei der eine waagerecht liegende Scheibe über eine senkrechte Welle durch Fußantrieb oder mit Hilfe eines Elektromotors in Rotation versetzt wird. – ↑Keramik.
Topi [afrikan.] ↑Leierantilopen.
Topik [griech.], in der griech. und röm. Rhetorik entwickelte Zusammenstellung von relevanten Fragestellungen und Begriffen (Mrz. *Topoi*), die, allg. nachvollziehbar, der Diskussionsfähigkeit dienen.
topo..., Topo... [griech.], Bestimmungswort von Zusammensetzungen mit der Bedeutung »Ort, Gegend, Gelände«.
Topographie, Teilgebiet der ↑Geodäsie.
topographische Karten ↑Karte.
topographische Lage ↑geographische Lage.
Topologie, Teilgebiet der Mathematik, das diejenigen Eigenschaften mathemat. Gebilde (Kurven, Flächen, Räume) be-

handelt, die bei umkehrbar eindeutigen stetigen Abbildungen erhalten bleiben, d. h. topologisch invariant sind.

Topos [griech.], in der antiken Rhetorik svw. »Ort«, »Gemeinplatz«; wurde als anerkannter Begriff oder Gesichtspunkt in der Rede angewendet; heute ein von E. Curtius eingeführter Begriff, der ein Motiv bezeichnet, das fester Bestandteil der literar. Tradition ist.

Topp [niederdt.], oberes Ende eines Mastes oder einer Stenge.

Topspin, im Tennis und Tischtennis Bez. für einen [starken] in der Flugrichtung wirkenden Aufwärtsdrall des Balles; auch der Schlag selbst.

Tora, svw. ↑Thora.

Torberg, Friedrich, eigtl. F. Kantor-Berg, *Wien 16. 9. 1908, † ebd. 10. 11. 1979, österr. Schriftsteller und Publizist. Emigrierte 1938; Rückkehr 1951; setzte sich in seinen Romanen v. a. mit der Tragik des Judentums im 20. Jh. auseinander (»Hier bin ich, mein Vater«, 1948; »Die zweite Begegnung«, 1950; »Süßkind von Trimberg«, 1972), »Golems Wiederkehr« (En., 1968); Übersetzer von E. Kishon.

Tordesillas, Vertrag von [span. tɔrðe-ˈsiʎas], 1494 in Tordesillas (bei Valladolid) nach einem Schiedsspruch Papst Alexanders VI. abgeschlossener Vertrag zw. Spanien und Portugal zur Abgrenzung ihrer überseeischen Besitz- und Entdeckungsräume.

Torelli, Giuseppe, *Verona 22. 4. 1658, † Bologna 8. 2. 1709, italien. Violinist und Komponist. Komponierte u. a. Sonaten, Sinfonien, Concerti grossi und gilt als Schöpfer des Violinkonzerts.

Torero [span.] ↑Stierkampf.

Torf [niederdt.], unter Luftabschluß als erste Stufe der Inkohlung v. a. in Mooren gebildetes Zersetzungsprodukt überwiegend pflanzl. Substanzen; enthält in frisch gewonnenem Zustand bis zu 90% Wasser, lufttrocken noch 25–30%. Die Gewinnung erfolgt nach Entwässerung der Moore in sog. *T.stichen* mit Hand oder maschinell. Bes. ältere Moos-T. und gut zersetzte Niederungsmoor-T. werden als *Preß-T. (T.briketts)* nach Trocknung zum Heizen verwendet. Der Heizwert von wasserfreiem T. liegt zw. 9200 und 16400, maximal bei 24000 kJ/kg. Jüngerer Moos-T. kommt, zu Ballen gepreßt, als *Faser-T.* oder (durch Trocknen und Zerkleinern gewonnener) *T.mull* in den Handel. Er wird u. a. zu Bodenbedeckungs-, Verpackungs- und Dämmzwecken sowie als Einstreu verwendet. Flachmoor-T. sind inhomogen, mit schwach saurer oder neutraler Reaktion und werden u. a. zur Herstellung von

Topas. Geschliffene Formen von Edeltopasen

Torf. Zum Trocknen aufgestapelter Preßtorf in einem Moor

Torfbeere

Erdgemischen für die Pflanzenanzucht und zur Verbesserung leichter Böden benutzt.

Torfbeere, svw. ↑Moltebeere.

Torfmoos (Sphagnum), Gatt. der Laubmoose mit knapp 350 Arten in den gemäßigten und kalten Zonen der Nord- und Südhalbkugel sowie in den Gebirgen der Tropen; bleichgrüne oder bräunl. Pflanzen mit dachziegelartig angeordneten Blättchen, die große, tote, wasserspeichernde Zellen enthalten; vermögen bis zum 40fachen ihres Eigengewichts an Wasser aufzunehmen; wichtigste Torfbildner.

Torgau, Kreisstadt an der mittleren Elbe, Sa., 22000 E. Steingutproduktion; Hafen. Renaissanceschloß Hartenfels (nach 1456 ff.; heute Sitz der Kreisverwaltung und Museum) mit Treppenturm (Großer Wendelstein) und Schönem Erker sowie Schloßkirche; spätgot. Marienkirche (um 1390 ff.), Renaissancerathaus (1561/1562); Denkmal der Begegnung (amerikan. und sowjet. Truppen am 25. 4. 1945). – Erste Erwähnung 973; erhielt 1255/67 Stadtrecht; zeitweilige Residenz der Kurfürsten von Sachsen im späten 15.Jh., in der 1. Hälfte des 16.Jh. geistiges und polit. Zentrum Obersachsens; 1815 an Preußen.

Tories [engl. 'tɔːrɪz; irisch], in England/Großbrit. seit 1679 urspr. abwertende Bez. für die Gruppierung im Parlament, die Jakob II. gegen die Whigs unterstützte; 1710–14 und 1784–1830 regierungstragend, wurden die T. gleichgesetzt mit Anglikanismus und ländl. Grundbesitz. Die Reform Bill der Whigs von 1832 löste die Wandlung der T. zur ↑Konservativen und Unionistischen Partei aus.

Torlauf ↑Skisport.

Tornado, 1) *Militärwesen:* Kurz-Bez. für die dt.-engl.-italien.-span. Gemeinschaftsentwicklung des mittelschweren zweisitzigen Mehrzweckkampfflugzeuges.
2) [span.-engl.] *Wetterkunde:* ↑Wirbelstürme.

Tornister [slaw.], [früher mit Fell überzogene] Rückentasche (Affe), bes. der Soldaten; [Schul]ranzen.

Toronto [to'rɔnto, engl. tə'rɔntəʊ], Hauptstadt der kanad. Prov. Ontario, am N-Ufer des Ontariosees, 612300 E, Metropolitan Area 3,43 Mio. E. zwei Univ., Ontario-Museum, Marinemuseum, Kunstgalerie, Theater, Zoo. Verwaltungs-, Wirtschafts- und Finanzzentrum Anglokanadas u. a. Maschinenbau, Elektrotechnik und Verlage; Hafen, internat. ✈. Rathaus (1958–65), Campus der York University (1965 ff.), mit Antenne 553 m hoher Fernsehturm (1973–75). – 1793 wurde am Ufer der heutigen Toronto Bay die Siedlung York angelegt, die 1796 Hauptstadt von Oberkanada wurde; 1817 Town, 1834 unter dem Namen T. City; 1849–51, 1855–59 Hauptstadt von Kanada, seit 1867 Hauptstadt der Prov. Ontario.

Torpedo [lat.], zigarrenförmiges, 4–9 m langes Unterwassergeschoß (Kaliber meist 533 mm, Gesamtmasse bis über 2000 kg) mit Eigenantrieb sowie Seiten- und Tiefenrudern zur Aktivlenkung.

Torquemada, Tomás de [span. tɔrke'maða], *Valladolid 1420, † Ávila 16. 9. 1498, span. Geistlicher. Dominikaner; Beichtvater von Isabella I. und Ferdinand II.; seit 1484 als span. Generalinquisitor für den Aufbau der gegen konvertierte Juden und Muslime gerichteten span. Inquisition verantwortlich.

Torques [lat.], Halsschmuck der Kelten, aus zwei oder mehreren umeinander gedrehten Metallbändern.

Torr [nach E. Torricelli], gesetzlich nicht mehr zugelassene Einheit des Drucks, 1 Torr = 133 Pa; 1 atm = 760 Torr = 1,013 bar = 101325 Pa.

Torre Annunziata, italien. Stadt in Kampanien, am S-Fuß des Vesuvs, 57200 E. Kurort (Thermen). Ausgrabungen einer röm. Villensiedlung (wohl zum antiken *Oplontis* gehörend).

Torricelli, Evangelista [italien. torri'tʃelli], *Faenza 15. 10. 1608, † Florenz 25. 10. 1647, italien. Physiker und Mathematiker. Lebte ab 1641 in Florenz, wo er mit G. Galilei zusammenarbeitete und 1642 dessen Nachfolger als Hofmathematiker wurde; übertrug die Galileischen Fallgesetze auf ausströmende Flüssigkeiten; Erfinder des Quecksilberbarometers.

Tórshavn [färöisch 'tɔːursha:un], Hauptstadt der Färöer, im SO der Insel Streymoy, 14500 E. Fischfang und Fischverarbeitung; Hafen.

totaler Krieg

Torsion [lat.] (Drillung, Verdrehung, Verwindung), bes. Form der Scherung, v. a. bei langgestreckten Körpern (Stab, Draht), die an einem Ende festgehalten werden, während am freien Ende ein Drehmoment angreift.

Torsionsstab, svw. ↑Drehstabfeder.

Torso [griech.-italien.], in der *bildenden Kunst* eine beschädigte oder unvollendete Statue (ohne Kopf und Gliedmaßen); in künstler. Absicht fragmentierte Skulpturen seit dem 16. Jh. (Vorbild antiker Funde).

Tortona, italien. Stadt in Piemont, an der Scrivia, 29 000 E. Roman. Kirche Santa Maria Canale (12. und 14. Jh.), Dom (nach 1570; im Innern barockisiert).

Tortosa, span. Stadt am unteren Ebro, 47 000 E. Kathedrale in katalan. Gotik (1347 ff.; mit maur. Turm); bischöfl. Palast (14. Jh. und 18. Jh.); Colegio de San Luis Gonzaga (16. Jh.).

Tortur [lat.], svw. ↑Folter.

Torus (Ringfläche, Ringkörper, Kreiswulst), eine Fläche, die durch Rotation eines Kreises um eine in seiner Ebene liegende, den Kreis nicht treffende Gerade entsteht; auch Bez. für den von dieser Fläche begrenzten Körper.

Toscanini, Arturo [italien. toska'ni:ni], * Parma 25. 3. 1867, † New York 16. 1. 1957, italien. Dirigent. 1898–1903, 1906–08, 1921–29 an der Mailänder Scala, 1908–15 an der Metropolitan Opera in New York, leitete ab 1927 das New York Philharmonic Orchestra, 1937–54 das NBC Symphony Orchestra; dirigierte u. a. auch 1931–37 bei den Salzburger Festspielen; 1938 Emigration in die USA.

Toronto. Blick vom Centre Island Park auf einer Insel im Ontariosee auf den von Hochhäusern geprägten Stadtkern; links der 553 m hohe Canadian Tower

Toskana (italien. Toscana), mittelitalien. Region und histor. Großlandschaft, 22 992 km², 3,599 Mio. E, Hauptstadt Florenz.

Geschichte: In der T., dem antiken *Etrurien,* wurde im 9. Jh. die Mark-Gft. *Tuszien* gebildet, die nach dem Aussterben der Markgrafen (1115) zw. Kaiser und Papst umstritten war. Im 14./15. Jh. gewann Florenz die Vorherrschaft unter den seit dem 12. Jh. rivalisierenden Stadtstaaten; 1531 Errichtung des unter der Herrschaft der Medici stehenden Hzgt. Florenz (1569 Groß-Hzgt. T.). Nach dem Tod des letzten Medici fiel die T. 1737 an den späteren Kaiser Franz I.; ab 1765 habsburg. Sekundogenitur. Nach frz. Besetzung (1799) und Bildung des von Frankreich abhängigen Kgr. Etrurien (1801) und Groß-Hzgt. T. (1809) erhielten die Habsburger die T. 1815 zurück, wurden jedoch 1848/49 und endgültig 1859 vertrieben. Durch Volksabstimmung vom März 1860 erfolgte die Vereinigung der T. mit dem Kgr. Sardinien; damit war der Anschluß an den italien. Nationalstaat erreicht.

Tosken, Gruppe der ↑Albaner.

Toskisch, Dialekt des ↑Albanischen.

totaler Krieg, von J. Goebbels geprägte Bez. für einen Krieg, in dem alle menschl., materiellen und moral. Reserven eines Volkes erfaßt und in den Dienst einer Vernichtungsstrategie gestellt werden: die herkömml. Unterscheidung zw. Kombattanten und

Toronto
Stadtwappen

totales Differential

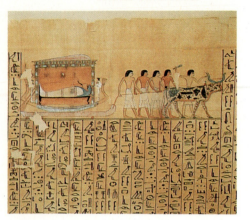

Totenbuch. Erster Spruch im Totenbuch des Maiherperi aus dem Grab Nr. 36 im Tal der Könige; die Zeichnung zeigt den Begräbniszug: die Mumie liegt in einem Schrein auf einer Barke, die auf einem Schlitten von Rindern gezogen wird (um 1450 v. Chr; Kairo, Ägyptisches Museum)

Nichtkombattanten wird aufgelöst, moderne Technologie zur Massenvernichtung (Terrorkrieg) ebenso eingesetzt wie Wirtschaftskrieg, psycholog. und ideolog. Kriegführung; in umfassender Form erstmals während des 2. Weltkrieges in Deutschland verwirklicht.

totales Differential (vollständiges Differential) ↑Differentialrechnung.

Totalisator [lat.-frz.], im Pferdesport Bez. für den amtl. Wettbetrieb beim Renn- und Turniersport.

Totalitarismus [lat.], das Prinzip einer polit. Herrschaft, die einen uneingeschränkten, »totalen« Verfügungsanspruch über die von ihr Beherrschten stellt. Der Begriff »totalitär« wurde von der Opposition des italien. Faschismus in den 1920er Jahren geprägt; er wurde von B. Mussolini und Giovanni Gentile (*1875, †1944; »Grundlagen des Faschismus«, 1929) übernommen. – Nach dem 2. Weltkrieg entstand eine wissenschaftl. Diskussion um die Theorie des T. (u. a. H. Arendt, K. D. Bracher); als Kennzeichen des *totalitären Staates* wurden angesehen: die Beseitigung des freiheitlich-demokrat. Verfassungssystems, bes. der Gewaltenteilung, der freien Parteibildung, der freien Wahlen, der Grundrechte und der richterl. Unabhängigkeit, die Zusammenfassung der gesamten Staatsgewalt in der Hand einer Machtgruppe (Partei, Bewegung), die geistige Manipulation und physische Unterdrückung der Bevölkerung durch eine diktatorische Ideologie, eine terrorist. Geheimpolizei und ein Waffen- und Kommunikationsmonopol der Einheitspartei, ferner auch die Planwirtschaft.

Totalreflexion, in der *Physik* die vollständige Reflexion von [Licht]wellen beim Auftreffen auf eine ebene Grenzfläche zw. einem opt. dichteren und einem dünneren Medium, wenn der Einfallswinkel größer ist als der Grenzwinkel der T.; Anwendung in der Glasfaseroptik.

Totemismus, von dem indian. Wort »totem« (»Verwandtschaft, Schutzgeist«) abgeleiteter Begriff zur Bez. der Vorstellung einer myst. Verwandtschaft und Schicksalsgemeinschaft zw. Menschen und Naturobjekten, v. a. Tieren *(Totem).*

Totempfahl, bei den Indianern NW-Amerikas ein hoher geschnitzter und bemalter Pfahl mit Darstellungen des Totemtiers und einer menschl. Ahnenreihe.

Totenamt, svw. ↑Requiem.

Totenbuch, auf Papyrus geschriebene altägypt. Sammlung von Sprüchen (»Kapiteln«), die dem Verstorbenen im Jenseits von Nutzen sein sollen, allerlei Gefahren (Dämonen, Feuersee, Totengericht) zu überwinden; seit etwa 1500 v. Chr. bekannt.

Totenflecke (Leichenflecke), nach dem Tod einsetzende Verfärbung der Haut infolge Absinkens des Blutes in die tiefer gelegenen Körperstellen.

Totengericht, in vielen Religionen ausgebildete Vorstellung von einem individuellen oder kollektiven Gericht am Weltende.

Totengräber, Gatt. meist schwarzer Aaskäfer mit acht etwa 1,5–3 cm langen einheim. Arten; leben an Kadavern kleiner Wirbeltiere, die sie in vorbereitete Erdgruben ziehen.

Totenkopfäffchen ↑Kapuzineraffen.

Totenkopfschwärmer, bis 13 cm spannender Schmetterling in Afrika und S-Europa; Rücken mit totenkopfähnl. Zeichnung; fliegt alljährlich aus dem trop. Afrika nach Deutschland ein;

Toul

Totenkopfschwärmer

Raupe (bis 13 cm lang) frißt an Nachtschattengewächsen (bes. an Blättern der Kartoffel).
Totenmaske, Gesichtsabdruck eines Verstorbenen in Gips oder Wachs.
Totenmesse, svw. ↑Requiem.
Totenreich ↑Jenseits.
Totensonntag ↑Ewigkeitssonntag.
Totenstarre (Leichenstarre), die Erstarrung der Muskulatur nach dem Tod v. a. durch den Abbau von ATP (↑Adenosinphosphate); beginnt beim Menschen 4–12 Stunden nach dem Tod an den Lidern, der Kaumuskulatur und den Muskeln der kleinen Gelenke, breitet sich über Kopf, Rumpf und Extremitäten aus; 1–6 Tage postum erschlafft die Muskulatur wieder.
Totentanz, im 15. und 16. Jh. weit verbreitete Darstellung eines Reigens, in dem Menschen jeden Alters und Standes von je einem Toten (Skelett) tanzend fortgeführt werden; u. a. Holzschnittfolge H. Holbeins d. J. (1522–26).
Totentrompete (Füllhorn, Herbsttrompete), im Herbst in Laubwäldern vorkommender, 5–15 cm hoher, trichter- oder trompetenförmiger Leistenpilz; Speisepilz, getrocknet als Würzpilz.
Totenwelt ↑Jenseits.
toter Winkel, Bez. für einen nicht erreichbaren oder einsehbaren Raum[winkel]bereich, z. B. bei der Beobachtung der rückwärtigen Fahrbahn im Rückspiegel.
Totes Gebirge, Gebirgsstock der Nördlichen Kalkalpen, im Steiermark und in Oberösterreich, bis 2515 m hoch.
Totes Meer, durch eine Halbinsel in zwei Becken geteilter Salzsee im Jordangraben (Jordanien und Israel), rd. 940 km², Wasserspiegel bei etwa 403,5 m u. M., tiefste Stelle 794 m u. M. Das Wasser ist extrem salzhaltig; Gewinnung von Kali-, Brom- und Magnesiumsalzen; Behandlung der Schuppenflechte in En Boqeq.
totes Rennen, unentschiedener Ausgang eines Lauf- oder Rennwettbewerbs.
Totila (Badwila), König der Ostgoten (541–552), †552, eroberte 546 Rom zurück, unterlag den Byzantinern unter Narses; fiel im Kampf gegen Narses bei Tadinae (Gualdo Tadino).

Toto [Kw. für Totalisator], Einrichtung zum Wetten im Fußball- und Pferdesport.
Totpunkt (toter Punkt), die Stellung eines Mechanismus, bei der eines seiner Glieder durch Richtungsumkehr kurzzeitig in Ruhe ist. Beim Kurbeltrieb von Kolbenmaschinen befindet sich der Kolben abwechselnd im *oberen T.* bzw. *im unteren Totpunkt.*
Tötung, vorsätzl. oder fahrlässige Vernichtung von Tier- und Menschenleben. Die T. von Tieren wird im Tierschutzgesetz geregelt; die grundlose T. von Wirbeltieren ist mit Freiheits- oder Geldstrafe bedroht.
Beim Menschen stehen als T.delikte Mord und Totschlag strafrechtlich im Vordergrund. *Mord* ist die durch bes. sozialeth. Verwerflichkeit charakterisierte vorsätzl. Tötung. Als die Verwerflichkeit kennzeichnende Mordmerkmale nennt § 211 StGB Tatmotive (Mordlust, Befriedigung des Geschlechtstriebs [sog. *Lustmord*], Habgier und sonstige niedrige Beweggründe), die Art der Tatausführung (heimtückisch, grausam, Verwendung von gemeingefährl. Mitteln) und Ziele der T. (um eine andere Straftat zu ermöglichen oder zu verdecken). Mord ist mit lebenslanger Freiheitsstrafe bedroht. Fehlen die Mordmerkmale, wird die vorsätzliche T. als *Totschlag* i. d. R. mit 5 bis 15 Jahren Freiheitsstrafe bestraft (§ 212 StGB). Für *fahrlässige T.* droht Freiheitsstrafe bis zu 5 Jahren oder Geldstrafe.
Tötung auf Verlangen, Tötung, zu der der Täter durch das ausdrückl. und ernstl. Verlangen des Getöteten bestimmt worden ist; wird mit Freiheitsstrafe von sechs Monaten bis zu fünf Jahren bestraft.
Toubkal, Djebel [frz. dʒebeltubˈkal], mit 4165 m höchster Berg des Hohen Atlas, Marokko.
Toul [frz. tul], frz. Stadt an der Mosel, Dép. Meurthe-et-Moselle, 17 000 E. Got. ehem. Kathedrale (13.–15. Jh.) mit

Toulon

Henri de Toulouse-Lautrec. Plakat für Moulin Rouge (1891)

Toulon
Stadtwappen

Kreuzgang; Kollegiatkirche Saint-Gengoult (13.–16. Jh.). – In der Antike *Tullum Leucorum;* wohl seit dem 4. Jh. Bischofssitz (bis 1802); erlangte im 13. Jh. Reichsfreiheit; Stadt und Bistum wurden 1552 von König Heinrich II. von Frankreich besetzt, 1648 endgültig an Frankreich abgetreten.
Toulon [frz. tuˈlõ], frz. Dép.-Hauptstadt an einer Bucht des Mitteländ. Meeres, 179 400 E. Universitätszentrum, Forschungszentrum für Ozeanographie; Schiffahrtsmuseum; Theater; Kriegshafen; Kathedrale (12./13., 17. und 18. Jh.), Tour Royale (16. Jh.). – In der Römerzeit *Telo Martius;* wegen seiner Purpurfärberei bekannt; 441–1801 Bischofssitz; kam 1481/86 mit der Gft. Provence an die frz. Krondomäne; im 17. Jh. Ausbau zum Kriegshafen; wurde nach 1815 der bedeutendste frz. Marinehafen (nach 1945 modernisiert).
Toulouse [frz. tuˈluːz], frz. Stadt an der Garonne und am Canal du Midi, 366 000 E. Hauptstadt der Region Midi-Pyrénées und des Dép. Haute-Garonne; Univ., Raumforschungszentrum, mehrere Museen; Rüstungs- und Luftfahrtindustrie. – Aus röm. Zeit stammen Reste der Stadtmauer, der Wasserleitung und eines Amphitheaters. Kathedrale (11.–16. Jh.), roman. Basilika Saint-Sernin (11./12. Jh.), barocke Basilika Notre-Dame-la-Daurade (18. Jh.), Rathaus (im 18. Jh. vollständig erneuert), Donjon (16. Jh.), zahlr. Palais des 16. und 17. Jahrhunderts. – T., das antike *Tolosa,* wurde um 250 Bischofssitz; 419 Hauptstadt des Tolosan. Reichs der Westgoten, 507 fränk., schließlich Vorort des Hzgt. und späteren Unter-Kgr. Aquitanien; seit dem 9. Jh. Sitz der Grafen von T., die ihre Herrschaft auf ganz S-Frankreich ausdehnten; 1271 der frz. Krondomäne einverleibt; 1317 wurde das Bistum T. Erzbistum.
Toulouse-Lautrec, Henri de [frz. tuluzloˈtrɛk], *Albi 24. 11. 1864, †Schloß Malromé (Gironde) 9. 9. 1901, frz. Maler und Graphiker (Lithographien). Fand, angeregt von E. Degas, P. Gauguin und dem japan. Holzschnitt, zu einem unverkennbaren Stil in der Darstellung der Pariser Halbwelt; neuartig waren seine Farblithographien, bes. Plakate, die durch ihn auf künstler. Niveau gehoben wurden.
Toupet [tuˈpeː; frz.], Teilperücke (für Herren).
Touraine [frz. tuˈrɛn], histor. Gebiet beiderseits der unteren Loire, Mittelpunkt Tours; bed. Fremdenverkehr zu den Loireschlössern.
Tour de France [frz. turdəˈfrãːs], im Radsport das berühmteste Etappenrennen für Berufsfahrer; 1903 zum ersten Mal ausgefahren. Der Streckenverlauf wird jährlich neu festgelegt (20–26 Etappen), Ziel ist Paris. Seit 1984 auch T. de F. der Frauen.
Tour de Suisse [frz. turdəˈsɥis], über 7–10 Etappen führende Radrundfahrt für Berufsfahrer in der Schweiz; wird seit 1933 jährlich im Juni durchgeführt.

Townes

Touré, Sékou [frz. tu're], *Faranah am oberen Niger 9. 1. 1922, † Cleveland (Ohio) 26. 3. 1984, guineischer Politiker. Ab 1958 Präs. des unabhängigen Guinea; setzte ein Einparteiensystem durch; war einer der Wortführer im Kampf gegen die weißen Minderheitsregierungen in Afrika.

Tourenwagen ['tu:rən...], im ↑Motorsport Rennwagen der Kategorie A.

Tourismus [tuˈrɪsmʊs; lat.-frz.-engl.] (Fremdenverkehr), das Reisen, der Reiseverkehr [in organisierter Form] zum Kennenlernen fremder Orte oder Länder und zur Erholung.

Tournai [frz. turˈnɛ] (niederl. Doornik), belg. Stadt an der Schelde, 66 700 E. Bed. Ind.-Zentrum. Roman.-got. Kathedrale (geweiht 1213/14), frühgot. Kirchen Saint-Nicolas und Saint-Jacques (12./13. Jh.); ehem. Tuchhalle (1610/11); Rathaus (1763); Beffroi (1188 ff.). – T., das röm. *Turis Nerviorum*, war um 440–486/487 polit. Mittelpunkt der sal. Franken (1653 Entdeckung des Childerichgrabes); 1188–1521 freie Stadt, berühmt v. a. im 14./15. Jh. durch Teppichherstellung und Malerschule (R. Campin, R. van der Weyden).

Tournier, Michel [frz. turˈnje], *Paris 19. 12. 1924, frz. Schriftsteller. Schreibt Romane, u. a. iron. Version des Robinsonstoffes in »Freitag oder Im Schoß des Pazifik« (R., 1967, 1973 u. d. T. »Freitag und Robinson im Bann der wilden Insel«). – *Weitere Werke:* Der Erlkönig (1970), Zwillingssterne (1975), Der Goldtropfen (1985).

Tours [frz. tu:r], frz. Stadt an der Loire, oberhalb der Chermündung, 132 200 E. Mittelpunkt der Touraine, Verwaltungssitz des Dép. Indre-et-Loire; Univ.; u. a. Maschinenbau. Kathedrale (13.–16. Jh.), got. Abteikirche Saint-Julien (13. Jh.) mit roman. Turm (12. Jh.); zahlr. Häuser und Palais (15. bis 17. Jh.). – T., das röm. *Caesarodunum*, war seit dem 3. Jh. Bischofs-, seit dem 9. Jh. Erzbischofssitz (1790–1801 nur Bistum); schon im frühen MA große Bedeutung als Kulturzentrum (insbes. ausgehend vom Kloster Saint-Martin), als Hauptstadt der Gft. und Prov. Touraine.

Tower [engl. ˈtaʊə] (T. of London), das älteste erhaltene Bauwerk und eines der Wahrzeichen Londons; als Festung um 1078–97 erbaut (White T.); später erweitert; bis 1820 Staatsgefängnis; heute Museum mit Waffensammlung im White T. und den Kronjuwelen im Wakefield Tower.

Tower [engl. ˈtaʊə; lat.-engl.] (Kontrollturm) ↑Flughafen.

Townes, Charles Hard [engl. taʊnz], *Greenville (S. C.) 28. 7. 1915, ameri-

Michel Tournier

Toulouse
Stadtwappen

Tours
Stadtwappen

Tower of London
(1078 ff.) und Tower Bridge (1886–94) in London

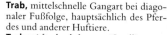

Charles Hard Townes

kan. Physiker. Konstruierte 1954 mit H. J. Zeiger und J. P. Gordon den ersten ↑Maser; beschrieb 1958 mit A. L. Schawlow die Bedingungen für die Anwendung des Maserprinzips bei opt. Frequenzen (↑Laser); 1964 Nobelpreis für Physik mit N. B. Bassow und A. M. Prochorow.

Toxämie (Toxikämie, Toxhämie) [griech.], 1) Veränderung des Blutbildes durch Giftstoffe.
2) die durch Giftstoffe verursachte Anämie *(Toxanämie, toxische Anämie).*
3) die Vergiftung des Blutes durch Bakterientoxine, z. B. bei Diphtherie *(Toxinämie).*

toxigen (toxogen) [griech.], in der *Medizin* für: 1. Giftstoffe erzeugend; 2. durch eine Vergiftung verursacht, auf Gifteinwirkung zurückzuführen.

Toxikologie, Lehre von den Giften und ihren Einwirkungen auf den Organismus; Teilgebiet der Pharmakologie.

Toxine [griech.], Gifte, die von Gifttieren, Giftpflanzen oder Bakterien ausgeschieden bzw. aus diesen freigesetzt werden; meist Proteine oder Lipopolysaccharide, die als Antigene wirken.

Toxizität [griech.], die je nach Applikationsart und Spezies unterschiedl., zum Vergleich auf eine Norm (Dosis letalis, DL) bezogene Giftigkeit einer Verbindung (als DL 50 bezeichnet man z. B. jene Dosis, bei der im Tierversuch 50% der eingesetzten Tiere nicht überleben).

toxogen, svw. ↑toxigen.

Toxoplasmose [griech.], meldepflichtige, durch *Toxoplasma gondii* (ein etwa 10 μm großes Sporentierchen) hervorgerufene, weit verbreitete Infektionskrankheit des Menschen und zahlr. Tierarten. Die Erscheinungen der akuten T. des Erwachsenen sind u. a. Unwohlsein, Fieber, Gelenkschmerzen, Lymphknotenschwellungen, am Auge Ader- und Netzhautentzündung sowie Gehirnhautentzündung. Bei Erstinfektion während der Schwangerschaft kommt es zu Früh- oder Totgeburten.

Toynbee, Arnold Joseph [engl. 'tɔɪnbɪ], *London 14. 4. 1889, † York 22. 10. 1975, brit. Historiker, Kulturtheoretiker und Geschichtsphilosoph. Schrieb u. a. »A study of history« (12 Bde., 1934–61), eine Darstellung aller Zivilisationen; knüpfte damit an O. Spenglers Morphologie der Weltgeschichte an.

Arnold Joseph Toynbee

Trab, mittelschnelle Gangart bei diagonaler Fußfolge, hauptsächlich des Pferdes und anderer Huftiere.

Trabant [tschech.], svw. ↑Satellit.

Traben-Trarbach, Stadt an der mittleren Mosel, Rheinl.-Pf., beiderseits der mittleren Mosel, 6200 E. Mittelmosel-Museum; Weinkellereien; Thermalheilbad im Ortsteil *Bad Wildstein.*

Traberkrankheit (Scrapie), infektiöse Krankheit der Schafe, die ähnlich wie BSE bei Rindern und dem Jakob-Creutzfeldt-Syndrom beim Menschen das Gehirn schwammartig zersetzt. Symptome sind Zittern und Krämpfe, später dann unsicherer Gang mit Anheben der Vorderbeine und Schwäche der Hinterbeine. Die Ursache ist noch unbekannt: Prionen (infektiöse Proteine) oder Viren mit unbekannten Eigenschaften werden diskutiert.

Trabrennen ↑Reitsport.

Trabzon ['trabzɔn] (früher Trapezunt), Hafenstadt an der östl. türk. Schwarzmeerküste, 156000 E. – Das im 7./6. Jh. v. Chr. gegr. *Trapezus* gehörte mit Mithridates VI. zum Kgr. Pontus; ab 64 n. Chr. röm.; ab 1204 Sitz des Kaiserreichs von Trapezunt; seit 1461 osmanisch.

Tracer [engl. 'treɪsə] (Leitisotop), für die ↑Indikatormethode verwendetes radioaktives Element bzw. Isotop.

Tracheen [griech.], 1) *Pflanzenphysiologie:* Elemente des Leitgewebes; ein die gesamte Pflanze durchziehendes Röhrensystem, das dem Transport von Wasser und der darin gelösten Nährsalze dient; meist tonnenförmige, abgestorbene, hintereinanderliegende Zellen.
2) *Tierphysiologie:* Atmungsorgane der Stummelfüßer, Spinnentiere, Tausendfüßer und Insekten. Häufig sind die T. zu *T. säcken* (T. blasen, *Luftsäcke)* erweitert, die als Luftreservoir dienen oder schallverstärkend wirken.

Tracheenlungen, svw. ↑Fächertracheen.

Tracheentiere (Röhrenatmer, Tracheaten, Tracheata), Unterstamm mit nahezu 800000 Arten vorwiegend auf dem Land, z. T. auch in Gewässern weltweit verbreitet, etwa 0,2 mm bis 33 cm langer Gliederfüßer; umfaßt Tausendfüßer und Insekten.

Tracheotomie [griech.] (Luftröhrenschnitt), operative Eröffnung der Luftröhre.

3498

Trägerfrequenztechnik

Trachom [griech.] (Conjunctivitis trachomatosa, ägypt. Augenkrankheit, Körnerkrankheit, granulöse Bindehautentzündung), v. a. in den Tropen und Subtropen endem. bis epidem., in gemäßigten Zonen meist sporadisch vorkommende anzeigepflichtige Infektionskrankheit (Erreger: Chlamydia trachomatis); Anzeichen; hartnäckige, akute bis chronische Bindehautentzündung; Auftreten sagokornartiger Follikel *(T. körner),* die platzen und unter Narbenbildung ausheilen.

Tracht, 1) *Ethnologie:* die verschiedenen Völkern *(National-T.),* Stämmen, Volksgruppen oder Ständen und Berufsgruppen *(Standes-T.)* eigentüml. Bekleidung. ↑Volkstrachten.
2) *Imkerei:* von Bienen, v. a. der Honigbiene, eingetragene Nahrung; insbes. Nektar, Pollen und Honigtau.
Trächtigkeit (Gestation), von der Befruchtung bis zur Geburt der Jungtiere dauernder Zustand weibl. Säugetiere. Die *T.dauer (Trag[e]zeit)* hängt i. d. R. von der Körpergröße der betreffenden Art ab.
Trachyt [griech.], graues oder rötl., meist poröses Ergußgestein, Hauptbestandteile: Kalifeldspat, Kalknatronfeldspat und Augit.
Track [engl. træk], **1)** *allg.:* (übl.) Route, Bahn, Seeweg.
2) *Technik:* Vorrichtung zur Übertragung von Zugkräften, z. B. Riemen, Bänder, Seile.
Tracy, Spencer [engl. ˈtreɪsɪ], *Milwaukee 5. 4. 1900, †Los Angeles-Hollywood 10. 6. 1967, amerikan. Schauspieler. Sein ausdrucksstarkes Spiel prägte zahlr. Filme, u. a. »Das siebte Kreuz« (1944), »Stadt in Angst« (1954), »Der alte Mann und das Meer« (1958), »Das Urteil von Nürnberg« (1961).
Trademark [engl. ˈtreɪdmɑːk], englische Bezeichnung für Warenzeichen; genießt internationalen gesetzlichen Schutz; auf Etiketten, in Anzeigen, Fachbüchern u. a. durch das Zeichen ® (= registered as trademark) kenntlich gemacht.
Trade Unions [engl. ˈtreɪd ˈjuːnjənz], allg. Bez. für die v. a. in Großbrit. entstandenen Gewerkschaften, i. e. S. für deren Dachverband Trades Union Congress (TUC), der 1868 in Manchester erstmals zusammentrat.

Tradition [lat.], das, was im Hinblick auf Kenntnisse, Fertigkeiten, Ideen, Kultur oder auch Verhaltensweisen von Generation zu Generation weitergegeben (und entwickelt) wird. – Seit der Aufklärung besteht ein Spannungsverhältnis zwischen *Traditionalismus* (Skepsis gegenüber Neuem) und der Idee des Fortschritts.
Religionsgeschichtlich sind T. in allen Gesetzes- und Kulturreligionen festzustellen. Die inhaltl. Entfaltung des T.begriffs führte in der *kath.* Kirche zur Deutung der T. als einer von der Hl. Schrift unabhängigen zweiten Offenbarungsquelle, die von den *reformator.* Kirchen aufgrund ihres Schriftprinzips abgelehnt wird.
Traetta, Tommaso, *Bitonto 30. 3. 1727, †Venedig 6. 4. 1779, italien. Komponist. Tätig in Venedig, Parma und Sankt Petersburg; mit über 40 Opern (u. a. »Ifigenia in Tauride«, 1763; »Antigona«, 1772) einer der erfolgreichsten Opernkomponisten seiner Zeit.
Trafalgar, Kap, span. Kap an der Atlantikküste sö. von Cádiz. – In der *Seeschlacht bei Trafalgar* siegte die brit. Flotte unter dem in der Schlacht gefallenen H. Nelson am 21. 10. 1805 entscheidend über die frz.-span. Flotte. Die brit. Seeherrschaft blieb hierdurch für über ein Jahrhundert gesichert.
Trafik [italien.-frz.], österr. svw. Tabak- und Zeitschriftenladen.
Trafo, Kw. für ↑Transformator.
Tragant [griech.-lat.], Gatt. der Schmetterlingsblütler mit rd. 1600, überwiegend in trockenen Gebieten der Nordhalbkugel, v. a. in Vorder- und Zentralasien, verbreiteten Arten; einheimisch ist u. a. die *Bärenschote* (über 1 m hoch, v. a. in lichten Wäldern); mehrere Arten liefern den für Klebstoffe, Emulsionen u. a. verwendeten *Tragant,* ein hornartig erhärtendes und gallertartig quellbares Produkt.
Tragblatt ↑Braktee.
Träger, in der *Bautechnik* ein meist waagerecht verlegtes, langgestrecktes Bauteil aus Holz, Stahl, Leichtmetall oder Stahlbeton zur Aufnahme von Kräften und deren Übertragung auf die Auflager.
Trägerfrequenz ↑Modulation.
Trägerfrequenztechnik, Teilbereich der Nachrichtentechnik; Verfahren und

Spencer Tracy

Tragant. Bärenschote

Trägerrakete

Geräte zur Übertragung einer Vielzahl von Nachrichten (v. a. Ferngespräche) gleichzeitig und unabhängig voneinander über einen einzelnen Nachrichtenübertragungsweg (Koaxialleitung, Richtfunkstrecke, Satellitenfunkverbindung) großer Frequenzbandbreite *(Frequenzmultiplexverfahren)*.

Trägerrakete, eine meist mehrstufige Rakete zum Transport von bemannten (Raumkapseln, -transporter) und unbemannten Raumflugkörpern (Satelliten, Raumsonden) ins All. Wichtige T. sind in den USA Delta, Saturn und Titan, in der UdSSR Sojus, Proton und Energija sowie die europ. Ariane.

Trägerwelle ↑Modulation.

Tragflügel (Flügel, Tragfläche) ↑Flugzeug.

Tragflügelboot (Tragflächenboot), Wasserfahrzeug mit starr oder klappbar angebrachten Tragflügeln unter dem Rumpf, die mit steigender Geschwindigkeit den Bootskörper durch ihren dynam. Auftrieb aus dem Wasser heben und so den Wasserwiderstand stark herabsetzen.

Trägheit, allg. die Eigenschaft eines [physikal. oder techn.] Systems, auf eine äußere Einwirkung verzögert zu reagieren. I. e. S. als *T. der Masse* (Beharrungsvermögen) das Bestreben jedes Körpers, seinen Bewegungszustand beizubehalten. Maß für die T. eines Körpers ist seine Masse bzw. bei Rotationsbewegungen sein Trägheitsmoment.

Trägheitsgesetz (Beharrungsgesetz, Trägheitssatz), das erste der drei Newtonschen Axiome der Mechanik, das bereits von G. Galilei und J. Kepler erkannt und formuliert wurde: Jeder Körper verharrt im Zustand der Ruhe oder der geradlinig-gleichförmigen Bewegung, solange keine äußere Kraft auf ihn einwirkt (und diesen Bewegungszustand ändert).

Trägheitskraft, diejenige Kraft, die ein Körper während eines Beschleunigungsvorgangs infolge seiner Trägheit der beschleunigenden Kraft entgegensetzt *(Trägheitswiderstand).*

Trägheitsmoment (Drehmasse), Maß für die Trägheit eines rotierenden Körpers bei Änderung der Rotationsgeschwindigkeit; entspricht der Masse bei Translationsbewegungen. Das T. eines Massenpunktes ist gleich dem Produkt aus seiner Masse und dem Quadrat seines Abstands von der Drehachse.

Trägheitsnavigation (Inertialnavigation), ein v. a. in der Luft- und Raumfahrt angewandtes Navigationsverfahren, bei dem die [Eigen]ortung mit Hilfe einer ständigen Registrierung der (während des Fluges infolge von Geschwindigkeits- und Richtungsänderungen auftretenden) Trägheitskräfte bzw. der ihnen proportionalen Beschleunigungen erfolgt.

Traghimmel ↑Baldachin.

Tragik [griech.], das in der Tragödie gestaltete Spannungsverhältnis eines ausweglosen Konflikts, der dem Helden zum Verhängnis wird und notwendig zum Untergang führt.

Tragikomödie [griech.-lat.], (heute bevorzugte) dramat. Gatt., die die Synthese von Tragischem und Komischem verkörpert.

Dargestellt wird ein Geschehen, das sich im Grenzbereich zwischen Komik und Tragik bewegt, so daß jederzeit das Komische ins Tragische umschlagen kann, oder in dem das Tragische durch die tragisch gebrochene Komik noch vertieft wird. Die Grenzen der T. zur satir. ↑Komödie, zum Rührstück, zum weinerlichen ↑Lustspiel und v. a. zur ↑Groteske sind fließend. – In der Geschichte der Dramentheorie findet sich die T. schon bei Plautus als die Mischung des Hohen der Tragödie mit dem Niederen der Komödie, aber erst in der Renaissance wurde sie als eigenständige Gattung anerkannt. In der neueren Literatur (seit der Jahrhundertwende) wird die T. im Sinne eines intensivierenden Zusammenfallens von Tragik

Tragflügelboot

vollgetauchte Tragflügel

halbgetauchte Tragflügel

und Komik und in der Annäherung an die Groteske, als eine dem modernen Bewußtsein adäquate dramat. Form empfunden. ↑Drama, ↑Komödie.

Traglufthalle, Halle aus luftdichten Stoffen, die – ohne sonstige Unterstützung – durch einen geringen Überdruck der Innenluft getragen wird; Luftschleuse als Eingang oder Einfahrt.

Tragödie [griech.], neben der ↑Komödie die wichtigste Gattung des europ. ↑Dramas, für die das Tragische konstituierendes Element ist. Die dichter. Gestaltung der Tragik als Darstellung eines ungelöst bleibenden trag. Konflikts löste sich aus dem religiösen [griech.] Ursprung und wechselte mit den Epochen; konstant blieben jedoch die existentiellen Fragen der Menschheit über die Problematik von Freiheit und Notwendigkeit, Charakter und Schicksal, Schuld und Sühne, Mensch und Gott, Ich und Welt. Im Drama der Gegenwart scheint die T. nicht mehr möglich, bevorzugt wird die (absurde, groteske) Tragikomödie oder auch die trag. Farce.

Trägspinner (Wollspinner, Schadspinner, Nonnenspinner, Lymantriidae), mit rd. 3000 Arten (davon 17 einheim.) weltweit verbreitete Fam. meist nachtaktiver, mittelgroßer Schmetterlinge; die teilweise mit bürstenartigen Haarbüscheln auf der Rückenmitte und seitl. Haarpinseln *(Bürstenraupen)* versehenen Raupen sind oft gefürchtete Wald- oder Gartenschädlinge (z. B. ↑Nonne).

Tragwerk, 1) *Architektur:* System aus Trägern oder anderen Bauelementen, das darauf wirkende Kräfte (Lasten) auf das Auflager überträgt. Man unterscheidet zw. *Stabtragwerken* (aus Balken, Stäben und Stützen) und *Flächentragwerken* (meist Platten, Roste u. a.).
2) *Luftfahrttechnik:* ↑Flugzeug.

Trailer ['tre:lər; engl. 'treɪlə; lat.-engl.], 1) *Fahrzeugtechnik:* Anhänger; Einachsanhänger zum Transport kleinerer Boote.
2) *Film:* kurzer, aus einigen Szenen eines Films zusammengestellter Vorfilm, der als Werbung für diesen Film gezeigt wird.

Trainee [treɪˈniː; engl.], jemand (bes. ein Hochschulabsolvent), der innerhalb eines Unternehmens im Rahmen eines T.-Programms eine prakt. Ausbildung in verschiedenen Abteilungen durch-

Trakehner

Trakehner (Widerristhöhe 162 bis 168 cm)

läuft und auf eine meist leitende Tätigkeit in einer dieser Abteilungen vorbereitet wird.

Training ['tre:nɪŋ; lat.-engl.], planmäßige Durchführung eines Programms von allg. und sportartspezif. Übungen zur Verbesserung der körperl. Leistungsfähigkeit, Kondition und Technik, einschließlich der psychol. Schulung und Einstellung auf den Wettkampf (↑Circuittraining).

Trajan (Marcus Ulpius Traianus), *Italica (beim heutigen Sevilla) 18. 9. 53, † Selinus (kilik. Küste, beim heutigen Gazipaşa) 8. 8. 117, röm. Kaiser (seit 98). 97 von Nerva adoptiert und zum Caesar ernannt. 101/102 und 105/106 eroberte T. Dakien, 106 annektierte er das Gebiet der Nabatäer als Prov. Arabia. Im Partherkrieg (ab 113/114) wurden Armenien, Mesopotamien und Assyrien Provinzen. Seine Außenpolitik war strategisch und wirtschaftlich begründet, im Innern blieb der Staat politisch und sozial stabil; seine umfangreiche Bautätigkeit dokumentieren u. a. T.forum und T.thermen in Rom.

Trajanssäule, marmorne Ehrensäule für Kaiser Trajan in Rom, vollendet 113 (Höhe 29,60 m). Um den Schaft zieht sich spiralförmig ein (urspr. bemaltes) Reliefband von über 200 m Länge (Darstellung der Dakerkriege von 101/102 und 105/106); seit 1588 durch eine Petrusstatue gekrönt.

Trajekt [lat.], svw. Fährschiff, Fähre.

Trakehner (Ostpreuß. Warmblutpferd), nach dem Ort Trakehnen (russ. Jasnaja Poljana) ben. edelste Rasse dt. Warmblutpferde aus Ostpreußen; 162–168 cm Widerristhöhe, elegante Renn-, Spring- und Dressurpferde von lebhaftem Tem-

Trakl

Georg Trakl

perament; hauptsächlich Füchse und Braune.

Trakl, Georg, *Salzburg 3. 2. 1887, † Krakau 3. 11. 1914, österr. Dichter. Militärapotheker; starb im Lazarett an einer Überdosis Kokain. Einer der bedeutendsten Lyriker des Expressionismus, u. a. »Sebastian im Traum« (hg. 1915), »Gesang des Abgeschiedenen« (hg. 1933), »Offenbarung und Untergang« (lyr. Prosadichtungen, hg. 1947).

Trakt [lat.], **1)** *allg.:* Zug, Strang; Gesamtlänge (z. B. Darmtrakt).
2) *Bauwesen:* Gebäudeteil, Flügel.

Traktandengesetz, in der *Politikwissenschaft* und der Soziologie eine Gesetzmäßigkeit, nach der die Zahl der Tagesordnungspunkte (Traktanden) umgekehrt proportional zur Häufigkeit von Versammlungen, zur Zahl der Teilnehmer und zur Dauer einer Veranstaltung ist. Die erste Ableitung der T. besagt, daß die Zahl der Teilnehmer einer Versammlung mit zunehmender Dauer derselben immer geringer wird.

Traktat [lat.], schriftl. Behandlung eines religiösen, moral. oder wiss. Problems (Abhandlung); Streitschrift; abschätzig für eine tendenziöse Publikation.

Traktor [lat.-engl.], svw. ↑Schlepper.

Traktur [lat.], bei der ↑Orgel die Verbindung zw. den Tasten und den Spiel- oder Tonventilen.

Traminer [nach dem Ort Tramin (italien. Tremeno)] ↑Rebe (Rebsorten, Übersicht).

Tramp [tremp; engl.], umherziehender Gelegenheitsarbeiter.

Trampeltier ↑Kamele.

Trampolin [italien.], Sprunggerät für sportl., artist. Darbietungen; besteht aus einem Rohrrahmen, an dem mit Gummi- bzw. Stahlfedern ein aus Nylonbändern geflochtenes und vernähtes Sprungtuch angebracht ist. Die Elastizität des Sprungtuches erlaubt 5–6 m hohe Sprünge.

Trampschiffahrt [tremp...], Seeschiffahrt auf nicht regelmäßig befahrenen Routen zw. [beliebig festzusetzenden] Häfen.

Tran, v. a. von Walen und Robben, z. T. auch von Fischen gewonnene, dickflüssige Öle. ↑Lebertran.

Trance ['trã:s(ə); lat.-engl.], Sammelbez. für eingeengte (schlafähnl.) Bewußtseinszustände wie etwa bei Benommenheit, Schlafwandeln, Hypnose, Ekstase oder meditativer Entrückung; verbunden mit nachfolgender Erinnerungslosigkeit.

Tranche ['trã:ʃə; frz.], Teilbetrag einer Wertpapieremission, der entweder in gewissen Zeitabständen oder zu gleicher Zeit in verschiedenen Ländern aufgelegt wird.

tranchieren (transchieren) [trã'ʃi:rən; frz.], Wild und Geflügel sachgerecht zerlegen; Fleisch in Scheiben schneiden.

Tränen ↑Tränendrüsen.

Tränendes Herz (Herzblume, Frauenherz), Gatt. der Mohngewächse mit 17 Arten im westl. China und in N-Amerika; Stauden mit roten, gelben oder weißen Blüten; bekannteste Art ist *Flammendes Herz (Tränende Herzblume, Brennende Liebe;* herzförmige, meist rosafarbene hängende Blüten).

Tränendrüsen, Tränenflüssigkeit absondernde Drüsen bei Reptilien (außer Schlangen), Vögeln und Säugetieren. – Beim *Menschen* liegen die T. als etwa bohnengroßer Drüsenkomplex jeweils hinter dem äußeren, oberen Rand der Augenhöhlen. Das Sekret (tägl. Menge etwa 1–3 ml) ist wäßrig, schwach salzig (rd. 660 mg Natriumchlorid pro 100 ml) und in geringem Umfang proteinhaltig; es wird über zahlr. Ausführgänge in die Bindehautfalte des oberen Augenlids ausgeschieden und dann mit Hilfe des Lidschlags über die Hornhaut des Auges (die dabei angefeuchtet und gereinigt wird) nach dem inneren Augenwinkel hin befördert. Von dort aus fließt die Tränenflüssigkeit über eine kleine Öffnung in die beiden zu einem unpaaren Gang zusammenlaufenden *Tränenkanälchen (Tränenröhrchen)* und dann in den

Tränendes Herz. Flammendes Herz

Tränendrüse und Tränenwege

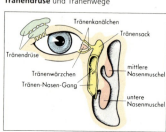

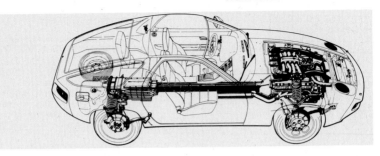

Transaxle-Bauweise bei einem Porsche 928

Tränensack ab. Dieser bildet die Verlängerung des *Tränen-Nasen-Gangs,* der in den unteren Nasengang mündet. – Die Absonderung der Tränenflüssigkeit erfolgt unter nervaler Steuerung; sie kann unter psych. Einfluß (Schmerz, Trauer, Freude) so stark werden, daß die Tränenflüssigkeit (beim *Weinen*) in Form von *Tränen* über die Lidränder abläuft.

Tränenreizstoffe, meist leicht flüchtige chem. Substanzen (v. a. halogenierte Kohlenwasserstoffe), die zu einer starken Absonderung von Tränenflüssigkeit führen; z. B. *Tränengas* (u. a. α-Chloracetophenon, Benzylbromid). In der Küchenzwiebel ist Thiopropionaldehyd enthalten.

Trani, italien. Hafenstadt in Apulien, 45 800 E. Seebad. Roman. sind die Kathedrale (1094 ff.) und die Kirchen Ognissanti und San Francesco (beide 12. Jh.). – Seit etwa 500 Bischofssitz; im 12./13. Jh. ein Stützpunkt der stauf. Macht in Unteritalien.

Tranninhplateau [...pla_,to:] (Ebene der Tonkrüge), Hochland in N-Laos, am NW-Ende der Küstenkette von Annam.

Tranquilizer [engl. 'træŋkwılaızə; lat.-engl.] (Tranquillanzien, Ataraktika), Gruppe von Psychopharmaka mit vorwiegend dämpfender Wirkung, die zur Beseitigung nichtpsychotischer Angst-, Spannungs- und Erregungszustände sowie der durch sie bedingten Schlafstörungen verwendet werden.

tranquillo [italien.], musikal. Vortragsbez.: ruhig.

trans..., Trans... [lat.], Vorsilbe mit der Bedeutung »quer, durch – hindurch, hinüber, jenseits«.

Transactinoide (Transaktinidenelemente), die auf das letzte Actinoid Lawrencium (Ordnungszahl 103) folgenden Elemente der Ordnungszahlen 104 bis 121, von denen bisher nur die Elemente 104 bis 111 künstlich hergestellt werden konnten. Die für diese Elemente von ihren Entdeckern vorgeschlagenen Trivialnamen sind nicht offiziell anerkannt. Die für die chem. Nomenklatur zuständige internat. Kommission (IUPAC) schlägt stattdessen für die T. eine systemat. Namensgebung vor, die sich unter Verwendung von griech. Zahlwortstämmen auf die jeweilige Ordnungszahl bezieht, also für die Elemente 104 bis 111: Unnilquadium, Unnilpentium, Unnilhexium, Unnilseptium, Unniloctium, Unnilennium, Ununnilium und Unununium. Des weiteren existieren seit 1995 von der IUPAC empfohlene Trivialnamen († Periodensystem der chemischen Elemente). Mit der Ordnungszahl 122 setzen die (hypothet.) *Superactinoide* ein.

Transaminasen [Kw.] (Aminotransferasen), Enzyme (Transferasen) in pflanzl. und tier. Geweben, die Aminogruppen übertragen.

Transaminierung, die Übertragung von Aminogruppen durch †Transaminasen; bed. für die Verknüpfung des Proteinstoffwechsels mit dem Kohlenhydrat- bzw. mit dem Fettstoffwechsel.

Transaxle-Bauweise [engl. træns-'æksəl; lat.-engl./dt.], Kfz-Konstruktion mit Frontmotor und Getriebe an der Hinterachse (= Antriebsachse); dadurch wird eine gleichmäßigere Gewichtsverteilung auf Vorder- und Hinterachse erreicht.

Transcoder, Zusatzbauteil für Farbfernsehgeräte, der die Farbartsignale eines Systems (z. B. SECAM) in die eines anderen Systems (z. B. PAL) umwandelt und so mit einem Gerät den Empfang

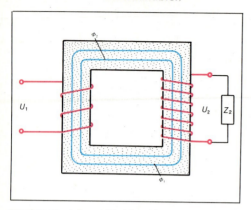

Transformator. Aufbau und Funktionsweise eines Einphasentransformators (schematisch): U_1, U_2 Klemmenspannungen der auf den Schenkeln des geschlossenen Eisenkerns befindlichen Primär- und Sekundärwicklung; Φ_1, Φ_2 die von den in den Wicklungen fließenden Strömen induzierten magnetischen Flüsse; Z_2 Wechselstromwiderstand eines angeschlossenen Verbrauchers

zweier nach unterschiedl. Normen arbeitender Farbfernsehsysteme ermöglicht.

Transdanubien, das Gebiet Ungarns westlich der Donau.

Transduktion [lat.], die Übertragung genet. Materials von einer Bakterienzelle auf eine andere durch bestimmte ↑Bakteriophagen.

Transfer [lat.-engl.], 1) *Pädagogik:* (Lernübertragung, Mitlernen) die gegenseitige Beeinflussung von zwei oder mehreren Lernvorgängen, wenn diese ident. Elemente aufweisen oder die Übertragung von Einsichten und Methoden von einem auf andere Bereiche selbst geübt wird.
2) *Tourismus:* Überführung, z. B. vom Flugzeug zum Hafen oder Hotel.
3) *Wirtschaft:* Wertübertragung im zwischenstaatl. Zahlungsverkehr.

Transferasen [lat.], Sammel-Bez. für ↑Enzyme, die Molekülteile reversibel von einem Molekül auf ein anderes übertragen.

Transfereinkommen, Einkommen, die ein Empfänger ohne ökonom. Gegenleistung erhält, z. B. Stipendien für Studenten und Schüler, Kindergeld, karitative Leistungen der Kirchen, Sozialhilfe, Renten.

Transferstraße, Fertigungsstraße, bei der Bearbeitung und Weitertransport des Werkstücks automatisch erfolgen (v. a. bei der Kfz-Montage).

Transfluxor [lat.], ein aus dem ringförmigen Ferritkern entwickeltes magnet. Schalt- bzw. Speicherelement (z. B. in elektron. Datenverarbeitungsanlagen), bei dem sich vier verschiedene Zustände realisieren lassen.

Transformation [lat.], 1) *allg.:* svw. Umwandlung, Umformung, Umgestaltung.
2) *Mathematik:* eine Abbildung, die eine Menge auf sich bzw. in eine andere Menge abbildet (z. B. Koordinatentransformation).

Transformator [lat.] (Kurzwort Trafo; Umspanner), zu den elektr. Maschinen zählendes Gerät zur Erhöhung oder Herabsetzung der elektr. Spannung von Wechselströmen. Der *Einphasen-T.* besteht aus zwei Spulen, einer *Primärspule* oder *-wicklung* (Windungszahl N_1) und einer *Sekundärspule* oder *-wicklung* (Windungszahl N_2), die auf die Schenkel eines geschlossenen Eisenkerns (Joch) gewickelt sind *(Kerntransformator).* Die Wirkungsweise des T. beruht auf der elektromagnet. Induktion: Der in der Primärspule fließende Wechselstrom (Primärstrom) induziert in der Sekundärspule einen magnet. Fluß Φ_1, der Strom in der Primärspule einen magnet. Fluß Φ_2. Die Spannungen U_2 und U_1 von Sekundärspule bzw. Primärspule stehen im Verhältnis N_2/N_1 der Windungszahlen. In der *Nachrichtentechnik* heißt ein T. *Übertrager,* in der *Meßtechnik Meßwandler;* in der *Starkstromtechnik* werden vorwiegend *Drehstrom-T.* verwendet.

Transfusion [lat.], 1) *Chemie:* die Diffusion von Gasen durch eine poröse Scheidewand.
2) *Medizin:* svw. ↑Bluttransfusion.

transgene Organismen, gentechnisch veränderte Organismen, die in jeder ihrer Zellen ein neues, fremdes Gen tragen, so daß man dessen Funktion in jeder zellulären Umgebung untersuchen kann.

Transgression [lat.], Vordringen eines Meeres auf ein Festland.

Transhimalaja ↑Himalaja.

Transistor

Transistor [Kw. aus engl. **trans**fer resi**stor** »Übertragungswiderstand«], Halbleiterbauelement, das elektr. Ströme und Spannungen verstärken und als Steuer- und Schaltelement dienen kann. Die *bipolaren T.* bestehen jeweils aus drei verschieden dotierten, wenige µm dicken elektronen- (n-) bzw. löcher- (p-)leitenden Bereichen eines Halbleitereinkristalls (aus Silicium, Germanium oder Galliumarsenid) mit zwei dazwischen befindlichen p-n-Übergängen (↑Halbleiter), wobei je nach Anordnung der Bereiche ein *npn-Transistor* oder ein *pnp-Transistor* vorliegt. Man bezeichnet die beiden äußeren Bereiche gleichen Leitungstyps als *Emitter[zone]* und *Kollektor[zone]*, den sehr dünnen Bereich vom anderen Leitungstyp als *Basis[zone];* die entsprechenden Anschlüsse werden auch kurz als *Emitter, Kollektor* und *Basis* bezeichnet. – Bei entgegengesetzter Polung von Emitter-Basis- und Kollektor-Basis-Spannung sind die beiden p-n-Übergänge in *Durchlaßrichtung* oder – bei Umkehr beider Spannungen – in *Sperrichtung* gepolt, d. h., der T. kann als Schalter wirken. Eine Verstärkerwirkung läßt sich bei Bipolar-T. durch folgende drei Verstärkerschaltungen *(T.grundschaltungen)* erreichen: 1. die *Emitterschaltung* bewirkt bei einer kleinen Spannungsänderung im Emitter-Basis-Kreis eine sehr viel größere Spannungsänderung am Arbeitswiderstand in der Kollektorzuleitung (bis zu 10^3-fache Spannungsverstärkung); 2. die *Basisschaltung* wird zur Spannungsverstärkung (10^4- bis 10^5-fach) in Hochfrequenzschaltungen verwendet; 3. die *Kollektorschaltung* dient häufig als Impedanzwandlerschaltung; sie ermöglicht eine Stromverstärkung, aber keine Spannungsverstärkung. – Der mit Hilfe der *Planartechnik* (abwechselndes Ätzen und Aufdampfen unterschiedlich leitender Schichten) hergestellte *Planar-T.* ist ein sehr stabiler bipolarer T.; damit er durch eine kleine Kollektor-Basis-Kapazität auch gute HF-Eigenschaften hat, wird auf ein niederohmiges Grundscheibchen eine hochohmige Schicht aufgebracht *(Epitaxial-Planartransistor)*. Bei den *unipolaren T.* ist nur eine Ladungsträgerart am Verstärkermechanismus beteiligt; der Stromfluß wird allein von den Majoritätsträgern besorgt und mit Hilfe eines elektr. Feldes *(Feldeffekt-T.;* Abk. *FET)* gesteuert, dessen Feldlinien quer zur Stromrichtung verlaufen. Die Emitter und Kollektor [bei einem bipolaren T.] entsprechenden Anschlüsse werden hier als *Quelle (Source, s-Pol)* und *Senke (Drain, d-Pol),* die Steuerelektrode als *Tor (Gate, g-Pol)* bezeichnet. Die drei Grundschaltungen bezeichnet man als *Source-, Gate-* und *Drain-Schaltung.* – Die Ausführungsformen des unipolaren T. unterscheiden sich folgendermaßen: Beim *Sperrschicht-*

Transistor. Schematischer Aufbau und Schaltsymbol eines pnp-Transistors (**1**) und eines npn-Transistors (**2**)

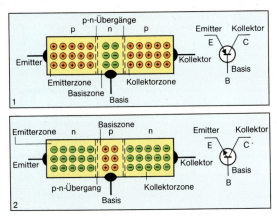

Transit

oder *Junktion-Feldeffekt-T.* (Abk. *SFET* oder *JFET*) wird der Stromkanal zw. Quelle und Senke mit Hilfe der Sperrschichten zw. dem Kanal und dem umgebenden Material verändert und damit der Stromfluß gesteuert. Beim *Oberflächen-FET* ist die metall. Steuerelektrode vom dotierten Halbleitereinkristall durch eine Isolatorschicht, meist eine Siliciumdioxidschicht, getrennt; entsprechend heißen diese T. *MOS-Feldeffekt-T.* (*MOSFET;* MOS, Abk. für engl. **m**etal **o**xid **s**ilicon).

Transit [lat.], Durchfuhr von Waren und Beförderung von Personen von einem Staat in einen anderen durch das Hoheitsgebiet eines dritten Staates.

transitiv [lat.], bezeichnet in der *Sprachwiss.* Verben, die in einem Satz ein direktes Objekt (normalerweise im Akkusativ) nach sich ziehen und ein persönl. Passiv bilden können, z. B. *ich schreibe einen Brief.* – Ggs. ↑intransitiv.

transitorische Aktiva, Rechnungsabgrenzungsposten in der Bilanz für Ausgaben des alten Geschäftsjahres, die bei der Bilanzierung der folgenden Rechnungsperiode zuzurechnen sind.

Transjordanien, der östlich des Jordan gelegene Teil Jordaniens.

Transkarpatien, Gebiet in der Ukraine, am Oberlauf der Theiß, 12 800 km², 1,2 Mio. E, Hauptstadt Uschgorod. – Kam 1919 als autonomes Gebiet Karpato-Rußland zur ČSR (1938 Bundesland). Im Nov. 1938 erhielt Ungarn den südl. Teil, im Juni 1939 ganz T.; im Juni 1945 trat die wiederhergestellte ČSR das Gebiet an die Sowjetunion ab.

Transkaukasien, Teil Kaukasiens südlich des Großen Kaukasus, Armenien, Aserbaidschan, Georgien.

Transkaukasische SFSR, 1922–36 Sowjetrepublik in Transkaukasien, Zusammenschluß der Sowjetrepubliken Armenien, Aserbaidschan und Grusinien, die 1936 jeweils den Status einer SSR erhielten.

Transkei, aus drei Teilgebieten bestehendes ehem. südafrikan. Homeland der Xhosa, 43 798 km², 2,88 Mio. E, Hauptstadt Umtata. – 1963 innere Selbstverwaltung; 1976 als erstes Bantuheimatland von Südafrika formal unabhängig, jedoch von keinem Staat außer Südafrika anerkannt; 1994 Südafrika eingegliedert.

Transkription [lat.], 1) *allg.:* i. w. S. jede Übertragung einer Schrift in eine andere (z. B. eine phonet. Umschrift: König [ˈkøːnɪç]), i. e. S. die Wiedergabe von Texten in fremder Schrift mit lautlich ungefähr entsprechenden Zeichen der eigenen Schrift. ↑Transliteration.
2) *Molekulargenetik:* »Umschreibung« der in der DNS codierten genet. Information in eine RNS-Kopie.
3) *Musik:* die Bearbeitung eines Musikstücks für eine andere als die ursprüngliche Besetzung.

Translation [lat.], 1) *allg.:* geradlinig fortschreitende Bewegung eines Körpers.
2) *Molekulargenetik:* ↑Proteinbiosynthese.

Transleithanien, zw. 1867 und 1918 inoffizielle Bez. für die ungar. Reichshälfte Österreich-Ungarns (östlich der Leitha).

Transliteration [lat.], buchstabengetreue Umsetzung eines in einer Buchstabenschrift geschriebenen Textes in eine andere Buchstabenschrift, evtl. unter Verwendung diakrit. Zeichen, so daß der Text mit Hilfe einer T.tabelle korrekt in die Originalschrift zurückübertragen werden kann. ↑Transkription.

Transmission [lat.], 1) *Physik:* Durchgang von [Licht]strahlen durch ein Medium ohne Frequenzänderung.
2) *Technik:* Vorrichtung zur Kraftübertragung von einer Antriebsmaschine auf mehrere Arbeitsmaschinen (Gruppenantrieb), bestehend aus Wellen mit Riemenscheiben, über die Treibriemen laufen.

Transmissionsgrad [lat.] (Durchlässigkeit), in der *Optik* das Verhältnis von hindurchgelassener zu der auf das transparente Medium auftreffenden Lichtintensität; der Kehrwert wird als *Opazität* bezeichnet.

Transmissometer [lat./griech.], Gerät zur Messung der Transmission (Lichtdurchlässigkeit) der Atmosphäre bzw. zur Ermittlung der Sichtweite auf Flughäfen.

Transmitter [lat.-engl.], allg. svw. Übertrager, Übertragungsmittel bzw. -anlage; auch Sender, Sendestation.

Transoxanien, ältere Bez. für das Gebiet um Buchara und Samarkand.

Transparent [lat.-frz.], [öffentlich angebrachtes, mitgeführtes] Spruchband.

Transparenz [lat.], Durchsichtigkeit, [Licht]durchlässigkeit; Klarheit, Durchschaubarkeit.

Transpiration [lat.], bei *Pflanzen* die physikalisch und physiologisch gesteuerte Abgabe von Wasserdampf (Verdunstung) durch die Spaltöffnungen auf den Blattunterseiten als Schutz gegen Überhitzung bei starker Sonneneinstrahlung; kann bei Bäumen bis 50 l, maximal bei starker Sonneneinstrahlung bis 400 l, bei Kräutern bis etwa 1 l pro Tag betragen. – Bei Tieren und Menschen ↑Schweißsekretion.

Transplantation [lat.], operative Übertragung von Zellen, Geweben *(Gewebsverpflanzung)* oder Organen *(Organ-T.)* innerhalb eines Organismus *(Auto-T.)* oder von einem Organismus auf den anderen. Die Auto-T. findet breite Anwendung z. B. bei der Übertragung von Haut, Nervenfasern und Gefäßen. Die *Homo-T.* (vom Menschen auf den Menschen) wird bei der Übertragung von Blutkonserven, Hornhauttransplantaten, konservierten Blutgefäßen und Knochen sowie schließlich bei der Übertragung ganzer Organe angewendet. Dabei waren T. von Nieren am erfolgreichsten, auch Empfänger von fremden Herzen überlebten mehrere Jahre, während Versuche von Leber-T. bislang am wenigsten Erfolg hatten. Die Erfolge einer T. hängen von der Gewebsverträglichkeit zw. Spender und Empfänger ab. Diese ist am größten, je enger die genet. Verwandtschaft ist. Bei Gewebsunverträglichkeit kommt es zur Abstoßung des Transplantats.

Transpluto, ein möglicherweise existierender Planet jenseits der Plutobahn.

Transponder [Kw. aus lat.-engl. **trans**mitter (»Sender«) und res**ponder** (»Antwortgeber«)] (Abfragegerät, -funkfeuer, Antwortgerät, -funkfeuer), aus einem Funkempfänger und einem ihm nachgeschalteten Sender bestehende nachrichtentechn. Anlage, die Funksignale einer Sendestation aufnimmt, verstärkt und mit veränderter Trägerfrequenz wieder abstrahlt.

transponieren [lat.], ein Musikstück in eine andere Tonart versetzen (unter Beibehaltung von Intervallfolge, Rhythmus und Metrum).

transponierende Instrumente, [Blas]instrumente, die in der Partitur in anderer Tonhöhe notiert werden als sie erklingen. Dabei wird die Naturskala des Instruments, z. B. der Klarinette in A, als C-Dur notiert. T. I. sind u. a. Englischhorn, Waldhorn, Kornett und Flügelhorn. Es gibt auch Oktavtranspositionen, z. B. für Piccoloflöte und Kontrabaß.

Transportgefährdung, Beeinträchtigung der Sicherheit des Schienenbahn-, Schwebebahn-, Schiffs- oder Luftverkehrs, z. B. durch Zerstörung oder Beschädigung der Anlagen, Errichtung von Hindernissen; mit Freiheitsstrafe bis zu fünf Jahren oder Geldstrafe bedroht.

Transportschnecke, svw. Schneckenförderer (↑Fördermittel).

Transposon [lat.], bewegl. genet. Element, das aus einer Position in einem DNS-Molekül in eine andere selbständig übertragen wird. Die schnelle Resistenzentwicklung von Bakterien gegenüber Antibiotika z. B. beruht auf einem Austausch von Resistenzgenen, die als T. von einem Resistenzfaktor auf einen anderen überwechseln können.

Transputer [...ˈpjuːtə, engl.], Mikroprozessoren mit eigenem Arbeitsspeicher, die durch spezielle Kanäle miteinander kommunizieren können. Der Aufbau von T.-Netzwerken ermöglicht eine parallele Datenverarbeitung.

Transrapid, Bez. für eine in Deutschland entwickelte ↑Magnetschwebebahn, die bis zur Jahrtausendwende neben Eisenbahn, Flugzeug und Kfz in das dt. Verkehrsnetz aufgenommen werden soll (erste geplante Strecke Hamburg–Berlin). Der T07 Europa erreichte auf der Versuchsanlage im Emsland techn. Einsatzreife (Rekordgeschwindigkeit 435 Km/h).

Transsexualität [lat.], psychische Identifizierung mit dem Geschlecht, das dem eigenen körperlichen Geschlecht entgegengesetzt ist (↑Geschlechtsumwandlung).

Transsibirische Eisenbahn (Transsib), eine 9 300 km lange Eisenbahnlinie in Rußland zw. Moskau und Wladiwostok; die längste Eisenbahnstrecke der Erde wurde 1891–1916 erbaut; Fahrtdauer für Personenzüge: sieben Tage; entlastet wird die T. E. durch die neue ↑Baikal-Amur-Magistrale.

Transsilvanien ↑Siebenbürgen.

Transsubstantiation

Transvaal. Abel-Erasmus-Paß im Osten

Transsubstantiation, in der *kath. Theologie* eine seit dem 12. Jh. gebräuchl. Bez. für die Lehre von der Realpräsenz des ganzen und ungeteilten Christus in der Eucharistie in den beiden Gestalten von Brot und Wein, nach der in der Messe im Glauben die Substanz von Brot und Wein durch *Konsekration* in die von Leib und Blut Christi »verwandelt« wird. Die *Reformatoren* sprechen statt von T. von ↑Konsubstantiation.

Transurane, die im Periodensystem der chem. Elemente auf das Uran (Ordnungszahl 92) folgenden, stets radioaktiven Elemente, von denen nur einige Nuklide der Elemente Neptunium, Plutonium, Americium und Curium in geringsten Mengen natürlich vorkommen. In wachsendem Maß werden T. in der Technik verwendet, z. B. das Plutoniumisotop Pu 239 als Kernbrennstoff und Pu 238 als Energiequelle von Nuklidbatterien und Herzschrittmachern. Die T. bis zum Lawrencium (Ordnungszahl 103) bilden mit den Elementen Thorium, Protactinium und Uran die Gruppe der ↑Actinoide; die folgenden Elemente heißen ↑Transactinoide.

Transvaal, ehemalige Prov. im NO der Republik Südafrika, 262 499 km², 7,53 Mio. E, Hauptstadt Pretoria. – Das Gebiet des ehem. T. fiel bei der Neugliederung der Republik Südafrika 1994 an die Provinzen Nordwesten, Nord-T., Ost-T. und Pretoria-Witwatersrand-Vereeniging (PWV).

Transversale [lat.] (Treffgerade, Sekante), eine Gerade, die eine geometr. Figur schneidet.

Transvestismus (Transvestitismus) [lat.], das Bedürfnis, Kleider und Verhalten des anderen Geschlechts anzunehmen; Spielart des ↑Fetischismus, überwiegend bei heterosexuell orientierten Männern *(Transvestiten).*

Trans World Airlines Inc. [engl. 'trænz 'wə:ld 'ɛəlaɪnz ɪn'kɔ:pəreɪtɪd], Abk. **TWA,** amerikan. Luftverkehrsgesellschaft, Sitz Kansas City, gegr. 1926.

transzendent [lat.], die Grenzen der Erfahrung und der sinnlich erkennbaren Welt überschreitend; in der *Mathematik* svw. nicht algebraisch.

transzendental [lat.], **1)** in der [neu]scholast. Philosophie (oft auch *transzendent*) im Sinne von überschreitend in bezug auf die Grenzen der Kategorien, Gattungs- und Artbestimmungen gebraucht.
2) bei Kant dasjenige, was der Erfahrung als apriorische Bedingung einer mögl. Erkenntnis vorausgeht, diese aber nicht überschreitet.

Transzendentale Meditation, Abk. **TM,** aus dem Hinduismus hervorgegangene, von dem ind. Mönch Maharishi Mahesh Yogi 1958 in Madras gegr. Meditationsbewegung. Mit Hilfe einer Meditationssilbe (»Mantra«) sollen höhere Bewußtseinszustände sowie eine Steigerung der Lebensmöglichkeiten erreicht werden.

Transzendentalphilosophie, bei Kant eine erkenntniskrit. Wiss., die »aller Metaphysik notwendig vorhergeht« und die die apriorischen Bedingungen untersucht, die – unabhängig von aller Erfahrung – Erkenntnis von Gegenständen ermöglichen.

transzendente Zahl, Zahl, die sich nicht als Lösung einer algebraischen Gleichung darstellen läßt, z. B. die Zahl e = 2,71828... (Basis der natürl. Logarithmen) und die Ludolphsche Zahl π = 3,14159... (↑Pi).

Transzendenz [lat.], im Ggs. zur ↑Immanenz das jenseits des Bereichs der (sinnl.) Erfahrung und ihrer Gegenstände Liegende.

Trapani, italien. Prov.-Hauptstadt in NW-Sizilien, 73 100 E. Salinen, Weinkellereien, Schiffbau. Barocke Kathedrale (17./18. Jh.), gotisch sind die Kirchen Sant'Agostino und die Wallfahrtskirche Santuario dell'Annunziata (barockisiert).

Trapez [griech.], **1)** *Geometrie:* ein ebenes Viereck mit zwei parallelen, aber nicht gleich langen Seiten.
2) *Sport:* (Schaukelreck) Turngerät für Schwungübungen.

Trapezunt ↑Trabzon.

Trappen (Otididae), mit den Kranichen nah verwandte Fam. etwa haushuhn- bis truthahngroßer Bodenvögel (Standhöhe 30 bis 110 cm) mit über 20 Arten, v. a. in ausgedehnten Feldern, Steppen und Halbwüsten Eurasiens und Afrikas (eine Art in Australien); u. a.: *Großtrappen,* bis 100 cm lang, in Eurasien; *Riesentrappen* (Koritrappe), bis 130 cm lang, in den Steppen O- und S-Afrikas; *Zwerg-Trappen,* etwa 30 cm lang, in den Mittelmeerländern, O-Europa und W-Asien.

Trapper [engl.], Bez. für einen nordamerikan. Fallensteller oder Pelztierjäger.

Trappisten (Zisterzienser der strengen Observanz und Reformierte Zisterzienser; lat. **O**rdo **C**isterciensium **R**eformatorum seu **S**trictioris **O**bservantiae, Abk. OCSO, und **O**rdo **C**isterciensium **R**eformatorum, Abk. OCR), Angehörige des 1664 im Kloster La Trappe (bei Alençon) von Jean Le Bouthillier de Rancé (*1626, †1700) gegr. Reformzweigs der Zisterzienser, der in strengster Askese, absolutem Stillschweigen und tägl. Feldarbeit lebt; 1892 endgültige Abtrennung vom Zisterzienserorden. – Seit 1689 weibl. Zweig *(Trappistinnen).*

Trapschießen [engl./dt.] ↑Schießsport.

Trasimenischer See, mit 128 km² größter See auf der Apenninenhalbinsel, westlich von Perugia. – 217 v. Chr. besiegte hier Hannibal die Römer.

Trassant [lat.-italien.], Aussteller eines gezogenen Wechsels.

Trassat [lat.-italien.], Bezogener eines gezogenen Wechsels.

Trasse [lat.-frz.], geplante Linienführung eines Verkehrsweges, einer Versorgungsleitung u. a.; die *Trassierung,* die Festlegung einer T., ist wesentl. Teil der Bauvorarbeiten.

Trastámara (Burgund-T.) ↑Burgund.

Tratte [lat.-italien.], gezogener Wechsel, im kaufmänn. Sprachgebrauch meist für einen [noch] nicht akzeptierten Wechsel.

Trappen.
Oben: Großtrappe ♦
Unten: Riesentrappe

Traube

Traube, 1) *allg.:* Bez. für den Fruchtstand der Weinrebe, der morphologisch jedoch eine Rispe ist.
2) *Botanik:* ↑Blütenstand.
Traubenhyazinthe (Träubelhyazinthe), Gatt. der Liliengewächse mit rd. 50 Arten im Mittelmeergebiet (einige Arten in Deutschland eingebürgert); Zwiebelpflanzen mit in Trauben stehenden Blüten; Gartenzierpflanzen.
Traubenkirsche (Ahlkirsche), im gemäßigten Eurasien heim. Rosengewächs; Strauch oder kleiner Baum mit wohlriechenden, weißen Blüten in überhängenden Trauben.
Traubenwickler, Bezeichnung für zwei Schmetterlingsarten der Fam. Wickler; ihre Raupen fressen als *Heuwürmer* an Knospen und Blüten, als *Sauerwürmer* an Beeren eingesponnener Trauben der Weinstöcke.
Traubenzucker, svw. ↑Glucose.
Trauerflor (Flor), schwarzes Band, das als Zeichen der Trauer am Mantelärmel, Hut oder Mantelaufschlag getragen oder auch an einer Fahne oder Flagge befestigt wird.
Trauermantel, etwa 8 cm spannender Tagschmetterling in Eurasien und N-Amerika; Flügel oberseits samtig braunschwarz mit gelbem bis weißem Außenrand, davor eine Reihe hellblauer Flecke; Dornraupen schwarz mit roten Rückenflecken, gesellig an Weiden und Birken.
Trauermücken (Lycoriidae), weltweit verbreitete, über 500 Arten umfassende Fam. kleiner, meist schwärzl. Mücken an feuchten, schattigen Orten; Larven führen z. T Massenwanderungen aus *(Heerwurm).*
Trauerschnäpper ↑Fliegenschnäpper.
Trauerspiel ↑Drama.
Trauerweide ↑Weide.
Traufe, die untere Kante eines schrägen Daches; aus der Dachrinne abfließendes Regenwasser.
Traugespräch, Bez. für den Brautunterricht der ev. Kirchen; entspricht dem kath. ↑Brautexamen.
Traum, i. e. S. Bez. für Phantasieerlebnisse vorwiegend opt. und akust. Art während des Schlafs; i. w. S. Bez. für etwas Unwirkliches oder Ersehntes bzw. für etwas eigentlich unvorstellbar Großartiges. – Neuere Untersuchungen belegen, daß alle Menschen und auch höherentwickelte Tiere träumen: Besonderheiten des T. (im Unterschied zum Wachbewußtsein) sind: Vorherrschen des Emotionalen, mangelnde Scheidung zw. Umwelt und Ich, unklare Zeit- und Ortsbegriffe, assoziatives Denken und mehr- bzw. vieldeutige Bilder als T.inhalte.
Älteste Zeugnisse der T.deutung sind ägypt. Papyri aus der Zeit um 2000 v. Chr. In der Antike (z. B. AT, Homer) galten T. als göttl., gelegentlich auch als dämon. Eingebungen, die insbes. als Weissagung für die Zukunft ausgelegt wurden. – Die moderne T.forschung leitete S. Freud ein; nach ihm wird der T. durch drei Elemente gebildet: nächtl. Sinneseindrücke, Tagesreste (Gedanken und Vorstellungen, die mit dem aktuellen Tagesgeschehen zusammenhängen) und »Verdrängtes«; letzteres ist nach Freud entscheidend. – Wichtigste Ergebnisse der empir.-biolog. T.forschung sind: Jeder Mensch träumt, und zwar meist drei- bis sechsmal pro Nacht in Phasen von 5 bis 40 Minuten. Beim T. treten Augenbewegungen (REM-Phase des ↑Schlafs), leichte Muskelspannungen, unregelmäßiges Atmen und sexuelle Erregungen auf; mehr als 50% aller T. enthalten Auszüge aus dem Vortag (»Tagesreste«).
Trauma [griech.] (Verletzung), **1)** durch plötzl. äußere Einwirkung auf den Organismus entstehender körperl. Schaden.
2) starke seel. Erschütterung, die im Unbewußten noch lange wirksam ist.

Traubenkirsche.
Blühender Zweig und fruchtender Zweig

Traun, rechter Nebenfluß der Donau, mündet bei Linz, 153 km lang.
Traunsee, See im oberösterr. Salzkammergut, 24,5 km².
Traunstein, Kreisstadt im Vorland der Chiemgauer Alpen, Bayern, 16 900 E. Barocke Pfarrkirche Sankt Oswald (17. Jh.), frühbarocke Salinenkapelle (1630).
Träuschling, Lamellenpilz-Gatt. mit über zehn einheim. Arten, darunter der *Riesen-T.* (Hut gelb bis rötlich-braun, bis 25 cm breit, auf moderndem Laub oder Stroh; Speisepilz) und der häufige und auffällige, eßbare *Grünspan-T.* (in lichten Wäldern).
Trautonium, eines der ersten und histor. wichtigsten ↑elektronischen Musikinstrumente, vor 1930 von dem dt. Ingenieur Friedrich Trautwein [* 1888, † 1956] konstruiert.
Trauzeuge, der Zeuge bei der Eheschließung; T. sollen volljährig, eidesfähig und im Besitz der bürgerl. Ehrenrechte sein.
Travée [tra've:; frz.], svw. Gewölbejoch (↑Joch).
Travellerscheck [engl. 'trɛvələr...], svw. ↑Reisescheck.
Travemünde ↑Lübeck.
Traven, B., * San Francisco (?) 25. 2. 1882 (?) oder * Chicago (?) 3. 5. 1890 (?), † Mexiko 26. 3. 1969, Schriftsteller. Starb unter dem Namen B. T. Torsvan alias Hal Croves; vielleicht identisch mit einem unter dem Pseud. *Ret Marut* 1908–15 in München tätigen Theaterschauspieler und Regisseur. Marut war Mgl. der 1. bayer. Räteregierung in München; danach Flucht nach Mexiko. Schrieb sozialkrit. Romane; u. a. »Das Totenschiff« (1926), »Der Schatz der Sierra Madre« (1927), »Die Rebellion der Gehenkten« (1936).
Travers, Pamela [engl. 'trævəz], * in Queensland (Australien) 1906, engl. Jugendschriftstellerin austral. Herkunft. Verfasserin der phantast.-humorvollen Kinderbuchserie um Mary Poppins.
Travers [tra've:r, tra'vɛrs; lat.-frz.], Bez. für den Seitengang des Pferdes im Dressurreiten.
Traverse [lat.-frz.], in der Technik Bez. für einen quer [zum Hauptteil] verlaufenden Bauteil, z. B. einen Querträger.
Traversflöte, svw. ↑Querflöte.
Travertin ↑Kalksinter.

Travestie [lat.-frz.-engl.], literarisches Genre, das die Verspottung eines bekannten literar. Werkes durch Wiedergabe seines Inhalts in grob veränderter Stillage intendiert; mit der ↑Parodie verwandt.
Trawl [engl. trɔ:l] ↑Schleppnetz.
Trawler [engl. 'trɔ:lə] ↑Fischerei.
Treasury [engl. 'trɛʒərɪ; frz.-engl.], Bez. für das brit. Finanzministerium; seit Mitte des 19. Jh. selbständiges Ministerium unter dem Chancellor of the Exchequer. Den Titel *First Lord of the Treasury* führt traditionsgemäß der brit. Premierminister.
Treatment [engl. 'tri:tmənt; lat.-engl.] ↑Drehbuch.
Treblinka, poln. Ort am Bug, in der Woiwodschaft Ostrołęka; im 1942 von der SS errichteten Vernichtungslager von T. wurden bis Okt. 1943 (Zerstörung durch die SS) zw. 700 000 und 900 000 v. a. poln. Juden (mehr als 300 000 aus dem Warschauer Ghetto) ermordet.
Trecento [italien. tre'tʃɛnto »300« (Abk. für 1300)], Bez. für das 14. Jh. in Italien.
Treck [niederdt.], Zug, Auszug; bes. die Auswanderungszüge der Buren aus der Kapkolonie seit 1835 *(Großer T.);* auch Bez. für die nach W führenden Züge der nordamerikan. Siedler sowie für die Flüchtlingszüge aus dem O Deutschlands gegen Ende des 2. Weltkriegs und danach.
Trecker [niederdt.], svw. ↑Schlepper.
trefe, svw. ↑treife.

Traubenwickler. Einbindiger Traubenwickler (Körperlänge 7–8 mm)

Träuschling. Grünspanträuschling (Hutbreite 2–8 cm)

B. Traven

Trauermantel. Links: Imago (Spannweite 7 cm) ◆ Rechts: Raupe (Länge bis 5,4 cm)

Treibarbeit. Ringkragen, irische Arbeit (8. Jh. v. Chr.; London, Victoria and Albert Museum)

Treibarbeit. Detail des Elisabethschreins in der Elisabethkirche in Marburg; in Kupfer getrieben und vergoldet (um 1240)

Treff [frz.] ↑Spielkarten.

Treffgerade, svw. ↑Transversale.

Trefulka, Jan, *Brünn 15. 5. 1929, tschech. Schriftsteller und Literaturkritiker. Hatte ab 1969 Publikationsverbot; schreibt Erzählungen und Romane (u. a. »Der verliebte Narr«, 1978).

Treibarbeit (getriebene Arbeit), Technik der Goldschmiedekunst, bei der die Form aus dem Gold- und Silberblech (auch Kupfer, Messing, Bronze) herausgetrieben wird; die ganze Hohlform wird über einem Pechblock o. ä. aufgezogen, die Festigkeit verleihenden Reliefs über dem Amboß gehämmert. T. waren in Mykene (Goldmasken), Ägypten wie in der Hallstattkultur, bei den Skythen wie in der antiken Metallbearbeitung verbreitet. Im MA wurde insbes. liturg. Gerät in dieser Technik hergestellt.

Treibeis, auf Flüssen, Seen oder dem Meer driftende Eisschollen.

Treibgase, 1) brennbare Gase zum Antrieb von Verbrennungsmotoren. 2) ↑Spray.

Treibhaus, heizbares ↑Gewächshaus.

Treibhauseffekt, in Treibhäusern zur Temperaturerhöhung ausgenutzte Erscheinung, daß normales Glas zwar die energiereiche UV-Strahlung der Sonne passieren läßt, nicht jedoch Wärmestrahlung (Infrarotstrahlung). Die in Wärmeenergie umgewandelte UV-Strahlung führt deshalb in dem betreffenden Raum zur Temperaturerhöhung. – In der Erdatmosphäre bewirken v. a. die Kohlendioxidmoleküle einen vergleichbaren Temperaturanstieg, weil sie die Rückstrahlung der eingestrahlten Sonnenenergie in den Weltraum behindern (ohne den T. würde die mittlere Temperatur auf der Erde bei etwa −31 °C liegen). Die im Verlauf der industriellen Entwicklung ständig gestiegene Emission von Kohlendioxid (CO_2) durch den weltweit angestiegenen Energieverbrauch führten zu einem Anstieg des CO_2 in der Atmosphäre, aus dem eine Erhöhung der mittleren globalen Durchschnittstemperatur resultieren könnte.

Treibjagd, *Jägersprache:* eine Jagdart, bei der das Wild v. a. durch Hilfspersonen *(Treiber)* aufgescheucht und den Schützen zugetrieben wird.

Treibmittel (Treibgase), 1) gasförmige oder sich zu gasförmigen Substanzen zersetzende Stoffe, die bei der Herstellung von Schaumstoffen zugegeben werden.

2) svw. ↑Triebmittel zur Teiglockerung.

3) svw. Schießmittel (↑Sprengstoffe).

Treibsand (Mahlsand), in der Meeresströmung leicht bewegl. Feinsand an Flachküsten.

treife [hebr.-jüd.] (trefe), unrein, verboten; bezieht sich im Judentum auf jede rituell unreine und deswegen verbotene Speise. – Ggs. ↑koscher.

Treitschke, Heinrich von, *Dresden 15. 9. 1834, †Berlin 28. 4. 1896, dt. Historiker und polit. Publizist. Prof. in Freiburg im Breisgau, Kiel, Heidelberg und Berlin; 1886 Historiograph des preuß. Staates; 1858–63 Mitarbeiter und 1866–89 Redakteur der Preuß. Jahrbücher; 1871–84 MdR (Gegner des Sozialismus). Für das Kaiserreich forderte T. die Stärkung der obrigkeitsstaatl. Regierung gegenüber dem Parlament und eine aggressive Weltpolitik mit kolonialen Erwerbungen. Schrieb u. a. die unvollendete »Dt. Geschichte im 19. Jh.« (1879).

Trema [griech.], Bez. für zwei Punkte, die nebeneinander als diakrit. Zeichen über einem Buchstaben stehen, oft um anzugeben, daß zwei Vokale getrennt zu sprechen sind, z. B. frz. Zaïre [za'iːr(ə)].

Tremolo [italien.], bei Musikinstrumenten das schnelle Wiederholen eines

Tones. Beim Gesang bedeutet T. im Unterschied zu ↑Vibrato Intensitätsschwankungen der Stimme ohne Tonhöhenveränderung.

Tremor [lat.] (Zittern), durch rasch aufeinanderfolgende Kontraktionen antagonist. (gegensinnig wirkender) Muskeln (bzw. Muskelgruppen) hervorgerufene schnelle Bewegungen einzelner Körperteile; u. a. bei Kälte, als Folge von Nervenkrankheiten (z. B. multiple Sklerose, Parkinson-Krankheit), ferner bei Vergiftungen und bei psych. Belastungen.

Trenchcoat [engl. 'trɛntʃkəʊt], zweireihiger [Regen]mantel.

Trenck, 1) Franz Freiherr von der, *Reggio di Calabria 1. 1. 1711, † auf dem Spielberg bei Brünn 4. 10. 1749, österr. Offizier preuß. Herkunft. 1749 von einem österr. Kriegsgericht wegen der Grausamkeit seines Reiterkorps (Panduren) im 1. und 2. Schles. Krieg zum Tode verurteilt, dann zu lebenslängl. Haft begnadigt.
2) Friedrich Freiherr von der, *Königsberg 16. 2. 1726, † Paris 25. 7. 1794, preuß. Offizier und Abenteurer. Vetter von Franz Frhr. v. d. Trenck. Als Ordonnanzoffizier Friedrichs d. Gr. 1745 wahrscheinlich wegen Spionage auf der Festung Glatz inhaftiert. 1754–63 nochmals inhaftiert; 1794 in Paris als österr. Spion hingerichtet.

Trend [engl.], Grundrichtung einer sich über längere Zeiträume erstreckenden (statistisch erfaßten) Entwicklung.

Trenker, Luis, *Sankt Ulrich (Südtirol) 4. 10. 1892, † Bozen 13. 4. 1990, Filmschauspieler, -regisseur und Schriftsteller. Bekannt v. a. durch sog. Bergfilme: u. a. »Der Rebell« (1932), »Der verlorene Sohn« (1934), »Sein bester Freund« (1962); auch Reportage- und Fernsehfilme, Romane und Erzählungen.

Trennschärfe (Selektivität), bei Funkempfängern insbes. die für einen ungestörten Empfang nötige Unterdrückung von Frequenzen, die der eingestellten Empfangsfrequenz benachbart sind.

Trennungsentschädigung, Ausgleich für Mehrkosten, die einem Arbeitnehmer dadurch entstehen, daß er aus dienstl. Gründen nicht bei seiner Familie wohnen kann.

Trennung von Tisch und Bett, nach *röm.-kath. Kirchenrecht* Bez. für die Aufhebung der ehel. Lebensgemeinschaft, durch die jedoch die Ehe nicht gelöst wird.

Trense [span.-niederl.] ↑Zaum.

Trentino-Südtirol, norditalien. autonome Region in den Z- und S-Alpen, 13 619 km², 935 000 E, Hauptstadt Trient. – Zur Geschichte ↑Südtirol.

Trenton [engl. trɛntn], Hauptstadt des Staates New Jersey (seit 1790), USA, am Delaware River, 92 100 E. Motorfahrzeug-, Maschinenbau; Hafen.

Treponemen [griech.], zu den Spirochäten gehörende Bakterien; sind bei Säugetieren (einschließlich dem Menschen) parasitierende Erreger u. a. der Syphilis.

Trepper, Leopold, *Nowy Targ 23. 2. 1904, † Jerusalem 19. 1. 1982, poln. Widerstandskämpfer. Aus jüd. Familie; seit 1936 im sowjet. Geheimdienst, baute in W-Europa ein Agentennetz auf; leitete mit der sog. Roten Kapelle die wichtigste Organisation des sowjet. Geheimdienstes; 1947 in Moskau zu 15 Jahren Haft verurteilt; 1954 rehabilitiert; durfte 1973 von Polen (seit 1957) nach Israel ausreisen.

Tresckow, Henning von [...ko], *Magdeburg 10. 1. 1901, † bei Ostrów Mazowiecka 21. 7. 1944 (Selbstmord), dt. General (seit 1944) und Widerstandskämpfer. Nach mehreren fehlgeschlagenen Attentatsversuchen seiner Widerstandsgruppe auf Hitler 1943/44 mit Stauffenberg führend an der Planung für den Umsturz beteiligt.

Tresor [griech.-frz.], aus Stahlblech bzw. Panzerstahl *(Panzerschrank),* oft mit Doppelwand und einer Zwischenschicht aus Beton oder Hartklinker hergestellter, mit Sicherheitsschlössern (z. B. Kombinations- oder Zeitschlössern), oft auch mit elektr. Alarmvorrichtungen versehener Stahlschrank zur diebstahlsicheren und feuerfesten Aufbewahrung von Geld *(Geldschrank),* Wertsachen, Dokumenten u. a.; ein getrennt verschließbares Fach innerhalb

Tremolo.
a Schreibung,
b Ausführung

Luis Trenker

Treviso.
Fresko des Tommaso da Modena im Kapitelsaal des ehemaligen Dominikanerklosters; 1352

eines T.raums wird als *Safe* oder *Schließfach* bezeichnet (z. B. zur Aufbewahrung von Wertgegenständen eines Bankkunden).

Tresse [frz.], Litze mit Metallfäden als Kleidungsbesatz oder zur Rangbezeichnung auf Uniformen.

Trester, nach dem Auspressen (Keltern) von Früchten verbleibende Maische; Rückstand bei der Bereitung von Wein *(Trauben-T.)* und Obstwein *(Obst-T.);* dient u. a. zur Herstellung von T.wein und T.branntwein *(Grappa)* und zur Pektingewinnung.

Tretjakow, Sergei Michailowitsch [russ. trıtjı'kɔf], * Kuldīga (Lettland) 20. 6. 1892, † 9. 8. 1939 (in Haft), russ. Schriftsteller. Wurde 1937 verhaftet; 1956 rehabilitiert; schrieb u. a. das Agitationsdrama »Brülle China!« (1926).

Treuepflicht, i. w. S. die sich aus dem Arbeitsverhältnis ergebenden, über den reinen Austausch von Arbeit gegen Vergütung hinausgehenden Verpflichtungen der Parteien des Arbeitsvertrages. ↑Fürsorgepflicht.

Treuhand, Ausübung oder Verwaltung fremder Rechte *(Treugut)* durch eine Person *(Treuhänder, Treunehmer)* im eigenen Namen, aber in schuldrechtl. Bindung gegenüber demjenigen, dem die Rechte an sich zustehen *(Treugeber).* Kennzeichnend für T.verhältnisse ist, daß dem Treuhänder nach außen mehr Befugnisse übertragen werden, als er im Verhältnis zum Treugeber ausüben darf.

Treuhandanstalt, Abk. **THA,** am 1. 3. 1990 als »Anstalt zur treuhänder. Verantwortung des Volkseigentums ('T.)« gegründete, zum 1. 1. 1995 von der ↑Bundesanstalt für Vereinigungsbedingte Sonderaufgaben abgelöste bundesunmittelbare Anstalt des öffentlichen Rechts unter Aufsicht des Bundes-Min. für Finanzen. Ihre Aufgabe war es, im Zuge des Einigungsprozesses von DDR und BR Deutschland (Vertrag über die Währungs-, Wirtschafts- und Sozialunion vom 18. 5. 1990, Einigungsvertrag vom 31. 8. 1990) die früheren volkseigenen Betriebe auf dem Gebiet der ehemaligen DDR zu privatisieren, wettbewerblich zu strukturieren und gegebenenfalls stillzulegen. Sitz war Berlin (mit Nebenstellen in sämtl. Bezirken der ehemaligen DDR). Die T. wurde von einem neunköpfigen Vorstand mit einem Präsidenten (März bis Juni 1990 P. Moreth, Juli–Aug. 1990 R. Gohlke, Aug. 1990–April 1991 D.K. Rohwedder, April 1991 bis Dez. 1994 Birgit Breuel) an der Spitze geleitet. Im Verwaltungsrat, der den Vorstand wählte, waren die fünf neuen Bundesländer durch je ein Mgl. vertreten; der Vors. und die übrigen 15 Mgl. wurden von der Bundesregierung gewählt. Mit der Umwandlung aller staatl. Unternehmen der DDR in Kapitalgesellschaften zum 1. 7. 1990 wurde die T. alleiniger Kapitaleigner dieser Unternehmen. Der aus den Kombinaten und volkseig. Betrieben hervorgegangene Bestand umfaßte zunächst (1990) rd. 8 000 Unternehmen und wuchs durch Entflechtung und Aufspaltung auf (1993) 12 100 Unternehmen. Für den Großteil der Unternehmen gelangen vollständ. bzw. zumindest Teilprivatisierungen (Veräußerungen von mehr als 50% des Kapitals).

Treuhandgebiete (Trust territories), Territorien, die gemäß Art. 75–91 der UN-Charta unter Aufsicht der UN von einer Treuhandmacht verwaltet werden.

Treuhandgeschäfte, entgeltl. Übernahme von Treuhandschaften, im Bankwesen insbes. die Vermögensverwaltung.

Treu und Glauben, allgemeiner Rechtsgrundsatz, nach dem von jedem ein redliches, das Vertrauen des Partners nicht mißbrauchendes Verhalten gefordert wird.

Treverer (lat. Treveri), german.-kelt. Mischvolk etwa zw. Ardennen, Eifel und Hunsrück. Die T. unterwarfen sich Cäsar; in röm. Zeit war ihr Hauptort Augusta Treverorum (heute Trier).

Treviso [tre'vi:zo], italien. Prov.-Hauptstadt in Venetien, 84 500 E. Museen; u. a. Keramikindustrie. Dom (11./12., 15./16. Jh.) mit roman. Krypta, Fresken von Pordenone und Gemälde Tizians. Bed. Paläste und Bürgerhäuser mit Arkaden und Fassadenmalerei. – Seit 396 als Bischofssitz bezeugt; seit dem 12. Jh. freie Kommune und Mgl. des Lombardenbundes; gehörte 1339 bis 1797 zu Venedig, dann bis 1866 zu Österreich.

Trevithick, Richard [engl. 'treviθik], *Illogan (Cornwall) 13. 4. 1771, † Dartford (Kent) 22. 4. 1833, brit. Ingenieur. Konstruierte um 1800 einen Dampfwagen und 1803/04 die erste Dampflokomotive.

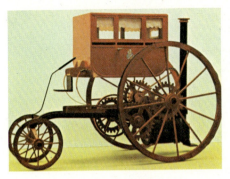

Richard Trevithick. Dampfwagen (um 1800; London, Science Museum)

tri..., Tri..., Bestimmungswort von Zusammensetzungen mit der Bedeutung »drei«.

Triac [Kw. aus engl. **tri**ode **a**lternating **c**urrent switch »Trioden-Wechselstromschalter«] ↑Thyristor.

Trial-and-error-Methode ['traɪələndərə... »Versuch und Irrtum«], (idealisiertes) Lernverfahren für solche Situationen, bei denen 1. ein Ziel feststeht, 2. eine Reihe von alternativen Lösungsversuchen möglich ist, von denen unbekannt ist, welche zum Erfolg führt, und 3. bekannt ist, daß sie alle gleich wahrscheinlich erfolgreich (bzw. erfolglos) sind. In solchen Situationen sind beliebige Lösungsversuche zu unternehmen, bis nach irrtüml. Versuchen die erste erfolgreiche Wahl getroffen ist.

Trialsport ['traɪəl...; engl.], fahrtechn. Geschicklichkeitsprüfung für Motorradfahrer. Befahren werden Steilhänge, Wasser-, Geröll-, Sand- und Schlammstrecken.

Triangel [lat.], idiophones Schlaginstrument in der Form eines Stahlstabs, der zu einem gleichseitigen, an einer Ecke offenen Dreieck gebogen ist und mit einem geraden Metallstab angeschlagen wird.

Triangulierung [lat.] (Triangulation), geodät. Verfahren zur Bestimmung der Lage von Punkten auf der Erdoberfläche. Bei der T. wird ein aus möglichst gleichseitigen Dreiecken bestehendes Festpunktnetz festgelegt. Die Länge der Dreiecksseiten und damit die Lage der Festpunkte (*trigonometr. Punkte,* Abk. TP) kann ausgehend von einer Basislinie bestimmt werden.

Triangulum [lat. »Dreieck«] ↑Sternbilder (Übersicht).

Trianon [frz. tria'nõ], zwei Lustschlösser im Park von Versailles: *Grand T.,* 1687/88 von J. Hardouin-Mansart für Madame de Maintenon erbaut; *Petit T.,* 1764–68 von J.-A. Gabriel für Ludwig XV. erbaut. – Am 4. 6. 1920 wurde in Grand T. der *Friede von Trianon* zur Beendigung des 1. Weltkrieges zw. den Alliierten und Ungarn als einem Rechtsnachfolger der Donaumonarchie abgeschlossen. Ungarn verlor über $2/3$ seines Staatsgebiets an Rumänien, Jugoslawien und die Tschechoslowakei.

Trias [griech. »Dreiheit«], ältestes System des Erdmittelalters, ausgebildet als *german. T.* (kontinentale Ablagerungen) und *alpine T.* (marine Sedimente). ↑Geologie (Übersicht Erdzeitalter).

Triaspolitik, die polit. Bestrebungen im Dt. Bund, durch ein aus den Klein- und Mittelstaaten gebildetes »drittes Deutschland« dem österr.-preuß. Dualismus entgegenzuwirken.

Triathlon [griech. »Dreikampf«], Ausdauer-Mehrkampf aus Schwimmen (3,8 km), Radfahren (180 km) und Laufen

Tribadismus

Triberg im Schwarzwald. Triberger Wasserfälle

Trichterwinde

(über die Marathondistanz von 42,195 km) an einem Tag; entstand um 1977 auf Hawaii.

Tribadismus [griech.] (Tribadie), ↑Homosexualität unter Frauen.

Tribalismus [lat.], die Stammesbezogenheit gesellschaftl. und polit. Verhaltens in afrikan. Staaten; führt häufig zu ethn. Konflikten (z. B. zw. Hutu und Tutsi in Ruanda bzw. Burundi).

Triberg im Schwarzwald, Stadt im Gutachtal, unterhalb der Triberger Wasserfälle, Bad.-Württ., 6000 E. Heilklimat. Kurort. Spätbarocke Wallfahrtskirche Maria in der Tanne (1700–05).

Tribun [lat.], Amtsbezeichnung im röm. Staats- und Militärwesen. Die *tribuni militum (Militärtribune)* waren die Stabsoffiziere der Legion. Das wichtigste Amt lag bei den zehn *tribuni plebis (Volkstribune),* die die Plebejer gegenüber dem Senat vertraten. Sie waren vor Strafverfolgung geschützt, besaßen ein Vetorecht gegen magistrat. Akte und Senatsbeschlüsse sowie das Recht, Plebiszite herbeizuführen. Seit Augustus war die tribuniz. Gewalt (tribunicia potestas) wesentl. Teil der kaiserl. Amtsgewalt.

Tribunal [lat.], im antiken Rom der erhöhte Amtsplatz der Magistrate auf dem Forum Romanum, wo u. a. Recht gesprochen wurde; danach [frz.] Bez. für [hoher] Gerichtshof; auch häufig Bez. für ein polit. Sondergericht, z. B. das frz. Revolutions-T. (1793–95) oder das Internationale Militär-T. (1945/46).

Tribüne [lat.-roman.], meist schräg nach hinten ansteigende, z. T. überdachte Tragkonstruktion für Zuschauer[sitzplätze] in Sportstadien u. ä.

Tribus [lat.], Aushebungs-, Wahl- und Steuerbezirk der röm. Bürgerschaft.

Tribut [lat.], 1) *Geschichte:* bis in die Neuzeit Bez. für Geld- oder Sachleistungen der Besiegten an den Sieger.
2) *übertragen:* Opfer, Beitrag; schuldige Verehrung, Hochachtung.

Trichine [griech.-engl.], parasit., etwa 1,5 (♂) bis 4 mm (♀) langer Fadenwurm im Menschen und in fleisch- sowie in allesfressenden Säugetieren (z. B. Schweine, Ratten und viele Raubtierarten). Durch den Verzehr von trichinösem Fleisch (mit im Muskelgewebe eingekapselten T.) gelangen T. in den Darm *(Darm-T.),* wo sie geschlechtsreif werden. Die Larven gelangen über das Blutgefäßsystem in stark durchblutete Muskeln *(Muskel-T.).* Dort entwickeln sie sich, werden von dem Wirtsgewebe eingekapselt und bleiben viele Jahre lebensfähig. Der Genuß trichinenhaltigen Fleisches ruft beim Menschen die sog. *Trichinose* (Trichinenkrankheit), eine schwere, oft tödlich verlaufende Infektionskrankheit, hervor. Infektionsquelle ist trichinenhaltiges rohes oder ungenügend gekochtes Schweine- und Wildschweinfleisch. Als Verhütungsmaßnahme dient die ↑Fleischbeschau.

Trichloräthen [triklo:r...] (Trichloräthylen), nicht brennbare, leicht flüchtige, giftige, farblose Flüssigkeit; Reinigungs- und Entfettungsmittel; bei Inhalation narkot. wirkend.

Trichlormethan svw. ↑Chloroform.

Trichlorphenole [...klo:r...], die sechs stellungsisomeren, durch drei Chloratome substituierten Derivate des Phenols; 2,4,5-Trichlorphenol ist Zwischenprodukt bei der Herstellung von Herbiziden.

Trichophyton [griech.], Gatt. der Deuteromyzeten mit tier- und menschenpathogenen Hautpilzen; rufen Fußpilz und Haarkrankheiten hervor.

Trichromasie [...kro:...; griech.] ↑Farbenfehlsichtigkeit.

Trichterbecherkultur, nach einer typischen Gefäßform benannte jungneolith., mehrstufige Kulturgruppe (Beginn 3. Jt. v. Chr.), die vom östl. M-Europa bis NW-Deutschland und in den Niederlanden sowie in S-Skandinavien verbreitet war.

Trichterlilie (Paradieslilie), Gatt. der Liliengewächse mit zwei Arten; die *Schneeweiße T.* wird als Gartenzierstaude kultiviert.

Trichterling, Pilzgatt. mit über 60 Arten in Europa und N-Amerika; Hut flach, später meist trichterförmig nach oben gerichtet; einheimisch ist u. a. der eßbare und häufig vorkommende *Mönchskopf* (ledergelblich; bis 30 cm hoch; oft als ↑Hexenring).

Trichterwinde (Prunkwinde, Purpurwinde), Gatt. der Windengewächse mit rd. 400 Arten in den Tropen und Subtropen (u. a. die ↑Batate).

Trickfilm, Film, in dem (im Ggs. zum realen Film mit laufender Kamera) unbelebten Objekten (z.B. gezeichneten Figuren) durch Einzelbildaufnahmen unterschiedlicher Zustände der Objekte bei der Filmprojektion (24 Bilder pro Sekunde) synthetisch Bewegung verliehen wird. Der *Animationsfilm* umfaßt den *Zeichen-* und den *Puppen[trick]film.* – Der erste T. entstand 1898 in den USA (»The-Humpty-Dumpty-Circus«).

Unter den Zeichentrickfilmen, die durch frühe fabrikmäßige Herstellung (»Schneewittchen und die sieben Zwerge«, 1937; »Bambi«, 1942) und Computernutzung (»Die Biene Maja«, 1977; »Falsches Spiel mit Roger Rabbit«, 1988) gekennzeichnet sind, erlangten W. Disneys Figuren, z. B. »Mickey Mouse« (ab 1928) und »Donald Duck« (ab 1932), Weltgeltung. ↑Film.

Tricktrack [frz.] ↑Backgammon.

Tridentinum [lat.] (Konzil von Trient, Trienter Konzil, Tridentin. Konzil), das 20. bzw. 19. allg. Konzil (1545–63), das in drei Tagungsperioden (1545–47; 1551/52; 1562/63) in Trient und einer Zwischenperiode (1547/48; Bologneser Tagungsperiode) tagte. Das T. verwirklichte die seit dem Ende des 14. Jh. geforderte Kirchenreform, formulierte in scharfer Abgrenzung zur Theologie der Reformation (↑Gegenreformation) die Grundpositionen der kath. Glaubenslehre (v. a. Rechtfertigungslehre, Priesteramt, Opfercharakter der Messe [Transsubstantiationslehre], Siebenzahl der Sakramente), erließ Reformdekrete

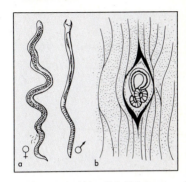

Trichine. a Darmtrichinen (links Weibchen, rechts Männchen); **b** eingekapselte Muskeltrichine

Trickfilm. Kombination von Zeichen-Trickfilm und Spielfilm; R. Zemecki, »Falsches Spiel mit Roger Rabbit« (1988)

Trieb

Trient.
Torre Civica am Palazzo Pretorio

Trient
Stadtwappen

Triele.
Gewöhnlicher Triel

(Erziehung des Priesternachwuchses, Residenzpflicht der Kleriker und Bischöfe, Verpflichtung der Bischöfe zur Visitation und zur Abhaltung regelmäßiger Diözesansynoden) und erklärte die Vulgata zur allein verbindl. Bibelübersetzung. – Das T. prägte den Katholizismus so entscheidend, daß theologiegeschichtlich die Zeit bis zum 2. Vatikan. Konzil (1962–65) als »nachtridentinisch« bezeichnet wird. Theologisch trug das T. zwar zu einer Erneuerung der kath. Kirche bei, besiegelte auf der anderen Seite jedoch die Glaubensspaltung zw. kath. und ev. Christen.

Trieb, 1) *Botanik:* junger Sproß.

2) *Technik:* die Übertragung einer Kraft bzw. eines Drehmoments.

3) *Verhaltensforschung und Psychologie:* die auf ↑Automatismen beruhende, das ↑Appetenzverhalten auslösende, auf Abreaktion drängende und anschließend neu entstehende aktionsspezif. Antriebsenergie. Die innere Erregung dafür wird nach den Vorstellungen der modernen Verhaltenslehre fortlaufend zentralnervös produziert und staut sich auf *(T.stau)*. Bei starkem T.stau reicht schon ein schwacher spezif. Reiz aus, der die innere Sperre über einen Auslösemechanismus beseitigt, um die Handlung ablaufen zu lassen *(T.befriedigung)*. – Bleibt der Reiz aus, wird die angestaute Erregung in einer ↑Leerlaufhandlung aufgebraucht.

Triebmittel (Treibmittel), zusammenfassende Bez. für Substanzen, die sich zur Teiglockerung eignen, v. a. Backpulver, [Back]hefe und Sauerteig.

Triebwagen ↑Eisenbahn.

Triebwerke, Sammel-Bez. für Maschinen zum Antrieb von Fahrzeugen, insbes. aber von Flugzeugen und Raketen. Zu den *Flug-T.* zählt neben dem von einem Kolbenmotor oder einer Turbine angetriebenen Propeller-T. insbes. das *Turboluftstrahl-T.* (Turbinen-Luftstrahl-T. oder TL-Triebwerk). Bei diesem Typ von Luftstrahl-T. wird der angesaugte Luftstrom im Einlaufdiffusor durch einen Turbokompressor verdichtet und in der anschließenden Brennkammer durch Verbrennen des kontinuierlich eingespritzten Treibstoffs hoch erhitzt; die Heißgase liefern in der nachgeschalteten Gasturbine die Energie zum Antrieb des Turbokompressors und der notwendigen Hilfsaggregate und bewirken beim Ausströmen aus der Schubdüse den Antriebsschub. Beim *Turboproptriebwerk (Propeller-Turbinen-Luftstrahltriebwerk, PTL-T.)* wird durch einen Propeller eine zusätzl. Vortriebskraft geliefert. ↑Raketen.

Triele (Dickfüße), Fam. bis über 50 cm langer, dämmerungs- und nachtaktiver Watvögel mit neun Arten an Ufern, Küsten und in Trockengebieten der gemäßigten bis trop. Regionen; in Deutschland nur der *Gewöhnl. Triel* (Brachhuhn; etwa 40 cm lang).

Trient (italien. Trento), Hauptstadt der autonomen Region Trentino-Südtirol (seit 1948) und einer Prov., im Etschtal, 101 400 E. Museen; bed. Ind.-Standort. Roman.-got. Dom (12. bis 16. Jh.), Palazzo Pretorio (ehem. bischöfl. Palast), Castello del Buonconsiglio, ehem. Residenz der Fürstbischöfe (13., 15. und 16. Jh.) mit Fresken; zahlr. Paläste. – Das röm. *Tridentum* ist seit dem 4. Jh. als Bischofssitz bezeugt; 952 als Teil der Mark Verona an Bayern; 1004/27 Hauptstadt des reichsunmittelbaren Bistums T.; 1545–63 Tagungsort des *Konzils von Trient* (↑Tridentinum); kam 1919 mit Südtirol an Italien.

Triest

Trier 1). Dom Sankt Peter (326 begonnen, 1028 ff. romanische Erweiterungen, im 18. Jh. umgebaut) und Liebfrauenkirche (um 1235 begonnen), dahinter der Markt und die Stadtpfarrkirche Sankt Gangolf (1410–59)

Trienter Konzil ↑Tridentinum.
Trier, 1) Stadt an der mittleren Mosel, Rheinl.-Pf., 98 000 E. Verwaltungssitz des Reg.-Bez. Trier und des Landkreises Trier-Saarburg; Univ.; Museen, Theater. Stahlwerke, Kautschukverarbeitung; Hafen.
Stadtbild: Bed. röm. Reste: Amphitheater (um 100 n. Chr.), Thermen (2. und 4. Jh.); Stadttor ↑Porta Nigra; Basilika (um 310, jetzt ev. Pfarrkirche), Römerbrücke; Teile der frühchristl. Doppelkirche (4. Jh.) über einem röm. Palast wurden Kern des Domes (11., 12. und 13. Jh.); frühgot. Liebfrauenkirche (um 1235–65). Zur roman. Benediktinerabteikirche Sankt Matthias (1127 ff.) gehört eine frühgot. Klosteranlage (13. Jh.). Ehem. Abteikirche Sankt Maximin (1680–98); spätbarocke ehem. Stiftskirche Sankt Paulin (1734 bis 1757). Ehem. kurfürstliches Barockschloß (17. und 18. Jh.).
Geschichte: Um 15 v. Chr. von Kaiser Augustus im Gebiet der Treverer gegr. *(Augusta Treverorum);* unter Konstantius I. Chlorus (305/306) Kaiserresidenz und Verwaltungssitz der gall. Präfektur (bis Ende des 4. Jh.); mit rd. 70 000 E für ein Jh. größte Stadt nördl. der Alpen; seit dem 3. Jh. ist ein Bischof nachweisbar; 475 fränk.; 902 erlangte der Erzbischof die Herrschaftsrechte über T.; um 1195 Stadtrechtskodifizierung; Mittelpunkt und Sitz des geistl. Kurfürstentums T. (bis Ende des 18. Jh.); im 15. Jh. Reichsstadt; um 1580 kurfürstl. Landstadt; 1473–1798 Sitz einer Univ.; 1794–1814 Hauptstadt der frz. Saardepartements; 1815 an Preußen.
2) Bistum und ehem. geistl. Kurfürstentum. Im 3. Jh. als Bistum, im 6. Jh. als Erzbistum nachweisbar. Unter Karl d. Gr. wurden ihm die Bistümer Metz, Toul und Verdun als Suffragane unterstellt. Erzbischof Balduin von Luxemburg (⌂1307–54) war der eigtl. Schöpfer des Kurfürstentums. Unter der Herrschaft der Franzosen (1794–1814) wurde das Erzbistum T. als Bistum dem Erzbistum Mecheln unterstellt. Die verbliebenen rechtsrhein. Gebiete wurden von einem Apostol. Vikar mit Sitz in Ehrenbreitstein (heute zu Koblenz) verwaltet. Seit 1821 gehört T. als Suffragan zur Kirchen-Prov. Köln.
Triere [griech.] (Trireme, Dreiruderer), antikes Kriegsschiff (mit Rammsporn). Die Frage, ob die Ruderer in drei Reihen übereinander saßen oder ob jeweils drei Ruderer einen Riemen bedienten, scheint geklärt zu sein: archäonaut. Experimente haben die Theorie der übereinander gestaffelten Sitzanordnung bewiesen (Nachbau einer T. 1987).
Triest, Hauptstadt der italien. Region Friaul-Julisch-Venetien (seit 1962) und einer Prov., am Golf von Triest, 259 700 E. Univ., Museen, botan. Garten, Meerwasseraquarium. Kultureller und wirtschaftl. Mittelpunkt NO-Italiens; Hafen. Röm. Theater (2. Jh. n. Chr.), Dom San Giusto (1385 geweiht) mit Kampanile, Schloß (1470/71

Trier Stadtwappen

Triest Stadtwappen

3519

Trifels

Triest. Canal Grande, im Hintergrund die klassizistische Kirche Sant'Antonio Nuovo (1826–49)

anstelle eines venezianischen Kastells); nahebei Schloß Miramare (1856–60). – Seit dem 2. Jh. als Bischofssitz bezeugt; nach mehrfachem Besitzerwechsel 1382 an Österreich, bei dem es fast ununterbrochen bis 1918 blieb; 1719–1891 Freihafen; 1919 an Italien; seit 1945 Streitobjekt zw. Italien und Jugoslawien. 1947 wurde T. mit seinem Umland Freistaat unter Aufsicht der UN, der 1954 zw. Italien und Jugoslawien (Slowenien) aufgeteilt wurde.

Trifels, Bergkegel bei Annweiler am Trifels, Rheinl.-Pf., 493 m hoch. Die dort befindl. Stauferburg war im 12./13. Jh. Aufbewahrungsort der Reichskleinodien.

Triforium, im Kirchenbau zum Innenraum durch Bogenstellungen geöffneter Laufgang zw. Arkaden- und Fensterzone.

Trift, der vom Vieh benutzte Weg zw. Hutweide und Stall bzw. Tränkstelle oder Melkplatz.

Trigeminus [lat.], Kurz-Bez. für den Nervus trigeminus (Drillingsnerv), den paarigen, vom verlängerten Mark ausgehenden fünften Hirn- oder Kopfnerv († Gehirn).

Trigger [engl.], (elektron.) Bauteil zum Auslösen eines Vorgangs; Zünd-, Auslösevorrichtung; auch Bez. für das auslösende Signal (z. B. ein Impuls).

Triglav [slowen. tri'glaṷ], mit 2863 m höchster Berg der Jul. Alpen und zugleich Sloweniens.

Triglyceride, zusammenfassende Bez. für die Triester des Glycerins, z. B. Fette.

Triglyphe [griech.], im dor. Gebälkfries mit der Metope wechselnde zweifach senkrecht eingeschnittene Steinplatte (drei Stege sind daher erhaben). Die T. bilden mit den Metopen (die Reliefs tragen können) den Fries des dor. Tempels.

Trigon [griech.], svw. Dreieck.

Trigonometrie [griech.], Dreiecksmessung; Teilgebiet der Mathematik; befaßt sich mit der Berechnung von ebenen und sphär. Dreiecken und mit den Eigenschaften der trigonometr. Funktionen *(Goniometrie)*.

trigonometrische Funktionen (Kreisfunktionen, Winkelfunktionen, goniometrische Funktionen), die transzendenten Funktionen *Sinus* (Funktionszeichen sin), *Kosinus* (Cosinus, Funktionszeichen cos), *Tangens* (Funktionszeichen tan [auch tg]), *Kotangens* (Cotangens, Funktionszeichen cot [auch ctg]), *Sekans* (Secans, Funktionszeichen sec) und *Kosekans* (Cosecans, Funktionszeichen cosec [auch csec]). Geometrisch anschaulich erhält man die t. F. als Funktionen der in Grad gemes-

Trimeter

senen Winkel φ für $0 \leq \varphi \leq 360°$ auf folgende Weise: In der (x, y)-Ebene sei ein Kreis (Radius R) mit dem Mittelpunkt im Ursprung O gegeben, von der positiven x-Achse trägt man (entgegen dem Uhrzeigersinn) den Winkel φ ab, der (von der x-Achse verschiedene) Schenkel schneidet den Kreis im Punkt $B(x, y)$. Man definiert dann:

mit den Krebsen verwandt sind; bis 50 cm lange Tiere, deren Oberseite gepanzert war.

Trilogie, Folge von drei selbständigen Werken, die aufeinander bezogen eine Einheit bilden, z. B. Schillers »Wallenstein« (1800); im griechischen Altertum drei hintereinander aufgeführte Tragödien.

Trilobiten

$$\begin{aligned}
\sin \varphi &= y/R, \quad \cos \varphi = x/R \\
\tan \varphi &= \sin \varphi / \cos \varphi = y/x \quad (\varphi \neq 90°, 270°) \\
\cot \varphi &= \cos \varphi / \sin \varphi = 1/\tan \varphi = x/y \\
&\quad (\varphi \neq 0°, 180°, 360°) \\
\sec \varphi &= R/x = 1/\cos \varphi \quad (\varphi \neq 90°, 270°) \\
\csc \varphi &= R/y = 1/\sin \varphi \quad (\varphi \neq 0°, 180°, 360°)
\end{aligned}$$

Gewöhnlich betrachtet man die t. F. als Funktionen der im Bogenmaß z (Länge des Bogens von A bis B auf dem Einheitskreis) angegebenen Winkel φ; sie sind dann also für alle reellen Zahlen z mit $0 \leq z \leq 2\pi$ erklärt (mit Ausnahme der Stellen $z = \pi/2, 3\pi/2$ bei $\tan z$ bzw. $z = 0, \pi, 2\pi$ bei $\cot z$); durch period. Fortsetzung definiert man die t. F. schließlich für alle reellen Argumentwerte z (mit gewissen Ausnahmen bei $\tan$ und $\cot$).

Trijet [engl. ˈtraɪdʒɛt] (Tri-Jet), Bez. für ein Flugzeug mit drei Strahltriebwerken.

Trijodthyronin [griech./frz./griech.] (T_3, Liothyronin), Schilddrüsenhormon; therapeutisch angewendet bei Schilddrüsenunterfunktion.

Trikolore [lat.-frz.], i. w. S. jede Flagge mit drei Bahnen in unterschiedl. Farben; i. e. S. seit 1790 die frz. Nationalflagge (seit 1794 blau-weiß-rot senkrecht gestreift).

trilateral, *Politik:* dreiseitig, von drei Seiten ausgehend, drei Seiten betreffend (z. B. Verträge).

Triller, Abk. **t, tr;** musikal. Verzierung, die in raschem, mehrmaligem Wechsel zw. einer Hauptnote und ihrer oberen Nebennote (große oder kleine Sekunde) besteht; Zeichen ⁓, ⁓, +. Ein *Doppeltriller* wird von zwei Stimmen gleichzeitig ausgeführt.

Trilobiten [griech.] (Dreilapper, Trilobita), ausgestorbene Klasse meerbewohnender Gliederfüßer, die nicht näher

Trimere [griech.], aus drei Grundmolekülen aufgebaute Moleküle.

Trimester [lat.], Zeitabschnitt von drei Monaten; auch ein Drittel des Schul- oder Studienjahres.

Trimeter, *antike Metrik:* ein aus drei metr. Einheiten bestehender Vers, u. a. der *jamb. T.* des griech. Dramas; in der röm. Dichtung u. a. bei Horaz und Seneca.

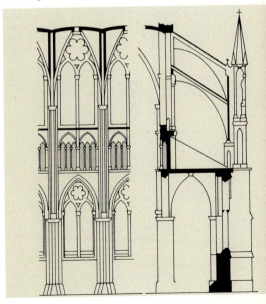

Triforium. Aufriß und Schnitt

trimmen

Trinidad und Tobago

Staatsflagge

Staatswappen

1970 1992 1970 1992
Bevölkerung Bruttosozial-
(in Mio.)   produkt je E
            (in US-$)

Bevölkerungsverteilung 1992

Bruttoinlandsprodukt 1992

trimmen [engl.], **1)** *Funktechnik:* bei Funkempfängern die Schwingkreise [mit Hilfe von *Trimmern*] abgleichen, auf gleiche Resonanzfrequenz bzw. Frequenzdifferenz einstellen.
2) *Kerntechnik:* bei Kernreaktoren kleine Abweichungen vom krit. Zustand [durch neutronenabsorbierende *Trimmstäbe*] ausgleichen.
3) *Nautik:* 1. die richtige Schwimmlage eines Schiffes einstellen (durch zweckmäßige Beladung, Ballastverteilung u. ä.); 2. ein Segel- oder Ruderboot auf die Besegelung bzw. Gewichtsverhältnisse der Besatzung einstellen.

Trimurti [Sanskrit], die hinduist. Götterdreiheit, symbolisiert den Schöpfer (Brahma), die Erhaltung (Vishnu) und die Zerstörung (Shiva) der Schöpfung.

Trinab ↑Chenab.

Trinidad und Tobago (englisch Trinidad and Tobago), Staat vor der N-Küste Südamerikas, umfaßt die Inseln Trinidad und Tobago.

Staat und Recht: Republik im Rahmen des Commonwealth; *Verfassung* von 1976. *Staatsoberhaupt* ist der Präs., er wird von einem Wahlkollegium aus beiden Häusern des Parlaments gewählt. Die *Exekutivgewalt* liegt beim Kabinett. Organ der *Legislative* ist das Zweikammerparlament aus Repräsentantenhaus (36 Abg., für 5 Jahre gewählt) und Senat (31 vom Staatspräs. ernannte Mgl.).

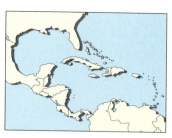

Trinidad und Tobago

Fläche: 5 130 km²
Einwohner: 1,265 Mio.
Hauptstadt: Port of Spain
Amtssprache: Englisch
Nationalfeiertag: 31. 8.
Währung: 1 Trinidad-und-Tobago-Dollar (TT$) = 100 Cents (c)
Zeitzone: MEZ – 5 Std.

Parteien: People's National Movement, National Joint Action Committee, National Alliance for Reconstruction.

Landesnatur: Trinidad wird von drei W–O-verlaufenden Gebirgen durchquert (bis 940 m hoch). Tobago wird von einem 25 km langen und bis zu 576 m hohen Gebirgszug aufgebaut. Die Inseln haben trop. Klima und sind von immergrünem Regenwald, Feuchtwald und Savannen bedeckt.

Bevölkerung: Die Bevölkerung setzt sich aus 41 % Schwarzen, 41 % Indern, 16 % Mulatten und 1 % Weißen zusammen. Rd. 49 % sind Christen, 25 % Hindus, 6 % Muslime.

Wirtschaft, Verkehr: Führende Zweige sind die Förderung und Verarbeitung von Erdöl (Vorkommen im SW von Trinidad und vor dessen Küste). Die Landwirtschaft erzeugt Zuckerrohr, Kakao, Zitrusfrüchte, Bananen, Reis und Mais. Eine Besonderheit ist das bedeutendste natürl. Asphaltvorkommen der Erde im 40 ha großen Asphaltsee Pitch Lake an der Küste des Golfs von Paria. Das Straßennetz (6 435 km) ist auf Trinidad gut ausgebaut, auf Tobago kaum entwickelt. Wichtigster Hafen und internat. ✈ ist Port of Spain.

Geschichte: 1498 entdeckte Kolumbus beide Inseln; ab 1552 erfolgte die span. Kolonisation. 1802 wurde Trinidad, 1814 Tobago britisch (Kronkolonie). 1941 errichteten die USA auf Trinidad militär. Stützpunkte. 1958–62 Mgl. der Westind. Föderation, wurde T. und T. 1962 unabhängig. 1976 wurde es – bis dahin Monarchie mit der brit. Königin als Staatsoberhaupt – Republik. 1978 erhielt Tobago die innere Selbstverwaltung innerhalb der Republik T. und Tobago. 1991 gewann die linksgerichtete People's National Movement die Parlamentswahlen.

Trinitarier [lat.] (Orden der Allerheiligsten Dreifaltigkeit vom Loskauf der Gefangenen), allg. übl. Bez. für die Mgl. eines im 12. Jh. zur Gefangenenbefreiung gegr. Ordens (Augustinerregel).

Trinitarierinnen, Angehörige des 1236 für Frauen gegr. *Zweiten Ordens* der Trinitarier mit strenger Klausur.

Trinität [lat.] (Dreieinigkeit, Dreifaltigkeit), Bez. für die im Christentum geglaubte Dreiheit der Personen (Vater, Sohn und Hl. Geist) in Gott. Der in

Trinidad und Tobago. Landschaft am Asphaltsee Pitch Lake auf Trinidad

strengem Sinn *eine* Gott hat sich im Verlauf der Heilsgeschichte auf dreifache Weise offenbart: als ursprungsloser Anfang und uneinholbares Ziel menschl. Geschichte (als »Vater«), in Gestalt und Werk Jesu von Nazareth (als »Sohn«) und in den Menschen, die in der Nachfolge und aus dem Geist Jesu leben (als »Geist«). Dieser triad. Selbstoffenbarung liegt die triad. Struktur Gottes selbst zugrunde, insofern dieser *eine* Gott *als* »Vater«, »Sohn« und »Geist« von Ewigkeit her *ist*. Trotz der Dreiheit gibt es also in Gott nur *eine* Subjektivität, *ein* Aktzentrum, *ein* Ich oder – im modernen Sinn – *eine* Personalität. Die daraus zwangsläufig erwachsene Diskussion um die Frage, wie Einheit und Dreiheit zusammen gedacht werden könnten, führte zu den verschiedensten Lösungsmodellen (trinitar. »Häresien«). Die schließl. »Problemlösung« (»Sohn« und »Geist« sind mit dem »Vater« »gleichwesentlich«), die auf dem 1. Konzil von Nizäa (325) und auf dem 1. Konzil von Konstantinopel (381) formuliert wurde, brachte den Sieg des Monotheismus bei Aufrechterhaltung der Dreiheit, die aber auch immer wieder bestritten wird (Antitrinitarier).

Trinitatis [lat.], svw. ↑Dreifaltigkeitssonntag.

Trinitrophenol (2,4,6-T.), svw. ↑Pikrinsäure.

Trinitrotoluol, Abk. **TNT,** ↑Nitrotoluole.

Trinkwasseraufbereitung ↑Wasseraufbereitung.

Trio [lat.-italien.], Komposition für drei Stimmen; v. a. dreistimmiges, solistisches Instrumentalstück und das entsprechende Ensemble *(Streichtrio, Bläsertrio, Klaviertrio).* – Als Formbegriff bezeichnet T. in der Sinfonik des 18. und 19. Jh. den Teil des Menuetts oder Scherzos, der zwischen dem Hauptteil und seiner Wiederholung eingefügt ist. ↑Triosonate.

Triode [griech.], eine Elektronenröhre mit drei Elektroden.

Triole [lat.-italien.], eine Folge von drei Noten, die für zwei (seltener vier) Noten gleicher Gestalt bei gleicher Zeitdauer eintreten.

Triosen [lat.] ↑Monosaccharide.

Triosonate, Komposition für zwei gleichberechtigte Melodieinstrumente in Sopranlage (v. a. Violinen, auch Zinken, Flöten, Oboen) und Generalbaß (Orgel oder Cembalo, oft ergänzt durch ein Streich- oder Blasinstrument in Baßlage, z. B. Gambe, Fagott). Die T. war im Barock die meistgepflegte Gattung der kirchl. (Kirchensonate oder Sonata di chiesa) und weltl. (Kammersonate oder Sonata di camera) Instrumentalmusik. Die T. entstand zu Beginn des 17. Jh. in Italien aus der Übertragung von Vokalsätzen in die Instrumentalmusik. Seit etwa 1650 war sie auch in Deutschland und England verbreitet. Nach 1650 setzte sich die Unterscheidung zw. der meist viersätzigen Kirchen-T. und der auf Tanzformen zurückgreifenden dreisätzigen Kammer-T. durch. Seit etwa 1750 gab die T. ihre führende Rolle an die (Klavier)sonate und das Streichquartett der Wiener Klassik ab.

Tripel [lat.-frz.], geordnete Zusammenfassung dreier Elemente, z. B. dreier Zahlen (a_1, a_2, a_3).

Tripel...

Tripolis 2). Altstadt

Tripel... [lat.-frz.], Bestimmungswort von Zusammensetzungen mit der Bedeutung »drei, dreifach«.

Tripelentente [frz. ...ã'tãt] (Dreiverband), Bez. für das seit dem brit.-russ. Petersburger Vertrag (1907) bestehende, die brit.-frz. Entente cordiale (1904) und den frz.-russ. Zweiverband (1892) ergänzende britisch-frz.-russ. Bündnisverhältnis gegen den dt.-österr.-italien. Dreibund; trug zur Verfestigung der einander entgegenstehenden Bündnisblöcke bei.

Tripelpunkt (Dreiphasenpunkt), durch Druck und Temperatur festgelegter Punkt im Zustandsdiagramm eines chem. einheitl. Stoffes, in dem sein fester, flüssiger und gasförmiger Aggregatzustand gleichzeitig nebeneinander im Gleichgewicht auftreten.

Triphenylmethanfarbstoffe, sich vom *Triphenylmethan* (dem mit drei Phenylgruppen substituierten Derivat des Methans) durch Einführung v. a. von Amino- oder Hydroxygruppen in p-Stellung ableitende, nicht lichtbeständige Farbstoffe (z. B. Methylviolett, Fuchsin, Malachitgrün); verwendet für Lacke, Tinten, Papier, Druckfarben sowie zum Anfärben histologischer Präparate.

triploid [griech.], mit dreifachem Chromosomensatz versehen, z. B. Zellkerne oder Lebewesen mit solchen Körperzellen.

Tripoli, libanes. Stadt an der Mittelmeerküste, 160 000 E. Hauptstadt des Verw.-Geb. Libanon-Nord; Museum, Theater; Handelszentrum mit internat. Messe; 3 km nw. Hafen; Pipelineendpunkt, Erdölraffinerie. Große Moschee (1294; ehem. Kathedrale), Ruine des Kastells (Burg Raimunds von Toulouse; 12. und 14. Jh.), Löwenturm (1441). – Urspr. phönik. Handelsniederlassung; 1109 Einnahme durch die Kreuzritter (nach 7jähriger Belagerung); 1289 Wiedereinnahme durch die Mamelucken; 1516–1918 osmanisch.

Tripolis, 1) Hauptort des griech. Verw.-Geb. Arkadien, in der mittleren Peloponnes, 21 300 E. – Im 14. Jh. von Albanern gegr., in osman. Zeit Hauptstadt der Peloponnes.
2) Hauptstadt von Libyen, am westlichen Küstenabschnitt, 591 000 E. Prov.-Hauptstadt, Univ., Museen; internat. Messe. Hafen, internat. ✈. Erhalten sind der Triumphbogen Mark Aurels und Reste von Häusern mit Wandbemalung und Mosaiken aus röm. Zeit. – Als *Oea* im 7. Jh. v. Chr. von Phönikern gegr.; 146 v. Chr. röm. besetzt; seit 256 als Bischofssitz nachweisbar; Mitte des 7. Jh. von den Arabern erobert; 1510–51 unter span. Herrschaft; dann Hauptstadt einer osman. Prov.; 1911 von Italien besetzt, wurde T. Hauptstadt seiner Kolonie (seit 1939 Prov.) Libyen; 1943–51 brit. besetzt.

Tripper (Gonorrhö), häufigste Geschlechtskrankheit, hervorgerufen durch Bakterien der Art Neisseria gonorrhoeae (sog. *Gonokokken*). Der T. wird meist durch Geschlechtsverkehr, nur sehr selten auch außergeschlechtlich übertragen. Die Inkubationszeit beträgt zwei bis acht Tage. Die ersten Krankheitserscheinungen des *akuten T. des Mannes* sind Juckreiz und leichtes Brennen beim Wasserlassen, dann schleimiger, nach weiteren ein bis zwei Tagen eitriger Ausfluß aus der Harnröhre; später kommt es nach dem Wasserlassen zu schneidenden Schmerzen. Der *chron. T. des Mannes* zeigt nur geringe Entzündungserscheinungen der Harnröhre. Bezeichnend ist die Entleerung einiger Eitertropfen morgens beim ersten Wasserlassen. – Auch bei der infizierten *Frau* tritt zwei bis fünf Tage nach der Ansteckung als Anzeichen der Harnröhren-

Triumphbogen

entzündung zuerst Brennen beim Wasserlassen auf, gefolgt von Hitzegefühl, zuweilen auch (eitrigem) Ausfluß. Alle über den Gebärmutterhalskanal aufsteigenden Entzündungen gehen infolge Bauchfellreizungen mit heftigen Unterleibsschmerzen einher.

Triptychon [griech.], dreiteiliges Tafelbild, bes. der dreiteilige Flügelaltar.

Tripura ['trɪpʊrə], ind. Gliedstaat im Tiefland von Bengalen und mit Anteil an den westbirman. Grenzgebirgen, 10 468 km², 2,757 Mio. E, Hauptstadt Agartala.

Trireme [lat.], svw. ↑Triere.

Trischen, Nordseeinsel vor der Meldorfer Bucht, Schlesw.-Holst., 4 km²; Vogelschutzgebiet.

Trisektion ↑Dreiteilungsproblem.

Trishagion [griech. »dreimal heilig«], liturg. Akklamation im östl. und westl. Ritus (»Heiliger Gott, heiliger Starker, heiliger Unsterblicher, erbarme dich unser«); erstmals auf dem Konzil von Chalkedon (451) bezeugt.

Tristan da Cunha [engl. 'trɪstən də 'kuːnə], Inselgruppe im S-Atlantik, Teil der brit. Kronkolonie Sankt Helena (seit 1938), umfaßt die Vulkaninsel T. da C. (104 km², bis 2 062 m ü. M., 313 E) und einige unbewohnte Inseln. – 1506 entdeckt, 1816 von brit. Truppen besetzt.

Tristano, Lennie [engl. trɪsˈtænəʊ], eigtl. Leonard Joseph T., * Chicago 19. 3. 1919, † New York 18. 11. 1978, amerikan. Jazzmusiker (Pianist, Komponist). Gilt als der Initiator des ↑Cool Jazz.

Tristan und Isolde, Hauptgestalten eines mittelalterl. Sagenstoffs, dessen Ursprung (kelt., frz. oder orientalisch) umstritten ist. Kern des Stoffes ist die trag. Liebe zw. dem Ritter Tristan und der schönen zauber- und heilkundigen Isolde; beide sind durch einen Minnetrank unlöslich verbunden, Mißverständnisse und Verbrechen trennen die Liebenden, erst im Tod sind sie wieder vereint. Künstlerischer Höhepunkt der mittelalterl. Dichtungen ist Gottfried von Straßburgs »Tristan und Isolt«; als Musikdrama von R. Wagner (1865) bearbeitet.

Tritium [griech.] (überschwerer Wasserstoff), chem. Symbol ³H oder T; das betastrahlende Isotop des Wasserstoffs mit der Massenzahl 3 (Halbwertszeit 12,3 Jahre). T. wird in der oberen Atmosphäre durch Reaktion von Neutronen der Höhenstrahlung mit Stickstoff gebildet; künstl. wird T. z. B. in Kernreaktoren durch Einwirken von Neutronen auf Lithium erzeugt; wichtig bei Kernfusionsreaktionen und bei der Untersuchung chem. und biol. Vorgänge.

Tritiummethode (Tritiumdatierung), eine Methode zur Altersbestimmung wasserhaltiger Stoffe durch Untersuchung des Tritiumgehaltes des Wassers.

Triton, Meergottheit der griech. Mythologie; gehört zum Gefolge seines Vaters Poseidon.

Triton [griech.], 1) *Astronomie:* Mond des Planeten Neptun; 1989 Vorbeiflug und Erforschung durch die Raumsonde Voyager 2.

2) *Kernphysik:* physikal. Zeichen t; Atomkern des Tritiums, aus einem Proton und zwei Neutronen bestehend.

Tritonshörner [nach einer griech. Meergottheit] (Trompetenschnecken), Gatt. räuber. Meeresschnecken der wärmeren Regionen; Gehäuse schlank kegelförmig, bis 40 cm lang, wurden früher (teilweise noch heute von Mittelmeerfischern) als Signalhorn bzw. Alarm- oder Kriegstrompete verwendet.

Tritonus [griech.], stark dissonierendes Intervall von drei Ganztönen (z. B. in C-Dur f–h): die übermäßige Quarte.

Trittin, Jürgen, * Bremen 25. 7. 1954, dt. Politiker (Bündnis 90/Die Grünen). Sozialwissenschaftler; 1985–90 MdL in Ndsachs.; 1990–94 Bundesrats- und Europa-Min. in Ndsachs.; seit 1995 Sprecher des Bundesvorstands der Partei.

Triumph [lat.], Genugtuung, Frohlocken, Siegesfreude; großer Erfolg, Sieg; insbes. Feier zur Ehrung siegreicher röm. Feldherren. Die Genehmigung des röm. Senats war erforderlich; der T. war nur Trägern des Imperiums, in der Kaiserzeit nur Kaisern erlaubt.

Triumphbogen, 1) i. e. S. ein Bogen, der unmittelbar mit dem, was einen röm. Triumph (Triumphzug) kennzeichnet, in Zusammenhang steht, i. w. S. die Bez. für einen Ehrenbogen (auch als Triumphalmonument), der an ein polit. Ereignis von bes. Bedeutung anschließend für ein oder mehrere ranghohe Personen errichtet wurde. Die in

Tritonshörner.
Gemeines Tritonshorn
(Größe bis 40 cm)

Triumphkreuz

Triumphbogen. Titusbogen in Rom (nach 81)

MA und Neuzeit übl. Bez. T. ist in der Antike selten und erst seit dem 3. Jh. n. Chr. bezeugt. Das Monument hat einen oder mehrere (drei) Bogen (Tonnen) und Attika. Mit Reliefs, Säulen und (in Nischen gestellten) Statuen geschmückt, urspr. von einer Quadriga bekrönt. In der röm. Republik von siegreichen Feldherrn, in der Kaiserzeit vom Senat für den Kaiser errichtet (u. a. Titus-, Septimius-Severus- und Konstantinsbogen in Rom). – Die Form des antiken T. wirkte in der europ. Architektur weiter, so in Kirchenfassaden, Portalen, Grabmälern, Toren. Für fürstl. Einzüge wurden in Renaissance und Barock oft T. aus vergängl. Material hergestellt. Bes. seit dem Klassizismus entstanden T., die Akzente in der Stadtarchitektur setzten: T. für Maria Theresia in Florenz (1739), in Paris für Napoleon I. der Arc de Triomphe du Carrousel (1808) sowie de l'Étoile (1836), in Berlin das Brandenburger Tor (1788–91 von C. G. Langhans).
2) im mittelalterl. Kirchenbau der Bogen vor der Apsis oder dem Querschiff.

Triumphkreuz, im Triumphbogen einer Kirche hängendes oder auf dem dort errichteten Kreuzaltar bzw. Lettner stehendes monumentales Kruzifix.

Triumvirat [lat. »Dreimännerbund«],
1) der 60 v. Chr. geschlossene private Bund zw. Cäsar, Gnaeus Pompejus Magnus und Marcus Licinius Crassus zur Durchsetzung ihrer polit. Interessen; 56 v. Chr. erneuert.
2) der 43 v. Chr. geschlossene, gegen den Senat und die Cäsarmörder gerichtete Bund zw. Oktavian (Augustus), Marcus Aemilius Lepidus und Marcus Antonius; 37 v. Chr. erneuert.

Trivandrum [tri'vændrəm] ↑Thiruvananthapuram.

trivial [lat.-frz.], gedanklich abgedroschen; alltäglich.

Trivialliteratur, Bez. für die unterste Stufe der ↑Unterhaltungsliteratur. Stoff- und Motivwahl, die Charakterisierung der Personen sowie Sprache und Satzbau sind ebenso wie die Handlungsführung von Klischees und Schablonen geprägt. Die Verfasser von T. (oft in Form von Heftromanen) bevorzugen v. a. das Genre des Familien- und Liebesromans, des Heimat-, Arzt-, Science-fiction- oder Wildwestromans.

Trizeps [lat.], Kurz-Bez. für *Musculus triceps,* anatom. Bez. für zwei Muskeln, den *dreiköpfigen Wadenmuskel* und den *dreiköpfigen Oberarmmuskel;* letzterer ist Armtragemuskel und Armstrecker.

Trizone ↑Bizone.

TRK-Werte (Abk. für **t**echnische **R**icht**k**onzentration), Konzentrationsangaben krebserzeugender und erbgutändernder Arbeitsstoffe in Form von Gasen, Dämpfen oder Schwebstoffen, für die unter toxikolog. oder arbeitsmedizin. Gesichtspunkten keine ↑MAK-Werte aufgestellt werden können. Die Einhaltung der TRK-Werte mindert das Risiko einer Gesundheitsgefährdung.

Troas, histor. Gebiet in Kleinasien, an der Dardanellenküste, um Troja.

Trochäus [griech.], Versfuß aus einer langen (bzw. betonten) mit folgender kurzer (bzw. unbetonter) Silbe: $-\cup$.

Trochiten [griech.] (Bonifatiuspfennige, Bischofspfennige), versteinerte, rädchenähnl. Stielglieder von Seelilien.

trocken, beim Wein und Schaumwein: geringe Restsüße (bis 9 Gramm) enthaltend.

Trockenbeere, im Weinbau ↑Edelfäule.

Trockenbeerenauslese, höchste Prädikatsstufe für dt. und österr. Weine, bereitet aus meist einzeln ausgelesenen,

stark eingetrockneten (rosinenähnl.) und meist auch edelfaulen Beeren, die dadurch einen hohen natürl. Zuckergehalt aufweisen. ↑Wein.

Trockeneis, festes (gefrorenes) Kohlendioxid, CO_2 *(Kohlensäureschnee, Trockenschnee),* das bei $-78,476\,°C$ ohne zu schmelzen in den gasförmigen Zustand übergeht.

Trockenelement ↑elektrochemische Elemente.

Trockenfäule, Bez. für Pflanzenkrankheiten, die zur Vermorschung oder Verhärtung pflanzl. Gewebes (v. a. von Knollen, Wurzeln und Früchten) führen; verursacht durch Parasiten oder Nährstoffmangel.

Trockenfeldbau, vielfach verwendete, aber irreführende Bez. für einen Feldbau, der ohne künstl. Bewässerung auskommt.

Trockenlöschmittel ↑Feuerlöschmittel.

Trockenmasse, in der Lebensmitteltechnik Bezeichnung für den Anteil der wasserfreien Substanz an der Gesamtmasse.

Trockenmilch (Milchpulver), durch Sprüh-, Zerstäubungs- oder Walzentrocknung von Voll- und Magermilch hergestellte pulverförmige Milchkonserve.

Trockenmittel, hygroskop. Substanzen, die sich zum Trocknen von Gasen und Flüssigkeiten bzw. zum Trockenhalten von Feststoffen eignen, z. B. Calciumchlorid und -oxid, Bariumoxid, Magnesiumperchlorat, konzentrierte Schwefelsäure, Phosphorpentoxid und Kieselgel.

Trockensavanne, Vegetationstyp der Savanne in Gebieten mit 5–7 trockenen Monaten; die geschlossene Grasdecke erreicht 1–2 m Höhe, die Bäume sind regengrün.

Trockenschlaf, ein länger andauerndes, schlafähnl. Ruhestadium mancher Tiere (v. a. von Feuchtluftieren wie Schnecken und Lurchen, bei Schildkröten, Lungenfischen) bei großer Trockenheit, v. a. in Trockengebieten.

Trockenwald, regengrüner, lichter Wald der wechselfeuchten Tropen und Subtropen in Gebieten mit 5–7 trockenen Monaten. Die 8–20 m hohen, meist laubabwerfenden Bäume weisen dicke Borken, Verdornung, teilweise immergrünes Hartlaub auf.

Trocknen (Trocknung), das Entziehen von Feuchtigkeit aus wasserhaltigen Stoffen; i. w. S. auch die Verflüchtigung von organ. Lösungsmitteln aus aufgetragenen Farb- und Lackschichten, beim Drucken, Stempeln, Kleben, Leimen. ↑Konservierung.

trocknende Öle, Gruppe der fetten, v. a. aus Triglyceriden ein- oder mehrfach ungesättigter Fettsäuren bestehenden Öle, die durch Oxidations- und Vernetzungsreaktionen zu harten bis elast. Filmen erstarren.

Troddelblume (Alpenglöckchen, Soldanella), Gatt. der Primelgewächse mit sechs Arten in den Alpen; kleine Stauden mit nickenden Blüten mit blauvioletten oder rosafarbenen, geschlitzten Kronblättern; bekannte Art ist das *Alpenglöckchen* (Echtes Alpenglöckchen), bis 15 cm hoch, blaue Blüten; geschützt.

Troeltsch, Ernst [trœltʃ], * Haunstetten (heute zu Augsburg) 17. 2. 1865, † Berlin 1. 2. 1923, dt. ev. Theologe, Philosoph und Historiker. Gilt als der bedeutendste Philosoph des Historismus und einer der prägenden Vertreter der liberalen Theologie; formulierte in seinem Buch »Absolutheit des Christentums und die Religionsgeschichte« (1902) die Ablehnung des Absolutheitsanspruchs des Christentums (»Neuprotestantismus«).

Troer, die Bewohner von Troja.

Troger, Paul, ≈ Welsberg bei Bozen 30. 10. 1698, † Wien 20. 7. 1762, österr. Maler. Schuf zahlr. Deckenfresken (Stift Melk, Dom von Brixen) in heller Farbgebung sowie dramat. Altarbilder.

Trogons [griech.] (Nageschnäbler, Trogonidae), Fam. bis etwa 40 cm langer, oft prächtig bunt gefärbter Vögel mit über 30 Arten in trop. Wäldern der Alten und Neuen Welt.

Troika [russ.], Pferdegespann, in dem drei Pferde nebeneinander vor einer Kutsche oder einem Schlitten angeschirrt werden; übertragen für: Dreimänner-Gremium, Bündnis zw. drei Politikern.

Troisdorf ['troːsdɔrf], Stadt in der Kölner Bucht, NRW, 65 200 E.

Trois-Frères [frz. trwaˈfrɛːr], 1916 von drei Brüdern entdeckte mehrstufige Höhle (Gem. Montesquieu-Avantès, Dép. Ariège, Frankreich) mit Gravierungen des Magdalénien.

Troddelblume. Alpenglöckchen

Trogons. Tokororo

Troja

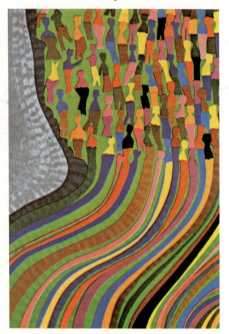

Heinz Trökes. Fahrt ins Grüne (1973)

Trommel. Sanduhrtrommel aus Neuguinea

Troja [griech.] (bei Homer Ilios, später Ilion, lat. Ilium), der sagenumwobene Hauptort der antiken Landschaft Troas an der NW-Spitze Kleinasiens. Die Stätte wurde von H. Schliemann aufgrund der topograph. Angaben Homers mit dem Ruinenhügel von Hisarlık (Türkei, an der NW-Spitze Kleinasiens 4,5 km landeinwärts der Dardanellen) identifiziert und 1870–82 sowie 1890 ausgegraben (1893/94 und 1924 weitere Ausgrabungen unter W. Dörpfeld, 1932–38 unter C. W. Blegen, seit 1988 unter M. Korfmann). Es wurden die Reste mehrerer übereinandergelegener Siedlungen I–IX festgestellt, die durch Brandkatastrophen zugrunde gingen (T. VI durch Erdbeben); 1990 wurden Baureste ergraben, die bis Mitte des 4. Jt. zurückreichen und als Schicht »älter als T. I« (»T 0«) bezeichnet werden. Aus der Brandschicht von T. II (2500–2300 v. Chr.) stammen der »Schatz des Priamos« (Edelmetallgefäße, goldene Diademe, Goldschmuck); die höchste Blüte der Ansiedlung erlebte das von Homer geschilderte T. VI (1700–1250 v. Chr.). T. IX enthält die Reste des röm. Ilium. Die Stadt war in der Spätantike Bischofssitz; wann sie aufgegeben wurde, ist unklar.

Bei Homer ist T. Handlungszentrum des bedeutendsten Sagenkreises der griech. Mythologie. Unter Priamos kommt es wegen der Entführung Helenas, der Gattin des Menelaos, durch den trojan. Prinzen Paris zum *Trojanischen Krieg:* Agamemnon führt eine vereinigte Streitmacht der Griechen, der u. a. Achilleus und Odysseus angehören, gegen die von Hektor und Äneas verteidigte Stadt. Im 10. Kriegsjahr bringt eine List des Odysseus die Entscheidung; dem in die Stadt geholten hölzernen *Trojanischen Pferd* entsteigen nachts 30 Kämpfer der Griechen, um ihren Kampfgefährten die Tore zu öffnen, die Stadt wird ein Raub der Flammen. Nur Äneas gelingt es mit einigen Getreuen, dem Blutbad zu entkommen und die Stadtgötter nach Italien zu retten. – Die Frage nach der Geschichtlichkeit des Trojan. Krieges ist bis heute nicht geklärt.

Die bedeutendsten literar. Gestaltungen des trojan. Sagenkreises sind die »Ilias« und die »Odyssee« Homers. Das Schicksal des Äneas schildert Vergils »Aeneis«. Der trojan. Krieg bildet den Hintergrund der spätantiken und mittelalterl. *Trojaromane.* Für die volkssprachl. Umsetzung des Trojastoffes wurde der altfrz. »Roman de Troie« des Benoît de Sainte-Maure (um 1165) traditionsbildend; auf dessen Grundlage entstand um 1200 Herbort von Fritzlars »Liet von Troje«; umfangreichstes Werk ist der »Trojanerkrieg« Konrads von Würzburg (1281–87).

Trökes, Heinz, *Hamborn (heute zu Duisburg) 15. 8. 1913, dt. Maler. Informelle Bilder, seit 1967 halluzinator. Bildfindungen.

Troll, Thaddäus, eigtl. Hans Bayer, *Stuttgart 18. 3. 1914, †ebd. 5. 7. 1980 (Selbstmord), dt. Schriftsteller. Schrieb Erzählungen, Satiren (u. a. »Deutschland deine Schwaben«, 1967), Lyrik und Essays.

Troll, im nord. Volksglauben Dämon in Riesen-, oder Zwergengestalt.

Trollblume, Gatt. der Hahnenfußgewächse mit rd. 20 Arten in den kalten

Trompete

und gemäßigten Gebieten der Nordhalbkugel. Einheimisch auf feuchten Wiesen und Bergwiesen ist die 10–50 cm hohe, ausdauernde, geschützte *Europ. T.* (Goldranunkel, Schmalzblume; mit kugeligen, goldgelben Blüten).

Trollinger ↑Rebsorten (Übersicht).

Trombe [italien.-frz.], Bez. für einen engbegrenzten Wirbelwind.

Trommel, Sammel-Bez. für ↑Membranophone, die als Schlaginstrumente benutzt werden. Man unterscheidet ein- oder zweifellige T., solche mit oder ohne Resonator (z. B. Röhre oder Gefäß aus Holz, Ton, Metall), der Form nach Rahmen-, Walzen-, Faß-, Becher-, Sanduhrtrommel. Die T. wird entweder mit verschiedenen Teilen der Hände (Finger, Handballen, flache Hand, Knöchel) oder mit Schlegeln angeschlagen; v. a. mit Schlegeln angeschlagen werden z. B. kleine und große T., Rühr-T., Tambourin, Tomtom, Timbales; mit Fingern bzw. Händen Rahmen-T. (Schellen-T., Bongo, Conga). – Die Form der *kleinen T.* ist zylindrisch; Höhe 16–18 cm, beim Jazz 8–14 cm; Durchmesser der Felle um 35 cm. Das obere Fell (Schlagfell) wird meist in der Mitte angeschlagen. Das untere (Resonanzfell) schwingt mit. Es wird durch quer darüber gespannte Schnarrsaiten geteilt, die den geräuschhaften Charakter der kleinen T. verstärken. Die Felle sind auf Fellwickelreifen gezogen und werden durch Schrauben gespannt. Ähnlich gebaut ist die *große T.;* Höhe 15–76 cm, Durchmesser der Felle 36–100 cm; sie wird z. B. im Jazz mit einer Fußmaschine angeschlagen.

Trommelfell ↑Gehörorgan.

Trommelfellentzündung (Myringitis), entsteht durch das Übergreifen einer Mittelohr- oder Gehörorganentzündung auf das Trommelfell.

Trommelsucht (Aufblähung), bes. bei Wiederkäuern auftretende Krankheit mit starker Auftreibung des Leibes infolge gesteigerter Gasbildung in Magen und Darm *(Meteorismus)* nach Aufnahme gärender oder quellender Futtermittel.

Trompe [frz.], halbkegelförmiger, hohler Ecktrichter (zur Überführung eines Grundrißquadrats in das Rund einer Kuppel).

Trompete [frz.], in der Instrumentenkunde Sammel-Bez. für Blasinstrumente mit Kesselmundstück und überwiegend zylindr. Röhre. – I. e. S. ein Blechblasinstrument mit Kesselmundstück, enger Mensur, zylindr.-kon. Röhre (v. a. aus Messing oder Neusilber) und mittelbreit ausladender Stürze. Die T. hat Bügelform: Neben einer längl., in sich geschlossenen Windung verläuft das gestreckte Schallstück. Im Unterschied zur *Orchester-T.* hat die (auch in frz. und amerikan. Orchestern gebräuchl.) *Jazz-T.* Pump- (statt Zylinder-)Ventile und weitere Mensur; der kon. Rohrteil ist oft länger als der zylindrische. – Standardinstrument ist die T. in B (Umfang e bis etwa c^3); oft ist das Umstimmen nach A oder C möglich. Gebräuchlich sind weiter T. in C (über B), F und Es (unter B). »Kleine T.« sind die höher als die C-T. klingenden T. (in D, Es, F). Für die heutige Wiedergabe

Trollblume. Europäische Trollblume (Höhe 10 bis 50 cm)

Trommel. 1 Große Trommel; **2** Doppelfell-Handtrommel; **3** Rahmentrommeln (Handtrommeln); **4** Bongos; **5** kleine Trommel (Wirbeltrommel); **6** Rahmentrommel mit Plastikfell; **7** Rahmenschellentrommeln

Trompetenbaum

Trompete

der hohen T.partien des Barock gibt es u. a. sehr kurze Ventil-T. (in hoch B), sog. *Bach-T.*, aber auch lange *Natur-T.*, in der Art des Barock. Weitere Typen: *Baß-T.* (in Es, C, B), *Aida-T.* und *Fanfare.*

Trompetenbaum (Katalpe), Gatt. der Bignoniengewächse mit 13 Arten in O-Asien, N-Amerika und auf den Westind. Inseln; sommergrüne Bäume mit meist sehr großen Blättern; z. T. Parkbäume.

Trompetentierchen, Gatt. bis etwa 1 mm langer, trichterförmiger Wimpertierchen mit mehreren einheim. Arten in nährstoffreichen Süßgewässern; ernähren sich von Bakterien.

Tromsø ['trɔmsø, norweg. ˌtrumsø:], Stadt in N-Norwegen, 51 300 E. Hauptstadt des Verw.-Geb. Troms; Univ., Nordlichtobservatorium, Erdbebenwarte; Schiffbau.

Trondheim (früher dt. Drontheim), norweg. Stadt an der Mündung des Nidelv in den Trondheimfjord, Hauptstadt des Verwaltungsgebiets Sør-Trøndelag, 137 000 E. Univ., Museen. Der Dom, Krönungskirche der norweg. Könige, wurde über dem Grab des hl. Olaf errichtet (12. Jh.). – 997 als *Nidaros* gegr. (bed. Wallfahrtsort); 1152/53 Erzbischofssitz; bis ins 13. Jh. wichtigste königl. Residenz Norwegens.

Tropen [griech.], die Gebiete beiderseits des Äquators (bis zu den Wendekreisen) mit ständig hohen Temperaturen und geringen tages- und noch geringeren jahreszeitl. Temperaturschwankungen, gegliedert in die äquatornahen inneren T., wo die Trockenzeiten nur kurz und schwach ausgeprägt sind, und die äußeren wechselfeuchten T. mit ausgeprägten Regen- und Trokkenzeiten.

Tropen [griech.] (Einz. Trope oder Tropus), in der *Rhetorik* zusammenfassende Bez. für die sprachl. Ausdrucksmittel der uneigentl. Rede. T. betreffen das Einzelwort, das nicht im eigtl. Sinne, sondern in einem übertragenen gebraucht wird, z. B. »Blüte« für »Jugend«.

Tropenmedizin, Teilgebiet der Medizin, das sich mit der Erforschung, Behandlung und präventiven Bekämpfung von Tropenkrankheiten beschäftigt und die Lebensbedingungen in den trop. Zonen erforscht.

Trompetenbaum. Gewöhnlicher Trompetenbaum (Blatt und Blütenstand)

Tröpfcheninfektion, unmittelbare Übertragung von Krankheitserregern über feinste Speichel- oder Schleimtröpfchen beim Sprechen, Husten und Niesen.

Tröpfchenmodell ↑Kernmodell.

Tropfsteine, v. a. in Karsthöhlen vorkommende Kalksinterabsätze, ausgebildet als zapfenförmige *Stalaktiten,* die von der Decke herabwachsen, und breitere *Stalagmiten,* die diesen vom Boden her entgegenwachsen, wobei beide zu Säulen (*Stalagnaten*) verschmelzen können.

Trophäe [griech.-lat.], Siegesmal aus erbeuteten Waffen; Siegeszeichen (z. B. erbeutete Fahne eines Feindes); Jagdbeute.

trophogene Zone [griech.] (trophogene Region), in der *Ökologie* die obere, lichtdurchlässige Schicht der Gewässer, in der durch Photosynthese organ. Substanz aufgebaut wird.

Tropikvögel [griech./dt.] (Phaethontidae), Fam. bis fast 50 cm langer, weißer, teilweise schwarz gezeichneter Seevögel mit drei Arten über trop. Meeren.

Tropismus [griech.], durch verschiedene Außenreize verursachte, im Ggs. zur ↑Nastie in Beziehung zur Reizrichtung stehende Orientierungsbewegung von Teilen festgewachsener Pflanzen bzw. bei sessilen Tieren (z. B. Moostierchen). Nach Art des auslösenden Reizes unterscheidet man u. a.: *Chemo-T.,* eine durch chem. Reize verursachte Bewegung (z. B. Wachstumsbewegung der Wurzeln); *Geo-T.,* Bewegungsreaktion auf den Reiz der Erdschwerkraft; *Hapto-T.,* durch Berührungsreiz ausgelöste Wachstumsbewegung mit in deutl. Beziehung zur Reizrichtung stehender Bewegungsrichtung (bes. bei Rankenpflanzen); *Photo-T.,* durch einseitige Lichtreize ausgelöste, zur Reizquelle gerichtete Lageveränderung oberird. Pflanzenteile.

Troposphäre [griech.] ↑Atmosphäre.

Tropsch, Hans, *Plan (heute Planá, Westböhm. Gebiet) 7. 10. 1889, † Essen 8. 10. 1935, dt. Chemiker. Arbeiten u. a. zur Theorie der Kohleentstehung; entwickelte mit F. Fischer die ↑Fischer-Tropsch-Synthese.

Tropus [griech.], **1)** *Liturgie des MA:* die textl. (Texturierung von ↑Melismen) oder textl. und musikal. Erweiterung eines liturg. Gesanges durch vorangestellte,

Troubadour

eingeschaltete oder angehängte Zusätze. Mit der Einführung von Versmaß und Reim wurden die Tropen zu einem eigenen Zweig mittelalterl. Dichtung.
2) *Rhetorik:* ↑Tropen.

Trotta, Margarethe von, *Berlin 21. 2. 1942, dt. Schauspielerin und Filmregisseurin. Spielte u. a. in »Der Fangschuß« (1976); führte Regie u. a. in »Die verlorene Ehre der Katharina Blum« (1975; zus. mit ihrem Ehemann V. Schlöndorff), »Die bleierne Zeit« (1981), »Rosa Luxemburg« (1985), »Das Versprechen« (1995).

Trottoir [trɔto'aːr; frz.], Bürgersteig.

Trott zu Solz, Adam von, *Potsdam 9. 8. 1909, † Berlin-Plötzensee 26. 8. 1944 (hingerichtet), dt. Widerstandskämpfer. Seit 1940 im Auswärtigen Amt; versuchte alliierte Unterstützung für die dt. Widerstandsbewegung zu gewinnen.

Trotyl [Kw.] ↑Nitrotoluole.

Trotzalter (Trotzphase), typ. Phase in der psychosozialen Entwicklung des Kindes (gewöhnlich in der Zeit des 3. und 4. Lebensjahres), in der das Kind die (neuentdeckte) Fähigkeit übt, eigenen Willen zu erfahren und auch durchzusetzen. Hinzu kommt, daß das Kind mit dieser Fähigkeit experimentiert und sie unabhängig davon, ob sie der jeweiligen Situation angemessen ist, demonstriert. Die Phase etwa zw. dem 12. und 15. Lebensjahr wird – v. a. wegen der Protesthaltung Jugendlicher gegen Erwachsene (↑Pubertät) – häufig auch als zweites T. bezeichnet.

Trotzki, Leo (Lew) Dawidowitsch, eigtl. Leib Bronschtein, *Janowka (Gouvernement Cherson) 26. 10. 1879, † Coyoacán (bei Mexiko) 21. 8. 1940, russ. Revolutionär und Politiker. Nach der Gründung des revolutionären »Südruss. Arbeiterbunds« 1897 nahm T. ab 1902 eine führende Stellung innerhalb der russ. Sozialdemokratie ein; Verbannungen entzog er sich durch Flucht ins Ausland (1097–17 Tätigkeit als Journalist in Wien, Paris und in den USA). Nach seiner Rückkehr schloß sich T. 1917 den Bolschewiki an und war als Vors. des Petrograder Sowjet und des Militärrevolutionären Komitees führend an der Oktoberrevolution beteiligt. Als Volkskommissar des Äußeren und Leiter der Sowjetdelegation bei den Friedensverhandlungen in Brest-Litowsk (1917/18) unterlief er Lenins Ziel eines schnellen Friedensschlusses. Als Volkskommissar für Verteidigung (seit 1918) schuf T. die Rote Armee und damit die Voraussetzung für den Sieg der Bolschewiki im Bürgerkrieg 1918–22. Nach Lenins Tod (1924) kam es zu einem offenen Machtkampf zw. T. und Stalin um den Mißbrauch der steigenden Machtfülle Stalins und um die Rolle der Sowjetunion bei der Vorbereitung der Weltrevolution (↑Trotzkismus); T. wurde von Stalin aus den Regierungs- (1925) und Parteiämtern (1926/27) entfernt. 1929 ausgewiesen, setzte er im Exil seinen Kampf gegen den Stalinismus fort und veranlaßte 1938 die Gründung der Vierten Internationale. T. wurde vermutlich von einem Agenten der sowjet. Geheimpolizei ermordet.

Trotzkismus, Bez. für eine auf dem Marxismus fußende, von L. Trotzki entwickelte polit. Theorie über die Revolution in Rußland und die Weltrevolution sowie die darauf beruhende polit. Bewegung. Kernstück ist die Theorie der permanenten Revolution (die Revolution als ständiger Prozeß muß zur Weltrevolution werden), das Festhalten am proletar. Internationalismus und die Kritik an der unter Stalin eingeleiteten bürokrat. Entartung der Sowjetunion.

Troubadour ['truːbaduːr, truːbaˈdaːr; provenzal.-frz.], provenzal. Dichter-Sänger des 12. und 13. Jh., der Texte und Melodien seiner Lieder meist auch vortrug. T. waren u. a. Adelige, Ministerialen, Kleriker, Bürgerliche, darunter auch Frauen. Im Mittelpunkt ihrer Lyrik stand der Minnekult, die Verehrung einer unerreichb. höf. Herrin. Die T.dichtung ist eine in den Rahmen der aristokrat. Hierarchie eingespannte Gesellschaftskunst. Sie stellt die erste Blüte weltl. Lyrik dar (bed. für den dt. ↑Minnesang) und hat sich in zahlr. Handschriften (u. a. »Chansonnier du roi«, 13. Jh.) erhalten. Hauptgattung war die ↑Kanzone, Sprache die Langue d'oc. Als ältester T. gilt Wilhelm IX., Herzog von Aquitanien; weitere bed. Vertreter: Bernart de Ventadour (*zw. 1125 und 1130, † um 1195), Peire Cardenal (*um 1174, † um 1272), Bertran de Born (*um 1140, † vor 1215), Peire Vidal (*um 1175, † um 1210).

Leo Dawidowitsch Trotzki

Trouvère

François Truffaut

Trouvère [frz. tru'vɛːr; eigtl. »Erfinder von Versen«], mittelalterl. frz. Dichter-Sänger, nordfrz. Entsprechung zum provenzal. ↑Troubadour; seit der 2. Hälfte des 12. Jh. an nordfrz. Höfen. Bed. Vertreter: Chrétien de Troyes, Thibaut IV. de Champagne, Adam de la Halle.

Troyat, Henri [frz. trwa'ja], eigtl. Lew Tarassow, *Moskau 1. 11. 1911, frz. Schriftsteller russ. Herkunft. Schrieb zahlr. histor. Romane und Biographien über russ. Persönlichkeiten.

Troyes [frz. trwa], frz. Stadt in der südl. Champagne, 60 800 E. Verwaltungssitz des Dép. Aube; Museen; Wirkwarenindustrie. Got. Kathedrale (1208 ff.) mit bed. Glasfenstern, got. ehem. Stiftskirche Saint-Urbain (1262–86); zahlr. alte Häuser und Paläste (13.–17. Jh.). – Seit dem 4. Jh. Sitz der Bischöfe, im frühen MA Stadtherren, bis sie 958/959 von den Grafen von T. (später der Champagne) abgelöst wurden; 12.–14. Jh. bed. Messeort. – Nahe der Stadt liegen die ↑Katalaunischen Felder.

Trubar, Primož (Primus Truber), Pseud. Philopatridus Illyricus, *Rašica 9. 6. 1508, †Derendingen (heute zu Tübingen) 28. 6. 1586, slowen. Schriftsteller. Prediger; wirkte für die Ausbreitung der Reformation unter den Slowenen; Mitbegründer der slowen. Schriftsprache.

Trübglas, Bez. für Gläser, die durch Zuschläge zur Glasschmelze oder durch teilweise Entglasung (Rekristallisation) des fertigen Glases undurchsichtig gemacht sind und nach der mehr oder weniger dichten, meist weißen Trübung auch als *Milch-* oder *Opal[eszent]glas,* bei Entglasung auch als *Alabasterglas* bezeichnet werden.

Trübner, Wilhelm, *Heidelberg 3. 2. 1851, †Karlsruhe 21. 12. 1917, dt. Maler. Bed. Vertreter des Realismus (Landschaften, Bildnisse); gehörte zum Kreis um W. Leibl; im Spätwerk impressionist. Züge.

Truchseß, Inhaber des vornehmsten der german. Hausämter; Hausverwalter und Küchenmeister. Das mit einem Territorium verbundene [Ehren]amt des *Erztruchseß* war seit dem 12. Jh. im Besitz der Pfalzgrafen bei Rhein.

Trud, oberdt. Bez. für Hexe oder Alp; männl. Entsprechung: *Trudner, Truder.*

Trudeau, Pierre Elliott [frz. try'do], *Montreal 18. 10. 1919, kanad. Politiker. 1967/68 Justiz-Min. und Generalstaatsanwalt; 1968–84 Führer der Liberalen Partei; 1968–79 und 1980–84 Premierminister.

Truffaut, François [frz. try'fo], *Paris 6. 2. 1932, †ebd. 21. 10. 1984, frz. Filmregisseur. Gehörte u. a. mit »Sie küßten und sie schlugen ihn« (1959) und »Jules und Jim« (1961) zu den Protagonisten der Neuen Welle. – *Weitere Filme:* Fahrenheit 451 (1966), Der Wolfsjunge (1969), Die Geschichte der Adèle H. (1975), Die letzte Metro (1980), Auf Liebe und Tod (1983).

Trüffel [lat.-frz.], Gattung der Trüffelpilze mit rd. 50 Arten in Europa und N-Amerika; Fruchtkörper unterirdisch, kartoffelähnlich, mit rauher, dunkler Rinde. T. sind die kostbarsten Speise- und Gewürzpilze, z. B. *Perigord-T.* (bis 15 cm groß, von leicht stechendem, pikantem Geruch), *Winter-T.* (Muskat-T., bis 5 cm groß; aromatisch duftend) und die innen hellbraune *Sommertrüffel.* Wo Trüffeln in größeren Mengen vorkommen (z. B. S-Frankreich), werden sie mit Hilfe von Hunden und Schweinen aufgespürt.

Trüffelpilze (Tuberales), Ordnung der Scheibenpilze mit knolligen unterird. Fruchtkörpern, in deren Innerem in gekammerten Hohlräumen die Fruchtschicht entsteht; rd. 30 Gatt. in vier Familien.

Trugdolde ↑Blütenstand.

Trüffel.
Sommertrüffel; links angeschnitten

Trunkenheitsdelikte

Trulli in Apulien

Trughirsche (Odocoileinae), Unter-Fam. etwa hasen- bis rothirschgroßer Hirsche mit rd. 15 Arten in Eurasien, N- und S-Amerika; Männchen mit Geweih; die T. umfassen Rehe, Ren, Elch und Neuwelthirsche.

Trugnattern (Boiginae), bes. in den Tropen verbreitete Unter-Fam. der Nattern, deren hinterer Teil des Oberkiefers verlängerte Giftzähne trägt; Biß für den Menschen meist ungefährlich mit Ausnahme der über 1,5 m langen *Boomslang* in M- und S-Afrika und der schlanken, spitzköpfigen *Lianenschlange*. Zu den T. gehören ferner u. a. ↑Eidechsennatter, *Kapuzennatter* (etwa 50 cm lang, auf der Pyrenäenhalbinsel und in N-Afrika) und *Katzennatter* (etwa 80 cm lang, in SW-Asien und auf dem Balkan).

Trujillo [span. tru'xijo], peruan. Dep.-Hauptstadt, in der Küstenebene, 532 000 E. Univ., archäolog. Museum, Theater. Kathedrale (17. und 18. Jh.), Kirche El Belén (um 1759). – 1535 von F. Pizarro gegründet.

Trulli [italien.] (Einz. Trullo, steinerne Kegeldachbauten (unechte Gewölbe) v. a. in Apulien.

Truman, Harry S. [engl. 'tru:mən], * Lamar (Mo.) 8. 5. 1884, † Kansas City (Mo.) 26. 12. 1972, 33. Präs. der USA (1945–53). Demokrat; 1945 Vize-Präs.; nach Roosevelts Tod 1945 Nachfolger im Präsidentenamt; beendete den Krieg gegen Japan durch den Einsatz der Atombombe; suchte mit der Politik des ↑Containment und der ↑Truman-Doktrin eine weitere sowjet. Expansion zu verhindern; förderte mit der Marshallplanhilfe nachhaltig den wirtschaftl. Wiederaufbau W-Europas; entsandte 1950 Truppen nach Korea; führte die Wirtschafts- und Sozialpolitik nach dem ↑Fair Deal fort.

Truman-Doktrin [engl. 'tru:mən...], außenpolit. Leitlinie der USA, anderen »freien« Völkern auf deren Ersuchen hin militär. und wirtschaftl. Hilfe gegen eine Gefährdung ihrer Freiheit von innen oder außen zu gewähren; vom amerikan. Präs. H. S. Truman in einer Rede vor dem Kongreß am 12. 3. 1947 formuliert; Bestandteil der Politik des ↑Containment.

Trumscheit (Trompetengeige, Marientrompete, Tromba marina), Streichinstrument mit langem schmalem Schallkörper, nicht selten manns- oder übermannshoch, und nur einer Saite.

Trundholm [dän. 'tronhɔ'lm], Moor bei Nykøbing, NW-Seeland, Dänemark; Fundstelle (1902) von Teilen eines bronzenen Kultwagens (»Sonnenwagen«) des 14./13. Jh. v. Chr.

Trunkenheitsdelikte, Straftaten, die unter dem Einfluß alkohol. Getränke begangen werden. Trunkenheit des Täters kann zu verminderter Schuldfähigkeit oder zu Schuldunfähigkeit und damit Straflosigkeit führen (bei ei-

Harry S. Truman

Trunksucht

Truthühner. Truthuhn; männliches Tier in Balzstellung (Größe bis 1,3 m)

ner Blutalkoholkonzentration ab etwa 3‰). – Im Straßenverkehr gilt der Kraftfahrer ab einer Blutalkoholkonzentration von 1,1‰ als absolut fahruntüchtig. Ab 0,8‰ liegt eine Ordnungswidrigkeit vor, die mit Geldbuße bis zu 3 000 DM geahndet werden kann.

Trunksucht, die Gewöhnung an häufigen Alkoholgenuß (↑Alkoholismus).

Truppengattungen, die nach militär. Auftrag, Ausrüstung und Bewaffnung unterschiedenen Truppen (früher Waffengattungen); im Heer der dt. Bundeswehr:

Kampftruppen	**Kampfunterstützungstruppen**
Jäger	Artillerie
Gebirgsjäger	Heeresflugabwehrtruppe
Fallschirmjäger	
Panzergrenadiere	Heeresflieger
Panzertruppe	Pioniere
Panzerjäger	ABC-Abwehrtruppe
Panzeraufklärer	
Führungstruppen	**Logistiktruppen**
Fernmeldetruppe	Instandsetzungstruppe
Feldjäger	
Fernspäher	Nachschubtruppe
Topographietruppe	**Sanitätstruppe**
PSV-Truppe	

Trust [engl. trʌst; Kurz-Bez. für engl. trust company »Treuhandgesellschaft«], Unternehmenszusammenschluß unter einer Dachgesellschaft, bei dem die einzelnen Unternehmen im Unterschied zum Konzern meist ihre rechtl. und wirtschaftl. Selbständigkeit verlieren.

Truthühner (Meleagridinae), Unter-Fam. bis fast 1,3 m langer, in kleinen Trupps lebender, ungern auffliegender Hühnervögel (Fam. Fasanenartige) mit nur zwei Arten in Wäldern Z-Amerikas und des südl. N-Amerika; Kopf und Hals nackt, rötlichviolett, mit lappenförmigen Anhängen; Lauf des Männchens mit Sporn. Das *Wildtruthuhn* ist die Stammform des *Haustruthuhns* mit etwa acht Schlägen, darunter *Bronzeputen* (♂ bis 15 kg, ♀ bis 8 kg schwer) und *Beltsville-Puten* (♂ bis 12 kg, ♀ bis 6 kg schwer).

Trypanosomen [griech.], farblose parasit. Flagellaten der Fam. Trypanosomatidae. Die T. besitzen nur eine Geißel, die über eine undulierende Membran mit der Zelloberfläche verbunden sein kann. Wichtige Gatt. sind Leishmania, Leptomonas und Trypanosoma mit etwa 200 Arten, darunter gefährl. Krankheitserreger beim Menschen (Schlafkrankheit) und bei Haustieren (Beschälseuche).

Trypsin [griech.], eine ↑Peptidase (Enzym) der Bauchspeicheldrüse.

Tryptophan [griech.], eine der essentiellen Aminosäuren. T. ist Ausgangssubstanz bei der Biosynthese von NAD und Auxinen.

Tsavo-Nationalpark [engl. ˈtsɑːvəʊ], mit 20 800 km² größter Nationalpark Kenias, östl. des Kilimandscharo.

Tschad [tʃat, tʃaːt] (französisch Tchad), Staat in Afrika, grenzt im N an Libyen, im O an Sudan, im S an die Zentralafrikan. Republik, im SW an Kamerun, im Tschadsee an Nigeria, im W an Niger.

Staat und Recht: Präsidialrepublik; Übergangs*verfassung* von 1993. *Staatsoberhaupt* und Inhaber der *Exekutivgewalt* war bislang der für 7 Jahre direkt gewählte Präsident. 1993 wurde eine Übergangsregierung unter einem Premier-Min. berufen. *Legislativorgan* war die 1990 aufgelöste, für 5 Jahre gewählte Nationalversammlung (123 Mgl.); seit 1993 fungiert als Übergangsparlament der Hohe Übergangsrat (Conseil Supérieur de la Transition, 57 Mgl.). Oppositions*parteien* neben der ehem. Einheitspartei Union Nationale pour l'Independence et la Révolution (UNIR) sind seit 1992 zugelassen.

Landesnatur: T. erstreckt sich von der Sahara im N über die Klima- und Vege-

Tschad

tationszonen des Sahel und des Sudan bis an den Rand des trop. Regenwalds. Es umfaßt östl. Teil des Tschadbeckens, einer Rumpffläche in 200–500 m Höhe. Im O wird T. von der Wadaischwelle (im Ennedi 1 450 m), im N vom Tibesti (im Emi Kussi 3 415 m) begrenzt. Hydrograph. Zentrum ist der abflußlose Tschadsee. Der S des Landes hat randtrop. Klima, der N Wüstenklima. Das Landschaftsbild wird von Savannen, Trockenwäldern und Wüsten bestimmt.

Bevölkerung: Im nördl. und mittleren T. leben Araber (Händler und Viehzüchter), im S Sara und Bagirmi (Ackerbauern); weitere ethn. Gruppen unter den etwa 200 Stämmen sind u. a. Tubu, Mbum, Mabang, Tama, Mubi, Sokoro, Haussa, Fulbe. 50 % der E sind Muslime, 7 % (v. a. kath.) Christen; daneben Anhänger von Naturreligionen.

Wirtschaft, Verkehr: Bürgerkrieg und Dürre haben die Wirtschaft des T. stark beschädigt; er gehört zu den ärmsten Ländern der Erde und ist auf internat. Hilfe angewiesen. Auf 10 % der Landesfläche werden für den Export Baumwolle, Weizen, Zuckerrohr und Tabak sowie die Grundnahrungsmittel Hirse, Maniok und Süßkartoffeln angebaut. Es gibt nur wenige Bodenschätze (Natron- und Steinsalzgewinnung) und kaum Industrie. Von den 30 000 km Straßen und Pisten ist der größte Teil nur zur Trockenzeit befahrbar. Internat. ✈ ist N'Djamena.

Geschichte: Das Tschadbecken gehörte vor dem Eindringen der Europäer zu den alten Reichen Bagirmi (16. bis 19. Jh.), Kanem-Bornu und Wadai. 1900 hatte sich Frankreich im Tschadbecken festgesetzt. Das Gebiet gehörte 1910 zum Generalgouvernement Frz.-Äquatorialafrika und wurde 1946 ein Überseeterritorium innerhalb der Frz. Union, 1958 eine autonome Republik der Frz. Gemeinschaft, in der T. auch nach der Unabhängigkeit (1960) verblieb. Staats-Präs. N'Garta Tombalbaye konnte sich mit Hilfe frz. Truppen gegen die von Libyen unterstützten Aufständischen der »Front de Libération Nationale« (FROLINAT) im N behaupten, wurde aber 1975 von der Armee gestürzt und getötet. Nach dem Eingreifen der Nachbarstaaten (u. a. Nigeria) kam im Nov. 1979 eine Übergangsregierung der Nat. Union unter Beteiligung von elf rivalisierenden Gruppen zustande; Staats- und Regierungschef wurde der FROLINAT-Befehlshaber G. Oueddei. In die im März 1980 ausbrechenden Kämpfe griffen auf Ersuchen Oueddeis libysche Streitkräfte ein und vertrieben den Rebellenführer H. Habré. Sie zogen sich erst Ende 1981 zurück, als eine Friedenstruppe der OAU nach T. entsandt wurde, die den Fortgang des Bürgerkriegs jedoch nicht verhindern konnte. Im Juni 1982 eroberten Truppen Habrés die Hauptstadt N'Djamena und stürzten Präs. Oueddei, Habré wurde im Okt. 1982 diktatorisch herrschender Staatspräsident. Anfang 1983 flammte der Bürgerkrieg wieder auf und führte zur direkten Konfrontation zw. Frankreich und Libyen. Nachdem sich Oueddei von Libyen 1986 losgesagt hatte, wandte er sich zus. mit Präs. Habré gegen Libyen, das den N-Teil des T. besetzt hielt. Kurzfristig konnten 1987 tschad. Truppen auf libysches Staatsgebiet vorstoßen. Ein Friedensvertrag (1991 erweitert) beendete die Kämpfe im Aug. 1989. 1990 wurde der 1989 in seinem Amt bestätigte Habré von dem aus dem Sudan operierenden, ehem. tschad. Kommandanten I. Déby gestürzt; Déby ließ im März 1992 erstmals Oppositionsparteien zu.

Tschad

Fläche:	1 284 000 km²
Einwohner:	5,846 Mio.
Hauptstadt:	N'Djamena
Amtssprache:	Französisch
Nationalfeiertag:	11. 8.
Währung:	1 CFA-Franc = 100 Centimes (c)
Zeitzone:	MEZ + 1 Std.

Staatsflagge

Staatswappen

Bevölkerung (in Mio.) 1970: 3,7 1992: 5,9
Bruttosozialprodukt je E (in US-$) 1970: 143 1992: 220

Stadt 34% / Land 66%
Bevölkerungsverteilung 1992

Industrie 21% / Landwirtschaft 44% / Dienstleistung 35%
Bruttoinlandsprodukt 1992

Tschadbecken

tschechische Kunst. Peter Johann Brandl. »Simeon mit dem Jesuskind« (nach 1725; Prag, Národní Galerie)

Pjotr Iljitsch Tschaikowski

Im Jan. 1993 wurde eine Nationalkonferenz einberufen, die eine Übergangsverfassung ausarbeitete sowie ein Übergangsparlament und eine Übergangsregierung einsetzte. 1994 trat Libyen, gemäß einem Urteil des Internat. Gerichtshofes, den zw. T. und Libyen umstrittenen Aouzou-Streifen an T. ab.

Tschadbecken [tʃat..., tʃa:t...], großräumiges Senkungsgebiet in Z-Afrika, in der Sahara und im Sudan; tiefste Stelle (160 m ü. M.) ist das Bodélé zw. Tschadsee und Tibesti.

Tschador [pers.] ↑Schador.

Tschadsee [tʃat..., tʃa:t...], abflußloser Süßwassersee in Afrika (Endsee des Schari) mit wechselnder Ausdehnung, in den letzten Jahren stark zurückgehend; v. a. im O-Teil zahlr. Inseln. Etwa 6 800 km² sind Sumpfgebiet, etwa 17 000 km² offene Wasserfläche; Anteil am T. haben Tschad, Niger, Kamerun und Nigeria.

Tschaikowski, Pjotr Iljitsch, * Wotkinsk 7. 5. 1840, † Petersburg 6. 11. 1893, russ. Komponist. Seine westlich orientierte, gleichermaßen dramat. wie lyr. Musiksprache, verbunden mit dem Sinn der Romantik für ausdrucksstarke, wirkungsvolle Instrumentation, zeigt sich u. a. in den Orchesterfantasien »Romeo und Julia« (1869), »Francesca da Rimini« (1876), den sieben Sinfonien (darunter 6. h-Moll »Pathétique«, 1893) sowie den drei Klavierkonzerten. Sein vielfältiges Opernschaffen (zehn Werke) umfaßt verschiedene Typen, die histor. Oper (»Die Jungfrau von Orléans«, 1881, nach Schiller), das lyr. Drama (»Eugen Onegin«, 1879, nach Puschkin), das psycholog. Drama (»Pique Dame«, 1890, nach Puschkin). Die Ballette (»Schwanensee«, 1877; »Dornröschen«, 1890; »Der Nußknacker«, 1892) begründeten das Genre des sinfon. Balletts; auch Kammer- und Klaviermusik.

Tschako [ungar.], hohe Mütze (aus Leder oder Filz) mit Stirnschirm; im 19.Jh. von fast allen Armeen übernommen, vorwiegend von Jägern und vom Train (Gefolge) sowie von Spezialeinheiten und nach 1918 von der dt. Polizei getragen.

Tschapka, Kopfbedeckung der Ulanen; auf rundem Helmkörper sitzt ein quadrat. Deckel, eine Spitze nach vorn weisend.

Tschardschou [russ. tʃɪrˈdʒɔu], Geb.-Hauptstadt in Turkmenien, am Amudarja, 161 000 E. Ind.-Zentrum; Hafen.

Tschawtschawadse, Ilja Grigorjewitsch [russ. tʃɛftʃɪˈvadzɪ], * Kwareli 27. 10. 1837, † bei Tiflis 12. 9. 1907 (ermordet), georg. Dichter. Schöpfer der georg. Literatursprache; schrieb lyrische Gedichte, Versepen und Erzählungen; setzte sich für die nat. und soziale Befreiung ein.

Tscheboxary [russ. tʃɪbakˈsarɪ], Hauptstadt der autonomen Republik Tschuwaschien innerhalb Rußlands, an der Wolga, 402 000 E. Univ., Theater, Philharmonie; Traktorenersatzteilwerk; Hafen.

Tschechei, nichtamtl. Kurz-Bez. für die histor. Gebiete Böhmen und Mähren innerhalb der 1918 gegr. Tschechoslowakei; in der nat.-soz. Zeit in herabsetzender Weise verwendet.

Tschechien, Kurz-Bez. für die ↑Tschechische Republik.

Tschechisch, zum westl. Zweig der slaw. Sprachen gehörende Sprache der Tschechen. – Die neutschech. Schriftsprache wird in lat. Buchstaben mit diakrit. Zeichen geschrieben. Im Konsonantensystem fallen die ausgeprägte Stimmtonkorrelation und eine Palatalitätskorrelation auf; die Laute [r, l] können auch silbenbildend sein. Bei der Nominalflexion gibt es die Belebtheitskategorie. Bei der Verbflexion werden perfektiver und imperfektiver Aspekt unterschieden. Die Dialekte werden in zwei Gruppen eingeteilt: das Böhmische und das Mährische.

tschechische Kunst. Früheste Baudenkmäler in *Böhmen* und *Mähren* sind kleine Rundkirchen (seit dem 9. Jh.), seit dem 10. Jh. tritt auch der Basilikatypus auf (Ordenskirchen). Prag, seit dem 10. Jh. ausgebaut, wird im 14. Jh. als Residenzstadt Karls IV. ein Zentrum europ. mittelalterl. Kunst. Die Prager Dombauhütte (seit 1344 unter Matthias von Arras, seit 1353 unter P. Parler) ist gleichermaßen berühmt für ihre Wölbetechnik wie für ihre dekorative und figürl. Plastik (Přemyslidengrabmäler; Triforienbüsten, die frühesten naturalist. Porträtdarstellungen in der Skulptur; Schöne Madonnen des Krumauer Meisters). Die zuvor schon durch Miniaturen vertretene Malerei (Kodex aus Vyšehrad, 1085) kam im 14. Jh. ebenfalls zu hoher Blüte: Hohenfurther Altar (um 1350), Tommaso da Modena, Theoderich von Prag (Wandbilder in Burg Karlstein, um 1360), Meister von Wittingau. Eine vergleichbare fruchtbare Epoche von europ. Rang war bis böhm. Barock mit den Werken der Baumeisterfamilie Dientzenhofer, der Bildhauer M. Braun und Ferdinand Maximilian Brokoff (*1688, †1731), der Maler Peter Johannes Brandl (*1668, †1735) und Wenzel Lorenz Reiner (*1689, †1743). Eine nationalbetonte t. K. setzte im 19. Jh. ein (romant. Historien- und Landschaftsmalerei, u. a. Josef Navrátil (*1798, †1865), Josef Mánes (*1820, †1871), Mikoláš Aleš (*1852, †1913). In Paris profilierten sich Alfons Mucha (*1860, †1939) als Vertreter des Jugendstils, F. Kupka als Mitbegründer der orphist. und abstrakten Malerei; in Prag stellte die »Gruppe der Acht« (Emil Filla [*1882, †1953]) den Kubismus vor. Für die nat.-tschech. Plastik war der Bildhauer Josef Václav Myslbek (*1848, †1922) die bestimmende Figur. Der historisierenden Architektur (Prager Nationaltheater, 1867–83) setzte Jan Kotěra (*1871, †1923) moderne Konzepte entgegen. Die vielfältige Entwicklung der 1960er Jahre wurde wieder zurückgedrängt; bes. bekannt ist Jiří Kolář.

tschechische Literatur. Am Anfang der t. L. stehen lat. Legenden (Ludmilla, Wenzel) sowie die lat. Chronik des Cosmas von Prag. Mit der Tätigkeit der Slawenapostel Kyrillos und Methodios beginnt eine Übersetzungsliteratur in altkirchenslaw. Sprache. Anfang des 14. Jh. setzte die alttschech. Literatur mit höf. Verskunst ein, z. B. »Alexandreis« (um 1310), »Dalimilchronik«. Die Regierungszeit Karls IV. (1346–1378) bewirkte eine Steigerung des Kulturschaffens. Die tschech. reformator. Bewegung kulminierte im 15. Jh. mit J. Hus, der seine Ideen in tschech. Predigten und Erbauungsschriften verbreitete. Die geistigen Grundlagen der Böhm. Brüder schuf Petr Chelčický (*um 1390, †1460). Die 2. Hälfte des 15. Jh. und das 16. Jh. zeigten eine starke Hinwendung zu humanist. Gedankengut und nlat. Dichtung, vorbildlich auch für die tschech. Schriftsprache, bes. durch Übersetzungen (Kralitzer Bibelübersetzung, 1579–93) und Nachdichtungen. Vers und Prosa des ausgehenden 16. Jh. zeigen zeitbezogene und moralisierende Thematik.

Das 17. und 18. Jh. bedeutete eine Peri-

tschechische Kunst. Josef Chochol. Villa unterhalb des Burgkomplexes Vyšehrad in Prag (1911–12, Aufnahme der Gartenseite aus den 1990er Jahren)

tschechische Literatur

Tschechische Republik. Das Prebischtor, eine durch Verwitterung entstandene Naturbrücke bei Herrnskretschen im Elbsandsteingebirge

ode der literarischen Stagnation, in der insbes. dt. Einfluß vorherrschte. Die hervorragenden Vertreter t. L. und Kultur emigrierten (böhm. Exulanten) und setzten sich für Tschechentum und vaterländ. Literatur ein, z. B. J. A. Comenius.

Die neuere tschechische Literatur wurzelt in der nationalen Wiedergeburt des Tschechentums (etwa ab 1780), das sich unter dem Einfluß der Herderschen Ideen sowie der Französischen Revolution der drohenden Selbstentfremdung und Germanisierung entzog, v. a. durch Josef Dobrovský (* 1753, † 1829) und Josef Jungmann (* 1773, † 1847), die die Grundlagen der modernen neutschechischen Sprache schufen. Höhepunkte der tschechischen *Romantik* bildeten die Sonette J. Kollárs sowie die Vers- und Prosadichtungen K. H. Máchas. Das moderne tschechische Drama begründeten Václav Kliment Klicpera (* 1792, † 1859) und Josef Kajetán Tyl (* 1808, † 1856). In den 1860er Jahren konnten sich drei literarische Strömungen entfalten: die »Máj«-Bewegung (u. a. J. Neruda, Vítězslav Hálek [* 1835, † 1874]), die nat. Akzente setzende »Ruch«-Gruppe (Svatopluk Cech [* 1846, † 1908] u. a.) und die »Lumir«-Bewegung mit Julius Zeyer (* 1841, † 1901) und Jaroslaw Kvapil (* 1868, † 1950). In den 1890er Jahren formte sich die tschech. *Moderne* unter dem Einfluß besonders des französischen Symbolismus (František Xaver Salda [* 1867, † 1937]) und erreichte ihren Höhepunkt in der (auch soziale Themen gestaltenden) Lyrik von O. Březina, Antonín Sova (* 1864, † 1928), Petr Bezruč (* 1867, † 1958). Nach Wiedererringung der staatlichen Selbständigkeit (1918) formte sich um die dem *Futurismus* nahestehende Künstlergruppe »Devětsil« (»Neunkräfte«) die literarische Avantgardebewegung des Poetismus (J. Seifert, Karel Teige [* 1900, † 1951], Jiří Wolker [* 1900, † 1924], Vítězslav Nezval [* 1900, † 1958], Jiří Mahen [* 1882, † 1939]). Europäische Geltung erlangten v. a. die Erzähler J. Hašek und K. Čapek sowie der Dramatiker F. Langer. – Nach 1945 Verarmung der Literatur (↑sozialistischer Realismus). Zwischen 1960–68 Aufschwung der freien Literatur, vertreten u. a. durch L. Vaculík, Bohumil Hrabal (* 1914), I. Klíma, M. Kundera, Ladislav Fuks (* 1923), J. Skácel, P. Kohout und V. Havel. Nach der sowjet. Okkupation (1968) entstand eine bed. Exilliteratur (u. a. P. Kohout, M. Kundera, O. Filip, Josef Škvorecký [* 1924]), die seit dem polit. Umbruch Ende 1989 auch im eigenen Land gelesen werden kann.

Tschechische Republik

tschechische Musik. Die Volksmusik der Tschechen ist seit dem 11. Jh. belegt; bes. bed. der geistl. Gesang der Hussiten im 15. Jh.; im 15./16. Jh. Blütezeit der Motette. Die böhm. Musik des 18. Jh. wird von Bohuslav Černohorsky (*1684, †1742), Franz Xaver Dušek (*1731, †1799; befreundet mit Mozart) und Václav Jan Tomášek (*1774, †1850) vertreten; die Brüder Franz (*1709, †1786) und Georg (*1722, †1795) Benda machten sich in Berlin, J. Stamitz in Mannheim (†Mannheimer Schule) und J. L. Dussek in Paris einen Namen. – Im 19. Jh. schufen B. Smetana und A. Dvořák eine authentisch tschech. M. von Weltrang; Dvořák und J. Janácek, dessen Spätwerk bereits zur Neuen Musik gehört, bildeten Komponistenschulen: u. a. Vitězlav Novák (*1870, †1949) und Josef Suk (*1874, †1935); weitere Vertreter der neueren Musik sind B. Martinů und A. Hába; die zeitgenöss. Musik ist u. a. durch Zybynek Vostrák (*1920), Jan Tausinger (*1921), Marek Kopelent (*1932), Ladislav Kupkovič (*1936) und Petr Kotík (*1942) vertreten.

Tschechische Republik (Tschechien, tschech. Česko), Staat im östl. Mitteleuropa, grenzt im W und NW an Deutschland, im NO an Polen, im O an die Slowak. Republik und im S an Österreich. **Staat und Recht:** Republik; *Verfassung* von 1992 (in Kraft seit 1. 1. 1993). *Staatsoberhaupt* ist der von beiden Kammern des Parlaments gemeinsam für 5 Jahre gewählte Präsident. Die *Legislative* wird durch das Zweikammerparlament, bestehend aus Abgeordnetenhaus (200 Mgl., für 4 Jahre gewählt) und Senat (81 Mgl., für 6 Jahre gewählt), gebildet. Die *Exekutive* liegt bei der Reg. unter Vors. des Min.-Präsidenten. Stärkste *Partei* ist die dem liberal-konservativen Spektrum zuzurechnende, aus dem Bürgerforum hervorgegangene Demokrat. Bürgerpartei (ODS; 1992 im Wahlbündnis mit der Christl. Demokrat. Partei [KDS]), gefolgt von den Tschech. Sozialdemokraten (ČSSD), dem reformkommunist. Linksblock (LB) und der Demokrat. Bürgerallianz (ODA). **Landesnatur:** Die T. R. ist eine durch die natürl. Gegebenheiten gebildete Raumeinheit. Das von Moldau und Elbe entwässerte, von kleinen Mittelgebirgen durchsetzte Böhm. Becken bildet den zentralen Landesteil. Es wird an den Rändern von waldreichen Mittelgebirgen umgeben, dem Böhmerwald im SW, dem Erzgebirge und dem Elbsandsteingebirge im NW und den Sudeten (mit dem höchsten Punkt der T. R., der Schneekoppe mit 1602 m ü. M.) im NO. Die T. R. liegt in der Übergangszone zw. maritimem und kontinentalem Klima.
Bevölkerung: Die Tschechen stellen 95% der Bevölkerung; Minderheiten sind v. a. Slowaken (3%), Polen (0,6%) und Deutsche (0,5%). Die größte Religionsgemeinschaft ist die röm.-kath. Kirche, der rund 40% der Bevölkerung angehören; Minderheiten stellen die †Tschechoslowakische Hussitische Kirche, die Ev. Kirche der †Böhmischen Brüder und die orth. Kirche.
Wirtschaft, Verkehr: Zum Zeitpunkt der Teilung der Tschechoslowakei war die T. R. mit drei Vierteln am tschechoslowak. Nationaleinkommen beteiligt. Führende Industriezweige, basierend auf den Bodenschätzen (v. a. Steinkohle, Braunkohle, Eisenerz und in geringen Mengen Erdöl, Erdgas, Buntmetalle und Uran), sind der Schwer-Ind. sowie der Maschinenbau, gefolgt von der chem. Ind. In der Landwirtschaft wer-

Tschechische Republik. Landschaft im Altvatergebirge in Nordmähren, am Roten Berg (1011 m ü. M.)

Tschechoslowakei

Tschechische Republik

Staatsflagge

Staatswappen

Tschechische Republik

Fläche:	78 864 km²
Einwohner:	10,311 Mio.
Hauptstadt:	Prag
Amtssprache:	Tschechisch
Nationalfeiertage:	9. 5. und 28. 10.
Währung:	1 Tschech. Krone (Kč) = 100 Heller (Haléřů; h)
Zeitzone:	MEZ

Bruttoinlandsprodukt 1992

den bes. Weizen, Gerste (Braugerste), Roggen, Zuckerrüben und Kartoffeln angebaut. Für den Fremdenverkehr von bes. Bed. ist neben Prag das Bäderdreieck Karlsbad-Marienbad-Franzensbad. Das Eisenbahnnetz beträgt knapp 10 000 km, das Straßennetz umfaßt über 55 000 km (Autobahn Prag–Brünn mit Anschluß nach Preßburg). Internat. ✈ ist Prag.

Geschichte: Die ehem. tschech. Kronländer ↑Böhmen, ↑Mähren und (ehem. Österr.-) ↑Schlesien gehörten 1620 bis 1918 zu Österreich-Ungarn (das ↑Hultschiner Ländchen 1742–1918 zu Preußen), ab 1918 zur ↑Tschechoslowakei. Nach der Niederschlagung des »Prager Frühlings« und der Umwandlung der ČSSR in einen Föderativstaat wurden die tschech. Länder zum 1. 1. 1969 als Tschech. Sozialist. Republik zu einem der beiden offiziell gleichberechtigten Nationalstaaten der ČSSR (eigene Verfassung, Regierung und Parlament). Die wirkl. Umwandlung in eine föderative Republik innerhalb der ČSFR erfolgte allerdings erst nach dem Zusammenbruch des kommunist. Regimes 1989/90. Die ersten freien Wahlen zum Bundes- und Landesparlament im Juni 1990 gewann das ↑Bürgerforum, das im tschech. Landesteil eine Koalitionsregierung unter P. Pithart bildete. Nach der Aufspaltung des Bürgerforums 1991 gewann im Juni 1992 die aus ihm hervorgegangene ODS die Wahlen zum Bundes- und Landesparlament; Min.-Präs. der T. R. ist seither V. Klaus. Mit der nach der Unabhängigkeitserklärung der ↑Slowakischen Republik durch Verhandlungen vereinbarten Auflösung der ČSFR wurde die T. R. zum 1. 1. 1993 ein eigenständiger Staat. Zum ersten Präs. wurde im Jan. 1993 V. Havel gewählt.

Tschechoslowakei (amtlich 1918–39 und 1945–60 Tschechoslowak. Republik [ČSR], 1960–89 Tschechoslowak. Sozialist. Republik [ČSSR], 1990–92 Tschech. und Slowak. Föderative Republik [ČSFR]), histor. Staat im östl. Mitteleuropa.

Staat und Recht: Föderative Republik; *Verfassung* von 1968 (in Kraft seit 1. 1. 1969). *Staatsoberhaupt* war der auf 5 Jahre von der Bundesversammlung gewählte Präs. der Republik. Die *Exekutive* lag bei der Bundesregierung unter Leitung des Min.-Präsidenten. *Legislativorgan* war die Bundesversammlung, die aus Volkskammer (150 im Gesamtstaat direkt für 5 Jahre gewählte Abg.) und Länderkammer (je 75 in der Tschech. Republik und in der Slowak. Republik direkt für 5 Jahre gewählte Abg.) bestand; die Bundesversammlung trat zweimal im Jahr zusammen, während den Sitzungspausen übte das Präsidium (40 Mgl.) seine Rechte aus. Nach der Beseitigung des Führungsmonopols der Kommunist. Partei der T. (KPČ) entstand ein Mehrparteiensystem, zunächst repräsentiert durch das ↑Bürgerforum und dessen Nachfolgeorganisationen.

Geschichte: Zur Geschichte vor 1918 ↑Böhmen, ↑Mähren, ↑Schlesien, ↑Slowakische Republik.

Die Erste Republik (1918–39): Am 28. 10. 1918 wurde die Tschechoslowak. Republik (Abk. ČSR) in Prag als slaw. Nachfolgestaat der österr.-ungar. Monarchie ausgerufen; sie faßte die wirtschaftlich und sozial entwickelten Gebiete Böhmen, Mähren und Schlesien mit der rückständigen Slowakei und dem unterentwickelten Karpato-Rußland in einem Nationalitätenstaat zusammen: 9,75 Mio. Tschechen und Slowaken, 3,32 Mio. Deutsche, 720 000 Ungarn und 100 000 Polen (1930). 1920

Tschechoslowakei

wurde ohne Mitwirkung der Minderheitenvertreter eine zentralist. Verfassung verabschiedet. Außenpolitisch war die T. seit 1921 in das frz. Paktsystem und die Kleine Entente einbezogen. Unter dem Gründer-Präs. T. G. Masaryk (1918–35) und seinem Außen-Min. und Nachfolger E. Beneš (1935–38) stabilisierte sich rasch das polit. Leben mit einer Vielzahl von Parteien. Doch die Weltwirtschaftskrise seit 1929 und die Erfolge Hitlers in Deutschland führten zu einer Radikalisierung der nat. Minderheiten; bes. die von K. Henlein geführte Sudetendt. Partei verlangte nach ihrem Wahlerfolg 1935 (68% der dt. Stimmen) eine Föderalisierung der ČSR. Im Münchner Abkommen (29.9. 1938) stimmten Großbrit. und Frankreich der Übergabe der dt., bald danach der poln. und ungar. Siedlungsgebiete an die Nachbarstaaten zu. Das Restgebiet wurde am 14./15. 3. 1939 als »Protektorat Böhmen und Mähren« dem Dt. Reich angegliedert; die Slowakei wurde ein dem dt. Einfluß ausgelieferter »Schutzstaat«.

Protektorat und Schutzstaat (1939–45): Im »Protektorat Böhmen und Mähren«, dem eine Selbstverwaltung unter strikter dt. Oberaufsicht zugestanden wurde, blieb der Einfluß der Widerstandsorganisationen gering. Alle Ansätze für Unruhen, Sabotage oder einen Aufstand wurden im Keim erstickt. Nach dem geglückten Attentat auf R. Heydrich (27. 5. 1942) wurde die Zerstörung des Dorfes Lidice und die Ermordung von dessen männl. Bevölkerung zum Symbol nat.-soz. Willkürherrschaft. Im Schutzstaat Slowakei schlossen sich 1943 tschechoslowakisch orientierte Politiker mit den Kommunisten zusammen und lösten am 29. 8. 1944 den Slowak. Nat.-Aufstand aus (im Okt. 1944 von dt. Truppen niedergeschlagen). Die in London gebildete »Provisor. Regierung der T.« wurde 1940 von den Alliierten anerkannt. Eine Auslandsarmee wurde in Großbrit. und in der UdSSR aufgebaut. 1942 distanzierten sich die Westalliierten vom Münchner Abkommen und stellten nach dem Sieg über Deutschland die Wiederherstellung der ČSR in den Grenzen von 1937 in Aussicht.

Die Volksdemokratie (1945–89): 1945 wurde die alte T. wiederhergestellt; nur die Karpato-Ukraine fiel an die UdSSR. Die neue Regierung unter dem Sozialdemokraten Z. Fierlinger proklamierte am 5. 4. 1945 ihr Programm: Wohlfahrtsstaat, Verstaatlichung der Grundindustrien, Banken und Versicherungen, Verwaltungsreform. Die rasche Aussiedlung der Sudeten- und Karpatendeutschen erschütterte das bisherige Sozialgefüge. Auf Grund ihrer Kontrolle über Schlüsselministerien und Massenmedien wurde die KPČ stärkste polit. Kraft (37,9% bei den Wahlen am 26. 5. 1946). Der von der Sowjetunion

Tschechoslowakei. Brennender, mit einem Hakenkreuz bemalter sowjetischer Panzer während der gewaltsamen Beendigung des Prager Frühlings durch Truppen des Warschauer Pakts

Tschechoslowakische Hussitische Kirche

Anton Pawlowitsch Tschechow

erzwungene Verzicht auf die Teilnahme am Marshallplan (Juli 1947) erschwerte den Wiederaufbau der Wirtschaft. Die demokrat. Parteien suchten seit Herbst 1947 die KPČ aus ihrer dominierenden Stellung zu verdrängen. Den Rücktritt bürgerl. Min. nutzte die KPČ und erzwang unter Androhung des Generalstreiks die Ernennung eines neuen Koalitionskabinetts unter dem Kommunisten K. Gottwald am 25. 2. 1948. E. Beneš, seit Mai 1945 wieder Präs., trat am 7. 6. 1948 zurück; Gottwald wurde sein Nachfolger.

Die KPČ, der die Sozialdemokraten in beiden Landesteilen im Juni bzw. Sept. 1948 zwangsweise eingegliedert worden waren, ging unter Abbau der slowak. Autonomie daran, die gesamte Staats- und Wirtschaftsorganisation nach sowjet. Vorbild zu ordnen und der Kontrolle der Partei zu unterwerfen. 1949 wurde die T. Mgl. des Rates für gegenseitige Wirtschaftshilfe, 1955 des Warschauer Pakts. Dem Kampf gegen die Kirchen 1949–51 folgten stalinist. Säuberungen innerhalb der KPČ, denen auch der Generalsekretär R. Slánský zum Opfer fiel (1952 hingerichtet). Die Entstalinisierung in der UdSSR ab 1956 wirkte sich in der T. kaum aus. Erst nach 1962 sah sich Präs. A. Novotný zu einem liberaleren Kurs gezwungen. Die öffentl. Diskussion über die Ursachen der stalinist. Terrorprozesse wie auch die Forderung der Slowaken nach echter Föderalisierung entfachten jedoch Unruhe. Am 5. 1. 1968 wurde Novotný als 1. Sekretär des ZK der KPČ von A. Dubček abgelöst. Die nun folgende Reformphase mit dem sog. Prager Frühlings brachte breite wirtschafts- und gesellschaftspolit. Diskussionen inner- und außerhalb der KPČ (»Sozialismus mit menschl. Antlitz«), wobei jedoch das Bündnis mit der Sowjetunion nicht in Frage gestellt wurde. Mit diplomat. und militär. Druck gelang es der Sowjetunion nicht, die Reformen zu stoppen. Erst die militär. Besetzung der T. durch Truppen des Warschauer Pakts am 21. 8. 1968 beendete den »Prager Frühling«. Dubček wurde im April 1969 von G. Husák abgelöst, der 1975 auch Staats-Präs. wurde. 1973 schlossen die BR Deutschland und die T. einen Gewaltverzichtsvertrag. Das rigorose Vorgehen gegen den »Prager Frühling« und gegen die Menschenrechtsbewegung »Charta 77« seit 1978 schadeten weltweit dem Ansehen der Tschechoslowakei. 1987 gab Parteichef G. Husák sein Amt auf, sein Nachfolger wurde M. Jakeš.

Der demokratisch-föderative Staat (1989/1990–92): Mit Massendemonstrationen (»sanfte Revolution«) erzwang das Volk im Nov. 1989 den Dialog zw. Regierung und Oppositionsgruppen, die sich im Bürgerforum zusammengeschlossen hatten; dessen Sprecher, der Schriftsteller V. Havel, wurde nach dem Rücktritt von Präs. Husák (10. 12.) am 30. 12. 1989 zu dessen Nachfolger gewählt. Im April 1990 erfolgte die Umbenennung in Tschech. und Slowak. Föderative Republik (ČSFR). Die Neuwahlen zum Bundesparlament im Juni 1990 gewann mit 46,2% der Stimmen das Bürgerforum, das bis zu seiner Spaltung im Frühjahr 1991 seine dominierende Stellung bewahren konnte. Präs. Havel wurde im Juli 1990 für zwei Jahre im Amt bestätigt. Bei Wahlen zu den Landesparlamenten im Juni 1992 errangen in der Tschech. Republik die liberal-konservativen Nachfolgegruppierungen des ehem. Bürgerforums, in der Slowak. Republik separatist. Kräfte die Mehrheit. Nach der Proklamierung der slowak. Souveränität am 17. 7. 1992 legte Präs. Havel sein Amt nieder. Im August 1992 einigten sich die Min.-Präs. der beiden Landesteile, V. Klaus und V. Mečiar, auf die friedl. Teilung der ČSFR. Am 25. 11. 1992 beschloß das Bundesparlament bei knapper Mehrheit im dritten Anlauf das Ende der ČSFR zum 31. 12. 1992; zum Stichtag 1. 1. 1993 gingen damit alle Kompetenzen auf Parlamente und Regierungen der ↑Tschechischen Republik und der ↑Slowakischen Republik über.

Tschechoslowakische Hussitische Kirche (bis 1971: Tschechoslowak. Kirche), 1920 in Prag begründete tschech. Nationalkirche, hervorgegangen aus der Los-von-Rom-Bewegung innerhalb kath. Kreisen des Klerikerverbandes »Jednota«; die Verfassung der T. H. K. ist presbyterianisch.

Tschechow, Anton Pawlowitsch [ˈtʃɛçɔf, russ. ˈtʃexɛf], * Taganrog 29. 1. 1860, † Badenweiler 15. 7. 1904, russischer Schriftsteller. Arzt; lebte ab 1898, an

Tscherenkow

Tschenstochau.
Der 105 m hohe Turm des Paulinerklosters Jasna Góra

Tuberkulose erkrankt, in S-Rußland und in westeuropäischen Kurorten. In seinen Werken setzt Tschechow durch die Analyse menschl. Verhaltens und sozialer Mißstände die Tradition des krit. Realismus fort, bleibt andererseits durch die subtile Darstellung und Deutung seel. Zustände und nuancierter Stimmungen dem Impressionismus und Symbolismus verbunden. Seine Erzählungen und Dramen (u. a. »Die Möwe«, 1896; »Onkel Wanja«, 1897; »Drei Schwestern«, 1901; »Der Kirschgarten«, 1904) schildern die Welt des neu entstehenden russischen Kleinbürgertums, der Intelligenz und des sich auflösenden Gutsadels.

Tscheka [ˈtʃɛka, russ. tʃɪˈka], Abk. der russ. Kurz-Bez. Tschreswytschajnaja Komissija ([Allruss.] Außerordentl. Kommission [für den »Kampf gegen Konterrevolution und Sabotage«]), sowjet. Staatssicherheitsorganisation 1917 bis 1922; trug als »Roter Terror« zur Konsolidierung des Sowjetsystems bei. ↑GPU.

Tschekiang, chin. Prov., ↑Zhejiang.
Tscheljabinsk, russ. Geb.-Hauptstadt am O-Rand des Südl. Ural, 1,14 Mio. E.

Tscheljuskin (Kap T.), nördlichster Punkt des asiat. Festlandes, auf der Halbinsel Taimyr, Rußland.
Tschengtu, chin. Stadt, ↑Chengdu.
Tschenstochau (poln. Częstochowa; Czenstochau), poln. Stadt an der oberen Warthe, 258 000 E. TH, Museum; Theater. Wallfahrtskirche (14./15. Jh., barockisiert), Kapelle (17. Jh.) mit der Schwarzen Madonna (14. Jh.). – Erhielt 1356 dt. Stadtrecht; seit Gründung des Paulinerklosters Jasna Góra 1382 bedeutendster Wallfahrtsort in Polen; in der Basilika des Klosters die »Schwarze Madonna von T.«, ein Marienbild byzantin. Herkunft, das als Nationalheiligtum Polens gilt.

Tscherenkow, Pawel Alexejewitsch [russ. tʃɪrɪnˈkɔf], * Nowaja Chigla (Bezirk Woronesch) 28. 7. 1904, russ. Physiker. Entdeckte 1934 die nach ihm ben. *Tscherenkow-Strahlung;* erhielt hierfür 1958 mit I. M. Frank und I. J. Tamm den Nobelpreis für Physik. Die T.-Strahlung ist eine elektromagnet. Strahlung, die in einem opt. Medium von energiereichen geladenen Teilchen erzeugt wird, wenn ihre Geschwindigkeit größer als die Phasengeschwindigkeit des

Tschenstochau.
Schwarze Madonna

Tscherepnin

Tschernobyl. Luftaufnahme des Kernkraftwerks vom 9. 5. 1986; der Pfeil weist auf den völlig zerstörten Reaktorblock

Lichtes in diesem Stoff ist. Die T.-Strahlung wurde theoretisch als elektromagnet. Analogon der Machschen Wellen in Überschallströmungen erklärt, vergleichbar dem Auftreten einer Kopfwelle in Form eines Machschen Kegels.

Tscherepnin, Alexandr Nikolajewitsch [tʃɪrɪp'nin], *Petersburg 20. 1. 1899, † Paris 29. 9. 1977, russ. Komponist und Pianist. Lebte ab 1922 im Ausland (u. a. Paris, Chicago); u. a. Opern, Orchesterwerke, Kammermusik.

Tscherkassy [russ. tʃɪr'kassɨ], Geb.-Hauptstadt in der Ukraine, am Krementschuger Stausee des Dnjepr, 280000 E. PH, Planetarium, Theater; u. a. Maschinenbau; Hafen. – Fiel nach 1569 an Polen-Litauen; kam 1793 zu Rußland.

Tscherkessk [russ. tʃɪr'kjessk], Hauptstadt der autonomen Republik Karatschai-Tscherkessien, Rußland, im nördl. Großen Kaukasus, 113000 E.

Tschermak, Erich, Edler von Seysenegg, *Wien 15. 11. 1871, † ebd. 11. 10. 1962, österr. Botaniker. Entdeckte 1900 die Mendel-Regeln wieder, die er auf die Züchtung von Kulturpflanzen anwandte.

Tschernenko, Konstantin Ustinowitsch [russ. tʃɪr'njɛnkɐ], *Bolschaja Tes (Region Krasnojarsk) 24. 9. 1911, † Moskau 10. 3. 1985, sowjet. Politiker. Seit 1978 Mgl. des Politbüros des ZK der KPdSU; seit 1984 Generalsekretär der Partei und Vors. des Präsidiums des Obersten Sowjets (Staatsoberhaupt).

Tschernigow [russ. tʃɪr'nigɐf], Geb.-Hauptstadt im N der Ukraine, 296000 E. Museen, Theater, Philharmonie; Transfigurationskathedrale (1675 wieder aufgebaut), Karfreitagskirche (12. Jh.). – 1024–1239 (Mongolensturm) Hauptstadt des Ft. T. und dadurch bed. kulturelles Zentrum.

Tschernobyl, ukrain. Stadt am Pripjet, (1986) 18000 E. Am 26. 4. 1986 ereignete sich in Block 4 des Kernkraftwerks T. der bislang folgenschwerste Unfall in der Geschichte der nichtmilitär. Nutzung der Kernenergie. Unter veränderten Betriebsbedingungen kam es infolge eines sekundenschnellen, auch durch das träge Notabschaltsystem nicht mehr beeinflußbaren Leistungsanstiegs (auf das 100fache des Normalen) zur Überhitzung der Brennstäbe, zu Dampfexplosionen und Bränden, die den Reaktor vollkommen zerstörten. Erhebl. Mengen radioaktiven Cäsiums wurden freigesetzt und großräumig in der Atmosphäre verbreitet. Eine Fläche von 25000 km² in Weißrußland, Rußland und der Ukraine wurde kontaminiert, über 600000 Menschen wurden in stärkerem Maße strahlenbelastet, 135000 Personen wurden aus einer 30-km-Zone um den Reaktor evakuiert, radioaktive Niederschläge führten in weiten Teilen Europas zu erhöhter Strahlenbelastung. Bis Ende 1986 gelang es, den

Pawel Alexejewitsch Tscherenkow

Reaktor in einen Stahl-Beton-Mantel einzuhüllen. In den betroffenen Gebieten wurde in den Folgejahren eine ansteigende Häufigkeit von Krebserkrankungen (v. a. Leukämie, Schilddrüsenkrebs) festgestellt. Nach offiziellen Schätzungen starben bis 1995 125 000 Menschen an den Folgen dieser Katastrophe.

Tschernomyrdin, Viktor Stepanowitsch, *Tschornij Otrog (Region Orenburg) 9. 4. 1938, russ. Politiker. Ingenieur; 1985–89 Min. für die Gasindustrie; seit 1992 Ministerpräsident.

Tschernosem ↑Bodentypen.

Tschernowzy [russ. tʃɪrnafˈtsi] (dt. Czernowitz), Geb.-Hauptstadt in der Ukraine, am Pruth, 257 000 E. Univ., medizinische Hochschule, Museen, Theater, Philharmonie. – 1850–1918 Hauptstadt des Hzgt. Bukowina; 1918 an Rumänien, 1940 (endgültig 1947) an die Ukraine.

Tschernyschewski, Nikolai Gawrilowitsch [russ. tʃɪrniˈʃefskij], *Saratow 24. 7. 1828, †ebd. 29. 10. 1889, russ. Publizist. 1864–86 als Verfechter radikalsozialist. Ideen verhaftet und nach Sibirien verbannt; bed. als Theoretiker des Nihilismus.

Tscherwonez [russ. tʃɪrˈvɔnıts], russ. Bez. für Goldmünzen; bes. der sowjet. Nachfolger des Imperial, geprägt 1923.

Tschetschenien, autonome Republik innerhalb Rußlands, im Großen Kaukasus und seinem nördl. Vorland, 19 300 km², 1,22 Mio. E, Hauptstadt Grosny. – 1936–44 und 1957–91 ASSR. 1991 übernahm der Führer des Tschetschenischen Nationalkongresses, General D. Dudajew, die Macht, ließ sich zum Präs. wählen und erklärte einseitig die Unabhängigkeit T., was 1994 eine militär. Intervention Rußlands auslöste.

Tschiang Kai-schek ↑Chiang Kai-shek.

Tschimkent [russ. tʃimˈkjent], Geb.-Hauptstadt im S Kasachstans, 393 000 E. PH, TH, Theater; Zentrum des Baumwollanbaugebiets am Arys.

Tschingis Khan [- ˈkaːn] ↑Dschingis Khan.

Tschistka [russ. »Säuberung«], in der UdSSR die Entfernung (auch Ermordung) polit. Gegner aus ihren Positionen. Das ZK der KPdSU beschloß die T. 1921 gegen kleinbürgerl. Gruppen (30 % der Partei-Mgl. entfernt), 1929 gegen »kapitalist. Elemente« (11,5 % entfernt); 1929–31 T. des Sowjetapparats (von 2 Mio. Überprüften 10 % entfernt). Dagegen war die »Große T.« (1935–39) nach der Ermordung S. M. Kirows Ende 1934 eine Massenliquidierung ohne Parteibeschluß. Ihre Opfer wurden nach Schauprozessen alle prominenten innerparteil. Gegner Stalins (Sinowjew, Kamenew, Radek, Bucharin, Rykow u. a.), die Masse der Altbolschewiki und rd. 25 % der höheren Offiziere.

Tschita, Geb.-Hauptstadt in Transbaikalien, Rußland, 366 000 E. Medizinische Hochschule, PH, Theater; Braunkohlenbergbau.

Tschitscherin, Georgi Wassiljewitsch, *auf dem Gut Karaul (Gouvernement Tambow) 24. 11. 1872, †Moskau 7. 7. 1936, sowjet. Politiker. 1918–30 als Nachfolger Trotzkis Volkskommissar des Äußeren, u. a. maßgeblich beteiligt am Zustandekommen des Rapallovertrags 1922.

Tschoga Zanbil [- zan...; pers.] Ruinenstätte der Mitte des 13. Jh. gegr., 645 v. Chr. zerstörten elam. Stadt *Dur-Untasch*, 25 km sö. von Susa; frz. Ausgrabungen legten eine im Ggs. zu babylon. Tempeltürmen durch innere Treppenhäuser zugängliche Zikkurat (heute noch 25 m hoch) frei.

Tschorten [tibet. »Kultschrein«], tibet. Form des ↑Stupa.

Tschou En-lai ↑Zhou Enlai.

Tschudi, Hans-Peter, *Basel 22. 10. 1913, schweizer. Politiker (SPS). 1956 bis 59 Ständerat; leitete als Bundesrat 1959–73 das Eidgenöss. Departement des Inneren; 1965 und 1970 Bundespräsident.

Tschuikow, Wassili Iwanowitsch [russ. tʃujˈkɔf], *Serebrjanyje Prudy (Gebiet Moskau) 12. 2. 1900, †Moskau 18. 3. 1982, sowjet. Marschall (ab 1955). 1939/40 Armeekommandeur im Finn.-Sowjet. Winterkrieg; 1949–53 Oberbefehlshaber der sowjet. Streitkräfte in Deutschland, zugleich Chef der sowjet. Kontrollkommission in der DDR; 1960–64 stellv. Verteidigungs-Min.; ab 1964 Chef der Zivilverteidigung.

Tschuktschengebirge (Anadyrgebirge), Gebirgssystem in NO-Sibirien zw. Tschaun- und Koljutschinbucht, bis 1843 m hoch.

Tschuktschenhalbinsel

Tsetsefliege

Tschuktschenhalbinsel, gebirgige Halbinsel zw. Tschuktschensee, Beringstraße und Anadyrgolf (Beringmeer).
Tschuktschensee, Randmeer des Nordpolarmeeres, zw. der Tschuktschenhalbinsel (Rußland) und Alaska (USA).
Tschungking ↑Chongqing.
Tschurtschen (Dschurdschen, chin. Jin), Nomadenvölkerschaft der mandschu-tungus. Sprachgruppe, im Gebiet der östl. Mandschurei ansässig, gründeten im 12. Jh. die Jindynastie (1115 bis 1234), die Nordchina beherrschte.
Tschuwaschien, autonome Republik innerhalb Rußlands, an der mittleren Wolga, 18 300 km², 1,34 Mio. E, Hauptstadt Tscheboxary. – Ab 1920 Autonomes Gebiet; 1925–91 ASSR.
Tsetsefliegen [Bantu/dt.], Gatt. etwa 1 cm langer Echter Fliegen mit rd. 25 Arten im trop. Afrika; blutsaugende Insekten, die durch ihren Stich Krankheiten übertragen (↑Schlafkrankheit).
Tsimshian [engl. 'tʃɪmʃɪən], bed. indian. Sprach- und Kulturgruppe der NW-Küste Nordamerikas, besteht aus den eigtl. T., Gitksan und Niska; Holzplankenhäuser mit bemalten Giebeln, Totempfähle.
Tsinan, chin. Stadt, ↑Jinan.
Tsinghai, chin. Stadt, ↑Qinghai.
Tsingtau, chin. Hafenstadt, ↑Qingdao.
Tsinlingschan, Gebirgszug im nördl. China, ↑Qinling Shan.
Tsugarustraße, Meeresstraße zw. den jap. Inseln Honshū und Hokkaidō, an der schmalsten Stelle 20 km breit.
Tsunami [jap.], plötzlich auftretende, durch Bewegungen des Meeresbodens hervorgerufene Meereswelle im Pazifik; oft verheerende Wirkung an den Küsten.
Tsushima, jap. Inselgruppe in der Koreastraße, 682 km², Hauptort Isuhara. – Der jap. Sieg in der *Seeschlacht von Tsushima* am 27. 5. 1905 entschied den Russ.-Jap. Krieg.

Tswana (Betschuana, Tschwana), Bantuvolk in Botswana, in der Republik Südafrika (Homeland Bophuthatswana) und in Namibia.
TTL (T^2L) [Abk. für Transistor-Transistor-Logik], in der *Mikroelektronik* Bez. für eine Schaltkreistechnik, bei der zur log. Verknüpfung und zur Verstärkung der Signale nur Transistoren verwendet werden; Schaltzeiten unter 10 ns.
TTL-Messung [Abk. für engl. through the lens], in der *Photographie* die Belichtungsmessung durch das Objektiv der Kamera.
TU, Abk. für Technische Universität.
Tuamotuinseln, zu Frz.-Polynesien gehörende Inselgruppe im Pazifik, 11 800 E, 885 km² (z. T. frz. Atombombenversuchsgelände). 30 Atolle sind unbewohnt.
Tuareg (Einz. Targi; Eigen-Bez. Imuschag), Berbervolk in den Gebirgen der zentralen Sahara und im südlich anschließenden Sudan (Algerien, Niger, Mali). Nur die nördl. T. sind reine Wüstenbewohner, alle anderen (über 90%) leben in der Savanne. Die T. leben in einem ausgeprägten Kastensystem. Die Männer tragen Baumwollschleier. Die T. sind Muslime, haben aber ältere Glaubensvorstellungen und mutterrechtl. Elemente bewahrt und leben in Monogamie; sie sprechen Tamashag, eine Berbersprache. Ihre Abstammung führen sie auf die Königin Ti-N-Hiane zurück, deren Grab in Abelessa, einer Oase nw. von Tamanrasset, verehrt wird.
Tuba [lat.], in der *Musik* 1. bei den Römern eine gerade Heerestrompete; 2. Blechblasinstrument in Baßlage, mit weiter Mensur, mit drei bis fünf Ventilen: *Baß-T.* (Orchester-T.) in F, Baß-T. in Es (in der Blasmusik verwendet), *Doppel-T.* (Verbindung von Baß- und Kontrabaß-T.) in F/C und F/B, *Kontrabaß-T.* in C oder B. Zu den Tuben rech-

nen auch *Bariton, Helikon, Sousaphon, Kaiserbaß* und *Wagnertuba.*

Tube [lat.], **1)** *allg.:* meist aus dünnem Aluminiumblech gefertigter zylinderförmiger Behälter für pastenartige Stoffe.

2) *Anatomie:* Bez. für den trichterförmigen menschl. Eileiter und die Eustachi-Röhre (Ohrtrompete).

Tubenkatarrh, Entzündung der knorpelig-häutigen Verbindung zw. Nasenrachenraum und Mittelohr.

Tubenruptur, Zerreißung des Eileiters bei Eileiterschwangerschaft mit äußerem Fruchtkapselaufbruch zur freien Bauchhöhle hin.

Tuberkel [lat.], Tuberkelbakterien enthaltende, knötchenförmige Geschwulst (Granulom) als örtl. Reaktion des infizierten Gewebes (↑Tuberkulose).

Tuberkelbakterium [lat./griech.] (Tuberkelbazillus), Bez. für den Erreger der menschl. ↑Tuberkulose *(Mycobacterium tuberculosis)* und der Rindertuberkulose *(Mycobacterium bovis);* meist unregelmäßig geformte, leicht verzweigte Stäbchenbakterien; wurde 1882 von R. Koch entdeckt und isoliert.

Tuberkulin [lat.], aus gelösten Zerfallsprodukten von Tuberkelbakterien bestehendes Allergen; dient als Testsubstanz in der Tuberkulosediagnostik (↑Tuberkulinreaktion).

Tuberkulinreaktion, allg. und bes. lokale allerg. Reaktion des Organismus nach der Applikation von Tuberkulin auf bzw. in die Haut (Moro-Probe, *Moro-Reaktion*); leichte Temperaturerhöhung, Rötung, Infiltratbildung; weisen auf einen bestehenden oder überstandenen tuberkulösen Prozeß bzw. eine erfolgreiche Tuberkuloseschutzimpfung hin.

Tuberkulose [lat.], Abk. **Tb, Tbc, Tbk,** in der Regel zyklisch-chronisch verlaufende meldepflichtige Infektionskrankheit, hervorgerufen durch das Tuberkelbakterium (Mycobacterium tuberculosis). Die Übertragung der T. erfolgt meist durch Tröpfcheninfektion, die Ausbreitung je nach Organstruktur vom Ersthed aus durch schrittweises Vordringen innerhalb des gleichen Gewebes, durch Einbruch in Organkanäle (z. B. in den Bronchialbaum), durch Einbruch in die Lymphbahn oder durch Verschleppung mit dem Blut. Aus Ka-

Tuberkulose

Tuba in F mit sechs Ventilen

vernen in der Lunge kann tuberkulöses Material nicht nur in die Bronchien, sondern auch in den Brustfellraum (tuberkulöse Rippenfellentzündung) gelangen. Die blutseitige (hämatogene) Verschleppung streut meist bes. weit, die lymphseitige (lymphatogene) Ausbreitung wird unter Lymphknotenbeteiligung in den Lymphknotenfiltern aufgehalten *(Lymphknotentuberkulose).*
Häufigster Sitz der Erkrankung ist die Lunge. Die *Lungentuberkulose* verläuft in

Tuareg. Targi aus der zentralen Sahara

Tuberkulose

Tübingen. Rathaus; 15./16. Jh.

Tübingen Stadtwappen

der Regel chronisch. *Erstes Stadium (Primär-T.):* 5–6 Wochen nach dem ersten Kontakt entsteht eine Überempfindlichkeit gegen die Bakteriengifte, die Tuberkulinprobe ist positiv. In der Lunge kommt es meist im Oberlappen zu einer kleinen Einschmelzung oder einer tuberkulösen Verkäsung (Primärherd). Von dort gelangen die Tuberkelbakterien mit der Lungenlymphe in die zugehörigen Hiluslymphknoten an der Lungenpforte, die ebenfalls käsig zerfallen. Die Kombination von Parenchym- und Lymphknotenherd ist der typ. Ausdruck der tuberkulösen Primärinfektion *(tuberkulöser Primärkomplex).* Es kommt u. a. zu uncharakterist. Unwohlsein mit leichtem Husten, Müdigkeit, Appetitlosigkeit, Kopf- und Brustschmerzen sowie geringem Temperaturanstieg. Das *zweite Stadium* der Lungen-T., das u. U. lange Zeit nach der Primärinfektion auftritt, wird durch die Aussaat von Tuberkelbakterien geprägt. Die Bakterien gelangen bei Gewebseinschmelzungen direkt oder auf dem Umweg über die Lymphe in die Blutbahn. Sie können sich wieder in der Lunge ansiedeln, mit dem Blut aber auch in den Körper ausgeschwemmt werden. Dort entstehen durch die Gewebsreaktion die hirsegroßen, später auch im Röntgenbild sichtbaren Tuberkel *(Miliar-T.).* Die Krankheitserscheinungen sind hohes Fieber, Husten, Atemnot, Kopfschmerz, Erbrechen, Blausucht und Atembeschwerden. Am häufigsten sind neben der Lunge Leber und Milz befallen. Beim *dritten Stadium* kommt es infolge verminderter Abwehrkraft zum Wiederaufflammen alter, ruhender Tuberkuloseherde. Diese Reaktivierung der Lungen-T. geht meist von einem walnußgroßen, nach der früheren Aussaat zunächst inaktiven Herd unterhalb des Schlüsselbeins aus *(Frühinfiltrat).* Schmilzt das Lungengewebe erst ein und entsteht durch Entleerung eine Frühkaverne, so verläuft der Heilungsprozeß langwierig. Unter starkem Husten wird jetzt oft bröckeliger, manchmal auch blutiger Auswurf mit ansteckungsfähigen Erregern entleert *(offene T.).* In diesem Stadium kann es auch zu stärkeren Blutungen (Blutsturz) kommen. Es entsteht schließlich eine käsige Lungenentzündung, die mit hohem Fieber und schwerer Beeinträchtigung des Allgemeinzustandes einhergeht (sog. *galoppierende Schwindsucht*). Mit Ausnahme der Lunge befällt die T. die Nieren, die Haut, die Gelenke (↑Gelenkerkrankungen) und die Knochen. Die *Nierentuberkulose* (Nierenphthisis) befällt zuerst die Nierenrinde, dann das Nierenmark und die ableitenden Harnwege. Die Hauttuberkulose tritt v. a. auf als 1. *Lupus vulgaris (Hautwolf):* im Bereich des Gesichtes (bes. Ohren, Mund und Nase) entstehen bräunlichgelbe Hautflecken über kleinen, weichen Knötchen, die in Geschwülste übergehen und mit Narben abheilen können. – 2. *Tuberculosis cutis colliquativa:* es entstehen v. a. im Gesicht sowie im Halsbereich weiche, zunächst schmerzlose Knoten. Die darüberliegende Haut verfärbt sich allmählich braun-blaurot, die Knoten fluktuieren und brechen später unter Entleerung eines dünnflüssigen Eiters nach außen hin durch. – 3. *Tuberculosis cutis verrucosa*

Tuchatschewski

(Schwindwarzen): Auftreten bräunlichroter Knötchen, die mit warzenartigen Hornauflagerungen bedeckt sind. Bei der *Knochentuberkulose* ist das blutbildende Knochenmark (Wirbelkörper, Röhrenknochen) betroffen. Nach Ausbildung eines tuberkulösen Granulationsgewebes folgt meist eine Verkäsung mit eitriger Einschmelzung des Herdes mit Knochenzerstörung. – Die *Genitaltuberkulose* befällt als sog. primäre Genital-T. beim Mann in erster Linie Vorsteherdrüse und Nebenhoden, von denen aus sie sich auf die Hoden, den samenabführenden Apparat und (je nach Ausgangspunkt) auf Nebenhoden oder Vorsteherdrüse ausbreitet. Der Hoden wird seltener, meist erst im späteren Stadium von den Nebenhoden aus beteiligt. Bei der Frau handelt es sich in rd. 80% der Fälle um eine T. der Eileiter, die auf die Eierstöcke und die Gebärmutter übergreifen kann und häufig auch das Bauchfell befällt. In beiden Fällen besteht die Gefahr der Sterilität.
Die Behandlung der T. erfolgt durch Chemotherapie und Antibiotika.

Tuberkuloseschutzimpfung, aktive Immunisierung gegen Tuberkulose mit einem Lebendimpfstoff (z. B. mit ↑BCG).

Tuberose [lat.], vermutlich in Mexiko heim. Agavengewächs; Zwiebelpflanze mit stark duftenden, weißen Blüten an bis 1 m hohem Stengel.

Tubifex [lat.] (Gemeiner Schlammröhrenwurm, Bachröhrenwurm), bis etwa 8 cm langer, sehr dünner, durch Hämoglobin rot gefärbter Ringelwurm im Schlamm von stehenden und fließenden Süßgewässern (z. T. auch im Meer); lebt in selbstgebauten Schlammröhren. Wichtiges Lebendfutter für Aquarienfische.

Tübingen, Kreisstadt am Neckar, Bad.-Württ., 80700 E. Verwaltungssitz des Reg.-Bez. Tübingen; Univ., Max-Planck-Institute für Biologie, biolog. Kybernetik und Virusforschung, Sternwarte; Museen; Landes- und Zimmertheater; botan. Garten. Renaissanceschloß (1507 ff.), ev. spätgot. Stiftskirche (1470–83) mit Grablege der württ. Herzogsfamilie, ev. roman. und spätgot. Kirche Sankt Jakob (12. und 16. Jh.); spätgot. Rathaus (1435), Fachwerkhäuser (v. a. 17. und 18. Jh.). Im Ortsteil Bebenhausen ehem. Zisterzienserkloster (Kirche 1188–1227 erbaut; Turm 15. Jh.). – Geht zurück auf einen Dorf; um die Mitte des 11. Jh. von den Grafen von T. mit einer Burg befestigt; 1231 erstmals als Stadt (»civitas«) bezeichnet; 1477 Gründung der Eberhard-Karls-Univ.; 1945–52 Hauptstadt des Landes Württemberg-Hohenzollern.

Tübinger Stift, nach der Einführung der Reformation in Württ. von Hzg. Ulrich als »Hochfürstl. Stipendium« zur Heranbildung des theolog. Nachwuchses 1536 gegr. Bildungsanstalt, von der ein starker Einfluß auf das dt. Luthertum ausging; am T. S. studierten u. a. Hegel, Hölderlin, F. W. J. Schelling.

Tübke, Werner, * Schönebeck/Elbe 30. 7. 1929, dt. Maler. Ab 1972 Prof. an der Hochschule für Graphik und Buchkunst in Leipzig; verbindet in seinen Werken (u. a. Panoramabild aus dem Bauernkrieg [Niederlage T. Müntzers 1525], Bad Frankenhausen/Kyffhäuser, 1983–89) stilist. Anleihen aus Manierismus, Romantik und Surrealismus mit Zitaten der jeweils thematisch zeitgenöss. Symbolik. – Abb. S. 3550.

Tubman, William Vacanarat Shadrach [engl. 'tʌbmən], * Harper (Liberia) 29. 11. 1895, † London 23. 7. 1971, liberian. Politiker. Ab 1944 regelmäßig zum Präs. der Republik gewählt; einer der Initiatoren der OAU.

Tubus [lat.], allg. svw. Rohr, Rohrstück, Röhre; z. B. Fassungsrohr für Linsen (an opt. Geräten) oder Inhalationsröhre bei der Narkose.

TUC [engl. 'tiː ˈjuː ˈsiː], Abk. für **T**rades **U**nion **C**ongress, ↑Trade Unions.

Tuch, Sammel-Bez. für Streichgarn- und Kammgarngewebe in T.- oder Köperbindung, die durch Walken, Rauhen und Scheren (sog. *T. ausrüstung*) eine filzartige Haardecke erhalten haben.

Tuchatschewski, Michail Nikolajewitsch [russ. tuxa'tʃɛfskij], * Gut Alexandrowskoje (Gebiet Smolensk) 16. 2. 1893, † Moskau 11. 6. 1937 (hingerichtet), sowjet. Armeeführer und Militärtheoretiker. Kämpfte im Bürgerkrieg erfolgreich gegen Koltschak und Denikin, schlug 1921 zus. mit Trotzki den Kronstädter Aufstand nieder; Leiter des Rüstungswesens ab 1931 und verantwortlich für die techn. Umrüstung und

Tuberose

Tuchhalle

Werner Tübke. Bauernkrieg; Ausschnitt aus dem 1987 vollendeten Panoramagemälde in der Bauernkriegsgedenkstätte bei Bad Frankenhausen/Kyffhäuser

Kurt Tucholsky

Motorisierung der Roten Armee; 1937 unter haltlosen Beschuldigungen verhaftet; in einem Geheimprozeß zum Tode verurteilt; 1961 voll rehabilitiert.
Tuchhalle, svw. ↑Gewandhaus.
Tucholsky, Kurt [...ki], Pseud. Kaspar Hauser, Peter Panter, Theobald Tiger, Ignaz Wrobel, *Berlin 9. 1. 1890, †Hindås bei Göteborg 21. 12. 1935 (Selbstmord), dt. Journalist und Schriftsteller. 1913–33 Mitarbeiter der Zeitschrift »Schaubühne« (später »Weltbühne«); lebte ab 1924 größtenteils im Ausland; 1933 nach der Machtübernahme der Nazis ausgebürgert; seine Bücher wurden in Deutschland verbrannt; seitdem Verzicht auf Veröffentlichungen. T. vertrat als bed. Satiriker und Zeitkritiker einen linksgerichteten pazifist. Humanismus (»Deutschland, Deutschland über alles! Ein Bilderbuch«, 1929 [zus. mit J. Heartfield]); auch humorist. Erzähler »Rheinsberg. Ein Bilderbuch für Verliebte« (1912), »Träumereien an preuß. Kaminen« (1920), »Schloß Gripsholm« (R., 1931).
Tucson [engl. tu:'sɔn], Stadt in SO-Arizona, 405 400 E. Univ., Institut zur Erforschung der Wüstenvegetation, Staatsmuseum; u. a. Flugzeugbau.
Tudeh-Partei, 1941 von Kommunisten gegr. iran. Partei; 1949 verboten, wirkte bis zum Sturz des Schah-Regimes 1979 (und erneut seit 1983) illegal.
Tudjman [serbokroat. 'tudʒ...], Franjo, *Veliko Trgovišće 14. 5. 1922, kroat. Politiker. Historiker; 1941–44 Partisan; ab 1963 Prof. in Zagreb; seit 1990 Präs. Kroatiens (1995 bestätigt).
Tudor, David [engl. 'tju:də], *Philadelphia 20. 1. 1926, amerikan. Pianist und Komponist. Bed. Interpret avantgardist. Musik. Seine eigenen Werke verbinden elektron. Musik mit Tanz, Theater, Film.
Tudor ['tu:dɔr, engl. 'tju:də], engl. Königshaus 1485–1603, entstammte einem alten walis. Geschlecht. Heinrich VII. bestieg als Erbe des Hauses Lancaster (↑Rosenkriege) nach dem Sieg bei Bosworth (1485) über Richard III. den Thron; ihm folgten sein Sohn Heinrich VIII. (1509–47) und dessen Kinder Eduard VI. (1547–53), Maria I. (1553 bis 1558) und Elisabeth I. (1558–1603).
Tudorstil ['tu:dɔr..., engl. 'tju:də...], Baustil der späten engl. Gotik (1510–58) mit Renaissanceelementen (u. a. King's College Chapel, Cambridge, 1508–15); charakteristisch v. a. der *Tudorbogen,* ein leicht angespitzter Flachbogen.
Tuff [lat.-italien.], 1) sekundär verfestigte vulkan. Aschen.
2) Bez. für ↑Sinter.

Tu Fu ↑Du Fu.

Tugan-Baranowski, Michail Iwanowitsch, *im Gouvernement Charkow 8. 1. 1865, † in der Eisenbahn nahe Odessa 21. 1. 1919, russ. Nationalökonom und Politiker. Mit seiner Schrift »Geschichte der russ. Fabrik« (1898) über in Rußland bereits entwickelte kapitalist. Elemente beeinflußte er die russ. Sozialdemokratie und auch Lenin.

Tugend, im Vermögen des Menschen gründende sittl. Festigkeit, sein Bestreben zur steten Ausbildung und Vervollkommnung von gesellschaftlich anerkannten Wertmustern. Zunächst eine an den sozialen Ständen orientierte Dreiheit, orientiert man sich seit Platon am Kanon von vier *Grund-* oder *Kardinaltugenden* (Weisheit, Mäßigung, Tapferkeit, Gerechtigkeit).

Tuilerien [tyilə'ri:ən; lat.-frz.], ehem. Schloß *(Palais des Tuileries)* in Paris (1564 ff.) nahe dem Louvre, erbaut für Katharina von Medici (nach Brand 1882 abgetragen). A. Le Nôtre legte 1664 ff. den Garten an *(Jardins des Tuileries);* Orangerie und Ballhaus sind heute Museen für impressionist. Kunst.

Tukane [indian.], svw. ↑Pfefferfresser.

Tukur, Ulrich Gerhard, *Viernheim 29.7. 1957, dt. Schauspieler. Spielt Bühnen- und Filmrollen, u. a. in »Die weiße Rose« (1982), »Stammheim« (1986), »Wehner – Die unerzählte Geschichte« (Fernsehfilm, zwei Teile, 1993).

Tula ['tu:la, russ. 'tulɐ], Geb.-Hauptstadt auf der Mittelruss. Platte, Rußland, 541 000 E. Polytechn. Hochschule, Museen, Theater; Radrennbahn. Metall-Ind. (seit Ende 16. Jh.). – Erstmals 1146 erwähnt.

Tula de Allende [span. 'tula 'ðe a'jende], mex. Ort im zentralen Hochland, 7500 E. Kirche eines 1529 gegr. Franziskanerklosters. – Nahebei liegt *Tula (Tollan),* 920–1160 Hauptstadt der Tolteken. Nur in Teilen ausgegraben, v. a. die »Morgensternpyramide«.

Tularämie [nach Tulare (County in Kalifornien)/griech.] (Hasenpest), in Deutschland meldepflichtige bakterielle Seuche bei Nagetieren und Hasen; Übertragung v. a. durch blutsaugende Insekten auch auf andere wildlebende Tiere und Haustiere; Übertragung auf den Menschen durch Kontakt mit infiziertem Fleisch oder frischen Häuten.

Tulcea [rumän. 'tultʃea], rumän. Hafenstadt am Rand des Donaudeltas, 86 000 E.

Tulla, Johann Gottfried, *Karlsruhe 20. 3. 1770, † Paris 27. 3. 1828, dt. Bauingenieur. Leitete die 1817 begonnene Regulierung des Oberrheins.

Tulle [frz. tyl], frz. Stadt im Limousin, 18 900 E. Verwaltungssitz des Dép. Corrèze; Waffenmanufaktur. Got. Kathedrale (nur Langhaus und Turm; 12. bis 14. Jh.).

Tullius (Servius Tullius), nach der Sage der sechste König von Rom. Soll 578–534 regiert haben; ihm wird u. a. die Einteilung der Bürgerschaft in regionale Tribus und in Zenturien *(Servian. Verfassung)* zugeschrieben.

Tulln, niederösterr. Bez.-Hauptstadt an der Donau, 12 000 E. U. a. Zuckerfabrik. Roman.-got., barockisierte Pfarrkirche (12., 14./15. und 18. Jh.), spätroman. Karner (13. Jh.), spätbarocke ehem. Minoritenkirche (1732–39). – Entstand an der Stelle des röm. Kastells *Comagenis.*

Tullus Hostilius, nach der Sage der dritte König von Rom. Regierte angeblich 672–642; ihm wird u. a. die Unterwerfung Alba Longas zugeschrieben.

Tudorstil. Großes Torhaus des 1514–22 erbauten Schlosses Hampton Court in London, in der Bildmitte mit Tudorbogen

Tulpe

Tunesien. Landschaft im tunesischen Sahel, südlich von Monastir

Tulpenbaum. Blüte von Liriodendron tulipifera

Tulpe [pers.-frz.-niederl.] (Tulipa), Gatt. der Liliengewächse mit rd. 60 Arten in Vorder- und Zentralasien, S-Europa und N-Afrika; Zwiebelpflanzen mit meist einblütigen Stengeln; Blüten groß, meist aufrecht, glockig oder fast trichterförmig mit sechs Blütenhüllblättern, sechs Staubblättern und einem dreiteiligen Stempel. Neben der eigtl. *Garten-T.* (in vielen Formgruppen) sind zahlr. Wild-T. in Kultur, u. a. die *Damen-T.*, die in zahlr. Sorten verbreitete *Fosteriana-T.*, die *Greigii-T.* und die *Seerosen-T.* Die einzige in Deutschland wild vorkommende Art ist die *Wald-T.* (20–40 cm hoch, vereinzelt in Weinbergen).

Tulpenbaum (Liriodendron), Gatt. der Magnoliengewächse mit je einer Art in N-Amerika und China; sommergrüne Bäume mit vier- bis sechslappigen, großen Blättern und einzelstehenden, tulpenähnl. Blüten.

Tumba [griech.-lat.] ↑Grabmal.

Tümmler, 1) ↑Delphine.
2) (Flugtauben) an Rassen und Schlägen zahlenreichste Rassengruppe von Haustauben; vermögen ausdauernd und hoch zu fliegen (sog. *Hochflieger*), meist in Gruppen (Trupps).

Tumor [lat.], svw. ↑Geschwulst.

Tumorviren (onkogene Viren), Viren, die infizierte tier. (auch menschl.) Zellen zu tumorigem Wachstum veranlassen können. T. finden sich unter den DNS-Viren und RNS-Viren. – T. sind als Ursache zahlr. tier. Krebserkrankungen nachgewiesen.

Tumulus [lat.], Grabhügel auf dem Grundriß eines Kreises.

Tundra [finn.-russ.], baumloser, artenarmer Vegetationstyp jenseits der polaren Baumgrenze auf Böden, die im Sommer nur kurzzeitig auftauen. Das Übergangsgebiet zum geschlossenen Wald wird *Wald-T.* genannt.

Tuner [engl. 'tju:nə], in der *Hochfrequenztechnik* eine auf die gewünschte Sendefrequenz abstimmbare Eingangsschaltung (z. B. in Rundfunkempfängern); bei manchen Stereoempfangsanlagen in einem vom Verstärker getrennten, ebenfalls als T. bezeichneten Gerät enthalten.

Tunesien, Staat in Afrika, grenzt im N und O an das Mittelmeer, im SO an Libyen, im W an Algerien.
Staat und Recht: Präsidiale Republik; *Verfassung* von 1959 (geändert 1994). *Staatsoberhaupt* und Inhaber der *Exekutivgewalt* ist der vom Volk gewählte Staats-Präs., er wird für 5 Jahre gewählt. Die *Legislative* liegt beim Einkammerparlament (Nationalversammlung; 163 Abg., auf 5 Jahre gewählt). *Parteien:* Rassemblement Constitutionnel Démocratique

Tunesien

(RCD), Mouvement des Démocrates Socialistes (MDS), Mouvement Ettajdid, Union Démocratique Unioniste (UDU), Parti de l'Unité Populaire (PUP).
Landesnatur: T. ist im N ein Bergland, das vom mitteltunes. Gebirgsrücken (Djebel Chambi 1544 m) beherrscht wird. Das Bergland geht nach S in die Senkungszone der Schotts über. Den S des Landes nimmt das Kalkplateau Dahar ein (bis 715 m), das nach O steil zum Küstenvorland abfällt. T. hat mediterranes Klima, das im S in Wüstenrandklima übergeht. Im N finden sich Macchie, Korkeichenwälder und Steineichenbestände, im S Steppe und Wüstensteppe.
Bevölkerung: Über 95% der E sind Araber und arabisierte Berber. Der Islam ist Staatsreligion.
Wirtschaft, Verkehr: Wichtigste Exportgüter sind Wein und Oliven. Außerdem werden Zitrusfrüchte, Obst, Gemüse und Getreide angebaut. An bergbaul. Produkten sind Phosphat, Erdöl und Erdgas von Bedeutung. Die wichtigsten Ind.-Zweige sind Nahrungs-, Genußmittel- und Textilindustrie. Das Eisenbahnnetz hat eine Länge von 2167 km, das Straßennetz von 26741 km, davon rd. 10 000 km asphaltiert. Wichtigste Häfen sind Sfax, Tunis, Biserta, Sousse und Gabés; internat. ✈ bei Tunis.
Geschichte: Nach Zerstörung Karthagos im 3. Pun. Krieg (146 v. Chr.) wurde das Gebiet des heutigen T. Teil der röm. Prov. Africa. Nach 439 n. Chr. Mittelpunkt des Vandalenreichs, seit 533 byzantinisch. Seit etwa 650 bis 698 (endgültige Zerstörung Karthagos) eroberten die Araber das Land und gründeten Kairouan als Prov.-Hauptstadt des Kalifenreichs. Bis zum 16. Jh. unter der Herrschaft verschiedener islam. Dynastien (Fatimiden, Almohaden, Hafsiden), kam T. 1574 an die Osmanen; als Vertreter des Sultans regieren zuerst Paschas (bis 1590), dann Deis (bis 1640), zuletzt Beis (bis 1957). Husain ibn Ali (⚰ 1705–40) begründete die bis 1957 regierende Dynastie der Husainiden. 1881 rückten frz. Truppen in T. ein (1883 frz. Protektorat). 1920 schloß sich die einheim. Führungsschicht in der Destur-Partei zusammen, die als Endziel die Unabhängigkeit verlangte. Ihr zu Kompromissen nicht bereiter Flügel spaltete sich 1934 als Neo-Destur-Partei unter der Führung von H. Bourguiba ab. Obwohl Frankreich die neue Partei verbot und Bourguiba wie auch andere Führer der Partei in Haft genommen wurden, fand sie rasch breite Unterstützung. 1952 riefen die Nationalisten die UN an, nach einer erneuten Verhaftung Bourguibas kam es zu blutigen Unruhen. 1956 erkannte Frankreich die Unabhängigkeit von T. an; Bourguiba wurde zum Min.-Präs. gewählt. 1957 setzte das Parlament den Bei ab, erklärte T. zur Republik und wählte Bourguiba zum Staats-Präs. (1975 auf Lebenszeit). 1964 wurden die Destur-Partei und die Neo-Destur-Partei in der Einheitspartei Parti Socialiste Destourien (PSD) neu organisiert. Die vorsichtige innenpolit. Liberalisierung seit 1980 führte zur Zulassung weiterer polit. Gruppen bei den Parlamentswahlen vom Nov. 1981. Die Wahlen vom Nov. 1986 wurden von der Opposition boykottiert. Im Nov. 1987 wurde Staats-Präs. Bourguiba durch Min.-Präs. Zine al-Abidine Ben Ali entmachtet; Ben Ali übernahm selbst das Amt des Staats-Präs. am 8.11. 1987. Ein im April 1988 verabschiedetes Parteiengesetz institutionalisiert zwar das Mehrparteiensystem, wird aber we-

Tunesien

Fläche:	163 610 km²
Einwohner:	8,401 Mio.
Hauptstadt:	Tunis
Amtssprache:	Arabisch
Nationalfeiertage:	20. 3., 25. 7.
Währung:	1 Tunes. Dinar (tD) = 1 000 Millimes (M)
Zeitzone:	MEZ − 2 Std.

Tunesien

Staatsflagge

Staatswappen

1970 1992 1970 1992
Bevölkerung Bruttosozial-
(in Mio.) produkt je E
  (in US-$)

Bevölkerungsverteilung 1992

Bruttoinlandsprodukt 1992

Tungsten

Tunis. Blick auf die Stadt

gen des darin festgeschriebenen Vorrangs für die Regierungspartei Rassemblement Constitutionnel Démocratique (RCD) von der Opposition abgelehnt. Im Nov. 1988 wurden die ersten zwei Oppositionsparteien offiziell zugelassen. Die Wahlen im April 1989 gewann der RCD. Im Mai 1990 scheiterte ein Putschversuch islam. Fundamentalisten, deren theokrat. Bewegung En-Nahda (»Wiedergeburt«) wegen der wirtschaftl. und sozialen Probleme T. einigen Rückhalt in der Bev. genießt. Die Präsidentschafts- und Parlamentswahlen im März 1994 bestätigten Ben Ali und den RCD.

Tungsten [...steːn; schwed.], svw. ↑Wolfram.

Tungusen, zusammenfassende Bez. für die Völker M- und O-Sibiriens sowie NO-Chinas, die mandschu-tungus. Sprachen sprechen.

Tunhwang (Dunhuang), chin. Oasenstadt im NW der Prov. Gansu; nahebei die »Grotten der Tausend Buddhas«, über 400 Höhlentempel mit Wandmalereien (5. Jh. bis um 1300), Rollbildern, Handschriften, u. a. der sog. Diamant-Sutra (datiert 868; heute London, Brit. Museum).

Tunika [lat.], **1)** *Antike:* ein aus zwei Teilen genähtes, gegürtetes Gewand der röm. Männer und Frauen; mit kurzen Ärmeln, etwa knielang.
2) *orth. Kirchen:* liturg. Gewand.

Tuning [engl. ˈtjuːnɪŋ], **1)** *Hochfrequenztechnik:* svw. Abstimmung.
2) *Motorsport:* die Leistungserhöhung von [serienmäßigen] Kfz-Motoren durch nachträgl. Maßnahmen (»Frisieren«), z. B. Erhöhung der Verdichtung.

Tunis [ˈtuːnɪs, frz. tyˈnis], Hauptstadt Tunesiens, am See von Tunis, nahe dem Mittelmeer, 596 700 E. Univ., Konservatorium; Nationalbibliothek, -archiv und -museum, Museum islam. Kunst; Zoo. V. a. Konsumgüter-Ind.; alle zwei Jahre internat. Messe; Hafen; internat. ✈. Altstadt mit zahlr. Moscheen, u. a. die Große Moschee (732 gegr., v. a. 13. und 15. Jh.) und die am Westrand der Altstadt gelegene Moschee der Kasba (13. Jh.). – Im Altertum *Tynes, Tunes;* erlangte erst unter arab. Herrschaft ab 697 Bedeutung. Seit 1957 Hauptstadt.

Tunja [span. ˈtuŋxa], kolumbian. Dep.-Hauptstadt in einem Hochtal der Ostkordillere, 95 500 E. Päd. Univ., TU. Kathedrale (1579–1606); Rosenkranzkapelle in der Kirche Santo Domingo (um 1590); Casa de Juan de Vargas (um 1585; jetzt Kolonialmuseum). – Entstand an der Stelle der 1538 von Gonzalo Jiménez de Quesada eroberten Hauptstadt des Chibchareiches.

Tunnel, künstlich angelegte unterird. Bauwerke, die im Verlauf von Verkehrswegen durch Bergmassive oder unter Flußläufen, Meerengen, städt. Bebauungen u. a. hindurchführen (auch als Abwasser-T. innerhalb einer städt. Kanalisation).

Tüpfelfarngewächse

Geschichte: Als erster Alpen-T. der Eisenbahn wurde 1848–54 der 1430 m lange Semmering-Scheitel-T. erbaut. Ein Druckluftbohrer wurde erstmals beim 1857–71 erbauten 12,2 km langen Mont-Cenis-T. eingesetzt, das Dynamit beim 1872–81 erbauten, 15 km langen Gotthard-T.; nach knapp achtjähriger Bauzeit war 1906 der 19,8 km lange Simplon-T. vollendet. Bereits 1911 wurde in Hamburg ein 448 m langer Elbtunnel (mit Fahrstuhleinrichtung [auch für Kfz]) in Betrieb genommen, 1974 folgte ein 3,3 km langer, sechsspuriger, unter der Elbe hindurchführender Autobahntunnel. Die Eröffnung des 16,3 km langen Gotthard-Straßentunnels ist ebenso wie die des 12,8 km langen Straßentunnels von Fréjus (zw. Italien und Frankreich) 1980 erfolgt. 1971–88 wurde in Japan der 53,85 km lange Seikantunnel erbaut. 1994 wurden der ↑Eurotunnel unter dem Ärmelkanal eröffnet und der Eisenbahntunnel unter dem Großen Belt durchstoßen.

Tunneldiode (Esaki-Diode), Diode aus extrem hoch dotierten Halbleiterbauelementen, die in einem Teil des Durchlaßbereichs infolge des Tunneleffektes einen negativen differentiellen Widerstand hat. Verwendung als schnell arbeitender elektron. Schalter.

Tunneleffekt, in der *Quantenmechanik* Bez. für das Hindurchdringen eines Teilchens durch eine schmale Zone (Potentialwall), in der die potentielle Energie höher ist als seine kinet. Energie.

Tunnelmikroskop, ein auf der Grundlage des Tunneleffektes arbeitendes, hochauflösendes Mikroskop zur Untersuchung sehr feiner Oberflächenstrukturen. Die Tiefenauflösung liegt bei 0,01 nm und ist damit um den Faktor 100 besser als beim Rasterelektronenmikroskop. Anwendung in der Mikroelektronik zur Beurteilung von Halbleiterschichten u. a.

Tupamaros [span.], die Mgl. der linksgerichteten Guerillabewegung Uruguays, die um 1962/63 entstand; leiten die Bez. von dem peruan. Indianerführer Tupac Amaru II. (eigtl. José Gabriel Condorcanqui, * 1743, † 1781) ab; seit 1985 als Partei organisiert und 1989 legalisiert.

Tüpfel, v. a. dem Stoffaustausch zw. den Zellen dienende Aussparungen in der Sekundärwand pflanzl. Zellen.

Tüpfelfarn, Gatt. der T.gewächse mit rd. 50 v. a. in den Tropen verbreiteten, vielgestaltigen, häufig epiphyt. Arten. Einheimisch ist u. a. der auf kalkarmen Böden vorkommende *Gemeine T.* (Engelsüß); das süß schmeckende oberirdisch kriechende Rhizom wird in der Volksheilkunde als Hustenmittel verwendet.

Tüpfelfarngewächse (Tüpfelfarne, Polypodiaceae), größte Fam. der Farne mit 7000 überwiegend trop., häufig epiphyt. Arten in 170 Gatt. (u. a. ↑Adlerfarn, ↑Frauenhaarfarn, ↑Geweihfarn); Sporangiengruppen oft klein und rund (tüpfelförmig).

Tüpfelfarn. Gemeiner Tüpfelfarn (Blätter bis 60 cm lang)

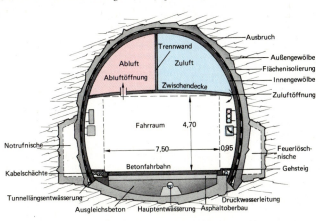

Tunnel. Querschnitt des Arlberg-Straßentunnels

Tupí-Guaraní

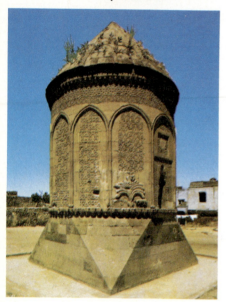

Türbe.
Mausoleum in Kayseri (um 1275)

Iwan Sergejewitsch Turgenjew

Tupí-Guaraní [tuˈpi: guaraˈni:], zweitgrößte Gruppe der Indianersprachen in S-Amerika; Tupí wird v. a. in O-Brasilien, Guaraní in Teilen von Paraguay, Argentinien und Bolivien gesprochen. Beide sind wichtige Verkehrssprachen; Guaraní ist heute Umgangssprache in Paraguay, z. T. auch in NO-Argentinien.

Tupolew, Andrei Nikolajewitsch [russ. ˈtupɛlɪf], *Pustomasowo (Gebiet Twer) 10. 11. 1888, † Moskau 23. 12. 1972, sowjetischer Flugzeugkonstrukteur. Baute ab 1924 die ersten sowjetischen Ganzmetallflugzeuge; entwarf mehr als 100 Flugzeugtypen (Serienbezeichnung ANT, später Tu). Die Tu-104 (1956) war eines der ersten Verkehrsflugzeuge mit Turboluftstrahltriebwerk. – Sein Sohn Alexei Andrejewitsch T. (*1925) konstruierte das Überschallverkehrsflugzeug Tu-144 (Erstflug am 31. 12. 1968).

Turakos [afrikan.] (Bananenfresser, Musophagidae), mit den Kuckucken nah verwandte Fam. etwa 40–70 cm großer, langschwänziger, sehr bunter Vögel mit fast 20 Arten v. a. in Afrika; brüten in flachen Baumnestern.

Turan, Tiefland von, Tiefland im Bereich von Kasachstan, Usbekistan und Turkmenistan mit den Sandwüsten Kysylkum und Karakum.

Turban [pers.-türk.], bereits im alten Orient belegte Kopfbedeckung, bei der über der Kappe Musselin oder anderer Stoff drapiert ist. Von Hindus und Muslimen getragen.

Türbe [türk.] (arab. Turba), islam. turmförmiger Grabbau, mit Kuppel oder Kegeldach, Prachtbauten mit Portalvorbau, Umgang, Sockel sowie Gärten (Taj Mahal in ↑Agra).

Turbinen [lat.-frz.], Kraftmaschinen, in denen die Strömungsenergie von Dampf *(Dampf-T.),* Gas *(Gas-T.),* Wasser *(Wasser-T.)* bzw. Wind unmittelbar in Rotationsenergie umgesetzt wird (Strömungsmaschinen). Hauptteil der T. ist ein mit gekrümmten Schaufeln versehenes Laufrad, das von dem jeweiligen Arbeitsmittel durchströmt wird. Eine T., die zus. mit dem Generator in einem rohrartigen System untergebracht ist, heißt *Rohrturbine.*

turbo..., Turbo... [lat.], Bestimmungswort von Zusammensetzungen mit der Bedeutung »Turbine«.

Turbogenerator, durch eine Dampf- oder Gasturbine angetriebener Generator zur Stromerzeugung.

Turbulenz [lat.], Bez. für den v. a. durch Wirbelbildung und Zerfallen dieser Wirbel sowie durch unregelmäßige Schwankungen des Strömungsverlaufs gekennzeichneten Zustand von Strömungen zäher Flüssigkeiten und Gase; tritt nach Störungen durch innere und äußere Einflüsse oder nach Überschreiten einer krit. Strömungsgeschwindigkeit auf.

Turenne, Henri de La Tour d'Auvergne, Vicomte de [frz. tyˈrɛn], *Sedan 11. 9. 1611, ⚔ Sasbach bei Breisach am Rhein 27. 7. 1675, frz. Marschall (seit 1643) und Militärtheoretiker. Enkel Wilhelms I. von Oranien; seit 1630 in frz. Dienst. Zunächst auf seiten der Fronde, söhnte er sich 1651 mit dem Hof aus und führte das königl. Heer im Bürgerkrieg und im Krieg mit Spanien (bis 1659). 1667/68 plante er den Devolutionskrieg, ab 1672 den Niederl.-Frz. Krieg (u. a. Verwüstung der Pfalz 1674).

Turf [engl. tə:f], Rennbahn; Pferderennsport.

3556

Türkei

Turfansenke, Becken im östl. Tienschan, bis 154 m u. M. (tiefster Punkt Chinas).

Turgenjew, Iwan Sergejewitsch [tʊrˈgenjɛf, russ. turˈgjenɪf], *Orel 9. 11. 1818, † Bougival bei Paris 3. 9. 1883, russ. Dichter. Gehört zu den bed. Erzählern des europ. Realismus; bes. bekannt ist der Roman »Väter und Söhne« (1862). – *Weitere Werke:* Aufzeichnungen eines Jägers (En., 1852), Rudin (R., 1856), Assja (Nov., 1858), Das adelige Nest (R., 1859), Dunst (R., 1867), Neuland (R., 1877).

Turgor [lat.] (Turgordruck, Turgeszenz, Saftdruck), der von innen auf die Zellwand lebender pflanzl. Zellen ausgeübte Druck. Er entsteht durch osmosebedingte Wasseraufnahme in die Vakuole, wodurch der Protoplast (Zelleib) zunehmend gegen die Zellwand gedrückt und diese gedehnt wird. Bei Wasserverlust (sinkendem T.) tritt Erschlaffung *(Welken)* ein.

Turgot, Anne Robert Jacques [frz. tyrˈgo], Baron de l'Aulne, *Paris 10. 5. 1727, † ebd. 20. 3. 1781, frz. Staatsmann und Wirtschaftstheoretiker. 1774–76 Generalkontrolleur der Finanzen unter Ludwig XVI. Seine Reformen, v. a. der Versuch einer Sanierung der Finanzen, scheiterten weitgehend an der Verschwendungssucht des Hofes und am Widerstand der privilegierten Stände. Als Wirtschaftstheoretiker wird T. zu den †Physiokraten gezählt (jedoch größere Betonung des Produktionsfaktors Arbeit); formulierte erstmals das Gesetz vom abnehmenden Ertragszuwachs (†Ertragsgesetz). – *Hauptwerk:* Betrachtungen über die Bildung und Verteilung des Reichtums (1766).

Turin (italien. Torino), Hauptstadt der italien. Region Piemont und einer Prov., in der westl. Poebene, 992 000 E. Univ., TH, bed. Museen, Gemäldegalerien und naturwiss. Sammlungen, mehrere Theater, Autorennstrecke, botan. Garten, Zoo. Eines der wichtigsten italien. Wirtschafts- und Ind.zentren, u. a. Automobilwerke; internat. Messen (u. a. Autosalon).
Stadtbild: Das Stadtbild wird geprägt von Barock- und modernen Hochbauten. Zahlr. Kirchen, u. a. Renaissancedom (1492–98) mit der 1667 ff. errichteten Cappella della Santa Sindone (für das †Turiner Grabtuch), San Lorenzo (1668 ff., Zentralbau), La Consolata (1679 ff., mit lombard. Kampanile des 11. Jh.) und viele Paläste, u. a. Palazzo Reale (ehem. königl. Schloß, 1646–58), Palazzo Madama (13., 15. und 18. Jh.). Röm. Überreste sind die Porta Palatina (1. Jh. v. Chr.) und Teile eines Theaters.
Geschichte: Im Altertum Hauptort der ligur. (kelt.?) Taurinier, unter Augustus als *Augusta Taurinorum* röm. Kolonie; ab dem 5. Jh. Sitz eines Bistums, ab 1515 eines Erzbistums; nach 569 Mittelpunkt eines langobard. Hzgt., dann einer fränk. Gft.; 1048, endgültig 1280 an Savoyen; ab 1720 Hauptstadt des Kgr. Sardinien-Piemont; 1861–65 Hauptstadt des Kgr. Italien.

Turiner Grabtuch, vermutlich (nach wiss. Untersuchungen 1988) aus dem 13./14. Jh. stammendes, wegen des Abdrucks eines menschl. Körpers als Grabtuch Jesu verehrtes Leinengewebe, das seit 1578 im Turiner Dom aufbewahrt wird.

Turkanasee (früher Rudolfsee), abflußloser, fischreicher See im Ostafrikan. Graben, in Kenia und Äthiopien, über 8500 km², Hauptzufluß ist der Omo.

Türkei (amtlich türkisch Türkiye Cumhuriyeti), Staat in Asien (Anatolien) und Europa (Ostthrakien), grenzt im W an das Ägäische Meer, im NW an Griechenland und Bulgarien, im N an das Schwarze Meer, im NO an Georgien, Armenien und Aserbaidschan, im O an Iran, im S an Irak und Syrien sowie an das Mittelländ. Meer.
Staat und Recht: Präsidiale Republik; *Verfassung* von 1982 (zuletzt 1995 geändert). *Staatsoberhaupt* und oberster Inhaber der *Exekutivgewalt* ist der Präs., der für eine einmalige Amtszeit von 7 Jahren von der Nationalversammlung gewählt wird. Er hat u. a. das Recht, Parlamentswahlen anzusetzen, den Vors. im Ministerrat zu führen, auch den Oberbefehl über die Streitkräfte. Der Min.-Präs. wird aus den Reihen der Abg. vom Präs. ernannt; der Ministerrat muß sich nach Vorlage des Regierungsprogramms einer Vertrauensabstimmung stellen. *Legislativorgan* ist die Nationalversammlung, deren 450 Abg. für 5 Jahre gewählt werden. Die Bildung von *Parteien* ist starken Beschränkungen un-

Turin
Stadtwappen

Türkei

Türkei

Staatsflagge

Türkei

Fläche:	779 452 km²
Einwohner:	58,362 Mio.
Hauptstadt:	Ankara
Amtssprache:	Türkisch
Nationalfeiertag:	29. 10.
Währung:	1 Türk. Pfund/Türk. Lira (TL.) = 100 Kuruş (krş)
Zeitzone:	MEZ + 1 Std.

Staatswappen

1970 1990 1970 1990
Bevölkerung Bruttosozial-
(in Mill.) produkt je E
 (in US-$)

Bevölkerungsverteilung 1990

Bruttoinlandsprodukt 1990

terworfen. In der Nationalversammlung sind vertreten: Mutterlandspartei, Sozialdemokrat. Volkspartei, Wohlfahrtspartei, Partei des Rechten Weges. Die *Streitkräfte* umfassen rd. 588 000 Mann.
Landesnatur: Anatolien ist ein weites Hochland, das von küstenparallelen Gebirgsketten begrenzt wird: im N das Pont. Gebirge, im S der Taurus. Im O der T. treffen sich die randl. Gebirgssysteme und gestalten O-Anatolien zu einem fast unzugängl. Gebirgsland. Hier befinden sich der Vansee und der Ararat (5 165 m ü. M.), der höchste Berg des Landes. Das inneranatol. Becken mit Salzseen und -sümpfen geht nach W in die Ägäische Küstenregion über. Inneranatolien liegt ganzjährig im Regenschatten. O-Thrakien, W-Anatolien und der Taurus haben Mittelmeerklima. Die Gebirge sind bewaldet, Inneranatolien hat Steppenvegetation, ansonsten mediterrane Vegetation.
Bevölkerung: Neben Türken leben in der T. etwa 10 Mio. Kurden. Außerdem gibt es an ethn. Minderheiten Araber, Tscherkessen, Georgier, Lasen, Griechen, Armenier und Juden. 98 % der E sind Muslime.
Wirtschaft, Verkehr: 50 % der Erwerbstätigen sind in der Landwirtschaft beschäftigt. Angebaut werden neben den Grundnahrungsmitteln exportorientiert Baumwolle, Tabak und Haselnüsse. Wichtige landwirtschaftl. Produkte sind Trockenfrüchte (Feigen, Sultaninen) und Tee. Neben Chromerz werden Steinkohle und Eisenerz abgebaut. Bed. Ind.-Standorte sind Istanbul, Ankara, İzmir, Adana und Bursa. Wichtigster Ind.-Zweig ist die Textil-Ind., zu der auch die Teppichknüpferei gehört. Es folgen Zement-, Zucker- und Kfz-Industrie. Das Streckennetz der Eisenbahn ist 8 439 km, das Straßennetz 58 915 km lang, davon 55 946 km asphaltiert. Wichtigste Häfen sind Istanbul, İzmir, Trabzon, Samsun, Mersin und İskenderun; die wichtigsten internat. ✈ bei Istanbul und Ankara.
Geschichte: *Beginn und Ausdehnung der Osmanenherrschaft:* Nach dem Sieg der Seldschuken unter Alp Arslan über Byzanz (1071 bei Mantzikert im Ararathochland) drang mit Nomadenstämmen der Islam in Anatolien ein. Um 1300 begründete Osman I. Ghasi die Dynastie der Osmanen. Das 1361 eroberte Adrianopel (heute Edirne) wurde Hauptstadt des Osman. Reiches, dem das Byzantin. Reich tributpflichtig wurde. Thrakien und Makedonien kamen 1371 nach dem Sieg über die Heere Serbiens, Ungarns, Bulgariens und Bosniens an der Maritza in osman. Besitz. Nach dem Sieg Murads I. auf dem Amselfeld 1389 wurde Serbien tributpflichtig, 1395 die Walachei; Bulgarien und Thessalien wurden erobert. Trotz der Niederlage gegen Timur 1402 bei Ankara blieb das Osman. Reich in seinem Grundbestand erhalten und konnte den letzten Kreuzzug zur Rettung des Byzantin. Reiches 1444 abwehren. Mohammed II. annektierte das restl. Byzantin. Reich, eroberte Konstantinopel am 29. 5. 1453 und machte es zur Hauptstadt des Osman. Reiches, das in den folgenden 100 Jahren seine größte Macht und Ausdehnung erfuhr. 1454–63 wurden Serbien, Trapezunt und Bosnien annektiert. Der Krieg mit Venedig 1463–79 brachte die Peloponnes und Athen ein und sicherte die Herrschaft über Albanien. Das Osman. Reich wurde zur beherrschenden Seemacht im östl. Mittelmeer. Der Sultan trug seit 1517 auch den Kalifentitel und übernahm den Schutz der hl. Stätten des Islam in Mekka und Medina. Süleiman

Türkei

der Prächtige besetzte Belgrad und nach der Schlacht von Mohács (1526) große Teile Ungarns; 1529 drang er bis Wien vor. Algier kam 1519, Tripolitanien 1551, Zypern 1570/71, Tunesien 1574 unter osman. Herrschaft.

Niedergang des Osman. Reiches: Mit dem Vorstoß bis Wien 1683 und dessen vergebl. Belagerung war die Kraft der osman. Armee erschöpft. Der folgende Große Türkenkrieg (1683–99) mit der Hl. Liga von 1684 endete in den Friedensverträgen von Karlowitz und Konstantinopel (1699/1700) mit dem Verlust der Peloponnes, Athens, des westl. Dalmatiens, Ungarns, des größten Teils Kroatiens mit Slawonien, Siebenbürgens, Podoliens, der poln. Ukraine und Asows. In der 2. Hälfte des 18. Jh. wurde Rußland zum Hauptgegner der Osmanen, die es in den Friedensschlüssen von Küçük Kaynarca (heute Kainardscha, Bulgarien; 1774) und Iași (1792) zwang, alle Gebiete im N des Schwarzen Meeres bis zum Dnjestr aufzugeben (weitere Gebietsverluste im Russ.-Türk. Krieg 1806–12). Frankreich, Großbrit. und Rußland setzten nach dem Sieg über die türk.-ägypt. Flotte bei Navarino (20. 10. 1827) die Unabhängigkeit der Griechen durch. Nach dem Russ.-Türk. Krieg von 1828/29 mußte der Sultan die Autonomie Serbiens, der Moldau und der Walachei anerkennen. In der Folge des verlorenen Krimkrieges 1853/54–56 mußte das Osman. Reich die Zahlungsunfähigkeit erklären. Trotz aller Reformbemühungen nahm die Schwäche des Reiches weiter zu (»Kranker Mann am Bosporus«). Nach dem Russ.-Türk. Krieg 1877/78 erhielten Serbien, Montenegro und Rumänien auf dem Berliner Kongreß 1878 die volle Unabhängigkeit, Bosnien und Herzegowina kamen zu Österreich, Zypern zu Großbritannien. Frankreich, das 1830–70 Algerien annektiert hatte, besetzte 1881 Tunesien, Großbrit. 1882 Ägypten. Die liberal-reformer. und panislam. ausgerichteten »Jungtürken« unter Enver Pascha und Talat Pascha setzten 1909 Sultan Abd ül-Hamid II. ab und entmachteten seinen Nachfolger Mohammed V. Doch die Schwächung des Reichs setzte sich fort: Unabhängigkeit Bulgariens 1908; Verlust von Tripolis, der Cyrenaika und des Dodekanes im Italien.-Türk. Krieg 1911/12; fast völliger Verlust der verbliebenen europ. Besitzungen in den Balkankriegen 1912/13. Ansätze einer Erneuerung verhinderte der Kriegseintritt auf der Seite der Mittelmächte am 1. 11. 1914. Im 1. Weltkrieg gingen Irak, Palästina und Syrien verloren. Im Vertrag von Sèvres 1920 mußte sich die T. auf Kleinasien und einen Zipfel des europ. Festlandes beschränken und kam unter alliierte Militär- und Finanzkontrolle. Die Griechen besetzten 1919–22 İzmir; Istanbul und die Meerengen kamen 1918–23 unter alliierte Verwaltung. Die vollständige

Türkei.
Westtaurus mit dem Ak Dağ (3 024 m ü. M.), im Vordergrund das antike Theater der lykischen Stadt Pinara in der Nähe von Xanthos

Türkenbund

Demobilisierung wurde von Mustafa Kemal Pascha (↑Kemal Atatürk) verhindert, der sich 1919 in Anatolien an die Spitze der nat. Widerstandsbewegung stellte und die Griechen aus den von ihnen besetzten westanatol. Gebieten vertrieb (Griech.-Türk. Krieg 1919–22). Im Frieden von Lausanne 1923 gewann die T. Teile O-Thrakiens sowie die volle Kontrolle über Anatolien zurück.
Die Republik: Nach der Absetzung Mohammeds VI. wurde am 29. 10. 1923 die Republik ausgerufen. Mustafa Kemal Pascha, ihr erster Präs., bemühte sich, die T. zu einem europäisch orientierten, säkularen Nationalstaat zu formen (u. a. Einführung der latein. Schrift) und außenpolitisch durch Ausgleich mit den Siegermächten und den Nachbarstaaten abzusichern. Im 2. Weltkrieg blieb die T. neutral. 1952 wurde die T. Mgl. der NATO, 1955 des Bagdadpakts (1959 CENTO). Gegen die regierende Republikan. Volkspartei gewann 1950 die konservative Demokrat. Partei die Wahlen: M. Celal Bayar wurde Staats-Präs.; als Min.-Präs. A. Menderes infolge wirtschaftl. Schwierigkeiten die Unterstützung des Parlaments verlor, hielt er sich durch Unterdrückung der Opposition an der Macht; er wurde 1960 durch Militärputsch gestürzt. 1961 wurde eine neue Verfassung verabschiedet. Die ungelöste Zypernfrage, blutige Studentenunruhen und zahlr. Terrorakte führten 1971 erneut zum Eingreifen des Militärs. Min.-Präs. B. Ecevit von der Republikan. Volkspartei (ab 1974) löste durch sein Vorgehen im Konflikt mit Griechenland, v. a. durch die Besetzung des N-Teils von Zypern durch türk. Truppen 1974, nat. Begeisterung aus. Die immer instabilere innenpolit. Situation ab 1975 mit z. T. bürgerkriegsähnl. Zuständen beendete das Militär am 12. 9. 1980 durch einen unblutigen Militärputsch unter Generalstabschef Kenan Evren. Alle polit. Aktivitäten wurden verboten. Es kam zu zahlr. willkürl. Verhaftungen, Hinrichtungen und anderen Menschenrechtsverletzungen (v. a. Verfolgung der Kurden). Eine neue, im Auftrag des Militärregimes ausgearbeitete Verfassung wurde 1982 in einer Volksabstimmung gebilligt und General Evren zum Staats-Präs. gewählt. Die Parlamentswahlen 1983 und 1987 gewann jeweils die Mutterlandspartei unter T. Özal. Dieser wurde 1990 zum Nachfolger Evrens als Staats-Präs. gewählt; neben der wirtschaftl. Konsolidierung trachtete er während und nach dem Golfkrieg 1991 – in Konkurrenz zu Iran – nach einer Hegemonialposition der T. über die muslimisch geprägten früheren Sowjetrepubliken. Die T. sah sich allerdings nicht in der Lage, das Elend der flüchtenden irak. Kurden zu lösen; sie bekämpfte vielmehr militärisch die nach Autonomie strebenden Organisationen in Kurdistan. Diese Kämpfe weiteten sich 1992/93 zu einem fakt. Krieg zw. Aufständischen und türk. Sicherheitsorganen aus, der ganz Ostanatolien erfaßte. Im April 1993 verstarb überraschend Staats-Präs. Özal; zu seinem Nachfolger wurde S. Demirel gewählt, neue Min.-Präs. wurde T. Çiller. 1995 beschloß die EU die Bildung einer Zollunion (ab 1. 1. 1996) mit der Türkei. Bei den Parlamentswahlen 1995 wurde die islamisch-fundamentalist. Wohlfahrtspartei zur stärksten polit. Kraft. T. Çiller und Mesut Jilmaz einigten sich im März 1996, eine Koalitions-Reg. zu bilden.

Türkenbund ↑Lilie.

Türkenkriege, die Kriege der europ. christl. Staaten gegen das seit 1354 in S-Europa eingedrungene islam. Reich der osman. Türken (↑Türkei).

Turkestan ['tʊrkɛsta:n, tʊrkɛs'ta:n], östlich des Kasp. Meeres gelegenes Gebiet in Asien, durch die Gebirgszüge des Pamir und westl. Tienschan geschieden in *West-T.* (früher *Russ.-T.*), das den Raum zw. Sibirien, Iran und Afghanistan umfaßt, und *Ost-T. (Chin.-T.)*, das heute den sw. Teil von Sinkiang bildet. – Einige Gebiete des von iran. Völkern besiedelten histor. West-T. (das auch Teile von Iran und Afghanistan umfaßte) gehörten seit dem 6. Jh. v. Chr. zum Perserreich und fielen in hellenist. Zeit schließlich an das gräkobaktr. Reich. In Ost-T. trafen Chinesen und das ostasiat. Nomadenvolk der Xiongnu (↑Hunnen) aufeinander und verdrängten seit dem 2. Jh. v. Chr. die iran. Bevölkerung nach West-T., das um die Mitte des 6. Jh. zw. den Sassaniden und dem alttürk. Großreich aufgeteilt wurde. Anfang des 8. Jh. drangen muslim. Araber in T. ein. Die islamisierten türk. Ogusen verdrängten

türkische Literatur

999 die arab. Samaniden aus Buchara und gründeten das Reich der Ilekchane (bis zum 13. Jh.). Dschingis Khan besetzte das Land 1219/20. Um 1370 brachte Timur Transoxanien unter seine Gewalt und machte es zur Ausgangsbasis seiner Eroberungszüge. Nach der Timuridenherrschaft in Samarkand bis zum Ende des 15. Jh. herrschten Usbeken (Schaibaniden) ein Jahrhundert lang. Danach bestanden in T. die Khanate Buchara, Chiwa und Kokand, die zw. 1868 und 1876 an Rußland gelangten. Aus der Neuorganisation der Turkestan. ASSR 1924 gingen die Turkmen. SSR, die Usbek. SSR sowie schließlich die Kirgis. SSR und die Tadschik. SSR hervor, die 1991 unabhängige Republiken wurden. – Zum von China beherrschten Teil von T. ↑Uigurische Autonome Region Sinkiang.

Turkestankette ['turkesta:n, turkes-'ta:n], Gebirge in Tadschikistan, bis 5621 m hoch, z. T. vergletschert.

Turkestan-Sibirische Eisenbahn ['turkesta:n, turkes'ta:n] (Turksib), russ. Eisenbahnlinie von Arys über Alma-Ata nach Nowosibirsk, 2531 km.

Türkis [frz.] (Kallait), sehr feinkörniges, wachsglänzendes, blaues, blaugrünes oder grünes Mineral. Reiner T. wird als Schmuckstein verwendet.

Türkisch, zur südwestl. Gruppe der Turksprachen gehörende Sprache der Bevölkerung der Türkei bzw. früher des Osman. Reichs. – Innerhalb des T. unterscheidet man Altosmanisch (mit Seldschukisch, 13.–15. Jh.), Mittelosmanisch (15.–17. Jh.), Osmanisch (17.–20. Jh.) und (Türkei-)Türkisch (20. Jh.). Nach der weitgehenden Ersetzung arab.-pers. Lehnwörter durch neugeschaffene Wörter (seit 1932 Sprachreform) sind ältere Texte heute den jüngeren Türken nicht verständlich. Die Schrift war bis 1928 die arab., seitdem lat. Schrift mit Zusatzzeichen.

Türkische Hasel (Baumhasel), in SO-Europa und Kleinasien heim. Art der Gatt. Hasel: bis 20 m hoher Baum mit kegelförmiger Krone; Früchte sehr dickschalig, mit eßbarem Samen; wertvoller Straßen- und Parkbaum.

türkische Kunst, innerhalb der ↑islamischen Kunst zeitweise bes. geprägte Kunst, so der *seldschuk.* und der *osman.* Stil.

türkische Literatur, die Literatur der Türken Anatoliens und der europ. Türkei in vorosman., osman. und nachosman. Zeit. Aus der altanatolisch-türk. Periode (13.–15. Jh.) sind v. a. histor. Aufzeichnungen, Heiligenlegenden und Heldensagen erhalten; bed. die Derwischdichtung. Einer der ersten nachweisbaren Dichter ist Sultan Veled (* 1226, † 1312). Die t. L. stand bis ins 19. Jh. unter pers. Einfluß. Vorbild für Dichter, die sich der starken Überfremdung durch arab.-pers. Elemente widersetzten, ist bis heute der Mystiker Junus Emre († um 1320). Die einflußreiche Hof- und Gelehrtendichtung der altosman. Zeit (13.–15. Jh.) wurde in der mittelosman. Literatur (15.–17. Jh.) mit Chroniken und Reichsannalen fortgesetzt. Um die Mitte des 19. Jh. Einfluß westl. (v. a. frz.) Literatur, bed. der Erzähler Ahmed Midhat (* 1844, † 1912) und der Dramatiker Ibrahim Schinasi (* 1826, † 1871). Im 20. Jh. kamen europ. Einflüsse in allen literar. Gattungen zur Geltung (Ömer Seyfettin [* 1884, † 1920]). In der Zeit des Freiheitskampfes unter Kemal Atatürk Aufschwung der literar. Moderne; bed. v. a. die Prosa von Halide Edib Adıvar (* 1884, † 1964), Yakup Kadri Karaosmanoğlu (* 1889, † 1974) und Reşat Nuri Güntekin (* 1889, † 1956). Der eigtl. Durchbruch begann mit dem v. a. als Lyriker bed. Nazım Hikmet (* 1902, † 1963) und dem Satiriker und Erzähler Sabahattin Ali (* 1906, † 1948); mit Orhan Kemal (* 1914, † 1970) Beginn einer proletar. t. L.; Kurzgeschichten von Sait Faik (* 1906, † 1954), Satiren von A. Nesin. In den 1950er Jahren wurde das anatol. Dorfleben zu einem wichtigen Thema: Yaşar Kemal (* 1922), Fakir Baykurt (* 1929). Seit den 1960er Jahren treten v. a. Autorinnen wie Adalet Ağaoğlu (* 1929), Nezihe Meriç (* 1925) und Füruzan (Pseudonym Selçuk, * 1935) hervor, in der Lyrik v. a. Behcet Necatigil (* 1916, † 1979), Fazıl Hüsnü Dağlarca (* 1914), Attila İlhan (* 1935). Wichtige Dramatiker sind Vasif Öngören (* 1938) und Haldun Taner (* 1915). Seit den 1970er Jahren findet die Migrantenproblematik ihren literar. Niederschlag, v. a. durch im Ausland lebende türk. Autoren, u. a. Aras Ören (* 1939), der in dt. und türk. Sprache schreibt.

Türkis

Türkische Hasel. Blatt und männliche Blüte; Frucht mit geschlitzten Hüllblättern und Nußfrucht

3561

türkische Musik

türkische Musik. Die höf. Kunstmusik der Osmanen gründet auf der im 14. Jh. übermittelten pers. Hofmusik (↑Maqam), die in Konstantinopel weiterentwickelt wurde und bis zum 19. Jh. zu immer komplexeren Formen führte. Gesangssätze, umrahmt von Instrumentalstücken, wurden in kammermusikal. Besetzung auf Laute (Ud), Harfe, Hackbrett (Santur), Zither (Kanun), Langhalslaute (Tanbur), Streichinstrumenten (Rabab, Kemantsche) und Rohrflöte (Naj) gespielt, begleitet von Pauken u. a. Rhythmusinstrumenten und geleitet vom »Obersänger«. – Die nat. Militärmusik, urspr. zentralasiat. Herkunft, wurde unter den Osmanen in bis zu 300 Mann starker Besetzung gespielt und während des 18. Jh. als ↑Janitscharenmusik in Europa nachgeahmt. Wesentlich zur reichen türk. Musikkultur trugen auch (bis 1925) die Derwischorden bei. – In der vielfältigen ländl. Musik herrschen diaton. (z. B. pentaton.) Melodien vor. Neben fest metrisierten Volksliedern gibt es metrisch freie »lange Lieder« zentralasiat. Verwandtschaft.

Türkischer Honig, svw. weißer Nougat.
Turkmenen ↑Ogusen.
Turkmenien, andere Bez. für ↑Turkmenistan.
Turkmenistan, Staat in Mitasien, grenzt im W an das Kasp. Meer, im NW an Kasachstan, im N, NO und O an Usbekistan, im O und SO an Afghanistan sowie im S und SW an Iran.

Staat und Recht: Präsidialrepublik; *Verfassung* von 1992. *Staatsoberhaupt* ist der direkt gewählte Präs. mit weitgehenden exekutiven Rechten. Die *Exekutive* wird von der Regierung unter Vors. des vom Staatspräs. ernannten Min.-Präs. ausgeübt. Die *Legislative* liegt beim Parlament (»Madschlis«; 50 für 5 Jahre gewählte Abg.); daneben besteht ein Volksrat, dem das Recht der Kriegserklärung und Verfassungsänderung vorbehalten ist. Einzige zugelassene Partei ist die Demokrat. Partei Turkmenistans, die Nachfolgepartei der KP.

Landesnatur: Der größte Teil T. wird von der Wüste Karakum eingenommen. Im NW liegen Ausläufer des Ust-Urt-Plateaus, südlich davon Höhen bis 1880 m ü. M. Mit Ausnahme der Krasnowodsk-Halbinsel südlich der Bucht Kara-Bogas-Gol wird der gesamte SW von den Niederungen am O-Ufer des Kasp. Meeres eingenommen. Das Klima ist extrem kontinental, sonnenreich und trocken.

Bevölkerung: Die Bevölkerung besteht zu über 70% aus Turkmenen, je rd. 10% stellen Russen und Usbeken, daneben v. a. Kasachen. Die traditionelle Religion ist der Islam sunnit. Richtung.

Wirtschaft, Verkehr: Nur etwa 2% der Landesfläche werden landwirtschaftlich genutzt; fast die gesamte Anbaufläche muß künstlich bewässert werden. Nach dem Baumwollanbau sind Viehwirtschaft (bes. Karakulschafe) und Seidenraupenzucht die Hauptzweige der Landwirtschaft. An Bodenschätzen werden Erdgas (Kaspiniederung, Wüste Karakum) und Erdöl (Kaspiniederung, Halbinsel Tscheleken) gewonnen. Traditionell dominieren Nahrungsmittel- und Textilindustrie (Teppichherstellung). Das Schienennetz umfaßt 2120 km, daneben bestehen 21 400 km Autostraßen. Schiffahrt wird auf dem Amudarja und auf dem Karakumkanal betrieben. Internat. ✈ in Aschchabad.

Geschichte: In das zuvor von Persern und Arabern beherrschte Gebiet drang im 8. Jh. n. Chr. das Turkvolk der Ogusen ein und wurde im 10. Jh. islamisiert (seitdem als Turkmenen bezeichnet). Im 13. Jh. von den Mongolen unterworfen, gelangte das Gebiet des heutigen T. un-

Turkmenistan

Staatsflagge

Staatswappen

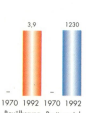

1970 1992   1970 1992
Bevölkerung   Bruttosozial-
(in Mio.)   produkt je E
            (in US-$)

☐ Stadt   Land ☐

Bevölkerungsverteilung 1992

Turkmenistan
Fläche: 488 100 km²
Einwohner: 3,861 Mio.
Hauptstadt: Aschchabad
Amtssprache: Turkmenisch
Nationalfeiertag: 27. 10.
Währung: 1 Manat (TMM) = 100 Tenge
Zeitzone: MEZ + 3 Std.

ter die Herrschaft der Khanate Buchara und Chiwa, 1877 unter die Oberhoheit Rußlands. Seit 1921 autonomes Gebiet innerhalb der Turkestan. ASSR, wurde aus diesem 1924 die Turkmen. SSR gebildet. 1991 erklärte T. seine Unabhängigkeit von der UdSSR und wurde Mgl. der GUS. Unter der Führung von Präs. S. Nijasow, der Anfang 1994 in einen Referendum bis 2002 im Amt bestätigt wurde, blieben die hergebrachten kommunist. Strukturen jedoch weitgehend erhalten.

Turkologie, die Wiss. von Sprache, Literatur und Kultur der Turkvölker.

Turksprachen (Türksprachen), eine Gruppe von einander verhältnismäßig nahestehenden Sprachen in O-Europa, Vorderasien, Innerasien und Sibirien. Die T. haben Vokalharmonie, sind agglutinierend, kennen kein Genus, keine Präfixe, keine Präpositionen, keine Relativpronomina und Konjunktionen. – Im SW des Sprachgebiets hebt sich die südwestl. oder ogus. Gruppe mit einer seldschuk. (Türkisch, Gagausisch, Aserbaidschanisch) und einer turkmen. Untergruppe (Turkmenisch) ab. Zur nordwestl. oder kiptschak. Gruppe gehören Karaimisch (in Polen, Litauen, Südukraine), Krimtatarisch, die nordkaukas. T. (Karatschaiisch-Balkarisch, Kumykisch), Tatarisch, Baschkirisch, Kasachisch und Kirgisisch. Das Altaische (Altaitürkisch) bildet einen Übergang zur nordöstl. Gruppe in Sibirien mit den heutigen Schriftsprachen Chakassisch, Tuwinisch und dem ziemlich fern stehenden Jakutischen. Zur südöstl. Gruppe rechnet man das Usbekische und das Uigurische.

Turks- und Caicosinseln [engl. tɔːks - 'kaɪkəs...], brit. Kronkolonie im Bereich der Westind. Inseln, 430 km², 13000 E, Verwaltungssitz Cockburn Town auf Grand Turk Island. – Zur Zeit der Entdeckung (1512) unbewohnt; 1962 Kronkolonie; seit 1976 eigene Verfassung.

Turku (schwed. Åbo), Stadt in SW-Finnland, an der Mündung des Aurajoki in den Finn. Schärenhof, 159900 E. Schwedischsprachige Åbo Akademi, finnischsprachige Univ., Museen. U. a. Werft, Stahlwerk; Hafen; Autofähren nach Mariehamn und Schweden. Spätroman. Domkirche (1290 geweiht), Observatorium (1818), Rathaus (1885); Schloß (Anfänge der Burg um 1280; heutige Gestalt v. a. 16. Jh.). – Seit dem 13. Jh. bed. Handelsplatz und wichtigste Festung Finnlands sowie bis 1812 finn. Hauptstadt; wurde 1276 (erster finn.) Bischofssitz.

Turmalin [singhales.-frz.], in zahlr. Farbvarianten vorkommendes Mineral; Magnesiumaluminiumborasilikat; starker Pleochroismus, piezo- und pyroelektrische Eigenschaften; Schmucksteine. Wichtige Abarten sind *Achroit* (farblos bis blaßgrün), *Rubellit* (rot), *Apyrit* (pfirsichrot), *Siberit* (lilarot bis violettblau), *Indigolith* (blau), *Dravit* (braun), *Verdelith* (grün), *Chrom-T.* (tiefgrün) und *Schörl* (schwarz).

Turmbau zu Babel ↑Babylonischer Turm.

Turmfalke, fast 35 cm langer Greifvogel (Fam. Falken), v. a. in offenen Landschaften Europas sowie in großen Teilen Asiens und Afrikas; häufigster Greifvogel Deutschlands. Er späht oft im Rüttelflug (Standrütteln, Platzrütteln) nach seiner Nahrung (v. a. Mäuse) aus; brütet in verlassenen Krähen- und Elsternestern auf Bäumen oder in Höhlungen und Nischen von Gebäuden; Teilzieher.

Turmschnecken (Turritellidae), mit rd. 50 Arten in allen Meeren verbreitete Schnecken-Fam.; Gehäuse hochgetürmt, schlank und spitz; sehr häufig in Schlammböden europ. Meere die *Gemeine Turmschnecke*.

Turmspringen ↑Schwimmen.

Turnen [griech.-lat.], Bez. für alle Leibesübungen; i. e. S. *Geräteturnen* in der Halle sowie *Bodenturnen;* i. w. S. alle im Dt. Turner-Bund gepflegten Arten des T. wie Geräteturnen, Gymnastik, Turnspiele, Fechten, Judo, Schwimmen u. a. In Wettkämpfen ausgetragene Form des T. ist das *Kunstturnen*.

Anfang des 19. Jh. entstand in Deutschland unter maßgebl. Einfluß F. L. Jahns eine an den Ideen des Liberalismus und Nationalismus orientierte, organisierte *Turnbewegung;* nach anfängl. Verboten verbreiteten sich die durch bes. Kleidung und Sprache verbundenen *Turngemeinden* rasch; 1841 wurde in Frankfurt am Main das erste größere dt. *Turnfest* ausgerichtet; die gesamte dt. *Turnerschaft* traf sich erstmals 1860 in Coburg (dort

Turmalin.
Oben: Kristalle mit zonarer Farbbänderung ◆
Unten: schwarze Kristalle in Glimmerschiefer

Turmfalke
(Größe 32 – 35 cm)

Turner

William Turner. Genfer See mit Dent d'Oche (um 1841; London, Britisches Museum)

seit 1898 alle fünf Jahre). – 1990 wurde der Dt. Turn-Verband (ehem. DDR) in den 1950 gegr. Dt. Turner-Bund aufgenommen.

Turner [engl. 'tə:nə], **1)** Kathleen, * Springfield (Mo.) 19. 6. 1954, amerikan. Filmschauspielerin. Spielte u. a. in »Peggy Sue hat geheiratet« (1986), »Der Rosenkrieg« (1989), »V. I. Warschawski« (1991).
2) Tina, eigtl. Anna Mae Bullock, * Brownsville/Tenn. 25. 11. 1940, amerikan. Rocksängerin. Seit 1960 Erfolge als Interpretin schwarzer Rhythm und Blues-Musik (zus. mit ihrem damaligen Ehemann Ike Turner [* 1931]); in den 1980er Jahren Hinwendung zum Mainstream-Pop (»What's love got to do with«, »Better be good to me«); Filmrollen.
3) William, * London 23. 4. 1775, † ebd. 19. 12. 1851, engl. Maler. Mit seiner atmosphär. Farbmalerei, die sich immer mehr von der Gegenstandswiedergabe löste, bed. Mittler zw. der niederl. wie frz. Kunst des 17. Jh., der Romantik und der Moderne (Impressionismus); zahlr. Reisen (Italien, Deutschland).
Turnerkreuz ↑FFFF.
Turnerschaften, sportlich aktive farbentragende ↑studentische Verbindungen.
Turner-Syndrom [engl. 'tə:nə...; nach dem amerikanischen Endokrinologen Henry H. Turner, * 1892, † 1970], angeborene Mißbildung bei Mädchen als Folge einer Chromosomenanomalie. Symptomatisch sind primäre Amenorrhö, Minderwuchs, ein Flügelfell beiderseits am Hals, schildförmige Brust und Auswüchse an den Beckenknochen.
Turnhout [niederl. 'tʏrnhɔut], belgische Stadt im Kempenland, 37 600 E. Industriestandort; Kanalhafen. Gotische Kirche Sint-Pieter (13. und 18. Jh.); Renaissanceschloß (16. und 17. Jh.). – Entstand bei einem um 1100 erbauten Jagdschloß der Herzöge von Brabant.
Turnier [frz.], **1)** *Geschichte:* Waffenspiele zu Pferd oder zu Fuß (11. bis Mitte 16. Jh.); Ziel war die Demonstration der vollkommenen Beherrschung von Pferd und Waffe. Beim Zweikampf *(Tjost)* mußte der Gegner mit der Lanze aus dem Sattel gehoben *(Gestech)* oder an einer bestimmten Stelle getroffen werden *(Rennen);* ab dem 13. Jh. wurden die T.waffen entschärft; kirchl. Verbote blieben wirkungslos.
2) *Sport:* ein Wettkampf zw. Einzelsportlern oder Mannschaften.
Turnus [griech.-lat.], in gleicher Weise sich wiederholender Ablauf, Reihenfolge.
Turnu Severin ↑Drobeta-Turnu Severin.
Turquino, Pico, mit 1972 m höchster Berg Kubas, in der Sierra Maestra.

Turrini, Peter, *Maria Saal 26. 9. 1944, österr. Schriftsteller. Schreibt provozierende gesellschaftskrit. (Dialekt-)Stücke, u. a. »Sauschlachten« (1971), »Tod und Teufel« (1990), »Alpenglühen« (1993).

Turteltaube [lat./dt.] ↑Tauben.

Tusche [frz.], Pigmentaufschwemmung oder Farbstofflösung, die größere Mengen an Bindemitteln enthält und daher (im Ggs. zu den Tinten) in Form feiner Filme auftrocknet.

Tuschmalerei, ostasiatische Aquarellmalerei mit schwarzer Tusche (aus Lampenruß) auf Papier oder Seide; in China unter dem Einfluß des Zen-Buddhismus entwickelt, findet sie ihre bedeutendsten Vertreter bereits in der Songzeit (Liang Kai und Mu Qi) (↑japanische Kunst).

Tuschpa, Residenz von Urartu, ↑Van.

Tusculum, röm. Stadt bei ↑Frascati.

Tussaud, Marie [frz. ty'so:], geb. Grosholtz, bekannt als Madame T., *Straßburg (?) 7. 12. 1761, † London 16. 4. 1850, frz. Wachsbildnerin vermutlich schweizer. Abkunft. Seit 1802 in London, wo sie das heute noch bestehende Wachsfigurenkabinett bekannter Personen eröffnete.

Tut-ench-Amun (Tutanchamun), urspr. Tut-ench-Aton, † 1337 v. Chr. (ermordet), ägypt. König (seit etwa 1347 v. Chr.) der 18. Dynastie. Nachfolger Echnatons (vermutlich sein Sohn); bestieg etwa zehnjährig den Thron; kehrte 1344 zur alten Amunreligion zurück. Sein Grab im Tal der Könige (Biban el-Moluk) bei Theben wurde 1922 von H. Carter fast unversehrt gefunden (u. a. Thronsessel, Goldsarg des Königs, Goldmaske und goldener Brustschmuck der Mumie).

Tutilo (Tuotilo), *um 850, † Sankt Gallen 24. 4. 913 (?), Mönch in Sankt Gallen. Zw. 895 und 912 vielseitige künstler. und literar. Tätigkeit; Baumeister, Goldschmied, Elfenbeinschnitzer (sog. *T. tafeln*). Komponist und erster namentlich gen. Verfasser dt. und lat. Tropen in Prosa.

Tutor [lat.], erfahrener Student, der Studienanfänger betreut.

Tutsi (Batutsi, Tussi, Watussi), äthiopides Volk in Ruanda und Burundi (im übrigen Zwischenseengebiet Ostafrikas unter dem Namen *Hima* verbreitet), sprechen Ruanda bzw. Rundi (beides Bantusprachen).

Tutti [italien.], das volle Orchester oder der ganze Chor, im Ggs. zum Solo.

Tuttlingen, Kreisstadt an der oberen Donau, Bad.-Württ., 31 500 E. Herstellung medizin. Instrumente. – Funde aus der Bronze- und Hallstattzeit sowie röm. Überreste. 797 erstmals erwähnt; um 1250 Stadt; gehörte seit 1377 zu Württemberg.

Tutu, Desmond Mpilo, *Kerksdorp (Transvaal) 7. 10. 1931, südafrikan. anglikan. Geistlicher. 1977/78 Bischof von Lesotho, ab 1984 von Johannesburg, seit 1986 Erzbischof von Kapstadt; 1978–84 Generalsekretär des Südafrikan. Kirchenrats; erhielt 1984 den Friedensnobelpreis für seine Verdienste in der südafrikan. Antiapartheidbewegung.

Tutuola, Amos, *Abeokuta 11. 6. 1920, nigerian. Schriftsteller. Schreibt v. a. englischsprachige Erzählungen, in denen Mythen und Märchen verarbeitet sind; in dt. Übers.: »Der Palmweintrinker« (1952).

Tut-ench-Amun. Goldmaske der Mumie; um 1337 v. Chr.

Tutzing

Tutzing, Gem. am W-Ufer des Starnberger Sees, Bayern, 9200 E. Ev. Akademie für polit. Bildung.

Tuvalu, Staat im sw. Pazifik, umfaßt die neun Atolle der Elliceinseln, die sich in einer Kette von 590 km von NW nach SO erstrecken.
Staat und Recht: Konstitutionelle Monarchie im Rahmen des Commonwealth; *Verfassung* von 1978. *Staatsoberhaupt* und oberster Inhaber der *Exekutivgewalt* ist der brit. Monarch, vertreten durch einen Generalgouverneur. Der Premier-Min. wird aus dem Kreis der Abg. von diesen gewählt. *Legislativorgan* ist das Einkammerparlament (12 Abg. direkt für 4 Jahre gewählt). Keine *Parteien*.
Landesnatur: Die Korallenkalkinseln ragen selten höher als 4 m über den Meeresspiegel. Das Klima ist tropisch. Außer Kokospalmen finden sich Brotfrucht- und Schraubenbäume.
Bevölkerung: Überw. prot. Polynesier.
Wirtschaft, Verkehr: Die E betreiben Taro- und Gemüseanbau, Schweine- und Geflügelhaltung sowie Fischerei. Devisen werden durch den Verkauf von Kopra und Briefmarken eingenommen. Wichtigster Hafen und ✈ auf Funafuti.
Geschichte: Am 1. 10. 1975 (de facto 1. 1. 1976) Loslösung von der brit. Kolonie *Gilbert and Ellice Islands;* am 1.10.

Tuvalu

Staatsflagge

Staatswappen

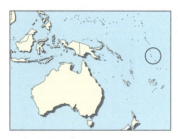

Tuvalu

Fläche:	26 km²
Einwohner:	12 000
Hauptstadt:	Funafuti
Amtssprachen:	Englisch, Tuvalu
National- **feiertag:**	1. 10.
Währung:	1 Austral. Dollar ($A) = 100 Cents (c); daneben eigene Münzen
Zeitzone:	MEZ + 11 Std.

1978 erlangte T. die volle Selbständigkeit.

Tuwa, autonome Republik innerhalb Rußlands, in S-Sibirien, 170 500 km², 307 000 E, Hauptstadt Kysyl. – 1914 russ. Protektorat, 1921 VR Tannu-Tuwa, 1944 autonomes Gebiet innerhalb der RSFSR, 1961 ASSR.

Tuwim, Julian, * Łódź 13. 9. 1894, † Zakopane 27. 12. 1953, poln. Schriftsteller. Mitgründer der futurist. Zeitschrift »Skamander«; schrieb satir. Lyrik.

Tuwinen, Volk in Tuwa und der Mongolei, sprechen Tuwinisch, eine Turksprache.

Tux, österr. Gem. in Tirol, im Tuxertal, einem Nebental des Zillertales, 1700 E. Thermalbad und Wintersport im Ortsteil *Hintertux.*

TV [engl. 'ti:'vi:], Abk. für **T**ele**v**ision (↑Fernsehen).

TV-Sat, dt. Nachrichtensatellit; seit 1987 im Einsatz; 1989 ging TV-Sat 2 in Betrieb. Die fünf vorhandenen Kanäle sind durch Fernsehsender belegt.

TWA [engl. 'ti:dʌblju:'ɛɪ], Abk. für ↑**T**rans **W**orld **A**irlines Inc.

Twain, Mark ↑Mark Twain.

Twardowski, Alexandr Trifonowitsch, * Sagorje (Gebiet Smolensk) 21. 6. 1910, † Moskau 18. 12. 1971, russ.-sowjet. Schriftsteller. 1950–54 und 1958–70 Chefredakteur der literar. Zeitschrift »Nowy Mir«; nach 1953 Unterstützung des »Tauwetters«; schrieb u. a. die Verssatire »Tjorkin im Jenseits« (1963), auch Lyrik.

Tweed [engl. twi:d; nach dem südschott. Fluß Tweed], urspr. Bez. für handgewebte Stoffe aus handgesponnenen Garnen; heute Bez. für handwebartige Stoffe aus groben Garnen, die eine melierte oder haarige Oberfläche zeigen, mit Noppen durchsetzt bzw. durch Kette und Schuß in unterschiedl. Farbe gemustert sind.

Twens [zu engl. twenty »zwanzig«], Bez. für etwa 20–30jährige junge Menschen.

Twer, Gebietshauptstadt in Rußland, an der Wolga, 447 000 E. Universität, Gemäldegalerie, Museen; mehrere Industriekombinate; Wolgahafen; frühklassizistisches Magistratsgebäude (1770 bis 1780). – 1246–1485 Hauptstadt des Fürstentums Twer; hieß 1931–90 *Kalinin.*

Tyche. Sogenannte »Tyche von Antiochia« mit dem Flußgott Orontes; eine der römischen Kopien nach dem frühhellenistischen Original des Eutychides (Paris, Louvre)

Twist [engl.], **1)** *Tanz:* Ende der 1950er Jahre aufgekommener Modetanz.
2) *Textiltechnik:* weich gedrehter Zwirn aus mehreren lose nebeneinanderliegenden Fäden zum Sticken oder Stopfen.
Tyche, bei den Griechen Göttin des Glücks und des Zufalls.
Tyler ['taɪlə], **1)** John,* Charles City County (Va.) 29. 3. 1790, † Richmond 18. 1. 1862, 10. Präs. der USA (1841–45). Bed. Maßnahmen seiner Administration waren die Festlegung der NO-Grenze der USA (Webster-Ashburton-Vertrag, 1842) und die (später vollendete) Annexion von Texas (1845).
2) Wat (eigtl. Walter), † Smithfield (heute zu London) 15. 6. 1381. Anführer im ersten großen Volksaufstand der engl. Geschichte, der 1381 nach sozialen Mißständen ausgebrochenen, von König Richard II. blutig niedergeworfenen (Ermordung Tylers) *Peasants' Revolution.*
Tympanalorgane [griech.] (Trommelfellorgane), unterschiedlich hoch differenzierte, symmetrisch angeordnete paarige Gehörorgane am Körper verschiedener Insekten (z. B. Heuschrecken und Schmetterlinge), die mit einem »Trommelfell« *(Tympanum)* ausgestattet sind.
Tympanon [griech.], Giebelfeld des antiken Tempels; auch Bogenfeld über dem Türsturz roman. und got. Kirchenportale.
Tyndale (Tindale), William [engl. tɪndl], *in der Gft. Gloucester 1490/91 (1484?), † Vilvoorde bei Brüssel 6. 10. 1536, engl. luth. Theologe und Bibelübersetzer. Seine Bibelübersetzung ging in die »Authorized version« der engl. Bibelübersetzung ein.
Tyndall, John [engl. tɪndl], *Leighlinbridge bei Dublin 2. 8. 1820, † Hindhead bei Guildford 4. 12. 1893, ir. Physiker. Seine Arbeiten betrafen v. a. die Absorption von Wärmestrahlung in Gasen und Dämpfen sowie die Streuung von Licht an feinen Partikeln *(Tyndall-Effekt)* und Molekülen (u. a. Erklärung der Himmelsfarbe).
Typ [griech.], Modell, Muster, Bauart; Gattung. ↑Typus.
Type, svw. Drucktype, Schrifttype; erhabener Metallbuchstabe auf einem Typenhebel einer Schreibmaschine.
Typhon [griech.], **1)** [ty'fon]; *griech. Mythologie:* Ungeheuer; hundertköpfiger Drache; von Zeus unter dem Ätna begraben, der seither Feuer speit.
2) [ty'foːn]; *Schiffahrt:* elektrisch, mit Dampf oder Druckluft betriebenes Signalhorn auf Schiffen.
Typhus [griech.] (Typhus abdominalis, Enterotyphus, Unterleibstyphus), durch Salmonella typhosa verursachte, meldepflichtige Infektionskrankheit mit überwiegendem Befall des Krummdarms *(Ileotyphus)* oder des Grimmdarms *(Kolotyphus).* Die Übertragung erfolgt durch den Kontakt mit Stuhl oder Urin von Kranken. Nach einer Inkubationszeit von 7–11 Tagen schleichender Krankheitsbeginn mit Unwohlsein, Kopf- und Bauchschmerzen und allmähl. Temperaturerhöhung. In der ersten Krankheitswoche ist der Bauch meist etwas aufgetrieben, es besteht Stuhlverstopfung; die Zunge ist belegt. Am Ende der ersten Krankheitswoche ist das Fieber auf 40/41 °C angestiegen und bleibt auf diesem Niveau. In diesem Stadium kommt es häufig zu gelbgefärbten Durchfällen. In der zweiten Krankheitswoche erscheint der rotfleckige T.ausschlag. Ohne Behandlung zeigen sich erste Zeichen der Besserung zu Beginn der vierten Krankheitswoche (Fieberabfall, Aufhellung des Bewußtseins, wiederkehrender Appetit).

Typisierung

Tristan Tzara

Typisierung [griech.], die Einteilung in Typen (↑Typus); in der *Technik* svw. Typenbeschränkung (↑Normung).

Typographie [griech.], Gestaltung eines Druckwerks nach ästhet. Gesichtspunkten, u. a. Wahl der Schrifttypen, Anordnung des Satzes und der Bebilderung.

Typologie [griech.], **1)** *Anthropologie:* die Lehre von der Gruppenzuordnung auf Grund einer Ganzheit von Merkmalen, die einen Menschentyp kennzeichnen. Man unterscheidet drei Hauptklassen: die *Konstitutions-T.,* die *Wahrnehmungs- und Erlebnis-T.,* die *geisteswiss.-weltanschaul. Typologie.*
2) *Bibelexegese:* die Auslegung v. a. des NT anhand von *Typoi* (Typen; Personen und Vorgänge im AT als Vorbilder für das NT).

Typus [griech.] (Typ), **1)** *allg.:* 1. Urgestalt, Urbild oder Grundform; 2. die von den als unveränderlich und wesentlich angesehenen Merkmalen einer Sache oder Person ausgehende Gesamtvorstellung dieser Sache oder Person.
2) *Anthropologie:* die Summe der (phys. und psych.) Merkmale, die einer Gruppe von menschl. Individuen gemeinsam sind und eine bestimmte Ausprägung darstellen. Reine Typen, die alle diese Merkmale und keine anderen aufweisen, sind (gedachte) Idealfälle *(Idealtypen).*
3) *zoolog. und botan. Nomenklatur:* dasjenige Exemplar einer Art bzw. Unterart, das bei deren Entdeckung und erstmaliger Beschreibung vorlag und seitdem als Richtmaß für die betreffende Art bzw. Unterart gilt.

Tyr (Tiu, Ziu), altnord. Kriegsgott.

Tyrann [griech.], **1)** *Geschichte:* der Inhaber der ↑Tyrannis.
2) *übertragen:* herrschsüchtiger Mensch.

Tyrannen [griech.] (Tyrannidae), formenreiche Fam. 7–30 cm langer Sperlingsvögel mit über 350 Arten in fast allen Biotopen N- und S-Amerikas.

Tyrannis [griech.], in antiken griech. Staaten Bez. für die unumschränkte Herrschaft, dann auch Gewaltherrschaft eines einzelnen. Die Entstehung der T. *(ältere T.* 7./6. Jh. bis etwa Mitte 5. Jh., *jüngere T.* Ende des 5. Jh. bis 3. Jh.) erklärt sich aus den nach dem Ende des Königtums entstandenen, zugleich durch das Aufkommen neuer Wirtschaftsformen (Ausdehnung des Handels, Geldwirtschaft) bedingten polit.-sozialen Auseinandersetzungen. Die T. archaischer Zeit wurde fast immer mit einem »goldenen Zeitalter« verbunden. Der negativ besetzte Begriff der T. (seit Ende 6. Jh. v. Chr.) war ein Produkt der polit. Krise (in Athen). Die T. schuf auf Grund ihrer intendierten antiaristokrat. Politik die Grundlagen weiterer Demokratisierung.

Tyrosin [griech.], nichtessentielle Aminosäure, v. a. im Casein. Ausgangssubstanz für die Biosynthese von Melanin, sowie den Neurotransmittern Dopamin, Noradrenalin und Adrenalin.

$$HO-\langle\rangle-CH_2-CH-COOH$$
$$|$$
$$NH_2$$

Tyrus (Tyros; phönikisch Sor), phönik. Hafenstadt, heute Sur; wurde im 11./10. Jh. zur wichtigsten Stadt Phönikiens (neben Sidon), Ausgangspunkt der phönik. Kolonisation u. a. von Kition, Utica und Karthago; erst Alexander d. Gr. nahm 332 nach einem Dammbau die Inselstadt ein; seit 64/63 v. Chr. röm.; 638 durch die Araber erobert, 1124 bis 1291 in der Hand der Kreuzfahrer.

Tzara, Tristan, *Moinești 16. 4. 1896, †Paris 25. 12. 1963, frz. Schriftsteller rumän. Herkunft. Mitbegründer des Dada in Zürich; ab 1917 Hg. der Zeitschrift »Dada«; ab 1920 in Paris, v. a. surrealist. Lyrik.

Tyrannen.
Mexikanischer Königstyrann

Uu

U, 1) 21. Buchstabe des dt. Alphabets, der erst im 10. Jh. als Vokalzeichen aus ↑V differenziert wurde.
2) Abk. für **U**mdrehung[en] (bei der Angabe von Drehzahlen).
3) chem. Symbol für ↑Uran.
4) Münzbuchstabe für die Münzstätte Turin (1802–13).

u, Einheitenzeichen für die atomare Masseneinheit (↑Atommasse).

Uabayo [afrikan.], in W- und O-Afrika aus dem Holz von Arten der Gatt. Giftschön gewonnenes Pfeilgift; enthält v. a. das stark herzwirksame g-Strophanthin.

Ubangi, rechter Nebenfluß des Kongo, mündet 90 km sw. von Mbandaka, rd. 1 000 km lang.

Ubbelohde, Otto, *Marburg 5. 1. 1867, †Goßfelden (heute zu Lahntal) 8. 5. 1922, dt. Maler. Wirkte bes. als Graphiker und Illustrator (u. a. der Märchen der Brüder Grimm).

Ubeidiya (Tell U.), altsteinzeitl. Fundstätte (Schädelfragmente und Zähne des »Jordan man« [Homo erectus]) am Jordanufer nahe Afiqim.

Überbau, im *Recht* die Bebauung eines Grundstücks unter Verletzung der Grenze zum Nachbargrundstück; liegt weder Vorsatz noch Fahrlässigkeit vor und erhebt der Nachbar nicht sofort Widerspruch, so ist der Ü. zu dulden, und der Nachbar ist durch eine Geldrente zu entschädigen.

Überbein (Ganglion, Hygrom), im Bereich von Gelenkkapseln oder Sehnenscheiden (v. a. an der Streckseite des Handgelenks, in der Kniekehle und auf dem Fußrücken) lokalisierte langsam wachsende, schmerzhafte Geschwulst aus verändertem Bindegewebe.

Überbrettl, Beiname des 1901 von E. von Wolzogen eröffneten »Bunten Theaters« in Berlin (↑Kabarett).

Übereignung, svw. ↑Eigentumsübertragung.

Überfall, *strafrechtlich* ein unvorhergesehener Angriff, auf den sich der Angegriffene nicht rechtzeitig einstellen kann. *Zivilrechtlich* das Hinüberfallen von Früchten auf ein Nachbargrundstück, wobei die Früchte als Früchte des Nachbargrundstücks gelten.

Überfangglas, mehrfarbiges Glas, bei dem zwei oder auch mehrere Schichten aufeinandergebracht sind. – Abb. S. 3570.

Überfunktion (Hyperfunktion), [krankhaft] gesteigerte Tätigkeit eines Organs, bes. einer Hormondrüse.

Übergangsmetalle ↑Periodensystem der chemischen Elemente.

Übergangswiderstand, svw. ↑Kontaktwiderstand.

Überhangmandate, im System der personalisierten Verhältniswahl der BR Deutschland diejenigen Direktmandate, die einer Partei nach der Zahl der gewonnenen Wahlkreise (Erststimmen) zufallen und die bei ihr verbleiben, obwohl sie die Zahl der Mandate übersteigen, die ihr nach den für die Sitzverteilung maßgebl. Zweitstimmen eigentlich zustehen. Durch die Anrechnung von Ü. erhöht sich die gesetzlich festgelegte Abgeordnetenzahl des Parlaments.

Überhöhung, im *Verkehrswesen* der Betrag, um den der äußere Kurventeil einer Straße oder eines Gleises gegenüber dem inneren höher gelegt ist.

Über-Ich (Superego), nach S. Freud eine Kontrollinstanz der Persönlichkeit (Gewissen), die die triebhaften Impulse des ↑Es einer normativen Zensur unterzieht.

Überkompensation, Bez. A. Adlers für den »Ausgleich« unbewußter Minderwertigkeitsgefühle, etwa durch Überheblichkeit, überzogenes Geltungs-, Leistungs- oder Machtstreben.

überkritische Lösungen, Stoffgemische unbestimmten Aggregatzustands (weder Gas noch Flüssigkeit), der auftritt, wenn Temperatur und Druck über den Werten des kritischen Punktes liegen. Anwendung bei Prozessen wie Entkoffeinierung, Extraktion von Aromastoffen, von Nikotin aus Tabak u. a.

Entwicklung des Buchstabens **U**

Y	Semitisch	𝔘𝔲	Textur
V	Römische Kapitalschrift	Uu	Renaissance-Antiqua
U	Unziale	𝔘𝔲	Fraktur
u	Karolingische Minuskel	Uu	Klassizistische Antiqua

3569

Überlagerung

Überlingen. Münster Sankt Nikolaus (1350–1562)

Überfangglas. Mit Glasschnitt dekorierte Vase von É. Gallé (um 1900)

Überlagerung, svw. ↑Superposition.
Überlagerungsempfänger (Superheterodynempfänger, Superhet, Super), Funkempfänger, bei dem die Empfangsfrequenz in einer sog. Mischstufe durch Mischung mit einer in einem Hilfssender (Oszillator) erzeugten Oszillatorfrequenz in eine Zwischenfrequenz umgesetzt wird, die nach Verstärkung im Demodulator in die Niederfrequenz (NF) umgewandelt wird. Ein NF-Verstärker verstärkt diese auf die im Lautsprecher erforderl. Leistung. Ü. werden v. a. als Rundfunkempfänger verwendet.
Überlauf ↑Bereichsüberschreitung.
Überleitungsgesetze, die Gesetze, mit denen nach Gründung der BR Deutschland Lasten (v. a. Aufwendungen für Kriegsfolgelasten) und Deckungsmittel (v. a. Steuerquellen) von den Ländern auf den Bund »übergeleitet« wurden.
Überlingen, Stadt am Überlinger See, Bad.-Württ., 20 200 E. Kneippkurort. Got. Münster Sankt Nikolaus (1350 bis 1562) mit Hochaltar von J. Zürn (1613–19), spätgot. Franziskanerkirche (geweiht 1466); Rathaus (15. Jh.); Patrizierhaus der Reichlin von Meldegg (1462 ff.; heute Museum). – 770 erstmals gen.; 1268–1803 Reichsstadt; seit 1547 Salzmonopol.
Überlinger See ↑Bodensee.
übermäßig, in der *Musik* Bez. für solche Intervalle, die um einen chromat. Halbton größer sind als reine (z. B. c–fis).
Der *übermäßige Dreiklang* (z. B. c–e–gis) setzt sich aus zwei großen Terzen zusammen.
Übermensch, Vorstellung von einem Idealmenschen, der über sein bisheriges Wesen hinausgewachsen ist. Der Begriff wurde u. a. von Herder, Goethe und Nietzsche verwendet.
Überriesen (Übergiganten) ↑Stern.
Übersäuerung, krankhafte Steigerung des Säuregehalts des Magensaftes.
Überschallflug, die Bewegung eines Flugkörpers mit einer Geschwindigkeit, die größer ist als die Schallgeschwindigkeit in Luft. Dabei bilden die von der Spitze des Flugkörpers ausgehenden Schallwellen eine Wellenfront in Form eines Kegels *(Machscher Kegel, Kopfwelle),* die sich als Lärmteppich über das überflogene Gebiet zieht; ihre kegelmantelförmige Verdichtungszone ist als *Überschallknall,* der auch mechan. Zerstörungen bewirken kann, wahrnehmbar. Der erste Ü. eines bemannten Flugzeugs wurde 1947 mit dem Raketenflugzeug Bell X-1 durchgeführt.
Überschiebung, Lagerungsstörung von Gesteinsschichten, bei der ein Gesteinskomplex auf einen anderen aufgeschoben wurde, so daß ältere Gesteine über jüngere zu liegen kommen.
Überschlag, 1) *Elektrotechnik:* (elektr. Ü.) elektr. Entladung zw. spannungführenden Teilen in Form eines Funkens oder Lichtbogens.

Überziehung

2) *Mathematik:* näherungsweise Berechnung des Wertes einer zusammengesetzten Größe unter Verwendung gerundeter Zahlenwerte.
3) *Sport:* Übung im Turnen, bei der der Körper aus dem Stand oder Sprung vor-, rück- oder seitwärts eine ganze Umdrehung um die Breitenachse mit zusätzl. Stütz der Hände auf den Boden oder ein Gerät macht.

Überschuldung, Verschuldung, die das Vermögen eines Wirtschaftssubjekts übersteigt; bei jurist. Personen Konkursgrund.

überschweres Wasser ↑schweres Wasser.

Überseedépartement [...departəmãː] (frz. Département d'Outre-Mer) ↑französische Kolonien.

Überseeterritorium (frz. Territoire d'Outre-Mer) ↑französische Kolonien.

Übersetzung, 1) *allg.:* Wiedergabe eines Textes in einer anderen Sprache, Form der schriftl. Kommunikation im Unterschied zur unmittelbar mündl. Vermittlung des Dolmetschers.
2) *Technik:* svw. ↑Übersetzungsverhältnis.

Übersetzungsverhältnis (Übersetzung), im *Maschinenbau* das Verhältnis der Drehzahlen zweier gekoppelter Wellen, gerechnet in Richtung des Kraftflusses; man unterscheidet zw. Übersetzung ins Schnelle und Übersetzung ins Langsame (»Untersetzung«). Kfz-Getriebe sind i. d. R. Untersetzungsgetriebe.

Übersichtigkeit (Weitsichtigkeit, Hyperopie, Hypermetropie), Form der Fehlsichtigkeit, bei der parallel ins Auge einfallende Strahlen erst hinter der Netzhaut vereinigt werden.

Übersprungbewegung (Übersprunghandlung), bes. Verhaltensweise bei Tieren (auch beim Menschen) im Verlauf eines Verhaltenskomplexes ohne sinnvollen Bezug zur gegebenen Situation, etwa wenn der normale Ablauf einer Instinkthandlung gestört ist oder wenn gegenläufige Impulse (Flucht und Angriff) miteinander in Konflikt geraten. Ausweichhandlungen (Ersatzhandlungen) sind z. B. das plötzl. Gefiederputzen oder In-den-Boden-Picken bei kämpfenden Vögeln sowie die menschl. Verlegenheitsgeste des Sich-am-Kopf-Kratzens (ohne Juckreiz).

Übersteuern, 1) *Elektronik:* das Überschreiten einer bestimmten Signalspannung (↑Aussteuerung).
2) *Kraftfahrzeugtechnik:* Eigenlenkverhalten beim Kfz, das Fahrzeug drängt in der Kurve mit dem Heck nach außen.

Übertrager, in der Elektronik Bez. für einen Transformator zum Anpassen von Widerständen zw. verschiedenen Netzwerken.

Übertragung (Schwangerschaftsübertragung), Überschreitung der durchschnittl. Schwangerschaftsdauer von 280 Tagen um mehr als 10–14 Tage, ohne daß die Geburt in Gang kommt.

Übertragungsbilanz ↑Zahlungsbilanz.

Übertragungsgeschwindigkeit, in der *Datenverarbeitung* die Gesamtzahl der pro Sekunde übermittelten Informationseinheiten (Binärzeichen); Einheit: bit/s. Die höchsten Ü. von Chips liegen im Bereich Gbit/s = Mrd. bit/s.

Überversicherung, vertragl. Vereinbarung einer Versicherungssumme, die den Versicherungswert übersteigt; auf Grund des Bereicherungsverbots wird im Schadensfall nur der tatsächl. Schaden ersetzt.

Übervölkerung (Überbevölkerung), eine zu große Bevölkerungszahl eines bestimmten Raumes, gemessen an den wirtschaftl. Existenzgrundlagen. Ü. zwingt zur Abwanderung eines Teils der Bevölkerung oder zu beschleunigter wirtschaftl. Entwicklung, deren Möglichkeiten jedoch durch eine zu große Zahl von Arbeitskräften beeinträchtigt werden.

Überweisungsverkehr, svw. ↑Giroverkehr.

Überzeichnung, bei der Emission von Wertpapieren das Übersteigen der Summe der gezeichneten Beträge über den angebotenen Gesamtbetrag; bewirkt meist eine beschränkte Zuteilung.

Überzeugungstäter, Straftäter, der sich trotz Kenntnis von der Strafbarkeit seines Tuns nach dem geltenden Strafrecht auf Grund seiner sittl., religiösen oder polit. Überzeugung zur Tat berechtigt oder verpflichtet hält.

Überziehung (Überziehen), Kreditinanspruchnahme ohne vorhergehende Vereinbarung (Konto-Ü.), im Rahmen eines vereinbarten Dispositionskredits (Ü.kredit) oder über den vereinbarten Kreditbetrag oder Termin hinaus.

Sand
Sandstein
Tonstein
Kalkstein

Überschiebung. Entwicklung einer Überschiebung aus einer stehenden über eine liegende Falte

Ubier

Uferschnepfe
(Größe etwa 40 cm)

Ubier (lat. Ubii), westgerman. Stamm; nach 38 v. Chr. war ihr Mittelpunkt das Oppidum Ubiorum (heute Köln).
Ubiquität [lat.], Allgegenwart (Gottes); in der Theologie Argument für die leibl. Realpräsenz Christi im Abendmahl.
üble Nachrede ↑Beleidigung.
U-Boot, svw. ↑Unterseeboot.
Ucayali, Río [span. 'rrio uka'jali], Fluß in Peru, entsteht durch den Zusammenfluß von Río Urubamba und Río Apurímac bei Atalaya, bildet mit dem Río Marañón den Amazonas, etwa 1 900 km lang.
Uccello, Paolo [italien. ut'tʃɛllo], eigtl. Paolo di Dono, *Portovecchio bei Arezzo um 1397, † Florenz 10. 12. 1475, italien. Maler. Bed. Vertreter der Florentiner Frührenaissance (u. a. Darstellung eines Reiterstandbildes für John Hawkwood [Giovanni Acuto] im Dom, 1436, Fresken für Santa Maria Novella, um 1446, heute im Refektorium); Gemälde mit Ansätzen zu perspektiv. Darstellung (mehrere Fluchtpunkte).
Uckermark, seenreiches, von der Eiszeit geformtes Gebiet beiderseits von Uecker und Randow, Brandenburg. – Nach den slaw. Ukranen benannt.
Udaipur, Stadt im ind. Gliedstaat Rajasthan, am See Pichola, 308 000 E. Univ.; Herstellung von Spitzen und Terrakotten. Residenz des Maharadscha (um 1570); Jaganatha-Tempel (um 1640). – 1559 gegr.; war bis 1948 Hauptstadt des hinduist. Fürstenstaates von U. (oder Mewar).

Uddevalla [schwed. ˌʊdəvala], Stadt im sw. Schweden, am Ende des Byfjords, 47 000 E. U. a. Werft; Hafen. – Im 18. Jh. eine der bedeutendsten Handels- und Hafenstädte Schwedens.
Udet, Ernst [...dɛt], *Frankfurt am Main 26. 4. 1896, † Berlin 17. 11. 1941 (Selbstmord), dt. General. Im 1. Weltkrieg Jagdflieger; ab 1936 Chef des Techn. Amtes der Luftwaffe, ab 1938 Generalluftzeugmeister. Für das Scheitern der Schlacht um England verantwortlich gemacht, nahm U. sich das Leben.
Udine, italien. Prov.-Hauptstadt in der Tagliamentoebene, Friaul-Julisch-Venetien, 99 400 E. Museen, Staatsarchiv. Palazzo del Comune in venezian. Gotik (gegen 1456 vollendet), Loggia di San Giovanni (1533–39) mit Uhrturm, Schloß (1517 ff.), zahlr. Paläste (16. bis 18. Jh.); roman.-got. Dom (13.–15. Jh.; barockisiert). – 1238 Residenz des Patriarchen von Aquileja, kam 1420 an Venedig; ab 1752 Erzbischofssitz; fiel 1797 an Österreich, 1866 an Italien.
Udmurtien, autonome Republik im europ. Teil Rußlands, an der Kama, 42 100 km², 1,62 Mio. E, Hauptstadt Ischewsk. – 1934–91 ASSR.
UDR [frz. ydeˈɛːr], Abk. für frz. ↑**U**nion des **D**émocrates pour la **R**épublique.
UdSSR, Abk. für **U**nion **d**er **S**ozialistischen **S**owjet**r**epubliken (↑Sowjetunion).
Uecker, Günther [ˈʏkər], *Wendorf (Mecklenburg) 13. 3. 1930, dt. Maler und Objektkünstler. Mitbegründer der Gruppe »Zero«; wurde bekannt mit Nagelbildern (ab 1957), deren weiß bemalte Oberfläche meditative Wirkungen anstrebt.
UEFA [uˈefa; yɛˈfa], Abk. für frz. **U**nion **E**uropéenne de **F**ootball **A**ssociation; 1954 in Basel gegr. internat. Vereinigung der europ. Fußballverbände; Sitz Bern.
Uelzen [ˈʏltsən], Kreisstadt in der Lüneburger Heide, Ndsachs., 35 000 E. Hafen am Elbeseitenkanal. Got. ev. Marienkirche (geweiht 1292); Heilig-Geist-Kapelle (14./15. Jh.). Nahebei Mühlenmuseum Suhlendorf. – Entstand zw. 1250 und 1266 bei einem um 970 errichteten Kloster; Stadtrecht 1270.
Uexküll, 1) Jakob Baron von [ˈʏkskyl], *Gut Keblas (Estland) 8. 9. 1864, † auf

Ufa.
Ufa-Palast am Zoo in Berlin-Charlottenburg; Aufnahme aus dem Jahr 1925

Uganda

Capri 25. 7. 1944, balt. Biologe. Begründer einer *Umwelttheorie,* in der die subjektive, artspezif. Umwelt als Teil einer sinnvollen biolog. Einheit dargestellt wird (»Umwelt und Innenwelt der Tiere«, 1909); Vorläufer der Verhaltensforschung.
2) Carl Wolmar Jakob von, * Uppsala 19. 8. 1944, schwed.-dt. Journalist und Philanthrop. Enkel von Jakob Baron von U.; gründete 1980 die Stiftung »Right Livelihood Foundation«, die seither jährlich die »alternativen Nobelpreise« vergibt.

Ufa, Hauptstadt der autonomen Republik Baschkortostan innerhalb Rußlands, an der Mündung der Ufa (933 km lang) in die Belaja, 1,11 Mio. E. Univ., Hochschulen, Museen, Theater; Erdölraffinerien, Maschinen- und Anlagenbau. – 1574 gegr.; 1922–91 Hauptstadt der Baschkir. ASSR.

Ufa (UFA), Abk. für **U**niversum **F**ilm **A**G, am 18. 12. 1917 gegründetes dtsches Filmunternehmen (Zusammenschluß der wichtigsten Filmproduzenten in einem Kartell); 1937 auf Betreiben des Reichspropagandaministers J. Goebbels verstaatlicht, 1945 Einstellung der Produktion. – 1946 entstand in der sowjetischen Besatzungszone die DEFA. In der BR Deutschland gingen nach 1956 aus der UFA die Bavaria Filmkunst GmbH, die UFA-Theater AG und die Universum Film AG (seit 1964 als Ufa-Fernsehproduktion im Besitz der Bertelsmann AG) hervor. 1984 wurde von Bertelsmann sowie Gruner + Jahr die Ufa-Film und Fernseh GmbH neugegründet.

Uferläufer ↑Wasserläufer.
Ufermoräne ↑Gletscher.
Uferschnepfe, 40 cm langer, hochbeiniger, auf rostbraunem Grund schwarz und grau gezeichneter Schnepfenvogel, v. a. auf Sümpfen und nassen Wiesen sowie an Flüssen und Seen der gemäßigten Region Eurasiens, mit langem Schnabel; Zugvogel.
Uferschwalbe ↑Schwalben.
Uffizien [lat.-italien.] (Galleria degli Uffizi), urspr. Verwaltungsgebäude in Florenz (1560 von G. Vasari begonnen), dessen Obergeschoß für die Kunstsammlungen der Medici diente; heute Kunstmuseum und Staatsarchiv (seit 1852).

UFO (Ufo) [Abk. für engl. **u**nidentified **f**lying **o**bject »nichtidentifiziertes fliegendes Objekt«], Bez. für die in verschiedensten Gebieten der Erde immer wieder beobachteten, vielfach tellerförmigen (»fliegende Untertassen«), häufig hell leuchtenden und sich bewegenden (»fliegenden«) Objekte unbekannter Art und Herkunft; häufig opt. Täuschungen.

Uganda, Staat in Afrika, grenzt im N an Sudan, im O an Kenia, im S an Tansania (Grenzverlauf im Victoriasee), im SW an Ruanda, im W an Zaire.
Staat und Recht: Präsidialrepublik; *Verfassung* von 1967 (1971–79 und 1985 weitgehend außer Kraft). *Staatsoberhaupt* und oberster Inhaber der *Exekutivgewalt* ist der Präsident. Als *Legislative* fungiert ein Einkammerparlament, der Nat. Widerstandsrat (210 Mgl. indirekt gewählt, 68 ernannte Mgl.). Den *Parteien* ist die polit. Betätigung untersagt.
Landesnatur: U. ist Teil des Ostafrikan. Hochlandes, das vom Ostafrikan. Grabensystem durchzogen wird; es liegt durchschnittlich 1 000–2 000 m hoch. Die Vulkane, die den Randschwellen des Grabensystems aufsitzen, sind 4 322 m (Mount Elgon) und 5 109 m (Margherita) hoch. U. hat trop. temperiertes Klima. Feucht- und Trockensavanne sowie Regen- und Bergwälder prägen das Landschaftsbild.

Uganda

Staatsflagge

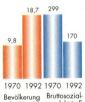

Staatswappen

Uganda

Fläche:	235 880 km²
Einwohner:	18,674 Mio.
Hauptstadt:	Kampala
Amtssprachen:	Swahili und Englisch
Nationalfeiertag:	9. 10.
Währung:	1 Uganda-Schilling (U. Sh.) = 100 Cents (c)
Zeitzone:	MEZ + 2 Std.

Bevölkerungsverteilung 1992

Bruttoinlandsprodukt 1992

Bevölkerung: Die ethn. Vielseitigkeit Ostafrikas ist für U. typisch. Im W des Landes leben Bantus, im N vorwiegend Hirtenstämme und Nilotohamiten. Rd. 60% der E sind Christen, 7% Muslime.
Wirtschaft, Verkehr: U. ist ein Agrarland, rd. 96% der Exporterlöse stammen aus der Landwirtschaft. Wichtigste Anbauprodukte sind Kaffee, Vanille und Kakao. Außerdem werden Mehlbananen, Hirse, Bataten, Bohnen und Erdnüsse angebaut. Abgebaut werden Kupfererze. Von Bedeutung ist die Metall-Ind. mit Kupferschmelzwerk, Elektrostahlwerk und Walzwerk in Jinja. Das Eisenbahnnetz ist 1 286 km, das Straßennetz 27 222 km lang. Internat. ✈ ist Entebbe bei Kampala.
Geschichte: 1890 wurden im Helgoland-Sansibar-Vertrag die vier Himastaaten im Gebiet des heutigen U. (Ankole, Buganda, Bunyoro, Toro) Großbrit. überlassen, das 1896 das Protektorat U. proklamierte. U. erlangte am 9.10. 1962 die Unabhängigkeit und wurde 1963 Republik. Nach einem Staatsstreich (1966) wurde der ehem. Premier-Min. A. M. Obote Staatsoberhaupt, der eine sozialist. Kurs verfolgte. 1971 putschte die Armee, Obote floh nach Tansania; neuer Präs. wurde Idi Amin Dada, der die Verfassung von 1967 suspendierte und sich 1976 zum Präs. auf Lebenszeit ernennen ließ. Außenpolitisch wandte sich U., das von der Sowjetunion unterstützt wurde, den arab. Ländern, bes. Libyen, zu. Amin Dada, der sich ausschließlich auf die Armee stützte, vermochte sich nur durch systemat. Terror und Massenmorde an der Macht zu halten. Ein begrenzter militär. Angriff gegen Tansania im Nov. 1978 löste einen Krieg aus, in dem tansan. Truppen und Verbände der in der Emigration gegr. »Uganda National Liberation Front« (UNLF) U. bis zum Mai 1979 eroberten; Amin Dada floh nach Libyen. 1980 lag nach Absetzung der Präs. Y. Lule und G. Binaisa (1979/80) die Macht in den Händen der Militärkommission der UNLF unter dem Vorsitz von P. Muwanga. Aus den Wahlen vom Dez. 1980 ging der linksorientierte Uganda People's Congress (UPC) mit seinem aus dem Exil zurückgekehrten Präsidentschaftskandidaten Obote als Sieger hervor; Obote wurde 1985 durch einen Militärputsch gestürzt. Bei den anhaltenden Kämpfen zw. Regierungstruppen und Rebellen, die Zehntausende zur Flucht in die Nachbarstaaten zwang, konnte das Uganda Patriotic Movement (UPM) unter Y. Musaweni mit Hilfe des National Resistance Movement (NRM) die Macht erringen; Musaweni wurde 1986 neuer Staatspräsident. Eine mehrfach angekündigte demokrat. Verfassungsreform wurde mehrmals verschoben. Im Juni 1993 wurde in Buganda, einem der vier ehem. Königreiche in U., die Monarchie wiedereingeführt. Im März 1994 fanden Wahlen zu einer verfassunggebenden Versammlung (288 Mgl.) statt.

Ugarit, altoriental. Hafenstadt an der Mittelmeerküste, heute *Ras Schamra* bei Latakia, Syrien. Frz. Ausgrabungen (seit 1929) erschlossen Siedlungsschichten bis ins 7. Jt. v. Chr.; im 2. Jt. semit. Dynastie, bed. Funde (Goldschalen, [Bronze]statuetten, Keilschrifttafeln des Palasts), bes. aus der Blütezeit von U. im 15.–13. Jh.; kurz nach 1200 v. Chr. zerstört.

Ugli, auf Jamaika gezüchtete dickschalige Zitrusfrucht, eine Kreuzung zw. Pampelmuse, Orange und Mandarine.

ugrische Sprachen ↑finnisch-ugrische Sprachen.

Uhde, Fritz von, * Wolkenburg/Mulde 22. 5. 1848, † München 25. 2. 1911, dt. Maler. Religiöse Szenen, Darstellungen aus dem Leben seiner Familie.

UHF, Abk. für engl. Ultra High Frequency (↑Dezimeterwellen).

Uhland, Ludwig, * Tübingen 26. 4. 1787, † ebd. 13. 11. 1862, dt. Dichter. 1819 freisinniger Abg. im württemberg. Landtag; 1848 liberaler Abg. der Frankfurter Nationalversammlung, 1849 des Stuttgarter Rumpfparlaments; wurde mit volkstüml. Liebes- und Naturlyrik, u. a. »Der gute Kamerad«, »Schäfers Sonntagslied«, »Die Kapelle«, »Der Wirtin Töchterlein« (alle 1815), sowie Balladen und Romanzen, u. a. »Des Sängers Fluch« (1804), zum Vollender der schwäb. Romantik.

Uhr [lat.-frz.], Zeitmeßgerät, das als Zeitmaß periodisch wiederkehrende [Schwingungs]vorgänge benutzt. I. e. S. sind U. Zeitanzeiger, die mittels Stunden-, Minuten- und Sekundenzeiger vor einem Zifferblatt *(Analog-U.)* oder

Ludwig Uhland
(Lithographie von Paul Rohrbach)

digital mittels elektron. Ziffernanzeige *(Digital-U.)* die Tageszeit (U.zeit) angeben. I. w. S. werden auch Meßgeräte als U. bezeichnet, z. B. Gas-, Wasseruhr. – Bei *Sonnen-U.* gilt die Wanderung des Schattens, bei *Wasser-* und *Sand-U.* die Menge des ausfließenden Wassers bzw. des rinnenden Sandes, bei *Öl-* und *Kerzen-U.* das Sinken des Ölspiegels bzw. das Kürzerwerden der Kerze als Zeitmaß. *Mechanische U.* sind im allg. *Räder-U.,* die mechan. Schwingungen erzeugen, deren zeitl. Folge über Zahnräder auf Zeiger vor einem Zifferblatt übertragen werden. Im einfachsten Fall besteht ein *U.werk* aus Aufzug und Antrieb, Räder- und Zeigerwerk, Hemmung und Schwingungssystem (z. B. Pendel, Unruh). Dem Zeigerwerk können angegliedert sein: Datum-, Wochentag- und Monatsangaben sowie Mondphasen u. a. astronom. Angaben. Bei Armband-U. mit automat. Aufzug *(Selbstaufzug-* oder *Automatik-U.)* ziehen die durch Armbewegungen verursachten Drehungen eines kleinen Rotors die antreibende Zugfeder auf. *Elektromechan. U.* entnehmen die zum Antrieb ihres mechan. U.werkes erforderl. Energie entweder dem Stromnetz oder Batterien. Bei *elektr. U.* wird das Schwingungssystem unter Verwendung von elektron. Bauelementen direkt durch elektr. Energie (aus dem Stromnetz, Batterien und/oder Solarzellen) angetrieben. *Netzgespeiste elektr. U.* ohne eigenes Schwingungssystem sind meist *Synchron-U.,* bei denen ein Motor, dessen Drehzahl mit der Netzfrequenz indirekt synchron läuft, die Zeiger antreibt. Bei der *Stimmgabel-U.* werden durch transistorgesteuerten Stromkreis die magnetbehafteten Zinken einer bes. geformten Stimmgabel gegenphasig angeregt und deren Schwingungen auf das Zeigerwerk übertragen (Genauigkeit ca. ±0,2 s pro Tag). Bed. höhere Genauigkeiten liefern die ↑Quarzuhr und die ↑Atomuhr.

Uhu ↑Eulenvögel.

Uhuru Peak [- piːk »Freiheitsgipfel«], amtl. Name des Kibo (↑Kilimandscharo).

Uiguren, Volk in NW-China, Kasachstan, Kirgistan und Usbekistan; sprechen Uigurisch. – Das Turkvolk der U. gründete um 745 ein Großreich (bis 840).

Uigurische Autonome Region Sinkiang ↑Sinkiang.

UIT [frz. y-iˈte], Abk. für frz. **U**nion **I**nternationale des **T**élécommunications, ↑Internationale Fernmelde-Union.

U-Jagd-Waffen (Anti-Submarine-Weapons [Abk. ASW]), Waffensysteme und Einrichtungen zur Abwehr und Bekämpfung von Unterseebooten, die von Schiffen, von Flugzeugen (U-Jagd-Flugzeuge und U-Jagd-Hubschrauber) und von bes. U-Jägern (kleine, schnelle Schiffe und U-Boote mit Unterwasserortungsanlagen) aus eingesetzt werden: u. a. Wasserbomben, U-Abwehr-Raketen und U-Abwehr-Torpedos mit Zielsuchzünder.

Ujjain [uːˈdʒaɪn], Stadt im ind. Gliedstaat Madhya Pradesh, auf dem Malwaplateau, 370 000 E. Univ.; Handelszentrum. – Durch U. verläuft der Nullmeridian der ind. Astronomie; es ist eine der sieben hl. Städte Indiens.

Ujung Pandang [ˈudʒʊŋ ˈpandaŋ] (früher Makassar), indones. Hafenstadt an der W-Küste der südl. Halbinsel von Celebes, 841 000 E. Universitäten.

UK [engl. juːˈkeɪ], Abk. für engl. **U**nited **K**ingdom [of Great Britain and Northern Ireland], ↑Großbritannien und Nordirland.

Ukelei [slaw.] (Laube, Blinke), meist 10–15 cm langer, heringsförmiger Karpfenfisch in langsam fließenden und stehenden Süßgewässern (z. T. auch Brackgewässern) Europas; stark silberglänzend.

Ukiyo-E [jap. »Bilder der fließenden, vergängl. Welt«], die bürgerl. Genremalerei in Japan seit Ende des 16. Jh. Ihr

Uhr. Mechanische Uhr; Aufbau einer Uhr mit Unruh

3575

Ukraine

Thema ist das Vergnügungsleben in den Städten, v. a. aus dem Milieu der Kurtisanen und Schauspieler. Moronobu Hishikawa begründete um 1660 in Edo (Tokio) den Genreholzschnitt, der mit Kitigawa Utamaro (* 1753, † 1806), Hiroshige Andō, Hokusai u. a. Weltgeltung erlangte.

Ukraine (ukrainisch Ukrajina), Staat in O-Europa, grenzt im W an Ungarn, die Slowak. Republik und Polen, im NW an Weißrußland, im NO, O und SO an Rußland, im S an das Asowsche und das Schwarze Meer, im SW an Rumänien und Moldawien.

Staat und Recht: Präsidialrepublik; *Verfassung* von 1978 (zuletzt 1991 geändert). *Staatsoberhaupt* ist der auf 5 Jahre direkt gewählte Präsident; er ist zugleich Leiter der Exekutive und Oberbefehlshaber der Streitkräfte. *Legislativorgan* ist das Einkammerparlament (450 auf 4 Jahre gewählte Abg.). Die Regierung unter Vorsitz des Min.-Präs. ist sowohl dem Staatspräsidenten als auch dem Parlament verantwortlich. Zum breit gefächerten Parteienspektrum gehören u. a. Kommunist. Partei, Nat. Volksfront »Ruch«, Bauernpartei, Sozialist. Partei.

Landesnatur: Die U. umfaßt den SW der Osteurop. Ebene, gekennzeichnet durch ein Nebeneinander von höheren Landplatten (im allg. 200–400 m, maximal bis 471 m ü. M.) und flachen Niederungen (Polesje, Dnjepr-, Schwarzmeerniederung). Mit einem Ausschnitt des Karpatenbogens (Waldkarpaten; Gowerda, 2 061 m ü. M.) und dem Krimgebirge (bis 1 545 m hoch) hat sie außerdem Anteil an der alpiden Faltengebirgszone. Mit Ausnahme eines Gebietsstreifens im N ist die U. mit Löß bedeckt. Das Klima ist gemäßigt kontinental, an der Südküste der Krim herrscht subtrop. Mittelmeerklima.

Bevölkerung: Die Bevölkerung besteht zu 73 % aus Ukrainern und zu 22 % aus Russen, daneben leben v. a. Weißrussen und Moldawier. Die Mehrzahl der Gläubigen ist ukrainisch-orthodox.

Wirtschaft, Verkehr: Wegen reicher Rohstoffvorkommen, bed. Industrie und ertragreicher Landwirtschaft (»Kornkammer«) nahm die U. in der früheren Sowjetunion nach Rußland die zweite Position ein. Die Reaktorkatastrophe in ↑Tschernobyl machte jedoch weite Landstriche am Pripjet und Dnjepr unbewohnbar. In der Landwirtschaft ist der Weizenanbau vorherrschend; aber auch Zuckerrüben, Sonnenblumen, Mais, Kartoffeln, Futterpflanzen, Gemüse und Tabak. Auf der Grundlage der vorhandenen Kohle- und Eisenerzlagerstätten (größte Steinkohlelagerstätten der Erde, bes. im Donez-Kohlenbecken) entwickelte sich eine umfangreiche Schwerindustrie (Montanbereich, Petrochemie, Maschinenbau; zahlr. Betriebe des militärisch-industriellen Komplexes). Das Eisenbahnnetz hat eine Länge von 22 760 km. 219 900 km Straßen besitzen eine feste Decke. Die wicht. Seehäfen sind Odessa, Iljitschowsk, Cherson, Ismail, Mariupol und Kertsch. Internat. ✈ Borispol bei Kiew.

Geschichte: Als Kerngebiet ostslaw. Stämme bildete die U. seit dem 10. Jh. das Zentrum des von Byzanz aus christianisierten ↑Kiewer Reichs. Nach der Verwüstung durch den Mongoleneinfall (1240) fiel die U. im 14. Jh. an Litauen und 1569 an Polen. 1654 unterstellten sich die Kosaken der U. der russ. Herrschaft, die U. wurde russ. Provinz. 1918/19 bestand eine Ukrain. Nationalrepublik, die von den Bolschewiki zerschlagen wurde. Diese gründeten die Ukrain. SSR (1919–91), die 1922 Gründungsmitglied der ↑Sowjetunion

---

Ukraine

Staatsflagge

Staatswappen

1970 1992   1970 1992
Bevölkerung   Bruttosozialprodukt je E
(in Mio.)   (in US-$)

Bevölkerungsverteilung 1992

Bruttoinlandsprodukt 1992

Ukraine

Fläche:	603 700 km²
Einwohner:	52,158 Mio.
Hauptstadt:	Kiew
Amtssprache:	Ukrainisch
Nationalfeiertag:	24. 8.
Währung:	1 Karbowanez = 100 Kopeken (Einführung der Griwna geplant)
Zeitzone:	MEZ + 1 Std.

wurde. Der westl. Teil der U. fiel 1921 an Polen; er wurde 1939 durch die Sowjetunion annektiert und der Ukrain. SSR zugeschlagen, ebenso 1945 die Karpato-U. Zur Ukrain. SSR kam 1945 auch die Nordbukowina (von Rumänien). 1954 wurde die Krim angegliedert (zuvor Rußland). Die U. war Gründungsmitglied der UN. Ende der 1980er Jahre verstärkten sich in der U. die Unabhängigkeitsbestrebungen, die bes. von der 1989 gegr. Volksfront »Ruch« getragen wurde. Nachdem die U. 1990 ihre Souveränität innerhalb der UdSSR erklärt hatte, proklamierte sie am 24. 8. 1991 die Unabhängigkeit; der frühere Parlamentspräsident L. Krawtschuk wurde zum Präs. gewählt. Als Mgl. der GUS betrieb die U. eine auf betonte Selbständigkeit gegenüber Rußland zielende Politik, die im Streit um die ehem. sowjet. Schwarzmeerflotte und um die Verfügungsgewalt über die in der U. stationierten ehemals sowjet. Kernwaffen gipfelte. Im Juni 1992 erhielt die Krim ein Autonomiestatut; die Präsidentschaftswahlen auf der Krim, auf der starke Tendenzen zur Abspaltung von der U. und zum Anschluß an Rußland vorhanden sind, gewann 1994 der Kommunist J. Meschkow. Bei den Parlamentswahlen 1994 wurde die 1993 neugegr. Kommunist. Partei stärkste Fraktion, die Präsidentschaftswahlen gewann der frühere Min.-Präs. L. D. Kutschma.

Ukrainisch (Ruthenisch), zum östl. Zweig der slaw. Sprachen gehörende Sprache der Ukrainer. U. wird mit kyrill. Buchstaben geschrieben. Das *phonolog. System* weist sechs kurze und auch in unbetonter Stellung nicht reduzierte Vokale auf. Der Wortakzent ist frei und beweglich. Das *morpholog.-syntakt. System* ähnelt dem Russischen.

Ukulele [polynes.], kleine Gitarre mit vier Stahlsaiten, die mit Plektron gespielt wird. Die U. ist seit Ende des 19. Jh. das populäre Volksinstrument Polynesiens und wird auch in der amerikan. und europ. Tanzmusik verwendet.

UKW, Abk. für Ultrakurzwellen.

Ulan Bator, Hauptstadt der Mongolei, im N des Landes, 1350 m ü. M., 548 000 E. Univ., Staatsarchiv, Museen, Nationaltheater; wichtigstes Ind.-Zentrum der Mongolei; durch die Transmongol. Eisenbahn Anschluß an das russ. Eisenbahnnetz; internat. ✈. – Um den Suhe-Bator-Platz liegen das Regierungsgebäude, das Mausoleum für Suhe Bator und K. Tschoibalsan, das Theater, die Univ., das Staatl. Zentralmuseum. Nur vier Klosteranlagen sind erhalten. – Ab 1778 der ständige Sitz des Hauptes der Lamaisten in der Mongolei *(Urga);* 1911–21 Sitz der Autonomen Mongol. Regierung; nach Gründung der Mongol. VR (1924) deren Hauptstadt.

Ulanen [türk.-poln.], mit Lanzen bewaffnete Reiter. Im 16. Jh. in Polen als leichte Kavallerie aufgestellt; seit 1734 in Preußen; trugen Tschapka und Ulanka (Waffenrock).

Ulan-Ude, Hauptstadt der autonomen Republik Burjatien innerhalb Rußlands, in S-Sibirien, 350 000 E. Hochschulen, Museen, Theater; Anlegeplatz an der Selenga. – Entstand im 18. Jh. um die Festung *Werchneudinsk.*

Ulbricht, Walter, *Leipzig 30. 6. 1893, † Berlin (Ost) 1. 8. 1973, dt. Politiker (SED). Trat 1912 der SPD, 1919 der KPD bei; 1923 in die Zentrale der KPD gewählt; 1928–33 MdR. 1929–32 Mgl. des Politbüros und Berliner Bezirksleiter der KPD; emigrierte 1933 nach Frankreich, 1938 in die Sowjetunion; 1943 Mitbegründer des Nationalkomitees Freies Deutschland; kehrte mit seiner »Gruppe Ulbricht« am 29. 4. 1945 nach Deutschland zurück. 1946–50 stellv. Vors. der SED und Mgl. des ZK; ab 1949 Mgl. des Politbüros, 1950–53 Generalsekretär, danach bis 1971 1. Sekretär der SED; 1949–60 1. stellv. Vors. des Min.-Rates; ab 1960 Vors. des Staatsrates und 1960–71 des Nat. Verteidigungsrates der DDR. U., der lange dogmatisch die sowjet. Positionen verfochten hatte, seit Mitte der 1960er Jahre aber eine Aufwertung der DDR verfolgte, mußte seinen Platz im Mai 1971 zugunsten E. Honeckers räumen.

Ulcus (Ulkus) [lat.], svw. ↑Geschwür.

Ulema [arab.], die religiösen Gelehrten und Repräsentanten der religiösen Institutionen des Islams.

U. L. F., Abk. für ↑Unsere Liebe Frau.

Ulfilas (Ulfila, Gulfilas, Wulfila), *um 311, † Konstantinopel [?] 383, westgot. Bischof. Arianer, übersetzte die Bibel ins Gotische.

Walter Ulbricht

Ulixes

Ulme.
Feldulme: oben: blühender Zweig ♦
Mitte: Laubzweig ♦
Unten: Frucht

Ulm
Stadtwappen

Ulixes, lat. Name des ↑Odysseus.
Uljanow, Wladimir Iljitsch [russ. ulj'janɛf] ↑Lenin, Wladimir Iljitsch.
Uljanowsk [russ. ulj'janɛfsk], 1924–91 Name der russ. Stadt ↑Simbirsk.
Ulkus (Mrz. Ulzera; Ulcus) [lat.], svw. ↑Geschwür.
Ulkuskrankheit, Sammel-Bez. für chron., in Abständen wiederkehrende Geschwürsleiden im Bereich des Magens und des Zwölffingerdarms.
Ullmann, Liv, * Tokio 16. 12. 1938, norweg. Schauspielerin. Charakterdarstellerin; Filme v. a. unter der Regie von I. Bergman, u. a. »Persona« (1966), »Schreie und Flüstern« (1972), »Szenen einer Ehe« (1973), »Der Rosengarten« (1989).
Ullr ['ʊlər] (Ull), nordgerman. Gott (»der Herrliche«) aus dem Geschlecht der Asen; Bogenschütze, der auf Skiern jagt.
Ullstein GmbH, Verlag, 1877 von Leopold Ullstein (* 1828, † 1899) in Berlin gegr. Verlag; Gesellschafterin Axel Springer Verlag AG.
Ulm, Kreisstadt an der Mündung der Blau in die Donau, Bad.-Württ., 111 000 E. Univ., Fachhochschule, Museen, Theater; Donaustadion; Stadthaus am Münsterplatz. – Das Ulmer Münster (1377 ff.) war urspr. als Hallenkirche angelegt (1493 Umwandlung in eine fünfschiffige Basilika; U. Ensinger begann 1392 W-Vorhalle und W-Turm; dieser wurde 1474–92 von Matthäus Böblingen (* um 1450, † 1505) weitergeführt und nach dessen Riß 1890 vollendet (mit 161 m höchster Kirchturm der Welt); bed. Chorgestühl der Werkstatt J. Syrlins d. Ä. Nach starker Zerstörung der Altstadt (1944) wieder hergestellt: Rathaus (14.–16. Jh.), Kornhaus (1594), Schwörhaus (1612/ 1613); Reste der Stadtbefestigung (v. a. 14. Jh.). Im Stadtteil Wiblingen ehem. Benediktinerabtei mit barocker Kirche. – 854 als königl. Pfalz erstmals erwähnt *(Ulma);* erhielt zw. 1163 und 1181 Stadtrecht; wurde im 14. Jh. Reichsstadt; spielte eine führende Rolle in den schwäb. Städtebündnissen und im Schwäb. Bund; 1616–23 zu einer der stärksten dt. Festungen des 17. Jh. ausgebaut; 1802 von Bayern besetzt; 1810 an Württemberg; ab 1842 zur Bundesfestung des Dt. Bundes ausgebaut.

Ulme [lat.] (Rüster), Gatt. der Ulmengewächse mit rd. 25 Arten in der nördl. gemäßigten Zone und in den Gebirgen des trop. Asien; sommergrüne Bäume oder Sträucher; Blätter eiförmig, häufig doppelt gesägt, Blüten unscheinbar, Frucht eine von einem breiten Flügelrand umgebene Nuß. Wichtige einheim. Arten sind: *Bergulme* (Bergrüster), bis 30 m hoch, v. a. in Bergregionen; *Feldulme* (Feldrüster), 10–40 m hoch, in Wäldern und Flußauen tieferer Lagen; *Flatterulme* (Flatterrüster), bis 35 m hoch, v. a. in feuchten Wäldern.
Ulmengewächse (Ulmaceae), Pflanzen-Fam. mit mehr als 150 Arten in 16 Gatt., v. a. in den Tropen Asiens und Amerikas.
Ulmensplintkäfer, Bez. für einige Borkenkäfer, deren Weibchen v. a. unter der Rinde kränkelnder Ulmen Gänge anlegen; Verbreiter des Ulmensterbens durch Übertragung von Pilzsporen; der einheim. schwarze oder dunkelbraune *Große U.* ist 5 mm lang.
Ulmensterben (Ulmenkrankheit), erstmals 1919 in den Niederlanden beobachtete Krankheit der Ulme mit großen Schäden in Alleen und Parkanlagen; verursacht durch einen bald über ganz Europa verbreiteten Schlauchpilz. Das Pilzmyzel dringt in die wasserführenden Gefäßbündel ein; diese werden unter der Einwirkung eines pilzeigenen Toxins verstopft.
Ulpianus, Domitius, * Tyrus um 170, † Rom 223 (ermordet), bed. röm. Jurist. Prätorianerpräfekt und Mgl. des kaiserl. Rates des Severus Alexander. Zahlr. Fragmente seines Werkes in den Digesten des Corpus Iuris Civilis.
Ulrich (Udalrich) **von Augsburg,** hl., * Augsburg 890, † ebd. 4. 7. 973, Bischof von Augsburg. Verteidigte erfolgreich die Stadt beim Ungarneinfall im Jahre 955. – Fest: 4. Juli.
Ulrich von Ensingen ↑Ensinger, Ulrich.
Ulrich von Li(e)chtenstein, * um 1200, † um 1275 oder 1276, mhd. Dichter. Schrieb formvollendete Minne- und Tanzlieder, die er in seinen selbstbiograph. Versroman »Frauendienst« (1255) einflocht. Sein minnetheoret. Disput »Frauenbuch« (1257) beklagt den Verfall ritterl. Zucht und Sitte.
Ulrich von Türheim, mhd. Epiker der 1. Hälfte des 13. Jahrhunderts. Schrieb

eine Fortsetzung (um 1235) zu Gottfried von Straßburgs Tristanroman. Eine Fortsetzung von Wolfram von Eschenbachs »Willehalm« ist das zw. 1240 und 1250 entstandene Epos »Rennewart« (35 500 Verse).

Ulrich von Württemberg, *Reichenweie 8.2. 1487, † Tübingen 6.11. 1550, Hzg. von Württemberg (ab 1498). Konnte 1514 die Erhebungen des Armen Konrad niederwerfen; wurde, als er die Reichsstadt Reutlingen besetzte, 1519 von einem Heer des Schwäb. Bundes unter F. Geyer vertrieben. Durch Philipp I. von Hessen 1534 in sein Land zurückgeführt; erhielt Württemberg als österr. Afterlehen; führte die Reformation ein.

Ulster [engl. 'ʌlstə], histor. Prov. im N der Insel Irland. die vom heutigen †Nordirland und einem Teil der Rep. Irland gebildet wurde. Im späten 16. Jh. Hochburg des gälischen Widerstandes gegen die Engländer. 1607 Flucht irischer Adliger (»Flight of the Earls«), danach ab 1609 planmäßige Ansiedlung meist presbyterian. Schotten in U. (»U.-Plantation«). Intensive Anglisierung (u. a. Enteignung des irischen Grundbesitzes) nach gescheitertem irischen Aufstand (1641–50). Zunehmende Feindseligkeiten zwischen der prot. engl. Mehrheit und der kath. irischen Minderheit führten bei Gründung der Rep. Irland 1921 aufgrund einer Abstimmung zur Abtrennung der sechs mehrheitlich prot. Counties als Nordirland, das seither vielfach auch U. genannt wird.

Ulster [nach der gleichnamigen ir. Provinz], zweireihiger Herrenmantel mit Rahmentaschen und breitem Rückengürtel.

Ulster Defence Association [engl. 'ʌlstə dɪ'fens əsəʊsɪ'eɪʃən], Abk. **UDA**, 1972 gegr. militante prot. Organisation in Nordirland.

Ultima ratio [lat.], letztmögl. Mittel.

Ultimatum [lat.], 1) *allg.:* letzte Aufforderung.
2) *Völkerrecht:* eine eindeutige, letzte und befristete Mitteilung eines Standpunkts oder einer Forderung eines Völkerrechtssubjekts, verbunden mit einer Drohung (insbes. mit einer Kriegserklärung) für den Fall einer ablehnenden Antwort.

Ultraschallortung

Ultimo [lat.], *Börsenverkehr:* der letzte Geschäftstag des Monats.

Ultimogeld, am Geldmarkt aufgenommenes Leihgeld, das am Monatsende zur Rückzahlung fällig ist.

ultra..., Ultra... [lat.], Vorsilbe mit der Bedeutung »jenseits von, über ... hinaus, übertrieben«.

Ultrahocherhitzung (Uperisation), Konservierungsverfahren für †Milch: Erhitzung durch eine etwa zwei Sekunden dauernde Dampfinjektion auf 150 °C, danach rasche Abkühlung.

Ultrakurzwellen, Abk. **UKW** (internat. Abk. VHF), Bez. für elektromagnet. Wellen mit Wellenlängen zw. 10 m und 1 m, d. h. mit Frequenzen zw. 30 MHz und 300 MHz.

Ultramarin [lat.] (Lasurblau), Gruppe bes. lichtbeständiger Farbpigmente, die u. a. zur Herstellung von Malerfarben verwendet werden. Natürl. blaues U. wurde urspr. durch Pulverisieren von Lapislazuli gewonnen.

Ultramontanismus [lat.], im Ggs. zum †Gallikanismus im 18./19. Jh. streng päpstl. Gesinnung im polit. Katholizismus. In Dtl. ein polit. Kampfbegriff v. a. während des †Kulturkampfes.

Ultraschall, für den Menschen unhörbarer Schall mit Frequenzen oberhalb 20 000 Hz. Intensiver U. wird in Technik und Medizin vielseitig verwendet.

Ultraschalldiagnostik, Verfahren zur Erkennung von krankhaften Veränderungen innerhalb des Organismus durch die Anwendung von Ultraschallwellen nach dem Echolotprinzip. Dabei werden Ultraschallimpulse mittels eines Schallübertragungsmediums (z. B. Kontaktpaste, Wasserbad) durch die Haut in den Körper eingestrahlt und die von verschiedenen Gewebs- oder Organschichtgrenzen reflektierten Ultraschallimpulse auf einem Bildschirm sichtbar gemacht. Mit der U. können u. a. Mißbildungen und Fehlentwicklungen des Fetus während der Schwangerschaft erkannt werden.

Ultraschallholographie (akust. Holographie), ein der opt. Holographie entsprechendes Verfahren der Bildgewinnung, -speicherung und -wiedergabe durch Überlagerung kohärenter Ultraschallwellen (*akust. Hologramm*).

Ultraschallortung (Ultraschallpeilung), die Suche, Lokalisierung und

Ultraschallprüfung

Entfernungsbestimmung von Objekten durch Erfassung der von einem Ultraschallgeber ausgesendeten und an den Objekten reflektierten Ultraschallimpulse, wobei die Entfernung durch Messung der Laufzeit der Ultraschallwellen bestimmt wird. – Eine U. kommt auch bei *Tieren* vor (Fledermäuse, Delphine, Spitzmäuse). ↑Sonar.

Ultraschallprüfung, zerstörungsfreie Werkstoffprüfung mit Ultraschall zur Auffindung von Fehlern. Zur Erzeugung und Erfassung der Ultraschallwellen benutzt man piezoelektr. Quarzkristalle *(Schwingquarze).* Beim *Durchschallungsverfahren* wird ein Schallwellenbündel vom Empfängerquarz an der Gegenseite empfangen und auf einem Bildschirm sichtbar gemacht. Beim *Impulsechoverfahren* werden Ultraschallimpulse auf das Werkstück übertragen, an der gegenüberliegenden Begrenzungsfläche reflektiert und vom inzwischen als Empfänger geschalteten Schwingquarz wieder aufgenommen. Tiefe und Größe des Fehlers lassen sich aus Lage und Form der »Echos« auf dem Bildschirm ermitteln.

Ultraviolętt, Abk. **UV,** elektromagnet. Wellen, die sich an das violette Ende des sichtbaren Spektrums anschließen (Wellenlängen zw. 400 nm und 10 nm). U. wird unterteilt in die Bereiche *UV-A* (400 bis 315 nm), *UV-B* (315 bis 280 nm) und *UV-C* (280 bis 100 nm). Im Ggs. zu sichtbarem Licht wird UV-Strahlung von Glas und Luft in starkem Maße absorbiert (verschluckt). Eine natürl. UV-Quelle ist die Sonne; künstliche UV-Strahler sind Wolframbandlampen mit Quarzfenster, Edelgaslampen, Quecksilberdampflampen und Wasserstofflampen sowie hocherhitzte Temperaturstrahler. – Wichtig sind die biolog. Wirkungen der UV-Strahlung: Bei kleiner Dosierung werden Stoffwechsel, Atmung, Kreislauf, Blutbeschaffenheit, Drüsenfunktion und Allgemeinzustand des Menschen meist günstig beeinflußt sowie eine Pigmentierung (Bräunung) der Haut bewirkt. Eine Überdosierung kann zu Schädigungen des Organismus führen (Sonnenbrand u. a.). Die zellzerstörende Wirkung der Strahlung auf Viren und Bakterien wird vielseitig therapeutisch sowie technisch zur Luftentkeimung und Sterilisation ausgenutzt.

Uludağ [türk. uˈludɑ:] (Mysischer Olymp), Bergmassiv sö. von Bursa, Türkei, 2543 m hoch, Wintersportgebiet.

Ulysses [juːˈlɪsiːz, ˈjuːlɪsiːz, engl. »Odysseus«], eine von der ESA entwickelte Raumsonde, die das Magnetfeld des Jupiters beim Vorbeiflug im Feb. 1992 untersuchte und beim Überfliegen der beiden Pole der Sonne seit dem Sep. 1994 den Sonnenwind und das Sonnenmagnetfeld beobachtet. Der Start erfolgte im Okt. 1990. U. ist mit einer Geschwindigkeit von 11,4 km/s die bisher schnellste Raumsonde.

Umberfische (Adlerfische, Sciaenidae), Fam. bis etwa 3 m langer Barschfische mit über 150 Arten, v. a. in küstennahen Meeresregionen der trop. bis gemäßigten Zonen; vermögen durch sehr rasche Kontraktionen besonderer Muskeln krächzende bis trommelnde Laute zu erzeugen (»Trommelfische«), wobei die Schwimmblase als Resonanzkörper dient.

Umberto, italien. Herrscher:
1) Umberto I., *Turin 14. 3. 1844, † Monza 29. 7. 1900 (ermordet), König (seit 1878). Regierte konstitutionell, schloß 1882 mit dem Dt. Reich und Österreich-Ungarn den Dreibund.
2) Umberto II., *Racconigi bei Turin 15. 9. 1904, † Genf 18. 3. 1983, König (1946). 1944 Generalstatthalter des Kgr.; Mai/Juni 1946 König von Italien, das er aufgrund des Referendums für die Republik kurz danach verließ; lebte in Portugal.

Umbra [lat.], **1)** *Astronomie:* das dunkle Kerngebiet eines Sonnenflecks.
2) *Chemie:* (Umbrabraun, Sepiabraun, Erdbraun) durch Verwitterung von Eisen- und Manganerzlagern entstandenes, braunes Pigment. Natürl. und gebrannte U. werden als Farbzusätze verwendet.

Umbralgläser ® [lat./dt.], farbige Brillengläser, die im sichtbaren Spektralbereich die Helligkeit gleichmäßig herabsetzen und UV-Strahlen absorbieren.

Umbrer (lat. Umbri), altitalisches Volk; nach 1000 v. Chr. von N her nach Ober- und Mittelitalien eingewandert, siedelte schließlich im Gebiet östlich des oberen Tibertales im Apennin und bildete kleine Stadtstaaten, u. a. Spoletium (heute Spoleto).

Umlaufzeit

Umberfische.
Adlerfisch (Länge bis 1,8 m)

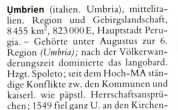

Umbrien (italien. Umbria), mittelitalien. Region und Gebirgslandschaft, 8455 km², 823000 E, Hauptstadt Perugia. – Gehörte unter Augustus zur 6. Region *(Umbria)*; nach der Völkerwanderungszeit dominierte das langobard. Hzgt. Spoleto; seit dem Hoch-MA ständige Konflikte zw. den Kommunen und kaiserl. wie päpstl. Herrschaftsansprüchen; 1549 fiel ganz U. an den Kirchenstaat, 1860 an das Kgr. Italien.

Umbruch (Umbrechen), im *graph. Gewerbe* das Zusammenstellen des Schriftsatzes zu Buch-, Zeitungs- oder Zeitschriftenseiten, unter Einbeziehung der vorgesehenen Abbildungen.

Umdruckverfahren, Verfahren zum Übertragen von Druckvorlagen auf eine für den Auflagendruck verwendete Flachdruckform.

Umeå [schwed. 'uːmɔo:], schwed. Stadt am Umeälv, nahe seiner Mündung, 86 800 E. Hauptstadt des Verw.-Geb. Västerbotten, Univ., Museum, Oper; u. a. Papier- und Zellstoffabriken; Hafen.

Umformer, elektr. Maschinen und Maschinensätze, mit denen Hilfe elektr. Energie einer Form in eine andere (z. B. andere Spannung oder Frequenz) umgeformt wird, z. B. Transformatoren, Frequenz-U. und Motorgeneratoren.

Umfrageforschung ↑Meinungsforschung.

Umgangssprache, zw. den Mundarten und der überregionalen Standardsprache stehende Sprachebene, die die Normen der Hochsprache nur locker anwendet.

Umiak [eskimoisch], offenes Boot (fellbespanntes Holzgerüst) von Eskimos.

Umkehrfilm, photograph. Filmmaterial, das im Umkehrprozeß zu einem Diapositiv entwickelt wird (↑Photographie).

Umkehrfunktion (inverse Funktion), in der *Mathematik* ↑Funktion.

Umkehrung, in der *Musik* das Versetzen von Tönen und Stimmverläufen in der Vertikalen. Ein Intervall wird umgekehrt, indem ein Ton in die obere oder untere Oktave versetzt wird; dabei wird die Sekunde zur Septime, die Terz zur Sexte, die Quarte zur Quinte usw. Bei der U. von Akkorden wird ein anderer Ton als der Grundton zum Baßton. Die U. des Dur- bzw. Molldreiklangs sind der Sextakkord und der Quartsextakkord; die U. des Septimenakkords sind der Quintsextakkord, der Terzquartakkord und der Sekundakkord. Die vertikale U. von Motiven, Themen oder Melodien wird auch als Gegenbewegung bezeichnet. Die U. in der Horizontalen nennt man Krebs. Bei rhythm. Gestalten sind U. und Krebs identisch.

Umkippen, das Absterben der aeroben Lebewesen in einem Gewässer, wenn durch ↑Eutrophierung der Sauerstoffgehalt stark reduziert ist.

Umkreis, ein Kreis, der durch alle Ecken eines Vielecks geht.

Umlaufvermögen (Betriebskapital), unter den Aktiva ausgewiesene Vermögensteile, die nur kurzfristig (im Ggs. zum Anlagevermögen) im Unternehmen verbleiben, z. B. Vorräte, liquide Mittel.

Umlaufzeit, die Zeit, die ein Körper benötigt, um eine geschlossene Bahnkurve einmal vollständig zu durchlaufen; speziell die Zeit, die ein Himmelskörper benötigt, um einen zweiten zu umkreisen. Man unterscheidet *siderische U.* (in bezug auf die Fixsterne) und *synodische U.* (in bezug auf die Richtung Sonne–Erde).

Umkehrung der Sekunde (1), der Terz (2) und der Quarte (3), des Durdreiklangs (4) als Sextakkord (5) und als Quartsextakkord (6) und des Septimenakkords (7) als Quintsextakkord (8), als Terzquartakkord (9) und als Sekundakkord (10)

Umlaut

Umlaut, Veränderung eines Vokals infolge des Einflusses des Vokals (oder eines Halbvokals) der Folgesilbe; bes. wichtig für die Entwicklung der dt. Sprache war der i-Umlaut, bei dem die Vokale a, o und u durch (urspr.) folgendes i, j zu den »Umlauten« ä, ö, ü wurden.

Umma [arab.], die Religionsgemeinschaft des Islams.

Umm Al Kaiwain, Scheichtum der ↑Vereinigten Arabischen Emirate.

Ummanz, flache Boddeninsel vor der W-Küste von Rügen, 19,7 km^2, 700 E.

Umsatz, in der *Betriebswirtschaftslehre* der Wert der abgesetzten Erzeugnisse und/oder der erbrachten Leistungen. Der U. pro Periode (Jahr, Monat) ist eine der wesentl. betriebl. Kennzahlen.

Umsatzsteuer, Steuer auf Lieferungen und sonstige Leistungen, auf den Eigenverbrauch eines Unternehmens sowie auf die Einfuhr von Gegenständen in das Zollgebiet *(Einfuhr-U.)*. Am 1. 1. 1968 wurde die alte Brutto-U. durch die Netto-U. *(Mehrwertsteuer)* ersetzt, bei der nur der durch das Unternehmen erarbeitete Wertzuwachs besteuert wird; die in Zahlungen für Vorleistungen anderer Unternehmen enthaltene U. wird als *Vorsteuer* von der Steuerschuld abgezogen. Steuerträger ist letztlich der Endverbraucher.

Umschuldung, die Umwandlung von Schulden, insbes. die Ablösung von Krediten durch neue Kredite.

Umsiedlung, die Verlegung des Wohnsitzes von Personen- oder Volksgruppen durch staatl. Förderung oder aufgrund völkerrechtl. Verträge; bei zwangsweiser U. über die Grenzen eines Staatsgebietes hinweg spricht man von ↑Vertreibung. U. haben in der Vergangenheit häufig dem nationalstaatl. Ziel einer ethnisch einheitl. Bevölkerung gedient. – Als *Umsiedler* werden v. a. die während des 2. Weltkrieges umgesiedelten Volksdeutschen bezeichnet.

Umspannstation, svw. Transformatorenstation.

Umstandssatz, svw. ↑Adverbialsatz.

Umstandswort ↑Adverb.

Umtausch, von der Kulanz des Verkäufers oder seinen allg. Geschäftsbedingungen bzw. dem Bestehen eines entsprechenden Handelsbrauchs abhängige Rückgabe gekaufter Waren (bei Nichtgefallen) gegen Gutschrift des Rechnungsbetrags oder gegen Bezug anderer Waren. Bei Rückgabe der Kaufsache wegen ihr anhaftender *Mängel* kann der Käufer auf Rückerstattung des Kaufpreises bestehen.

Umtrieb (Umtriebszeit), in der *Forstwirtschaft* die Zeitspanne vom Pflanzen bis zum Ernten eines Bestandes (z. B. bei Fichte und Tanne 80–100, bei Buche, Lärche, Kiefer 120–140, bei der Eiche 180–300 Jahre) bzw. bis zum Abholzen des Unterholzes im Mittelwald.

U-Musik, Kurz-Bez. für ↑Unterhaltungsmusik.

Umwandlung, im *Handelsrecht* die Veränderung der Unternehmensform entweder durch bloße Annahme einer anderen Rechtsform oder durch Übertragung des Vermögens auf ein anderes Unternehmen als Gesamtrechtsnachfolger.

Umwelt, im engeren biol. Sinn *(physiol. U.)* die spezif., lebenswichtige Umgebung einer Tierart, die als *Merkwelt* (Gesamtheit ihrer Merkmale) wahrgenommen wird und als *Wirkwelt* (Gesamtheit ihrer Wirkungen) das Verhalten der Artvertreter bestimmt. Als einziges Wesen (und alleinige Art) ist der Mensch nicht an eine spezif. Natur-U. gebunden. Im weiteren, kulturell-zivilisator. Sinn *(Zivilisations-U., Kultur-U.)* versteht man unter U. auch den vom Menschen existentiell an seine Lebensbedürfnisse angepaßten und v. a. durch Technik und wirtschaftl. Unternehmungen künstlich veränderten Lebensraum, wodurch eine Art künstl. Ökosystem geschaffen wurde.

Umweltbilanz, die systemat. Erfassung der Auswirkungen des Schadstoffausstoßes und des Energie- und Rohstoffverbrauchs bei der Güter- und/oder Dienstleistungserstellung. U. sollen der Verbesserung der polit. und wirtschaftl. Entscheidungsfindung und -umsetzung (Optimierung der Einschätzung des Volkseinkommens und Sozialproduktes, Kosten-Nutzen-Analyse bezüglich Erhalt bzw. Wiederherstellung des Kapitals des ökolog. Gleichgewichts) dienen. Sie werden auf der Grundlage von *Umweltverträglichkeitsprüfungen* von multinationalen (OECD, Weltbank), nationalen (Bundesumweltamt) und regionalen Einrichtungen erstellt, im Rahmen

der Sozialbilanz auch von Wirtschaftskonzernen.
Umweltbundesamt ↑Bundesämter (Übersicht).
Umweltfaktoren, die biot. und abiot. Gegebenheiten und Kräfte, die als mehr oder minder komplexe Erscheinung die Umwelt eines Lebewesens bilden und auf dieses einwirken. Zu den biot. U. zählen Pflanzen, Tiere und Menschen sowie deren biolog. Lebensäußerungen und Beziehungen zueinander. Zu den abiot. Faktoren gehören v. a. Boden, Wasser, Luft, Klima, Erdmagnetismus, Schwerkraft und alle vom Menschen gestalteten oder produzierten dingl. Gegebenheiten und Energien.
Umweltforschung, im biolog. Sinne svw. ↑Ökologie; im soziolog. Sinne *(Environtologie)* die Untersuchung und Erforschung der durch die Tätigkeit des Menschen auftretenden Veränderungen seiner Umwelt und der Wechselwirkung zw. dieser und dem natürl. Ökosystem.
Umweltschutz, Gesamtheit aller Maßnahmen und Bestrebungen, die dazu dienen, die natürl. Lebensgrundlagen von Pflanze, Tier und Mensch zu erhalten bzw. ein gestörtes ökolog. Gleichgewicht der Natur wieder auszugleichen; i. e. S. der Schutz vor negativen Auswirkungen, die von der ökonom. Tätigkeit des Menschen, seinen techn. Einrichtungen und sonstigen zivilisator. Gegebenheiten ausgehen, wobei die *Umweltvorsorge* für die Allgemeinheit effektiver und billiger ist als nachträgl. Maßnahmen des techn. Umweltschutzes. Zum U. gehören u. a. Maßnahmen zur Bewahrung von Boden und Wasser vor Verunreinigung durch chem. Fremdstoffe und Erdöl, durch Abwasser und durch Auslaugung abgelagerter Stoffe auf Deponien; ferner Vorschriften und Auflagen z. B. zur Erreichung größerer Umweltverträglichkeit von Wasch- und Reinigungsmitteln, zum Schutz der Bevölkerung und der Umwelt vor Gefährdung durch Pflanzenschutzmittel, Maßnahmen des Immissionsschutzes, die der Verunreinigung der Luft und Rauchschäden durch Emissionen (v. a. von Ind.-Betrieben, Kfz und aus dem Wohnbereich) entgegenwirken, der Strahlenschutz während des Betriebs von Kernkraftwerken und die Lagerung von radioaktivem Abfall und der Wiedergewinnung von Abfallstoffen (↑Recycling). – Teilaspekte des U. sind in zahlr. Gesetzen, Rechtsverordnungen und Verwaltungsvorschriften des Bundes und der Länder geregelt. Durch das Gesetz zur Bekämpfung der Umweltkriminalität vom 28. 3. 1980 werden schwerwiegende Schädigungen und Gefährdungen der Umwelt mit umfassenden strafrechtl. Sanktionen bedroht (im Höchstfall Freiheitsstrafe bis zu zehn Jahren). – Geplante und bewußte *Umweltpolitik* erfolgt erst seit dem Beginn der 1970er Jahre. In der BR Deutschland wurde 1986 nach dem Reaktorunfall in ↑Tschernobyl ein Bundesministerium für Umwelt, Naturschutz und Reaktorsicherheit eingerichtet, dem das Umweltbundesamt nachgeordnet ist. Bei den Landesregierungen liegt die Zuständigkeit für den U. bei den Landwirtschafts- oder eigenen Umweltministerien. Um den U. bemühen sich auf internat. Ebene die UN und die EU. Infolge der Mangelhaftigkeit der Umweltpolitik staatl. Stellen und etablierter Parteien entstand aus der Ökologiebewegung Ende der 1970er Jahre die Partei der ↑Grünen. Internat. Aufsehen erregt ferner die 1972 in Kanada gegründete U.-Organisation »Greenpeace«. ↑ökologische Bewegung.
Umweltverträglichkeitsprüfung, Abk. **UVP,** Verwaltungsverfahren zur Prüfung aller öffentl. Maßnahmen (z. B. Straßenbau) und der genehmigungsbedürftigen privaten Anlagen unter dem Gesichtspunkt des Umweltschutzes.
Umweltzeichen (Umweltengel), Kennzeichen von Produkten mit vergleichsweise günstigen Umwelteigenschaften. Das U. enthält das Umweltemblem der UN (»blauer Engel«) und wird befristet vergeben (i. d. R. drei Jahre mit Verlängerungsmöglichkeit).
UN [u:'en, engl. 'ju:'en], Abk. für engl. United **N**ations (UNO, Abk. für engl. United Nations Organization; ONU, Abk. für frz. Organisation des Nations Unies), die Organisationen der Vereinten Nationen; Vereinigung von Staaten zur Sicherung des Weltfriedens und zur Förderung friedl. zwischenstaatl. Beziehungen und internat. Zusammenarbeit. Am 26. 6. 1945 in San Francisco

Umweltzeichen

UN
Flagge

UN

von 51 Staaten als Nachfolgeorganisation des Völkerbundes gegr.; 185 Mgl. (1994); Sitz New York, europ. Amt in Genf.

UN. Generalsekretäre

Trygve Halvdan Lie (Norwegen)	1946–52
Dag Hammarskjöld (Schweden)	1953–61
Sithu U Thant (Birma)	1961–71
Kurt Waldheim (Österreich)	1972–81
Javier Pérez de Cuéllar (Peru)	1982–91
Boutros Boutros Ghali (Ägypten)	seit 1992

Organe: Die *Generalversammlung* (Vollversammlung) aller Mgl. der UN tagt mindestens einmal im Jahr, wobei jedes Land von höchstens fünf Mgl. mit zus. einer Stimme vertreten wird. Die Generalversammlung berät über alle Gegenstände, die durch die Charta erfaßt werden. Abstimmungen in »wichtigen Fragen« (z. B. Aufrechterhaltung von Frieden und Sicherheit sowie Aufnahme oder Ausschluß von Mgl.) bedürfen der Zweidrittelmehrheit der Anwesenden; in anderen Fragen genügt einfache Mehrheit. Nach außen gerichtete Beschlüsse haben den Charakter von »Empfehlungen«, d. h., sie sind nicht bindend. Anders verhält es sich mit Beschlüssen, durch die das Völkerrecht fortgebildet wird oder Fragen der internat. Zusammenarbeit in verschiedenen Bereichen berührt sind.

Der *Sicherheitsrat* (Weltsicherheitsrat), bestehend aus fünf ständigen Mgl. (USA, Rußland, Großbrit., Frankreich, VR China) und zehn alle zwei Jahre von der Generalversammlung gewählten Mgl., trägt die Hauptverantwortung für die Einleitung und Durchführung von Verfahren zur friedl. Beilegung internat. Streitigkeiten. Im Rahmen der Charta sind die Mgl. seinen Entscheidungen unterworfen. Jedes Rats-Mgl. hat jeweils eine Stimme, jedes ständige Mgl. kann darüber hinaus mit seinem Veto jede Entscheidung des Rates blockieren. Außer in Fällen der Friedensgefährdung oder einer bereits eingetretenen Verletzung der Friedenspflicht gibt auch der Sicherheitsrat nur Empfehlungen ab. Da die von der UN-Charta vorgesehene *internat. Streitmacht* für Fälle des Friedensbruchs bisher noch nicht bereitgestellt werden konnte, kann die UN nur mit von einzelnen Mgl. freiwillig gestellten Truppeneinheiten militär. eingreifen (↑UN-Friedenstruppe). Als Folge des unter UN-Mandat geführten Golfkrieges gegen den Irak setzte 1991 eine Debatte über Reformen der polit. Strukturen der UN ein.

Der *Wirtschafts- und Sozialrat* (Economic and Social Council, Abk. ECOSOC; 54 auf drei Jahre gewählte Mgl.) fördert den wirtschaftl. und sozialen Fortschritt sowie die friedl. Zusammenarbeit der Staaten auf allen Gebieten und sucht den allg. Menschenrechten überall zur Geltung zu verhelfen. Er kann allg. Empfehlungen geben, internat. Abkommen entwerfen und internat. Staatenkonferenzen einberufen.

Der *Treuhandrat* (Trusteeship Council) ist das verantwortl. Organ für das Treu-

UN. Sonderorganisationen, Unterorganisationen und regionale Wirtschaftskommissionen
(Stand 1993 – Fortsetzung)

Abk.	Name englisch (deutsch)	Sitz	Gründungsjahr	Zahl der Mitglieder
Regionale UN-Wirtschaftskommissionen				
ECA	Economic Commission for Africa (Wirtschaftskommission für Afrika)	Addis Abeba	1958	51
ECE	Economic Commission for Europe (Wirtschaftskommission für Europa)	Genf	1947	43
ECLAC	Economic Commission for Latin America and the Caribbean (Wirtschaftskommission für Lateinamerika und die Karibik)	Santiago de Chile	1948	41
ESCWA	Economic and Social Commission for Western Asia (Wirtschafts- und Sozialkommission für Westasien)	Bagdad	1974/75	13
ESCAP	Economic and Social Commission for Asia and the Pacific (Wirtschafts- und Sozialkommission für Asien und den Pazifik)	Bangkok	1947	54

UN

UN. Sonderorganisationen, Unterorganisationen und regionale Wirtschaftskommissionen (Stand 1993)

Abk.	Name englisch (deutsch)	Sitz	Gründungsjahr	Zahl der Mitglieder
UN-Sonderorganisationen				
FAO	Food and Agriculture Organization of the United Nations (Ernährungs- und Landwirtschaftsorganisation)	Rom	1945	163
GATT	General Agreement on Tariffs and Trade (Allg. Zoll- und Handelsabkommen)	Genf	1948	117
IAEA	International Atomic Energy Agency (Internat. Atomenergieorganisation)	Wien	1956	114
IBRD	International Bank for Reconstruction and Development; Worldbank (Internat. Bank für Wiederaufbau und Entwicklung; Weltbank)	Washington	1944	176
IDA	International Development Association (Internat. Entwicklungsorganisation)	Washington	1960	145
IFAD	International Fund for Agricultural Development (Internat. Fonds für landwirtschaftl. Entwicklung)	Rom	1976	150
IFC	International Finance Corporation (Internat. Finanzkorporation)	Washington	1956	143
ICAO	International Civil Aviation Organization (Internat. Zivilluftfahrtsorganisation)	Montreal	1944	180
ILO	International Labour Organization (Internat. Arbeitsorganisation)	Genf	1919	167
IMF	International Monetary Fund (Internat. Währungsfonds)	Washington	1944	178
IMO	International Maritime Organization (Internat. Seeschiffahrtsorganisation)	London	1948	147
ITU	International Telecommunication Union (Internat. Fernmeldeunion)	Genf (1932)	1947	172
UNESCO	United Nations Educational, Scientific and Cultural Organization (Organisation der UN für Erziehung, Wiss. und Kultur)	Paris	1945	179
UNIDO	United Nations Industrial Development Organization (Organisation der UN für industrielle Entwicklung)	Wien	1967	152
UPU	Universal Postal Union (Weltpostverein)	Bern (1874)	1948	185
WHO	World Health Organization (Weltgesundheitsorganisation)	Genf	1946	187
WIPO	World Intellectual Property Organization (Weltorganisation für geistiges Eigentum)	Genf	1967	140
WMO	World Meteorological Organization (Weltorganisation für Meteorologie)	Genf	1947	167
UN-Unterorganisationen[1]				
UNCTAD	UN Conference on Trade and Development (Konferenz der UN für Handel und Entwicklung; Welthandelskonferenz)	Genf	1964	183
UNCHS	UN Centre for Human Settlements (Zentrum der UN für Siedlungsfragen)	Nairobi	1978	58
UNDP	UN Development Programme (Entwicklungsprogramm der UN)	New York	1965	
UNEP	UN Environment Programme (Umweltprogramm der UN)	Nairobi	1972	
UNHCR	United Nations High Commissioner for Refugees (Hoher Flüchtlingskommissar der UN)	Genf	1951	
UNICEF	United Nations International Children's Emergency Fund (Weltkinderhilfswerk)	New York	1946	
UNITAR	United Nations Institute for Training and Research (Ausbildungs- und Forschungsinstitut der UN)	New York	1963	
UNRWA	United Nations Relief and Works Agency for Palestine Refugees (Hilfswerk der UN für arabische Flüchtlinge aus Palästina)	Beirut	1950	
WFP	World Food Programme (Welternährungsprogramm)	Rom	1963	

[1]) Die Unterorganisationen UNDP bis WFP besitzen keine feste Mitgliederzahl (sog. offene Programme).

Unabhängige Sozialdemokratische Partei Deutschlands

handsystem und die Gebiete ohne Selbstregierung.

Dem *Internat. Gerichtshof* in Den Haag, Nachfolgeorgan des Ständigen Internat. Gerichtshofs des Völkerbundes, gehören 15 von der Generalversammlung und vom Sicherheitsrat gewählte Richter an. Der Gerichtshof kann nur von Staaten angerufen werden.

Das *Sekretariat,* das Verwaltungs- und Koordinationsorgan der UN, steht unter der Leitung des *Generalsekretärs,* der von der Generalversammlung für fünf Jahre gewählt wird. Er kann Fälle der Friedensbedrohung vor den Sicherheitsrat bringen, faßt im Rahmen seiner Zuständigkeit Beschlüsse im eigenen Ermessen und hat eigene diplomat. Handlungsmöglichkeiten.

Die *Sonderorganisationen* sind keine Organe der UN im engeren Sinn. Sie erfüllen Aufgaben in den Zuständigkeitsbereichen des Wirtschafts- und Sozialrats. Mgl. von Sonderorganisationen können auch Länder sein, die nicht Mgl. der UN selbst sind.

Unabhängige Sozialdemokratische Partei Deutschlands, Abk. **USPD,** politische Partei in Deutschland 1917 bis 1922/33; aus der SPD als Abspaltung der Kriegsgegner hervorgegangen; nach der Novemberrevolution 1918 bis Jahresende neben der SPD im Rat der Volksbeauftragten vertreten. Im Okt. 1920 Vereinigung der linken Mehrheit mit der KPD; im Sept. 1922 Vereinigung der Restpartei mit der SPD. Als Splitterpartei aktiv bis 1933.

Unabhängigkeit, 1) *Völkerrecht:* Teil der Souveränität eines Staates, die darin besteht, daß der Staat über seine inneren und äußeren Angelegenheiten im Rahmen des Völkerrechts selbständig entscheiden kann.

2) *Recht:* 1. Gewährleistung der U. der Richter in Art. 97 GG. 2. Nach Art. 38 GG sind Abg. in der Ausübung ihres Mandats unabhängig, d. h. an Weisungen und Aufträge (auch aufgrund ihrer Parteizugehörigkeit) nicht gebunden.

Unamuno y Jugo, Miguel de [span. - i'xuyo], *Bilbao 29. 9. 1864, † Salamanca 31. 12. 1936, span. Schriftsteller und Philosoph. Führender Vertreter der »Generation von 98«, die sich für die Verbindung von span. Tradition und europ. Moderne engagierte; vorwiegend Essayist, auch Lyriker, Romancier (u. a. »Nebel«, 1914) und Dramatiker. Philos. Hauptwerke: »Das trag. Lebensgefühl« (12 Essays, 1913), »Die Agonie des Christentums« (Essay, 1925).

Una-Sancta-Bewegung, v. a. nach dem 2. Weltkrieg in Deutschland entstandene kath. Form der ökumen. Bewegung.

Unbedenklichkeitsbescheinigung, Bescheid des zuständigen Finanzamts über die steuerl. Unbedenklichkeit einer beabsichtigten Eigentumsübertragung von Grundstücken.

Unbefleckte Empfängnis (Conceptio immaculata), Dogma der kath. Kirche (1854) über die Erbsündlosigkeit Marias, der Mutter Jesu. Das Fest der U. E. wird am 8. Dez. gefeiert.

Unberührbare ↑Paria.

unbestimmtes Fürwort, svw. Indefinitpronomen (↑Pronomen).

unbewegliche Sachen, svw. ↑Immobilien.

Unbewußtes (das Unbewußte), in der Psychoanalyse (nach S. Freud) der Bereich nicht bewußter Prozesse, der v. a. aus Verdrängtem besteht. Das Unbewußte entspricht weitgehend dem ↑Es. – C. G. Jung unterscheidet vom *persönl. Unbewußten* (Vergessenes, Verdrängtes usw.) das *kollektive Unbewußte,* das überindividuelle menschl. Urerfahrungen enthalte.

UN-Charta [...'karta], die am 26. 6. 1945 in San Francisco unterzeichnete und am 24. 10. 1945 in Kraft getretene Verfassung der Vereinten Nationen (↑UN). Die Charta regelt in einer Präambel und in 19 Kapiteln (111 Artikeln) Ziele und Grundsätze der UN, Mitgliedschaft, Aufgaben und Verfahrensvorschriften ihrer Organe.

Uncle Sam [engl. 'ʌŋkl 'sæm »Onkel Sam(uel)«], scherzhafte Bez. für die USA; Ursprung ist wohl die ehem. amtl. Abkürzung U. S.-Am. (= U. S.-America).

UNCTAD ['ʊŋktat, engl. 'ʌŋktæd], Abk. für engl. United Nations Conference on Trade and Development, ↑Weltwirtschaftskonferenz.

Underground [engl. 'ʌndəɡraʊnd], **1)** *Kultur:* in Kontroverse zum offiziellen Kulturbetrieb und zu bürgerl. Normalitätsauffassungen agierende literar. und künstler. Bewegungen (v. a. in den

Miguel de Unamuno y Jugo

Unfallversicherung

1960er Jahren); u. a. *U.-Film* (Untergrundfilm), *U.-Literatur* (Untergrundliteratur).
2) *Politik:* svw. ↑Untergrundbewegung.
Understatement [engl. ˈʌndəˈsteɪtmənt], das Untertreiben (u. a. in der Selbstdarstellung).
Undezime [lat.], das Intervall von elf diaton. Stufen (Oktave und Quarte).
Undine (Undene), weibl. Wassergeist, der durch Vermählung mit einem ird. Mann eine Seele erhalten kann.
UND-Schaltglied ↑Logikelemente.
Undset, Sigrid [norweg. ˈünset], * Kalundborg (auf Seeland) 20. 5. 1882, † Lillehammer 10. 6. 1949, norweg. Schriftstellerin. 1940–45 Emigration in die USA; Exponentin des norweg. Romans (u. a. »Jenny«, 1911; »Der brennende Busch«, 1930); bes. bekannt sind ihre Werke »Kristin Lavranstochter« (Trilogie, 1920–22) und »Olav Audunssohn« (1925–27). 1928 Nobelpreis für Literatur.
Undulation [lat.], in der *Physik* svw. Wellenbewegung, Schwingung.
Unechte Karettschildkröte ↑Meeresschildkröten.
unehrliche Gewerbe, vom MA bis ins 19. Jh. Berufe, die von Zunft, Gericht und Rat sowie vom kirchl. Begräbnis ausgeschlossen waren, z. B. Scharfrichter, Abdecker, Gaukler.
unendlich, 1) *geometr. Optik* und *Photographie:* diejenige Gegenstandsweite bei einer opt. Abbildung, bei der die bilderzeugenden, von den Dingpunkten ausgehenden Strahlen als achsenparallel gelten dürfen und die Abbildung in der Brennebene des Systems erfolgt.
2) *Mathematik:* svw. größer als jede endl., aber beliebig große Zahl (*u. groß* oder *transfinit;* Formelzeichen ∞).
Unendliches (das Unendliche), Begriff, der Dimensionen bezeichnet, die jenseits von Raum und Zeit liegen.
unerlaubte Handlung, widerrechtl. und schuldhafte Verletzung einer allg. Verhaltenspflicht, die bei einem dadurch entstandenen Schaden Ansprüche auf Schadenersatz auslöst. Aus u. H. haftet, wer vorsätzlich oder fahrlässig das Leben, den Körper, die Gesundheit, die Freiheit, das Eigentum oder sonstige *absolute Rechte* (z. B. Besitz, Urheberrechte, Persönlichkeitsrechte) eines anderen widerrechtlich verletzt.

UNESCO, Abk. für engl. United Nations Educational, Scientific and Cultural Organization [»Organisation der Vereinten Nationen für Erziehung, Wissenschaft und Kultur«], Sonderorganisation der Vereinten Nationen, 1945 in London gegr., seit 1946 mit Sitz in Paris. *Aufgaben:* v. a. die Förderung der internat. Zusammenarbeit auf den Gebieten der Erziehung, Wiss. und Information, die Förderung des Zugangs aller Menschen zu Bildung und Kultur, Durchsetzung der Menschenrechte und Hebung des Bildungsniveaus. *Organe:* die Generalkonferenz, der Exekutivrat und das Sekretariat. ↑UN (Übersicht).
Unfallflucht (Fahrerflucht, unerlaubtes Entfernen vom Unfallort) begeht, wer sich als Beteiligter nach einem Unfall im Straßenverkehr vom Unfallort entfernt, bevor die Art seiner Unfallbeteiligung festgestellt werden kann. U. begeht auch, wer z. B. nach einer leichten Karambolage keine angemessene Zeit wartet und so notwendige Ermittlungen erschwert. Der Unfallflüchtige wird mit Geld- oder Freiheitsstrafe bestraft; er verliert außerdem seinen Versicherungsschutz.
Unfallverhütungsvorschriften, Abk. **UVV,** Mindestnormen für eine unfallsichere Einrichtung der Betriebe und Betriebsanlagen sowie für unfallsicheres Verhalten; werden von den Berufsgenossenschaften erlassen und überwacht.
Unfallversicherung, als *Individual-U.* die Gewährung von Versicherungsschutz gegen die Folgen eines Unfalls. Die *Unfallfolgen* werden unterschieden in vorübergehende Arbeitsunfähigkeit, dauernde Arbeitsunfähigkeit, Invalidität und Tod. Von der Individual-U. zu unterscheiden ist die *gesetzl. U.* als Zweig der Sozialversicherung. Versicherungspflicht besteht für alle aufgrund eines Arbeits-, Dienst- oder Ausbildungsverhältnisses Beschäftigten (auch für Kinder in Kindergärten, Schüler und Studenten), ausgenommen Beamte und Personen, für die beamtenrechtl. Unfallfürsorgevorschriften gelten. Die Mittel der gesetzl. U. werden durch die Beiträge der Unternehmer aufgebracht, die versichert sind oder Versicherte beschäftigen. Die Leistungen der gesetzl. U. bestehen v. a. in *Heilbehandlung, Übergangsgeld,* in *besonderer Unterstützung,* in

Sigrid Undset

Unfehlbarkeit

berufsfördernden Leistungen zur Rehabilitation *(Berufshilfe),* in *Verletztenrente* (bei Minderung der Erwerbsfähigkeit über die 13. Woche hinaus), in *Sterbegeld* und *Hinterbliebenenrente* sowie in *Elternrente,* wenn der Versicherte überwiegend den Unterhalt der Eltern getragen hat.

Unfehlbarkeit (Infallibilität), in der kath. *Kirche* 1870 auf dem 1. Vatikan. Konzil dogmatisch definierte Irrtumslosigkeit, die der kirchl. Lehrverkündigung in Glaubens- und Sittenfragen zukommt: Grundlage ist die U. der *Kirche* (Gesamtheit der Bischöfe), die der Papst als Leiter *repräsentiert.* Die U. ist eingeschränkt auf »Ex-cathedra-Entscheidungen«, in denen der Papst eine gesamtkirchl. Lehre verkünden will. Sachlich ist die U. des Papstes auf die Interpretation der Hl. Schrift beschränkt.

UN-Friedenstruppe, zusammenfassende Bez. für die multinat. zusammengesetzten Truppenkontingente (»Blauhelme«), die auf Ersuchen des UN-Sicherheitsrates zur Aufrechterhaltung des Weltfriedens und der internat. Sicherheit von Mgl.-Staaten der UN freiwillig zur Verfügung gestellt werden. Sie sind in Konfliktgebieten (östl. Mittelmeer, Pers. Golf, indisch-pakistan. Grenze, Kroatien, Bosnien-Herzegowina, Mittelamerika, Afrika u. a.) eingesetzt. Die UN-F. erhielt 1988 den Friedensnobelpreis.

Unfruchtbarkeit, in *Biologie* und *Medizin* die Unfähigkeit zur Zeugung (↑Impotenz) bzw. zum Gebären lebender Nachkommen (↑Sterilität).

Unfruchtbarmachung ↑Sterilisation.

Ungaretti, Giuseppe, *Alexandria (Ägypten) 10. 2. 1888, † Mailand 1. 6. 1970, italien. Lyriker. Zus. mit E. Montale und S. Quasimodo Vertreter der symbolist. italien. Lyrik (»Hermetismus«); u. a. »Das verheißene Land« (1950), »Notizen des Alten« (1960, 1968 u. d. T. »Das Merkbuch des Alten«).

Ungarisch (Magyarisch, Madjarisch), zum finn.-ugr. Zweig der ural. Sprachen gehörende Sprache mit etwa 10 Mio. Sprechern in Ungarn, etwa 3 Mio. in den Nachbarstaaten Ungarns und etwa 1 Mio. in W-Europa und Amerika. Mit Ostjakisch und Wogulisch bildet das U. den ugr. Zweig der ↑finnisch-ugrischen Sprachen. – Im Wortschatz finden sich noch etwa 1 000 Grundwörter finn.-ugr. Herkunft; bed. Lehnwortschichten stammen aus den Turksprachen, den slaw. Sprachen sowie dem Deutschen und Lateinischen.

ungarische Kunst. Die ältesten Zeugnisse sind die pers.-sassanid. beeinflußten Metallarbeiten des ungar. Reitervolks (9. Jh.); die Zeugnisse der christl. Bautätigkeit fielen vielfach dem Mongolensturm (1241) zum Opfer; roman. Architektur und Plastik überdauerten in den Abteikirchen von Ják, Lébény (beide 1. Hälfte 13. Jh.) und Zsámbék (1220–56, Ruine). Wandmalereien zeigen byzantin. Einfluß, v. a. in der Krypta von St. Martin in Feldebrő (Bezirk Heves, Ende 12. Jh.) und in der Palastkapelle in Veszprém (um 1250). Got. Freskenmalerei u. a. in der Burgkapelle in Esztergom (14. Jh.), die got. Tafelmalerei gipfelt im Werk des Meisters M. S. (um 1500). Die Renaissance fand als Hofkunst unter König Matthias I. Corvinus frühzeitig Eingang (Bakócz-Kapelle in Esztergom, 1506–07). Nach der Türkenherrschaft blühte im 18. Jh. die Barockkunst, Aufträge erhielten v. a. österr. Künstler. Im 19. Jh. ist neben der klassizist. Bildhauerei (Istvan Ferenczy [*1792, † 1856]) v. a. das realist. Werk des Malers M. Munkácsy zu nennen (bes. sozialkrit. Genrebilder). Wichtig wurde auch die Freilichtmalerei, u. a. Károly Ferenczy (*1862, † 1917), der der bis heute einflußreichen poetisch-realist. Schule von Nagybánya (Baia Mare) angehörte. Nach dem 1. Weltkrieg bis 1919 entfaltete sich eine Avantgarde: L. Kassák, Sándor Bortnyik (*1893, † 1976), F. Molnár kehrten zurück; L. Moholy-Nagy, Marcel Lajos Breuer (*1902, † 1981), Alfréd Forbát (*1897, † 1972) gingen ans Bauhaus nach Schweden, USA oder Frankreich (V. de Vasarély).

ungarische Literatur, ältester erhaltener Text ist eine Marienklage (um 1300). Die *Reformation* verhalf der nat. Sprache in der Literatur zum Durchbruch: Neben aktueller polit. Literatur (z. B. Schriften gegen die Türkenbesetzung) entstanden Reformationsdichtung und weltl. histor. Epik (Historiengesänge). Den Höhepunkt der ungar. *Renaissancedichtung* bildeten die Lyrik von Bálint Balassi (*1554, † 1594). In der Epoche des *Barock* rief Miklos Zrinyi (*1620, † 1664) in einem Heldenepos und in Prosaschriften zum Widerstand gegen die Türken auf; glänzendster Stilist der Zeit war Kardinal Peter Pázmány (*1570, † 1637). Im 18. Jh. war der Klassizismus (Ferenc Kazinczy [*1759, † 1831]) vorherrschend. Die ungar. *Romantik* fiel mit einer Zeit polit. Reformbestrebungen zusammen, die bes. von Schriftstellern vorangetrieben wurden; zu nennen sind v. a. Ferenc Kőlcsey (*1790, † 1838) und Károli Kisfaludy (*1788, † 1830). Ihren Höhepunkt erreichte die u. L. des 19. Jh. im Werk von S. Petőfi und Jaros Arany (*1817, † 1882); bed. Vertreter des histor. Romans sind Jószef von Eötvös (*1813, † 1871) und M. Jókai. Während das letzte Drittel des 19. Jh. im Zeichen des sich entfaltenden *Realismus* stand (u. a. vertreten durch den Erzähler Kálmán Mikszáth [*1847, † 1910] und den Lyriker János Vajda [*1827, † 1897]), hinterließen die großen Stilrevolutionen des 20. Jh. in der u. L. nachhaltige Spuren. Führende Vertreter des *Modernismus* waren Endre Ady (*1877, † 1919), Mihaly Babits (*1883, † 1941), Dezsö Kosztolányi (*1885, † 1936), Z. Móricz und Ferenc Móra (*1879, † 1934). Nach dem 1. Weltkrieg setzte ein Prozeß der Neuorientierung ein. Aus der Bewegung der »Populisten«, die im Bauerntum den Garanten der nat. Fortschritts sah, gingen vorwiegend Prosaschriftsteller hervor, u. a. Péter Veres (*1897, † 1970), János Kodolányi (*1899, † 1968) und Aron Tamási (*1897, † 1966). Repräsentanten der bürgerl. Strömungen waren in der Prosa Ferenc Herczeg (*1863, † 1954), Lajos Zilahy (*1891, † 1974) sowie Sandor Márai (*1900, † 1989), in der Dramatik F. Molnár. Zu den Vertretern der urbanen, humanistisch-intellektuellen Lyrik gehören Lőrinc Szabó (*1900, † 1957) und Sándor Weöres (*1913, † 1989). Bekannter Vertreter der sozialist. Literatur war der Lyriker Attila József (*1905, † 1937). Ebenfalls der Arbeiterbewegung nahe standen der Romancier T. Déry, der Novellist Andor Endre Gelléri (*1907, † 1945) und der Lyriker Lajos Kassák (*1887, † 1967); in der Emigration wirkten bis 1945 u. a. Béla Illés (*1895, † 1974) und G. Háy. 1945 bis zur Gegenwart: Während Schriftsteller wie S. Márai und L. Zilahy Ende der 1940er Jahre Ungarn verließen, verstanden sich andere namhafte (teilweise aus dem Exil zurückgekehrte) Vertreter der u. L. (u. a. T. Déry, G. Háy, L. Nemeth, Gyula Illyes [*1902, † 1983]) und Literaturkritik (u. a. G. Lukács, Jozsef Révai [*1898, † 1959]) zunächst als sozialistische Kulturpolitiker; es gelang jedoch, die u. L. von dem parteipolitischen Diktat des sozialistischen Realismus zu befreien, wobei Déry und Háy auch zu den Köpfen des Aufstands von 1956 gehörten. Zu den Exponenten der etwa seit den 1960er Jahren publizierenden Schriftstellergeneration gehören neben G. Konrád, M. Szabó, Miklos Mészöly (*1921) und Ferencz Sánta (*1927) u. a. Iván Mándy (*1918), Janos Pilinszky (*1921, † 1981), Endre Fejes (*1923), László Nagy (*1925, † 1978), Sandor Csoóri (*1930), György Moldova (*1934), András Tabák (*1938) und Deszsö Tandori (*1938); von den jüngeren Vertretern der u. L. sind v. a. Péter Nadas (*1942), Jozsef Belázs (*1944), György Dalos (*1943) und Péter Esterhazy (*1950) zu nennen.

ungarische Musik, die Kunstmusik beginnt mit Gregorian. Gesängen sowie volkssprachl. Epik und dem Wirken ausländ. Musiker am Königshof (um 1000); vermittelt durch Fahrende sind seit Ende des 15. Jh. ungar. Tänze Bestandteil des gesamteurop. Repertoires. Während der türk. Herrschaft (ab 1526) lebten bes. im österr. Teil »Historiengesänge« weiter; sie fanden 1690–1711 in den »Kurutzenliedern« eine Fortsetzung. Ab etwa 1750 erschienen der meist von Roma (Zigeunern) gespielte Verbunkos und der Csárdás. F. Liszt und F. Erkel schufen eine nat. u. M. romant. Prägung. Jenő Hubay (*1858, † 1937) und E. von Dohnányi leiten zur *Moderne* über. Z. Kodály und B. Bartók griffen, bei hochentwickelter Kompositionstechnik, auf die urspr. Bauernmusik zurück. Kodálys System (seine vielen Schüler, u. a. Mátyàs György Seiber [*1905, † 1960], Antal Dorati (*1906, † 1988], Sandor Veress [*1907], wirkten in aller Welt) schuf die Grundlage der neuen ungar. Musikkultur. Zur jüngeren Komponistengeneration zählen u. a.

Ungarische Pforte

György Kurtág (*1926), I. Láng (*1933) und die im Ausland tätigen G. Ligeti und Robert Wittinger (*1945).
Ungarische Pforte, Talabschnitt der Donau zw. Hainburg an der Donau (Österreich) und Preßburg (Slowak. Rep.).
Ungarn (ungarisch Magyarország), Staat in Europa, grenzt im N an die Slowak. Republik, im NO an die Ukraine, im O an Rumänien, im S an Kroatien, Serbien, im W an Österreich.
Staat und Recht: Republik; *Verfassung* von 1949 (1972 und 1989 geändert). *Staatsoberhaupt* ist der vom Parlament gewählt auf 4 Jahre gewählte Staatspräsident. Die *Exekutivgewalt* liegt beim Ministerrat unter Leitung des Min.-Präsidenten. *Legislativorgan* ist die Nationalversammlung (386 Abg., für 4 Jahre direkt gewählt). *Parteien:* Ungar. Sozialist. Partei (MSZP), Ungar. Demokrat. Forum (UDF), Bund freier Demokraten (SZDSZ), Partei der kleinen Landwirte, Landarbeiter und Bürger (FKGP), Bund junger Demokraten (Fidesz).
Landesnatur: U. liegt fast ganz im Bereich des Pannon. Beckens. Das Ungar. Tiefland wird durch das Ungar. Mittelgebirge in das Kleine Ungar. Tiefland und das Große Ungar. Tiefland, das Alföld, gegliedert. Die Donau trennt das Ungar. Mittelgebirge in das Transdanub. (bis 757 m ü. M.) und in das Nordungar. Mittelgebirge (bis 1015 m ü. M.). Im W des Landes liegt zw. Plattensee und Donau das Mezőföld. Das Klima ist überwiegend kontinental. In den Gebirgen wächst ein Laubmischwald. Im Großen Ungar. Tiefland, urspr. eine an den Flüssen von Auen- und Moorwäldern durchsetzte Waldsteppe (Pußta), bilden Robinien geschlossene Wälder.
Bevölkerung: Rd. 94 % der Bevölkerung sind Ungarn (Magyaren). Ethn. Minderheiten sind u. a. Deutsche, Slowaken, Slowenen, Serben, Kroaten, Rumänen. Rd. 67 % der Bevölkerung sind Katholiken, 25 % Protestanten.
Wirtschaft, Verkehr: Angebaut werden auf 70 % der Landesfläche insbes. verschiedene Getreidesorten, Reis, Zuckerrüben, Paprika und Tomaten, außerdem Wein und Obst. Daneben findet sich bed. Schweine-, Schaf-, Geflügelzucht. An Rohstoffen verfügt U. über Braunkohle, Erdöl, Erdgas, Eisen- und Uranerz sowie Bauxit. Die Ind. (u. a. Maschinenbau, chem. und Papier-Ind.) konzentriert sich v. a. auf den Raum Budapest. Das Eisenbahnnetz hat eine Länge von 7770 km, das Straßennetz von 29701 km. Donau und Theiß spielen für den Inlandverkehr kaum eine Rolle. Internat. ✈ ist Budapest.
Geschichte: *Das Königreich Ungarn (bis 1526):* Seit 896 besetzten die Magyaren das Pannon. Becken, assimilierten die hier lebenden Völker (Germanen, Slawen, Dakoromanen u. a.) und unternahmen Raubzüge in ganz Europa (933 bei Riade, 955 auf dem Lechfeld, 970 vor Byzanz besiegt). Stephan I., der Heilige, ließ sich im Jahre 1000 mit einer von Papst Silvester II. verliehenen Krone (Stephanskrone) zum König krönen. 1091 wurde Kroatien (samt Dalmatien) erobert und 1102 in Personalunion mit U. verbunden. Ab etwa 1150 wurden die Siebenbürger Sachsen angesiedelt. 1239 wurden die Kumanen aufgenommen, was den Mongolen als Vorwand zur Besetzung des Landes (1241/42) diente. Nach dem Aussterben der Arpaden (1301) folgten Herrscher aus verschiedenen Häusern. Sigismund von Luxemburg (⚭ 1387–1437, ab 1410/11 auch Deutscher König) wandte sich nach der Niederlage gegen die Osmanen bei Nikopolis (1396) stärker der Reichspolitik zu, mit dem Ziel einer

Ungarn

Staatsflagge

Staatswappen

1970 1992   1970 1992
Bevölkerung   Bruttosozialprodukt je E
(in Mio.)   (in US-$)

Bevölkerungsverteilung 1992

Bruttoinlandsprodukt 1992

Ungarn

Fläche:	93 032 km²
Einwohner:	10,512 Mio.
Hauptstadt:	Budapest
Amtssprache:	Ungarisch
Nationalfeiertage:	15. 3., 20. 8., 23. 10.
Währung:	1 Forint (Ft) = 100 Filler (f)
Zeitzone:	MEZ

Ungarn

europ. Koalition gegen die Osmanen. Aber erst J. Hunyadis Sieg bei Belgrad (1456) bannte die osman. Gefahr für Jahrzehnte. Sein Sohn Matthias I. Corvinus (⚭1458–90) eroberte Mähren, Schlesien und die Lausitz, Niederösterreich und die Steiermark. 1485 zog er in Wien ein und machte es bis 1490 zu seiner Residenz. Unter seinem Nachfolger, dem Jagellonen Wladislaw II. (⚭ 1490 bis 1516), verfiel die Zentralmacht.

Ungarn unter den Osmanen und den Habsburgern (1526–1918): Johann I. Zápolya (⚭1526–40) konnte mit osman. Unterstützung den Machtbereich seines habsburg. Gegenkönigs Ferdinand I. (⚭ 1526–64) auf Ober-U. (die Slowakei) und einen schmalen Streifen im W des Landes beschränken. Die Mitte des Landes mit Slowenien blieb ab 1541 als Paschalik Buda in osman. Hand. Fürst Stephan Báthory (⚭ 1571–86) legte die Grundlagen eines starken siebenbürg. Staates, der über Jahrzehnte eine selbständige Politik zwischen Wien und der Pforte zu verfolgen vermochte und dessen Unabhängigkeit 1606 von König Rudolf (⚭ 1576–1608) anerkannt wurde. Nach der vergebl. türk. Belagerung Wiens 1683 sowie der raschen Befreiung von U. durch kaiserl. Truppen (1686 Fall Budas, 1697 Sieg bei Zenta) traten die Osmanen im Frieden von Karlowitz 1699 U. mit Ausnahme des Banats, Kroatien und Slawonien an die Habsburger ab. Nach dem ungar. Freiheitskampf 1703–11 (Friede von Sathmar 1711: Sicherung der ungar. ständ. Verfassung) wurde die Unteilbarkeit des Habsburgerreiches gesetzlich festgelegt, indem der ungar. Landtag 1722/23 der Pragmat. Sanktion zustimmte. Die Kolonisation (u. a. Banater Schwaben) im 18. Jh. ließ die Magyaren im Lande zur Minderheit werden. Die Reformpolitik Josephs II. (⚭ 1780–90) scheiterte am Widerstand des Adels. Nach einem aus Revolutionsfurcht hervorgegangenen Polizeiregime unter Franz II. 1792–1835) brach unter dem Eindruck der Revolutionen in Paris und Wien am 15. 3. 1848 in Pest die *ungar. Revolution* aus, deren führende Gestalt L. Kossuth wurde und die mit russ. Hilfe im Aug. 1849 erstickt wurde. Das um Siebenbürgen, Kroatien mit Slawonien und das Banater Gebiet verkleinerte U. wurde nun nach dem Muster eines österr. Kronlandes regiert. 1867 wurde der Gesamtstaat Österreich durch den österr.-ungar. Ausgleich in die österr.-ungar. Monarchie (↑Österreich-Ungarn) umgewandelt. Der kroat.-ungar. Ausgleich vom Juni 1868 regelte das Verhältnis zu Kroatien mit Slawonien; die Union Siebenbürgens mit U. wurde im Dez. 1868 endgültig vollzogen. Das Banat war bereits 1860 wieder an U. gekommen. Für die Zukunft folgenschwer wurde die nun einsetzende Magyarisierungspolitik.

Die Republik Ungarn und die Restauration (1918–45): Die Niederlage im 1. Weltkrieg führte zur Ausrufung der Republik am 16. 11. 1918. U. mußte weite Gebiete im S und O des Landes räumen. Kroatien-Slawonien hatte bereits am 29. 10. die staatsrechtl. Verbindung mit U. gelöst. Der Budapester Arbeiterrat proklamierte am 21. 3. 1919 die Räterepublik (bis 1. 8. 1919) unter B. Kun. Die im Jan. 1920 gewählte Nationalversammlung wählte am 1. 3. 1920 M. Horthy zum Reichsverweser. Der Friedensvertrag von Trianon wurde am 4. 6. 1920 unterzeichnet. U. verlor 68% seines früheren Staatsgebietes und 59% seiner früheren Bevölkerung, darunter 3 Mio. Magyaren. Die Nationalversammlung sprach am 6. 11. 1921 die Thronenthebung der Habsburger aus. Die Wiener Schiedssprüche von 1938/40 und die Teilnahme am Angriffskrieg gegen Jugoslawien 1941 brachten U., das am 20. 11. 1940 dem Dreimächtepakt beigetreten war, einen Teil der im 1. Weltkrieg verlorenen Gebiete zurück. Am 19. 3. 1944 besetzten dt. Truppen das Land; Horthy dankte im Okt. ab, sein Nachfolger wurde F. Szálasi. Die Sowjets besetzten das Land schrittweise bis zum 4. 4. 1945. Am 22. 12. 1944 hatte sich inzwischen eine provisor. Gegenregierung gebildet, die mit den Sowjets einen Waffenstillstand schloß und Deutschland den Krieg erklärte.

Volksdemokratie und kommunist. Herrschaft (1945–89): Der Pariser Friede vom 10. 1. 1947 stellte die ungar. Grenzen vom 1. 2. 1938 wieder her. 1946–49 vollzog sich die sozialist. Umgestaltung des Landes nach sowjet. Muster. Die

ungerade Zahl

treibende Kraft der innenpolit. Entwicklung waren die Kommunisten, die von der sowjet. Militärmacht unterstützt wurden. Die Parteien wurden bis zum Sommer 1948 verboten oder lösten sich selbst auf, die Sozialdemokraten wurden gezwungen, sich mit der KP zur Partei der Ungar. Werktätigen zu vereinigen (ab 1956 Ungar. Sozialist. Arbeiterpartei, USAP). Durch die Verfassung vom 18. 8. 1949 wurde U. eine Volksrepublik. 1953 folgte dem Stalinisten M. Rákosi I. Nagy als Min.-Präs., der bis 1955 polit. und wirtschaftl. Reformen durchführte. 1956 wurde Rákosi durch den dogmat. Stalinisten E. Gerő als Generalsekretär abgelöst. Dessen starre und unbesonnene Haltung führte am 23. 10. 1956 zum *ungar. Volksaufstand,* der nur durch das militär. Eingreifen der sowjet. Streitkräfte niedergeschlagen werden konnte. Fast 200000 Ungarn flüchteten ins westl. Ausland. – Parteisekretär J. Kádár (Nov. 1956–58 und 1961–68 auch Min.-Präs.) betrieb wieder eine prosowjet. Politik. U. erholte sich politisch und wirtschaftlich und schlug den Weg einer vorsichtigen Liberalisierung ein (»Gulaschkommunismus«).

Die Republik (seit 1989): Im Zuge der sowjet. Reformpolitik wurde die Liberalisierung u. a. durch die Zulassung von Parteien ab 1987 forciert. Nach der Entmachtung von J. Kádár im Mai 1988 wurde K. Grosz neuer Parteichef. Der Rücktritt des gesamten Politbüros im April 1989 und die folgende Neuwahl stärkten die Reformkräfte in der USAP um M. Németh und I. Poszgay. Im Okt. 1989 löste sich die USAP auf, Teile gründeten eine sozialdemokratisch orientierte Partei. Im Mai 1989 begann U. mit der Grenzöffnung zu Österreich; die Ausreise zahlr. Bürger der DDR in den Westen v. a. im Sept. 1989 besaß Signalcharakter für das Ende des SED-Regimes. Die ersten freien Wahlen im März und April 1990 gewann das konservativ ausgerichtete Ungar. Demokrat. Forum (UDF) unter J. Antall, der auch neuer Min.-Präs. wurde; Staats-Präs. wurde Á. Göncz (SZDSZ; 1995 wiedergewählt). Mit der Rehabilitierung der Opfer des Aufstandes von 1956, der Aufnahme in den Europarat im Nov. 1990 und der assoziierten Mitgliedschaft in der NATO bei gleichzeitigem Abzug der sowjet. Truppen 1991 bestätigte U. seine Annäherung an W-Europa. Die Parlamentswahlen 1994 entschied die Ungar. Sozialist. Partei (USP) mit absoluter Mehrheit für sich; neuer Min.-Präs. wurde ihr Vors., G. Horn.

ungerade Zahl, Bez. für eine nicht durch zwei teilbare natürliche Zahl.

ungerechtfertigte Bereicherung, ohne rechtl. Grund auf Kosten eines anderen erlangte Vermögensvermehrung, die rückgängig gemacht werden muß.

Ungerer, Tomi, eigtl. Jean Thomas U., *Straßburg 28. 11. 1931, frz. Zeichner. Gehört als Karikaturist zu den bed. Vertretern des schwarzen Humors; auch Buchillustrator und Kinderbuchautor.

ungesättigte Verbindungen, organ. chem. Verbindungen mit Doppel- oder Dreifachbindungen.

Ungeziefer, aus hygien. und wirtschaftl. Gründen bekämpfte tier. Schädlinge (z. B. Flöhe, Läuse, Wanzen, Milben, Schaben, Motten), die als Blutsauger und Hautschmarotzer bei Menschen und Haustieren sowie als Schädlinge in Wohnräumen, Speichern, an Textilien, Vorräten und an Zimmer- und Gartenpflanzen auftreten.

Ungleichung, aus Zeichen für mathemat. Objekte (Zahlen, Variable, Funktionen u. a.) zusammengesetzter Ausdruck, der eines der Zeichen $\neq$ (ungleich), $<$ (kleiner als), $>$ (größer als), $\leq$ (kleiner oder gleich), $\geq$ (größer oder gleich) enthält.

UNHCR, Abk. für engl. **U**nited **N**ations **H**igh **C**ommissioner for **R**efugees [ju:-ˈnaɪtɪd ˈneɪʃnz ˈhaɪ kəˈmɪʃnə fɔː ˈrefjəˈdʒiːz], Hoher Flüchtlingskommissar der Vereinten Nationen, 1951 errichtete UN-Hilfsorganisation zum Schutz der Flüchtlinge und Staatenlosen mit Sitz in Genf. Grundlage und Rahmen der Arbeit des UNHCR ist bes. das Genfer Flüchtlingsabkommen vom 28. 7. 1951. – Vorläufer waren das vom Völkerbund errichtete Amt eines Hohen Kommissars für Flüchtlinge sowie die von den UN geschaffene Internationale Flüchtlingsorganisation (1946–51). – 1954 und 1981 erhielt der UNHCR den Friedensnobelpreis.

uni..., Uni... [lat.], Bestimmungswort von Zusammensetzungen mit der Be-

Union des Démocrates pour la République

deutung »einzig, nur einmal vorhanden, einheitlich«.

UNICEF ['unitsef, 'u:n...; engl. 'ju:nɪsef], Abk. für engl. **U**nited **N**ations **I**nternational **C**hildren's **E**mergency **F**und (Weltkinderhilfswerk der UN); 1946 gegr. Organisation der UN; Sitz New York; Organe: Verwaltungsrat und beratender Ausschuß. 1965 Friedensnobelpreis.

UNICEF

UNIDO [engl. jʊˈnaɪdəʊ], Abk. für engl. **U**nited **N**ations **I**ndustrial **D**evelopment **O**rganization; 1967 gegr. Organisation der UN für industrielle Entwicklung, Sitz Wien. Organe sind der industrielle Entwicklungsrat und das Sekretariat.

unierte Kirchen [lat./dt.], 1) eine Gruppe ↑orientalischer Kirchen, die mit Rom verbunden (uniert) sind.
2) im prot. Bereich Kirchen, die im 19.Jh. durch Zusammenschluß von Kirchen verschiedenen Bekenntnisses entstanden.

Uniform [lat.-frz.], nach einheitl. Richtlinien hergestellte [Dienst]kleidung, die die Zugehörigkeit einer Person zu einer bestimmten Institution (Militär, Polizei, Feuerwehr, Vereine) äußerlich kennzeichnet.

Uniformitätsakte [lat.] (engl. Act of Uniformity), Bez. für vier engl. Staatsgesetze (1549, 1552, 1559, 1662) zur Einführung einer einheitl. Liturgie in der anglikan. Kirche.

Unikat [lat.], einzige Ausfertigung eines Schriftstücks, Kunstwerks u. a.

Unikum [lat.], etwas in seiner Art Einziges, Seltenheit; übertragen: sonderbarer Mensch.

UNILAC [Abk. für engl. **Uni**versal **l**inear **ac**celerator »universeller Linearbeschleuniger«], Schwerionenbeschleuniger der Gesellschaft für Schwerionenforschung (GSI), Darmstadt. Mit dem 120 m langen U. können sämtl. Elemente auf variable Energien bis 12 MeV pro Nukleon beschleunigt werden, z. B. Blei- oder Uranionen auf rd. 2,5 GeV. ↑SIS.

Unilever-Konzern [engl. 'ju:nɪli:və..., niederl. 'y:ni:lɛ:vər...], größter Nahrungsmittelkonzern der Erde, Sitz Rotterdam und London; gegr. 1930.

Unio mystica [lat./griech.] ↑Mystik.

Union [lat.], 1) *Geschichte:* (prot. U., ev. U.) auf Betreiben der Kurpfalz 1608 geschlossenes Bündnis süd- und westdt. prot. Reichsstände, das zum Stütz- und Mittelpunkt aller antikath. und antihabsburg. Bestrebungen wurde. Bei Ausbruch des Dreißigjährigen Krieges erwies sich die U. der 1609 gegr. kath. Liga als nicht gewachsen; sie löste sich 1621 auf.
2) *Kirchen:* Zusammenschluß von Kirchen verschiedener Riten (z. B. die U. der röm.-kath. Kirche mit den Griechen) oder – v. a. im prot. Raum – verschiednen Bekenntnisses.
3) *Staatsrecht:* bes. Fall eines Staatenbundes; man unterscheidet Real- und Personal-U.; auch Bez. für supranat. Einrichtungen, die zur Erreichung eines gemeinsamen polit. Zieles geschaffen werden (z. B. Montan-U., Zoll- und Währungsunion).

Union der Europäischen Rundfunkorganisationen (Abk. **UER;** Europ. Rundfunk-Union; engl. European Broadcasting Union, Abk. EBU; frz. Union Européenne de Radiodiffusion, Abk. UER), Organisation von europ. Rundfunkanstalten, der außereurop. Anstalten als Assoziierte angeschlossen sind; gegr. 1950 (als Nachfolgerin der Internat. Rundfunkunion [1925–50]), Verwaltungssitz Genf, techn. Zentrum Brüssel. Hauptaufgaben: Vertretung der Interessen der Mitgliedsorganisationen, Förderung der Koordination und des Informationsaustausches, Gewährleistung der Einhaltung internat. Abkommen auf allen Sektoren des Rundfunkwesens sowie Nachrichten- und Programmaustausch im Rahmen der Eurovision.

Union des Démocrates pour la République [frz. yˈnjõ de demɔˈkrat purlarepyˈblik], Abk. **UDR,** 1968–76 Name der gaullist. Partei in Frankreich. Im Okt. 1958 als *Union pour la Nouvelle République* (Abk. UNR) gegr.; 1962 Zusammenschluß mit der 1959 gegr. linksgaullist. *Union Démocratique du Travail* (Abk. UDT) zur UNR-UDT. Im Nov. 1967 nahm die Partei den Na-

Entstehung des **Union Jack:** von oben: Georgskreuz (England), Andreaskreuz (Schottland), Patrickskreuz (Irland), Union Jack

Union Jack

Unpaarhufer.
1 Tapir; **2** Nashorn;
3 Pferd (II–V: zweite bis fünfte Zehe)

men *Union des Démocrates pour la Ve République* an, im Mai 1968 erfolgte die Umbenennung U. d. D. p. la R., im Dez. 1976 von J. Chirac zum *Rassemblement pour la République* (RPR) umgewandelt.
Union Jack [engl. 'juːnjən 'dʒæk], volkstüml. Bez. für die brit. Nat.-Flagge: Verschmelzung des engl. Georgskreuzes (Rot auf weißem Grund), des schott. Andreaskreuzes (Weiß auf blauem Grund) und des ir. roten Patrickskreuzes. – Abb. S. 3593.
Union pour la Démocratie Française [frz. y'njõ purladɛmɔkra'si frã'sɛːz], Abk. **UDF,** 1978 gegr. Zusammenschluß der den damaligen frz. Staats-Präs. V. Giscard d'Estaing stützenden Parteien: Centre des Démocrates Sociaux (CDS), Parti Radical-Socialiste (PRS) und Parti Républicain (PR).
Unisono [italien.], das Fortschreiten mehrerer Stimmen im Einklang (auf gleicher Tonhöhe) oder in Oktaven.
Unitarier [lat.], seit Ende des 16. Jh. Bez. für die Gegner des Trinitätsdogmas (Antitrinitarier), die nur die Lehre vom Vater als einzigem wahrem Gott vertreten. Sie begründen dies aus der allein nach der Vernunft ausgelegten Bibel.
Unität [lat.], Einheit; Einzigkeit.
United Artists Corporation [engl. jʊ'naɪtɪd 'ɑːtɪsts kɔːpə'reɪʃən], amerikan. Filmproduktions- und -verleihgesellschaft, 1919 von C. Chaplin, M. Pickford, D. Fairbanks und David Wark Griffith (* 1875, † 1948) gegr.
United Fruit Company [engl. jʊ'naɪtɪd 'fruːt 'kʌmpənɪ], amerikan. Unternehmen der Nahrungsmittel-Ind., gegr. 1899; seit 1970 Teil der United Brands Company. Der Konzern nahm in vielen Ländern der Karibik und Mittelamerikas aufgrund seiner wirtschaftl. Monopolstellung großen Einfluß auf die Innenpolitik.
United Nations [engl. jʊ'naɪtɪd 'neɪʃənz] ↑UN.
universal [lat.], allumfassend; auf das Ganze, die ganze Welt bezogen.
Universalgeschichte (Weltgeschichte), die Erforschung und Darstellung der geschichtl. Entwicklung aller Völker und Kulturen in ihrer Gesamtheit, wobei häufig nach Gesetzen des Geschichtsprozesses gesucht wurde (F. Schiller, O. Spengler, A. J. Toynbee). ↑Geschichtsphilosophie.

Universalienstreit, die über das gesamte MA hinweg (v. a. in der Scholastik) geführte Diskussion um die Wirklichkeit (Realität, deshalb auch *Realienstreit* genannt) oder Unwirklichkeit der Allgemeinbegriffe *(Universalien)* in ihrem Verhältnis zum konkreten Einzelnen, aus dem sie durch Abstraktion gewonnen werden. In der Hauptsache wurden drei Positionen vertreten: 1. der *Idealismus* (radikaler Begriffsrealismus), der den Allgemeinbegriffen eine von der des Einzeldings verschiedene Realität (Idee) zusprach (Vertreter: Johannes Scotus Eriugena u. a.); 2. der [gemäßigte] *Realismus,* der den Allgemeinbegriffen eine objektive Gültigkeit zuerkannte, da durch sie das Wesen des Seienden erfaßt werde (Vertreter: P. Abälard, Albertus Magnus, Thomas von Aquin); 3. der *Nominalismus* (in gemäßigter Form Konzeptualismus), der in den Allgemeinbegriffen bloße Worte (»nomina«) sah, durch die lediglich Ähnliches zusammengefaßt werde (Vertreter: W. von Ockham).
Universalismus [lat.], Denkmethode, die den Vorrang des Allgemeinen, Ganzen gegenüber dem Besonderen, Einzelnen betont.
Universalitätsprinzip (Weltrechtsprinzip), Grundsatz im *Strafrecht,* nach dem jeder Staat bestimmte von ihm ergriffene Verbrecher verfolgen kann; dies ohne Rücksicht auf dessen Staatsangehörigkeit und auf den Tatort. Das U. gilt u. a. für Völkermord und Menschenhandel.
Universalmotor (Allstrommotor), Elektromotor für Gleich- und Wechselstrom.
Universalsprachen, svw. ↑Welthilfssprachen.
universell [lat.-frz.], (von Eigenschaften, Fähigkeiten o. ä.) umfassend, vielseitig.
Universität [lat.], traditionell die ranghöchste und älteste Form der wiss. ↑Hochschule.
Universitäten der Bundeswehr, 1973 in Hamburg und München als Hochschulen der Bundeswehr errichtete bundeswehreigene Univ.; Studenten sind nur Offiziere.
Universum [lat.], Weltall, Kosmos; übertragen: unendl. Vielfalt, Unendlichkeit.

Unsterblichkeit

UNIX ['juːnɪks], ein weitverbreitetes Betriebssystem für Computer aller Größen (Mikrocomputer bis Großrechner); geeignet für den Mehrbenutzer- und Mehrprogrammbetrieb.

Unken (Feuerkröten), Gatt. der Froschlurche mit mehreren, etwa 3,5–7 cm großen Arten in Eurasien; Körper plump, mit warziger Rückenhaut, ohne Trommelfell; in M-Europa kommen zwei Arten vor: *Gelbbauchunke* (Bergunke; grau, unterseits mit orangegelben Flecken) und *Rotbauchunke* (Tieflandunke; schwarz-grau, unterseits mit roten und weißen Flecken).

Unkosten, unkorrekte Bez. für den betriebswirtschaftl. Begriff Kosten.

Unkrautbekämpfungsmittel, svw. ↑Herbizide.

Unkräuter (Segetalpflanzen), Stauden *(Wurzel-U.)* oder ein- bzw. zweijährige Kräuter *(Samen-U.),* die in Kulturpflanzenbestände eindringen und mit den Nutz- bzw. Zierpflanzen um Bodenraum, Licht, Wasser und Nährstoffe konkurrieren und damit deren Ertrag mindern. U. besitzen gegenüber den Kulturpflanzen meist eine kürzere Entwicklungszeit, höhere Widerstandsfähigkeit (z. B. gegen Trockenheit) sowie ausgeprägte Regenerations- und Ausbreitungsfähigkeit. – Heute häufig als *Wildkräuter* bezeichnet.

unlauterer Wettbewerb, sittenwidriges, z. T. mit Strafe bedrohtes Verhalten im Geschäftsverkehr. Gegen die guten Sitten verstoßen z. B. der wirtschaftl. Boykott, ruinöse Konkurrenz, insbes. Preisschleuderei, die vergleichende Werbung, Kundenfang, Lockvogelwerbung, Falschwerbung durch wissentlich unwahre und irreführende Angaben, Verrat von Geschäftsgeheimnissen. Verstöße gegen die Wettbewerbsregeln bewirken grundsätzlich Ansprüche auf Unterlassung und auf Schadensersatz.

Unmittelbarkeitsgrundsatz, das zu den Prozeßmaximen gehörende Prinzip, wonach mündl. Verhandlungen und Beweisaufnahme unmittelbar vor dem erkennenden Gericht erfolgen müssen.

Unmündigkeit, rechtl. Zustand bis zur Volljährigkeit.

Unna, Kreisstadt im östl. Ruhrgebiet, NRW, 62 400 E. Hellweg-Museum; Maschinen-, Rohrleitungs- und Apparatebau. Ev. got. Stadtpfarrkirche (1322 bis 1467). – 1032 erstmals belegt, erlangte um 1290 städt. Rechte; war Münzstätte der Grafen von der Mark und seit dem 14. Jh. Hansestadt.

UNO, Abk. für engl. **U**nited **N**ations **O**rganization, ↑UN.

Unpaarhufer (Unpaarzeher, Perissodactyla), seit dem Eozän bekannte, im Miozän sehr formenreiche, heute nur noch mit 17 Arten vertretene Ordnung der Säugetiere (Gruppe Huftiere); nicht wiederkäuende Pflanzenfresser, gekennzeichnet durch eine ungerade Anzahl der Zehen mit deutl. Tendenz zur Verstärkung oder alleinigen Ausbildung der mittleren (3.) Zehe (Tapire, Nashörner, Pferde).

Unreinheit, in der *Religionsgeschichte* das kult. Befleckstein durch den Umgang mit dem negativ Numinosen, dem Dämonischen. Als verunreinigend gilt z. B. die Berührung von Toten oder geschlechtl. Kontakte.

Unruh, 1) Friedrich Franz von, *Berlin 16. 4. 1893, † Merzhausen 16. 5. 1986, dt. Schriftsteller. Bruder von Fritz von U.; 1924–32 Journalist; warnte vor der nat.-soz. Gefahr (»Nationalsozialismus«, 1931); schrieb v. a. Erzählungen, u. a. »Der Teufel im Ruhestand« (1977), und Essays, u. a. »Jahrtausendwende. Umkehr oder Untergang« (1983).

2) Fritz von, *Koblenz 10. 5. 1885, † Diez 28. 11. 1970, dt. Schriftsteller. Exponent des expressionist. Dramas (»Ein Geschlecht«, 1917; »Platz«, 1920); 1932 Emigration über Italien und Frankreich (dort 1940 interniert) in die USA; schrieb auch zahlr. Romane, u. a. »Der nie verlor« (1947), »Kaserne und Sphinx« (1969).

Unruh, als Drehschwinger ausgebildetes, taktgebendes Schwungrad in Uhren.

Unschärferelation (Heisenbergsche U.), in der Quantentheorie eine Beziehung zw. zwei physikal. Größen eines mikrophysikal. Systems (z. B. eines Elementarteilchens), die sich darin auswirkt, daß sich gleichzeitig immer nur eine von beiden Größen genau bestimmen läßt.

Unschlitt, svw. ↑Talg.

Unsere Liebe Frau, Abk. **U. L. F.,** Ehrentitel Marias, der Mutter Jesu.

Unsterblichkeit, der Glaube an die Überwindung des Todes als Übergang

Unken. Oben: Gelbbauchunke ♦ Unten: Rotbauchunke

Fritz von Unruh

in eine neue (höhere oder niederere) Existenz; findet sich in fast allen Kulturen. Das Christentum vertritt den Glauben an die U. der Seele.

Unstrut ['ʊnstrʊt, 'ʊnstruːt], linker Nebenfluß der Saale, 188 km lang, durchbricht bei Heldrungen in der *Thüringer Pforte* die nördl. Randgebirge des Thüringer Beckens, mündet bei Naumburg/Saale.; um Freyburg/Unstrut Weinanbau.

Untätigkeitsklage, im *Verwaltungsrecht* Bez. für Klagen, die erhoben werden können, wenn die Behörde z. B. über einen Widerspruch ohne zureichenden Grund in angemessener Frist (i. d. R. drei Monate) sachlich nicht entschieden hat.

Unterägypten, Bez. für Ägypten im Bereich des Nildeltas.

Unterart (Subspezies, Rasse), systemat. Einheit, in der innerhalb einer Tier- oder Pflanzenart Individuen mit auffallend ähnl. Merkmalen zusammengefaßt werden.

Unterbewertung, 1) *Wirtschaft:* in der *Bilanz* der Ansatz von Aktivposten mit einem niedrigeren, von Passivposten mit einem höheren Betrag, als er sich nach den gesetzl. Vorschriften und den Grundsätzen ordnungsgemäßer Buchführung ergäbe; führt zur Bildung stiller Rücklagen.
2) *Währungen:* ein Wechselkurs, der nicht der wirtschaftl. Stärke des betreffenden Landes entspricht.

Unterbewußtsein, psycholog. Terminus, mit dem die Bereiche des Bewußtseins bezeichnet werden, die der rationalen Kontrollierbarkeit entzogen sind (sie manifestieren sich z. B. in Fehlleistungen oder Träumen); teilweise auch Synonym für ↑Unbewußtes.

Unterbrecher, Vorrichtung zur period. Unterbrechung eines Stromkreises. Der U. einer Kfz-Zündanlage besteht aus einem nockenbetätigten Kontakt, der den Primärstrom der Zündspule unterbricht.

Unterbrechung, im *Verfahrensrecht* das zeitweilige Ruhen oder Abbrechen einer Gerichtsverhandlung. Für die Hauptverhandlung im Strafprozeß ist die Dauer der U. gesetzlich vorgeschrieben.

Unterbringung (U. in einer Anstalt), landesrechtlich geregelte Einweisung psychisch Kranker und Suchtkranker in [geschlossene] psychiatr. Krankenhäuser bzw. Entziehungsanstalten; im *Strafrecht* eine Maßregel der Besserung und Sicherung.

Untere Tunguska, rechter Nebenfluß des Jenissei, mündet 200 km ssö. von Igarka, 2989 km lang.

Unterflurmotor, Motor mit liegend angeordneten Zylindern, der insbes. bei Omnibussen und Lkws unter dem Fahrzeugboden eingebaut ist.

Unterfunktion (Hypofunktion), (krankhaft) verminderte Funktion eines Organs, bes. einer Hormondrüse (z. B. der Schilddrüse).

Untergewicht ↑Körpergewicht.

Unterglasurfarben ↑keramische Farben.

Untergrund, kurz für ↑Untergrundbewegung.

Untergrundbahn (U-Bahn), der Personenbeförderung dienende, elektr. Schnellbahn (bis 100 km/h) in großen Städten, deren Gleisnetz [weitgehend] unterird. in Tunnelbauten verläuft. Die Sicherungsanlagen von U. arbeiten vorwiegend automatisch (Streckenblockanlagen mit Indusi oder Fernsteuerung), so daß eine sehr dichte Zugfolge (bis zu 90 s) möglich ist. – Die erste U. wurde 1890 in London eingesetzt. Heute besitzen rd. 70 Städte ein U.-Netz.

Untergrundbewegung, polit. Bewegung, die im geheimen auf den Umsturz bestehender Verhältnisse hinarbeitet. Sie ist häufig dadurch bedingt, daß keine legale Opposition zugelassen ist. Daneben gibt es polit. Bewegungen, die in bewußter Abkehr von legaler polit. Opposition den Weg in den Untergrund wählen (↑Terrorismus, ↑Geheimbünde).

Untergrundliteratur, 1) (in totalitären Staaten) Literatur, die offiziell verboten ist und insofern unter illegalen Umständen entsteht und verbreitet wird.
2) ↑Underground.

Unterhaar, Bez. für die im Unterschied zum Oberhaar (↑Deckhaar) meist kürzeren, der Wärmedämmung dienenden Wollhaare der Säugetiere.

Unterhalt, Sach-, Dienst- und Geldleistungen, derer eine Person zum Leben bedarf (u. a. Ernährung, Bekleidung, Ausbildung und Erfüllung persönl. Bedürfnisse, bei Kindern Erziehung und Betreuung).

Unterhaltspflicht, im *Familienrecht* allg. die auf Ehe oder Verwandtschaft beruhende gesetzl. Verpflichtung, für den Unterhalt eines anderen zu sorgen. Ihr gegenüber steht auf seiten des Berechtigten der *Unterhaltsanspruch*. Er setzt voraus, daß der Berechtigte außerstande ist, aus eigenem Einkommen und Vermögen den angemessenen Unterhalt zu bestreiten *(Bedürftigkeit)*, und der Verpflichtete in der Lage ist, ohne Gefährdung seines eigenen angemessenen Unterhalts den Unterhalt zu gewähren *(Leistungsfähigkeit)*. Die Verletzung der gesetzl. U. wird mit Freiheitsstrafe bis zu drei Jahren oder mit Geldstrafe bestraft.
Unterhaltspflicht der Ehegatten ist die gegenseitige Verpflichtung von in ehel. Lebensgemeinschaft lebenden Ehegatten, durch ihre Arbeit und mit ihrem Einkommen und Vermögen die Familie angemessen zu unterhalten *(Familienunterhalt)*.
Der *getrennt lebende Ehegatte* kann vom anderen den nach den Lebensverhältnissen und den Erwerbs- und Vermögensverhältnissen der Ehegatten angemessenen Unterhalt verlangen. Nach der *Ehescheidung* besteht bei Bedürftigkeit des einen und bei Leistungsfähigkeit des anderen Ehegatten ein Unterhaltsanspruch, wenn 1. eine Erwerbstätigkeit nicht erwartet werden kann wegen der Pflege und Erziehung eines gemeinsamen Kindes oder wegen Alters, Gebrechlichkeit oder Krankheit; 2. ein Teil keine angemessene Erwerbstätigkeit zu finden vermag; 3. der Ehegatte des Unterhalts bedarf, um eine in Erwartung der Ehe oder während der Ehe nicht aufgenommene oder abgebrochene Schul- oder Berufsausbildung aufzunehmen und 4. von ihm aus sonstigen schwerwiegenden Gründen eine Erwerbstätigkeit nicht erwartet werden kann. Das Maß des Unterhalts bestimmt sich nach den ehel. Lebensverhältnissen.
Unterhaltspflicht der Verwandten ist die nur in der geraden Linie der Verwandtschaft, wozu auch die durch die Annahme als Kind begründete Verwandtschaft gehört, bestehende Verpflichtung, für den Unterhalt zu sorgen. Eltern sind verpflichtet, alle verfügbaren Mittel zu ihrem und zum Unterhalt der minderjährigen unverheirateten Kinder gleichmäßig zu verwenden. – Unterhaltspflichtig sind die Abkömmlinge (in der Reihenfolge Kind, Kindeskinder usw.) vor den Verwandten der aufsteigenden Linie (Eltern, Großeltern usw.). – Ein nichtehel. Kind hat gegen seinen festgestellten Vater bis zur Vollendung des 18. Lebensjahres Anspruch mindestens auf Zahlung des durch Verordnung festgesetzten Regelunterhalts.

Unterhaltungselektronik, Bez. für elektron. Geräte zum Empfangen, Aufzeichnen und/oder zur Wiedergabe von Ton- und Bildsignalen. Zur U. zählen z. B. Radios, Fernsehgeräte, Videorecorder, Kassettenrecorder, Plattenspieler, CD-Spieler.

Unterhaltungsliteratur, Literatur, die in erster Linie dem Bedürfnis des Lesers nach zeitweiser Entspannung nachkommt, sich von der ↑Trivialliteratur aber durch eine größere themat., formale und sprachl. Vielfalt unterscheidet.

Unterhaltungsmusik (U-Musik), Begriff, der in Unterscheidung sog. ernster Musik (Abk. E-Musik) den Bereich der Musik bezeichnet, der der Geselligkeit, dem Vergnügen dient: u. a. Song und Schlager, Tanz- und Salonmusik, Operette und Musical, Pop- und Rockmusik, z. T. (bes. in der Swing-Ära) auch der Jazz. Zwischen der sog. U- und E-Musik gibt es ständige Wechselwirkungen; nicht selten wird jedoch der Begriff der U. (v. a. im deutschsprachigen Raum) im abwertenden Sinn gebraucht, was v. a. deshalb fragwürdig ist, weil es die Einsicht in die qualitativen Unterschiede zwischen den verschiedenen Möglichkeiten und Dimensionen der Musik eher verhindert.

Unterhaus, Bez. für die zweite Kammer eines Zweikammerparlaments, v. a. in den ehem. zum Brit. Empire gehörenden Staaten; im dt. Sprachgebrauch bes. das *House of Commons* des brit. Parlaments (↑Großbritannien und Nordirland [polit. System]).

Unterhefen (untergärige Hefen), zur Bierbereitung verwendete, bei 5–9 °C gärende Hefen, die nach dem Gärvorgang auf den Boden der Gärgefäße sinken.

Unterkühlung, 1) *Chemie:* Abkühlung eines Stoffes bis unter die Temperatur eines Umwandlungspunktes, ohne daß eine Änderung des Aggregatzustandes

unterlassene Hilfeleistung

oder der vorliegenden Modifikation erfolgt. Viele Flüssigkeiten lassen sich, wenn sie sehr rein sind und nicht erschüttert werden, durch langsames Abkühlen bis tief unter ihre Schmelztemperatur flüssig halten; z. B. Wasser bis unterhalb $-70\,°C$.
2) *Medizin:* die Verminderung der Körperkerntemperatur unter den Normwert.

unterlassene Hilfeleistung, das strafbare (Geldstrafe oder Freiheitsstrafe bis zu einem Jahr) Unterlassen einer Hilfeleistung bei Unglücksfällen, gemeiner Gefahr (z. B. Naturkatastrophen) oder Not, obwohl die Hilfeleistung objektiv erforderlich und den Umständen nach zumutbar gewesen wäre.

Unterlassungsdelikt, Straftat, bei der im Unterschied zum Begehungsdelikt (↑Delikt) an das Unterlassen einer von der Rechtsordnung geforderten Handlung strafrechtliche Sanktionen geknüpft werden, z. B. die Nichtanzeige geplanter Straftaten.

Unterlassungsklage, auf die Verurteilung des Beklagten zur Unterlassung einer bestimmten Handlung gerichtete Klage.

Unterlauf ↑Bereichsüberschreitung.

Unterleib, der untere Bereich des menschl. Bauchs, bes. die (inneren) weibl. Geschlechtsorgane.

Untermiete (früher Aftermiete), die Weitervermietung einer gemieteten Sache, insbes. Wohnraum, durch den Mieter; sie bedarf der Erlaubnis des Vermieters.

Unternehmen (Unternehmung), die rechtl. und organisator. Verwaltungseinheit der ↑Betriebe in marktwirtsch. Wirtschaftssystemen. Bei *Privat-U.* steht i. d. R. die Erwirtschaftung eines Gewinns im Vordergrund, während bei *staatlichen U.* häufig die Gemeinwohlorientierung an die Stelle des Erwerbsprinzips tritt.

Unternehmensberater (Betriebsberater), im Dienstleistungssektor freiberufl. oder auch in einem speziellen Unternehmen für Unternehmensberatung Tätiger, der die für die Unternehmensplanung notwendigen statist. Unterlagen auszuwerten und neu zu schaffen hat.

Unternehmensform, Rechts- bzw. Organisationsform von Unternehmen; man unterscheidet Einzelunternehmen, Personengesellschaften (offene Handelsgesellschaft, Kommanditgesellschaft), Kapitalgesellschaften (Aktiengesellschaft, Gesellschaft mit beschränkter Haftung), Mischformen (Kommanditgesellschaft auf Aktien, GmbH & Co. KG) und Sonderformen (Genossenschaften, bergrechtl. Gewerkschaften und Versicherungsvereine auf Gegenseitigkeit).

Unternehmer, derjenige, der selbständig und eigenverantwortlich ein Unternehmen leitet und hierüber zu umfassenden Entscheidungen befugt ist; er muß aber nicht Inhaber des Unternehmens sein.

Unternehmungsforschung, svw. ↑Operations-research.

Unteroffizier, Soldat mit Dienstgrad vom Unteroffizier bis zum Oberstabsfeldwebel; in der Bundeswehr Laufbahngruppe mit den Dienstgradgruppen der *U. mit Portepee* (Feldwebel, Oberfeldwebel, Hauptfeldwebel, Stabsfeldwebel, Oberstabsfeldwebel), der *U. ohne Portepee* (Unteroffizier, Stabsunteroffizier) und der Unteroffiziersanwärter.

Unterprima [lat.], früher Bez. für die vorletzte Klasse des Gymnasiums (Klasse 12).

Unterprogramm, in der *Datenverarbeitung* ↑Routine.

Untersberg, Gebirgsstock sw. von Salzburg, 1972 m hoch.

Unterschlagung, die rechtswidrige Aneignung einer fremden bewegl. Sache, die man in Besitz oder Gewahrsam (z. B. zur Aufbewahrung) hat, wobei nach außen erkennbar sein muß, daß der Täter die Sache unter Ausschluß des Eigentümers seinem Vermögen einverleibt (z. B. durch Verkauf, Vermietung); mit Freiheitsstrafe bis zu drei (bei *Veruntreuung,* d. h. bes. Vertrauensbruch bis zu fünf) Jahren oder mit Geldstrafe bedroht. Die Nichtanzeige eines Funds (mit Ausnahme der Kleinfunde) kann als *Fundunterschlagung* strafbar sein.

Unterschrift, das schriftl. Bekenntnis zum Inhalt einer Urkunde durch den eigenhändigen Namenszug, der nicht unbedingt lesbar sein, jedoch charakterist. Besonderheiten aufweisen muß. Bei nicht des Schreibens Kundigen wird die U. durch ein beglaubigtes Handzeichen ersetzt.

Unterseeboot (U-Boot), Schiff zum Einsatz unter der Wasseroberfläche, als Forschungs- bzw. Arbeitsfahrzeug für Unterwasserarbeiten oder für den militär. Einsatz. Im Rumpf, der als Druckkörper ausgelegt ist, befinden sich die Aufenthalts- und Versorgungsräume für die Besatzung, die Operationsräume mit Ortungs-, Navigations- und Kommunikationseinrichtungen und der Kommandozentrale, die Antriebsanlagen, die Trimm- und Regelzellen mit ihren Leitungen zum Manövrieren des U., Betriebsstofftanks sowie bei militär. U. meistens die Bewaffnung, die im allg. aus zielsuchenden oder drahtgesteuerten Torpedos oder Marschflugkörpern und/oder Kurz-, Mittelstrecken- oder Interkontinentalraketen besteht. Das Tauchen bzw. Auftauchen eines U. erfolgt durch Fluten bzw. Leerpumpen der Tauch- und Ballastzellen. Neben Küsten-U. (bis ca. 1000 ts) und Ozean-U. (bis ca. 3500 ts) mit konventionellem Antrieb werden v. a. Jagd-U. (bis ca. 4000 ts) und strateg. U. (bis ca. 27000 ts) mit Nuklearantrieb verwendet.

Geschichte: Das erste eigtl. U. war die »Turtle« des Amerikaners Bushnell 1775. Wilhelm Bauer (*1822, †1875) (»Brandtaucher«, 1850), der Franzose Gustave Zédé (*1825, †1891), der Schwede Torsten Vilhelm Nordenfelt (*1842, †1920) und der Amerikaner John Philipp Holland (*1840, †1914) zählen zu den weiteren Pionieren des U.baus im 19. Jh.; erst mit der Serienreife des Dieselmotors kurz vor dem 1. Weltkrieg wurde das U. zu einem Seekriegsmittel, das in beiden Weltkriegen eingesetzt wurde. Das erste nuklear angetriebene U. war die »SSN 571 Nautilus« (4040 ts, $98 \times 8,5 \times 6,7$ m, 1954 bis 1980). Die modernen Atom-U. der amerikan. OHIO-Klasse haben eine Wasserverdrängung von (getaucht) 18770 ts bei einer Länge von 171 m, die der sowjet. TYPHOON-Klasse 26500 ts bei gleicher Länge; die Geschwindigkeit bei beiden Typen beträgt unter Wasser etwa 25 kn (47 km/h).

Untersetzung ↑Übersetzungsverhältnis.

Untersteuern, Eigenlenkverhalten von Kfz in Kurven, bei dem das Fahrzeug über die Vorderräder nach außen drängt; die Vorderräder müssen stärker eingeschlagen werden, als es der Straßenverlauf verlangt.

Untersuchungsausschuß, durch ein Parlament eingesetztes Gremium zur Aufklärung bestimmter Sachverhalte. Nach Artikel 44 GG hat der Dt. Bundestag das Recht, auf Verlangen von $1/4$ der Mgl. die Pflicht, einen U. einzusetzen. Die Mgl. werden entsprechend der Sitzverteilung der Fraktionen bestimmt. Grundlage für die Verhandlung ist die Strafprozeßordnung. Der Abschlußbericht wird dem Parlament vorgelegt. Die Problematik des U. liegt darin, daß er die Funktion des Richters, Anklägers und Verteidigers gleichzeitig innehat.

Untersuchungshaft, die durch Haftbefehl i. d. R. bei Vorliegen eines Haftgrundes angeordnete Freiheitsbeschränkung, um ein Strafverfahren durchführen oder die spätere Strafvollstreckung sichern zu können. Während der U. kann der *Untersuchungsgefangene* (der in U. genommene Beschuldigte) jederzeit eine gerichtl. Haftprüfung beantragen. Solange kein Urteil ergangen ist, darf der Vollzug der U. wegen derselben Tat über sechs Monate hinaus nur aufrechterhalten werden, wenn die bes. Schwierigkeit oder der Umfang der Ermittlungen die Fortdauer der Haft rechtfertigen. – Im einzelnen obliegt dem Richter die Gestaltung des Vollzugs (Kontrolle des Schriftverkehrs, Beschränkung des Besuchs, Verhängung von Hausstrafen). Die vollstreckte U. ist bei der Strafzumessung auf die Freiheits- oder Geldstrafe grundsätzlich anzurechnen.

Untertagebau ↑Bergbau.

Unterwalden nid dem Wald (Nidwalden), zentralschweizer. Halbkanton, 276 km², 34 900 E, Hauptort Stans. Bed. Milchviehhaltung; die Industrie, v. a. Maschinenbau, befindet sich überwiegend in der Nähe von Luzern.

Geschichte (Nidwalden und Obwalden): 1291 schloß *Nidwalden* den Bund mit Uri und Schwyz, dem wenig später auch *Obwalden* beitrat. 1309 erlangte ganz Unterwalden die Reichsunmittelbarkeit. In der Reformation stellten sich die beiden Länder entschieden auf die Seite der alten Kirche. In der Helvet. Republik wurde Unterwalden mit Uri, Schwyz und Zug zum Kt. *Waldstätten*

Unterwalden nid dem Wald
Kantonswappen

Unterwalden ob dem Wald

Unterwalden ob dem Wald
Kantonswappen

verschmolzen. 1803 wurden die beiden gleichberechtigten Halbkantone gebildet. Die Unabhängigkeitserklärung von der Eidgenossenschaft (1815) und Streitigkeiten um die neue Bistumseinteilung (1818) führten in Nidwalden zu militär. Besetzungen. Beide Halbkantone nahmen 1845–47 am kath. Sonderbund teil; 1850 und 1965/68 erhielten sie neue Verfassungen.

Unterwalden ob dem Wald (Obwalden), zentralschweizer. Halbkanton, 491 km², 30 200 E, Hauptort Sarnen. Die Wirtschaft wird geprägt von Holzverarbeitung, Maschinenbau, Milchviehhaltung. – Zur *Geschichte* ↑Unterwalden nid dem Wald.

Unterwassermassage, in der *Hydrotherapie:* 1. die unter Wasser, d. h. gewöhnl. im warmen Vollbad bei entspannter Muskulatur, durchgeführte manuelle Massage; 2. die Massage von Weichteilen unter Wasser mit einem Wasserstrahl, dessen Druck 2–5 bar beträgt.

Unterwasserortung, Verfahren zur Erkennung und Ortung von unter Wasser befindl. Objekten, insbes. von Unterseebooten, sowie zur geomorpholog. Aufnahme des Meeresbodens. Dabei kommen v. a. mit Schall oder Ultraschall bzw. mit Laserstrahlen arbeitende Verfahren zur Anwendung.

Unterwelt, in den Vorstellungen vieler Religionen das Reich der Verstorbenen, oft verbunden mit der Ansicht eines dort stattfindenden Totengerichts und einer Verschlechterung der Existenz gegenüber dem ird. Leben.

Unwucht.
1 Statische Unwucht in einem zylindrischen Körper (Schwerpunkt nicht auf der Drehachse); **2** dynamische Unwucht in einem zylindrischen Körper (Auftreten von Deviationsmomenten); **3** Kombination einer statischen und einer dynamischen Unwucht; a Drehachse, b Hauptträgheitsachse

Untreue, die strafbare vorsätzl. Schädigung fremden Vermögens durch Verletzung der Vermögensbetreuungspflicht gegenüber dem Vermögensträger.

Ununnilium, chem. Symbol **Uun,** zu den ↑Transactinoiden gehörendes chem. Element; Ordnungszahl 110; 1994 in Darmstadt erstmals künstlich hergestellt.

Unununium, chem. Symbol **Uuu,** zu den ↑Transactinoiden gehörendes chem. Element; Ordnungszahl 111; 1994 in Darmstadt erstmals künstlich hergestellt.

Unverantwortlichkeit, in *Österreich* und der *Schweiz* die ↑Immunität der Mgl. des Nationalrats, des Bundesrats und der Landtage bzw. der Bundesversammlung und der Kantonsparlamente. ↑Indemnität.

Unverletzlichkeit der Wohnung, das dem Inhaber (Eigentümer, Besitzer [Mieter]) einer Wohnung (auch Betriebs- und Geschäftsräume) in Artikel 13 GG gewährleistete Grundrecht. Es steht jedermann, d. h. auch Ausländern und jurist. Personen, zu und ist Abwehrrecht gegen die Staatsgewalt. Wohnungsdurchsuchungen bedürfen grundsätzlich der richterl. Anordnung.

Unwucht, unsymmetr. Massenverteilung eines rotierenden Körpers (Massenschwerpunkt außerhalb der Drehachse).

Unze, 1) (lat. uncia) antike Maß-, Gewichts- und Münzeinheit.
2) im MA und in der frühen Neuzeit = $1/12$ Pfund bzw. $1/8$ Gewichtsmark, später vielfach durch das Lot verdrängt.
3) als Feingewicht für Edelmetalle.

Unziale [lat.], mittelalterl. Majuskelschrift mit gerundeten Formen (*griech. U.* 4.–12. Jh.; *röm. U.* 4.–8. Jh.).

Unzucht, Verhalten, das das allg. Scham- und Sittlichkeitsgefühl in geschlechtl. Hinsicht nicht unerheblich verletzt. Das reformierte Strafrecht verwendet statt U. den Begriff der sexuellen Handlungen.

Unzumutbarkeit, die (auf den Einzelfall bezogene) Unangemessenheit, ein von der Rechtsordnung an sich gebotenes Verhalten zu verlangen.

Unzurechnungsfähigkeit ↑Schuldunfähigkeit.

Upanishaden [...ʃaːdən, Sanskrit], philos.-theol. Abhandlungen des Brahmanismus im Anschluß an die Veden (ab etwa 800 v. Chr. entstanden). Im Mittelpunkt der U. steht das Nachdenken über den Ursprung der Welt, den Geburtenkreislauf, das Wirken des Karma und die Erlösung.